한눈에 보는  제경향

미시경제 출제비율 **33%**

기회비용

매몰비용

생산물시장이론
완전경쟁시장, 독점, 독점시장,
가격차별, 독점의 규제

정보경제학
역선택과 도덕적해이 현상의 사례구분,
각 현상에 대한 대책방안의 문제

시장실패
외부효과, 공공재의 자원배분문제

수요와 공급
균형가격의 결정과 변화,
수요와 공급의 탄력성의
현실경제에의 적용

가격규제
가격상한제, 최저임금제

과점시장이론
게임이론, 우월전략균형, 내쉬균형

거시경제 출제비율 **31%**

국내총생산
구성항목, 배제항목, 측정방법

재정정책
재정의 자동안정화장치, 구축
효과, 재정정책 유효성논쟁

인플레이션
인플레이션과 관련된 시사용어,
인플레이션의 원인과 대책

화폐금융론
본원통화, 통화승수, 통화량,
화폐수요의 결정요인, 금융발
전으로 나타나는 다양한 금융
상품과 시사경제

실업이론
경제활동참가율, 실업률, 고
용률, 실업의 종류, 실업의 대
책, 자연실업률

경기변동론
신문에 등장하는 각종 경기변동지표

600점 뛰어넘기 학습 플랜 & 성취도 체크표

※ 본 플래너는 2주 또는 나만의 학습기간을 설정하여 활용할 수 있습니다.

●●● 미시경제

2주Plan	학습내용	이론 이해	문제 이해	공부한 날	복습한 날
1일차	경제학의 기초 (01장~03장)	%	%	_월 _일	_월 _일
2일차	수요 및 공급 이론 (04장~06장)	%	%	_월 _일	_월 _일
3일차	소비자 및 생산자 이론 (07장~09장)	%	%	_월 _일	_월 _일
4일차	시장이론 (10장~16장)	%	%	_월 _일	_월 _일
5일차	시장, 정부실패와 정보경제 (17장~20장)	%	%	_월 _일	_월 _일

●●● 거시경제 · 국제경제

2주Plan	학습내용	이론 이해	문제 이해	공부한 날	복습한 날
6일차	거시경제의 기초와 국가경제활동의 측정 (01장~05장)	%	%	_월 _일	_월 _일
7일차	총수요와 총공급곡선 (06장~08장)	%	%	_월 _일	_월 _일
8일차	화폐와 국민경제, 재정정책과 통화정책 (09장~13장)	%	%	_월 _일	_월 _일
9일차	실업과 인플레이션 (14장~16장)	%	%	_월 _일	_월 _일
10일차	국제경제 무역이론과 제도, 국제수지와 환율 (17장~20장)	%	%	_월 _일	_월 _일

●●● 경 영

2주Plan	학습내용	이론 이해	문제 이해	공부한 날	복습한 날
11일차	경영일반 · 인사조직 (01장~04장)	%	%	_월 _일	_월 _일
12일차	전략 · 마케팅 (05장~06장)	%	%	_월 _일	_월 _일
13일차	회계 · 재무관리 (07장~10장)	%	%	_월 _일	_월 _일
14일차	최종 모의고사	%	%	_월 _일	_월 _일

빠른 정답 & 이론 찾기

● ● 최종 모의고사 **빠른 정답 찾기**

01	02	03	04	05	06	07	08	09	10
⑤	④	③	⑤	①	②	④	③	①	③
11	12	13	14	15	16	17	18	19	20
④	①	②	①	③	③	④	②	②	⑤
21	22	23	24	25	26	27	28	29	30
②	③	①	⑤	④	④	①	③	④	④
31	32	33	34	35	36	37	38	39	40
②	①	⑤	③	④	①	⑤	①	⑤	③
41	42	43	44	45	46	47	48	49	50
③	⑤	④	④	④	④	①	①	⑤	④
51	52	53	54	55	56	57	58	59	60
①	③	⑤	③	③	⑤	②	⑤	①	⑤
61	62	63	64	65	66	67	68	69	70
①	②	②	③	②	⑤	①	①	②	②
71	72	73	74	75	76	77	78	79	80
③	①	①	④	③	④	③	①	⑤	①

● ● 최종 모의고사 **빠른 이론 찾기**

01	02	03	04	05	06	07	08	09	10
미시04장	미시03장	미시06장	미시01장	미시01장	미시04장	미시14장	미시03장	미시04장	미시04장, 05장
11	12	13	14	15	16	17	18	19	20
미시03장	미시03장	미시03장	미시03장	미시06장	미시20장	미시03장	미시04장	미시05장	미시03장
21	22	23	24	25	26	27	28	29	30
국제17장	미시04장	미시04장, 거시13장	미시05장	거시09장	미시06장	거시15장, 16장	거시11장	미시10장	거시01장
31	32	33	34	35	36	37	38	39	40
미시03장	미시05장	미시04장	미시10장~18장	미시01장	미시17장	거시03장	미시18장	미시02장, 04장	거시11장
41	42	43	44	45	46	47	48	49	50
국제20장	미시08장	거시17장	거시09장	거시06장	미시01장~02장	거시06장~07장	미시06장	미시06장	미시17장~20장
51	52	53	54	55	56	57	58	59	60
미시07장	거시, 국제	거시07장	거시05장	거시06장	국제17장	미시01장, 거시01장	미시04장	국제17장	거시01장
61	62	63	64	65	66	67	68	69	70
거시07장, 국제17장	국제17장	국제20장	국제19장	국제17장	경영01장	경영03장	경영03장	경영04장	경영05장
71	72	73	74	75	76	77	78	79	80
경영05장	경영04장	경영04장	경영01장	경영03장	경영03장	경영05장	경영06장	경영06장	경영08장

최종 모의고사는 미시경제, 거시경제, 국제경제의 통합적인 이해를 요구하는 문제로 구성되어 있습니다. 복습 후 이해되지 않는 문제는 각 과목의 기초이론을 다시 학습하여 주시길 바랍니다.

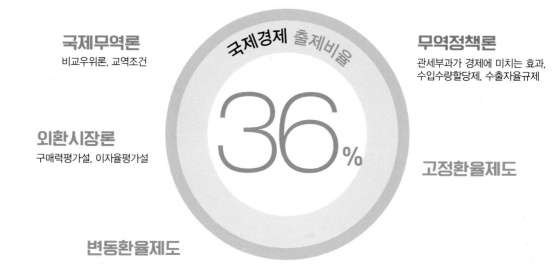

국제무역론
비교우위론, 교역조건

무역정책론
관세부과가 경제에 미치는 효과,
수입수량할당제, 수출자율규제

외환시장론
구매력평가설, 이자율평가설

고정환율제도

변동환율제도

국제경제 출제비율

36%

이론뿐 아니라 정책적 측면이 실생활에 밀접하게 관련되어 있으므로 시사경제와 상황분석 측면에 대한 학습이 필요합니다.

경 영

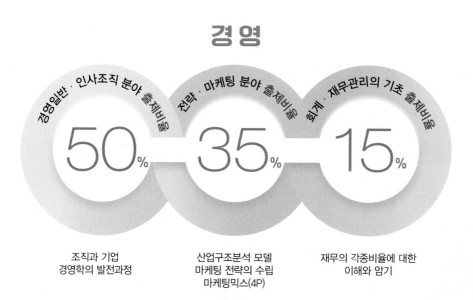

경영일반 · 인사조직 분야 출제비율

50%

전략 · 마케팅 분야 출제비율

35%

회계 · 재무관리의 기초 출제비율

15%

조직과 기업
경영학의 발전과정

산업구조분석 모델
마케팅 전략의 수립
마케팅믹스(4P)

재무의 각종비율에 대한
이해와 암기

경영학은 기업의 입장에서, 보다 넓은 시선으로 학습합니다.

매경TEST
600점
뛰어넘기

문제의 키워드 + 개념 적용 + 오답 정복하기 = 쉽고 빠른 고득점 완성!

경제편

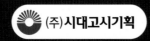

(주)시대고시기획

고용탄성치

취업증가율÷GDP(국내총생산)증가율로 산출되며, 한 산업의 성장에 따른 고용의 변동을 측정하는 지표이다. 고용탄성치가 높을수록 산업성장에 비해 취업자 수가 많다는 것을 의미한다. 최근 우리나라 고용탄성치는 지속적으로 낮아지고 있다.

사회적 기여금

정부가 발표한 택시제도 개편안 중 택시와 플랫폼 업계 간 상생발전을 위해 제시된 내용이다. 타다, 카카오T와 같은 플랫폼 업계는 새로운 사업 기회를 통해 얻은 수익의 일부를 사회적 기여금으로 납부하면, 정부는 기존택시 면허권을 매입하여 서비스 총량을 유지하기로 밝혔다.

스푸핑(Spoofing)

눈속임(Spoof)에서 파생된 용어로 IT업계에서는 해킹 수법을 의미한다면, 금융상품 거래시장에서는 초단타 매매로 시세를 조작해 차익을 남기는 불법거래를 말한다. 시카고상품거래소(CME)는 하나금융투자의 이러한 시세 조작 행위에 대해 과태료 제재를 확정하였다.

스토킹 호스(Stalking horse, 가계약 후 경쟁입찰)

미국 파산법 제363조에 근거를 두고 있는 구조조정 절차로, 회생 기업이 공개 입찰 전에 인수의향자를 수의계약으로 미리 선정하고, 이후 실시한 공개 입찰에서 경쟁자가 나타나지 않으면 인수의향자가 매수권을 갖는다.

커촹반(科創板)

상하이판 나스닥으로 불리며, 중국 최대의 주식시장인 상하이증권거래소에 2019년 7월 22일 정식 출범한 정보기술(IT)주 관련 전문 시장이다. 사업성이 높고 특정 요건을 충족하는 경우 일부 적자 기업도 성장할 수 있다.

파노플리 효과(Panoplie effect)

특정 제품을 구매함으로써 해당 제품을 사용하는 사람들의 계급에 속하게 되었다고 믿는 현상을 말한다. 광고와 마케팅부분에서 많이 활용되며 모델들이 제품을 사용하는 이미지를 보여주고, 이를 통해 소비자들은 자신도 모델처럼 될 수 있을 것이라는 기대를 가지고 구매욕을 느끼게 한다.

매경TEST

600점

뛉어넘기

경제·경영 시사 / 사고력 / 지식문제 빅데이터 완벽 분석

경제편

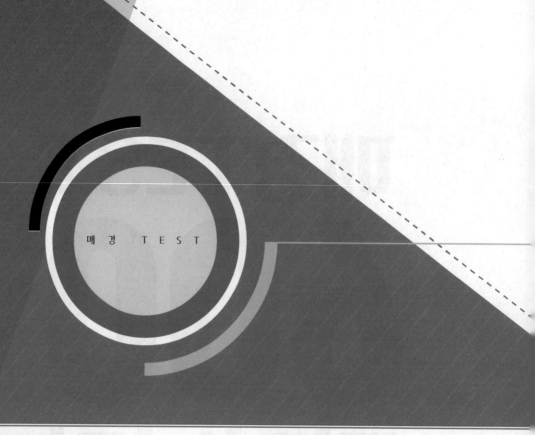

매 경 TEST

PART **01**

미시경제

01  경제학에 대한 오해들

▶ "경제는 내 삶이라는 재료로 최선의 것을 만들어내는 것이다"

– 조지 버나드쇼^{George Bernard Shaw}

01 경제학에 대한 오해

경제학을 공부한 사람들은 종종 부정적인 평가를 받는다. 늘 냉정하고, 돈만 생각하고, 모든 일에 경제적인 계산기를 두드리는 사람들이라는 선입견 때문이다. 이는 딱히 맞지도, 틀리지도 않은 이야기다. 문제는 이런 비판을 하는 사람들조차도 경제학을 공부한 사람처럼 생각하고 행동한다는 점이다. 다만, 자신의 행동이 경제적 사고의 결과라는 것을 인식하지 못하고 있을 뿐이다.

1 경제학은 선택의 학문

경제학은 특정 전공자들의 전유물이 아니다. 모든 사람은 선택에서 자유로울 수 없기 때문이다. 5분만 더 잘지, 조깅을 하러 나갈지 혹은 버스를 탈지, 택시를 탈지, 아니면 취업을 할지, 창업을 할지 등 일상생활에서 다양한 선택에 직면한다. 어떤 선택은 쉽고 어떤 선택은 어렵지만 공통점은 하나를 선택하면 자동적으로 다른 한쪽은 포기된다는 것이다. 따라서 어떤 결정이 나에게 최선인지를 고민하게 되는데 이때의 고민이 바로 경제적인 선택이고 계산이다.

2 경제란 저울질하여 손익을 계산하는 학문

아일랜드의 극작가 조지 버나드쇼^{George Bernard Shaw}는 경제학에 대해 이렇게 정의했다. "경제는 내 삶이라는 재료로 최선의 것을 만들어내는 것이다." 그의 말대로 경제학은 일상에서 최상의 것을 끌어내는 학문이다. 무수히 많은 대안 가운데 내 삶을 최적으로 만드는 한 가지를 선택하는 것이다. 즉, 경제란 대안들을 저울질하여 손익을 계산하는 활동이고, 그 결과로서 나의 이익을 높여줄 현명한 결정을 하게 된다. 우리는 이 현명한 결정을 합리적 결정이라고 한다.

3 경제학은 돈을 쫓는 학문? 경제학은 이익을 추구하는 학문!

경제학이 돈을 버는 데 몰두하는 학문이라고만 생각하던 사람들은 이제 좀 더 시각을 넓힐 수 있다. 경제학이 추구하는 목표는 돈이 아니라 우리 자신의 이익이다. 이익은 다양한 형태로 측정될 수 있으며 돈은 측정 기준 가운데 하나일 뿐이다. 내가 느끼는 만족이나 행복감도 이익이고, 조깅을 통해 날씬 해진 몸매도 이익이다. 경제학이 정말로 중요하게 생각하는 것은 이익의 극대화, 즉 내 삶에서 최선을 만들어가는 방법이다.

1 일상의 문제에 참여

경제 문제는 회사에서의 일, 소득, 건강, 교육, 은퇴 계획뿐만 아니라 세계 경제에서 한국의 역할에 이르기까지 생활의 중심에 있다. 주변에서 벌어지는 경제 현상에 관한 대화는 신문과 뉴스, 일상생활에서 빈번하게 일어나고, 이러한 대화에 참여하기 위해서는 무엇인가를 말할 능력이 있어야 한다. '최저임금 인상' 이슈가 경제에 어떤 영향을 미치는지에 대해 나름의 생각을 이야기하면 경제학을 공부한 사람으로부터 "경제학원론만 알아도 말이죠……"라는 비아냥 섞인 공격을 받을 수 있다. 실제 경제학원론을 들먹이는 사람의 이야기가 정확할 가능성은 그다지 높지 않다. 하지만 경제학 지식이 없다면 할 수 있는 일은 그저 고개를 끄떡이거나 무시하는 일이다.

2 경제정책을 판단

경제정책은 생각보다 우리 생활에 크고 직접적인 영향을 미친다. 새로운 정책에 따라 내가 가진 자산의 가치가 달라지기도 하고, 회사의 경영전략이 변하기도 한다. 하지만 일반 사람들은 이러한 정책을 이해하고, 비판하기 위해서는 굉장히 전문적인 지식이 필요하다고 오해한다. 오십 년 가까이 미국의 경제 관료를 지낸 허브 스타인^{Herb Stein}은 "공공정책을 조언하는 데 필요한 경제학은 대학교에서 배우는 경제학원론 수준이면 충분하다."라고 이야기한다. 우리를 둘러싼 경제 정책을 이해하는 데 국립 대학교의 경제학 교수로 임용될 만큼의 경제 지식은 필요하지 않다는 것이다. 그저 경제학자들이 생각하는 방식을 이해하기만 하면 된다.

경제개념을 공부한 사람의 시각을 엿보기 위한 효율적인 방법 가운데 하나는 경제 이슈를 중심으로 경제개념을 익힌 사람과 그렇지 않은 사람이 갖는 시각 차이에 대해 살펴보는 일이다. 이는 경제를 바라보는 기초 개념이 존재하는지의 여부와 맥락을 같이 하기 때문이다.

① 트레이드 오프$^{Trade\ off}$ - 세수 증가를 위해 법인세를 늘릴 것인가 낮출 것인가?

> 🔍 **트레이드 오프**
>
> 트레이드 오프$^{Trade\ off}$란 서로 모순적인 상황에 놓인 경제 관계를 의미한다. 즉, 하나를 높이면 하나가 필연적으로 낮아지고, 하나를 낮추면 다른 하나가 필연적으로 높아지는 관계를 의미한다.

경제개념을 공부하면서 얻게 되는 가장 큰 수확은 세상의 모든 일이 트레이드 오프 관계라는 점을 깨닫는 것이다. 세수 증가를 위해 법인세를 올릴지, 소득세를 올릴지 고민할 때 일반인들은 어느 편의 세금을 올리느냐에 따라 기업의 편인지, 개인의 편인지를 가른다. 하지만 경제개념을 공부한 사람들은 법인세를 올리게 되면 이를 충당하기 위해 상품의 가격이 오르거나 CEO의 임금이 삭감되거나 혹은 주주에게 지급되는 배당금이 삭감될 것이라고 생각한다. 즉, 누군가의 소득이 줄어든다는 것이다. 결국 법인세 인상 문제를 개인의 편인지, 기업의 편인지의 논의가 아니라 궁극적으로 누가 부담하게 될 것인가의 문제로 살펴볼 수 있는 것이다.

② 보이지 않는 손$^{Invisible\ Hand}$ - 이기심, 사회를 구성하는 가장 효과적인 수단

일반인의 시각으로 볼 때 모든 사람들이 이기적으로 행동한다면 사회는 혼란 속에 빠질 것이라고 생각한다. 그러나 시장에서는 이기심 덕분에 모두가 만족하는 거래가 성사된다. 경제학의 아버지라 불리는 아담 스미스$^{Adam\ Smith}$는 그의 저서 《국부론 The Wealth of Nations》에서 "자기 자신의 이익을 추구함으로써, 그 자신이 진실로 사회의 이익을 증진시키려고 의도하는 경우보다 더욱 효과적으로 그것을 증진시킨다."라고 이야기한다. 아담 스미스는 이러한 보이지 않는 힘을 보이지 않는 손$^{Invisible\ Hand}$이라고 불렀다. 보이지 않는 손의 원리는 자신의 이기심을 추구할 때 다른 사람까지 이롭게 할 수 있음을 의미한다. 이러한 이기심이 적절히 관리된다면 사회에 커다란 이익이 될 수 있다는 것이다. 에너지 절약 운동을 위해서는 학교 교육, TV 광고 등 다양한 방법이 있지만, 경제학자들은 세금이나 보조금을 활용하라고 이야기한다. 사람들이 휘발유를 덜 소비하기를 원한다면 모든 사람을 쫓아다니며 설득할 필요가 없다. 그저 세금을 부과하면 된다. 반면 연비가 높은 차를 만들기를 원한다면 자동차 회사 대표를 찾아갈 필요가 없다. 기술 개발 보조금을 지급하면 기업들은 이러한 차를 만들 것이다. 이처럼 이기심은 우리 사회를 구성하는 가장 효과적인 수단이다.

③ 기회비용 - 모든 것을 선택할 수는 없다.

우리는 살면서 원하는 모든 것을 동시에 선택하여 누릴 수 없다. 시간, 예산과 내가 몸담고 있는 공간은 제약이 있기 때문에 모든 일은 어떤 것을 포기해야만 얻을 수 있다. 이 글을 쓰고 있는 저자도 새벽 달리기를 포기했고, 이 글을 읽는 독자도 각자 무언가를 포기하고 책상에 앉아 있는 것이다. 돈이 너무 많아 제약이 없는 것처럼 보이는 사람도 이러한 선택에서 자유로울 수는 없다. 이처럼 기회비용이란 어떤 선택을 하게 될 경우 선택하지 않은 무언가를 의미한다. 집안일이 힘들어 가사도우미를 월 200만원에 고용했다. 200만원은 근사한 결혼기념일 선물을 구입할 수 있는 돈이다. 즉, 진정한 비용은 내가 지불하는 돈이 아니라 포기해야 하는 것을 의미한다.

기회비용은 화폐 단위로 환산할 수 있는 비용만 포함되는 것은 아니다. 풀타임 대학원 학생의 경우 직장 생활을 포기하고 학교를 다니는 셈이다. 이때 기회비용은 대학원을 다니기 위해 소요되는 비용이지만, 화폐 단위로 눈에 보이는 비용은 아니다.

④ 가격 - 가격을 결정하는 것은 생산자가 아닌 시장

가격은 시장에서 결정한다. 그리고 가격은 생산자가 결정하지 않는다. 사람들은 휘발유 가격이 올랐을 때 석유 회사를 비난한다. 하지만 휘발유 가격이 떨어졌을 때 석유 회사를 칭찬하지는 않는다. 이자도 마찬가지다. 이자율이 올랐을 때 은행을 비난하지만, 낮아졌을 때 은행이 서민을 위한 존재라고 추켜세우는 사람들은 별로 없다. 경제개념을 공부하면 이러한 가격들의 변화가 그저 석유 회사 혹은 은행의 탐욕 때문에 일어나는 일이 아님을 알 수 있다. 즉 가격은 시장에서의 수요와 공급에 따라 오르내리는 것이다.

04 경제학을 공부해야 하는 이유

경제학을 공부하면 자신이 원한다고 해서 모든 것을 가질 수 있는 사람은 존재하지 않는다는 것을 알 수 있다. 모든 선택에는 기회비용이 발생하는 트레이드 오프가 반드시 발생하기 때문이다. 또한 이기심을 가진 생산자와 소비자가 시장에서 활동하고, 그 결과가 가격으로 나타나기 때문에 생산자 혼자서 혹은 소비자 마음대로 가격을 결정할 수는 없다. 경제학 공부를 모두 마치고 나면 경제학의 3대 문제 즉, 무엇을 생산할 것인가, 어떻게 생산할 것인가, 누가 소비할 것인가의 문제를 해결하는 방법은 사람들이 가진 다양한 기술과 욕망에 따라 달라지지만, 시장과 가격기구를 통할 때 가장 효율적으로 해결할 수 있음을 알 수 있다.

01 다음 글을 바탕으로 추론할 수 있는 내용을 〈보기〉에서 모두 고르면?

> 밀턴 프리드먼(Milton friedman)의 저서 「자유로운 선택」을 집어 들면 프리드먼이 연필 한 자루를 손에 들고 있는 표지 사진이 눈에 띄는데, 이 연필은 다름 아니라 스미스(A. Smith)의 경제학을 상징한다. 그 어느 누구도, 심지어는 경제학의 노벨상 수상자라 하더라도, 혼자 힘으로는 연필 한 자루도 만들어 낼 수 없다는 것을 프리드먼은 말하고 싶은 것이다. 이 100원짜리 연필은 스리랑카에서 수입한 흑연과 인도네시아산 채종유로 만든 고무 지우개, 오레곤 주에서 생산된 목재 등을 재료로 펜실베니아 주에서 만들어진 것이다.

┤보 기├
㉠ 교환으로 인해 자원의 희소성은 커질 것이다.
㉡ 특화로 인한 분업은 자유 무역을 촉진시킬 것이다.
㉢ 국가 간 분업으로 자원이 효율적으로 배분될 것이다.
㉣ 분업에 참여하는 모든 나라가 이익을 얻는 것은 아닐 것이다.

① ㉠, ㉡   ② ㉠, ㉣
③ ㉡, ㉢   ④ ㉡, ㉣
⑤ ㉢, ㉣

02 다음 사항으로부터 추론할 수 있는 내용으로 적절하지 않은 것은?

> 계곡물은 무료로 이용할 수 있다.
> • 산 입구에서는 생수를 500원에 판매하지만 사람들이 구입하지 않는다.
> • 산 정상에서는 생수를 1,000원에 판매하며, 너도 나도 구입하고자 한다.

① 독점 사업자는 가격을 조절할 수 있다.
② 재화의 가격은 희소성에 따라 달라진다.
③ 계곡물과 생수는 재화의 성격이 다르다.
④ 가격을 올리는 것은 가격 결정의 원리에 어긋난다.
⑤ 공급자 간의 경쟁은 소비자에게 유리하게 작용한다.

FEED BACK

✓ 왜 틀렸을까?	01 ☐ 개념 이해 부족 ☐ 문제 이해 부족 ☐ 기타( )
	02 ☐ 개념 이해 부족 ☐ 문제 이해 부족 ☐ 기타( )
✓ 개념 다시 짚어보기	

문제 01   경제학의 기초 – 분업

중요도	★★★★☆
정 답	③

개념 해설

ⓛ 특화로 인한 분업은 국가 간에도 가능하며, 이를 통한 교역은 양국 모두의 경제적 이익 상승에 기여한다.

ⓒ 국가 간 분업이 양국 모두의 경제적 이익에 기여하는 이유는 이를 통해 자원의 효율적인 배분이 가능해지기 때문이다.

오답 정복하기

㉠ 교환으로 인해 자원의 희소성은 감소한다. 자원의 효율적인 활용으로 이전보다 더 많은 사람들에게 자원이 배분되기 때문이다.

㉣ 특화로 인한 분업은 참여한 모든 국가의 이익 증진에 기여한다.

> **🔖 문제 분석**
>
> 문제의 제시문은 분업과 특화의 이익을 설명하고 있다. 경제학의 아버지 아담 스미스는 그의 저서 「국부론」에서 경제적 이익을 추구하기 위해 핀공장의 사례를 통해 분업과 특화가 중요함을 강조하였다.

문제 02   시장가격의 설정

중요도	★★★☆☆
정 답	④

개념 해설

④ 산 정상과 달리 입구에서 생수가 500원에도 팔리지 않는 이유는 등산 전이기 때문에 시원한 물에 대한 욕구가 적기 때문이다. 다시 말해 물에 대한 희소성이 낮은 상황이다. 이에 반해 산 정상에서는 생수 판매가 한 사람에 의해 독점되고 있으므로 가격설정권은 독점 생산자에게 있으며, 산 정상에서 더 높은 가격에 팔리는 것도 생수에 대한 욕구가 커 희소성이 높기 때문에 가능한 것이다.

오답 정복하기

① 독점 사업자는 독점력에 따른 가격설정권으로 인해 가격을 조절할 수 있다.

② 재화의 가격은 희소성에 따라 달라진다. 희소성이 높은 재화는 더 많은 사람들이 수요하고자 하며, 따라서 더 높은 가격을 지불해야 구입할 수 있기 때문이다.

③ 계곡물은 희소성이 존재하지 않는 반면 생수는 희소성이 존재한다. 전자를 자유재, 후자를 경제재라고 한다. 자유재와 경제재는 고정불변의 개념은 아니며 경제재가 자유재로, 자유재가 경제재로 변할 수 있다.

⑤ 공급자 간의 경쟁은 상품의 질을 높이고 가격을 낮추기 때문에 소비자에게 유리하다.

03 경제개념 ㉠, ㉡에 대한 설명으로 옳은 것은?

> ㉠ 경제 주체가 어떤 경제 행위를 선택할 때 얻게 되는 만족이나 가치
> ㉡ 경제 주체가 여러 가지 대안들 가운데 하나를 선택할 때 포기한 대안들의 가치 중 가장 큰 것

① 기업의 판매수입은 ㉠에 해당되지 않는다.
② ㉡는 매몰비용에 해당한다.
③ 암묵적 비용은 ㉡에 포함되지 않는다.
④ ㉡보다 ㉠가 큰 것을 선택하는 것은 합리적인 선택이다.
⑤ 최소의 ㉡로 최대의 ㉠를 누리는 것은 형평성의 원리이다.

04 다음 자료에 대한 적절한 분석 및 추론을 〈보기〉에서 고른 것은?

> 최신 신차를 출시한 A사는 경쟁사인 B사의 신차를 6개월 이내에 구입한 소비자 중 그 차를 팔고 자사의 신차를 구입하는 사람에게 100만원을 지급하기로 했다. 갑과 을은 모두 6개월 전에 B사의 신차를 구입했는데, 갑은 ㉠ B사의 차를 계속 몰기로 했지만 을은 ㉡ A사의 신차로 바꾸기로 했다. 현재 A사의 신차 가격은 2,000만원이며, 6개월 된 B사의 중고차 가격은 1,700만원이다.

┤ 보 기 ├
> ㉠ A사의 신차 가격은 갑의 선택 ㉠에 영향을 주지 않았다.
> ㉡ 6개월 전 B사의 신차 가격은 을의 선택 ㉡에 영향을 주었다.
> ㉢ A사가 100만원을 지급하는 대신 신차 가격을 100만원 깎아 준다고 해도 갑의 선택 ㉠은 달라지지 않았을 것이다.
> ㉣ 을이 A사의 신차로부터 얻는 편익과 자신이 보유한 B사의 차로부터 얻는 편익의 차이는 200만원 이상이다.

① ㉠, ㉡   ② ㉠, ㉢
③ ㉡, ㉢   ④ ㉡, ㉣
⑤ ㉢, ㉣

FEED BACK

✓ 왜 틀렸을까?	03 ☐ 개념 이해 부족	☐ 문제 이해 부족	☐ 기타( )
	04 ☐ 개념 이해 부족	☐ 문제 이해 부족	☐ 기타( )
✓ 개념 다시 짚어보기			

문제 03 기회비용과 매몰비용

중요도	★★★☆☆
정답	④

개념 해설

④ 경제학에서 합리적 선택이란 경제적 행위로 인해 얻는 편익이 기회비용보다 큰 선택을 의미한다. 경제적으로 합리적인 선택이란 기회비용을 고려한 선택임을 기억해야 한다.

🧪 **문제 분석**

㉠에서 설명하는 내용은 경제적 편익을 의미한다. 한편 ㉡의 내용은 기회비용을 의미한다.

오답 정복하기

① 기업의 판매수입은 편익의 일종이다. 가계는 소비를 통해 만족을 얻는 반면 기업은 판매수입이라는 편익을 얻는다.

② 매몰비용이란 한번 지출하면 회수할 수 없는 비용을 의미한다. ㉡에서 포기한 대안들 가운데 가장 큰 가치로 나타나는 비용은 기회비용이라 한다.

③ 암묵적 비용이란 기회비용에 포함된다. 경제적 비용은 명시적 비용과 암묵적 비용으로 구성되는데, 암묵적 비용이 기회비용을 의미한다.

⑤ 최소한의 비용으로 최대한의 편익을 누리는 것은 효율성의 측면을 의미한다. 동일한 비용으로 더 많은 편익을 누리거나 더 적은 비용으로 동일한 편익을 누리는 것을 효율적이라고 한다.

문제 04 합리적 선택

중요도	★★★☆☆
정답	⑤

개념 해설

㉢ 갑의 입장에서 A사가 100만원을 지급하나, 신차 가격을 100만원 할인해주는 선택이나 다를 것이 없다. 따라서 B사의 차를 계속해서 몰 것이다.

㉣ 을이 A사의 신차를 구입하는 경우 실질적인 비용은 200만원이다. 신차 비용 2,000만원에서 B사의 중고차 비용 1,700만원과 할인액 100만원이 감해지기 때문이다. 따라서 을이 A사 신차 구입에 따른 기회비용은 200만원의 비용과 B사의 자동차로부터 얻고 있던 만족의 합이다. 결국 을이 A사의 신차 구입이 합리적인 선택이기 위해서는 A사의 자동차가 주는 만족이(200+B사 자동차 만족)보다 커야 한다. 즉, A사의 신차로부터 을이 얻는 편익과 B사의 차로부터 얻는 편익의 차이가 200만원 이상이어야 함을 의미한다.

오답 정복하기

㉠ A사의 신차가격은 갑이 계속해서 B사의 차량을 이용하는 데 영향을 줄 수밖에 없다. 합리적인 선택을 위해서는 기회비용을 고려할 수밖에 없기 때문이다.

㉡ 6개월 전 B사의 신차 가격은 더 이상 고려 대상이 아니다. 합리적인 선택을 위해서는 회수할 수 없는 매몰비용은 고려하지 않아야 하고, 기회비용을 고려해야 하기 때문이다. 당시 B사의 신차비용은 회수할 수 없는 매몰비용에 해당한다.

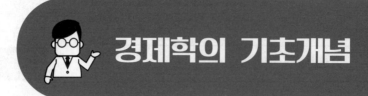

경제학의 기초개념

> "경제학자들에게 100개의 질문을 던지면 3,000개의 답변이 나온다."
> — 로날드 레이건^{Ronald Wilson Reagan}

01 경제학의 정의

경제학이란 경제주체들이 희소한 자원을 어떻게 배분하도록 선택하고, 이러한 선택이 사회에 어떤 영향을 미치는지에 대한 학문이다. 즉, 경제학은 선택에 관한 학문이라 할 수 있다. 경제주체의 선택은 사회에 연쇄적인 영향을 미친다. 최근 논란이 된 독일 자동차의 대폭적인 할인으로 자동차 판매량이 늘어나는 것은 해당 브랜드의 판매증가만을 의미하지 않는다. 정부의 입장에서는 이로 인한 세금 수입이 늘어날 것이고, 수입자동차의 대폭적인 할인은 경쟁관계인 국내 자동차 가격에도 영향을 미칠 것이다. 이처럼 경제학은 경제주체의 최초의 선택과 이로 인한 연쇄효과가 사회에 미치는 영향을 살펴보는 학문이다.

02 경제학의 분류

1 실증경제학과 규범경제학

경제주체들의 선택이 중요한 이유는 사람들이 현실에서 하는 행동을 이해하고, 개인과 사회가 무엇을 해야 하는지 판단할 수 있기 때문이다. 이를 설명하는 분야가 실증경제학과 규범경제학이다.

① 실증경제학

실증경제학^{Positive economics}은 세상에 대한 객관적인 설명을 하는 경제학의 분야이다. 즉, 사람들이 현실에서 하는 행동을 객관적으로 살펴보고, 어떤 일이 일어날지를 예측하는 분야가 바로 실증경제학이다. 예를 들어 우리나라의 청년실업률(15~29세)은 2013년 7.8%였으나, 2014년부터 17년까지 줄곧 9%대를 유지하고 있다. 그리고 2021년에는 12%까지 높아질 것으로 예상된다. 이처럼 현실을 객관적으로 살펴보고, 미래를 예측하는 영역까지 실증경제학의 범위에 포함된다.

② 규범경제학

규범경제학^{Normative economics}은 경제주체들에게 그들의 선택에 대해 조언하는 경제학의 분야이다. 이는 사람들이 무엇을 해야 할 것인가와 관련된 것이다. 하지만 이에 대한 사람들의 판단은 다르기 마련이다. 안정적인 노후를 위해 저축이 필요하지만, 얼마만큼의 저축이 필요한지는 사람들마다 다르기 마련이다. 한편, 윤리적인 판단도 규범경제학에서는 중요하게 작동한다. 어떤 정책적 결정이 사회전체의 순편익을 높여주더라도, 이로 인해 피해를 보는 집단이 존재하기 마련이다. 2003년 경부고속철도 터널공사가 도룡뇽의 서식지를 파괴한다는 이유로 공사를 반대했던 지율스님의 사례가 대표적이다. 이를 위해 터널공사를 하지 않는 것이 좋은지, 아니면 순편익이 높아지는 공공정책을 수행하는 것이 옳은지를 결정하는 분야가 규범경제학이다.

② 미시경제학과 거시경제학

경제학은 크게 미시경제학과 거시경제학으로 구분할 수 있다. 미시경제학^{Microeconomics}은 경제주체인 가계, 기업, 정부가 어떤 선택을 하고, 그들의 선택이 가격, 자원배분, 다른 주체들의 복지에 어떤 영향을 미치는지에 대해 연구하는 분야이다. 한편, 거시경제학^{Macroeconomics}은 국가 경제 전체를 분석의 대상으로 삼는다. 거시경제학자들은 국가 경제 전체의 생산증가율, 물가상승률, 실업률과 같은 경제 전반에 대한 현상을 연구한다. 거시경제학자들은 이러한 총량적인 경제적 성과를 향상시키려는 정부 정책을 설계한다. 국가 경제가 왜 위축되는지 원인을 진단하고 정상화시키기 위한 정책을 설계하고 시행하는 것이 거시경제학자들의 일이다.

노벨상은 총 여섯 분야에서 상을 수여한다. 물리학상과 화학상, 의학상, 문학상, 평화상, 경제학상이 그것이다. 이 중 경제학^{Economics science}상만이 유일하게 그 명칭에 '과학'이라는 단어가 붙는다. 이는 경제학이 다른 과학들과는 다른 무언가의 특징이 있기 때문이라 할 수 있다. 다양한 요인이 있지만, 대표적인 핵심특징은 최적화와 균형의 원리이다.

① 최적화

① 정 의

최적화^{Optimization}란 다양한 이용 가능한 정보 하에 존재하는 다양한 선택 가능성 가운데 실현 가능한 최선의 대안을 선택하려는 노력이다. 실현 가능하다는 것은 경제주체가 사용할 수 있을 뿐만 아니라 감당할 수 있는 것임을 의미한다. 용돈이 10만원인 사람에게 1만 5천원짜리 정식 세트는 실현 가능하지만, 12만원짜리 호텔 뷔페는 실현 가능하지 않다. 물론 실현 가능의 범위에 재정적인 예산만 존재하는 것은 아니다. 다양한 제약 요인이 있지만, 돈과 함께 시간은 대표적인 제약요인이다. 사람에게는 누구나 24시간만이 주어지기 때문이다. 한국에 있는 사람이 2시간 뒤에 스웨덴 스톡홀름의 콘서트하우스에서 열리는 노벨상 시상식에 참석할 수는 없다. 한편, 이용 가능한 정보도 최적화를 위한 중요한 제약이다. 부산까지 KTX를 이용하지 않고 차량을 이용해 이동하다가 사고가 났다. 만약 차량을 이용하려는 결정과정에서 운전에 잠재된 위험요인을 고려하였다면 이는 최적화 된 결정이다. 이용 가능한 정보를 활용하여 최적화를 달성한다는 것이 미래를 완벽하게 예측한다는 것을 의미하지는 않기 때문이다. 이는 선택에 따른 비용과 편익 그리고 각 결정에 수반되는 위험에 대한 논리적인 입장을 취하는 것을 의미한다.

② 비용-편익 분석

경제학은 선택의 학문이라고 불린다. 최적화를 위해서는 주어진 제약(정보, 시간, 예산 등) 하에서 선택에 직면하기 때문이다. 즉, 실현 가능한 옵션들을 비교하여 최선의 것을 고르려는 것이다. 경제학자들은 이러한 가정을 비용-편익 분석이라고 한다. 비용-편익 분석^{Cost-benefit analysis}이란 공통의 측정 수단을 활용해 비용과 편익을 비교해보는 방법이다. 즉, 편익에서 비용을 뺀 순편익이 가장 큰 선택을 하는 것이다. 부산까지 비행기를 탈지, 운전을 할지 여부도 비용-편익 분석으로 결정할 수 있다. 예를 들어 친구가 렌트카 비용과 휘발유 비용을 각각 20만원씩 나눠서 부담하고, 운전을 나에게 부탁하였다고 하자. 그리고 이렇게 부산까지 가는 방법이 30만원짜리 비행기 표를 구입하는 것보다 낫다고 이야기한다면 친구의 말처럼 할지 여부를 결정할 때 비용-편익 분석이 사용된다. 이때 편익은 비행기보다 10만원 저렴한 비용이다. 하지만 비용은 왕복 10시간을 운전해야 한다는 부담이 따른다. 편익 10만원과 10시간의 운전 가운데 어떤 것이 더 나은지 판단하기 위해서는 운전의 부담을 돈으로 환산해야 한다. 그래야 편익 10만원과 비교가 가능하기 때문이다. 게다가 번역 알바를 하는 나는 비행기를 탈 경우 번역 일을 할 수 있고, 1시간 비행 중에 번역한 결과물로 얻을 수 있는 수입은 40만원이므로 즉, 운전의 기회비용은 40만원인 것이다. 이 경우 비행기 대신 운전을 하는 순편익은 마이너스이다(편익 10만원에서 비용 40만원을 차감한 −30만원). 따라서 비행기로 부산까지 이동하는 것이 합리적인 선택이다.

② 균 형

① 정 의

최적화가 개인의 상황을 의미했다면, 균형은 모든 경제 주체들의 최적화를 의미한다. 모든 사람들이 최적화된 상태에서는 그 누구도 자신의 행동을 바꿀 유인이 존재하지 않는다. 슈퍼마켓 계산대가 균형의 대표적인 예이다. 한 계산대의 줄은 긴 반면, 다른 계산대의 줄이 짧다면 사람들은 짧은 쪽으로 이동한다. 이동할 때는 자신의 장바구니에 담긴 제품의 수와 다른 대기자의 성향 등을 종합적으로 판단하여 어느 줄이 나에게 유리할지 예상하여 이동한다. 경제학자들은 모든 계산대가 대략 비슷한 대기시간을 가질 때 균형 상태에 있다고 이야기한다. 대기시간이 같다면 그 누구도 다른 계산대의 줄로 이동할 유인이 없기 때문이다. 시장에서 균형이 형성되는 경우 주어진 시장가격 하에서 판매자와 구매자 모두가 최적화되어 그 누구도 자신의 행동을 바꿔 편익을 얻고자 하지 않는다.

② 균형분석

균형분석은 특정한 제도를 설계하는 데 매우 유용하다. 균형에서는 주어진 시장가격 하에서 공급자와 수요자 모두가 만족하는 상태이기 때문에, 균형 상태에서 벗어난 경우 균형분석을 통해 어떻게 하면 균형 상태로 되돌릴 수 있을지 살펴볼 수 있기 때문에 균형은 경제학에서 매우 중요하다.

1 인과관계와 상관관계

경제 분석에서 인과관계와 상관관계의 분석은 언제나 중요한 이슈이다. 상관관계는 인과관계를 찾는 길목에서 매우 중요한 역할을 수행하기 때문이다. 하지만 종종 상관관계와 인과관계를 혼동하는 문제가 발생한다.

① 인과관계

인과관계는 어떤 일이 다른 일에 직접적인 영향을 줄 때 발생한다. 보다 구체적으로 한 변수와 다른 변수가 원인과 결과의 관계로 묶이는 것이다.

② 상관관계

상관관계는 두 가지 일이 서로 관련이 있다는 것을 의미한다. 두 변수 사이에 구체적으로 어떤 관계가 성립하는지는 모르지만, 분명 특정한 성향이 존재하는 것이다. 모차르트 음악을 많이 듣는 아이가 수학 성적이 좋다고 판명되었다고 할 때, 이는 상관관계이지 인과관계라 할 수 없다. 모차르트 음악을 듣지 않아도 수학 성적이 좋았을 아이들인지에 대한 추가적인 분석 없이는 인과관계라 이야기할 수 없다. 앞서 살펴보았듯이 상관관계는 인과관계로 발전할 수 있다. 심층조사를 통해 두 가지 일의 상관관계가 인과관계가 될 수도 있다.

> **상관관계의 구분**
>
> 상관관계는 양의 상관관계와 음의 상관관계 그리고 영의 상관관계로 구분된다. 양의 상관관계$^{positive\ correlation}$는 두 가지 변수가 같은 방향으로 움직이는 경향을 의미한다. 음의 상관관계$^{negative\ correlation}$는 두 변수가 다른 방향으로 움직이는 경우이다. 또한 영의 상관관계$^{zero\ correlation}$는 두 가지 변수가 아무런 움직임이 없는 경향을 의미한다.

2 유량과 저량

경제학에서 다루는 변수는 두 가지로 구분된다. 바로 유량변수와 저량변수이다. 변수 고유의 성격을 이해해야 맥락에 대한 올바른 이해가 가능하다.

① 유 량

유량^{Flow}이란 일정기간이 정의되어야 하는 변수를 의미한다. 즉, 1분기 혹은 반기, 1년이 정의되어야 의미 있는 정보의 전달이 가능한 변수이다. 국내총생산, 국제수지, 수요(공급) 등이 대표적인 유량변수이다.

② 저 량

저량^{Stock}이란 일정시점이 정의되어야 하는 변수이다. 현재 시점에서 시중에 존재하는 통화량이 얼마만큼인지, 고용된 노동력이 얼마만큼인지, 오늘의 환율은 어떤지 등이 대표적인 저량변수이다.

③ 변수의 종류

경제학은 다양한 언어로 원리를 설명하는 학문이다. 대표적인 수단은 수식과 그래프이다. 수식과 그래프는 복잡한 경제이론을 단순명료하게 보여줄 수 있어 경제학에서 자주 활용하는 설명 수단이다.

① 독립변수와 종속변수

$y = f(x)$라는 수식이 존재할 때, x는 독립변수이며, y는 종속변수이다. 즉, 종속변수는 독립변수에 따라 그 값이 달라지는 변수를 의미한다. 투자가 이자율이 상승할 때 감소하고, 하락할 때 증가한다면, 이자율은 독립변수이고, 투자는 종속변수이다.

② 내생변수와 외생변수

내생변수는 모형에 직접적인 영향을 주는 변수이며, 외생변수는 모형 밖에서 결정되는 변수를 의미한다. 투자가 이자율에 의해 결정된다고 할 때, 이자율의 변화는 내생변수이지만, 주주의 성향 변화로 인해 투자가 변했다고 할 때 주주의 성향 변화는 외생변수이다.

01 다음 중 규범경제학과 가장 거리가 먼 것은?

① 사회적 후생손실 감소를 막기 위해 기업의 독점화를 막아야 한다.
② 정부는 정보통신산업의 발전을 위해 정보통신 관련 인적자본을 구축해야 한다.
③ 정부의 확대재정정책은 이자율을 상승시켜 민간부문 투자를 감소시킨다.
④ 정부는 고용증대를 위해 총수요확대정책을 실시해야 한다.
⑤ 소득분배 악화 문제를 해결하기 위해 큰 폭의 최저임금 상승이 필요하다.

02 다음의 (가), (나)에 대한 설명으로 옳게 이야기한 사람을 모두 고른 것은?

경제개념	의 미
(가)	하나의 대안을 선택해야 하는 상황에서 발생하는 경제학적 비용
(나)	이미 지출되어 회수가 불가능한 비용

경민 : (가)는 기회비용에 해당한다.
지호 : 가격이 동일한 상품 가운데 하나를 소비할 때 포기한 대안들 중 가장 편익이 큰 것으로 (가)를 측정가능하다.
승호 : 가격이 동일한 상품 중 하나를 소비할 때 포기한 대안들의 편익을 모두 합한 것으로 (나)를 측정할 수 있다.
재희 : 합리적 선택이 (가)와 (나)의 합계보다 큰 대안을 선택하는 것이다.

① 경민, 지호   ② 경민, 승호
③ 지호, 승호   ④ 지호, 재희
⑤ 승호, 재희

FEED BACK

✓ 왜 틀렸을까?	01 ☐ 개념 이해 부족 ☐ 문제 이해 부족 ☐ 기타( )
	02 ☐ 개념 이해 부족 ☐ 문제 이해 부족 ☐ 기타( )
✓ 개념 다시 짚어보기	

18 PART 1 미시경제

문제 01   실증경제학과 규범경제학

중요도	★★★★☆
정답	③

개념 해설

다른 보기는 모두 경제 정책이나 방향에 대한 주관적인 가치판단이 개입된 반면, 보기 ③은 객관적인 경제원리에 대해 설명하고 있다. 따라서 규범경제학과 거리가 멀다.

> **📖 문제 분석**
>
> 실증경제학과 규범경제학을 구분하는 기준은 가치판단의 개입여부이다.

오답 정복하기

실증경제학$^{positive\ economics}$은 세상에 대한 객관적인 설명을 하는 경제학의 분야인 반면, 규범경제학$^{normative\ economics}$은 경제주체들에게 그들의 선택에 대해 조언하는 경제학의 분야이다. 따라서 규범경제학에는 가치판단이 개입될 수밖에 없다.

문제 02   기회비용의 개념-기회비용과 매몰비용

중요도	★★★☆☆
정답	①

PART 01

개념 해설

(가)는 기회비용, (나)는 매몰비용을 의미한다.

경민 : 기회비용은 재화 및 서비스의 희소성으로 인해 발생하는 선택의 상황에서 발생하는 비용이다. 즉, 하나를 선택함에 따라 필연적으로 포기하는 선택이 발생하는데, 이때 포기하는 것의 가치가 바로 기회비용이다.

지호 : 기회비용은 포기한 많은 대안들 가운데 가장 가치가 큰 것으로 정의된다. 합리적인 경제주체라면 포기한 많은 대안들 가운데 가장 가치가 큰 대안보다 더 큰 만족을 선택으로부터 얻어야 하기 때문이다.

오답 정복하기

승호 : 매몰비용은 한번 지출하고 나면 다시는 회수할 수 없는 비용을 의미한다. 포기한 대안들의 편익으로 계산되는 개념이 아니다.

재희 : 합리적인 선택을 위해서는 기회비용은 고려하되 매몰비용은 고려해서는 안 된다. 기업의 경우 이윤을 극대화하거나 손실을 극소화하기 위해서는 매몰비용을 고려해서는 안 된다. 이미 지출되었다면 회수할 수 없는 비용이기 때문이다.

03 다음 사례에 대한 옳은 분석 및 추론을 〈보기〉에서 모두 고른 것은?

> 야구 선수 민철은 2년 전 ⓐ 대학 진학과 ⓑ A구단 입단을 두고 고민하다가 A구단과 ⓒ 계약금 200만 달러, 연봉 100만 달러에 3년 계약을 체결하였다. 그러나 그동안 부상으로 인해 기량을 제대로 발휘하지 못하였다. 이에 A구단은 민철을 원하는 B구단과 이적 협상을 진행하였으며, 민철에게 지불해야 할 남은 1년 치 연봉(100만 달러)을 A, B구단이 50%씩 분담하는 것을 조건으로 ⓓ 민철을 B구단으로 이적시키는 것에 합의하였다(단, 계약금은 모두 지급하였고, 지급한 계약금은 회수할 수 없다).

> ┤보 기├
> ㉠ 2년 전 민철은 ⓐ의 순편익이 ⓑ의 순편익보다 크다고 판단하였을 것이다.
> ㉡ A구단은 ⓓ의 결정 과정에서 ⓒ를 고려해서는 안 된다.
> ㉢ A구단은 ⓓ의 기회비용이 100만 달러보다 크다고 판단하였을 것이다.
> ㉣ B구단이 A구단과의 합의 시 예상한 편익이 50만 달러 이상일 것이다.

① ㉠, ㉡   ② ㉠, ㉢
③ ㉡, ㉢   ④ ㉡, ㉣
⑤ ㉢, ㉣

04 밑줄 친 ㉠~㉢에 대한 분석 및 추론으로 옳은 것은?

> 20년 전 공짜로 나누어 주었던 ㉠ 영화 ○○ 포스터가 현재 900달러가 됐다. 코흘리개 아이들이 1달러에 샀던 1938년 ㉡ △△ 잡지 초판은 물가 상승률을 훨씬 뛰어넘어 현재 100만 달러에 거래되고 있으며, 지속적인 가격 상승이 예상된다. 작년에 ㉢ 한정 판매된 ☆☆ 인형도 현재 10배 이상 높은 가격에 거래된다.

① ㉠은 경제재에서 자유재로 변하였다.
② ㉡은 초과공급 상태가 지속될 것이다.
③ ㉢의 공급곡선은 수평이다.
④ ㉡과 달리 ㉢은 경제활동의 객체이다.
⑤ ㉠~㉢을 통해 동일한 상품도 희소성이 달라질 수 있음을 알 수 있다.

FEED BACK

☑ 왜 틀렸을까?	03 ☐ 개념 이해 부족	☐ 문제 이해 부족	☐ 기타( )
	04 ☐ 개념 이해 부족	☐ 문제 이해 부족	☐ 기타( )
☑ 개념 다시 짚어보기			

문제 03   합리적 의사결정

중요도	★★★★☆
정 답	④

개념 해설

ⓒ 계약금 200만 달러는 이미 지난 일이다. 즉, 지출하여 회수할 수 없는 비용이다. 따라서 합리적인 의사결정이기 위해서는 민철을 B구단으로 이적하는 과정에서 고려해서는 안 되는 비용이다.

ⓔ B구단이 민철을 입단시키는 조건으로 A구단에 50만 달러를 지불했다는 것은 민철의 입단으로 B구단이 얻을 편익이 50만 달러보다 크다는 것을 의미한다.

오답 정복하기

ⓐ 대학진학과 A구단 입단을 두고 고민하다가 구단 입단을 선택했다는 것은 대학 진학보다 A구단 입단이 더 유리하다고 판단했기 때문이다. 이를 경제적으로 표현하면 A구단 입단의 순편익이 대학진학보다 크다고 할 수 있다.

ⓒ A구단이 민철을 포기함으로 인해 발생하는 비용이 남은 연봉 100만 달러보다 크다고 판단하였다면, 민철의 이적을 반대했을 것이다. 하지만 민철의 부상으로 제 기량을 발휘하지 못하는 상황이 100만 달러의 가치보다 작다고 판단했기 때문에 이적을 진행시킨 것이다.

문제 04   희소성 – 경제재와 자유재

중요도	★★★★☆
정 답	⑤

PART 01

개념 해설

⑤ 희소성은 언제나 상대적이다. 시공간에 따라 다르고, 사람마다도 다르다. 문제에 제시된 영화포스터, 잡지 초판, 한정 판매된 인형이 대표적인 사례이다.

오답 정복하기

① 재화는 희소성의 유무에 따라 경제재와 자유재로 구분된다. 희소성이 존재하는 재화를 경제재, 그렇지 않은 재화를 자유재라 한다. 자유재는 욕구를 충분히 충족시킬 만큼 재화 및 서비스가 존재하므로 가격이 형성되지 않는다. 반면 자유재는 욕구대비 재화 및 서비스 부존량이 작기 때문에 더 많은 대가를 치르려는 사람에게 우선적으로 재화가 배분된다. 즉, 가격이 형성된다. 공짜로 제공되던 영화포스터가 현재는 가격이 형성되었으므로 자유재에서 경제재로 변한 경우라 할 수 있다.

② 가격의 상승은 초과수요가 존재하기 때문에 발생한다. 수요가 공급보다 많다는 것은 재화의 희소성이 커졌다는 것을 의미한다. 해당 재화를 원하는 사람들이 재화의 양보다 많음을 의미하기 때문이다. 따라서 더 높은 대가를 치르려는 사람들에게 우선적으로 재화가 배분된다. 반면 초과공급의 경우라면 원하는 사람보다 재화의 양이 많은 상황이므로 가격이 하락한다.

③ 한정 판매된 제품의 경우 공급곡선은 수직일 수밖에 없다. 한정 생산된 수준에서 더 이상 공급이 늘어나지 않기 때문이다.

④ 보기에 제시된 상황은 모두 경제활동의 객체들이다. 생산의 주체가 아닌 생산의 결과물에 대해 이야기하고 있기 때문이다.

경제문제와 그 해결방식

▸ "여전히, 문제는 경제야. 멍청아"

– 도널드 트럼프^{Donald Trump}

01 경제의 근본적인 문제

1 생산능력과 욕망

경제는 계속해서 성장한다. 불황이라고 해도 경제성장의 증가율이 둔화되었을 뿐 성장은 계속 되고 있다. 이는 소비할 수 있는 재화와 서비스의 양이 계속해서 증가하고 있음을 의미한다. 하지만, 물질적인 풍요에도 불구하고 많은 사람들의 경제적 욕구는 채워지지 않고 있다. 2016년 미국 팰로 알토 시의 중간 주거소득은 13만 7천 43달러(약 1억 5천만원)이다. 이는 미국 평균의 두 배가 넘는 수치로 팰로알토시는 애플의 CEO인 팀 쿡, 페이스북 CEO 마크 저커버그 등이 거주하는 동네이기 때문이다. 하지만 지역 온라인 매체인 「팰로알토 위클리」에서 이곳에 사는 사람들 6만 7천여 명의 주민 가운데 250명을 대상으로 한 설문조사에서 자신의 사회적 계급을 중산층이라고 규정한 사람이 75명, 중간층 81명, 중하층 17명이었으며, 4명이 상류층이라고 답했다. 이는 사람들의 재화와 서비스에 대한 욕구는 시간에 따라 증가할뿐만 아니라 실제 생산능력보다 더 커지기 때문이다. 이에 따른 문제를 해결하기 위해서는 자원을 어떻게 효율적으로 이용할 것인가에 대한 고민이 필요하다.

2 희소성의 문제

① 무한한 인간의 욕망

인간의 경제적 욕망은 한계가 없다. 개인에 따라 그 크기가 다르며, 동일한 사람도 시간의 변화에 따라 욕망의 크기가 달라지기 마련이다. 지방에 사는 사람은 서울에 살고 싶어 하고, 서울에 사는 사람은 좋은 동네에 살고 싶어 한다. 심지어 좋은 동네에 사는 사람은 비싼 아파트에 살고 싶어 하고, 한 아파트 내에서도 전망이 좋은 고층에 살고 싶어 한다. 모두 경제적 욕망이 만들어내는 마음이다. 이러한 욕망은 사회적 요인뿐만 아니라 기업의 광고와 대중매체 등에 의해서도 끊임없이 확장된다.

② 경제적 욕망의 충족

인간의 경제적 욕망을 충족하기 위해서는 재화와 서비스가 필요하다. 재화^{Goods}란 노트북, 스마트폰, 블루투스 헤드폰과 같은 상품을 의미한다. 그리고 서비스^{Service}란 의사의 진료부터 변호사의 법률자문, 노트북 수리 등 노동력이 투입된 생산물을 의미한다. 그리고 이러한 재화와 서비스를 생산하기 위해서는 자원이 필요하다. 경제학에서 자원^{Resource}이란 생산에 투입되는 요소로서, 생산요소$^{Factor\ of\ production}$ 혹은 투입물^{Inputs}이라고 부른다. 노동, 자본, 토지가 전통적인 생산요소이다. 문제는 이러한 자원을 활용하여 만든 재화와 서비스가 인간의 욕망을 충족시키기에 턱없이 부족하다는 점이다. 이를 희소성의 원칙이라고 한다.

> **🔍 전통적인 생산요소**
>
> 노동^{labor}이란 재화 및 서비스를 생산하기 위한 인간의 정신적·육체적 노력을 의미한다. 한편, 자본^{capital}이란 공장, 기계, 기타 생산과 유통에 사용되는 모든 비인적 요소를 의미한다. 마지막으로 토지^{land}란 수자원, 광물자원 등을 포함한 자연자원을 의미한다.

③ 선택의 문제와 기회비용

희소성의 원칙으로 인해 사람들은 선택의 문제에 직면한다. 원하는 모든 것을 다 가질 수 없기 때문이다. 그런데 선택을 통해 선택하지 않는 것이 생겨나는데, 이때 발생하는 비용을 기회비용이라고 한다. 국가 경제 전체적으로는 희소성으로 인해 소득불평등 문제, 실업문제, 자원문제 등의 경제문제가 지속적으로 나타난다.

> **🔍 희소성 유무에 따른 재화의 구분**
>
> 희소성이 존재하지 않는 경우 선택의 문제가 발생하지 않는다. 희소성이란 욕망 대비 재화와 서비스의 부존량이 적다는 것을 의미하기 때문이다. 만약 욕망보다 재화 혹은 서비스가 더 많다면 선택의 문제가 발생하지 않을 것이다. 모든 욕망을 채울 수 있기 때문이다. 이처럼 희소성이 존재하지 않는 재화를 자유재라고 한다. 공기는 대표적인 자유재이다. 한편, 대부분의 재화는 희소성이 존재하는데 이를 경제재라고 한다. 이러한 구분은 고정불변의 것이 아니며, 자유재는 경제재로, 경제재는 자유재로 변할 수 있다.

① 경제학의 3대 문제

경제문제에 대해 나누는 다양한 주제의 대화를 정리해보면 크게 3가지의 질문으로 압축할 수 있다. 이는 무엇을 생산할 것인가, 어떻게 생산할 것인가, 누가 소비 하는가의 3가지이다. 이러한 질문은 오늘날 세계 경제의 대부분을 차지하는 경제체제인 시장경제를 살아가는 사람들뿐만 아니라 사회주의자, 공산주의자들에게도 동일하게 던질 수 있는 질문이다. 다만 사람마다 본 질문에 대한 답이 달라질 뿐이다. 즉, 이러한 경제문제는 지구상에서 발을 딛고 하루하루를 살아가는 모든 사람들이 직면하는 보편적인 문제라 할 수 있다.

② 경제학의 3대 문제와 경제체제

모든 사람들에게 보편적인 경제문제에 대한 반응은 사람마다 제각각이다. 어떤 사람들은 경제문제는 정부가 모든 것을 해결해야 한다고 이야기한다. 즉, 정부가 생산할 대상과 그 방법을 결정하고, 누가 소비할지도 결정해야 한다는 것이다. 또 다른 누군가는 경제문제는 개인이 결정해야 한다고 주장한다. 실제 현실에서 이 양극단에 놓인 사회는 거의 없으며 양극단 사이의 스펙트럼 가운데 어딘가에 놓여 있다. 그럼 정부의 역할이 가장 작은 단계부터 살펴보자.

① 야경국가에서 강한국가로

야경국가$^{Night\ watch\ state}$란 정부가 시장경제의 기본 요소만을 제공하는 사회를 의미한다. 정부는 강도를 처벌하고 계약을 집행하며 국방과 같은 최소한의 인프라만을 제공하는 역할을 수행한다. 정부의 역할이 조금 더 커지면 정부가 공공서비스(도로 건설, 교육 서비스 등)를 제공하고, 이보다 더 커지면 정부가 국민의 연금과 의료를 책임진다. 정부의 역할이 아주 강해지면 정부가 산업 부문의 일부를 지원하거나 심지어는 소유하기까지 한다. 이러한 사회에서는 정부가 주택, 식량과 같은 기본적인 소비재의 분배까지도 통제할 수도 있다. 극단적인 상황에서는 정부가 직업을 정해주고, 모든 상품을 분배해주는 사회가 형성된다.

② 시장경제체제와 계획경제체제

㉠ 시장경제체제

정부의 역할이 커질수록 한 국가의 경제체제가 달라진다. 정부의 통제가 비교적 낮고, 시장과 가격을 활용해 경제문제를 해결하는 경제체제를 시장경제체제$^{Market\ economy}$라고 한다. 시장경제체제의 핵심은 모든 경제 주체가 사익을 추구한다는 점이다. 그리고 사익의 추구를 통해 얻는 결과물에 대해 사유재산을 인정하여 시장과 가격을 통해 경제문제가 해결될 수 있도록 유도한다.

ⓒ 계획경제체제

시장경제체제의 반대 스펙트럼에 놓인 경제체제이다. 즉, 정부 역할의 비중이 매우 높아 무엇을, 어떻게 생산하여 누가 소비하도록 할지를 중앙 정부의 계획에 전적으로 의존하는 체제이다. 극단적인 계획경제체제의 경우 중앙 정부가 국민들이 필요한 재화와 서비스가 무엇인지 혹은 이를 어떻게 생산해야 하는지를 오판하게 되면 국가 전체의 비효율성이 발생할 수 있어 일부 국가를 제외하고는 해당 경제체제를 공식적인 경제체제로 채택하지 않고 있다.

③ 현실에서의 정부의 통제와 개인의 자유

이론적으로 정부주도와 시장중심으로 극명하게 구분되는 경제체제는 현실에서는 극단적이지 않다. 현실에서는 강한 정부를 무조건적으로 나쁜 행동으로 간주할 수 없다. 어떤 경우에는 시장이 힘을 발휘하지 못하는 경우 정부가 개입하여 효율을 높일 수 있고, 어떤 경우에는 정부 개입 없이 시장에 내버려 두는 것이 더 나을 수도 있다. 경제문제와 이를 해결하는 방식인 경제체제를 통해 파악해야 하는 것은 시장과 정부의 대립구도에서 벗어나 시장이 어떻게 작동하는지, 작동하지 않을 경우 어떤 처방이 필요한지를 고민해보는 일이다.

01 다음에 나타난 경제문제에 대한 옳은 설명을 〈보기〉에서 모두 고른 것은?

> P사는 신규 반도체 개발을 중단하는 등 반도체 사업에서 완전히 철수한다고 발표했다. 현재 반도체 사업에 종사하는 600명의 종업원은 다른 사업 부문에 배치하기로 했으며, 반도체 사업을 통해 익힌 관련 기술을 자사가 경쟁 우위를 점할 수 있는 신제품 개발에 적극 활용한다는 계획이다. P사는 앞으로 주력 사업인 소프트웨어 분야에 경영 자원을 집중하기로 했다.

┤보 기├
㉠ 자원의 최적 배분과 관련된 문제로 효율성이 강조된다.
㉡ 자본주의 경제에서는 원칙적으로 시장을 통해 해결하고자 한다.
㉢ 자원의 희소성은 위와 같은 문제가 발생하는 근본적인 원인이다.
㉣ 중국 진출 기업들이 임금 상승으로 국내에 복귀하는 현상과 같은 문제이다.

① ㉠, ㉡   ② ㉠, ㉢   ③ ㉡, ㉣   ④ ㉠, ㉡, ㉢   ⑤ ㉡, ㉢, ㉣

02 다음은 시장경제체제의 발전 과정을 도식화한 것이다. (가)~(라) 시기와 〈보기〉의 주장이 옳게 짝지어진 것은?

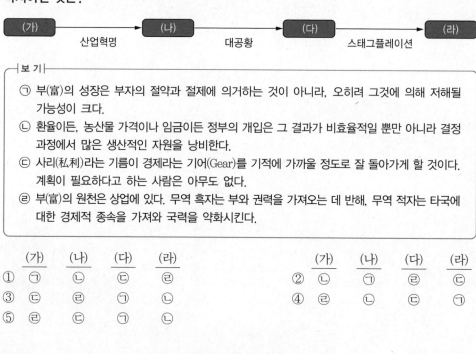

┤보 기├
㉠ 부(富)의 성장은 부자의 절약과 절제에 의거하는 것이 아니라, 오히려 그것에 의해 저해될 가능성이 크다.
㉡ 환율이든, 농산물 가격이나 임금이든 정부의 개입은 그 결과가 비효율적일 뿐만 아니라 결정 과정에서 많은 생산적인 자원을 낭비한다.
㉢ 사리(私利)라는 기름이 경제라는 기어(Gear)를 기적에 가까울 정도로 잘 돌아가게 할 것이다. 계획이 필요하다고 하는 사람은 아무도 없다.
㉣ 부(富)의 원천은 상업에 있다. 무역 흑자는 부와 권력을 가져오는 데 반해, 무역 적자는 타국에 대한 경제적 종속을 가져와 국력을 약화시킨다.

	(가)	(나)	(다)	(라)			(가)	(나)	(다)	(라)
①	㉠	㉡	㉢	㉣		②	㉡	㉠	㉣	㉢
③	㉢	㉣	㉠	㉡		④	㉣	㉡	㉢	㉠
⑤	㉣	㉢	㉠	㉡						

문제 01 경제학의 기초 – 경제문제와 경제체제

중요도 ★★★☆☆
정답 ④

개념 해설

㉠ 자본주의 시장경제체제에서는 경제활동이 시장에서의 수요와 공급에 의해 이뤄진다. 이 과정에서 효율성이 달성된다.

㉡ 시장을 통한 경제문제의 해결은 시장경제체제의 방식이며, 중앙정부를 통한 문제해결은 계획경제체제의 방식이다.

㉢ 경제문제의 발생원인은 자원의 희소성이다. 욕망에 비해 부존자원이 부족하기 때문에 선택의 문제가 발생하기 때문이다.

오답 정복하기

㉣ 중국의 높아진 인건비로 인해 국내로 복귀하는 현상(리쇼어링)은 경제문제 중 어떻게 생산할 것인가의 문제와 연관되어 있다.

🧪 문제 분석

경제체제란 경제문제(무엇을, 어떻게, 누구에게)를 해결하는 방식이다. 제시문의 상황은 '무엇을 생산할 것인가'와 관련된 문제이다.

문제 02 경제학의 기초 – 시장경제체제의 발전 과정

중요도 ★★★☆☆
정답 ⑤

PART 01

개념 해설

(가) 상업자본주의, (나) 산업자본주의, (다) 수정자본주의, (라) 신자유주의

㉠ 절약의 역설을 강조한 케인스의 주장으로 수정자본주의와 관련이 있다.

㉡ 정부의 시장개입이 더 큰 비효율을 발생시킨다는 정부실패를 지적한 밀턴 프리드먼의 주장으로 신자유주의와 관련이 있다.

㉢ 자유방임주의를 주장한 애덤 스미스의 사상으로 산업자본주의의 출현을 가져왔다.

㉣ 상업을 통한 국부 증진을 강조한 중상주의자들의 주장으로 상업자본주의와 관련이 있다.

🧪 문제 분석

산업혁명 이전의 자본주의는 상업을 위주로 형성되었다. 한편, 산업혁명 이후 산업자본주의가 태동되었으며, 대공황 이후 정부의 역할이 커지는 수정자본주의가 태동했다.

오답 정복하기

신자유주의란 스태그플레이션 이후 정부의 역할을 개인의 자유 및 기능이 최대한 실현될 수 있는 조건의 마련에 한정하고, 시장의 자유를 최대한 존중해야 한다는 점을 기조로 한다.

03 다음의 (가), (나)와 관련된 옳은 설명을 〈보기〉에서 모두 고른 것은?

> (가) : 모든 국민의 재산권은 보장된다. 대한민국의 경제 질서는 개인과 기업의 경제상의 자유와
> 창의를 존중함을 기본으로 한다.
> (나) : 재산권의 행사는 공공복리에 적합하도록 해야 한다. 국가는 균형 있는 국민 경제의 성장
> 및 안정과 적정한 소득의 분배를 유지하고, 시장의 지배와 경제력의 남용을 방지하며, 경제
> 주체 간의 조화를 통한 경제의 민주화를 위하여 경제에 관한 규제와 조정을 할 수 있다.

┤보 기├

㉠ (가)는 기본적으로 자본주의 시장경제체제를 지향하고 있음을 보여 준다.
㉡ (나)는 '독과점 규제 및 공정 거래에 관한 법률'의 제정 근거가 된다.
㉢ (가)에 비해 (나)가 강조될수록 정부의 경제적 역할이 커질 수 있다.
㉣ (가)와 (나)를 종합하여 볼 때 경제 활동의 1차적 기준은 사회적 형평성을 제고하는 것이다.

① ㉠, ㉡   ② ㉠, ㉢   ③ ㉡, ㉣   ④ ㉠, ㉡, ㉢   ⑤ ㉡, ㉢, ㉣

04 다음은 우리나라 경제 발전 과정의 두 시기를 비교한 것이다. 이에 대한 옳은 설명을 〈보기〉에서
모두 고른 것은?

> (가) 제1, 2차 경제 개발 5개년 계획(1962~1971) : 기간산업 확충, 사회 간접 자본의 확충, 수출
> 증대를 통한 국제수지 균형, 고용 확대와 국민 소득의 증대, 기술 수준과 생산성의 향상에
> 목표를 두었다. 이를 위해 정부 주도로 외국 자본을 유치하고 수출 주도형 체제를 확립하였다.
> (나) 제5, 6차 경제 사회 발전 5개년 계획(1982~1991) : 안정·능률·균형을 기초로 하여 물가
> 안정·개방화, 시장경제의 활성화, 지방 및 소외 부문 개발을 주요 정책 대상으로 하였다.
> 또한 경제 선진화와 국민 복지 증진을 위해 소득 분배 개선과 사회 개발의 확대, 고기술 부문
> 을 중심으로 한 산업 구조 개편을 중점 과제로 삼았다.

┤보 기├

㉠ (가) 시기는 대외 지향적인 경제 개발 전략을 채택하였다.
㉡ (나) 시기는 경제의 양적 성장보다 질적 구조를 튼튼하게 하였다.
㉢ (가) 시기는 (나) 시기에 비해 민간 경제 주체의 자율성이 최대한 보장되었다.
㉣ (나) 시기는 (가) 시기와 달리 성장과 분배의 조화를 강조하였다.

① ㉠, ㉡   ② ㉠, ㉢   ③ ㉡, ㉣   ④ ㉠, ㉡, ㉣   ⑤ ㉡, ㉢, ㉣

FEED BACK

✓ **왜 틀렸을까?**

03 ☐ 개념 이해 부족	☐ 문제 이해 부족	☐ 기타(	)
04 ☐ 개념 이해 부족	☐ 문제 이해 부족	☐ 기타(	)

✓ **개념 다시 짚어보기**

문제 03 경제학의 기초 – 우리나라 경제체제의 성격

중요도	★★★☆☆
정답	④

개념 해설

㉠ (가)는 사유재산권의 보장, 경제활동의 자유보장을 담고 있다. 이는 우리나라가 기본적으로 시장경제체제를 지향하고 있음을 의미한다.

㉡ 시장지배와 경제력의 남용을 방지한다는 면에서 독과점 규제와 관련된 법률의 제정 근거가 된다.

㉢ 경제활동의 자유보다 규제와 조정이 강조되는 상황일수록 정부의 경제적 역할이 커지게 된다.

오답 정복하기

㉣ 경제학은 무엇보다 효율성을 중시한다. (가)와 (나)를 종합해 볼 때 경제활동의 1차적 기준은 경제활동을 위한 조건의 마련에 한정하고, 시장의 자유를 최대한 존중해야 한다는 점을 기조로 한다.

> **📖 문제 분석**
>
> (가)는 시장경제체제의 핵심인 사유재산권의 보장에 대한 내용이며, (나)는 시장남용을 경계하는 내용이다.

문제 04 경제학의 기초 – 효율과 형평

중요도	★★★☆☆
정답	④

개념 해설

㉠ 우리나라의 60, 70년대는 기간산업의 확충, 수출 증대를 통한 국제수지 균형 등을 목표로 대외 지향적인 경제 개발 전략을 채택하여 수행하였다.

㉡ 우리나라의 80, 90년대는 성장 일변도의 전략에서 질적 구조를 튼튼하게 만들기 위해 국민 복지 증진, 소득 분배 개선과 같은 구조 개편 노력을 기울였다.

㉣ 80, 90년대는 60, 70년대와 달리 성장 일변도가 아닌 분배의 가치를 함께 추구하였다.

오답 정복하기

㉢ 경제 개발 5개년 계획은 기간산업, 사회간접 자본 등과 같이 정부주도의 외국 자본 유치와 수출 주도형 체제를 확립했기 때문에 민간의 자율성은 크게 위축되었다.

> **📖 문제 분석**
>
> 우리나라의 경제성장은 과거 효율에 초점을 맞추었지만, 이후 경제발전을 위한 형평의 가치도 중요하게 여기기 시작하였다.

04

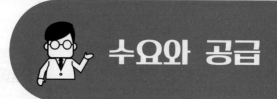

수요와 공급

▸ "냉소주의자란 모든 것의 가격은 알지만 그것의 가치에 대해서는 전혀 모르는 사람이다"

– 오스카 와일드^{Oscar Wilde}

01 경제 전체에서 시장들이 협력하는 방법 – 경제순환도

1 경제순환도

경제순환도는 경제를 구성하는 개별 시장들이 어떻게 연결되어 있는지를 보여준다. 개별 시장은 대표적으로 상품시장과 생산요소시장(노동, 금융시장)으로 구분할 수 있다. 경제순환도를 통해 상품과 돈이 가계와 기업 사이에 어떻게 흘러가는지, 경제 전체에서 상품, 노동, 금융 등 개별 시장이 어떤 부분을 차지하는지 보여준다.

> 🔍 **상품시장과 생산요소시장**
>
> 상품시장은 재화와 서비스가, 생산요소시장은 생산요소가 거래되는 시장이다. 생산요소란 생산을 위해 투입되는 자원으로서, 경제학에서 전통적인 생산요소는 노동, 자본, 토지이다.

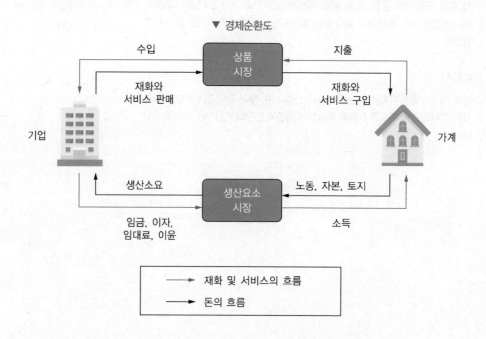

▼ 경제순환도

② 개별 시장의 움직임

① 상품시장

상품시장은 가계가 구매하는 옷, 스마트폰, 이어폰, 개인 트레이닝 서비스와 같은 모든 재화와 서비스를 다룬다. 상품시장에서 재화와 서비스는 생산한 기업에서 가계로 이동한다. 가계는 상품시장에서 재화와 서비스를 구입하는 대가로 가격을 지불한다. 이 과정에서 기업은 재화 및 서비스의 공급자, 가계는 수요자가 된다.

② 노동시장

노동시장은 노동력이 거래되는 시장이다. 노동자가 기업에게 자신을 어필하고, 기업은 노동자를 채용하는 시장을 의미한다. 즉, 노동은 가계에서 이를 고용하는 기업으로 이동한다. 예를 들어 삼성그룹은 통상 1만명 정도의 신규채용규모를 매년 유지하는데 이 과정은 가계에 구성원이었던 청년들이 삼성(기업)으로 흘러들어가는 것을 의미한다. 이때 기업은 노동의 수요자, 가계는 노동의 공급자가 된다.

③ 금융시장

금융시장은 자본이 거래되는 곳이다. 기업이 재화와 서비스 생산에 사용되는 밑천을 구하는 시장이다. 금융시장에서 자본은 직접적인 방식과 간접적인 방식으로 기업에 투자된다. 직접적인 방식은 가계가 주식을 구매하는 형태이며 간접적인 방식은 은행을 통해 대출하는 방식을 의미한다. 이때 가계 혹은 은행은 기업으로부터 투자의 대가로 이자 혹은 배당금을 받는다. 따라서 가계는 자본의 공급자이며, 기업은 자본의 수요자이다.

02 가격의 결정

① 다이아몬드-물의 역설 Diamond-water paradox

① 교환가치와 사용가치

사람들이 물건을 구입할 때 가격에는 가치가 반영되었다고 생각하지만, 경제학자들의 생각은 다르다. 애덤 스미스는 그의 저서《국부론 The Wealth of Nation》에서 교환가치와 사용가치에 대해 설명한다. 다이아몬드는 그 자체로는 먹을 수도 없고, 방문을 고치는 데 사용할 수도 없다. 하지만 다이아몬드의 사치품으로서의 교환가치는 엄청나게 크다. 반면 물은 마실 수도 있으며, 끓여서 증기기관을 움직일 만큼 사용가치가 매우 크지만 손쉽게 구할 수 있기 때문에 교환가치는 작다.

② 경제학자들의 가치, 교환가치

경제학자들이 이야기하는 가격은 교환가치이다. 그리고 교환가치는 희소성과 관련되어 있다. 다시 말해 더 높은 가격을 지불하고자 하는 사람이 교환가치가 높은 상품을 얻을 수 있다는 말로 얼마나 많은 사람이 원하고 있는가에 비해 얼마나 많이 존재하는가를 의미한다. 다이아몬드는 부존량에 비해 이를 얻기 위해 높은 가격을 지불하려는 사람이 많기 때문에 그 가격이 높다. 반면 물은 부존량에 비해 이를 얻기 위해 높은 가격을 지불하려는 사람이 없기 때문에 가격이 낮다. 이처럼 가격이란 교환가치일 뿐 사용가치까지 알 수는 없다.

② 수요와 공급에 의한 가격 결정

경제학자처럼 가격을 생각하면 어떤 상품의 사용가치에 관한 선입관을 버릴 필요가 있다. 즉, 가치로부터 가격을 쉽게 분리할 수 있다. 가치와 가격을 분리하고 나면 어떤 상품의 가격이 합당한지 혹은 가치를 제대로 반영하고 있는지 고민할 필요가 없게 된다. 가격은 사람들이 원하는 수요와 실제로 얻을 수 있는 공급의 상호 작용으로 결정될 뿐이다.

① 수요의 법칙

수요^{Demand}란 재화 및 서비스의 가격과 수요량의 관계를 나타낸다. 수요의 법칙이란 가격이 올라갈 때 수요량이 감소하는 현상을 의미한다. 즉, 「상품의 거래량-가격」 평면에서 그려지는 수요곡선의 형태가 우하향한다는 것을 나타낸다. 이는 가격이 계속 하락하면 수요량은 더욱 늘어난다는 것을 의미한다.

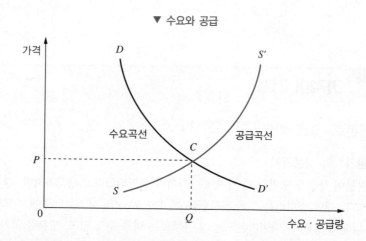

▼ 수요와 공급

🔍 수요와 수요량

수요량은 주어진 가격에서 구매하려는 구체적인 수량을 의미하며, 수요는 가격과 수요량과의 관계로서, 모든 가격 수준에서 얼마만큼을 구매하기를 원하는지 나타낸다. 커피가 1kg 당 1,500원에 약 1억 봉지가 팔렸다면 1억 봉지가 수요량에 해당한다. 한편, 그래프에서 수요량은 점으로 표시되고, 수요는 곡선으로 표시된다.

② 수요곡선의 형태와 그 의미

　㉠ 수요곡선이 우하향하는 이유

수요의 법칙이 성립하는 이유는 대체효과와 소득효과 때문이다. 대체효과란 상품가격이 오르면 해당 상품을 다른 상품으로 대체하는 경향을 의미한다. 오렌지 주스의 가격이 오르면 감귤 주스로 이를 대신하거나, 휘발유 가격이 오르면 연비가 높은 자동차를 구입하는 행태들이 대표적인 예다. 한편 소득효과란 어떤 상품의 가격이 상승할 경우 소득이 갖는 구매력이 하락하여 소비가 감소하는 효과를 의미한다. 월급은 그대로 100만원인데, 매일 마시던 커피의 가격이 1,000원에서 10만원으로 올랐다고 가정해보자. 이 경우 월급 100만원으로 구입 가능한 커피는 1,000잔에서 10잔으로 감소한다. 즉 소득의 구매력이 감소한 것이다. 구매력의 감소는 해당 상품은 물론 다른 상품까지 덜 소비하도록 만든다. 따라서 가격이 오르면 수요량이 감소하여 수요곡선은 우하향하는 형태를 갖는다.

　㉡ 수요곡선과 지불용의 금액

수요곡선의 높이는 주어진 수량에서 소비자가 지불하고자 하는 가격을 의미한다. 합리적인 소비자라면 소비로부터 얻는 최소한의 만족보다 더 큰 대가를 치르지 않는다. 최소 100의 만족을 얻었다면, 그 대가로 지불할 수 있는 최대치는 100이 된다. 각 수량에서 수요곡선의 높이는 해당 수요량에서 지불할 의사가 있는 최대금액을 보여준다. 이를 최대지불의사 금액 혹은 지불용의 금액^{Willingness to pay}이라고 한다. 일반적으로 지불용의 금액은 소비량이 증가할수록 감소한다. 재화 및 서비스의 소비량이 늘어날수록 해당 소비로부터 얻는 만족의 크기는 감소하기 때문이다. 한 끼도 먹지 못했을 때 먹는 김밥 한 줄이 주는 만족과 그 다음 한 줄, 그리고 그 다음 한 줄이 주는 만족은 계속해서 감소하기 마련이다. 따라서 소비량의 증가와 함께 지불용의 금액은 감소하고, 이는 우하향하는 수요곡선의 형태로 나타난다.

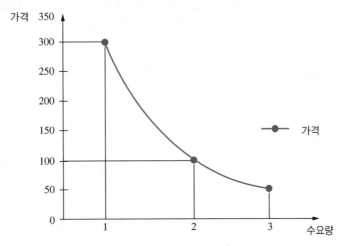

▼ 수요곡선과 최대지불의사 금액

③ 수요곡선이 이동하는 이유

가격의 변화는 수요량에 영향을 미치는 반면 수요에 영향을 미치지 않는다. 따라서 가격이 변할 경우 수요곡선 상에서 수요량이 달라진다. 하지만 가격 이외의 요인이 변하면 수요가 달라진다. 이 경우 수요곡선 자체가 이동하게 된다. 가격 이외의 요인으로는 다음의 요인들을 들 수 있다.

㉠ 소득의 변화

사람들이 이전보다 많은 돈을 번다면 대부분 상품의 경우 모든 가격에서 수요량이 증가한다. 이는 수요곡선의 우측 이동을 야기한다.

㉡ 인구의 증가

인구의 증가는 수요측면에서 상품을 원하는 사람이 더 많아진다는 것을 의미한다. 즉, 모든 가격에서 수요량이 증가한다. 이는 수요곡선의 우측이동으로 나타난다.

㉢ 선호의 변화

웰빙 열풍으로 돼지고기 부위 가운데 기름이 많은 삼겹살보다 지방이 적은 목살에 대한 선호도가 높아졌다. 이 경우 모든 가격 수준에서 목살에 대한 수요량은 증가하고 삼겹살에 대한 수요량은 감소한다. 즉, 목살에 대한 수요곡선은 우측으로, 삼겹살에 대한 수요곡선은 좌측으로 이동한다.

㉣ 관련재 가격의 변화

닭고기가 쇠고기의 대체재인 경우 닭고기 가격의 상승은 닭고기 소비를 줄이고 쇠고기 수요를 증가시킨다. 한편, 보완재 관계인 치킨과 맥주의 경우 치킨의 가격 상승은 치킨 소비를 줄이고, 맥주의 소비도 함께 감소시킨다.

 대체재와 보완재

대체재란 한 상품의 소비를 다른 상품으로 대체하더라도 만족에는 별 차이가 없는 재화를 의미하며, 보완재란 함께 소비할 때 만족이 극대화되는 재화를 의미한다.

④ 공급의 법칙

공급^{Supply}이란 재화 및 서비스의 가격과 공급량의 관계를 나타낸다. 공급의 법칙이란 상품 가격이 오를 때 공급량이 늘어나는 현상을 의미한다. 이는 상품가격은 기업 입장에서 수입이므로, 기업은 상품가격이 오르면 더 많은 상품을 공급해 수입을 높이고자 한다. 따라서 공급곡선은 「상품의 거래량-가격」 평면에서 우상향의 형태를 갖는다.

공급과 공급량

공급량은 주어진 가격에서 생산하려는 구체적인 수량을 의미하며, 공급은 가격과 공급량과의 관계로서, 모든 가격 수준에서 얼마만큼을 생산하기를 원하는지 나타낸다. 한편, 그래프에서 공급량은 점으로 표시되고, 공급은 곡선으로 표시된다.

⑤ 최소수취의사가격과 공급곡선의 형태

우상향하는 공급곡선의 높이는 생산자가 최소한 받아야 하는 금액을 의미한다. 재화 및 서비스 생산에 100의 비용이 발생한 경우, 합리적인 생산자라면 이보다 많은 금액을 받고 판매할 것이다. 최소한 100의 대가는 받아야 한다. 따라서 공급곡선의 높이는 해당 공급량에서 생산자가 받아야 할 최소한의 금액을 의미한다. 이를 최소수취금액Willingness to accept라고 한다. 생산량이 많아질수록 더 많은 비용이 투입되고, 따라서 최소수취금액은 증가한다. 이로 인해 공급곡선의 형태가 우상향한다.

▼ 공급곡선과 최소수취의사 금액

⑥ 공급곡선이 이동하는 이유

수요 및 수요량의 변화와 마찬가지로 가격의 변화는 공급량에 영향을 미치는 반면 공급에 영향을 미치지 않는다. 하지만 가격 이외의 요인이 변하면 공급이 달라진다. 즉, 가격과 공급량 간의 관계가 달라진다는 것이다. 가격 이외의 요인은 대표적으로 다음의 요인들을 예로 들 수 있다.

㉠ 생산기술의 변화

생산기술이란 생산요소를 조합하여 생산을 만드는 기술을 의미한다. 생산기술이 발전할수록 보다 저렴하게 상품을 생산할 수 있다. 따라서 동일한 가격수준에서 공급량이 증가한다. 이는 공급곡선의 우측이동으로 나타난다.

㉡ 생산요소 가격의 변화

생산에 필요한 생산요소의 가격이 상승하면 이전과 동일한 총비용 하에서 생산량을 줄일 수밖에 없다. 따라서 생산요소 가격이 상승할 경우 모든 가격에서 공급량이 감소한다. 이는 공급곡선의 좌측이동으로 나타난다. 참고로 우리나라의 경우 생산요소 가운데 원자재 혹은 원유의 영향을 많이 받는다.

01 그림은 X재의 수요량 또는 수요의 변동을 나타낸다. (가) 또는 (나)가 나타날 수 있는 요인에 대한 설명으로 옳은 것은?

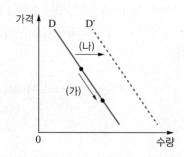

① X재 생산비의 상승은 (가)의 요인이 된다.

② X재의 보완재인 Y재 가격의 하락은 (가)의 요인이 된다.

③ X재 생산에 부과되는 세금의 증가는 (가)의 요인이 된다.

④ X재의 대체재인 Z재 가격의 상승은 (나)의 요인이 된다.

⑤ X재가 정상재이면 소비자들의 소득 감소는 (나)의 요인이 된다.

02 다음과 같은 질문에 대해 옳게 답변한 학생을 〈보기〉에서 고른 것은?

질문 : 커피 시장에서 수요와 공급이 동시에 변동할 경우에 나타나는 균형가격과 균형거래량의 변화에 대해 살펴보자.

구 분	수요 증가	수요 감소
공급 증가	㉠	㉡
공급 감소	㉢	㉣

┤보 기├

갑 : ㉠의 경우 가격은 상승하고 거래량은 증가한다.

을 : ㉡의 경우 가격은 하락하고 거래량의 변화는 불분명하다.

병 : ㉢의 경우 가격의 변화는 불분명하고 거래량은 증가한다.

정 : ㉣의 경우 가격의 변화는 불분명하고 거래량은 감소한다.

① 갑, 을   ② 갑, 병   ③ 을, 병   ④ 을, 정   ⑤ 병, 정

FEED BACK

✔ **왜 틀렸을까?**

01 ☐ 개념 이해 부족   ☐ 문제 이해 부족   ☐ 기타(   )

02 ☐ 개념 이해 부족   ☐ 문제 이해 부족   ☐ 기타(   )

✔ **개념 다시 짚어보기**

문제 01 　수요와 공급 – 수요와 수요량의 변화

중요도	★★☆☆☆
정 답	④

개념 해설

④ X재와 대체관계인 Z재의 가격 상승은 Z재 수요량을 감소시키고, X재의 수요를 증가시킨다. 관련재의 가격변화는 대표적인 수요변화의 요인이다.

오답 정복하기

① 다른 요인이 모두 일정할 경우, 생산비의 상승은 공급곡선의 좌측이동 요인이다.

② X재와 보완관계인 Y재의 가격 하락은 Y재 수요량을 증가시키고, 이는 X재 수요의 증가요인이다. 따라서 X재 수요곡선은 (나)로 이동한다.

③ 다른 요인이 모두 일정할 경우, 세금의 증가는 가격상승을 야기한다. 이는 수요의 감소로 이어져 곡선의 이동요인이 된다.

⑤ 소득은 가격 외의 요인에 해당한다. 즉, 곡선의 이동요인이다.

🧪 문제 분석

수요의 변화는 곡선의 이동으로, 수요량의 변화는 곡선 상의 이동으로 나타난다. (가)는 수요량의 변화, (나)는 수요의 변화이다. 그리고 수요량의 변화는 가격의 변화로, 수요의 변화는 가격 외의 요인들 변화로 발생한다.

문제 02 　수요와 공급 – 수요·공급 변동의 결과

중요도	★★☆☆☆
정 답	④

개념 해설

을 : 수요의 감소는 수요곡선의 좌측이동, 공급의 증가는 공급곡선의 우측이동을 야기한다. 가격은 하락하지만, 거래량의 변화는 불분명하다.

정 : 수요가 감소하고, 공급이 감소할 경우 거래량은 감소하지만, 가격의 변화는 불분명하다.

오답 정복하기

갑 : 수요와 공급이 모두 증가할 경우 거래량은 반드시 증가하지만 가격의 변화는 불분명하다.

병 : 수요가 증가하고, 공급이 감소할 경우 거래량의 변화는 불분명하지만 가격은 상승한다.

🧪 문제 분석

수요곡선과 공급곡선이 동시에 변할 경우 균형가격과 균형 거래량 중 하나는 변화 방향이 불분명하다. 수요 혹은 공급의 변동 폭에 따라 달라지기 때문이다.

03 그림은 수박 시장 균형점 e의 변화를 나타낸다. 이에 대한 옳은 추론을 〈보기〉에서 고른 것은? (단, 수박은 수요와 공급의 법칙을 따른다)

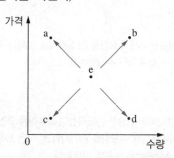

┌─ 보 기 ───┐
  ㉠ 병충해로 수박의 생산량이 감소하는 경우 a로 이동할 수 있다.
  ㉡ 수박에 대한 선호도가 낮아지는 경우 b로 이동할 수 있다.
  ㉢ 대체재인 참외의 가격이 하락하는 경우 c로 이동할 수 있다.
  ㉣ 수박의 생산 비용이 증가하는 경우 d로 이동할 수 있다.
└──┘

① ㉠, ㉡   ② ㉠, ㉢   ③ ㉡, ㉢   ④ ㉡, ㉣   ⑤ ㉢, ㉣

04 다음 자료의 X재 가격과 수요량의 관계에 대한 설명으로 옳은 것은?

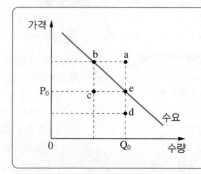

그림에서 e는 X재 가격이 P_0일 때 수요량이 Q_0이라는 것을 나타내고, a~d는 조건의 변화에 따라 나타날 수 있는 가격과 수요량의 조합을 나타낸다(단, 수요 곡선의 이동은 좌우 평행으로만 가능하다).

① X재의 가격이 P_0보다 낮아지면 e는 d로 이동할 것이다.

② X재의 가격이 P_0보다 높아질 것으로 예상되면 e는 b로 이동할 수 있다.

③ X재가 정상재라면 소득이 증가할 때 e는 b로 이동할 수 있다.

④ 보완재의 가격이 상승하면 e는 a로 이동할 수 있다.

⑤ X재의 연관재인 Y재의 가격이 하락할 때 e가 c로 이동하면 두 재화는 대체재이다.

FEED BACK

✓ 왜 틀렸을까?	03 ☐ 개념 이해 부족 ☐ 문제 이해 부족 ☐ 기타( )
	04 ☐ 개념 이해 부족 ☐ 문제 이해 부족 ☐ 기타( )
✓ 개념 다시 짚어보기	

문제 03   수요와 공급 – 수요·공급 변동 원인

중요도	★★★☆☆
정답	②

개념 해설

㉠ 병충해로 인한 수박 생산량의 감소는 그래프의 이동요인이다. 공급곡선의 좌측 이동을 야기해 균형점이 a로 이동할 수 있다.

㉢ 대체재인 참외의 가격하락은 수박의 수요 감소를 야기한다. 따라서 수요곡선이 좌측으로 이동하여 균형점이 c로 이동할 수 있다.

오답 정복하기

㉡ 수박에 대한 선호도가 낮아지면 수요의 감소를 야기한다. 이 경우 수요곡선이 좌측으로 이동해 균형점이 c로 이동한다.

㉣ 수박 생산비용의 증가는 가격상승으로 이어지고, 공급곡선이 좌측으로 이동한다. 이 경우 균형점은 a에서 형성된다.

문제 04   수요와 공급 – 수요량과 수요의 변동

중요도	★★★★☆
정답	⑤

개념 해설

⑤ Y재의 가격이 하락하면 Y재 수요량은 증가한다. 이때 균형점이 e에서 c로 이동하면 즉, X재의 수요가 감소하면 두 재화는 대체재임을 알 수 있다.

오답 정복하기

① X재의 가격이 P_0보다 낮아지면 e는 곡선을 따라 우하향할 것이다.

② X재의 가격이 P_0보다 높아질 것으로 예상되면 수요가 증가하여 수요곡선이 우측이동하므로 e는 a로 이동할 수 있다.

③ X재가 정상재라면 소득이 증가할 때 수요가 증가하여 수요곡선이 우측으로 이동하고, 이로 인해 e가 a로 이동할 수 있다.

④ 보완재의 가격 상승은 이는 X재 수요의 감소요인이고, 이는 수요곡선의 좌측이동을 야기하므로 균형점은 e에서 c 혹은 d로 이동한다.

CHAPTER 05

가격의 결정과 가격의 통제

▶ "절대 팔리지 않을 것만 같았던 물건이 가격을 내리자 거짓말처럼 팔렸어요."

– 중고나라 회원 김모씨

01 수요와 공급의 상호작용 – 가격의 결정

1 균형의 형성

우리나라의 치킨 점포수는 전 세계 맥도날드 매장 수보다 많다. 만약 치킨의 가격이 매우 낮다면 치킨 가게는 모두 사라질 것이다. 만들어봐야 얻을 수 있는 수입이 거의 없기 때문이다. 따라서 공급량이 매우 작아진다. 하지만 치킨 가격이 낮을 경우 많은 사람들이 치킨을 먹으려고 하면서 수요량이 매우 커질 것이다. 반면에 치킨 가격이 약간 오르면 치킨 가게는 치킨을 이전보다 더 많이 만들지만 이전보다 치킨수요량은 줄어들 것이다. 이처럼 치킨의 공급량은 증가하고 수요량이 감소하면서 수요량과 공급량이 일치하는 지점이 생기는 데 이 점을 바로 균형점^{Equilibrium}이라고 한다.

① 초과공급

어떤 상품의 가격이 균형점에서의 가격수준보다 더 높다면 이 상품의 공급량은 수요량을 초과한다. 이를 초과공급^{Excess supply}이라고 한다. 초과공급은 기업의 입장에서 재고가 쌓이기 시작했음을 의미한다. 재고를 없애려면 기업은 소비자들이 구매를 원하는 수준까지 가격을 내려야 한다. 결국 가격은 수요량과 공급량이 서로 만나는 균형점을 향해 떨어지게 된다.

▼ 초과공급과 초과수요

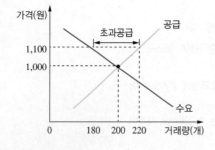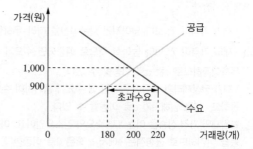

② 초과수요

어떤 상품의 가격이 균형점에서의 가격수준보다 더 낮다면 이 상품의 수요량이 공급량을 초과한다. 이를 초과수요^{Excess demand}라고 한다. 이는 사람들이 공급량이 소진되기 전에 이 상품을 구매하기 위해 줄을 선다는 것을 의미한다. 공급자들은 이를 알아차리고 가격을 올리기 시작한다. 결국 수요량과 공급량이 서로 같을 때까지 수요량은 감소하고 공급량은 증가하며 가격은 균형 가격에 도달한다.

② 균형점의 의미

균형점에서 결정되는 가격과 산출량은 경제적으로 낭비되는 것이 없음을 의미한다. 즉, 효율적임을 의미한다. 효율적인 상태에서는 시장에 남는 생산품 혹은 여분의 수요가 존재하지 않는다. 이러한 효율적인 균형상태는 시장경제가 지향하는 상태이다. 문제는 시장이 항상 균형상태에 있지 않다는 점이다. 시장이 균형을 회복하는 데 얼마만큼의 시간이 걸리는지, 현재 상태가 균형점에 얼마나 가까이 있는지, 시장가격이 언제 균형점으로부터 벗어날 것인지 그리고 언제 균형점으로 복귀하는지 등은 경제학의 오래된 논쟁거리이다.

02 정부의 가격통제

① 현실 세계에서의 균형가격

현실에서 균형점은 수요량과 공급량이 같아지는 것만을 의미할 뿐 사람들이 그 결과에 만족하고 있다는 것을 의미하지는 않는다. 효율적인 균형가격을 놓고, 어떤 구매자는 "너무 비싸요!"라고 말하고, 어떤 판매자는 "그렇게 터무니없이 싼 가격에 팔아야 하다니……"라고 이야기할 수 있다. 이러한 이유로 어떤 경우에는 시장에서 결정된 가격을 정부가 인위적으로 조정하기도 하는데, 이를 가격통제^{Price control}라고 한다. 가격통제는 최고가격제와 최저가격제로 구분된다.

② 최고가격제

① 배경 및 정의

영국 런던의 월세는 살인적이다. 침실 하나에 욕실 하나가 딸린 플랫이라는 형태의 한 달 평균 임대료는 우리 돈 450만원 가량이다. 분명 시장에서 결정된 가격이지만 많은 사람들에게 터무니없이 높게 느껴진다. 만약 이 경우에 정치인들이 법의 시행을 통해 임대료를 낮추도록 한다면 이는 최고가격제^{Price ceiling system}를 시행하는 것이 된다. 즉, 시장에서 결정된 임대료가 너무 높아 집이 필요한 사람들이 집을 구하지 못하고 있으니 임대료를 일정 수준 이상 올리지 못하도록 강제하는 것이다.

> 🔍 **최고가격제**
>
> 최고가격제란 시장에서 결정된 균형가격이 너무 높아 수요자를 보호할 목적으로 정부가 균형가격보다 낮은 수준에서 최고가격을 정하고, 그 이상 올리지 못하도록 하는 가격통제이다.

② 최고가격제 시행의 효과

㉠ 초과수요 발생

소비자를 보호할 목적으로 시행하는 최고가격제지만, 수요-공급의 힘에서 자유로울 수는 없다. 정부의 가격통제로 가격이 낮아지면 수요자는 좋아하지만, 공급자는 반길 리 없다. 가격 통제 하에서 설정된 가격으로는 더 적은 수입이 발생하기 때문이다. 즉, 수요량은 증가하지만, 공급량은 줄어든다. 이는 초과수요가 발생함을 의미하고, 이전보다 더 많은 사람들이 집을 구하지 못하게 됨을 의미한다.

㉡ 재화 및 서비스의 질적 감소

집을 구하는 사람은 많은데 집 주인은 임대료를 인상할 수가 없으니 집 주인은 집 관리에 들어가는 비용을 줄이고자 한다. 집 관리가 소홀하면 임차인들의 원성을 들을 수 있고, 해당 집의 인기가 낮아질 수 있지만, 최고가격제 하에서 아쉬운 사람들은 임차인이므로 집 관리가 소홀하더라도 항의하기가 어렵다. 게다가 주인들은 낮은 임대료를 보충하기 위해 임차인에게 다양한 부가비용을 부과할 수 있다. 한편, 일부의 집 주인들은 임대용 아파트를 콘도미니엄으로 개조하여 임대 사업을 중단할 수도 있고, 건설사는 임대용 아파트 건설을 줄일 수 있다. 그에 따라 임대주택의 질적 수준이 하락하고, 물량은 더 감소하게 된다.

㉢ 암시장의 발생

암시장$^{Black\ market}$이란 불법적인 거래가 이뤄지는 시장이다. 임대료상한제와 같은 최고가격제 하에서는 정부가 정한 최고가격 이상 가격을 올리는 건 불법적인 일이다. 하지만 최고가격제 하에서 암시장은 수요자와 공급자의 이해관계를 모두 충족시킬 수 있는 시장이기 때문에 불법적인 거래가 발생한다. 보다 구체적으로 P_a 수준에서 공급량은 Q_S 이고 Q_S의 공급량 수준에서 수요자는 최대 P_b의 가격까지 지불할 의사가 있으므로 P_a에서 P_b의 가격범위에서 암시장이 형성된다. 해당범위에서는 균형가격 P_0보다 높은 수준에서 거래가 이뤄질 가능성이 높으므로 최고가격제 실시 이전보다 높은 가격에서 거래가 이뤄진다.

▼ 최고가격제와 암시장

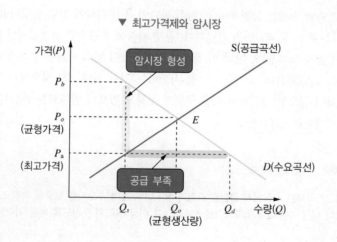

① 배경 및 정의

최근 우리나라는 6,470원이었던 최저임금을 7,530원(2018년 기준)으로 급격히 상승시켰다. 노동시장에서 노동의 공급자인 노동자들의 시장임금이 너무 낮다고 판단한 새 정부가 최저임금을 올린 것이다. 최저가격제는 최고가격제의 반대에 해당한다. 정치적으로 강력한 힘을 지닌 공급자라면 정부가 최저가격을 실시하도록 요구할 수 있다. 즉, 시장에서 결정된 균형가격이 너무 낮아 공급자들이 피해를 보고 있으므로 정부가 개입하여 일정 수준 이하로 책정하지 못 하도록 강제하는 것이다.

> 🔍 **최저가격제**
>
> 최저가격제란 시장에서 결정된 균형가격이 너무 낮아 공급자를 보호할 목적으로 정부가 균형가격보다 높은 수준에서 최저가격을 정하고, 그 이하로 내리지 못하도록 하는 가격통제이다.

② 최저가격제 시행의 효과

㉠ 초과공급의 발생

수요-공급의 힘에서 자유로울 수 없는 것은 최저가격제도 마찬가지이다. 공급자를 보호하기 위한 정부의 개입이지만, 최고가격제와 마찬가지로 당초 의도를 제대로 살리지 못한다. 균형가격보다 높은 수준에서 최저가격이 설정되면서 공급자는 이를 반기지만, 수요자는 높아진 가격 탓에 수요량을 줄이려하기 때문이다. 즉, 공급량은 증가하고 수요량은 줄어든다. 그 결과 초과공급이 발생한다. 최저가격제의 대표적 사례인 최저임금제의 경우 수요자는 기업, 공급자는 노동자이다. 결국 최저가격제 시행으로 인한 초과공급은 실업을 의미한다.

㉡ 암시장의 발생

최저가격제를 실시하는 경우에도 암시장이 발생할 수 있다. 정부가 강제하는 임금 수준에서 기업은 인건비 부담으로 인해 L_1 만큼만 고용하고자 한다. 그리고 L_1의 고용량 수준에서 공급자는 훨씬 낮은 W_3의 임금을 받을 의향이 있다. 따라서 당초 균형가격이었던 W_0 수준에도 미치지 못하는 임금 수준에서 거래가 이뤄질 수 있다.

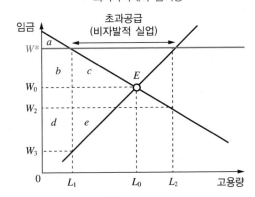

▼ 최저가격제와 암시장

01 정부의 가격통제에 관한 설명으로 옳지 않은 것은?

① 최고가격제를 실시할 경우 암시장이 발생할 수 있고 암시장에서의 거래가격이 최고가격제 실시 전의 시장거래가격보다 더 높아질 수 있다.

② 자원배분의 왜곡을 초래한다.

③ 최고가격제를 실시하면 시장거래가격이 낮아지고 공급되는 제품의 질이 저하될 수 있다.

④ 최고가격제는 저소득층에게 공평한 기회를 제공하며 사회적 후생을 증대시킨다.

⑤ 실효성 있는 최저임금제는 비자발적 실업을 발생시킨다.

02 현재의 가격수준(또는 임금수준)에서 초과공급이 발생하였다. 이러한 상황을 만들어 낼 수 있는 요인들을 〈보기〉에서 모두 고르면?

┤보 기├
⊙ 정부가 시장 균형가격보다 높은 가격수준에서 가격하한제를 실시하였다.
ⓒ 정부가 정한 최저임금이 시장균형임금보다 낮게 설정되었다.
ⓒ 노동자들이 단결하여 일정 수준 이하의 임금에서는 노동력을 제공하지 않기로 하였다. 이때 결정된 임금수준이 시장균형임금수준보다 높았다.
ⓔ 한 단위 더 만들어 팔 때마다 판매자들의 유보가격(Reservation price)이 증가하였다.

① ⊙, ⓒ   ② ⊙, ⓒ
③ ⓒ, ⓒ   ④ ⓒ, ⓔ
⑤ ⊙, ⓒ, ⓔ

FEED BACK

✓ 왜 틀렸을까?	01 ☐ 개념 이해 부족 ☐ 문제 이해 부족 ☐ 기타( )
	02 ☐ 개념 이해 부족 ☐ 문제 이해 부족 ☐ 기타( )
✓ 개념 다시 짚어보기	

문제 01   가격의 통제 – 최고가격제와 최저가격제

중요도	★★★☆☆
정답	④

개념 해설

④ 최고가격제란 시장에서 결정된 균형가격이 너무 높다고 판단하여 균형가격보다 낮은 수준에서 최고가격을 설정하여 그 이상 가격을 받지 못하도록 통제하는 제도이다. 최고가격제의 실시는 공급량의 감소를 야기해 거래량이 감소하고, 사회적 후생이 감소한다.

오답 정복하기

① 최고가격제의 실시는 암시장을 발생시킨다. 균형가격보다 낮아진 가격으로 인해 시장의 거래량이 감소하고, 이는 소비자로 하여금 해당 재화 및 서비스를 구하기 어렵게 만든다. 이로 인해 최고가격보다 더 높은 대가를 지급하고도 수요하고자 하는 소비자가 존재하고, 이는 암시장의 발생으로 이어진다. 또한 암시장에서의 가격은 최고가격 실시 전의 거래가격보다 더 높아질 수 있다.

② 시장균형가격에서 벗어날 경우 소비자 및 생산자 잉여가 모두 감소되고, 이는 자중손실로 이어진다. 즉, 자원배분의 왜곡이 초래된다.

③ 최고가격제의 실시는 균형가격보다 낮은 가격에서 거래가 이뤄지고, 이로 인해 초과수요가 발생하나, 가격을 올릴 수 없으므로 공급되는 제품의 질이 저하될 수 있다.

⑤ 최저가격제는 시장에서 결정된 균형가격이 너무 낮다고 판단하여 균형가격보다 높은 수준에서 최저가격을 설정하여 그 이하의 가격을 받지 못하도록 통제하는 제도이다. 이는 시장의 초과공급을 발생시키고, 노동시장의 초과공급이란 비자발적 실업을 의미한다.

문제 02   가격의 결정 – 초과공급

중요도	★★★★☆
정답	②

개념 해설

㉠ 최저가격제의 실시는 시장에서 형성된 균형가격이 너무 낮다고 판단하여 균형가격보다 높은 수준에서 최저가격을 설정하고, 이 이하로는 가격을 설정하지 못하도록 강제하는 제도이다. 따라서 수요자는 줄어들고, 공급자는 늘어나므로 시장에서 초과공급이 발생한다.

㉢ 강한 노조는 임금경직성의 요인이다. 높은 협상력으로 일정 수준의 임금 이하에서 노동력을 제공하지 않기로 결정한다면, 이는 최저가격제의 실시와 동일한 효력을 발생시킨다.

오답 정복하기

㉡ 정부가 정한 최저임금이 시장균형임금보다 낮게 설정되는 경우 실효성이 없다. 만약 최저임금보다 낮은 수준에서 시장균형임금이 설정된다면 노동시장의 초과공급이 발생하지 않는다.

㉣ 유보가격이란 판매자가 받아야 할 최소금액을 의미한다. 다시 말해 유보가격이 상승한다는 것은 한계비용이 증가한다는 의미이며, 이는 공급곡선의 감소이기 때문에 초과공급이 발생하지 않는다.

03 정부가 노동자 보호를 위하여 최저임금제도를 실시하기로 결정하였다. 이때 정부가 책정한 최저임금 수준이 노동시장의 균형임금 수준보다 낮게 책정되어 있을 때 나타날 수 있는 효과는?

① 실업을 유발한다.
② 노동에 대한 초과수요를 유발한다.
③ 임금수준을 상승시킨다.
④ 노동시장에 아무런 영향을 주지 못한다.
⑤ 물가를 상승시킨다.

04 다음 중 옳지 않은 것은?

① 최고가격을 균형가격 이하로 책정하면 상품의 배분이 비효율적으로 이루어진다.
② 최고가격을 균형가격 이하로 책정하면 만성적인 초과수요가 발생하고 암시장이 나타날 수 있다.
③ 최저가격을 균형가격보다 높게 책정하면 초과공급이 나타나므로 암시장은 발생하지 않는다.
④ 최저가격을 균형가격보다 낮게 책정하면 시장 수급에는 아무 영향이 없다.
⑤ 최저임금제는 미숙련노동자의 취업을 더 어렵게 만든다.

문제 03   가격통제 - 최저임금제

중요도	★★★★☆
정답	④

개념 해설

④ 최저가격제가 실효성을 얻기 위해서는 시장균형가격보다 높은 수준에서 최저가격이 설정되어야 한다. 만약 균형임금 수준보다 낮게 책정된다면 공급자보호라는 당초 명분에 실효성이 없다.

오답 정복하기

① 최저가격제의 실시는 초과공급을 야기한다. 가격의 상승으로 인해 공급자는 공급량을 늘리고 싶지만, 수요자는 수요량을 줄이고자 한다. 노동시장에서 초과공급은 비자발적 실업을 야기한다. 하지만, 최저임금이 균형임금보다 낮게 설정될 경우 초과공급이 발생하지 않아 실업이 발생하지 않는다.

② 균형가격 이하에서 최저가격이 형성될 경우 결국 거래는 시장의 균형가격 수준에서 결정되기 때문에 정책 효과가 사라지게 된다. 따라서 초과수요가 발생하지 않는다.

③ 실효성 없는 최저가격제에서는 거래가 균형가격 이하에서 이뤄지므로, 가격이 더 내려가려고 하지만 더 내려갈 수가 없어 결국 균형수준에서 거래가 이뤄진다. 다시 말해 임금수준에는 아무런 변화가 없다.

⑤ 결국 균형가격 수준에서 거래가 이뤄지므로 물가는 변하지 않는다.

문제 04   가격통제 - 최저가격제와 최고가격제

중요도	★★★★☆
정답	③

개념 해설

③ 최저가격제는 균형가격이 너무 낮다고 판단하여 균형가격 이상으로 최저가격을 설정하는 가격통제제도이다. 균형가격 이상에서 가격이 형성되므로 공급량은 증가하고 수요량은 감소하여 초과공급이 발생한다. 한편, 해당 거래량에서 일부 공급자는 더 낮은 가격에 판매할 의사가 있으므로 암시장이 발생한다.

오답 정복하기

① 최고가격을 균형가격 이하로 책정할 경우 시장의 초과수요가 발생한다. 한편, 최고가격제 하에서는 그 이상 높은 가격을 설정할 수 없으므로 비효율적인 자원배분이 이뤄진다.

② 최고가격제 실시로 인한 초과수요는 암시장의 발생을 야기한다. 해당 거래량에서는 더 높은 가격을 지불하고 수요하고자 하는 수요자들이 존재하기 때문이다.

④ 최저가격이 균형가격보다 낮게 책정되면 결국 거래는 균형수준에서 이뤄지게 되어 최저가격제 실시에 아무런 효력이 없다. 이를 '실효성 없는 최저가격제'라고 한다.

⑤ 최저임금제는 대표적인 최저가격제의 사례이다. 즉, 노동시장의 초과공급인 비자발적 실업을 야기하고 이는 최저임금제 적용 대상인 미숙련 노동자들의 취업을 보다 어렵게 만드는 요인이 된다.

탄력성 이야기

▶ "너무 비싸서 이제는 끊어야겠다."

– 담뱃값 2,000원 인상에 무릎 꿇은 내후배

가격탄력성

① 탄력성이란

지난 2015년 우리나라는 담뱃값을 무려 2,000원을 인상했다. OECD 최고 수준인 우리나라의 흡연율을 더 이상 방치할 수 없다는 판단 하에 정부가 종합 금연 대책을 내놓은 것이다. 하지만 이에 대해 국민의 건강을 염려하기보다는 세수 증진을 위한 결정이라는 의심의 눈초리가 존재한다. 과연 담뱃값 인상은 흡연율을 줄이기 위한 결정이었을까 아니면 세수를 늘리기 위한 결정이었을까? 이에 대한 대답은 담배가격의 증가가 담배 수요량에 얼마나 민감하게 반응하는지 살펴봐야 한다. 경제학에서는 이를 탄력성^{Elasticity}이라고 한다.

② 수요의 가격탄력성

① 정 의

수요의 가격탄력성$^{Price\ elasticity\ of\ demand}$을 통해 수요의 법칙을 보다 세밀하게 확인할 수 있다. 가격이 변화했을 때 수요량의 변화가 얼마나 크게 작동하는지 알 수 있기 때문이다. 즉, 가격이 10퍼센트 올랐을 때 수요량이 30퍼센트 감소하는지, 3퍼센트 감소하는지 확인할 수 있다. 이처럼 수요의 가격탄력성은 수요량이 가격에 얼마나 민감하게 반응하는지를 알려준다.

② 계 산

수요의 가격탄력성을 수식으로 옮기면 다음과 같다. 가격의 변화에 수요량이 얼마나 민감하게 반응하는지를 나타내는 개념이 수요의 가격탄력성이므로, 수요의 퍼센트 변화를 가격의 퍼센트 변화로 나누어 계산된다. 따라서 위의 예에서 수요의 가격탄력성은 3 혹은 0.3이 된다.

$$\text{수요의 가격탄력성}(\epsilon_p) = \frac{\text{수요량 변화율}}{\text{가격 변화율}}$$

일반적인 경제학 교과서에서는 보다 자세한 수식을 사용한다. 하지만 수식에 매몰될 경우 수요의 가격탄력성이 의미하는 바를 놓칠 수 있다. 이러한 의도로 상세한 수식은 별도로 소개한다. 일반적으로 언급되는 수식은 다음과 같다.

$$\epsilon_p = -\frac{\frac{\triangle Q}{Q}}{\frac{\triangle P}{P}} = -\frac{\triangle Q}{\triangle P} \times \frac{P}{Q}$$

③ 해 석

가격탄력성은 크게 세 가지 범주로 살펴볼 수 있다. 수요의 가격탄력성, 공급의 가격탄력성 모두 마찬가지이다.

㉠ 비탄력적인 상품($0 < \epsilon_p < 1$)

수요의 가격탄력성이 비탄력적이라는 의미는 가격의 퍼센트 변화에 비해 수요량의 퍼센트 변화가 작다는 것을 의미한다. 앞선 예에서 가격은 10% 올랐는데, 수요량은 3% 감소한 상황이다. 수요의 가격탄력성이 비탄력적인 상품은 더 저렴한 제품으로 대체하기 어려운 경우가 많다. 체했을 때 비싼 소화제 대신 500원 저렴한 소화제를 선택할 수는 있지만, 당뇨병 환자가 인슐린 가격이 올랐다고 해서 주사량을 줄일 수는 없다. 즉, 수요의 가격탄력성이 비탄력적인 경우는 해당 재화가 필수품인 경우라 할 수 있다.

㉡ 탄력적인 상품($\epsilon_p > 1$)

수요의 가격탄력성이 탄력적이라는 의미는 가격의 퍼센트 변화에 비해 수요량의 퍼센트 변화가 크다는 것을 의미한다. 가격이 10% 올랐을 때 수요량이 30% 감소한 앞선 예가 대표적이다. 이처럼 가격 변화에 민감한 경우는 많다. 콜라 대신 선택할 수 있는 탄산음료가 많다. 이때 콜라에 대한 수요는 탄력적이다. 혹은 명품 제품과 같은 사치재의 경우 가격이 조금만 올라도 수요량은 크게 감소한다. 반드시 필요하지 않은 제품의 경우 지출 여력이 아주 넉넉한 극소수를 제외하면 가격 상승에 민감할 수밖에 없다.

㉢ 단위탄력적 상품($\epsilon_p = 1$)

수요의 퍼센트 변화와 수요량의 퍼센트 변화가 완전히 동일한 경우이다. 가격이 10% 상승했더니 수요량도 10% 하락한 경우이다. 이러한 경우를 단위탄력적이라고 한다.

③ 공급의 가격탄력성

① 정 의

공급의 가격탄력성^{Price elasticity of supply}은 수요의 가격탄력성과 방향만 반대일 뿐 논리적으로 다를 바가 없다. 즉, 가격의 변화에 공급량이 얼마나 민감하게 반응하는지를 통해 공급의 법칙을 보다 세밀하게 확인할 수 있다. 수식 역시 수요의 가격탄력성과 개념적으로 동일하다.

$$공급의\ 가격탄력성(\eta) = \frac{공급량\ 변화율}{가격\ 변화율}$$

> **보충** | **공급의 가격탄력성**
>
> 일반적인 경제학 교과서에서 사용하는 공급의 가격탄력성 수식을 소개하면 다음과 같다.
>
> $$\eta = \frac{\frac{\triangle Q}{Q}}{\frac{\triangle P}{P}} = \frac{\triangle Q}{\triangle P} \times \frac{P}{Q}$$

② 해 석

ⓐ 비탄력적인 상품($0 < \eta < 1$)

가격의 퍼센트 변화가 공급량의 퍼센트 변화보다 큰 경우이다. 가격은 30% 올랐는데, 공급량은 5% 증가에 불과한 경우이다. 가격이 오를 때 공급량을 늘려야 더 큰 수입을 올릴 수 있는 기업의 이해관계를 고려했을 때 일반적이지 않은 상황이다. 일반적으로 공급의 가격탄력성이 비탄력적인 경우는 기업이 원재료 혹은 숙련 노동자를 구할 수 없어서 공급량을 쉽게 늘리지 못하는 상황이다. 완전 비탄력적인 경우는 과거의 유물이나 그림 등의 거래에서 살펴볼 수 있다. 가격이 아무리 오르더라도 공급은 고정될 수밖에 없기 때문이다.

ⓑ 탄력적인 상품($\eta > 1$)

가격의 퍼센트 변화에 공급량의 변화가 더 민감하게 반응하는 경우이다. 가격은 10% 올랐는데, 공급량은 30% 증가하는 경우이다. 이는 기업이 생산 능력을 모두 활용하지 않고 있었음을 알 수 있다. 가격 상승에 공급량을 신속하게 늘릴 수 있었다는 것은 생산여력이 존재함을 의미하기 때문이다.

ⓒ 단위탄력적인 상품($\eta = 1$)

상품가격의 퍼센트 변화와 공급량이 퍼센트 변화가 일치하는 경우를 의미한다. 가격이 30% 상승했더니 공급량도 30% 상승한 경우이다. 이를 두고 공급의 가격탄력성이 단위탄력적이라고 표현한다.

④ 가격탄력성을 계산하는 이유

① 높은 비교가능성

가격탄력성 개념을 활용하면 통화 단위나 측정 단위가 다른 상품이 거래되는 시장을 쉽게 파악할 수 있다. 통화 단위 혹은 측정 단위의 환산 없이 퍼센트 단위로 계산되는 탄력성을 통해 쉽게 비교할 수 있기 때문이다. 또한 모든 시장에서 거래되는 상품을 쉽게 비교할 수 있다. 오리고기의 가격탄력성과 노트북의 가격탄력성을 비교가능하다.

② 향후 시장 반응을 예상

수요 및 공급의 가격탄력성 정도를 파악하면 앞으로의 시장 반응을 예측해볼 수 있다. 즉, 수요와 공급이 변화하는 정도에 따라 시장이 어떻게 반응할 것인지 전략을 수립할 수 있다. 구체적으로 다음과 같은 경우를 살펴볼 수 있다.

㉠ 가격 인상이 매출의 증가를 보장해주지 않는다.

무조건 가격을 인상하면 매출액이 증가한다고 생각할 수 있지만, 탄력성을 공부한 이후에는 이러한 편견을 지워야 한다. 인기가 최고수준인 A그룹 콘서트의 북미, 유럽 지역 투어 티켓 총 28만 석이 예매 시작과 동시에 전석 매진되었다. 모두가 보고 싶어 하는 콘서트의 티켓 수요는 가격과 무관하다. 가격을 높인다고 혹은 낮춘다고 해서 티켓 수요에 영향을 미치지 않을 것이다. 즉, 수요의 가격탄력성은 비탄력적이다. 이 경우 가격을 인하하는 것은 매출 상승에 영향을 미치지 못한다. 반면, 인기가 중간수준인 어떤 가수의 경우 콘서트 티켓 가격은 가격에 탄력적일 것이다. 비슷한 감동을 주는 다른 가수들도 콘서트를 열기 때문이다. 이 경우 수요의 가격탄력성은 탄력적이다. 따라서 가격을 인상할 경우 더 큰 폭으로 티켓 수요량이 감소하여「가격 × 판매량」으로 구해지는 매출액은 감소하게 된다. 어떤 기업이라도 가격을 결정하기 위해서는 자사 제품의 가격탄력성을 고려해야 한다는 것을 알 수 있다.

㉡ 산정 기간에 따라 탄력성이 달라진다.

단기적으로는 대부분의 수요 혹은 공급은 비탄력적이다. 당장 차에 기름을 넣어야 하는데 가격이 올랐다고 해서 기름을 넣지 않을 수는 없는 노릇이기 때문이다. 하지만 장기적으로는 휘발유 수요를 줄일 수 있다. 휘발유 가격이 높은 수준에서 지속된다면 디젤 자동차로 바꾸거나 하이브리드, 혹은 전기차로 변경할 수 있다. 공급측면도 마찬가지다. 가격이 상승하는 경우 공급량을 늘려 매출을 극대화해야 하지만, 갑작스럽게 생산규모를 늘리기가 쉽지 않다. 하지만 몇 년 동안 이런 추세가 계속된다면 이에 반응해 생산량을 늘릴 수 있다. 즉, 장기적으로는 기업이 생산을 조정할 기회가 있기 때문에 탄력적으로 반응할 수 있는 것이다.

ⓒ 수요가 비탄력적일 때는 생산비용의 증가는 소비자에게 전가되지만, 수요가 탄력적이면 생산자에게 전가된다. 커피 원산지에 예정에 없던 기후변화로 커피 원두 수확이 줄어 가격이 상승했다고 하자. 이 경우 커피 원두를 구입해서 커피를 내리는 카페에서는 원두 가격의 상승분을 가격에 반영해 소비자들에게 전가할 수 있을까? 이는 커피수요의 가격탄력성에 달려 있다. 만약 커피 수요가 탄력적이라면 전가할 수 없다. 커피 가격에 수요가 민감하게 반응한다면 커피 대신 차(Tea)를 마시거나, 다른 카페인 음료를 선택할 것이기 때문이다. 따라서 원두 가격의 일부만이 소비자에게 전가된다. 나머지는 생산자에게 전가된다는 의미이다. 하지만 담배와 같이 중독을 야기해 가격변화에 수요량이 거의 변하지 않는 상품은 다르다. 정부가 담배제조사를 상대로 담배세를 인상하면 담배제조사는 세금 인상분만큼 가격을 인상하여 소비자들에게 전가한다. 가격이 높아지더라도 담배수요량은 거의 변하지 않기 때문이다.

🔍 **사회현상과 탄력성**

- 사회보장수당의 삭감이 노년층에게 퇴직보다 일을 더 하도록 장려하게 될 것인지 확인하는 문제도 탄력성의 관점에서 바라볼 수 있다. 즉 "사회보장수당의 퍼센트 변화로 야기되는 노동 시간의 퍼센트 변화는 어느 정도인가"의 문제로 해석될 수 있다.
- 저축을 늘리기 위한 개인퇴직계좌$^{IRA \, ; \, Individual \, Retirement \, Account}$에 실시하는 세금 우대 정책이 저축을 늘릴 수 있을 것인가의 문제도 탄력성의 관점에서 해석가능하다. 즉 "수익률의 퍼센트 증가로 인해 증가하는 저축의 퍼센트 증가는 어느 정도인가"의 문제이다.

1 수요의 소득탄력성

① 정 의

수요의 소득탄력성$^{\text{Income elasticity of demand}}$을 통해 소득의 변화에 수요가 얼마나 민감하게 반응하는지 알 수 있다. 즉, 소득이 10퍼센트 올랐을 때 수요가 얼마나 증가하는지 혹은 감소하는지를 확인할 수 있다. 수요의 소득탄력성은 수요가 소득에 얼마나 민감하게 반응하는지를 알려준다.

② 계 산

수요의 소득탄력성을 수식으로 옮기면 다음과 같다. 소득의 변화에 수요가 얼마나 민감하게 반응하는지를 나타내는 개념이므로, 수요의 퍼센트 변화를 소득의 퍼센트 변화로 나누어 계산된다.

$$\text{수요의 소득탄력성}(\epsilon_m) = \frac{\text{수요 변화율}}{\text{소득 변화율}}$$

보충 | 수요의 소득탄력성

일반적인 경제학 교과서에서 언급되는 수요의 소득탄력성 수식은 다음과 같다.

$$\epsilon_m = \frac{\dfrac{\triangle Q}{Q}}{\dfrac{\triangle M}{M}} = \frac{\triangle Q}{\triangle M} \times \frac{M}{Q}$$

---

③ 해 석

소득이 많으면 재화의 소비를 무조건 늘릴 것 같지만 반드시 그렇지는 않다. 일반적으로는 소득이 높아지면 소비가 증가하지만, 반대로 소비가 감소하기도 한다. 소득이 높아질 때 수요가 증가하는 재화를 정상재($\epsilon_m > 0$), 수요가 감소하는 재화를 열등재($\epsilon_m < 0$)라고 한다.

② 수요의 교차탄력성

① 정 의

수요의 교차탄력성^{Cross elasticity of demand}을 통해 수요가 다른 재화의 가격 변화에 얼마나 민감하게 반응하는지 알 수 있다. 여기서 다른 재화란 수요에 영향을 미칠 수 있는 재화를 의미한다. 이를 연관재^{Related goods}라고 하며, 연관재는 대체재^{Substitutional goods}와 보완재^{Complementary goods}로 구분된다.

> **대체재와 보완재**
>
> • 대체재란 해당 수요를 다른 재화의 수요로 대체하더라도 같은 효용을 누리는 재화를 의미한다. 코카콜라와 펩시콜라, A가게의 치킨과 B가게의 치킨 등이다.
> • 보완재란 함께 소비할 때 효용이 극대화되는 재화를 의미한다. DVD와 DVD 플레이어, 타이어와 자동차, 커피와 설탕 등이다.

② 계 산

수요의 교차탄력성을 수식으로 옮기면 다음과 같다. 수요가 다른 재화의 가격 변화에 얼마나 민감하게 반응하는지를 나타내는 개념이므로, 수요의 퍼센트 변화를 다른 재화 가격의 퍼센트 변화로 나누어 계산된다.

$$\text{수요의 교차탄력성}(\epsilon_{XY}) = \frac{X \text{재 수요의 변화율}}{Y \text{재 가격의 변화율}}$$

> **보충** 수요의 교차탄력성
>
> 일반적인 경제학 교과서에서 언급되는 수요의 교차탄력성 수식은 다음과 같다.
>
> $$\epsilon_{XY} = \frac{\dfrac{\triangle Q_X}{Q_X}}{\dfrac{\triangle P_Y}{P_Y}} = \frac{\triangle Q_X}{\triangle P_Y} \times \frac{P_Y}{Q_X}$$

③ 해 석

수요의 교차탄력성 크기를 통해 재화 간의 관계를 확인할 수 있다. 즉, X재와 Y재가 대체관계인지, 보완관계인지 확인할 수 있다.

㉠ 대체관계($\epsilon_{XY} > 0$)

두 재화가 대체관계에 놓일 때는 Y재의 가격변화와 X재의 수요 증가의 방향이 동일하다. A가게의 치킨 가격이 증가하면, A가게 치킨의 수요량은 감소하지만 대신 B가게 치킨 수요가 증가한다. 따라서 A가게의 치킨 가격과 B가게의 치킨 수요는 같은 방향으로 작용하게 된다.

㉡ 보완관계($\epsilon_{XY} < 0$)

두 재화가 보완관계에 놓일 때는 Y재의 가격변화와 X재의 수요 증가의 방향이 반대이다. 커피와 설탕을 반드시 함께 소비해야 만족이 극대화된다고 가정하자. 이때 커피 가격의 상승은 커피 수요량을 감소시키고, 이는 설탕의 수요 감소로 이어진다. 즉, 커피 가격의 상승과 설탕 수요는 반대로 움직이는 것이다.

01 다음 자료에 대한 옳은 분석 및 추론만을 〈보기〉에서 있는 대로 고른 것은?

> 프로야구 갑 구단은 A구장과 B구장을 운영하고 있다. 갑 구단이 두 구장의 입장권 가격을 각각 5% 인상시키자 두 구장의 전체 입장권 판매수입이 증가하였다. 구장별로는 A구장의 판매수입은 감소하였고, B구장의 판매수입은 증가하였다(단, 각 구장별 수요의 가격 탄력성은 일정하고 어느 한 구장의 입장권 가격 변동은 다른 구장의 입장권 수요에 영향을 미치지 않는다. 또한 각 구장에서 좌석이 매진되는 경우는 없다).

┤보 기├
㉠ A구장의 입장권 가격이 상승하면 A구장의 입장권 수요량은 감소한다.
㉡ B구장의 입장권 수요의 가격탄력성은 1보다 크다.
㉢ 만약 A구장의 입장권 가격을 5% 인하하고 B구장의 입장권 가격을 5% 인상하였다면, 전체 판매수입은 증가하였을 것이다.
㉣ 만약 A구장의 입장권 가격을 5% 인상하고 B구장의 입장권 가격을 5% 인하하였다면, 전체 판매수입은 변하지 않았을 것이다.

① ㉠, ㉡   ② ㉠, ㉢
③ ㉡, ㉣   ④ ㉠, ㉢, ㉣
⑤ ㉡, ㉢, ㉣

02 다음 중 수요의 가격탄력성에 대한 설명으로서 가장 타당하지 못한 것은?

① 가격탄력성이 1보다 크면 그 재화 수요는 가격에 대해 탄력적이라고 한다.
② 가격탄력성이 1보다 크면 가격이 오를 때 그 재화에 대한 지출금액이 증가한다.
③ 그 재화를 대체할 수 있는 재화들이 많을수록 가격탄력성은 높아진다.
④ 소득탄력성이 양(+)일 경우 그 재화를 정상재라고 한다.
⑤ 두 재화 수요의 교차탄력성이 양(+)이면 두 재화는 상호 대체관계에 있다.

FEED BACK

✔ 왜 틀렸을까?	01 ☐ 개념 이해 부족	☐ 문제 이해 부족	☐ 기타( )
	02 ☐ 개념 이해 부족	☐ 문제 이해 부족	☐ 기타( )
✔ 개념 다시 짚어보기			

문제 01 수요의 가격탄력성과 판매수입

중요도 ★★★☆☆
정 답 ②

개념 해설

㉠ 탄력적인 A구장 입장권 가격이 상승하면 A구장의 입장권 수요량은 가격상승폭보다 더 크게 감소한다.

㉢ A, B구장의 입장권 가격이 동일한 폭으로 하락과 상승되었다면 전체 판매수입은 증가한다. A구장의 입장권은 가격탄력성이 탄력적이므로 가격을 낮추면 판매수입이 증가하고, B구장의 입장권은 가격탄력성이 비탄력적이므로 가격을 올리면 판매수입이 증가한다. 따라서 전체 판매수입은 증가한다.

오답 정복하기

㉡ B구장의 입장권은 가격탄력성이 1보다 작다. 가격이 상승하였을 때 판매수입이 증가하는 것은 가격 상승폭보다 더 적은 수요량 감소가 발생했음을 의미하기 때문이다.

㉣ A구장의 입장권은 탄력적, B구장의 입장권은 비탄력적이므로, A구장 입장권 가격을 5% 인상하고, B구장 입장권 가격을 5% 인하하면 전체 판매수입은 변하지 않는다.

> **🔬 문제 분석**
>
> A구장의 입장권 가격이 상승하자 판매수입이 감소하였고, B구장의 입장권 가격이 상승하자 판매수입은 증가했다. 이는 A구장의 입장권은 수요의 가격탄력성이 탄력적인 반면 B구장의 입장권은 수요의 가격탄력성이 비탄력적이라는 것을 의미한다.

문제 02 수요의 가격탄력성

중요도 ★★★☆☆
정 답 ②

개념 해설

② 가격의 탄력성이 탄력적이면, 가격이 오를 경우 수요량이 더 큰 폭으로 감소한다. 따라서 해당 전체 판매수입($TR = Q \times P$)은 감소한다. 이는 해당 재화에 대한 지출금액이 감소함을 의미한다.

오답 정복하기

① 가격탄력성이 1보다 큰 경우를 탄력적, 1보다 작은 경우를 비탄력적이라고 하며, 1인 경우 단위탄력적이라고 한다.

③ 대체재가 많다는 것은 가격이 조금만 상승해도 다른 재화의 소비로 해당 재화의 소비를 대체할 수 있다는 것을 의미한다. 따라서 가격 상승에 소비량 변화가 민감하게 된다. 즉, 대체재가 많을수록 탄력성이 높아진다.

④ 소득탄력성이 양(+)이라는 것은 소득의 증가폭보다 수요 증가폭이 크다는 것을 의미한다. 해당 재화를 정상재라고 한다. 반면 소득탄력성이 음(−)이라는 것은 소득이 증가할 때 수요가 감소한다는 것을 의미한다. 이를 열등재라고 한다.

⑤ 교차탄력성이 양(+)이라는 것은 한 재화의 가격 상승이 다른 재화의 수요량 증가 원인이 된다는 것을 의미한다. 이를 대체관계라고 한다. 한편 교차탄력성이 음(−)인 경우를 보완관계라고 한다.

03 지원이는 아이스크림을 너무 좋아해서 아이스크림 값에 관계없이 자신의 소득을 모두 아이스크림을 사먹는 데만 쓴다고 한다. 아이스크림에 대한 지원이의 가격탄력성과 소득탄력성의 값을 바르게 나타낸 것은?

	가격탄력성	소득탄력성
①	탄력적	비탄력적
②	단위탄력적	단위탄력적
③	완전비탄력적	완전비탄력적
④	완전탄력적	비탄력적
⑤	비탄력적	단위탄력적

04 한 조사에 따르면 수돗물에 대한 수요의 가격탄력성은 −0.5이고 소득탄력성은 2.0이라고 한다. 수돗물의 가격이 4% 상승하고 소득이 1% 높아지는 경우 수돗물에 대한 수요의 변화는?

① 2% 감소한다.
② 1% 감소한다.
③ 변하지 않는다.
④ 1% 증가한다.
⑤ 2% 증가한다.

FEED BACK

✓ 왜 틀렸을까?	03 ☐ 개념 이해 부족 ☐ 문제 이해 부족 ☐ 기타( )
	04 ☐ 개념 이해 부족 ☐ 문제 이해 부족 ☐ 기타( )
✓ 개념 다시 짚어보기	

중요도	★★★☆☆
정답	②

문제 03 수요의 가격탄력성과 소득탄력성

개념 해설

어떤 재화나 서비스 가격과 관계없이 소비량을 결정한다는 것은 가격탄력성이 단위탄력적이라는 것을 의미한다. 가격상승폭에 맞춰 소비량증가분을 결정하기 때문이다. 결국 가격과 소비량 변화폭이 동일하므로 가격탄력성은 단위탄력적이다. 한편, 가진 모든 소득을 아이스크림 소비에 사용한다는 것은 소득탄력성이 단위탄력적임을 의미한다. 소득이 10% 증가하면 소비도 10% 증가하고, 소득이 20% 증가하면 소비도 20% 증가하기 때문이다.

오답 정복하기

탄력성이 탄력적이라는 것은 가격(소득)의 변화폭보다 수요량(수요) 변화폭이 더 크다는 것을 의미한다. 반면 비탄력적이라는 것은 반대이다. 가격(소득)의 변화폭보다 수요량(수요) 변화폭이 더 작다는 것을 의미한다.

중요도	★★★★☆
정답	③

문제 04 수요의 가격탄력성과 소득탄력성

개념 해설

③ 수돗물에 대한 수요의 가격탄력성이 −0.5라는 것은 비탄력적인 수요를 의미하고, 소득탄력성이 2.0이라는 것은 탄력적인 수요를 의미한다. 한편, 이 경우 수돗물의 가격이 4% 상승할 경우 가격탄력성에 의해 수요량이 2% 감소하고, 소득이 1% 높아지는 경우 소득탄력성에 의해 수요량은 2% 증가하므로 최종적으로 수요량은 변하지 않는다.

오답 정복하기

탄력성은 증가폭과 관련된 개념이다. 가격(소득)의 변화분에 대해 수요량이 얼마나 변했는지를 나타내는 개념이 탄력성이므로, 가격의 변화분과 탄력성을 알면 수요량(수요)의 변화폭도 알 수 있다.

효율성 판단의 기준, 소비자잉여와 생산자잉여

▶ "효율성은 분명 유일한 가치가 아니다. 공평성은 효율성과 경쟁하는 또 다른 가치이다. 경제학자는 고작해야 (최종)평가에 유용한 정보를 제공할 수 있을 뿐이다."

– 대니 로드릭$^{Dani\ Rodrik}$

01 시장효율과 후생

① 판단 기준의 필요성

시장에서 재화와 서비스가 거래된다. 최근 들어 시장을 통한 거래가 효율적으로 자원을 배분하고 있는가에 대한 논란이 많이 제기되고 있다. 한편에서는 시장에만 맡겨 두었더니 효율적인 자원배분의 실패가 발생하여, 정부가 직접 배분해야 한다는 주장을 펴기도 한다. 문제는 어떤 경우에는 시장에 맡겨두는 게 맞는 반면 가격통제(최고가격제와 최저가격제) 사례에서 살펴본 바와 같이 정부가 개입할 경우 부작용이 발생하기도 한다는 점이다. 자원배분의 효율성을 어떤 기준에 의해 살펴봐야 하는가에 대한 필요성이 여기에 있다. 각각의 경우마다 효율적으로 혹은 비효율적으로 해석될 수 있는 부분이 존재하기 때문에 하나의 기준이 필요한 것이다.

② 효율과 후생

일반적으로 효율^{Efficiency}이라고 하면 이전보다 적은 자원을 투입해 가장 많은 생산을 달성하는 경우 효율적이라고 한다. 이러한 생산측면에서의 효율성에 대한 정의는 소비측면으로 확장해볼 수 있다. 즉, 적게 소비하면서도 소비자에게 큰 만족을 주는 것도 효율적이라고 정의할 수 있다.

어떤 물건을 두고 구입할지 말지 고민하는 행위를 경제개념의 시각으로 보면 해당 재화를 그 가격에 샀을 때 얼마만큼의 만족감을 느낄 수 있을지 고민하는 행동으로 해석할 수 있다. 해당 가격에 구입했을 때 나의 만족이 충분히 채워진다면 구입을 주저할 필요가 없다. 한때 독일 브랜드의 유명 승용차가 특정 모델을 40% 인하하여 판매한다는 소식이 전해지자, 엄청난 문의가 이뤄진 것도 이 때문이다. 하지만 값이 아직도 너무 비싸거나 아니면 소득이 충분하지 않다고 생각하면 구입을 미룰 수도 있다. 문제의 핵심은 결국 그 가격에서 소비자가 얼마나 큰 효용을 얻을 수 있는가이다.

즉, 시장의 균형 수준에서 과연 소비자가 얼마나 큰 효용을 얻을 수 있는지, 그리고 동일한 가격수준에서 생산자는 어떤 이득을 얻을 수 있는지를 살펴봐야 한다. 소비자가 얻는 효용과 생산자가 얻는 잉여를 합하면 사회 전체가 얻는 만족인 사회후생이 된다. 그리고 시장균형에서 얻어지는 소비자의 효용과 생산자의 잉여가 가장 많아진다면 사회후생도 크게 되고, 이를 시장에서의 자원배분이 효율적이라고 표현한다.

1 소비자잉여의 개념과 정의

① 소비자잉여의 개념

일상생활에서는 소비를 위한 의사결정 과정에서 지불한 가격보다 더 많은 편익을 얻는 경우가 많다. 이는 수요의 정의를 다시 떠올려 봐도 알 수 있다. 수요란 주어진 가격 수준에서 소비자가 구입할 용의가 있는 양으로 정의된다. 만약 마늘빵의 가격이 한 봉지에 1,000원인 경우 5개를 구입할 용의가 있고, 800원이라면 8개를 구입할 용의가 있을 때 이 두 점을 연결하면 수요곡선이 된다. 그런데 만약 가격이 1,000원인 경우에도 구입할 용의가 있는데, 시장에서의 균형가격이 800원이라면, 당연히 800원에 구입한다. 그리고 200원만큼의 이익을 보는데, 이를 소비자잉여^{Consumer surplus}라고 한다. 소비자잉여는 시장에서 가격이 낮아질수록 더 많아진다.

② 소비자잉여의 정의

소비자잉여는 지불할 용의가 있는 가격(최대지불의사)에서 실제로 지급한 시장가격을 제하여 계산한다. 너무나 읽고 싶은 책이 있어서 3만원을 주고 구입할 용의가 있는데, 실제로 2만 5천원에 판매한다면 소비자잉여는 5천원이 된다. 소비자 입장에서는 소비자잉여를 극대화하는 것이 합리적인 선택이 된다. 최대지불의사 가격은 주관적이므로 소비자별로 상이하다. 다음과 같이 케이크의 가격이 천원이라면 청연만 케이크를 구매할 것이다. 한편 가격이 천원으로 떨어지면 재희도 구매할 의사가 있을 것이다. 결국 천원의 가격에서는 시장수요가 두 개가 된다.

▼ 최대지불의사와 개별수요곡선($P=1$만원)

(단위 : 원)

구 분	이 름	최대지불의사
1	청연	10,000
2	재희	8,000
3	성희	7,000
4	세연	5,000

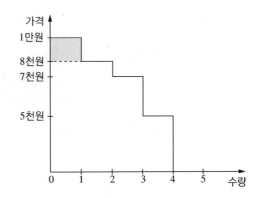

③ 소비자잉여와 수요곡선

㉠ 개별수요곡선

시장수요곡선도 이러한 수요의 연장이다. 실제 시장에는 수많은 수요자가 존재하기 때문에 이를 모두 합하면 시장수요곡선이 도출된다. 이 때 각 소비자들의 지불용의와 수요곡선이 주어진다면 소비자잉여를 계산할 수 있다. 만약 케이크 가격이 8천원으로 하락한다면 청연이는 2천원(최대지불의사 - 시장가격 = 1만원 - 8천원)의 소비자잉여를 누린다. 가격이 7천원이 된다면 청연이의 소비자잉여는 3천원으로 증가하고, 재희도 케이크를 구매하면서 1천원의 소비자잉여를 누린다. 더 떨어져서 가격이 5천원이 되면 청연이는 5천원의 소비자잉여를, 재희는 3천원의 소비자잉여를 누린다. 게다가 성희도 케이크를 구매하며 2천원의 소비자잉여를 얻는다.

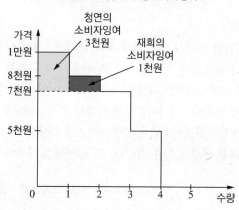

▼ 개별소비자잉여와 총소비자잉여

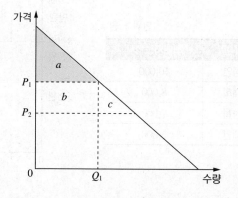

○ 시장수요곡선

직관적인 이해를 돕기 위해 소비자 4명만을 가정했지만, 경제에는 수많은 소비자가 존재한다. 시장가격이 P_1일 때 Q_1만큼의 소비량이 존재한다고 하자. 이때 사회 전체의 소비자잉여는 개별 소비자들이 누리는 소비자잉여의 합과 같다. 가격이 7천원일 때 총 소비자잉여는 청연이 3천원, 재희 1천원으로 총 4천원이었다. 이는 개인별 소비자잉여를 계산한 것이다. 이를 시장 전체로 확대한다면 수요곡선 아래이면서 P_1 위의 삼각형 부분(a 영역)이 소비자잉여가 된다. 한편, 가격이 내려가면 소비자잉여는 증가한다. 가격이 P_2로 하락하면 기존의 소비자의 소비자잉여가 증가함과 동시에 새롭게 구입하는 소비자가 생겨난다. b영역은 기존 소비자의 소비자잉여가 증가하는 부분이며 c영역은 새로운 소비자가 얻는 소비자잉여이다. 결국 가격의 하락은 최초의 소비자들이 느끼는 추가적 잉여와 새로운 소비자가 느끼는 소비자잉여가 합쳐져 사회 전체 소비자잉여의 증가를 가져온다.

② 생산자잉여의 개념과 정의

① 생산자잉여의 개념

생산자들은 생산원가보다 더 많은 이득을 얻고자 한다. 공급이란 주어진 가격 수준에서 생산자가 생산할 용의가 있는 양으로 정의된다. 만약 스마트폰의 원가가 한 대당 80만원인 경우 5개를 공급할 용의가 있고, 100만원이라면 10대를 공급할 의사가 있을 때 두 점을 연결하면 공급곡선이 된다. 그런데 만약 80만원인 경우에도 구입할 용의가 있는데 시장에서 110만원에 판매를 한다면 생산자는 30만원만큼의 이익을 보는데, 이를 생산자잉여^{Producer surplus}라고 한다.

② 생산자잉여의 정의

생산자잉여는 실제로 받은 시장가격에서 공급할 용의가 있던 가격(최소수취금액)을 차감하여 계산한다. 공급곡선에서도 수요곡선과 마찬가지로 각 거래량에서 공급자가 받아들일 수 있는 최저가격 수준이 있다. 이때의 최저가격 수준은 공급자의 기회비용이다. 생산자잉여는 공급자의 총수입에서 기회비용을 뺀 나머지 금액, 즉 경제적 이윤을 의미한다.

🔍 회계적 이윤과 경제적 이윤

이윤은 총수입에서 총비용을 뺀 나머지를 의미한다. 문제는 총비용을 회계적으로 판단하느냐 경제적으로 판단하느냐에 따라 달라진다는 점이다. 총수입이 1,000원, 총비용 500원인 경우 회계적 이윤은 1,000원 – 500원으로 계산하지만, 경제적 이윤은 500원을 다른 곳에 투자해서 얻을 수 있었던 이득도 함께 고려한다.

상품가격이 5만원일 때는 런던바게트만 케이크를 시장에 공급할 의사가 있다. 6만원이 되면 신라당과 런던바게트가, 8만원일 때는 나팔리옹과자점과 신라당, 런던바게트 그리고 9만원이 되면 모든 생산자가 공급하게 된다. 그리고 이때 각 생산자는 잉여를 누리게 된다. 그림은 6만원인 상황을 가정하였다. 시장가격이 6만원인 경우 런던바게트는 1만원의 생산자잉여(=6만원 −5만원)를 누리게 된다.

▼ 최소수취의사가격과 개별공급곡선(P= 6만원)

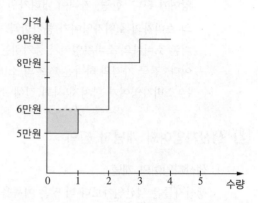

(단위 : 원)

구 분	이 름	최소수취의사
1	런던바게트	50,000
2	신라당	60,000
3	나팔리옹과자점	80,000
4	고구려명가	90,000

③ 생산자잉여와 총공급곡선

상품의 가격이 8만원으로 상승한다면 나팔리옹과자점도 공급에 참여한다. 상품의 가격이 변한다면 생산자잉여도 달라진다. 즉, 6만원의 가격에서 1만원의 생산자잉여를 얻던 런던바게트는 8만원의 가격에서는 생산자잉여가 3만원으로 증가하고, 신라당은 2만원의 생산자잉여를 경험한다. 즉, 가격이 상승할수록 생산자잉여는 상승한다. 그리고 시장에 많은 생산자가 있다고 가정하면 소비자잉여와 마찬가지로 시장 전체의 생산자잉여를 구할 수 있다.

▼ 개별생산자잉여와 총생산자잉여

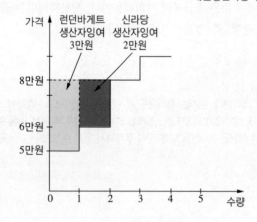
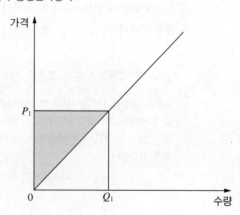

사회의 총잉여는 소비자잉여와 생산자잉여의 합으로 구해진다. 경제주체를 크게 소비자와 생산자로 구분할 수 있기 때문이다. 소비자잉여는 가격이 하락하면 증가하고, 생산자잉여는 가격이 상승하면 증가한다. 시장곡선이 주어졌을 때 소비자잉여는 수요곡선 아래의 영역이면서 가격선 위쪽의 영역이며, 생산자잉여는 공급곡선 위의 영역이면서 가격선 아래의 영역이다. 그리고 이 둘을 합치면 사회 전체가 누리는 사회적 효용이 된다. 이를 사회적 후생^{Welfare}이라고 표현한다. 또한 사회적 후생은 시장 균형가격 수준에서 가장 크다. 즉, 시장에서 결정되는 균형가격에서의 균형 거래량이 사회 후생을 가장 극대화시킨다. 이러한 측면에서 시장을 통한 자원배분은 효율적이라고 평가할 수 있다.

▼ 사회적 후생

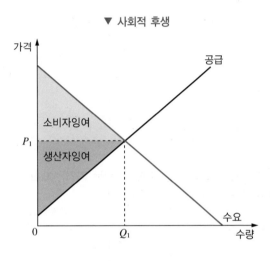

01 소비자잉여에 대한 다음 서술 중 옳은 것은?

① 공급이 감소하여 가격이 상승한 경우 소비자잉여는 감소한다.

② 수요가 증가하여 가격이 상승한 경우 소비자잉여는 감소한다.

③ 수요의 가격탄력성이 클수록 소비자잉여도 크다.

④ 공급의 가격탄력성이 클수록 소비자잉여도 크다.

⑤ 소비자잉여를 늘리는 정책은 자원배분의 효율성도 제고한다.

02 수요곡선이 $Q = 50 - 2P$일 때(Q는 수요량, P는 가격), 재화의 가격이 20원에서 15원으로 하락하면 소비자잉여는 얼마나 늘어나는가?

① 15   ② 25

③ 65   ④ 75

⑤ 80

문제 01 소비자잉여

중요도	★★★☆☆
정답	①

개념 해설

① 소비자잉여는 지불할 용의가 있는 최대금액과 실제 지불액의 차이를 의미한다. 공급이 감소하여 가격이 상승한 경우 새로운 균형점에서 거래량이 감소하고, 가격이 상승하므로 소비자잉여가 감소한다.

오답 정복하기

② 소비자잉여는 가격이 상승할수록 감소한다. 소비자잉여의 정의가 지불할 용의가 있는 최대금액과 실제 지불액과의 차이이기 때문이다. 가격의 상승은 실제 지불액이 상승했음을 의미하므로 소비자잉여의 감소를 야기한다. 하지만 가격이 상승한 경우라도 수요가 증가하여 새로운 균형점에서 거래량이 증가하므로 소비자잉여는 증가한다.

③ 소비자잉여는 기하학적으로는 가격선 위쪽이면서 수요곡선 아래의 영역으로 정의된다. 한편, 탄력적인 가격탄력성은 완만한 기울기의 수요곡선을 의미한다. 수평에 가깝다는 의미이다. 이는 소비자잉여를 감소시킨다.

④ 소비자잉여는 수요곡선과 관련되어 있으며, 생산자잉여는 공급곡선과 연관되어 있다. 소비자잉여와 공급탄력성은 무관하다.

⑤ 경제학에서 자원배분의 효율성이란 $MR = MC$를 의미한다. 그리고 완전경쟁시장에서 $MR = P$이므로 $P = MC$인 경우 자원배분의 효율성이 담보된다. 다만 소비자잉여를 높이는 정책 자체가 $P = MC$를 보장하지는 않으므로 자원배분의 효율성을 제고한다는 보장이 없다.

문제 02 소비자잉여

중요도	★★★☆☆
정답	④

개념 해설

소비자잉여는 수요곡선 아래이면서 가격선 위쪽의 영역이다. 수요곡선을 그리면 다음과 같다.

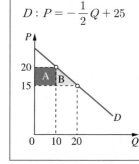

$$D : P = -\frac{1}{2}Q + 25$$

- $P = 20$ 일 때 소비자잉여
  : $Q = 10$, $\frac{1}{2} \times 10 \times 5 = 25$
- $P = 15$ 일 때 소비자잉여
  : $Q = 20$, $\frac{1}{2} \times 20 \times 10 = 100$
- 소비자잉여의 변화분 : $75 (= 100 - 25)$

03 시장수요함수가 $Q^D = 50 - 0.5P$이고 시장공급함수는 $Q^S = 2P$인 재화시장이 있다. 정부가 소비촉진을 위해 소비자에게 단위당 10의 구매보조금을 지급하기로 했다. 이 보조금 정책으로 인해 예상되는 시장의 자중손실은 얼마인가?

① 0   ② 4

③ 20   ④ 220

⑤ 440

04 시중에서 판매되는 유제품에서 멜라민이라는 유해물질이 검출되었다는 보도가 있었다. 공급곡선에 변화가 없다고 가정할 경우 이 뉴스는 유제품의 판매가격과 생산자잉여에 어떤 영향을 미친 것인가?

① 가격은 내리고 생산자잉여는 감소한다.

② 가격은 내리고 생산자잉여는 증가한다.

③ 가격은 오르고 생산자잉여는 감소한다.

④ 가격은 오르고 생산자잉여는 증가한다.

⑤ 어떻게 될지 알 수 없다.

중요도	★★★☆☆
정 답	③

문제 03　자중손실

개념 해설

보조금을 지급하기 전에 시장수요함수와 시장공급함수를 고려하면 균형가격은 20, 균형거래량은 40이 된다.

$$
D : P = -2Q + 100
$$
$$
S : P = \frac{1}{2}Q
$$
$$
D = S \Rightarrow -2Q + 100 = \frac{1}{2}Q \Rightarrow 100 = \frac{5}{2}Q \Rightarrow Q : 40, P : 20
$$

단위당 10의 구매보조금이 지급되는 경우, 수요곡선 및 공급곡선은 다음과 같이 변하고, 이때 균형가격은 22, 균형거래량은 44가 된다.

$$
D : P = -2Q + 100
$$
$$
D = S \Rightarrow -2Q + 110 = \frac{1}{2}Q \Rightarrow 110 = \frac{5}{2}Q \Rightarrow Q : 44, P : 22
$$

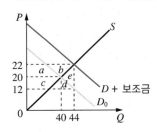

이를 그림으로 나타내면 다음과 같다.

즉, 보조금 지급으로 인해 소비자잉여는 (c+d)만큼 증가하고, 생산자잉여는 (a+b)만큼 증가한다. 그 결과 보조금 지급으로 인한 자중손실은 e의 면적으로 20이 된다.

PART 01

오답 정복하기

기하학적인 측면에서 소비자잉여는 가격선 위쪽이면서 수요곡선 아래의 영역으로 정의되고, 생산자잉여는 공급곡선 위쪽의 영역이면서 가격선 아래의 영역으로 정의된다. 해당 영역의 합계가 사회적 잉여라 한다.

중요도	★★★★☆
정 답	①

문제 04　생산자잉여

개념 해설

① 시중에서 판매되는 제품에 유해물질이 검출될 경우 공급 측 요인의 변화가 없다면 수요가 감소한다. 수요곡선이 좌측으로 이동하고 이는 유제품의 가격하락과 수요량 감소를 야기한다. 유제품의 가격이 하락하면 생산자잉여가 감소하게 된다.

오답 정복하기

생산자잉여는 실제 수취한 금액과 최소 수취 금액의 차이이다. 따라서 가격이 상승하면 실제 수취한 금액이 증가하므로 생산자잉여는 상승한다.

소비자가 구매하는 이유 – 얼마나 구입해야 만족할까?

▶ "엄마, 과자 또, 또, 또, 또, 또 줘~!"
– ㅇㅇ동 김ㅇㅇ ㅇ세

01 소비자 구매에 영향을 미치는 요인

사람들은 매일 소비하며 살아간다. 소비행위가 없다면 경제는 유지될 수가 없다. 이러한 소비행위를 유지하게 하려면, 사람들의 소비의사결정에 미치는 요인을 살펴봐야 한다. 기본적으로 소비에 미치는 요인으로는 개인의 선호, 가격, 예산을 생각해볼 수 있다.

① 개인의 선호

사람들은 자신이 좋아하는 재화 및 서비스를 구입할 때 만족을 얻는다. 경제학자들은 소비자가 소비를 하는 이유는 이처럼 만족을 얻기 때문이라고 가정한다. 그리고 이를 효용^{Utility}이라고 한다. 문제는 구매하고자 하는 다양한 상품 가운데 어떤 상품을 선택해야 하는가이다. 갤럭시탭S3를 구입하면 새 노트북은 구입할 수가 없다. 따라서 갤럭시탭S3를 선택했다는 사실은 태블릿 PC를 선호한다는 사실과 함께 해당 가격대에서 갤럭시탭S3보다 더 좋은 것이 없다고 생각했다는 점을 알 수 있다.

① 효용

경제학에서 (총)효용이란 소비자가 느끼는 주관적 만족도이다. 경제학에서는 소비를 통해 만족, 즉 효용을 얻기 때문에 소비한다고 가정한다. 한편, 효용은 효용함수의 형태로 표현할 수 있다. 효용함수란 소비자가 상품 소비로부터 얻는 만족을 하나의 실수로 표현하는 함수이다. 다음과 같이 표현되며, 상품 소비의 증가로 인해 어느 정도까지는 효용이 증가하다가 감소한다.

▼ 총효용 함수와 그래프

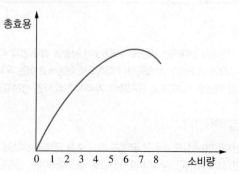

$U = U(X, Y)$
(U : 총효용, X : X재 소비량, Y : Y재 소비량)

② 한계효용

　㉠ 정 의

　　총효용으로부터 한계효용을 도출할 수 있다. 경제학에서 합리적인 의사결정은 언제나 한계적임을 기억하자. 즉, 추가 한 단위 더가 매우 중요하다. 한계효용^{Marginal utility}이란 재화 및 서비스 소비를 한 단위 증가시킬 때 총효용의 변화분을 의미한다. 따라서 한계효용은 다음과 같이 총효용을 X재 소비량 혹은 Y재 소비량으로 미분하여 도출한다. 그리고 한계효용의 기하학적 의미는 총효용 그래프의 점선의 기울기의 크기가 된다.

▼ 한계효용 함수와 그래프

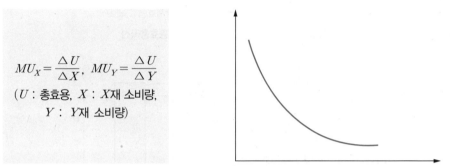

$$MU_X = \frac{\triangle U}{\triangle X}, \ MU_Y = \frac{\triangle U}{\triangle Y}$$
$(U : 총효용, \ X : X재 \ 소비량,$
$Y : \ Y재 \ 소비량)$

　㉡ 한계효용체감의 법칙

　　한계효용은 소비량 증가에 따라 점차 감소한다. 즉 한 단위 추가적인 소비 증가에 따라 얻는 총효용의 변화분이 작아진다는 것을 의미한다. 한 끼도 먹지 못했을 때 처음 먹는 밥 한 술은 매우 큰 만족을 주지만, 두 번째는 첫 번째만큼 만족을 얻지 못한다. 세 번째 역시 두 번째에 미치지 못한다. 이를 경제학에서는 한계효용체감의 법칙^{Law of diminishing marginal utility}이라고 한다. 이는 수요곡선이 우하향하는 모습에서도 확인할 수 있다. 소비량이 늘어나면서 지불용의가 감소하는 이유도 추가 소비에 따른 한계효용이 감소하기 때문이다.

PART 01

③ 총효용과 한계효용의 관계

한계효용은 총효용으로부터 도출되기 때문에 한계효용의 크기에 따라 총효용을 유추해 볼 수 있다. 한계효용이 감소한다고 해서 총효용이 줄어드는 것은 아니다. 단지 한 단위 추가 소비를 통해 얻는 총효용의 증가분이 작아졌음을 의미하는 것이지, 총효용은 소비로 인해 여전히 증가하고 있다. 하지만 한계효용체감의 법칙이 알려주듯 한계효용은 감소한다. 결국 한계효용은 0이 되는 지점까지 감소한다. 이는 기하학적으로 총효용곡선의 접점의 기울기가 0임을 의미한다. 즉, 수평이 되는 것이다. 이 지점이 바로 총효용이 극대화 되는 점이다. 이 상태에서도 더 소비하게 되면 한계효용은 음(-)의 값을 갖게 되고, 이때 총효용은 감소하게 된다.

▼ 총효용과 한계효용 그래프

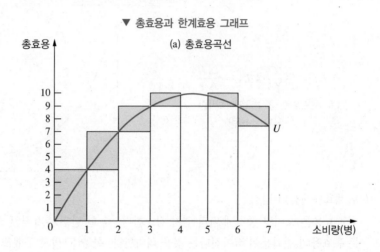

(a) 총효용곡선

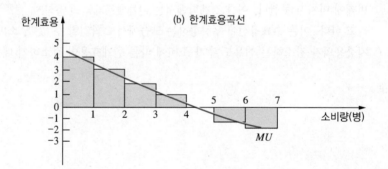

(b) 한계효용곡선

② 가 격

① 가격의 의미

가격은 소비를 결정하는 데 중요한 요인이다. 이는 기회비용을 측정하는 기준이 되기 때문이다. 예를 들어, 태블릿 PC가 50만원이고, 노트북이 100만원이라면 노트북 구입의 기회비용은 태블릿 PC 2대가 된다. 그리고 이는 노트북 한 대를 구입한다면 노트북을 태블릿 PC 2대보다 좋아한다는 것을 의미한다.

② 가격수용자로서의 소비자

완전경쟁시장에서 소비자의 구매는 시장가격에 영향을 미치지 못한다. 각 소비자는 총 재화의 수량에서 아주 작은 부분만을 구매하기 때문이다. 따라서 각 재화는 고정된 가격을 가지고 있고, 소비자들이 해당 재화를 구입할 충분한 돈을 가지고 있다면 고정된 가격에서 구입하고자 하는 재화와 서비스를 원하는 만큼 구입할 수 있다. 이런 점에서 소비자는 가격수용자이다.

③ 예 산

① 예산과 예산선

예산은 소비를 할 수 있는 금전적 여력을 의미한다. 예산집합$^{\text{Budget set}}$은 한 소비자가 그의 소득으로 구매할 수 있는 모든 가능한 재화와 서비스의 집합을 의미한다. 그리고 이 과정에 저축이나 차입은 없다고 가정한다. 즉, 모든 소득은 소비된다는 것이다. 총 소득이 100만원이고, 5만원짜리 스웨터와 25만원짜리 외투만 소비할 수 있다고 할 때, 스웨터와 외투의 다양한 구매조합이 도출될 수 있다. 이들 구매조합을 선으로 연결한 것이 바로 예산선$^{\text{Budget line}}$이다.

▼ 예산선의 수식과 그래프

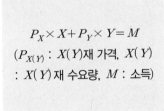

$$P_X \times X + P_Y \times Y = M$$
$(P_{X(Y)}$: $X(Y)$재 가격, $X(Y)$
: $X(Y)$재 수요량, M : 소득$)$

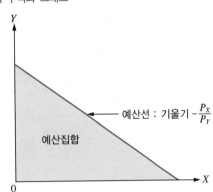

예산선 : 기울기 $-\dfrac{P_X}{P_Y}$

예산집합

② 예산집합과 예산선의 기울기

예산선이 형성하는 삼각형 지역(음영)은 예산집합을 의미한다. 즉, 총소득으로 구매할 수 있는 스웨터와 외투의 조합을 의미한다. 한편, 우하향하는 직선의 예산선은 스웨터를 더 많이 구매하면 외투의 구입을 줄여야 하며, 외투의 소비를 늘리기 위해서는 스웨터 소비를 줄여야 함을 의미한다. 한편, 직선의 예산선은 기울기가 일정함을 의미하고 이는 기회비용도 일정함을 의미한다. 즉, 외투 구입의 기회비용이나 스웨터 구입의 기회비용이 일정하다는 것이다. 보다 구체적으로 외투를 구입할 때 포기해야 하는 기회비용은 스웨터는 5벌이며, 스웨터 구입 시 포기해야 하는 기회비용은 외부 0.2벌이다. 이는 스웨터 5벌을 살 때 외투 1벌을 포기해야 한다는 것을 의미한다. 이는 외투의 가격이 스웨터의 5배이기 때문이다.

스웨터 구입의 기회비용

$$\text{기회비용}_{\text{스웨터}} = \frac{\text{구입하지 않은 외투 수량}}{\text{구입한 스웨터 수량}}$$

외투 구입의 기회비용

$$\text{기회비용}_{\text{외투}} = \frac{\text{구입하지 않은 스웨터 수량}}{\text{구입한 외투 수량}}$$

소비자의 최적 소비량은 개인의 선호, 가격, 예산을 모두 고려하여 결정한다. 보다 구체적으로 주어진 예산 하에서 선호에 의한 선택이 주는 편익^{Benefit}과 비용^{Cost}을 비교하여 최적 소비량이 결정된다.

① 한계적 의사결정

경제학에서 최적 의사결정은 언제나 한계적으로 이뤄진다. 총효용도 한계효용이 0일 때 최대에 도달했다. 문제는 한계효용이 0이 될 때까지 사용할 소득이 없다는 것이다. 따라서 주어진 총소득의 범위 내에서 최대의 만족을 얻을 수 있는 소비량을 찾아야 한다.

② 한계효용균등의 법칙

① 정 의

한계효용균등의 법칙은 주어진 제약에서 얼마만큼을 소비해야 가장 큰 만족을 얻는지 알려준다. 만약 구입해야 하는 재화가 스웨터 하나라면 주어진 소득 내에서 스웨터의 한계효용이 0에 가까워질 때까지 소비하면 된다. 하지만 외투도 구입해야 하는 상황이라면 스웨터의 구입은 외투의 구입 가능성을 없애는 것이므로, 최적 소비량은 두 재화에 지출하는 1원당 한계효용이 일치하는 수준에서 결정된다.

$$\frac{MU_{스웨터}}{P_{스웨터}} = \frac{MU_{외투}}{P_{외투}}$$

② 의 미

만약 1원당 스웨터의 한계효용이 1원당 외투의 한계효용보다 큰 상황이라면 합리적인 소비자는 스웨터의 소비를 늘린다. 하지만 한계효용은 체감하기 마련이다. 스웨터의 추가 구입은 스웨터로부터 얻는 한계효용을 감소시키고, 이는 1원당 외투의 한계효용과 일치할 때까지 계속된다. 따라서 한계효용균등의 법칙은 언제나 성립한다.

PART 01

01 다음은 효용과 관련된 설명이다. 옳지 않은 것은?

① n개를 소비할 때 총효용은 n개까지 각 단위의 한계효용을 합한 것과 같다.

② 한계효용균등의 법칙이란 각 재화 한 단위의 소비에서 얻는 한계효용이 같아지는 것을 말한다.

③ 일반적으로 총효용이 증가하더라도 한계효용은 점차 감소한다.

④ 무차별곡선이 원점에 대하여 볼록한 것은 한계효용체감의 법칙이 작용하기 때문이다.

⑤ 주어진 예산제약 하에서 효용은 한계효용균등의 법칙이 성립할 때 극대화된다.

02 한 소비자는 다음의 어느 경우가 성립할 때까지 마지막 한 단위의 상품을 구매하는가?

① 화폐단위(원)당 얻는 한계효용이 소득의 한계효용과 일치할 때까지

② 화폐단위(원)당 얻는 한계효용이 극대화될 때까지

③ 마지막 단위의 총효용이 극대화될 때까지

④ 마지막 단위의 한계효용이 0이 될 때까지

⑤ 화폐단위(원)당 얻는 한계효용이 극소화될 때까지

FEED BACK

☑ 왜 틀렸을까?	01 ☐ 개념 이해 부족	☐ 문제 이해 부족	☐ 기타( )
	02 ☐ 개념 이해 부족	☐ 문제 이해 부족	☐ 기타( )
☑ 개념 다시 짚어보기			

중요도	★★★☆☆
정답	②

문제 01   소비자이론 기초

개념 해설

② 한계효용균등의 법칙은 각 재화 한 단위에서 얻어지는 한계효용이 아니라 각 재화에서 소비하는 1원당 한계효용이 같아지는 것을 의미한다.

오답 정복하기

① 한계효용은 한 단위 추가적인 소비에 따른 총효용의 증가분이므로 n개에 이르는 각 단위의 한계효용을 모두 합하면 총효용이 도출된다.

③ 한계효용의 기하학적 의미는 총효용의 접점의 기울기이다. 총효용의 접점의 기울기는 소비량이 늘어날수록 감소하다가 정점을 지나면 그 크기가 음(−)의 값을 갖는다.

④ 무차별곡선이 원점에 대해 오목한 모양을 하고 있는 것은 X재 한 단위 추가 소비에 따른 만족을 Y재로 표현했을 때 그 크기가 점차 감소하기 때문이다. 즉, 한계효용이 체감하기 때문이다.

⑤ 소비는 무한정 가능하지 않고 예산제약 하에서 가능하다. 따라서 두 개의 재화가 있을 때 각 재화의 소비에 대한 1원당 한계효용이 일치할 때 예산제약 하에서 효용이 극대화된다.

PART 01

중요도	★★★★☆
정답	①

문제 02   한계효용

개념 해설

① 한계효용균등의 법칙은 재화의 1원당 한계효용이 일치할 때 최적소비량이 결정된다는 것을 알려준다. 즉, 소비자균형에서는 $\dfrac{MU_X}{P_X} = \dfrac{MU_Y}{P_Y}$ 가 성립하고, 이때 1원당 한계효용이 일치한다.

오답 정복하기

한계효용균등의 법칙이 성립하지 않는 경우 균형을 회복하기 위해서는 다음과 같은 의사결정이 뒷받침된다.

- $\dfrac{MU_X}{P_X} > \dfrac{MU_Y}{P_Y}$ 인 경우 X재 소비량을 늘리는 경우 효용이 높아지고, MU_X가 감소하여 한계효용균등의 법칙이 성립한다.

- $\dfrac{MU_X}{P_X} < \dfrac{MU_Y}{P_Y}$ 인 경우 Y재 소비량을 늘리는 경우 효용이 높아지고, MU_Y가 감소하여 한계효용균등의 법칙이 성립한다.

03 경제학에 심취되어 있는 한 학생이 그의 용돈 45,000원 모두를 연필과 연습장을 구매하는 데 사용하고 있다. 그는 현재 연습장 10개와 연필 50개를 구입하였고, 연습장의 가격은 2,000원이고, 연필의 가격은 500원이다. 10번째 연습장의 한계효용은 100이고, 50번째 연필의 한계효용은 400이다. 그는 효용을 극대화하고 있는가 아니면 다른 선택을 강구해야 하는가?

① 이 학생의 효용은 현재 극대화되고 있다.

② 그는 더 많은 연필과 연습장을 구매해야 한다.

③ 그는 연습장을 더 구매해야 하고, 연필의 구매량은 줄여야 한다.

④ 그는 연필을 더 구매해야 하고, 연습장의 구매량은 줄여야 한다.

⑤ 정답 없음

04 어떤 소비자의 X재의 한계효용함수가 $MU_X = 20 - X$이고, Y재의 한계효용함수가 $MU_Y = 10 - Y$로 주어져 있다. X재와 Y재 가격이 각각 $P_X=2$, $P_Y=1$이고, 이 한 사람의 소득이 40원이라면 효용을 극대화하기 위한 X와 Y의 최적소비량은?

① 16, 8

② 20, 30

③ 12, 16

④ 18, 4

⑤ 20, 40

문제 03   한계효용균등의 법칙

중요도	★★★★☆
정답	④

개념 해설

한계효용균등의 법칙을 이해하기 위해서는 가격과 한계효용을 살펴봐야 한다. 연습장(X재), 연필(Y재)라고 한다면 다음과 같이 정리할 수 있다.

$P_X = 2,000, \ P_Y = 500, \ MU_X = 100, \ MU_Y = 400$

$$\frac{MU_X}{P_X} = \frac{100}{2,000} < \frac{MU_Y}{P_Y} = \frac{400}{500}$$

따라서 Y재(연필)의 소비량을 증가시키고, X재(연습장)의 소비량을 감소시켜야 한다. 그 결과 MU_Y는 감소하고, MU_X는 증가한다. 이러한 변화는 X재 1원당 한계효용과 Y재 1원당 한계효용이 일치할 때까지 계속된다.

오답 정복하기

한계효용균등의 법칙을 이해하기 위해서는 한계효용에 대한 개념과 함께 한계효용 체감의 법칙도 함께 이해해야 한다. 1원당 한계효용이 일치한다는 정보 외에도 소비량이 증가할수록 한계효용이 체감한다는 개념을 이해해야 한계효용균등의 법칙 문제를 해결할 수 있다.

PART 01

문제 04   한계효용균등의 법칙

중요도	★★★★☆
정답	①

개념 해설

- 한계효용균등의 법칙은 다음과 같다.

$$\frac{20-X}{2} = \frac{10-Y}{1} \Rightarrow 20 - 2Y = 20 - X \Rightarrow X = 2Y$$

- 예산선 ; $2X + Y = 40$
- $X = 2Y$ 를 $2X + Y = 40$에 대입하면, $5Y = 40 \rightarrow Y = 8, \ X = 16$

오답 정복하기

한계효용균등의 법칙은 재화의 1원당 한계효용이 일치할 때 최적소비량이 결정된다는 것을 의미한다. 보다 구체적으로 최적소비량이란 주어진 예산(소득) 제약 하에서 X재와 Y재 소비량 조합을 결정한다는 의미이다.

> **문제 분석**
>
> 문제의 정보를 바탕으로 최적 소비량을 확인하기 위해서는 효용함수와 예산선을 함께 살펴봐야 한다.

무차별곡선과 소비자 선택

▸ "경제학자들은 좋고 나쁨의 순서에 관한 공리로부터 설명해 낼 수 있는 현실만을
경제학의 대상에 포함시키고자 한다."

– 「경제의 교양을 읽다」 중에서

01 무차별곡선의 필요성

소비자는 구매를 위해 자신의 선호와 가격, 그리고 예산제약을 고려한다. 한계효용균등의 법칙에서는 최적 소비량을 결정하기 위해 주로 가격과 예산제약을 고려했지만, 현실에서 선호도 매우 중요한 요인이다. 문제는 선호라는 개념이 현실에서는 상당히 모호한 개념이라는 점이다. 일반화하기 어려운 주관적 속성을 갖기 때문이다. 무차별곡선은 이러한 선호를 보다 구체화하고, 선호에 초점을 맞춘 소비자의 선택을 살펴볼 수 있다.

02 무차별곡선을 활용한 최적 소비량의 결정

① 무차별곡선

① 정 의

무차별곡선$^{\text{Indifference curve}}$은 소비자에게 동일한 만족을 주는 재화묶음을 연결한 선이다. 이러한 정의에 의해 무차별곡선 위의 점들은 모두 동일한 효용을 나타난다. 즉, 스웨터 5개와 외투 2개 묶음과 스웨터 7개와 외부 3개 묶음이 동일한 크기의 만족을 가져다준다면 다른 재화묶음이지만, 동일한 무차별곡선 위에 위치하게 된다.

▼ 무차별곡선

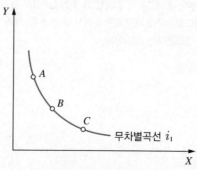

② 무차별곡선이 측정하는 효용

무차별곡선이 측정하는 효용은 소비자가 느끼는 만족을 추상적으로 측정한다. 추상적이라는 의미를 서수적 효용$^{Ordinal\ utility}$이라고 한다. 경제학 초기에는 사람들이 느끼는 주관적인 만족도를 양의 개념으로 파악하여 구체적으로 측정할 수 있다고 생각했다. 이를 기수적 효용$^{Cardinal\ utility}$이라고 한다. 스웨터를 입었을 때의 효용이 10이고, 외투를 입었을 때 효용이 20이라면, 기수적 효용은 외투를 입었을 때의 만족이 스웨터의 2배라고 판단하는 반면, 서수적 효용은 외투를 입었을 때의 만족이 스웨터를 입었을 때보다 크다는 것만 판단 가능할 뿐 얼마나 더 만족하는지는 판단할 수 없다는 입장이다.

③ 무차별곡선의 특징

무차별곡선은 주목해야 할 몇 가지 특징이 있다. 대표적으로 원점에서 멀수록 높은 효용을 나타내며, 서로 교차하지 않으며, 우하향하는 형태로서 원점에 대해 볼록하다는 특징이 있다.

㉠ 원점에서 멀수록 높은 효용을 의미

효용은 기본적으로 소비량이 많을수록 늘어난다고 강조한다. 한계효용이 0이 될 때까지 총효용이 증가하는 모습에서도 이를 확인할 수 있다. 무차별곡선은 이를 원점에서 멀어지는 모습을 표현한다. 즉, 재화의 소비가 증가할수록 무차별곡선은 우상방으로 이동한다.

㉡ 서로 교차하지 않는 무차별곡선

무차별곡선이 서로 교차하면 선호의 일관성을 달성할 수 없다. 같은 무차별곡선 상의 점들은 동일한 효용수준을 나타낸다. 그리고 더 위쪽에 있는 무차별곡선은 아래쪽의 무차별곡선보다 높은 효용수준을 나타낸다. 하지만 교차하면 이러한 원칙이 성립하지 않는다. 아래 그림에서 A와 D의 상품묶음은 동일한 무차별곡선 상에 위치하므로 효용수준이 같다. 한편, 상품묶음 B는 D보다 높은 효용수준을 의미한다. 하지만 상품묶음 B는 A와 같은 무차별곡선 상에 위치하므로 A와 효용수준이 같다. 이처럼 무차별곡선이 교차하는 경우 선호의 일관성이 달성되지 않는다.

▼ 무차별곡선과 선호의 일관성

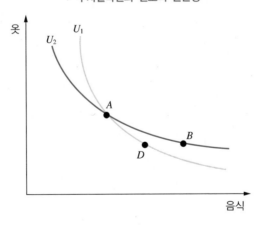

© 원점에 대해 볼록하며, 우하향하는 형태의 무차별곡선

무차별곡선의 형태는 무차별곡선의 기울기와 밀접한 관련을 갖는다. 그 형태가 우하향한다는 것은 동일한 무차별곡선 상에 위치하면서 음식 소비를 늘리기 위해서는 옷의 소비를 줄여야 한다는 것을 의미한다. 한편, 원점에 대해 볼록한 모양은 동일한 무차별곡선 내에서 오른쪽으로 내려갈수록 그 기울기가 완만해진다는 것을 의미한다. 무차별곡선의 기울기가 완만해진다는 것은 음식 한 단위의 추가 소비가 주는 만족이 점차 감소한다는 것을 의미한다. 즉, 음식의 한계효용이 체감함을 의미한다.

④ 무차별곡선의 기울기

㉠ 한계대체율

무차별곡선의 기울기는 동일한 효용을 유지하면서, 음식 소비를 한 단위 늘리기 위해 포기해야 하는 옷이 얼마 만큼인지를 알려준다. 한편, 음식 소비 한 단위 추가 소비를 위해 포기할 수 있는 옷의 양은 사람마다 다르다. 음식이 주는 만족도가 사람마다 다르기 때문이다. 결국 한계대체율은 한 개인이 각 재화의 소비에서 느끼는 주관적인 교환비율을 나타낸다. 따라서 이는 다음과 같이 두 재화의 한계효용으로 표현할 수 있으며, 기하학적으로는 무차별곡선 접점의 기울기를 의미한다.

▼ 한계대체율의 수식과 기하학적 표현

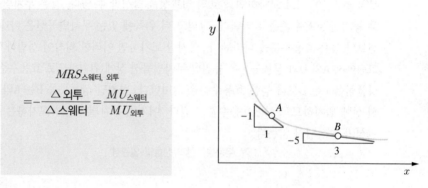

② 무차별곡선과 예산선의 만남

무차별곡선과 예산선이 만나는 지점에서 소비자의 최적소비량이 결정된다. 이는 주어진 소득 내에서 최대의 만족을 달성하는 지점을 의미한다. 한편, 무차별곡선과 예산선이 만난다는 기하학적인 의미는 두 그래프의 기울기가 동일한 지점이 존재한다는 것이다. 즉, 무차별곡선의 기울기인 한계대체율($\frac{MU_X}{MU_Y}$)과 예산선의 기울기($\frac{P_X}{P_Y}$)가 일치할 때 최적소비량이 달성된다. 한계대체율은 주관적인 교환비율을, 예산선의 기울기는 객관적인 교환비율을 의미하므로 이 두 개념이 일치할 때 최적소비량이 달성된다.

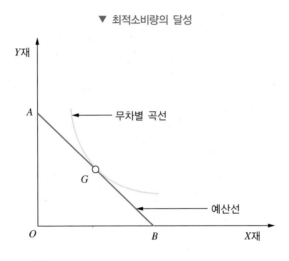

▼ 최적소비량의 달성

01 무차별곡선에 대한 다음 설명 중 옳지 않은 것은?

① 두 재화 간의 대체가 어려울수록 경사가 완만하게 볼록하다.

② 두 재화 간의 한계대체율이 일정한 경우 무차별곡선은 직선이다.

③ 무차별곡선들이 서로 교차하지 않는 것은 선호체계가 이행성(Transitivity)을 가지고 있기 때문이다.

④ 무차별곡선 상의 모든 상품묶음은 소비자에게 동일한 만족을 준다.

⑤ 원점에서 먼 무차별곡선일수록 더 높은 효용을 나타낸다.

중요도	★★★☆☆
정답	①

문제 01   무차별곡선의 기초

개념 해설

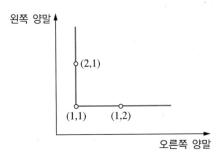

① 두 재화 간의 대체가 어려울수록 무차별곡선은 L자형에 가까워진다. 이는 한계
대체율이 0에 가깝다는 의미이다. 한계대체율이란 동일한 무차별곡선 상에서
X재의 소비를 늘리기 위해서는 얼마만큼의 Y재를 포기해야 하는지 나타낸다.
만약 두 재화가 완전히 대체가 어려운 극단적인 경우라면 하나의 재화 소비를
늘리더라도 동일한 효용을 유지하기 위해 다른 재화를 전혀 줄일 필요가 없기
때문에 0의 한계대체율을 보인다.

오답 정복하기

② 일정한 비율로 두 재화가 완전히 대체가 가능한 경우 무차별곡선은 한계대체율
이 일정한 우하향의 직선의 모양을 갖는다.

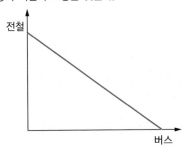

③ 무차별곡선이 교차할 경우 선호의 일관성을 의미하는 이행성이 성립하지 않아
교차하지 않는다.
④ 무차별곡선은 동일한 효용을 가져다주는 상품묶음을 연결한 선이므로 무차별곡
선 상의 점들은 모두 동일한 효용을 준다.
⑤ 원점에서 먼 무차별곡선은 더 높은 효용을 나타내며, 이를 '강단조성'이라고
한다.

PART 01

02 소비자 A는 사과와 귤만을 소비한다. 주어진 예산을 다 쓸 경우 사과 10개와 귤 20개를 살 수도 있고, 사과 14개와 귤 16개를 살 수도 있다. 만약 주어진 예산을 모두 사과만을 사는데 쓴다면 살 수 있는 사과의 개수는?(단, 사과와 귤의 가격은 일정하다)

① 20개   ② 24개

③ 30개   ④ 36개

⑤ 40개

03 다음 그림에 대한 설명으로 옳지 않은 것은?(단, I_1과 I_2는 일반적인 특성을 갖는 무차별곡선이고, 우하향하는 선분은 예산선을 나타낸다)

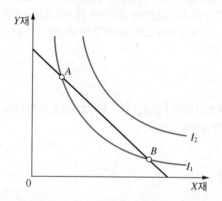

① Y재로 표시한 X재의 한계대체율인 B점보다 A점에서 크다.

② 무차별곡선 I_1에서의 상품묶음이 I_2에서의 어떤 상품묶음보다도 효용이 작다.

③ 소비자가 A점에서 얻는 총효용의 크기와 B점에서 얻는 총효용의 크기가 같다.

④ A점에서 X재의 1원당 한계효용은 Y재의 1원당 한계효용보다 작다.

⑤ B점에서 소비하는 경우, 효용을 극대화하기 위해서는 X재 소비를 감소시키고 Y재의 소비를 증가시켜야 한다.

FEED BACK

☑ **왜 틀렸을까?**

02 ☐ 개념 이해 부족   ☐ 문제 이해 부족   ☐ 기타(   )

03 ☐ 개념 이해 부족   ☐ 문제 이해 부족   ☐ 기타(   )

☑ **개념 다시 짚어보기**

중요도	★★★☆☆
정답	③

문제 02   가격과 예산선

중요도	★★★☆☆
정답	③

개념 해설

주어진 상황에서 사과 10개, 귤 20개 혹은 사과 14개, 귤 16개를 구입할 수 있다는 것은 사과 4개를 추가 구입하기 위해서는 귤 4개의 소비를 줄여야 함을 의미한다. 즉, 1:1로 교환이 가능한 것이다(이는 사과와 귤 가격이 같음을 의미한다). 따라서 주어진 예산으로 하나의 과일만 구입한다면 총 30개를 구입할 수 있다.

오답 정복하기

예산선이란 소득과 재화의 가격 정보가 주어졌을 때, 주어진 소득을 X, Y재 소비에 모두 사용했을 때 구입 가능한 X재와 Y재 수량을 나타낸다.

$$P_X \times X + P_Y \times Y = M$$

문제 03   무차별곡선과 예산선

중요도	★★★☆☆
정답	④

개념 해설

④ 한계대체율과 예산선의 기울기를 비교해 살펴볼 수 있다.

$$MRS_{X,Y} = \frac{MU_X}{MU_Y}, \ 예산선 \ 기울기 = \frac{P_X}{P_Y}$$

A점에서는 무차별곡선의 접점의 기울기가 예산선의 기울기보다 가파르므로 $MRS_{X,Y} = \frac{MU_X}{MU_Y} > \frac{P_X}{P_Y}$ 임을 알 수 있다. 따라서 $\frac{MU_X}{P_X} > \frac{MU_Y}{P_Y}$ 가 성립한다. 즉, X재의 1원당 한계효용이 Y재의 1원당 한계효용보다 크다.

> **📖 문제 분석**
>
> 한계대체율이란 동일한 효용을 유지하면서 X재 한 단위 소비를 늘리기 위해 포기해야 하는 Y재가 얼마만큼인지를 보여준다. 이는 두 재화 간의 주관적 교환비율을 의미하며, 기하학적으로는 무차별곡선의 접점의 기울기로 나타난다.

오답 정복하기

① Y재로 표시한 X재의 한계대체율이란 동일한 효용을 유지하면서 X재 한 단위 소비를 늘리기 위해 포기해야 하는 Y재의 수량을 의미한다. A점에서의 접점의 기울기가 B점보다 가파르므로 Y재로 표시한 X재의 한계대체율은 A점이 B점보다 크다는 것을 알 수 있다.

② 원점에서 멀수록 높은 효용 수준을 나타낸다. 따라서 I_1 에서의 상품묶음은 모든 점에서 I_2 보다 효용수준이 낮다.

③ A점과 B점은 동일한 무차별곡선 상에 있으므로 두 점의 효용수준은 같다.

⑤ B점에서는 예산선의 기울기가 한계대체율보다 가파르다.

즉, $MRS_{X,Y} = \frac{MU_X}{MU_Y} < \frac{P_X}{P_Y}$ 이다. 이는 $\frac{MU_X}{P_X} < \frac{MU_Y}{P_Y}$ 가 성립함을 의미한다. 따라서 이 경우 Y재 소비를 늘리고 X재 소비를 감소시켜야 한다.

04 수민이는 X재와 Y재를 구입하고자 한다. 점 $A(X=50,\ Y=75)$와 점 $E(X=100,\ Y=50)$는 예산선 상에 있는 점들이며, 점 E에서 만족을 극대화한다. 옳은 설명을 모두 고른 것은?

> ㉠ 점 A를 지나는 무차별곡선의 접선기울기의 절대값은 예산선 기울기의 절대값보다 크다.
>
> ㉡ 점 A와 점 E 사이의 예산선 상에서 X재를 점 A보다 더 많이 구입할 경우, 한계대체율 (MRS_{XY})은 커진다.
>
> ㉢ 점 E에서 $MRS_{XY} = \dfrac{1}{2}$이다.

① ㉡

② ㉢

③ ㉠, ㉡

④ ㉠, ㉢

⑤ ㉠

FEED BACK

✓ 왜 틀렸을까?　　　04 ☐ 개념 이해 부족　　☐ 문제 이해 부족　　☐ 기타(　　　　　　　)

✓ 개념 다시 짚어보기

중요도	★★★☆☆
정답	④

문제 04 효용극대화

개념 해설

㉠ 점 A($X = 50$, $Y = 75$)와 점 B($X = 100$, $Y = 50$)가 예산선 위에 있으므로, 두 점을 지나는 직선의 기울기는 $-\frac{1}{2}$이 된다. 한편, 균형은 점 E에서 형성되므로, 다음과 같은 무차별곡선과 예산선을 그릴 수 있으며, A점에서는 무차별곡선의 접선기울기가 예산선보다 가파르다.

$$\text{예산선 기울기}:\ \frac{50-75}{100-50} = -\frac{1}{2}$$

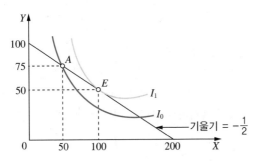

㉢ 균형점에서는 주관적 교환비율과 객관적 교환비율이 일치한다. 다시 말해 한계대체율과 예산선의 기울기가 일치한다. 따라서 E점에서는 $MRS_{XY} = \frac{1}{2}$가 성립한다.

오답 정복하기

㉡ 일반적인 무차별곡선을 가정하면, 점 A와 E 사이의 구간에서 X재 소비를 늘릴 경우 한계대체율은 감소한다. 다만, 일반적인 무차별곡선 형태가 아닌 경우도 가정해보면 특정 상황에서 한계대체율은 증가할 수도 있다. 따라서 현재 문제의 정보만으로는 해당 구간에서 X재 소비 증가에 따른 한계대체율의 변화를 알 수 없다.

CHAPTER 10 완전경쟁과 독점

> "행복한 기업들은 다들 서로 다르다. 다들 독특한 문제를 해결해 독점을 구축했기 때문이다. 반면에 실패한 기업들은 한결같다. 경쟁을 벗어나지 못한 것이다."
>
> – 피터 틸[Peter Thiel]

01 이론과 현실의 경쟁형태

1 미시경제학과 완전경쟁시장

지금까지 미시경제학을 공부하면서 언급되는 시장은 모두 완전경쟁시장이다. 미시경제학에서 별다른 수식어가 없다면 모두 완전경쟁시장을 의미한다. 미시경제학은 (완전경쟁)시장에서 수요와 공급이 상호작용하는 수요와 공급의 힘을 관찰한다. 지금까지 너무 당연하게 전제한 완전경쟁시장에 만약 문제가 발생한다면 수요와 공급이 형성하는 균형은 어떻게 해석할 수 있을지 살펴봐야 한다.

2 현실과 독점

기업의 이윤추구는 사회 전체의 약이 될 수도, 독이 될 수도 있다. 총수입에서 총비용을 제한 개념으로 정의되는 이윤은 매출을 높이거나 비용을 낮춰야 높아진다. 가장 효율적인 생산방식을 찾아야 함과 동시에 고품질의 혁신적인 상품을 생산해야 한다는 것이다. 그리고 그 이익은 결과적으로 소비자에 돌아간다. 하지만 이 과정에서 가격 담합, 품질 저하, 공해 발생 등 바람직하지 못한 행동을 하게 만들 수 있다. 이는 옳고 그름의 문제가 아니라 현실의 문제이다. 따라서 경쟁의 원리가 제대로 작동하지 않는 시장이 어떻게 움직이는가를 이해해야 한다. 또한, 이를 파악할 때 정부의 법과 규제가 필요한 이유를 이해할 수 있다.

3 경쟁의 네 가지 경쟁 행태

어떤 산업에서 어떠한 형태 혹은 어떠한 규모의 기업이라도 다음의 네 가지 형태의 경쟁과 관련되어 있다. 수많은 소규모 기업이 거의 동질적인 상품을 생산하는 완전경쟁[Perfect competiton]과 완전히 반대편에서 하나의 기업이 시장 전체 매출의 거의 100퍼센트를 차지하는 독점[Monopoly]이 있다. 그리고 그 사이에 가장 현실적인 독점적 경쟁[Monopolistic competition]과 과점[Oligopoly]이 있다. 독점적 경쟁은 많은 기업들이 경쟁자들과 약간 차별화된 상품 및 서비스를 판매하는 상황을 의미하며, 과점은 소수의 기업이 시장 매출의 거의 100퍼센트를 차지하는 경쟁의 형태이다.

1 완전경쟁시장의 의의

완전경쟁시장이란 이론적으로 완벽한 형태의 시장을 의미한다. 현실에서 찾아보기 어려운 조건들로 구성된 시장이지만, 다른 경쟁형태를 평가할 수 있는 기준이 된다는 점에서 의미를 갖는다. 즉, 완전경쟁이라는 가장 효율적인 경쟁형태를 정의하고 다른 경쟁형태가 이와 어떻게 다른지를 살펴볼 수 있는 것이다.

2 완전경쟁시장의 정의

완전경쟁시장의 정의는 완전한 정보 하에서 수많은 소비자와 생산자가 완전히 동질적인 상품을 사고 팔며, 시장 내의 기업들의 진입과 퇴출이 완전히 자유로운 시장 형태로 정의된다. 완전경쟁시장을 정의하는 각각의 요소들은 완전경쟁이 완전히 효율적으로 자원을 배분할 수 있는 이유를 보여준다.

① 완전한 정보

완전경쟁시장의 주체들은 완전한 정보를 별다른 노력 없이 얻을 수 있다고 가정한다. 생산자와 수요자가 갖고 있는 정보의 크기가 동일하다는 의미이다. 해당 가정에 의하면 상품가격의 변화는 모든 생산자와 소비자가 알고 있어 다른 가격에 거래하는 생산자와 소비자는 없다.

② 동일한 상품을 거래하는 수많은 생산자와 소비자

완전경쟁시장의 기업들은 완전히 동일한 상품을 생산한다. 소비자 입장에서는 A기업의 생산물이나 B기업의 생산물은 다르지 않다. 따라서 기업들은 자신이 만든 제품의 가격을 설정하지 못한다. 그저 시장에서의 수요와 공급에 의해 결정되는 가격을 받아들일 뿐이다. 이처럼 가격을 설정하지 못하고 시장균형가격을 받아들이는 생산자를 가격수용자$^{\text{Price taker}}$라고 한다.

③ 기업들의 자유로운 시장진입과 퇴출

마음대로 기업을 설립했다가 폐업할 수 있다는 의미이다. 여기에서의 퇴출^{Exit}이란 시장을 떠나는 장기적인 의사결정을 의미한다. 그리고 동질적인 상품을 판매하는 수많은 기업들이 있기에 진입과 퇴출로 시장 가격에 영향을 미치지 않는다. 한편, 이는 완전경쟁기업의 장기무이윤 현상을 초래한다. 단기적으로 모든 기업이 이윤을 경험할 경우에 시장 밖에 경쟁자들이 해당 시장으로 진출한다. 빨아먹을 단물이 있기 때문이다. 많은 기업의 시장진출은 시장의 공급량 증가를 야기하고, 공급의 증가는 가격의 하락을 야기한다. 그리고 그 가격하락은 경제적 이윤이 0이 될 때까지 계속된다. 만약 경제적 이윤이 0보다 작아진다면 기업들은 시장에서 퇴출한다. 따라서 장기의 균형은 경제적 이윤이 0이 될 때 성립한다.

> 🔍 **산업의 장기와 단기**
>
> 산업에서 기업의 수가 단기에는 고정되어 있지만, 장기에는 기업들의 수익성의 변화에 반응하여 산업에 진입하거나 퇴출할 수 있다. 장기에는 기업들이 노동뿐만 아니라 물적자본까지 변화시킬 수 있는 능력을 가지고 있기 때문에 수익성의 변화에 반응하여 기업들이 산업에 진입하거나 퇴출할 수 있다.

1 독점시장의 의의

독점^{Monopoly}은 오로지 하나의 판매자만이 재화와 서비스를 판매하고, 이를 대체할 수 있는 재화 및 서비스는 존재하지 않는 산업구조를 의미한다. 시장에 생산자가 자신 하나이므로, 눈치 볼 경쟁자가 없다. 따라서 독점기업은 다양한 상황을 고려해 자신의 이윤을 극대화할 수 있는 가격을 설정한다.

2 시장지배력과 가격설정

독점시장에서 기업은 완전경쟁시장에서와 달리 가격설정자$^{Price-maker}$로 행동한다. 기업이 자신이 생산하고 판매하는 재화 및 서비스의 가격을 정할 수 있다는 의미이다. 독점기업은 해당 시장에서 유일한 생산자로서, 시장지배력$^{Market\ power}$를 갖기 때문에 가격설정자로 행동할 수 있다.

▼ 완전경쟁시장과 독점의 비교

구 분	완전경쟁시장	독점시장
판매자의 수	많 음	하 나
재화 및 서비스의 제품차별화 여부	없음(동질적)	대체재가 없는 유일한 재화 및 서비스
진입장벽	없음(자유로운 진입, 퇴출)	있음(매우 높음)
가격수용자 또는 설정자	가격수용자 (시장에 의해 가격이 결정)	가격설정자 (경쟁자와 대체재가 없으므로)
기업이 직면하는 수요곡선	수평선	우하향의 수요곡선
균형에서의 장기적 이윤	0	0 이상일 가능성 높음

3 시장지배력이 발생하는 이유

독점기업에게 시장지배력이 존재하는 이유는 진입장벽이 있기 때문이다. 진입장벽$^{Barriers\ to\ entry}$은 잠재적 경쟁자들로 하여금 시장에 들어올 수 없도록 하는 장애물을 의미한다. 높은 진입장벽은 시장에서 경쟁이 발생하지 않도록 기존 기업을 보호하는 역할을 한다. 진입장벽은 자연적으로 발생하는 경우가 있는가 하면 법적인 제도로 인해 인위적으로 발생하기도 한다. 이를 각각 자연적 시장지배력$^{Natural\ market\ power}$과 법적 시장지배력$^{Legal\ market\ power}$이라고 한다.

① **법적 시장지배력**

법은 기업이 규정할 수 없기 때문에 법적 시장지배력은 기업의 입장에서 외적인 요인에 의해 발생하는 시장지배력이다. 특허나 저작권 형태로 기업을 보호하는 형태가 대표적이다. 특허^{Patent}의 경우 정부는 개인이나 기업이 만든 재화와 서비스에 생산하고 판매할 수 있는 독점적 권한을 부여한다. 미국의 제약회사 화이자$^{Pfizer\ Inc}$가 1996년 비아그라의 특허를 신청했을 때 정부는 20년간 독점적으로 판매할 수 있는 권한을 부여하였다. 저작권^{Copyright}도 마찬가지이다. 이는 개인이나 기업의 지식재산에 대해 독점적 권한을 부여하는 것이다. 저작권의 보호수준은 국가마다 다르지만, 사후에도 계속된다. 이처럼 독점적인 권한이 부여되면, 완전경쟁시장에서 보다 높은 가격을 책정할 수 있다. 소비자들의 경우 높은 가격은 당장에 손해가 되지만, 이들이 지불하는 비용은 혁신의 원천이 된다는 점에서 긍정적이다. 독점권한이 보장되지 않는다면, 불확실성이 높고 엄청난 투자가 수반되는 혁신은 이뤄지지 않을 것이다.

② **자연적 시장지배력**

시장지배력은 자연적으로 형성되기도 한다. 보다 구체적으로 자연적 시장지배력은 외적인 요인이 아닌 기업 스스로 만들어내는 진입장벽이라 할 수 있다. 자연적 진입장벽은 생산에 필요한 핵심자원을 한 기업이 독점하고 있는 경우나 규모의 경제가 존재하는 경우에 발생한다.

㉠ **핵심자원의 독점**

핵심자원$^{Key\ resource}$이란 재화 혹은 서비스를 생산할 때 반드시 필요한 투입물을 의미한다. 없으면 생산할 수 없는 자원을 한 기업이 독점하고 있다면 시장지배력은 저절로 생길 수밖에 없다. 반도체의 경우 웨이퍼^{Wafer}라고 불리는 실리콘으로 만든 얇은 판이 없으면 생산이 불가능하다. 전 세계 공급량의 약 70%를 담당하고 있는 삼성과 SK하이닉스는 2020년까지 전 세계에서 생산되는 웨이퍼를 독점하는 계약을 체결했다. 막대한 공적자금 투입으로 반도체 굴기를 완성하려는 중국의 부상이 2020년 이전에는 성공할 수 없는 이유이다. 한편, 다른 사람이 갖지 못한 탁월한 전문성이나 코카콜라社의 제조비법과 같은 영업비밀 역시 핵심자원이다. 이들 핵심자원은 소수에게 독점되는 경우가 많기 때문에 시장지배력의 원천이 된다.

㉡ **규모의 경제**

우리나라의 전기가 한국전력공사^{KEPCO}를 통해서 독점 공급되고, 수돗물이 한국수자원공사^{Kwater}를 통해 독점 공급되는 이유는 효율성 때문이다. 만약 여러 개의 전기 혹은 수돗물 공급회사가 있다면 하나의 지역에 여러 개의 전기선과 수도관이 들어와야 한다. 인터넷 서비스를 생각하면 쉽다. 아파트 지하에 SK, KT, LG, 지역케이블 방송 등 동일하지만 사업자가 다른 인터넷 회선이 매설되어 있다. 그리고 각 가정이 선택하는 통신사의 회선이 가정에 연결된다. 만약 인터넷도 국가가 제공한다면, 하나의 회선만 설치하면 모든 가정에 인터넷 서비스가 연결될 것이다. 전기나 수도처럼 한 기업이 하나의 전선 혹은 수도관을 설치해 서비스할 경우 여러 회사가 제공하는 경우에 비해 단위당 평균비용을 낮출 수 있다. 이처럼 생산량이 많아질수록 단위당 평균비용이 낮아지는 현상을 규모의 경제$^{Economy\ of\ scale}$라고 한다. 이러한 규모의 경제가 존재하는 경우 잠재적 경쟁자는 시장에 진입하지 못한다. 단위당 비용을 규모의 경제가 존재하는 기업 수준으로 낮출 수 없기 때문이다. 규모의 경제가 진입장벽이 되는 것이다. 이처럼 규모의 경제로 인해 자연스럽게 발생하는 독점을 자연독점$^{Natural\ monopoly}$이라고 한다.

01 다음 글의 밑줄 친 부분에 해당하지 않는 것은?

> 이론적으로는 가장 효율적인 자원 배분이 가능한 시장 형태가 존재한다. 이 시장에서는 수요자와 공급자가 가격을 주어진 것으로 받아들인다. 그러나 이 시장은 몇 가지 조건을 충족시켜야 하기 때문에 현실에서 그 사례를 찾는다는 것은 매우 어렵다.

① 시장에 진입과 탈퇴의 자유가 보장되어야 한다.
② 다수의 수요자와 공급자가 시장에 참여하여야 한다.
③ 수요자와 공급자가 모두 완전한 정보를 보유해야 한다.
④ 하나의 상품에 여러 개의 시장가격이 존재하여야 한다.
⑤ 시장에서 거래되는 상품이 질적으로 차이가 없어야 한다.

02 다음과 같은 체계로 움직이는 시장에서 나타나는 특징을 바르게 진술한 것은?

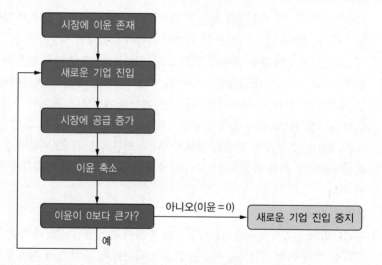

① 상품의 공급자가 가격을 결정한다.
② 소수의 기업들이 치열한 경쟁을 한다.
③ 우리나라의 이동 통신 시장이 대표적 사례이다.
④ 특정 기업이 시장의 독점력을 거의 행사하기 어렵다.
⑤ 기업들 간 상품 가격, 생산량에 대한 담합이 형성되기도 한다.

FEED BACK

☑ 왜 틀렸을까?	01 ☐ 개념 이해 부족 ☐ 문제 이해 부족 ☐ 기타( )
	02 ☐ 개념 이해 부족 ☐ 문제 이해 부족 ☐ 기타( )
☑ 개념 다시 짚어보기	

문제 01 　　완전경쟁시장의 기초

중요도	★★★★☆
정 답	④

개념 해설

④ 하나의 상품에 여러 개의 시장가격이 존재하는 경우를 '가격차별'이라고 하며, 독점기업만이 가격차별의 이익을 누릴 수 있다.

오답 정복하기

완전경쟁시장의 특징은 ② 수많은 생산자와 소비자가 ⑤ 질적으로 완전히 동질적인 상품을 거래해야 하며, ① 시장에 진입과 탈퇴가 자유로워야 한다. ③ 또한 모든 시장 참여자는 완전한 정보를 보유해야 한다. 이러한 특징으로 인해 가격수용자로 행동하며, 장기에 경제적 이윤이 0인 '장기무이윤' 현상을 경험한다.

📖 문제 분석

이론적으로 가장 효율적인 자원배분이 가능한 시장이 바로 완전경쟁시장이다. 완전경쟁시장의 특징은 다소 비현실적이지만, 가장 효율적인 형태를 상정한다는 측면에서 의미가 있다.

문제 02 　　완전경쟁시장의 특징

중요도	★★★★☆
정 답	④

오답 정복하기

① 완전경쟁시장에서 가격은 시장에서의 수요와 공급에 의해 결정되며, 기업은 이를 받아들이는 가격수용자로 행동할 뿐이다.
② 완전경쟁시장은 수많은 생산자가 동질적인 상품을 가지고 치열한 경쟁을 벌이는 시장이다.
③ 우리나라의 이동통신 시장은 대표적인 과점시장이다. 대표적인 공급자가 SK, KT, LG U+만 존재하는, 즉 공급자가 소수인 과점시장이다.
⑤ 담합은 과점시장에서 주로 나타난다. 과점시장의 기업들은 서로 의존도가 높기 때문에 경쟁보다는 담합하여 마치 하나의 독점기업처럼 행동할 유인을 갖는다.

📖 문제 분석

문제에서 설명하는 시스템은 완전경쟁시장의 자유로운 시장진입과 퇴출에 관한 작동원리를 설명한다. 완전경쟁시장은 질적으로 완전히 동질적인 재화 및 서비스를 거래하는 다수의 수요자와 공급자가 존재하는 시장이기 때문에 완전경쟁시장의 기업은 가격수용자로 행동한다. 이는 시장지배력이 없다는 것을 의미하고, 다른 표현으로 독점력이 존재하지 않는다는 것을 의미한다.

PART 01

03 다음 그림은 수업 중 교사가 판서한 내용이다. (가)~(마)의 사례를 보여 주기 위해 준비한 사진 자료의 내용으로 적절하지 않은 것은?

수업 주제 : 시장의 종류

① (가) – 옷을 고르는 사람들로 붐비는 백화점 의류 매장
② (나) – 학생이 인터넷 수능 강좌를 수강하는 장면
③ (다) – 부동산 중개업소에서 땅 매매 계약이 체결되는 장면
④ (라) – 신입 사원 채용을 위한 면접 장면
⑤ (마) – 물건 대금을 지불하는 상점의 계산대 장면

04 다음 그림에서 도출되는 시장 형태 (가)의 특성에 대한 설명으로 가장 적절한 것은?

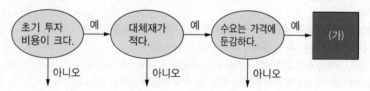

① 이러한 시장에서는 새로운 기업의 진입이 자유롭다.
② 이 시장에 참여하고 있는 개별 기업의 시장 점유율은 높다.
③ 이 시장에 참여하고 있는 개별 기업의 규모는 대체로 작다.
④ 이 시장에서 개별 기업은 시장가격에 영향을 미치지 못한다.
⑤ 이 시장에서는 가격 기구에 의해 자원의 효율적인 배분이 이루어진다.

문제 03 시장의 종류

중요도	★★★★☆
정 답	⑤

개념 해설

⑤ 생산요소 가운데 자본의 거래가 이뤄지는 시장은 자본시장이다. 즉, 자본조달을 위해 주식과 채권 등이 거래되는 시장을 의미한다. 따라서 물건 대금을 지불하는 장면보다는 증권시장이나 은행에서 예금과 대출이 이뤄지는 장면이 보다 적당하다.

오답 정복하기

①, ② 생산물 시장에서 재화 및 서비스를 거래하는 이유는 이를 통해 가계는 만족을 얻고, 기업은 수입을 얻기 때문이다. 이를 표현하는 장면으로 옷을 고르는 백화점 의류 매장이나, 인터넷 강좌를 수강하는 장면 등이 적당하다.

③ 생산요소 가운데 토지는 협의로 혹은 광의로 모두 해석 가능하다. 이는 모든 자연 자원이 거래되는 시장을 의미하며, 땅 매매 계약의 체결 장면은 이를 위해 적당한 장면이다.

④ 생산요소 가운데 노동은 중요한 자원이다. 입사 면접 장면은 노동시장의 한 사례이다.

문제 04 독점시장 – 독점의 원인

중요도	★★★★☆
정 답	②

PART 01

개념 해설

② 과점시장은 소수의 기업들만 존재하기 때문에 해당 시장에 참여하고 있는 개별 기업들의 시장점유율이 매우 높다.

오답 정복하기

① 과점시장의 경우 시장진입이 독점시장처럼 불가능하지는 않지만, 매우 어렵다. 시장으로의 진입과 퇴출이 자유로운 시장은 완전경쟁시장과 독점적 경쟁시장이다.

③ 과점시장의 기업들은 대체로 규모가 크다. 우리나라의 통신시장을 살펴봐도 알 수 있듯이, 대체로 규모가 큰 대기업들이 과점시장을 점유한다. 과점시장의 기업들은 시장점유율 역시 높기 때문에 결과적으로 규모가 큰 기업들로 구성될 가능성이 높다.

④ 과점시장의 기업들은 시장가격에 영향을 미칠 수 있다. 물론 독점기업처럼 가격 설정자로서 시장가격에 영향을 미치는 것은 아니지만, 경쟁 과정에서 가격을 변화시킬 수 있으며, 담합을 통해 가격을 조작하기도 한다.

⑤ 과점시장은 독점과 더불어 자원이 비효율적으로 배분되는 대표적인 시장이다. 자원이 효율적으로 배분되는 시장은 완전경쟁시장이며, 해당 시장에서는 동질적인 재화가 수많은 공급자에 의해 거래되므로, 경제적 유인에 따라 상품의 질이 개선되고 소비자들이 가격에 민감하게 반응한다. 이러한 이유로 질적으로 높은 상품이 균형가격에서 거래된다.

🔬 문제 분석

문제에서 설명하는 시장은 과점시장이다. 초기투자비용이 크다는 점과 수요가 가격에 둔감하다는 점에서 과점시장임을 알 수 있으며, 대체재가 적다는 점에서 독점적 경쟁시장이 아닌 과점시장임을 알 수 있다.

완전경쟁시장과 판매자의 의사결정
– 기업의 이윤극대화 원리

▸ "기업의 사회적 책임은 기업의 이윤을 증가하기 위함이다
(The Social Responsibility Of Business Is to Increase Its Profits)."

– 밀튼 프리드먼[Milton Friedman], September, 13th, 1970, New York Times

01 기업 의사결정 이해의 기초

① 생산물의 제조

기업은 생산의 주체이다. 즉, 노동과 기계와 같은 투입물[Input]을 활용해 재화와 서비스를 변환하여 판매한다. 어떤 노동과 기계를 얼마만큼 투입하면 얼마만큼의 재화와 서비스가 생산되는지의 관계는 생산함수[Production function]가 보여준다.

② 단기의 생산함수

일반적으로 생산은 근로자를 의미하는 노동[Labor]과 장비와 기계와 같은 물적자본[Physical capital]에 의존하여 이뤄진다. 이 가운데 근로자는 고용과 해고가 비교적 짧은 시간에 가능한 반면 한 번 설치한 기계와 장비는 이를 변경하려면 긴 시간이 필요하다. 이처럼 단기에 변화될 수 있는 투입물을 가변생산요소[Variable factor of production]라 하고, 단기에 변화하기 어려운 투입물을 고정생산요소[Fixed factor of production]라고 한다. 따라서 단기에 생산량이 변화할 수 있는 유일한 방법은 근로자 수를 변화시키는 것이다. 단기에 물적자본이 고정되어 있는 상태에서 근로자 수의 변화와 생산량 변화 간의 관계는 단기생산함수가 보여준다.

 단기와 장기

단기와 장기란 시간의 길이가 아니다. 단기란 기업의 투입물 중 일부만이 변경될 수 있는 기간이며, 장기란 기업이 모든 투입물을 변경할 수 있는 기간을 의미한다.

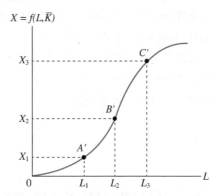

$$Q = f(L, \overline{K}),$$
$(Q : \text{총산출량}, \ L : \text{노동},$
$K : \text{자본})$

③ 단기생산함수의 특성

① 초반에는 한계생산물이 증가한다.

한계생산물$^{\text{Marginal product}}$이란 단기에 노동 한 단위 추가 투입에 따른 산출량의 증가분을 의미한다. 근로자 1명이 일할 때 100개를 생산했고, 2명이 일할 때 210개를 생산했다면 한계생산물은 110개이다. 한계생산물은 초반에는 근로자 수의 증가와 함께 증가한다. 이는 전문화^{Specialization}로 설명할 수 있다. 혼자 일할 때는 자르고 붙이고 포장하는 일을 혼자 했기 때문에 많은 양을 만들어 낼 수 없었지만, 두 명, 세 명이 일할 때는 한 명이 자르는 동안 다른 한 명은 붙이고, 또 다른 한 명은 포장하는 등 특정 작업만 담당하면 되기 때문에 생산성이 높아져 총산출량이 증가한다.

 한계생산물

한계생산물이란, 투입물을 한 단위 더 사용함에 따른 총산출량의 변화이다.

② 계속되는 노동의 투입으로 한계생산물은 감소한다.

한계생산물이 감소한다는 것은 노동자 한 명 투입 시 산출량이 100, 두 명 투입 시 210, 세 명 투입 시 300이 된다는 것을 의미한다. 총 산출량은 증가하지만 한계생산물은 110에서 90으로 감소한다. 이를 수확체감의 법칙$^{\text{Law of Diminishing Returns}}$이라고 한다. 단기에 투입물을 증가시키면 처음에는 한계생산물이 증가하다가 어느 지점(B점) 이후부터는 한계생산물이 감소한다는 것을 의미한다. 이는 단기에 고정된 수의 기계와 장비가 있을 경우 너무 많은 사람들이 이를 사용하게 되면 근로자 한 명 당 사용할 수 있는 기계의 빈도수가 떨어진다. 근로자들이 원하는 만큼 기계를 자주 사용할 수 없기 때문에 근로자 1명당 생산량이 줄어드는 것이다.

③ 계속되는 노동의 투입은 총산출량도 감소시킬 수 있다.

한계생산물이 체감하는 상황에서도 계속해서 노동의 투입을 증가시키면 총산출량도 감소할 수 있다. 노동자 한 명 투입에 따른 총산출량의 증가분이 감소하는 것이 아니라 총산출량 자체가 하락할 수 있다는 것이다. 이는 그래프 상에서 총산출량이 정점에 이르렀다가 단기생산곡선이 아래 방향으로 기울어지기 시작하는 모습으로 나타난다. 이는 작업장에 너무 많은 근로자가 존재해 서로가 서로에게 방해되는 수준에 이른 상황에서 발생한다.

02 완전경쟁시장과 판매자의 의사결정

판매자에게 무엇보다 중요한 목표는 많이 남기는 것이다. 즉 이윤을 극대화하는 것이다. 완전경쟁시장에서는 생산자가 가격을 변화시킬 수 없으므로, 판매자는 무엇을 얼마나 많이 생산할 것인가를 결정해야 한다. 판매자가 이를 계산하기 위해서는 생산물은 어떤 재료가 어떤 조합으로 결합되어 만들어지는지, 한 개 만드는데 비용은 얼마나 드는지 그리고 얼마에 팔 수 있는지를 알아야 한다.

① 생산과정에서 발생하는 비용

① 총비용(TC), 총가변비용(TVC), 총고정비용(TFC)

생산물이 생산의 결과라면 정확히 반대편에는 생산비용$^{\text{Cost of production}}$이 존재한다. 생산비용은 생산요소의 투입과정에서 발생하는 비용이므로, 생산비용 역시 고정생산비용과 가변생산비용으로 구분된다. 짐작했듯이 고정비용$^{\text{Fixed cost}}$은 기계나 설비와 같은 고정생산요소와 관련된 비용이고, 가변비용$^{\text{Variable cost}}$은 노동력과 같이 생산량에 따라 투입 규모가 달라지는 가변생산요소와 관련된 비용이다. 그리고 이 두 비용의 합을 총비용$^{\text{Total cost}}$이라고 한다.

$$TC = TVC + TFC$$

② 평균총비용(AC), 평균가변비용(AVC), 평균고정비용(AFC)

총비용과 산출량을 활용하면 평균총비용, 평균가변비용, 평균고정비용을 도출할 수 있다. 평균총비용$^{\text{Average total cost}}$은 생산량 한 단위당 평균 얼마의 비용이 발생하는지를 나타낸다. 이는 총비용을 총생산량으로 나누어 구한다.

$$AC = \frac{TC}{Q}$$

한편, 가변비용과 고정비용도 총생산량으로 나누어볼 수 있다. 이 경우 생산량 한 단위당 평균적으로 얼마의 가변비용 혹은 고정비용이 발생하는지 확인할 수 있다.

$$AVC = \frac{TVC}{Q}, \ AFC = \frac{TFC}{Q}$$

③ 한계비용(MC)

한계비용$^{\text{Marginal Cost}}$은 생산량 한 단위를 더 생산함에 따른 총비용의 변화를 의미한다. 10단위가 생산될 때 총비용이 100, 11단위가 생산될 때 총비용이 127이라면 이때의 한계비용은 27이 된다. 한계비용은 총비용의 변화를 산출량의 변화로 나누어 계산한다.

$$MC = \frac{\text{총비용의 변화}}{\text{산출량의 변화}} = \frac{\triangle TC}{\triangle Q}$$

한편, 평균총비용과 평균가변비용 그리고 한계비용을 그래프로 그리면 다음과 같다. 주목해서 살펴봐야 하는 점은 평균총비용들의 최저점을 한계비용곡선이 아래에서 위로 뚫고 지나간다는 점이다. 이는 한계비용곡선이 평균비용곡선들 아래에 있을 때는 평균비용곡선들이 하락하고 있음을 의미한다. 그리고 한계비용곡선이 평균비용곡선들 위에 있을 때는 평균비용곡선들이 상승하고 있음을 나타낸다.

▼ 한계비용, 평균비용, 평균가변비용의 곡선

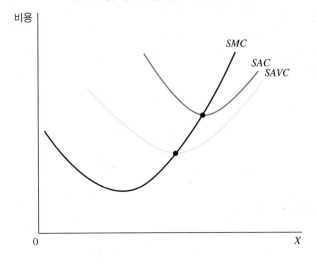

① 완전경쟁기업과 총수입

기업은 판매를 통해 돈을 번다. 이를 기업의 수입^{Revenue}이라고 한다. 수입은 다음과 같이 단위당 판매 가격에 판매량을 곱하여 구해진다. 완전경쟁시장의 기업의 경우 가격수용자로 행동하기 때문에 가격을 변화시키지 못하고, 수입은 판매량(Q)에 의해 결정된다. 이는 시장에서 결정된 가격 하에서는 자신이 원하는 모든 수량을 판매할 수 있음을 의미한다.

$$TR = P \times Q$$

② 완전경쟁기업이 직면하는 수요곡선

완전경쟁기업은 가격수용자로 행동하기 때문에 시장에서의 수요와 공급에 의해 결정된 시장가격 수준에서 수평인 수요곡선에 직면한다. 즉, 완전탄력적인 수요곡선에 직면한다. 이는 단위당 시장균형가격만큼을 벌어들일 수 있음을 의미한다. 만약 완전경쟁시장에서 기업이 시장가격보다 1원이라도 높게 책정하면 해당 기업은 단 한 개도 판매하지 못할 것이다. 동질적인 제품을 판매하는 무수히 많은 생산자가 있는 완전경쟁시장에서 소비자는 다른 생산자의 상품을 구입할 것이기 때문이다.

③ 완전경쟁기업의 한계수입(MR)과 평균수입(AR)

한계수입$^{\text{Marginal Revenue}}$은 한 단위 추가적인 판매로 인한 총수입의 변화를 의미한다. 완전경쟁기업의 경우 수량과 관계없이 시장균형가격에 판매를 하기 때문에 한계수입은 언제나 시장균형가격(P)과 일치한다. 따라서 한계수입곡선은 판매자가 직면하는 수요곡선과 동일하다. 한편, 평균수입$^{\text{Average Revenue}}$도 마찬가지다. 평균수입은 판매 한 단위당 평균수입을 나타낸다. 이는 총수입을 총판매량으로 나누어 구한다. 따라서 완전경쟁시장에서는 평균수입 역시 한계수입과 일치한다.

$$MR(= \frac{\triangle TR}{\triangle Q}) = P, \ AR(= \frac{TR}{Q}) = P$$

▼ 시장전체의 수요곡선과 완전경쟁기업이 직면하는 수요곡선

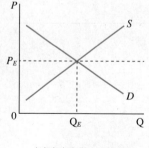
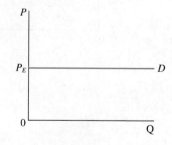

〈시장전체의 수요곡선〉　　　　　〈완전경쟁기업의 수요곡선〉

③ 이윤극대화 원리

① 한계수입과 한계비용의 비교

이윤^{Profits}은 수입과 비용의 차이를 의미한다. 앞서 수입과 비용의 측면을 모두 살펴보았으므로, 이윤에 대해 살펴볼 수 있다.

$$이윤(\Pi) = 총수입(TR) - 총비용(TC)$$

기업은 이윤을 극대화하고자 한다. 얼마만큼 생산을 해야 이윤이 극대화되는가를 판단하는 일은 어렵지 않다. 생산량을 한 단위 더 증가시키면 수입과 비용 모두가 증가한다. 가장 단순한 방법은 생산량을 한 단위씩 늘려보면서 그 때의 총수입과 총비용을 살펴보는 것이다. 이를 우리가 배운 개념으로 설명한다면, 한계수입과 한계비용을 비교하여 이윤이 극대화되는 지점을 찾으면 된다.

② 이윤극대화 조건

만약 한 기업이 시장가격보다 낮은 한계비용($MC < MR$)에 생산량을 한 단위 더 생산할 수 있다면 생산량을 늘려야 한다. 이는 추가적인 생산으로 더 큰 수입을 얻을 수 있음을 의미하기 때문이다. 반면 시장가격보다 높은 한계비용($MC > MR$)에 직면해 있다면 생산량을 한 단위 줄여야 한다. 현재 상황에서 한 단위 추가 생산은 수입의 증가보다 비용의 증가가 더 크기 때문이다. 이러한 조정을 거쳐 이윤극대화는 결국 한계비용과 한계수입이 일치할 때 성립한다.

$$한계수입(MR) = 한계비용(MC)$$

▼ 이윤극대화 생산량의 결정

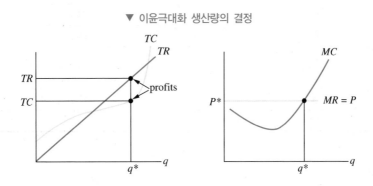

01 완전경쟁시장에서 생산하고 있는 한 기업의 한계비용(MC)과 평균고정비용(AFC)이 다음과 같다(Q는 이 기업의 생산량이다). 시장균형가격이 6일 때 다음 설명 중 옳지 않은 것은?

$$MC = Q^2 - 5Q + 6$$
$$AFC = \frac{1}{Q}$$

① 평균수입은 6이다.

② 고정비용은 1이다.

③ 생산량이 증가하면 평균고정비용은 감소한다.

④ 생산량 $Q = 4$에서 이윤극대화가 달성된다.

⑤ 한계수입은 6이다.

02 완전경쟁시장에서 컴퓨터 한 대의 가격은 100만원이며, 컴퓨터를 생산하는 A기업의 각 생산량에 해당하는 총생산비용이 다음 표와 같다. A기업의 이윤극대화 생산량은?(단위 : 만원)

생산량	총생산비용
1	150
2	200
3	260
4	325
5	410
6	505
7	610
8	725
9	850
10	985

① 4   ② 5

③ 6   ④ 7

⑤ 8

FEED BACK

☑ 왜 틀렸을까?

01 ☐ 개념 이해 부족　☐ 문제 이해 부족　☐ 기타(　　　　)
02 ☐ 개념 이해 부족　☐ 문제 이해 부족　☐ 기타(　　　　)

☑ 개념 다시 짚어보기

문제 01 완전경쟁기업의 이윤극대화

중요도	★★★★☆
정답	④

개념 해설

완전경쟁시장에서는 $P = AR = MR$이 성립한다. 그리고 완전경쟁시장의 기업들은 시장에서 결정된 가격을 받아들이는 가격순응자로 행동한다. 따라서 평균수입과 한계수입이 모두 6임을 알 수 있다. 한편, 이윤극대화 생산량 도출을 위해서는 $MR = MC$를 만족해야 한다. 두 조건을 결합하면 $6 = Q^2 - 5Q + 6$이 되고, Q는 5임을 알 수 있다.

오답 정복하기

① 완전경쟁시장에서 평균수입은 가격과 일치하므로 6이다.
② 총고정비용은 평균고정비용에 생산량을 곱하여 도출된다.

따라서 $TFC = AFC \times Q = \dfrac{1}{Q} \times Q$는 1이 된다.

③ 평균고정비용은 총고정비용을 생산량으로 나누어 계산한다.

즉 $AFC = \dfrac{TFC}{Q}$이다. 따라서 Q가 증가하면 AFC는 감소한다.

⑤ 완전경쟁시장에서 한계수입은 가격과 일치하므로 6이다.

문제 02 완전경쟁기업의 이윤극대화의 원리

중요도	★★★★☆
정답	③

📖 문제 분석

이윤극대화 생산량은 한계수입과 한계비용이 일치하는 지점에서 형성된다. 그리고 완전경쟁시장에서 한계수입은 가격과 일치한다.

개념 해설

문제에서 완전경쟁시장의 컴퓨터 가격은 100만원이다. 따라서 총생산비용 정보로부터 한계비용 정보를 도출해야 한다.

Q	1	2	3	4	5	6	7	8	9	10
MC		50	60	65	85	95	105	115	125	135

생산량이 6개일 때 한계비용은 100보다 작으므로 더 생산하는 것이 합리적이지만, 7개를 생산할 때는 한계수입보다 크게 되므로, 6개에서 이윤극대화 생산량이 결정된다.

오답 정복하기

경제학에서 최적 의사결정은 언제나 '한계'적으로 결정된다. 이윤극대화 생산량의 결정과정이 대표적이다. 시장형태와 무관하게 이윤극대화 생산량은 언제나 한계수입과 한계비용이 일치하는 지점에서 결정된다.

03 경제원론 교재 시장의 수요함수는 $Q_D = 30,000 - P$이고, 공급함수는 $Q_S = P$로 알려져 있다(Q_D는 시장수요량, Q_S는 시장공급량, P는 시장가격이다). 경제원론 교재 시장은 완전경쟁시장이며, 개별기업의 한계비용은 $2Q + 1,000$이다(Q는 생산량). 이윤극대화를 목적으로 하는 개별기업의 생산량은 얼마인가?

① 10,000
② 7,000
③ 5,000
④ 1,000
⑤ 2,000

04 완전경쟁시장에 100개의 기업이 있으며, 모든 기업은 동일한 비용함수, $c = q^2 + 4$($c =$ 생산비용, $q =$ 산출량)를 가진다. 시장의 수요함수가 $Q = 300 - 50p$($Q =$시장산출량, $p =$ 시장가격)일 경우, 완전경쟁시장의 단기균형은?

① 1
② 2
③ 3
④ 5
⑤ 7

중요도	★★★★☆
정답	②

문제 03   완전경쟁기업의 수요곡선

개념 해설

완전경쟁시장에서는 한계수입과 시장가격이 일치하므로, 문제에서 주어진 수요함수와 공급함수를 통해 시장균형가격을 도출해야 한다.

즉, $Q_D = Q_S \rightarrow 30{,}000 - P = P \rightarrow P = 15{,}000 = MR$

따라서 이윤극대화 생산량은 $15{,}000 = 2Q + 1{,}000$을 만족하는 Q이며, 이 값은 $7{,}000$임을 알 수 있다.

오답 정복하기

완전경쟁시장의 수요곡선은 시장가격 수준에서 수평이다. 동질적인 상품을 수많은 수요자와 생산자가 거래하기 때문에 가격설정자로 행동하지 못하고, 시장에서 정해진 균형가격을 그대로 받아들일 수밖에 없기 때문이다. 이로 인하여 완전경쟁시장의 기업들은 가격과 한계수입, 평균수입이 모두 같다.

📖 문제 분석

이윤극대화 생산량을 파악하기 위해서는 한계수입과 한계비용을 도출해야 한다.

중요도	★★★★☆
정답	③

PART 01

문제 04   완전경쟁시장의 단기균형

개념 해설

문제에서 비용함수가 $c = q^2 + 4$로 주어져 있으므로, 개별기업의 공급곡선에 해당하는 한계비용(MC)함수는 $S = 2q$가 된다. 한편, 이러한 개별공급함수가 시장에 100개가 있는 것이므로, 시장공급함수는 다음과 같다.

$$S : P = 2q \rightarrow q = \frac{1}{2}P \rightarrow \frac{1}{2}P \times 100 \rightarrow 50P$$
$$\therefore P = \frac{1}{50}q$$

한편, 시장수요함수는 $Q = 300 - 50p$이므로 시장공급함수와 연립하면, $p = 3$, $q = 150$이 도출된다.

오답 정복하기

시장수요함수와 시장공급함수의 연립방정식 풀이는 다음과 같다.

$$S : P = \frac{1}{50}q, \ D : P = -\frac{1}{50}q + 6$$
$$\rightarrow -\frac{1}{50}q + 6 = \frac{1}{50}q \rightarrow q = 150 \rightarrow (\text{수요함수에 대입}) \rightarrow p = 3 \text{ 도출}$$

한편, 시장수요곡선과 시장공급곡선의 연립은 P로 정리하여 이뤄지지만, 개별공급곡선에서 시장공급곡선의 도출은 q로 정리해야 함을 기억해야 한다.

📖 문제 분석

완전경쟁시장의 기업들이 모두 동일한 비용함수를 갖는다면, 이를 통해 시장 전체의 공급함수를 도출할 수 있다. 시장 전체의 공급함수는 개별기업의 공급함수를 수평합한 것이기 때문이다.

CHAPTER 12 완전경쟁기업의 조업중단

▸ **"손해보고 팔긴 첨이네!"**
– 남대문시장 아주머니

01 이윤극대화 조건과 공급곡선의 도출

이윤극대화 조건인 「$MR = MC$」는 완전경쟁시장에서 「$MR = P = MC$」의 등식이 성립하여 시장가격과 한계비용이 연결된다. 즉, 시장가격이 변할 때 경쟁기업이 단기에 어떻게 생산량을 변화시키는지 결정할 수 있다. 완전경쟁시장의 한계수입은 가격과 일치하고, 가격은 시장의 수요와 공급에 의해 결정되므로 그 변화에 따라 당초 생산량(q_0)이 $q_1 \sim q_3$로 변화한다. 다음의 그림에서 확인할 수 있듯이, 한계수입이 $MR_1 \sim MR_3$로 변함에 따라 균형점이 한계비용곡선을 타고 달라진다. 즉, 가격변화에 따른 생산량의 변화가 한계비용곡선에 따라 형성되므로, 완전경쟁기업에게 한계비용곡선은 곧 공급곡선임을 알 수 있다.

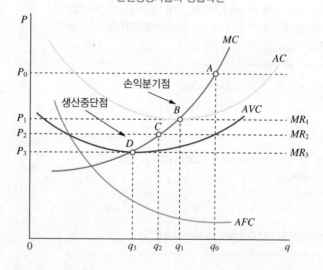

▼ 완전경쟁기업의 공급곡선

완전경쟁기업의 경우 한계비용곡선이 공급곡선의 역할을 하지만, 모든 구간이 공급곡선이 되는 것은 아니다. 전체 한계비용곡선 가운데 일부 구간만 공급곡선의 역할을 수행한다. 이는 기업들은 실질적인 손해가 발생하는 가격수준부터는 생산을 중단하기 때문이다. 이를 조업중단^{Shutdown}이라고 한다.

 조업중단

조업중단이란 특정 기간 동안 아무것도 생산하지 않는다는 단기적 결정을 의미한다.

① 가격과 평균가변비용($P < AVC$)

시장에서의 수요 및 공급의 변화로 가격이 P_0에서 P_3로 하락했다고 하자. 즉, 한계수입곡선이 MR_1에서 MR_3로 이동한다. 문제는 해당 점 아래에서는 기업이 평균가변비용을 커버할 만큼의 수입을 가져오지 못한다는 점에 있다. 다시 말해, 생산을 통해 벌어들이는 수입이 생산 과정에서 발생하는 가변비용보다 작다는 것을 의미한다. 이 경우 조업을 중단하는 게 합리적이다. 조업을 중단하더라도 고정비용은 여전히 발생하겠지만, 가변비용은 0으로 만들 수 있다. 즉, 고정비용만큼만 손해를 볼 수 있다.

② 손해가 발생해도 판매하는 지점, 손익분기점($AVC < P < AC$)

이윤은 「총수입-총비용」으로 정의되므로, 「총비용 > 총수입」인 상황에서는 조업을 중단하는 게 맞을 것 같다. 이윤이 (−)가 되어 손해가 발생하기 때문이다. 하지만 총비용이 총수입을 초과하더라도 일부 구간에서는 생산활동을 지속하는 게 더 유리하다. 바로 C점과 같이 가격이 평균비용보다는 작고 평균가변비용보다는 큰 경우이다. 해당 구간에서는 비록 손해가 발생하지만, 생산에 따른 수입이 가변비용을 모두 보상하고, 고정비용의 일부도 보상할 수 있기 때문이다. 즉, 손해는 발생하지만 조업을 중단하는 경우에 비해 손해의 크기를 줄일 수 있기 때문에 계속해서 생산을 해야 한다는 것이다. 결국 단기공급곡선은 평균가변비용곡선 위에 있는 한계비용곡선 부분이 된다.

③ 고정비용과 매몰비용

점 C에서 손해가 발생하기 때문에 생산을 중단해야 한다고 생각한 것은 고정비용을 매몰비용으로 간주한 결과이다. 매몰비용$^{\text{Sunk cost}}$이란 일단 투입되면 회수할 수 없는 비용을 의미한다. 어차피 회수가 불가능하기 때문에 합리적인 의사결정을 위해서는 고려하지 않아야 할 비용이다. 앞으로 어떤 선택을 하는지와 무관하게 어차피 잃어버린 비용이기 때문이다. 하지만 점 C에서 운영을 계속함으로써 고정비용의 일부를 보상하고 있어 손해의 크기를 줄일 수 있다.

PART 01

🔍 **콩코드의 오류(= 매몰비용의 오류)**

콩코드는 세계 최초의 초음속 여객기로 콩코드(Concorde)는 프랑스어로 화합과 협력을 의미하는 단어로, 영국과 프랑스의 합작품이다. 미국과 소련이 우주 기술을 주도하던 1960년대 당시 영국과 프랑스는 지구상에서 가장 빠른 여객기 기술이 있음을 과시하기 위해 10억 달러를 투자해 콩코드 여객기를 만들었다. 하지만 몸체가 좁아 수용인원이 100여명에 불과했고, 연료소모량이 많아 운영에 많은 비용이 들었다. 엎친 데 덮친 격으로 1970년 오일쇼크로 연료비용이 급증하자 항공료는 더 높아졌고, 사람들은 이를 외면했다. 하지만 두 정부의 자존심과 실패를 인정할 수 없다는 부담감 때문에 콩코드 사업을 지속했고, 결국 2000년에 사고로 탑승자 113명 전원이 사망하는 참사가 발생하여 콩코드기의 비행 허가가 전면 취소되고 이후 2003년 사업을 중단했다. 이미 적자는 엄청난 수준이었다. 이처럼 콩코드의 오류란 잘못된 결정을 인정하지 않고 정당화하기 위해 밀고 나가는 행동을 의미한다. 본전 생각에 노름판을 떠나지 못하는 도박꾼의 심리와 같다. 그 결과는 더 큰 손해를 발생시킬 뿐이다.

---

03 | 단기와 장기의 공급결정

① 단기와 장기의 차이

앞서 산업의 단기와 장기의 차이를 고정생산요소의 유무로 정의했다. 단기의 생산량 결정 과정에서 고려했던 것은 오로지 노동의 추가 투입에 따른 수입과 비용의 변화였다. 공장시설과 기계장비는 고정된 것으로 간주했기 때문이다. 하지만 장기에는 모든 생산요소가 생산량의 크기에 따라 달라지는 가변요소가 된다. 즉, 고정생산요소가 없다는 의미이며, 이는 경우에 따라 고정되었던 공장시설과 기계장비가 매각되거나 새롭게 확장될 수 있기 때문이다. 단기에 노동의 고용과 해고를 통해서만 생산량을 변화시켰다면, 장기에는 노동자와 시설과 장비(물적자본)와의 최적 조합을 고민하여 생산량을 결정한다. 장기에는 각각의 생산수준에서 최저의 평균생산비용을 달성하기 위한 근로자와 물적자본의 결합을 결정한다.

▼ 단기 및 장기 공급곡선

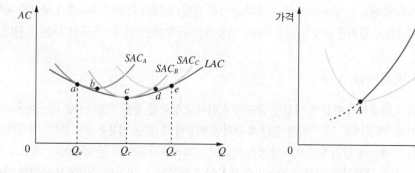

② 장단기비용곡선과 장기공급곡선

① 장단기비용곡선의 특징

㉠ 단기평균비용곡선보다 낮은 장기평균비용곡선

단기와 장기 비용곡선에서 살펴본 바와 같이 장기평균비용곡선은 모든 단기평균비용곡선보다 아래에 위치한다. 소규모, 중규모, 대규모 공장에 대한 단기평균비용곡선이 각각 존재하고, 장기에는 생산규모에 맞춰 비용을 극소화할 수 있는 공장규모를 선택할 수 있기 때문에 장기평균비용곡선은 단기평균비용곡선보다 아래에 위치한다. 단기에는 노동만 고용할 수 있기 때문에 단기에 생산량 증가에 따라서 비용이 더 많이 증가하기 때문이다. 반면 장기에는 노동뿐만 아니라 물적자본의 투입도 늘릴 수 있어 생산효율이 증가하고, 이는 비용의 하락으로 이어진다.

㉡ 생산량 변화와 평균비용의 변화

장기평균비용곡선은 U자형의 모습을 갖는다. 그리고 단기평균비용곡선들을 품고 있다는 의미로 포락선^{Envelope}이라고 표현하기도 한다. U자형의 곡선은 크게 세 부분으로 나눠볼 수 있다. 생산량이 증가하면서 장기평균비용이 감소하는 구간과 생산량이 증가해도 장기평균비용이 변하지 않는 구간 그리고 생산량이 증가함에 따라 장기평균비용이 증가하는 구간이다.

- **규모의 경제**

  규모의 경제$^{Economies of scale}$란 생산량이 증가함에 따라 장기평균비용이 감소하는 현상을 의미한다. 즉 첫 번째 구간에 해당한다. 이는 공장규모가 커짐에 따라 근로자들이 더 많은 전문화의 기회를 갖기 때문에 발생한다.

- **규모에 대한 수확불변과 규모의 불경제**

  규모에 대한 수확불변$^{Constant returns of scale}$은 생산량 변화에 따라 장기평균비용이 변하지 않는 현상을 의미한다. 즉, 두 번째 구간에 해당한다. 한편, 규모의 불경제$^{Diseconomies of scale}$는 생산량이 증가함에 따라 장기평균비용이 증가하는 현상으로 세 번째 구간에 해당한다.

② 장기공급곡선

장기에도 공급곡선의 역할은 한계비용곡선이 담당한다. 다만 단기와 마찬가지로 모든 구간에서 공급곡선의 역할을 수행하는 것이 아니라 일부 구간에서 공급곡선을 기능한다. 앞의 그림의 A점의 경우가 대표적인 예다. A점에서의 가격은 장기평균총비용보다 낮다. 따라서 판매로 벌어들이는 수입으로 비용을 감당하지 못한다. 즉, 총비용이 총수입보다 많아 음의 경제적 이윤이 발생한다. 따라서 이 기업은 시장에서 퇴출한다. 장기의 기업은 가격이 장기평균비용보다 낮거나, 총수입이 총비용보다 낮은 경우 시장에서 퇴출^{Exit}한다.

한편, 이로부터 장기공급곡선은 장기평균비용곡선 위에 위치한 한계비용곡선의 일부분임을 알 수 있다. 장기평균비용곡선 아래의 영역은 단기에는 존재하지만 장기에는 존재하지 않는 부분이다. 해당 부분이 단기에 평균가변비용(AVC)과 평균비용(AC) 사이에 위치한 손익분기점 구간이기 때문이다. 따라서 단기의 공급곡선은 평균가변비용곡선의 위쪽의 단기한계비용 영역이며, 장기의 공급곡선은 장기평균비용곡선 위쪽의 영역이 된다.

01 영희는 하루에 아이스크림 100개를 팔고 있다. 영희의 하루 총비용은 100,000원이고, 이 중 고정비용은 10,000원이다. 완전경쟁시장에서 이윤극대화를 추구하는 영희가 단기에는 아이스크림 가게를 운영하지만 장기에는 폐업해야 하는 아이스크림 1개당 가격(P)의 구간으로 다음 중 가장 적절한 것은?

① 600원 $< P <$ 700원

② 700원 $< P <$ 800원

③ 800원 $< P <$ 900원

④ 900원 $< P <$ 1,000원

⑤ 1,000원 $< P <$ 1,100원

02 어떤 기업의 비용이 생산량 Q의 함수인데, 평균가변비용이 $2Q+3$, 고정비용이 5라고 한다. 이 기업이 완전경쟁시장 내의 한 기업이고, 단기에 시장가격이 7로 주어졌을 때, 다음 설명 중 옳지 않은 것을 모두 고르면?

> (가) 이 기업의 공급함수는 $4Q+8$이다.
> (나) 이 기업의 총비용함수는 $2Q^2+3Q+5$이다.
> (다) 이 기업의 이윤극대화(손실극소화) 산출량은 1이다.
> (라) 이 기업의 이윤극대화(손실극소화) 산출량 수준에서 순손실이 발생한다.
> (마) 이 기업은 생산을 중단하는 편이 낫다.

① (가), (나) 　　　　　② (가), (마)

③ (나), (다) 　　　　　④ (다), (라)

⑤ (라), (마)

문제 01 손익분기점과 조업중단점

개념 해설

$TC = 100,000$, $TFC = 10,000$, $TVC = 90,000$, $Q = 100$이므로
$AC = 1,000$, $AVC = 900$이다. 따라서 단기에는 아이스크림 가게를 운영하지만, 장기에는 폐업해야 하는 아이스크림 1개당 가격은 900원 $< P < 1,000$원이 된다.

오답 정복하기

손실이 발생한다고 무조건 폐업이 유리한 것이 아님을 유의해야 한다. 총비용은 총고정비용과 총가변비용으로 구분되기 때문이다. 고정비용은 생산량과 무관하게 발생하는 비용이므로, 손실이 발생하더라도 조업활동이 손실을 고정비용 크기보다 줄여줄 수 있다면 폐업하지 않는 것이 유리하다.

문제 02 손익분기점

PART 01

개념 해설

(가) 평균가변비용과 고정비용으로부터 총가변비용과 총비용을 도출할 수 있다. $AVC = 2Q + 3$이므로 $TVC = 2Q^2 + 3Q$이고, $TC = 2Q^2 + 3Q + 5$ 이다. 따라서 개별기업의 공급곡선에 해당하는 한계비용(MC)은 $4Q + 3$이 된다.

(마) 이윤극대화 생산량은 $MR = MC$를 만족하는 생산량이다. 따라서 $7 = 4Q + 3$이 되므로 $Q = 1$일 때 이윤이 극대화된다. 한편, 1의 생산량에서 $AVC = 5$, $AC = 10$이므로 가격 7이 평균비용과 평균가변비용 사이에 위치하므로 단기적으로 조업을 계속하는 것이 유리하다.

오답 정복하기

(나) 평균가변비용, 고정비용이 주어졌으므로 총비용을 도출할 수 있다. 즉, 총비용은 $TC = 2Q^2 + 3Q + 5$가 된다.

(다) 이윤극대화 생산량은 $MR = MC$를 만족하는 생산량이다. 따라서 $7 = 4Q + 3$이 되므로 $Q = 1$일 때 이윤이 극대화된다.

(라) $Q = 1$에서는 $TR = 7$이고, $TC = 10$이므로 순손실(3)이 발생한다.

03 단기의 완전경쟁기업에 대한 설명으로 옳지 않은 것은?

① 일정한 생산량 수준을 넘어서서 공급하는 경우 총수입은 오히려 감소한다.

② 완전경쟁기업의 경우에 평균수입과 한계수입은 동일한 선으로 나타난다.

③ 완전경쟁기업이 받아들이는 가격은 시장수요와 공급의 균형가격이다.

④ 완전경쟁기업이 직면하는 수요곡선은 수평선이다.

⑤ 완전경쟁시장 전체의 수요곡선은 우하향한다.

04 완전경쟁시장에서 기업의 단기 이윤극대화에 대한 설명으로 옳지 않은 것은?

① 개별기업의 수요곡선은 수평이며 한계수입곡선이다.

② 이윤극대화를 위해서는 한계수입과 한계비용이 같아야 한다.

③ 고정비용이 전부 매몰비용일 경우 생산중단점은 평균비용곡선의 최저점이 된다.

④ 투입요소들의 가격이 불변일 경우 시장 전체의 공급곡선은 개별기업의 공급곡선을 수평으로 더하여 구할 수 있다.

⑤ 개별기업의 수요곡선은 수평이며 평균수입곡선이다.

FEED BACK

☑ **왜 틀렸을까?**

03 ☐ 개념 이해 부족	☐ 문제 이해 부족	☐ 기타(	)
04 ☐ 개념 이해 부족	☐ 문제 이해 부족	☐ 기타(	)

☑ **개념 다시 짚어보기**

중요도 ★★★★☆
정답 ①

문제 03 완전경쟁시장의 단기균형

중요도 ★★★★☆
정답 ①

개념 해설

① 완전경쟁기업은 동질적인 상품을 거래하는 수많은 소비자와 생산자, 그리고 완전한 정보의 가정으로 인해 가격수용자로 행동한다. 이는 해당 가격 수준에서는 얼마든지 재화를 판매할 수 있지만, 1원이라도 높으면 한 개도 판매할 수 없고, 1원이라도 낮으면 이윤이 감소한다는 것을 의미한다. 따라서 일정한 생산량 수준을 넘어 공급하는 경우 총수입은 증가하지만, 총비용의 문제로 인해 이윤이 감소할 수도 있다.

오답 정복하기

② 완전경쟁시장의 기업들은 가격수용자로 행동하기 때문에 시장에서 결정된 가격을 그대로 받아들인다. 이는 기업들이 직면하는 수요곡선이 수평이라는 의미이다. 수평의 수요곡선으로 인해 가격과 한계수입 그리고 평균수입이 모두 일치한다.

③ 완전경쟁기업이 직면하는 수요곡선은 시장균형가격 수준에서 수평이다. 이는 시장수요와 공급의 균형에 의해 형성된 가격이다.

④ 완전경쟁기업이 직면하는 수요곡선은 시장균형가격 수준에서 무한탄력적인 형태이다.

⑤ 완전경쟁기업이 직면하는 수요곡선은 시장균형가격 수준에서 수평이지만, 시장 전체의 수요곡선은 우하향하는 형태의 수요곡선이다.

PART 01

중요도 ★★★★☆
정답 ③

문제 04 완전경쟁시장의 조업중단점

개념 해설

③ 단기의 총비용은 총고정비용과 총가변비용으로 구분된다. 한편, 단기에 가격이 평균비용과 평균가변비용 사이에 있는 경우 조업을 계속하는 편이 유리하고, 평균가변비용보다 낮을 경우 폐업하는 편이 유리하다. 하지만 모든 고정비용이 매몰비용이라면 조업중단점은 평균비용이 아닌 평균가변비용의 최저점이 된다. 고정비용을 조금도 회수할 수 없기 때문에 평균비용과 평균가변비용 사이에 위치하는 것이 의미가 없기 때문이다.

오답 정복하기

①, ⑤ 완전경쟁기업이 직면하는 수요곡선은 시장균형가격에서 수평이며, 한계수입 및 평균수입과 일치한다.

② 시장 형태와 무관하게 이윤극대화 생산량은 한계수입과 한계비용이 일치하는 지점에서 결정된다.

④ 완전경쟁기업의 공급곡선은 한계비용곡선이다. 시장 전체의 공급곡선은 개별 공급곡선을 수평으로 합하여 도출된다. 수평합이란 구체적으로 Q로 정리하여 합한 것을 의미한다.

13 완전경쟁기업과 장기경쟁균형

▸ "장기에는 경제적 이윤이 0인데 왜 기업을 운영해?!"
－ 2002년의 김동영[Kim dongyoung]

01 장기경쟁균형

개별기업의 단기와 장기가 상이했듯이 산업 수준에서도 장기와 단기 사이에 결정적인 차이가 존재한다. 단기에는 산업에서 기업의 수가 고정되어 있지만, 장기에는 진입과 퇴출이 일어나 기업의 수가 고정되어 있지 않다. 장기에는 기업들이 노동과 자본 모두를 변화시킬 수 있으므로 수익성 변화에 반응하여 기업들이 산업에 진입하거나 퇴출할 수 있다.

> 기업과 산업의 단기와 장기
>
> 기업의 단기와 장기를 구분하는 기준은 고정생산요소의 유무이며, 산업의 단기와 장기는 기업의 수로 구분한다. 즉, 산업에서 기업의 수가 단기에는 고정되어 있지만, 장기에는 기업들의 수익성 변화에 반응하여 산업에 진입하고 퇴출할 수 있다.

① 기업의 진입

① 기업의 진입과 이윤의 발생

현재 포장 산업에 10,000개의 기업이 있다고 가정하자. 완전경쟁시장이므로 모두 동일한 포장 기술을 가지고 서비스를 제공하고 있다. A기업은 이 시장으로의 진입을 고려하고 있다. 한편, 현재 이 시장의 가격은 최저 장기평균총비용보다 높다. 즉, 이윤(음영처리 된 부분만큼)을 얻을 수 있는 상황이라는 것이다. 이 경우 시장 밖에 있던 A기업은 시장 진입을 결정한다.

▼ 완전경쟁기업의 진입결정

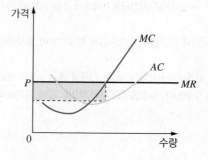

② 기업의 진입과 공급곡선

문제는 A기업만 포장 산업 진입을 고려하는 것이 아니라는 점이다. 다수의 기업들이 이 산업에서 이윤을 얻을 수 있다는 점을 깨닫고 진입할 것이다. 완전경쟁시장의 조건 중 하나가 자유로운 시장의 진입과 퇴출이다. 즉, A기업 이외의 많은 기업들이 진입을 결정한다. 이는 시장 전체의 공급을 증가시킨다. 시장공급곡선은 개별 기업들의 공급곡선을 합한 것이기 때문이다. 새로운 기업들을 합하게 되면 그 산업은 주어진 가격에 더 많은 수량을 공급하게 된다. 기업들의 시장진입 결과 시장공급곡선은 우측으로 이동한다. 그리고 그 결과 시장가격은 최저평균수준까지 하락한다. 이후에는 더 이상 기업들이 진입하지 않는다. 시장가격이 평균비용의 최저점까지 떨어지게 되면 경제적 이윤이 영(0)이 되고, 더 이상 다른 공급자가 진입할 유인이 없기 때문이다.

▼ 기업의 진입과 공급곡선

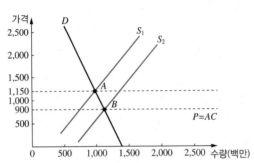 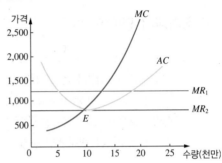

② 기업의 퇴출

① 기업의 퇴출과 이윤의 감소

경제적 이윤이 영(0)인 상태에서 수요가 감소했다고 하자. 이는 시장수요곡선을 좌측으로 이동시키고, 이는 가격을 하락시킨다. 가격은 최저 평균비용 아래로 떨어지고, 결국 시장의 기업들은 음(−)의 이윤을 얻는다. 자유로운 퇴출이 가능한 장기에는 기업들이 포장산업에서 퇴출하게 될 것이다. 완전경쟁시장의 기업들은 모두 동일하기 때문에 이익이 없고, 따라서 퇴출하게 된다.

② 기업의 퇴출과 공급곡선

산업으로부터의 퇴출은 시장공급곡선의 좌측이동을 야기한다. 가격이 최저평균비용으로 떨어질 때까지 진입이 계속된 것처럼 시장가격이 최저평균비용까지 오를 때까지 퇴출은 계속될 것이다. 즉, 기업의 진입과 퇴출은 가격이 장기평균총비용의 최저점에 도달할 때까지 계속된다. 이는 장기의 균형가격이 언제나 장기평균비용의 최저점에 형성된다는 것이다.

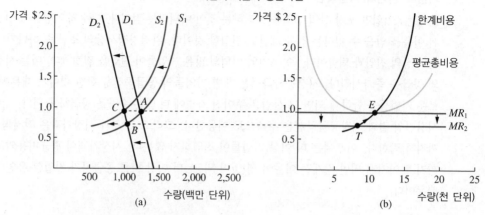

▼ 기업의 퇴출과 공급곡선

③ 장기에서 영(0)의 이윤

① 최저평균비용 수준에서 수평인 장기의 공급곡선

산업의 단기공급곡선은 우상향하지만, 산업의 장기공급곡선은 장기최저평균비용 수준에서 수평이다. 가격은 항상 최저평균비용 수준으로 돌아오고, 완전경쟁시장의 장기에서 평균비용은 변하지 않으므로 가격은 항상 같은 수준이다. 이는 장기에는 기업의 진입과 퇴출에 의해 흡수되어 장기수량은 변하지만 균형가격은 변하지 않기 때문이다.

② 장기에서 영(0)의 경제적 이윤

경제적 이윤은 해당 산업이 다른 산업에 비해 수익성이 좋은지에 대한 정보이다. 경제적 이윤이 양(+)이면, 경제적 이윤이 영으로 떨어질 때까지 진입이 발생한다. 반대로 경제적 이윤이 음(−)이면, 경제적 이윤이 영으로 높아질 때까지 퇴출이 발생한다. 자유로운 진입과 퇴출은 가격이 최저평균비용 수준에 접근하여 장기균형에서 경제적 이윤은 영(0)이 된다.

④ 회계적 이윤과 경제적 이윤

① 경제적 이윤의 의미

경제적 이윤이 영(0)이어서 이윤도 없는데 왜 영업을 시작하는가에 대한 의문을 가질 수 있다. 하지만 기업의 경제적 이윤이 영(0)이라는 의미가 아무런 돈을 벌지 못한다는 것은 아니다. 이는 포장 산업이 아닌 다른 산업에서 영업활동을 할 때 더 많은 금액을 벌 수 없다는 것을 의미할 뿐이다. 하지만 최소한 포장 산업에서 활동한 기회비용만큼은 돈을 벌고 있다.

② 경제적 비용과 회계적 비용

경제적 이윤을 이해하기 위해서는 회계적 비용과 경제적 비용에 대해 살펴봐야 한다. 회계적 비용은 명시적인 비용만을 의미한다. 즉, 기업의 생산 활동 과정에서 실제로 지출된 금액으로, 현금지출이 수반되는 비용을 의미한다. 한편, 경제적 비용은 모든 비용을 기회비용의 관점에서 측정한 비용이다. 즉, 명시적 비용에 더해 암묵적 비용까지 포함된 비용을 의미한다. 따라서 경제적 이윤은 언제나 회계적 이윤보다 작을 수밖에 없다.

명시적 비용과 암묵적 비용

명시적 비용은 회계적 비용과 동의어로서, 기업의 생산활동 과정에서 실제로 지출된 금액으로 현금지출이 수반되는 비용을 의미한다. 한편, 암묵적 비용은 현금지출이 수반되지 않는 비용으로서, 자신이 소유한 생산요소에 대한 활용비용을 의미한다. 경제적 비용은 명시적 비용과 암묵적 비용의 합으로 계산된다.

③ 경제적 이윤과 회계적 이윤

어떤 기업이 갑작스럽게 폐업을 한다면 경제적 이윤과 회계적 이윤에 대해 살펴볼 필요가 있다. 양(+)의 회계적 이윤을 얻고 있다하더라도 음(−)의 경제적 이윤을 얻을 수 있다. 만약 포장산업에서 더 이상 기업활동을 하지 않는다면 보유하고 있는 자원으로 창고업을 할 수 있다. 이 경우 회계적 이윤은 양(+)일지 몰라도, 경제적 이윤은 음(−)이 된다. 경제적 이윤의 계산은 해당 설비를 더 수익이 좋은 사업에 활용하지 못한, 암묵적 비용이 고려되어야 하기 때문이다.

01 마카로니 시장수요함수는 $Q = 3,300 - 20P$이다. 이 시장에 있는 모든 기업의 비용함수는 $C = 80 + 12Q + \frac{1}{5}Q^2$으로 동일하다. 장기에는 진입과 퇴출이 자유롭고 퇴출할 경우 고정비용은 회수할 수 있다고 가정하자. 장기균형에서는 몇 개의 기업이 존재하겠는가?

① 125개   ② 135개

③ 145개   ④ 180개

⑤ 200개

02 완전경쟁시장에서 모든 기업의 비용조건이 $C = Q^3 - 6Q^2 + 18Q$로 동일한 경우, 이 산업의 장기균형가격은?

① 9   ② 15

③ 3   ④ 6

⑤ 10

FEED BACK

✔ 왜 틀렸을까?	01 ☐ 개념 이해 부족 ☐ 문제 이해 부족 ☐ 기타( )
	02 ☐ 개념 이해 부족 ☐ 문제 이해 부족 ☐ 기타( )
✔ 개념 다시 짚어보기	

문제 01 완전경쟁시장의 장기균형

개념 해설

완전경쟁시장의 장기균형은 가격이 장기평균비용의 최저 수준에서 결정된다. 총비용함수가 $80 + 12Q + \frac{1}{5}Q^2$으로 주어져 있으므로 평균비용($AC$)은 $\frac{80}{Q} + 12 + \frac{1}{5}Q$가 된다. 한편 평균비용함수의 최저점은 기하학적으로 접점의 기울기가 0인 지점이므로 평균비용곡선을 Q로 미분한 값이 0이 되는 점을 찾으면 된다. 평균비용곡선을 미분하면 다음과 같다.

$$\frac{dAC}{dQ} = -\frac{80}{Q^2} + \frac{1}{5} = 0 \rightarrow Q = 20$$

20개의 생산량을 평균비용곡선에 넣으면 평균비용(AC)은 20이 된다. 이는 장기평균가격이 20임을 의미한다. 따라서 $P = 20$을 수요곡선 $D : Q = 3,300 - 20P$에 넣으면 시장수요량이 2,900이고, 총 145개의 기업이 존재함을 알 수 있다.

오답 정복하기

완전경쟁기업의 장기균형에서는 장기평균비용의 최저점에서 균형이 성립하며, 장기균형에서는 $P = LMC = LAC = SAC = SMC$가 성립한다.

문제 02 완전경쟁시장의 장기균형

개념 해설

완전경쟁기업의 장기균형은 장기평균비용곡선의 최저점에서 형성된다. 이로 인해 장기에서 경제적 이윤이 0(= 정상이윤)이 된다. 한편, 기하학적인 의미로 장기평균비용곡선의 최저점은 접점의 기울기가 0임을 의미한다. 따라서 장기평균비용곡선을 도출하고, 이를 미분하여 0이 되는 생산량 수준을 도출하면 균형생산량과 가격을 도출할 수 있다. 3의 생산량을 장기평균비용곡선에 대입하면 장기균형가격은 9임을 알 수 있다.

$$AC = \frac{TC}{Q} = Q^2 - 6Q + 18$$

$$\frac{dAC}{dQ} = 2Q - 6 \rightarrow 2Q - 6 = 0 \rightarrow Q = 3$$

오답 정복하기

장기균형 문제를 풀기 위해서는 장기균형이 장기평균비용곡선의 최저점에서 형성된다는 점과 장기에 경제적 이윤이 0인 정상이윤상태에 있음을 이해해야 한다. 그리고 U자형을 갖는 장기평균비용곡선의 최저점에서 접점의 기울기는 0이고 이는 장기평균비용곡선을 Q에 대해 미분한 값이 0이라는 것을 의미한다는 점을 이해해야 한다.

03 어느 완전경쟁시장의 시장수요곡선과 기업들의 장기평균비용곡선이 다음과 같을 때 장기균형에서 시장 내에 존재하는 기업의 수는?

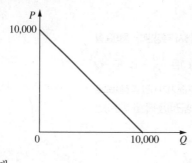
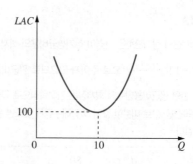

① 10개

② 100개

③ 990개

④ 9,900개

⑤ 10,000개

04 김사장은 새로운 슈퍼마켓을 개점하였다. 건물 임대료로 매월 500만원, 종업원 두 명의 임금으로 매월 300만원을 지출한다. 또한 상품구매를 위해 자기 돈 500만원과 은행돈 500만원을 사용하였다. 상품이 팔리면 그 판매대금으로 은행에 갚을 예정이다. 은행의 대출 및 예금이자율은 월 1%이다. 김사장은 이 모든 일을 기획하고 관리하기 위해 열심히 일한다. 김사장은 공인회계사 자격을 가지고 있기 때문에 회사에 취직해서 일한다면 매달 500만원의 소득을 벌 수 있다고 한다. 김사장이 이 사업을 하는데 들이는 매달의 경제학적 비용은 얼마인가?

① 800만원

② 810만원

③ 1,300만원

④ 1,310만원

⑤ 1,350만원

FEED BACK

☑ 왜 틀렸을까?

03 ☐ 개념 이해 부족	☐ 문제 이해 부족	☐ 기타( )
04 ☐ 개념 이해 부족	☐ 문제 이해 부족	☐ 기타( )

☑ 개념 다시 짚어보기

중요도	★★★☆☆
정답	③

문제 03   완전경쟁시장의 장기균형

개념 해설

장기균형에서 가격은 장기평균비용의 최소와 일치하므로 장기균형가격은 100원이다. 한편, 수요함수는 절편이 10,0000이고, 기울기가 -1이므로 $P = -Q + 10,000$으로 표현할 수 있다. 따라서 장기가격 $P = 100$에서 수요량이 9,900개가 된다. 개별기업이 10개씩 생산하고 있으므로 해당 산업에 존재하는 기업수는 990개임을 알 수 있다.

오답 정복하기

완전경쟁시장의 장기균형 문제는 장기균형이 장기평균비용의 최저점에서 형성된다는 것을 이해해야 한다. 그리고 이때 형성되는 장기가격이 시장수요곡선과 연계되어 시장 전체의 수요량을 파악할 수 있고, 이를 통해 시장에 존재하는 기업의 수를 파악할 수 있다.

📖 문제 분석

완전경쟁기업의 장기균형은 장기평균비용곡선의 최저점에서 형성된다. 문제의 상황에서 개별기업은 장기균형 수준에서 10개씩 생산하고 있음을 알 수 있다.

PART 01

중요도	★★★☆☆
정답	④

문제 04   회계적 비용과 경제적 비용

개념 해설

본 문제에서 명시적 비용은 임대료와 임금 그리고 차입금이자이다. 즉(500만원 + 300만원 + 5만원으로) 총 805만원이다. 한편, 암묵적 비용은 자신이 은행에 예금해 두었더라면 받을 수 있었던 예금이자 1%(5만원)와 슈퍼마켓 개점을 위해 포기해야 하는 공인회계사 임금 500만원이다. 따라서 암묵적 비용은 총(5만원 + 500만원)으로 505만원이 된다. 즉, 경제적 비용은 805만원과 505만원의 합계인 1,310만원이 된다.

오답 정복하기

경제적 비용은 명시적 비용과 암묵적 비용의 합을 의미한다. 여러 측면에서 정의가 가능하지만, 명시적 비용은 회계적 비용을 의미하며, 암묵적 비용은 기회비용을 의미한다. 한편으로 명시적 비용은 다른 사람이 가진 생산요소활용에 대한 대가이고, 암묵적 비용은 내가 가진 생산요소활용에 대한 대가를 의미한다.

14 독점기업의 의사결정

▶ "독점 자체보다는 독점의 과정이 중요하다. 즉, 진입장벽이 부당하다거나 손쉽게 제거될 수 있는 종류라면 진입장벽을 제거하고 경쟁을 촉진하는 것이 사회적으로 바람직하나, 그렇지 않은 경우 억지로 진입장벽을 제거할 경우 이윤추구라는 기업의 정상적인 기업 활동까지 위축시킬 수 있다."

– 한국경제연구원 전문가칼럼, 「독점은 꼭 막아야 하나?(2008.4.30.)」

01 독점기업과 완전경쟁기업

1 가격수용자로서의 완전경쟁기업

완전경쟁기업들은 완전히 탄력적인 수요곡선, 즉 수평의 수요곡선에 직면하기 때문에 한계수입과 가격이 동일하다. 이는 시장가격 수준에서는 원하는 만큼 판매할 수 있음을 의미한다. 하지만 1원이라도 가격을 올리게 되면 단 한 개도 판매할 수 없게 된다. 이는 완전경쟁시장에는 동질적인 상품을 판매하는 수많은 생산자가 존재하므로 소비자는 1원이라도 비싼 상품 대신 다른 생산자의 상품을 구입하기 때문이다. 반면 가격을 1원이라도 낮추면 동일한 수량을 판매할 수 있지만, 이윤극대화에는 실패한다. 따라서 완전탄력적인 수요곡선에 직면하는 완전경쟁기업은 가격수용자가 된다.

2 가격설정자로서의 독점기업

독점기업은 시장 내의 유일한 공급자이다. 따라서 시장의 우하향하는 수요곡선이 곧 독점기업이 직면하는 수요곡선이 된다. 이는 완전경쟁기업과 달리 독점기업은 가격을 올리더라도 모든 사업을 잃을 위험이 없음을 의미한다. 다만 수요의 법칙으로 인해 가격을 올리면 수요량이 줄어들 뿐이다. 시장수요곡선이 곧 독점기업이 직면한 수요곡선이기 때문이다. 독점기업의 시장지배력은 매우 강력하지만, 시장수요곡선을 벗어나서 판매할 수는 없다는 것을 확인할 수 있는 대목이다. 이러한 이유로 독점기업도 이윤을 극대화하는 판매량 수준을 고민해야 한다.

▼ 완전경쟁기업(좌)과 독점기업(우)의 수요곡선

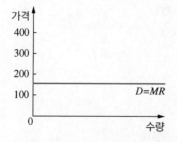
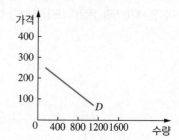

① 독점기업의 수입곡선

우하향하는 수요곡선에 직면한 독점기업은 가격이 달라짐에 따라 총수입도 변화한다. 비록 시장에 해당 상품 혹은 서비스를 공급할 수 있는 유일한 생산자이지만, 수요곡선에서 자유로울 수는 없다. 즉, 가격을 높이면 한 개당 수익은 더 높일 수 있지만 판매수량은 줄어든다. 이는 가격의 변화에 따라 총수입이 달라진다는 것을 의미한다. 가격을 낮추었을 때 총수입이 늘어난다면 수량효과와 가격효과를 살펴봐야 한다.

① 수량효과와 가격효과

정상재라면, 가격이 낮아졌을 때 수요량이 늘어난다. 가격의 감소폭보다 수요량의 증가폭이 더 크다면 총수입이 증가한다. 이를 수량효과라고 한다. 같은 현상이 반대로 작용하기도 한다. 가격이 낮아진다면 기존 수요자들은 더 적은 대가를 치르고도 소비가 가능하기 때문에 수입의 감소가 발생한다. 이것이 가격효과다.

▼ 수량효과와 가격효과

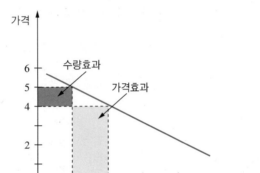

② 가격과 총수입의 변화

수량효과와 가격효과를 통해 가격과 총수입의 변화를 파악할 수 있다. 가격이 낮아질 때 수요곡선을 따라 내려가면서 수량효과가 가격효과보다 크다면 총수입은 늘어난다. 반대로 가격효과가 수량효과보다 크다면 총수입은 감소한다. 한편, 가격이 올라갈 때 수요곡선을 따라 올라가면서 수량효과가 가격효과보다 크면 총수입은 줄어든다. 반대로 가격효과가 수량효과를 압도하면 총수입은 늘어난다.

구 분	수량효과 > 가격효과	수량효과 < 가격효과
가격 하락	총수입 상승	총수입 하락
가격 상승	총수입 하락	총수입 상승

② 독점기업의 한계수입

① 우하향하는 수요곡선과 한계수입

독점기업의 한계수입은 완전경쟁기업처럼 일정하지 않다. 완전경쟁기업이 직면하는 수요곡선은 시장가격 수준에서 수평이기 때문에 추가적인 한 단위 판매로 인한 총수입의 변화는 일정했다. 하지만 독점기업이 직면하는 수요곡선은 우하향의 시장수요곡선이다. 한 단위 추가 판매에 따라 총수입의 증가분이 감소한다는 것이다. 처음 한 개를 판매할 때는 한계수입이 시장가격과 같다. 하지만 이후부터는 한계수입이 수요곡선보다 아래에 위치하는데, 이는 독점기업이 판매량을 늘리기 위해서는 전체 판매량에 대한 가격을 낮춰야만 하기 때문이다. 일반적으로 한계수입곡선은 수요곡선보다 기울기가 2배 가파르다.

② 총수입과 한계수입

우하향하는 수요곡선에서 총수입은 어느 정도 수준까지는 상승하다가 이후에는 감소한다. 가격을 낮추면 판매량을 높일 수 있지만, 가격을 너무 많이 낮추면 가격효과가 수량효과를 압도하기 때문이다. 한편, 총수입은 한계수입곡선이 양의 값을 가질 때 상승하고, 음의 값을 가질 때 하락한다. 한계수입이 0이 될 때 총수입은 극대화된다. 따라서 독점기업이라면 한계수입이 음의 값을 갖는 가격은 고려하지 않을 것이다. 가격을 선택할 수 있는 독점기업의 입장에서 총수입이 감소하는 가격을 선택하는 것은 합리적인 결정이 아니기 때문이다.

▼ 가격, 한계수입 및 총수입의 관계

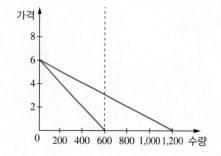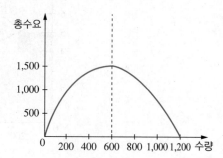

③ 독점기업의 이윤극대화 생산량과 가격의 결정

이윤극대화 생산량을 결정할 때 독점기업 역시 한계적 의사결정에서 자유로울 수 없다. 완전경쟁기업이 한계수입과 한계비용이 일치하는 지점에서 이윤극대화 생산량을 결정하는 것과 마찬가지로 독점기업도 한계수입과 한계비용이 일치하는 생산량을 결정한다. 다만, 독점기업이 직면하는 수요곡선은 우하향하기 때문에 한계수입이 항상 가격과 일치하지 않는다는 점이 다를 뿐이다.

① 이윤극대화 생산량의 결정

한계수입이 한계비용보다 큰 생산량 수준에서는 하나 더 생산하는 비용이 이로 인해 추가적으로 얻는 수입이 더 크다. 따라서 한 단위 더 생산하는 것이 합리적이다. 생산을 계속하면 한계비용은 증가하고, 한계수입은 감소한다. 결국 한계수입과 한계비용이 같아지는 지점에 도달해서야 추가적인 생산을 멈추게 된다. 반대의 경우도 마찬가지다. 한계비용이 한계수입보다 큰 생산량 수준에서는 하나 더 생산하는 비용이 이로 인해 추가적으로 얻는 수입보다 작다. 이윤이 감소하는 상황이므로 생산을 줄이는 것이 합리적이다. 따라서 한계수입과 한계비용이 일치하는 수준까지 생산량을 줄여야 한다. 즉, 이윤극대화 생산량은 독점기업 역시 완전경쟁기업과 마찬가지로 한계수입과 한계비용이 일치하는 지점에서 결정된다. 하지만 다른 점은 완전경쟁기업은 가격수용자인 반면 독점기업은 가격설정자라는 점이다. 독점시장에서는 경쟁자가 존재하지 않기 때문에 재화 혹은 서비스의 가격을 스스로 결정한다. 즉, 독점기업은 주어진 시장수요곡선 하에서 어떤 수준의 생산량이 자신에게 가장 유리한지 결정한 이후에 이윤을 극대화할 가격수준을 결정한다.

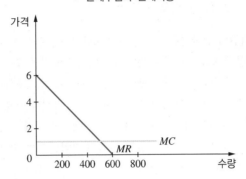

▼ 한계수입과 한계비용

② 최적 가격의 설정

한계수입과 한계비용이 일치하는 지점에 해당하는 수량을 찾아냈다면, 독점기업은 해당 수량을 모두 팔아치울 수 있는 가격수준을 찾아야 한다. 독점기업의 상품이면 모든 사람들이 원할 거라고 생각하기 쉽지만 수요자 입장에서는 독점기업의 생산물이 매력적일 수도, 아닐 수도 있다. 만약 많은 사람들이 독점기업이 생산하는 재화 혹은 서비스를 원하는 상황이라면 독점기업은 매우 높은 가격을 설정할 것이고, 그 반대라면 낮은 가격을 설정해야 할 것이다. 그리고 이러한 정보는 시장수요곡선이 독점기업에게 알려준다. 독점기업이 직면하는 수요곡선이 곧 시장수요곡선이기 때문에 한계수입과 한계비용이 일치하는 생산량 수준에 해당하는 수요곡선의 높이를 살펴보면 된다. 이 높이가 바로 해당 생산량 수준에서 소비자가 지불할 의사가 있는 최대가격을 의미하기 때문이다. 독점기업은 시장의 유일한 생산자이기 때문에 소비자가 지불할 의사가 있는 최대가격을 모두 받아내면서 최적생산량을 판매할 수 있다.

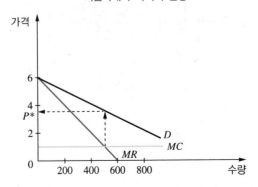

▼ 이윤극대화 가격의 결정

「제10장 완전경쟁과 독점」을 통해 완전경쟁시장의 균형에서는 가장 높은 효율성을 달성하기 때문에 현실에서 찾아보기 어렵다고 설명했다. 사회적 잉여가 극대화되는 시장형태가 완전경쟁이라는 것이다. 따라서 완전경쟁시장을 기준으로 하면, 독점시장의 균형이 어느 정도의 효율성을 달성하는지를 살펴볼 수 있다.

① 완전경쟁 균형과 독점 균형의 비교

일반적으로 독점기업의 생산량은 완전경쟁에 비해 작고, 가격은 높다. 독점기업은 가격을 설정할 수 있기 때문에 이윤극대화 생산량 수준에서 소비자에게 받을 수 있는 최대 가격을 설정할 수 있기 때문이다. 완전경쟁시장에서는 해당 산업의 수요곡선과 공급곡선이 교차하는 지점에서 최적생산량과 가격이 결정된다. 완전경쟁기업이 직면하는 수요곡선과 한계수입곡선은 동일하기 때문이다. 따라서 완전경쟁가격은 5,000원에서 결정되며 그 때의 생산량은 1,000개이다. 한편, 해당 산업이 독점화된 경우를 생각해보자. 어떤 이유로 하나의 기업이 다른 기업을 흡수하거나 폐쇄시켜 단 하나의 기업만 남게 된 것이다. 독점기업은 우하향의 시장수요곡선이 곧 자신이 직면하는 수요곡선이 된다. 따라서 완전경쟁시장과 달리 수요곡선과 한계수입곡선이 일치하지 않는다. 최적 의사결정을 위해 한계수입과 한계비용이 일치하는 지점에서 균형가격과 생산량이 결정된다. 즉 이윤극대화 생산량은 600개가 되며, 이때 수요자로부터 받을 수 있는 최대치인 9,000원을 가격으로 설정한다. 독점기업은 가격을 설정할 수 있기 때문이다.

▼ 완전경쟁과 독점 균형의 비교

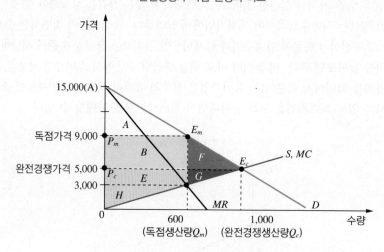

② 사중손실의 발생

완전경쟁과 독점 균형의 효율성 차이를 살펴보기 위해서는 「제7장 소비자잉여와 생산자잉여」에서 학습한 잉여를 살펴봐야 한다. 일반적으로 가격이 낮을수록 소비자잉여가 증가하고, 높을수록 생산자잉여가 증가하므로, 독점 균형에서는 완전경쟁에 비해 소비자잉여가 작고 생산자잉여가 높을 것으로 기대할 수 있다.

① 소비자잉여의 변화

소비자잉여는 지불할 용의가 있는 가격에서 실제로 지급한 시장가격을 제한 부분이다. 완전경쟁시장의 균형에서는 생산량이 1,000개일 때 소비자는 □ OQ_cE_cA 만큼을 지불할 의사가 있지만, 실제 지불한 금액은 □ $OQ_cE_cP_c$ 만큼이다. 따라서 소비자잉여는 $A+B+F(=□ OQ_cE_cA - □ OQ_cE_cP_c)$가 된다. 한편, 독점시장의 균형에서는 생산량이 600개일 때 소비자는 □ $OABQ_m$ 만큼을 지불할 의사가 있지만, 실제 지불한 금액은 □ OP_mBQ_m 이므로 소비자잉여는 $A(=□ OABQ_m - □ OP_mBQ_m)$가 된다. 완전경쟁시장에 비해 독점시장의 균형에서는 $(-B-F)$만큼의 소비자잉여가 감소한 것이다.

② 생산자잉여의 변화

생산자잉여는 실제로 받은 시장가격에서 공급할 용의가 있는 가격을 차감한 부분이다. 완전경쟁시장의 균형에서는 생산량이 1,000개일 때 최소 $\triangle OQ_cE_c$ 만큼은 받아야 한다고 생각하지만, 실제로는 □ $OP_cE_cQ_c$ 만큼의 대가를 받았다. 따라서 생산자잉여는 $E+H+G(=□ OP_cE_cQ_c - \triangle OQ_cE_c)$가 된다. 한편, 독점시장의 균형에서는 생산량이 600개일 때 생산자는 최소 $\triangle OE_mQ_m$ 만큼은 받아야 한다고 생각하지만, 실제로는 □ OP_mBQ_m 만큼의 대가를 받았다. 따라서 생산자잉여는 $B+E+H(=□ OP_mBQ_m - \triangle OE_mQ_m)$가 된다. 완전경쟁시장에 비해 독점시장의 균형에서는 $(B-G)$만큼의 생산자잉여가 변화한 것이다.

③ 사회적잉여의 변화

사회적잉여는 소비자잉여와 생산자잉여의 합으로 구해진다. 따라서 완전경쟁시장의 균형에서 달성할 수 있는 사회적잉여의 크기는 $A+B+E+F+G+H$이며, 독점시장의 균형에서는 사회적잉여의 크기가 $A+B+E+H$가 된다. 독점시장의 균형에서는 완전경쟁에 비해 사회 전체적으로 $(-F-G)$ 만큼의 잉여가 감소한 것이다. 이 부분을 사중손실$^{\text{Deadweight loss}}$이라고 한다. 이는 독점기업은 소비자가 한계적으로 지불하고자 하는 금액이 한계비용을 초과하는 600~1,000개 구간에서는 생산을 하지 않기 때문에 발생한다. 이 구간에서 생산할 경우 사회 전체의 잉여는 증가하지만, 독점기업의 이윤은 감소하기 때문에 기업은 해당 규모의 생산을 하지 않는다.

01 독점시장에 대한 설명으로 옳지 않은 것은?

① 특허권이나 저작권 제도는 독점기업을 출현하게 하는 원인 중 하나이다.

② 독점기업이 직면하는 시장수요함수가 $Q = 1 - 2P$라면, 한계수입은 $MR = \frac{1}{2} - Q$이다.

③ 독점기업은 장기와 단기에 항상 초과이윤을 얻는다.

④ 어떤 생산량 수준에서 한계수입이 한계비용보다 더 작다면 독점기업은 생산량을 줄여야 이윤극대화를 달성할 수 있다.

⑤ 밀접한 대체재가 존재하는 경우 독점력의 행사가 어렵다.

02 어느 한 재화시장이 독점 하에 놓여 있으며 수요곡선의 식은 다음과 같다. $Q^D = 16 - P$. 이때 Q^D는 이 재화의 수요량이며 P는 이 재화의 가격이다. 또한 이 재화를 생산하기 위한 한계비용은 4이며, 이는 생산의 규모와 상관없이 일정하다. 이때 이 재화시장의 독점가격과 소비자잉여를 계산한 값은?

① 독점가격 = 12, 소비자잉여 = 24

② 독점가격 = 10, 소비자잉여 = 18

③ 독점가격 = 8, 소비자잉여 = 8

④ 독점가격 = 4, 소비자잉여 = 32

⑤ 독점가격 = 10, 소비자잉여 = 36

문제 01   독점의 이윤

중요도   ★★★☆☆
정 답   ③

개념 해설

③ 독점기업이 반드시 단기에 초과이윤을 얻는 것은 아니다. 독점이라 할지라도 손실을 볼 가능성은 존재한다. 이는 시장구조와 무관한 사항이다. 독점기업은 이윤극대화 생산량과 가격설정에 관여할 수 있을 뿐이다.

오답 정복하기

① 독점이 발생하는 원인은 진입장벽의 존재 때문이다. 그리고 진입장벽은 다양한 요인에 의해 형성되지만 특허권이나 저작권 제도와 같이 국가에 의해 형성되기도 한다.

② 일반적으로 한계수입곡선은 수요곡선에 비해 기울기는 2배이고, 절편은 동일하다. 독점기업이 직면하는 시장수요함수가 $Q = 1 - 2P$라는 것은 $P = -\frac{1}{2}Q + \frac{1}{2}$ 임을 의미한다. 따라서 한계수입곡선은 $P = -Q + \frac{1}{2}$ 가 된다.

④ 한계수입과 한계비용이 일치하는 지점에서 이윤극대화 생산량이 달성되는 것은 시장종류와 상관없이 동일하다. 한편, 한계비용이 한계수입보다 크다면 생산량을 줄일 경우 기업의 이윤이 증가하게 된다. 추가적인 판매로 얻는 것보다 만드는 비용이 더 많이 드는 상황이기 때문이다.

⑤ 대체재가 존재하는 경우 다른 재화의 소비를 통해 동일한 만족을 얻을 수 있으므로 독점력이 약화된다. 독점기업의 이윤극대화를 위해 가격을 설정해도 다른 상품 구입으로 이를 대체해버릴 수 있으므로 독점력이 작아진다.

문제 02   독점기업과 소비자잉여

중요도   ★★★☆☆
정 답   ②

개념 해설

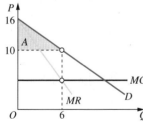

문제에 주어진 수요식을 정리하면 수요함수가 $P = -Q + 16$임을 알 수 있다. 따라서 한계수입곡선은 기울기가 2배이고 절편이 동일한 $P = -2Q + 16$로 나타난다. 한편, 독점기업의 이윤극대화 생산량은 $MR = MC$에서 결정되므로 $-2Q + 16 = 4$가 되어 $Q = 6$이 된다. 이를 수요곡선에 대입하면 독점가격 $P = 10$임을 알 수 있다. 한편, 시장가격과 생산량을 알면 소비자잉여를 도출할 수 있다. 그림에서 A의 면적이 독점기업의 소비자잉여에 해당한다. 면적의 크기는 $18(= \frac{1}{2} \times 6 \times 6)$이다.

오답 정복하기

독점기업의 이윤극대화 역시 완전경쟁시장과 동일하게 한계수입과 한계비용이 일치하는 지점에서 결정된다. 다만, 가격을 설정함에 있어 해당 생산량에서 소비자가 지불할 의사가 있는 최대금액을 가격으로 설정한다. 독점이윤을 극대화할 수 있는 독점기업만이 설정할 수 있는 가격이다.

03 다음 중 옳은 것을 모두 고르면?

> ㉠ 경쟁시장에서 기업이 상품을 한 단위 더 팔면 추가되는 수입은 가격보다 작다.
> ㉡ 독점시장에서 기업이 상품을 한 단위 더 팔면 추가되는 수입은 가격보다 작다.
> ㉢ 경쟁시장과 독점시장 모두에서 평균수입은 가격과 동일하다.

① ㉠
② ㉡
③ ㉢
④ ㉠, ㉡
⑤ ㉡, ㉢

04 자장면 한 그릇의 한계비용이 4,000원이고, 자장면에 대한 수요가 다음과 같다고 할 때, 옳지 않은 것은?

가격(원)	수량(그릇)
9,000	5
8,000	6
7,000	7
6,000	8
5,000	9
4,000	10
3,000	11

① 자장면 시장이 완전경쟁이라면, 시장균형가격은 4,000원이다.
② 자장면 시장이 독점이라면, 생산량은 다섯 그릇이다.
③ 자장면 시장이 독점이라면, 독점이윤은 25,000원이다.
④ 독점의 경우에는 완전경쟁에 비해 생산량이 다섯 그릇 감소한다.
⑤ 한계비용이 6,000원으로 오르면 독점의 경우에는 생산량이 줄어드나 완전경쟁의 경우에는 생산량이 변하지 않는다.

FEED BACK

☑ 왜 틀렸을까?	03 ☐ 개념 이해 부족　☐ 문제 이해 부족　☐ 기타(　　　　)
	04 ☐ 개념 이해 부족　☐ 문제 이해 부족　☐ 기타(　　　　)
☑ 개념 다시 짚어보기	

문제 03   독점기업의 이윤극대화

중요도	★★★★☆
정답	⑤

개념 해설

ⓛ 완전경쟁시장에서는 주어진 가격수준에서 원하는 만큼 판매가 가능했지만, 독점의 경우에는 판매량 증가를 위해서는 가격을 낮춰야 한다. 직면하는 수요곡선이 우하향하는 시장수요곡선과 동일하기 때문이다. 따라서 한계수입이 가격보다 낮게 된다.

ⓒ 시장구조와 관계없이 수요곡선의 높이가 평균수입과 일치하므로 시장형태에 관계없이 가격은 평균수입과 일치한다.

오답 정복하기

㉠ 경쟁시장에서는 기업이 상품을 한 단위 더 판매하면 추가되는 수입, 즉 한계수입은 가격과 일치한다. 주어진 가격수준에서 한계수입과 평균수입이 모두 일치하기 때문이다.

문제 04   독점기업의 이윤극대화

중요도	★★★☆☆
정답	⑤

개념 해설

⑤ 기업의 이윤극대화 생산량은 한계수입과 한계비용이 일치하는 지점에서 형성된다. 문제에서 한계비용이 4,000원이므로 한계수입이 4,000원인 지점에서 이윤극대화 생산량이 결정된다. 한편, 자료는 주어져 있지 않지만 가격과 수량을 고려하면 우하향의 수요곡선을 도출하여 3그릇일 때, 11,000원, 4그릇일 때 10,000원의 가격을 도출 가능하다.

Q	3	4	5	6
TR	33,000	40,000	45,000	48,000
MR		7,000	5,000	3,000

이로부터 6번째 그릇부터는 한계비용이 한계수입보다 커진다는 것을 알 수 있다. 따라서 이윤극대화 생산량은 5그릇이 된다. 한편, 한계비용이 6,000원으로 상승할 경우 완전경쟁기업은 $P = MC$가 성립하는 8그릇을 생산한다.

오답 정복하기

① 자장면 시장이 완전경쟁시장이라면 $P = MC$인 지점에서 생산량을 결정하므로, 10그릇을 생산하고 이때의 가격은 4,000원이다.

② 독점인 경우 6번째 그릇부터는 한계비용이 한계수입보다 커지므로, 5그릇에서 이윤극대화 생산량을 결정한다.

③ 5그릇일 때의 가격은 9,000원이므로 총수입은 45,000원이고, 이때 총비용은 20,000원(= 4,000×5그릇)이다. 따라서 이윤은 25,000원이다.

CHAPTER

15

독점기업의 잉여 확보 전략

▸ "가격차별을 무제한 허용하거나 반대로 당연위법으로 금지할 수는 없으며, 상황마다 효율성, 경쟁 저해성, 공평성, 공익성 여부 등을 종합적으로 고려해 합리성 원칙에 따라 규제하는 것이 타당하다."
－ 통신서비스에서의 가격차별 연구(2005, 정보통신정책연구원)

01　단일가격 하에서의 생산자잉여

「제14장 독점기업의 의사결정」에서 살펴 본 바와 같이 독점기업의 생산자잉여는 모든 잠재적인, 136쪽의 그래프를 살펴보자, 모든 경제적 편익을 차지하지는 못한다. 소비자잉여와 사중손실이 존재한다는 것이 그 증거이다. 한계수입과 한계비용이 일치하는 지점에서 생산량(Q_m)을 정하고, 이때 소비자가 지불할 의사가 있는 최대 금액(P_m)을 가격으로 설정한다. 그 결과 독점기업의 생산자잉여는 $G + H + K + L$의 면적으로 나타나고, 소비자잉여는 $E + F$의 면적으로 나타난다. 그리고 소비자잉여 혹은 생산자잉여 어디에도 속하지 못하는 사중손실 영역인 $J + N$이 존재한다. 사중손실은 최소한 한계비용 정도의 가격을 지불하고 해당 상품을 구입하고자 하지만, 그렇지 못한 A와 B 사이에 위치한 잠재적인 소비자가 존재하기 때문에 발생한다. 이러한 결과는 독점기업이 단일가격을 책정했을 때 얻을 수 있는 잉여의 최대치를 보여준다. 하지만, 단일가격이 아닌 소비자별로 상이한 가격을 부과하면 독점기업은 더 높은 생산자잉여를 확보할 수 있다.

가격차별$^{\text{Price discrimination}}$이란 동일한 재화와 서비스에 다른 가격을 설정하는 것을 의미한다. 동일한 재화와 서비스이지만, 이를 구입하는 소비자마다 다른 상이한 가격을 부과하거나, 몇 개 이상 구입한 사람에게 가격을 할인해주는 것 등이다. 이러한 가격차별은 일반적으로 다음의 세 가지 형태로 구분할 수 있다.

① 3급 가격차별

3급 가격차별$^{\text{Third-degree price discrimination}}$은 기업이 시장에 있는 소비자 집단을 특성에 따라 구분할 수 있는 경우에 활용하는 가격전략이다. 항공사의 비행기 티켓 가격 설정이 대표적인 사례이다. 항공사는 같은 노선이라도 출장 수요자와 휴가 수요자로 소비자가 구분된다는 것을 알고 있다. 항공사가 출장을 가는 집단의 수요를 알고 있는 경우 이 집단에 대한 한계수입과 한계비용이 같아지도록 이윤극대화를 할 수 있다. 한편, 관광 수요에 대해서도 동일한 방법으로 이윤을 극대화한다. 각 집단에 대해 기업은 단일가격을 부과하지만 이 단일가격이 두 집단 사이에서는 서로 상이할 수 있다. 출장 집단과 관광 집단 내에서는 동일한 가격이 부과되지만, 집단별로 가격은 상이할 수 있다. 즉, 같은 노선이라도 출장 집단에는 50만원으로, 관광 집단에는 20만원의 항공료를 책정하는 것이다.

② 2급 가격차별

2급 가격차별은 수량할인을 의미한다. 즉, 개당 지불하는 가격은 구입하는 개수에 의존하는 것이다. 오늘 밤에 맥주 안주로 먹을 육포를 구입하기 위해 편의점에 들렀을 때, 육포의 가격이 1개 구입할 때는 3,000원인데, 3개를 구입하면 개당 가격이 2,000원으로 낮아지는 사례가 이에 해당한다. 이는 독점기업이 상품에 대한 수요곡선의 기울기가 하향한다는 사실을 알고 있기 때문에 가능한 전략이다. 즉, 해당 상품을 반복해서 구입하게 되면 고객이 지불하려는 금액이 감소하게 된다. 따라서 독점기업은 소비자에게 수량할인을 제공함으로써 추가적인 잉여를 차지할 수 있다. 이러한 수량할인은 한 번에 많이 판매할 경우 비용이 적게 소요되기 때문에 실시된다. 4인용 라지 피자가 2인용 미디움 피자에 비해 두 배의 가격이 책정되지 않는 이유이다. 즉, 인건비, 요리비, 포장비는 피자의 크기와 크게 상관없다. 따라서 4인용 피자가 1g 당 비용이 더 저렴한 것이다.

③ 1급 가격차별

1급(완전) 가격차별$^{\text{Perfect price discrimination}}$ 하에서는 독점기업이 소비자의 수요곡선을 알고 있기 때문에 각 생산량 수준에서 소비자가 지급할 의사가 있는 최대금액(수요곡선의 높이)을 각 단위의 가격으로 책정한다. 어떤 사람이 최대 1만원까지 낼 의사가 있다면 이 사람에게는 1만원의 가격을 책정하고, 어떤 사람이 9,000원까지 낼 의사가 있다면 이 사람에게는 9,000원의 가격을 책정하는 것이다. 3급 가격차별이 집단에 상이한 가격을 책정한 전략을 모든 개별소비자에게 확대한 것이라 할 수 있다. 따라서 1급(완전) 가격차별에서 소비자잉여는 존재하지 않는다. 최대지불의사 금액에서 실제 지불한 금액을 제한 값이 소비자잉여인데, 독점기업이 실제 지불한 금액을 최대지불의사 금액과 동일하게 책정함으로써, 소비자잉여는 0이 된다. 반면 생산자잉여는 극대화된다. 즉, 수요곡선과 한계비용곡선 사이의 모든 면적이 생산자잉여가 된다. 결과적으로 완전경쟁균형에서와 동일한 수준의 효율이 달성되는 것이다. 따라서 1급(완전) 가격차별의 경우 사회적잉여는 완전경쟁의 사회적잉여와 동일하다.

▼ 균일가격과 1급(완전) 가격차별

구 분	균일가격	1급 가격차별
소비자잉여	E+F	0
생산자잉여	G+H+K+L	E+F+G+H+J+K+L+N
총잉여	E+F+G+H+K+L	E+F+G+H+J+K+L+N
사중손실	J+N	0

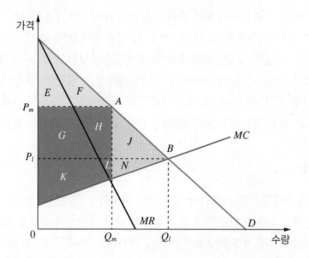

가격차별을 통해 잉여를 확보하기 위한 시장의 특징

① 독점기업의 시장지배력

시장지배력을 갖는다는 의미는 가격을 설정할 수 있어야 한다는 의미이다. 그리고 이는 직면하는 수요곡선이 우하향한다는 의미이기도 하다. 만약 시장지배력을 갖지 못한다면, 가격수용자로 행동하기 때문에 생산물의 상이한 수량에 대해 다른 가격을 책정할 수 없다.

② 독점기업의 소비자 지불의사금액 파악

독점기업은 각 소비자들이 지불하고자 하는 금액에 관한 정보를 알고 있어야 한다. 물론 현실에서는 소비자의 지불의사금액을 알기란 매우 어렵다. 지불의사금액에 재화 및 서비스의 가격을 맞추려는 생산자의 의도, 즉 소비자잉여를 0으로 만들려는 의도가 간파된다면 소비자는 지불의사를 밝힐 이유가 없다. 소비자는 낮은 금액을 이야기해 생산자를 속여 소비자잉여를 높이고자 할 것이다. 이러한 이유로 독점기업은 소비자의 거주지, 직업, 옷차림, 말투, 차종, 월급 수준 등에 기초하여 해당 소비자의 지불의사금액을 유추한다. 완벽할 수는 없지만 이러한 독점기업의 시도는 더 많은 생산자잉여를 확보하는 데 도움이 된다.

③ 재판매의 금지

독점기업은 수요자가 해당 재화 및 서비스를 재판매할 수 없도록 해야 한다. 1만원의 지불의사를 가진 사람에게 1만원의 가격을 책정하여 판매하였더라도, 재판매가 가능하여 최초 구입자가 동일한 상품을 1만 5천원의 지불의사를 가진 사람에게 판매한다면, 독점기업은 생산자잉여를 오롯이 확보하지 못한다. 대신에 중개상인이 잉여를 차지하게 된다.

04 | 끼워팔기

추가적인 잉여를 확보하는 방법에는 가격차별 외에도 끼워팔기 전략이 있다. 가격차별이 항상 가능하지는 않기 때문이다. 복사기에 대한 독점권이 있어 시장지배력이 있다고 가정하자. 이 경우 월간 5,000장 복사하는 고객보다 20,000장을 복사하는 고객에게 더 높은 가격을 책정하고자 하는데, 정확히 얼마나 복사를 하는지 알 수가 없다. 가격차별이 어려운 상황이다. 이 때 기업은 해당 기업이 필요한 모든 복사용지를 구입하도록 강제할 수 있다. 그리고 복사용지를 생산할 때 소요되는 비용을 초과하여 용지 가격을 책정할 경우 더 높은 이윤을 얻을 수 있다.

① 끼워팔기의 정의

끼워팔기$^{\text{Tying, Tie-in sales}}$는 다른 물품을 함께 구입하겠다는 동의가 있는 경우 주된 물품에 부속 물품을 끼워서 판매하는 기법이다. 이러한 끼워팔기를 통해 주된 제품에 있던 시장지배력을 끼워서 판매하는 제품으로 확대할 수 있다. 복사기에 대해서는 시장지배력이 있지만, 복사용지에 대해서는 그렇지 않을 수 있다. 하지만 끼워팔기 기법을 통해 복사용지에 대해서도 시장지배력을 행사할 수 있다.

2 끼워팔기의 종류

① 묶어팔기

묶어팔기[Bundling]란 고객들로 하여금 물품을 패키지로 구매할 것을 요구하는 끼워팔기의 한 종류이다. 묶어팔기 하에서 고객은 물품을 분리해서 구입할 수 없다. IPTV 신청 시 상품에 따라 채널의 패키지를 함께 구입해야 하는 경우나 PC 구입 시 본체와 모니터를 함께 구입하도록 구성된 패키지 상품이 대표적이다. 이처럼 묶어팔기를 시도하는 이유는 소비자가 두 물품에 대해 갖는 선호가 달라 지불의사금액이 상이하기 때문이다. 컴퓨터와 모니터의 한계비용이 각각 10만원과 3만원인 경우를 예를 들어 볼 수 있다. 시장에 두 명의 고객만이 존재하고, 컴퓨터와 모니터에 대한 최대지불의사가격이 다음과 같다고 했을 때, 기업이 할 수 있는 최선의 방안은 컴퓨터는 15만원에, 모니터는 6만원에 판매하는 것이다. 이 경우 컴퓨터 판매를 통해 5만원, 그리고 모니터 판매를 통해 3만원의 이윤을 얻어 총 8만원의 이윤을 달성할 수 있다. 하지만 두 제품을 묶어 18만원에 판매하면, 소비자 2명이 모두 패키지를 구입하게 되고, 이는 패키지당 5만원의 이윤을 얻을 수 있어 총 10만원의 이윤을 얻게 된다. 묶어팔기를 통해 8만원의 이윤을 10만원으로 증가시킬 수 있는 것이다.

▼ 고객별 최대지불의사금액과 한계비용

구 분	컴퓨터	모니터
(최대지불의사금액) 소비자 1	12만원	6만원
(최대지불의사금액) 소비자 2	15만원	4만원
한계비용	10만원	3만원

② 혼합 묶어팔기

혼합 묶어팔기는 묶어팔기와 개별 판매가 모두 가능한 방식의 판매전략이다. 이는 개별로만 판매하기도, 묶어팔기만으로도 이윤을 극대화하기 어려운 상황으로 소비자의 지불용의가 형성되었을 때 활용가능한 판매방식이다. 다음의 상황에서 소비자 1이 컴퓨터에 대해 지불할 용의가 있는 최대금액은 한계비용 수준에도 미치지 못한다. 따라서 고객은 구입하지 않는다. 하지만 17만원의 패키지를 마련해 묶어팔면, 기업은 4만원의 이윤을 볼 수 있다. 하지만 이 금액은 소비자 1에게 모니터만 판매했을 때의 이윤보다 낮다. 모니터만 판매할 경우 5만원의 이윤을 얻을 수 있기 때문이다. 같은 논리를 소비자 4의 컴퓨터 구매에도 적용해볼 수 있다. 소비자 4는 모니터는 구매하지 않지만, 컴퓨터에 대한 개별구매는 가능하며, 17만원의 패키지로 소비자 4에게 판매하는 경우보다 컴퓨터만 판매하는 것이 더 높은 이윤을 보장해준다. 그리고 소비자 2와 3은 일반적인 묶어팔기 전략으로 17만원의 패키지를 구성하면 이윤을 극대화할 수 있다. 결과적으로 혼합 묶어팔기를 실시하면 소비자 4는 컴퓨터만, 소비자 1은 모니터만 구입하고, 소비자 2와 3은 패키지를 구입한다. 그리고 총이윤은 18만원으로 높아진다.

▼ 고객별 최대지불의사금액과 한계비용

구 분	컴퓨터	모니터
(최대지불의사금액) 소비자 1	9만원	8만원
(최대지불의사금액) 소비자 2	11만원	6만원
(최대지불의사금액) 소비자 3	13만원	4만원
(최대지불의사금액) 소비자 4	15만원	2만원
한계비용	10만원	3만원

01 가격차별과 관련된 다음 사례 중 성격이 다른 것은?

① 구내식당의 점심메뉴는 저녁메뉴와 동일하지만 더 저렴한 가격으로 판매한다.

② 극장에서 노인에게 할인가격으로 입장권을 판매한다.

③ 극장에서 아침에 상영하는 영화에 할인요금을 적용한다.

④ 자동차회사는 차종에 따라 가격을 달리하여 자동차를 판매한다.

⑤ 자동차회사는 동일차종에 대해 해외시장과 국내시장에 다른 가격으로 판매한다.

02 독점의 제1급(완전) 가격차별에 의한 독점기업의 특징으로 맞지 않는 것은?

① 소비자잉여가 최대화된다.

② 생산자잉여가 최대화된다.

③ 독점 생산량과 완전경쟁의 생산량이 일치한다.

④ 사회적잉여가 극대화된다.

⑤ 사회적잉여와 생산자잉여가 일치한다.

FEED BACK

✓ 왜 틀렸을까?	01 ☐ 개념 이해 부족 ☐ 문제 이해 부족 ☐ 기타( )
	02 ☐ 개념 이해 부족 ☐ 문제 이해 부족 ☐ 기타( )
✓ 개념 다시 짚어보기	

140 PART 1 미시경제

문제 01   가격차별

개념 해설

④ 자동차회사가 차종에 따라 가격을 달리하여 판매하는 것은 가격차별이 아닌 정상적인 가격의 차등이다. 가격차별이 성립하기 위해서는 '동일한 재화 및 서비스'라는 조건이 필요하다.

오답 정복하기

① 구내식당의 점심메뉴와 저녁메뉴가 동일한데 서로 다른 가격으로 판매되는 것은 가격차별이라 할 수 있다.

② 동일한 영화임에도 불구하고 다른 나이대의 사람에게 다른 가격을 책정하는 것은 가격차별이다.

③ 조조할인은 대표적인 가격차별이다. 동일한 영화임에도 불구하고 시간대에 따라 다른 가격을 책정하기 때문이다.

⑤ 동일차종에 대해 국내와 해외에 다른 가격을 부과하는 것은 가격차별에 해당한다.

📖 문제 분석

가격차별은 독점이윤을 극대화하기 위해서 활용하는 가격 전략이다. 가격차별은 동일한 재화 및 서비스에 서로 다른 가격을 부과하는 것을 의미한다.

문제 02   1급 가격차별

개념 해설

① 1급 가격차별에서는 생산자잉여가 최대가 된다.

오답 정복하기

② 3급 가격차별에서 1급으로 갈수록 생산자잉여가 극대화된다. 이는 가격차별로 인해 소비자잉여가 생산자잉여로 전환되기 때문이다.

③, ④ 1급 가격차별의 자원배분 효율성은 완전경쟁수준과 일치한다. 이는 1급 가격차별에서 독점과 완전경쟁의 이윤극대화 생산량이 일치한다는 것을 보여준다. 한편 완전경쟁의 자원배분은 최대를 의미하므로, 1급 가격차별에서의 사회적 잉여가 극대화됨을 알 수 있다.

⑤ 사회적잉여는 소비자잉여와 생산자잉여의 합이다. 하지만 1급 가격차별에서 소비자잉여는 0이므로 사회적잉여와 생산자잉여는 일치한다.

📖 문제 분석

독점의 가격차별은 1, 2, 3급 가격차별로 구분된다. 3급에서 1급으로 갈수록 소비자잉여는 작아지고 생산자잉여는 커진다. 1급 가격차별의 경우 소비자잉여는 0, 생산자잉여는 최대가 된다.

03 독점기업이 동일한 제품을 여러 가지 가격으로 판매하는 가격차별을 하는 경우가 있다. 이러한 현상에 대한 설명으로 옳지 않은 것은?

① 독점기업이 기본료와 함께 사용료를 부과하는 이부가격제(Two-part tariff)를 실시하면 소비자잉여가 독점기업으로 이전되어 이윤은 증가한다.

② 모든 개별소비자의 지불용의가격을 알고 있다면, 독점기업은 완전가격차별을 실시하여 모든 소비자잉여를 독점기업의 이윤으로 차지하며, 이 경우 효율적인 자원배분이 이루어진다.

③ 3급 가격차별은 1급 가격차별에 비해서 사중손실(Deadweight loss)이 더 크다.

④ A소비자 집단의 수요가 B소비자 집단의 수요보다 더 가격탄력적이라면, 독점기업은 B소비자 집단보다 A소비자 집단에 더 높은 가격을 부과한다.

⑤ 1급 가격차별의 사회적잉여는 완전경쟁의 경우와 동일하다.

04 어떤 통신회사는 초고속 인터넷과 IPTV 서비스를 두 명의 고객에게 판매한다. 고객별로 가격차별을 할 수 없으며 분석의 편의상 초고속 인터넷과 IPTV 서비스의 공급 비용은 0이라고 가정하자. 두 고객의 최대지불용의금액이 다음 표와 같을 때 옳은 것은?

구 분	최대지불용의금액	
	초고속 인터넷	IPTV
고객 A	200	100
고객 B	300	60

① 초고속 인터넷과 IPTV 서비스를 결합하여 판매하는 경우 얻을 수 있는 최대이윤은 600이다.

② 초고속 인터넷과 IPTV 서비스를 결합하여 판매하는 경우 얻을 수 있는 최대이윤은 660이다.

③ 초고속 인터넷과 IPTV 서비스를 결합하여 판매하는 경우 얻을 수 있는 최대이윤은 800이다.

④ 초고속 인터넷만 판매할 때 얻을 수 있는 최대이윤은 300이다.

⑤ IPTV 서비스만 판매할 때 얻을 수 있는 최대이윤은 160이다.

중요도	★★★☆☆
정답	④

문제 03　가격차별

개념 해설

④ A집단의 소비자가 가격탄력성이 더 높다면 B집단보다 낮은 가격을 부과해야 한다.

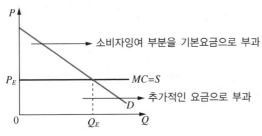

- 소비자잉여 부분을 기본요금으로 부과
- $MC=S$
- 추가적인 요금으로 부과

📖 문제 분석

독점기업의 가격차별이 실효성을 갖기 위해서는 소비자 집단을 가격탄력성에 따라 구분하고, 구분된 소비자 집단 간에 재판매가 불가능해야 한다. 보다 구체적으로 높은 가격탄력성을 지닌 집단에게는 낮은 가격을, 낮은 가격탄력성을 지닌 집단에게는 높은 가격을 책정해야 한다.

오답 정복하기

① 이부가격이란 소비자가 재화를 구입할 권리에 대해 1차 가격을 부과하고 재화 구입량에 따라 다시 가격을 부과하는 가격체계이다. 이부가격 설정 시 단일가격 설정 때보다 독점기업의 이윤이 증가하는 것이 일반적이다.

② 모든 개별소비자의 지불용의가격을 알고 있는 경우 1급(완전) 가격차별이 가능하여, 각 소비자가 지불할 최대의사금액만큼 가격을 설정한다. 이 경우 소비자잉여는 모두 생산자잉여로 귀속되지만, 사회적잉여는 완전경쟁시장과 동일하여 가장 효율적인 자원배분이 이루어진다.

③, ⑤ 3급 가격차별이 이루어지는 경우에는 여전히 $P > MC$이므로 사중손실이 발생하지만, 1급 가격차별에서는 생산량이 완전경쟁시장과 동일하기 때문에 사중손실이 발생하지 않는다.

중요도	★★★☆☆
정답	①

문제 04　묶어팔기

개념 해설

① 고객 A는 초고속 인터넷과 IPTV를 묶어 300까지 낼 용의가 있는 반면, 고객 B는 360까지 낼 용의가 있다. 따라서 묶어팔기 가격을 300으로 정하면 모든 소비자가 구매할 의향이 있으므로 최대 600의 이윤을 얻을 수 있다.

오답 정복하기

②, ③ 묶어팔기 가격을 360으로 설정할 경우 B만 구입하고, 300으로 설정할 경우 A와 B 둘 모두 구입하기 때문에 최대이윤은 600이다.

④ 초고속 인터넷만 판매하는 경우 200의 가격을 설정하면 고객 A와 B 모두 구입하기 때문에 400의 이윤을 얻을 수 있다.

⑤ IPTV 서비스만 판매하는 경우 60의 가격을 설정하면 고객 A와 B 모두 구입하기 때문에 최대 120의 이윤을 얻을 수 있다.

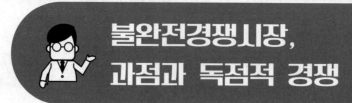

불완전경쟁시장, 과점과 독점적 경쟁

▶ "구글과 페이스북 시장 과점은 문젯거리가 돼가고 있다. 경쟁이 문제를 해결해
줄 것이며 가장 유력한 경쟁자는 아마존으로 본다"

– GroupM 미래부장 애덤 스미스[Adam Smith]

01 시장구조의 형태와 예시

① 시장구조의 형태

시장구조는 생산자의 수와 제품차별화를 기준으로 구분할 수 있다. 이 두 가지 요소의 조합이 완전
경쟁과 독점, 과점 및 독점적 경쟁시장의 네 가지 시장구조를 만들어낸다. 보다 구체적으로는 생
산자의 수가 많은 경쟁시장에서 소수의 생산자가 존재하는 과점시장으로 그리고 오로지 하나의
생산자가 존재하는 독점시장으로 구성된다.

▼ 시장구조의 형태

제품차별화	기업의 수		
	많 음	적 음	한 개
기업은 동일한 상품을 생산한다.	완전경쟁	과점(동질적 상품)	독 점
기업은 차별화된 상품을 생산한다.	독점적 경쟁	과점(차별적 상품)	

출처 : Microeconomics(5th), David A. Besanko, Ronald R. Braeutigam, sigma press(수정, 발췌)

② 현실에서의 과점과 독점적 경쟁시장

① 과점시장의 예

현실에서의 과점과 독점적 경쟁시장은 비교적 많은 예를 들 수 있다. 동질적인 상품을 판매하
는 과점시장에서는 소수의 기업들이 실질적으로 동일한 속성과 성능, 특징을 갖는 물품을 판매
한다. 미국의 소금 시장이 대표적이다. 모튼 솔트[Moton Salt], 카길[Cagill], IMC 솔트[IMC Salt]가 경쟁을
하면서 동일한 염화나트륨을 판매하고 있다. 반도체도 마찬가지다. 삼성[Samsung], 하이닉스[Hynix],
마이크론[Micron] 등의 기업들도 속성과 성능 면에서 거의 동일한 칩을 판매하고 있다. 이를 순수
과점시장[Pure oligopoly]이라고도 한다. 한편 차별화된 상품을 판매하는 과점시장도 존재한다. 소수
의 기업이 판매하는 상품들이 서로 대체재이면서도 특성이나 성능 등 중요한 면에서 다른 점을
지닌다. 코카콜라와 펩시콜라가 대세인 미국의 탄산음료시장, 아사히[Asahi Breweries, Ltd], 기린
[Kirin Brewery Company], 삿포로[Sapporo Breweries Limited], 산토리[Suntory Holdings Limited]가 경쟁하는 일본의 맥주
시장 등이 대표적이다. 이를 차별화 과점[Differentiated oligopoly]이라고 한다.

순수과점과 차별화 과점

일반적으로 철강, 알루미늄, 시멘트 등의 생산재를 거래하는 시장은 자동차, 전기제품 등의 소비재를 거래하는 시장보다 차별화의 정보가 낮기 때문에 순수과점시장에 가깝다. 또한 순수과점시장에서 구매자는 과점기업의 판매촉진 정책에 대해 민감하지 않으며 오히려 가격에 민감하다. 따라서 순수과점시장의 기업이 직면하는 수요곡선이 보다 탄력적이다.

② 독점적 경쟁시장의 예

독점적 경쟁시장$^{Monopolistic\ competition}$은 가장 현실에 가까운 시장형태이다. 완전경쟁시장처럼 많은 수의 생산자가 존재하지만 이들은 조금씩 차별화한 제품 및 서비스를 제공한다. 세탁소, 의료서비스, 미용실 등 현실에서 제공되는 많은 재화 및 서비스가 독점적 경쟁시장에 해당한다고 할 수 있다.

02   과점시장의 기초

1 과점의 종류

과점시장은 순수 과점과 차별화 과점 외에도 협조적 과점시장과 경쟁적 과점시장으로 구분하기도 한다. 과점시장은 산업의 공동이윤을 극대화하려는 욕구와 동시에 공동이윤에서 자기 기업의 몫을 높이려는 서로 상반되는 성격을 갖게 된다. 공동 이윤 극대화 욕구가 강할 때 협조적 과점시장이 되며, 공동 이윤에서 자기의 몫을 높이려는 욕구가 강할 때 경쟁적 과점시장이 된다. 한편, 생산자의 수를 기준으로 정의되는 과점시장에 소수의 기업보다 적은 단 두 개의 기업만 존재하는 과점이 있다. 이를 복점^{Duopoly}이라고 한다.

2 과점시장의 특징

① 높은 기업 간 상호의존도

과점시장은 생산자가 소수이기 때문에 각 개별기업의 생산량이 시장에서 차지하는 비중이 크다. 따라서 한 기업이 생산량을 변화시킬 경우 전체 시장가격에도 영향을 미친다. 이런 상황에서 한 기업의 생산량 변화는 다른 기업에 영향을 미치고, 영향을 받은 기업은 다시 보복을 하게 된다. 이러한 과점시장의 특성 탓에 과점기업은 경쟁기업의 반응을 예상하고 행동을 결정한다. 이러한 행동특성을 상호의존성^{Interdependence}이라고 한다. 참고로 완전경쟁시장에서의 기업들은 상호의존성이 매우 낮다. 수많은 기업이 동질적인 상품을 판매하므로, 개별기업의 생산량 변화는 산업 전체에 영향을 미치지 않아 다른 기업의 반응을 예상하고 행동하지 않기 때문이다.

② 가격경직성과 비가격경쟁

과점시장에서 한 기업의 가격인하는 경쟁기업으로 하여금 더 큰 폭의 가격인하를 야기하고, 반복된 보복은 결국 과점기업들의 이윤 감소로 이어진다. 반대의 경우도 마찬가지다. 한 기업이 가격을 인상하면, 경쟁기업은 가격을 변화시키지 않는 결정으로 수요를 유도해 가격을 인상한 기업의 이윤이 감소한다. 따라서 과점기업들은 가급적 가격경쟁을 회피한다. 이러한 이유로 과점시장의 가격은 변동성이 작은 경직성을 가지며, 가격경쟁보다는 서비스, 광고 등의 비가격경쟁에 집중한다.

③ 담합의 유인

과점시장에 존재하는 기업들의 규모가 비슷하고, 기업의 수가 적은 경우에는 공동이윤을 극대화하려는 유인이 발생한다. 이 경우 과점기업 간에 담합^{Collusion}이 발생한다. 한편, 과점시장이지만, 기업 간에 규모 차이가 큰 경우에 규모가 큰 기업이 자기 기업의 이윤극대화를 위해 독립적으로 행동하는 경향을 보인다.

④ 존재하지만 독점보다 높지 않은 진입장벽

과점시장도 독점시장처럼 진입장벽이 존재한다. 시장 밖의 기업이 해당 시장으로 진출하기 어렵다는 것이다. 과점시장의 진입장벽은 규모의 경제, 원료의 소유, 정부의 인·허가 등으로 인해 형성된다. 하지만 독점시장의 진입장벽처럼 견고하지는 않다.

03 　 독점적 경쟁시장의 기초

① 독점적 경쟁시장의 개념

독점적 경쟁$^{Monopolistic\ competition}$ 시장이란 비슷한 재화 및 서비스를 공급하는 기업이 많이 존재하는 시장형태를 의미한다. 비슷한 재화 및 서비스란 동질적이면서도 약간 차별화된 재화 및 서비스를 말한다. 이러한 차별화는 독점력으로 이어진다. 즉, 독점시장보다는 약하지만 가격설정력을 갖는다는 의미이다. 한편, 독점적 경쟁시장은 완전경쟁시장의 특징도 갖는다. 시장으로의 진입과 퇴출이 자유롭다는 점이 그것이다. 이처럼 완전경쟁과 독점시장 중간에 해당하는 독점적 경쟁시장은 다음과 같은 특징이 있다.

① 차별화된 제품을 판매

독점적 경쟁시장에서 독점의 성질을 성립시키는 주된 원인은 제품차별화$^{Product\ differentiation}$에 있다. 독점적 경쟁시장 내의 기업은 상표나 품질, 디자인, 포장 등을 달리해 다른 경쟁자와 차별화한다. 이로 인해 수요자는 각기 다른 상품을 선택할 수 있다. 하지만 차별화의 정도는 크지 않아 소비자가 각 재화로부터 얻는 만족감은 제품마다 비슷하여 기업들은 경쟁관계에 놓이게 된다. 이러한 특징을 독점적 경쟁이라고 표현한다.

② 가격설정자로 행동

완전경쟁시장의 기업이 가격수용자로 행동하는 것과 달리 독점적 경쟁시장의 기업은 가격설정자$^{Price\ setter}$로 행동한다. 완전경쟁시장의 기업들은 시장에서 정해진 가격을 그대로 받아들이는 가격수용자로 행동한다. 하지만 독점적 경쟁기업들은 어느 정도까지는 자신의 의지로 가격을 정할 수 있고, 품질의 개선 혹은 광고 등을 통해 수요를 증대시킬 수 있다.

③ 자유로운 진입과 퇴출

독점적 경쟁시장에서 시장 밖의 기업은 얼마든지 시장으로 들어올 수 있다. 독점적 경쟁기업의 경우 원료의 독점이나 규모의 경제 등 진입장벽을 형성하지 못하기 때문이다. 반면에 시장 내부에 있던 기업들은 시장 밖으로 퇴출할 수 있다. 따라서 독점적 경쟁기업들은 완전경쟁기업들처럼 장기에 경제적 이윤을 얻지 못하는 장기 무이윤 현상을 경험한다.

④ 기업 간 비가격경쟁

독점적 경쟁기업들은 차별화된 제품을 바탕으로 품질경쟁을 시도하며, 제품의 특징을 강조하는 광고 등을 통해 경쟁한다. 즉, 독점적 경쟁시장에서의 경쟁은 가격에만 집중되는 것이 아니라 제품차별화나 판매촉진책 등 비가격경쟁$^{Non\mbox{-}price\ competition}$을 통해 이뤄진다.

② 독점적 경쟁기업의 수요곡선

독점적 경쟁기업이 직면하는 수요곡선은 우하향의 곡선이며, 그 기울기는 시장 내의 기업의 수와 제품차별화 정도에 의해 결정된다. 이는 독점적 경쟁기업의 기업 수가 완전경쟁기업 보다는 적고, 독점보다는 제품차별화 정도가 낮은 특성을 반영한다. 따라서 기업의 수가 많을수록 그리고 제품차별화 정도가 약할수록 독점적 경쟁기업이 직면하는 수요곡선은 완전경쟁기업의 경우처럼 수평에 가깝고, 기업의 수가 적고, 제품차별화 정도가 강할수록 가팔라진다.

04 독점적 경쟁시장의 균형

① 독점적 경쟁기업의 단기균형

독점적 경쟁기업의 단기균형은 독점과 다르지 않다. 차별화된 재화를 생산하는 기업은 단기에는 시장에서 독점적 위치를 갖기 때문이다. 즉, 단기에 독점적 경쟁기업이 직면하는 수요곡선은 독점기업의 수요곡선보다는 완만하지만 우하향하는 곡선이다. 그리고 수요곡선 기울기의 두 배만큼 가파른 한계수입곡선과 한계비용곡선이 일치하는 지점($MR = MC$)에서 균형생산량(Q_{mc})이 결정되고, 해당 생산량에서 소비자가 지불할 최대의사금액을 가격(P_{mc})으로 설정한다. 현재 상태에서 이윤은 $\square P_{mc}ABC$가 된다. 이처럼 독점적 경쟁기업의 단기균형은 독점기업의 단기균형과 기본적으로 동일하다.

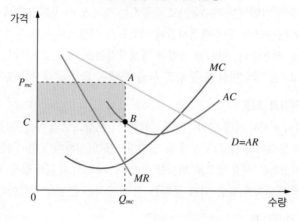

▼ 독점적 경쟁시장의 단기균형

② 기업의 장기균형

단기의 경우 독점적 경쟁시장의 균형이 독점의 균형과 동일했다면 독점적 경쟁시장의 균형이 갖는 본질적인 특징은 장기균형에 있다. 단기에는 독점적 경쟁기업은 독점기업과 마찬가지로 초과이윤을 얻는다. 이는 산업 밖의 기업들에게는 진입의 유인이 된다. 독점적 경쟁시장의 경우 진입장벽이 없으므로 자유롭게 기업들이 해당 산업에 진출한다. 그 결과 시장수요가 다양한 기업으로 분산되므로 기존 기업의 몫이 작아진다. 일정한 가격에서 각 기업이 판매할 수 있는 재화의 양이 새로운 기업이 진입하기 전에 비해 작아진다는 의미다. 그 결과 독점적 경쟁시장의 기업이 직면하는 수요곡선은 점차 왼쪽으로 이동한다. 가격 이외의 요인이 달라질 때 수요곡선이 이동하기 때문이다. 수요곡선의 왼쪽 이동은 이윤이 발생하는 한 계속될 것이다. 결국 수요곡선의 왼쪽 이동은 장기평균비용곡선과 만날 때까지 계속된다. 즉, 독점적 경쟁기업의 장기균형은 $MR = LMC$가 되는 점에서 결정되고, 이때의 생산량은 Q_L이 되고, 이때의 가격은 P_L이 된다. L점에서 수요곡선은 LAC곡선과 접하고, 이로 인해 기업의 경제적 이윤은 0이 된다.

▼ 독점적 경쟁시장의 장기균형

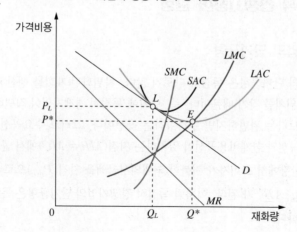

05 독점적 경쟁시장의 경제적 평가

① 생산의 비효율성 존재

독점적 경쟁기업이 완전경쟁시장에 있다면 생산비용은 장기평균비용의 최저가 되는 P^*에서 결정될 것이다. 완전경쟁시장에서 기업이 장기평균비용의 최저점에서 생산한다는 것은 기업이 가장 효율적인 기술을 사용함을 의미한다. 하지만 독점적 경쟁기업의 생산비용은 $\overline{Q_L L}$로, 완전경쟁기업의 생산비용인 $\overline{Q^* E}$보다 크다. 따라서 생산의 비효율성이 존재함을 알 수 있다.

② 소비의 비효율성 존재

완전경쟁시장에서 재화의 가격은 장기평균비용곡선의 최저점과 일치하는 P^*가 된다. 이는 소비자들이 해당 재화를 최저가격에 소비할 수 있음을 의미한다. 하지만 독점적 경쟁시장에서의 재화 가격은 이보다 높은 P_L에서 결정된다. 따라서 독점적 경쟁시장에서는 소비의 비효율성이 존재함을 알 수 있다.

③ 유휴설비의 존재

완전경쟁기업의 생산량은 장기에 Q^*에서 형성된다. 반면 독점적 경쟁기업의 생산량은 Q_L로 완전경쟁시장보다 적다. 독점적 경쟁기업이 최적규모의 생산시설을 갖추지 못하고, 독점기업처럼 단기평균생산비용의 최저점이 아닌 점에서 생산을 하므로 유휴설비를 갖게 된다.

> **유휴설비**
>
> 유휴설비란 장기평균비용이 최소가 되는 산출량과 현재산출량과의 차이를 의미한다. 완전경쟁기업의 경우 장기평균비용의 최저점에서 생산하므로 유휴설비가 존재하지 않지만, 독점 및 독점적 경쟁기업은 유휴설비가 존재한다.

④ 비가격경쟁

독점적 경쟁시장에서 기업들은 비가격경쟁을 실시한다. 즉, 가격인하보다는 광고 등을 통해 차별화 된 자신의 상품을 어필한다. 이 과정에서 제품차별화를 위한 노력을 기울이게 되고, 소비자들은 조금 더 다양한 상품을 구입할 수 있게 된다. 하지만 독점적 경쟁시장의 이윤은 단기에만 발생하기 때문에 제품차별화를 위해 많은 자원을 투입하기 어렵고, 비가격경쟁을 위한 비용들은 대부분 소비자들에게 전가되어 제품가격의 상승을 야기하므로 또 다른 낭비 요인이 되기도 한다.

01 다음의 어떤 조건 하에서 과점기업들 간의 담합이 성공적일 수 있는가?

① 산업 내에 과점기업의 수가 많을 때

② 산업으로의 진입장벽이 높을 때

③ 고도의 생산물분화(제품차별화)가 있을 때

④ 담합 위반 시 보복가능성이 높을 때

⑤ 담합 위반 사실을 적발하기 쉬울 때

02 다음의 그림은 어떤 복점시장의 수요곡선과 각 기업이 직면하고 있는 한계비용곡선이다. 〈보기〉에서 옳은 것을 모두 고른 것은?

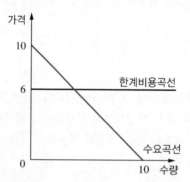

┌ 보 기 ┐

㉠ 이 시장의 총산출량은 20이다.

㉡ 이 시장의 총산출량은 4보다 작다.

㉢ 시장가격은 6이다.

㉣ 각 기업의 총수입은 16보다 크다.

① ㉠   ② ㉡

③ ㉠, ㉣   ④ ㉡, ㉢

⑤ ㉡, ㉣

문제 01   과점기업과 담합

중요도	★★★☆☆
정답	④

개념 해설

④ 과점기업들 간에 담합이 성공하고 지속하기 위해서는 담합 위반 시 보복을 할 수 있어야 한다. 담합 이후에는 각 기업들이 담합을 위반할 유인이 더 크다. 수요를 모두 빼앗아 올 수 있기 때문이다. 따라서 보복을 통해 이러한 유인이 가져다줄 이득을 줄여야 한다.

오답 정복하기

① 산업 내 기업 수가 다수일 때 담합을 이루려는 기업들 간 의견을 조정하기 어렵기 때문에 담합이 이루어지기 어렵다.

② 산업으로의 진입장벽이 높을 때 다른 기업들이 진입할 수 없어 현 과점 상태가 지속될 가능성이 높고 이는 기업들로 하여금 담합의 유인보다 담합의 위반 유인으로 작동할 가능성이 높다.

③ 제품차별화가 고도화 되었을 때 기업들 간 담합을 위한 의견조정이 어려워 담합이 유지되기 어렵다.

⑤ 담합 위반 사실을 적발하기 쉽다면, 담합이 쉽게 이뤄지지 않는다. 담합 위반 사실이 적발될 경우 막대한 과징금을 부과받기 때문이다.

PART 01

문제 02   과점시장의 최적생산량 결정

중요도	★★★☆☆
정답	②

개념 해설

ⓛ 복점은 과점 가운데 기업의 수가 2개뿐인 경우를 의미한다. 한편, 이윤극대화 생산량은 $MR = MC$에서 결정되고, 수요곡선이 $P = -Q + 10$이므로 한계수입곡선이 $P = -2Q + 10$이 되므로 $Q = 2$가 된다. 만약 완전경쟁시장이었다면 $Q = 4$가 된다. 한편, 과점의 경우 산출량은 완전경쟁보다 작고 독점보다 크므로 산출량은 4보다 작다.

오답 정복하기

㉠ 이 시장의 산출량은 2에서 4 사이에서 결정된다. 독점인 경우의 산출량이 2이고, 완전경쟁인 경우의 산출량이 4이기 때문이다.

㉢ 독점인 경우의 산출량 2 수준에서 가격은 8이 되고, 완전경쟁시장의 산출량 4 수준에서는 가격이 6이 된다. 따라서 과점시장의 가격은 6~8 사이이다.

㉣ 복점시장의 산출량은 2~4 사이이고, 가격은 6~80이므로 총 수입의 합은 16~24이다. 따라서 각 기업의 총수입은 8~12가 된다.

03 한 산업 내에 제품들이 서로 다양하게 차별화되어 있고 각 제품들은 한 기업에 의해서만 공급되는 시장을 독점적 경쟁시장이라고 한다. 다음 중 독점적 경쟁시장에 관한 설명으로 가장 타당하지 않은 것은?

① 시장진입과 탈퇴가 자유롭게 이루어지는 장기에서는 각 기업들은 가격과 한계비용을 일치시키도록 생산하게 되고 이윤도 제로(0)가 된다.
② 장기적으로 각 기업들은 단위 생산원가를 최저수준으로 하는 최적생산규모에 비해 생산은 더 적게 한다.
③ 독점적 경쟁시장에서는 생산비 이외에 과다한 홍보경쟁으로 많은 광고비 지출이 이루어질 수 있다.
④ 독점적 경쟁시장이 비용 면에서는 부정적이지만 소비자 수요의 다양성을 충족시킨다는 면에서는 긍정적이다.
⑤ 독점적 경쟁시장의 장기균형에서는 경제적 이윤이 0이 된다.

04 다음은 독점적 경쟁기업에 대한 설명들이다. 옳은 것을 모두 모아 놓은 것은?

> ㉠ 독점적 경쟁기업이 직면하는 수요곡선은 우하향한다.
> ㉡ 독점적 경쟁기업의 경우 장기에는 정상이윤만 얻는다.
> ㉢ 신규기업의 진입이 어렵다.
> ㉣ 제품차별화의 정도가 클수록 수요의 가격탄력성이 작아진다.

① ㉠, ㉡
② ㉡, ㉢
③ ㉠, ㉡, ㉢
④ ㉠, ㉡, ㉣
⑤ ㉠, ㉡, ㉢, ㉣

문제 03   독점적경쟁시장의 가격설정 원리

중요도	★★★☆☆
정답	①

개념 해설

① 독점적 경쟁시장의 장기에서는 시장의 진입과 탈퇴가 자유롭기 때문에 손실이 발생하면 기업들이 시장에서 퇴출한다. 그리고 이러한 퇴출은 독점적 경쟁기업의 경제적 이윤이 0이 될 때까지 계속된다. 하지만 독점적 경쟁기업의 경우 직면하는 수요곡선이 우하향하기 때문에 장기균형이라 하더라도 여전히 가격이 한계비용보다 높게 된다.

오답 정복하기

② 독점적 경쟁시장은 완전경쟁시장의 특징을 가지고 있지만 독점의 특징도 갖는다. 우하향하는 수요곡선에 직면하는 점이 대표적이다. 이로 인해 장기에서는 한계비용보다 높은 지점에서 가격이 설정되고, 이는 단위 생산원가를 최저수준으로 하는 최적생산규모에 비해 생산을 적게 한다.
③ 독점적 경쟁시장에서는 제품차별화 정도가 강하지 않기 때문에 가격경쟁은 피하고, 광고와 같은 비가격경쟁을 선호한다.
④ 독점적 경쟁시장은 독점의 특성을 가지고 있어 비효율을 발생하지만, 이는 소비자의 수요의 다양성을 충족시키기 위한 대가이기도 하여 긍정적인 측면이 있다.
⑤ 독점적 경쟁시장의 장기에서는 자유로운 진입과 퇴출 조건으로 인해 양의 경제적 이윤을 얻고 있는 경우 기업들이 진입하고, 그렇지 못한 경우 기업들이 퇴출한다. 그리고 이는 경제적 이윤이 0이 될 때까지 계속된다.

문제 04   독점적 경쟁기업 기초

중요도	★★★☆☆
정답	④

개념 해설

㉠ 독점적 경쟁기업은 독점 시장의 기업들과 마찬가지로 우하향의 수요곡선에 직면한다. 이는 제품차별화를 통한 가격설정권이 독점적 경쟁기업에 있음을 의미한다.
㉡ 독점적 경쟁기업의 장기에는 기업들의 진입과 퇴출이 자유롭기 때문에 양의 경제적 이윤을 얻고 있을 때는 기업들이 진입하고, 음의 경제적 이윤을 얻고 있을 때는 퇴출한다. 그리고 이러한 퇴출은 경제적 이윤이 0이 될 때까지 계속 된다.
㉣ 제품차별화의 정도는 기업들이 시장지배력으로 이어진다. 제품차별화 정도가 클수록 다른 재화나 서비스로 대체될 확률이 작아지므로, 각 기업이 직면하는 수요곡선은 보다 비탄력적이 된다.

오답 정복하기

㉢ 독점적 경쟁시장의 기업들은 완전경쟁시장과 동일하게 자유롭게 진입하고 퇴출할 수 있다. 신규기업의 진입이 어려운 시장 형태는 독점이다.

17

외부경제

> "연방의회는 저작자와 발명가에게 그들의 저술과 발명에 대한 배타적인 권리를 일정기간 동안 보장하여 과학과 기술의 발전을 촉진할 권한을 갖는다."
>
> – 미 연방헌법 제1조 제8절 8항

01 배 경

미국의 발명가 고든 굴드$^{Gordon\ Gould}$는 컬럼비아대학원 학생이었던 1957년 레이저와 관련된 아이디어를 떠올렸다. 그는 안과 의사들이 많이 쓰는 마이크로웨이브에 착안하여 레이저의 가능성을 깨닫고 원리를 노트북에 적어두었다. 이후 TRG라는 작은 회사에서 일하면서 펜타곤에 레이저 개발의 기본 아이디어를 제공했다. 그는 기술자로서 법률문제에 무신경해서 특허를 신청하기 전에 시제품이 있어야 한다고 오해했다. 2년 뒤인 1959년에 특허권을 신청했지만, 이미 다른 과학자들이 그의 아이디어를 실행에 옮기고 있었다. 그는 1987년 11월에서야 비로소 특허권을 인정받았다. 자신의 아이디어로 돈을 벌기 시작할 때까지 무려 30년의 세월이 소요된 것이다. 그리고 10만 달러라는 법적 비용도 발생했다. 그의 사례는 자유시장이 과학적 연구와 혁신에 항상 높은 가치를 부여하지는 못한다는 점을 보여준다. 즉, 자유시장이 발명가에게 보상을 해주리라는 보장은 없다.

02 외부성과 외부경제

1 혁신의 보호 필요성

새로운 기술 및 신약 개발을 위해 연구개발비를 투자하려는 기업의 경우 프로젝트가 실패할 경우 감내해야 할 리스크가 크다. 적자를 면치 못하거나 심한 경우 폐업을 해야 할지도 모른다. 프로젝트가 성공한다 해도 문제는 존재한다. 새로운 발견을 존중하고 보호하는 제도적 장치가 없을 경우 경쟁자는 언제든지 아이디어를 훔칠 수 있다. 기업은 혁신을 위한 비용만 투자하고 아무런 실속을 챙기지 못하는 것이다. 이 경우에도 기업은 도산할 수 있다. 2018년 청와대 국민청원 게시판에 '헌법개정 시 지식재산입국임을 천명하고 국가재정법을 개정하여 특허청의 회계 간 전출금을 발명자 등 개발자에게 재투자하여 발명자들이 살맛나는 세상을 만들어주십시오.'라는 청원이 등장하는 배경이다.

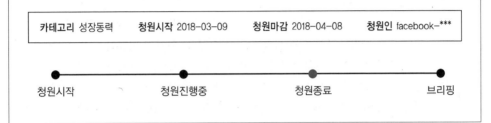

- 청원종료 -

**헌법개정 시 지식재산입국임을 천명하고 국가재정법을
개정하여 특허청의 회계간 전출금을 발명자등 개발자에게
재투자하여 발명자들이 살맛나는 세상을 만들어주십시오.**

참여인원 : [429명]

| 카테고리 성장동력 | 청원시작 2018-03-09 | 청원마감 2018-04-08 | 청원인 facebook-*** |

| 청원시작 | 청원진행중 | 청원종료 | 브리핑 |

② 신기술과 외부경제

외부경제$^{Positive\ externality}$는 외부불경제의 반대말이다. 외부불경제가 생산자와 소비자의 거래와 무관한 제3자가 비용을 부담하는 것이라면, 외부경제는 생산자와 소비자의 거래와는 무관한 제3자가 혜택을 보면서도 아무런 보상을 하지 않는 현상이다. 신기술은 외부경제의 전형적인 예이다. 신기술은 A기업이 개발했는데, 신기술의 혜택은 대가를 지급하지 않는 제3자가 누리는 상황이다. 따라서 기술혁신을 장려하기 위해서는 개발자가 연구개발 투자로부터 발생하는 경제적 이익의 상당부분을 가져갈 수 있어야 한다. 노력에 대한 보상이 충분히 제공되지 않는데도 혁신을 위해 노력할 사람은 없다. 지적재산권$^{Intellectual\ property\ right}$은 이러한 목표를 달성하기 위한 대표적인 제도이다.

> **지적재산권 보호의 형태**
>
> • 특허권^{Patent} : 발명품의 제조, 판매, 사용에 대해 일정기간 행사할 수 있는 배타적인 법적 권리
> • 상표^{Trademark} : 상품의 제조원을 밝히는 단어, 명칭 혹은 심벌로서 판매자에 대한 평판을 나타냄
> • 저작권^{Copyright} : 타인이 원저작자의 허가 없이 저작물을 복제하거나 사용하는 것을 방지하기 위해 보호하는 법적 장치
> • 기업비밀$^{Trade\ secret}$: 어떤 기업이 경쟁 기업에 비해 우위를 갖게 해주는 것으로서 기업이 이러한 비밀을 유지하기 위해 합당한 노력을 기울이는 제조법, 제조 공정, 장치, 정보 등을 의미

PART 01

③ 혁신을 장려하기 위한 정책

공해물질을 배출하는 외부불경제를 해결하기 위한 적절한 정책은 과다생산을 방지하기 위해 사회적 비용과 개인적 비용의 차이만큼을 생산자에게 지불하도록 만드는 것이다. 반대로 신기술과 같은 혁신을 장려하기 위해서는 생산자에게 연구개발 투자에 대한 보상을 제공해야 한다. 지적재산권은 이를 위한 대표적인 도구이다. 지적재산권을 통해 기업이 일정기간 동안 시장 경쟁에서 벗어나 높은 이윤을 얻을 수 있도록 해줌으로써 연구개발 투자에 대해 보상하는 정책이다. 이밖에도 혁신을 장려하기 위한 정책은 다양하다.

① 정부에 의한 연구개발

미국의 경우 1960년대와 70년대 항공우주, 국방 부문에서의 연구개발 붐 이후로는 연구개발비 가운데 정부가 차지하는 비중은 계속 줄어들고 있다. 민간의 비중이 높아진다는 의미이다. 민간이 지원하는 연구개발비의 장점은 응용기술에 집중할 수 있다는 점이다. 반면 정부 주도의 연구개발은 물리학이나 생물학과 같이 수십 년 이내에 두드러진 성과를 내기는 어렵지만 산업 전반에 영향을 미치게 될 획기적인 발견을 지원한다. 무엇보다 정부 주도의 연구개발은 누구든 그 성과를 활용할 수 있도록 공개된다. 이로 인해 정부 주도의 연구 성과는 경제 전체에 더 빠르게 확산된다.

② 세금 우대

연구개발에 집중하는 기업에게 세금을 우대해주는 정책도 또 하나의 방법이다. 이는 유연성이 뛰어나다는 장점이 있다. 정부에 의한 연구개발비 지원은 특정 분야를 정부가 선택해야 한다. 하지만 혁신기업에 대한 세금우대 정책은 이러한 분야를 기업이 스스로 결정하도록 유인한다. 일부에서는 이러한 세금 우대 및 보조금 정책을 두고 기업이나 발명가들이 지나치게 많은 이득을 누리고 있다고 주장한다. 하지만 혁신을 유인하는 정책의 궁극적인 목적은 소비자에게 혜택을 주기 위함이지, 기업에게 오랜 기간 수익을 보장해주기 위함이 아니다.

④ 외부경제와 과소생산

신기술을 통한 혁신은 기업이나 발명가 자신의 노력과 비용으로 인해 일어나지만, 이로 인한 경제적 과실이 제3자에게 제공되고, 아무런 보상도 받지 못한다면 신기술 발명을 위해 노력할 유인이 없다. 따라서 아무런 조치를 취하지 않을 경우 사회 전체가 필요로 하는 신기술보다 적은 수의 신기술이 개발된다. 즉, 발명을 통해 개인이 얻는 편익이 사회가 얻는 편익보다 작기 때문에 사회최적 수준보다 과소생산되는 것이다.

- $SMU = PMU + EC$
- $SMC = PMC$

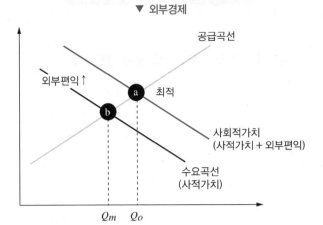
▼ 외부경제

⑤ 과도한 보호와 특허덤불

① 특허덤불

특허는 인위적으로 경쟁을 제한하여 혁신이 유인을 만들기 위한 제도이다. 하지만 과도할 경우에는 혁신을 가로막는 장애요인이 될 수도 있다. 1970년대 초반 복사기의 대명사인 제록스社가 보유한 특허는 1,700개가 넘었다. 그리고 약간의 개선을 가져다주는 기술이 개발될 때마다 특허를 등록했다. 엄청난 특허가 제록스에 쌓이자 경쟁자들이 이를 물리치고 시장에 등장하는 것은 불가능했다. 혁신을 장려하기 위한 특허제도로 인해 혁신이 둔화된 것이다. 이를 특허 덤불Patent thicket이라고 한다. 결국 1970년대 연방통상위원회는 제록스의 행위를 특허 남용으로 규정했다. 이후 제록스는 자신의 특허를 다른 기업이 사용하도록 허락했고, 경쟁이 시작되자 제록스의 시장점유율은 1980년까지 95%에서 50% 미만으로 떨어졌다.

② 특허덤불과 4차 산업혁명

특허덤불은 하이테크 산업에서 보다 큰 문제가 된다. 하이테크 산업의 경우 한 주체가 보유한 특정기술만으로 구현되지 않고 다양한 주체와 기술의 협력이 필요하기 때문이다. 이 경우 기존의 특허는 새로운 협력을 방해하는 요인으로 작용한다. 특히 4차 산업혁명으로 표현되는 디지털 경제 시대의 경우, 다양한 기술 간의 재조합이 혁신을 이끌기 때문에 과도한 특허는 혁신을 저해할 뿐만 아니라 경제 전체에 미치는 악영향이 크게 된다.

> ### 🔍 저작권 기간의 연장과 혁신의 저해, 미키마우스 법
>
> 1998년에 소니 보노 저작권 기간 연장법Sonny Bono Copyright Term Extension Act이 통과되어 논란이 되었다. 미국 하원의원 소니 보노가 자국의 저작권 보호기간을 저작자 사후 50년에서 70년으로 연장시킨 것이다. 기존대로라면 미국 디즈니의 대표 캐릭터인 미키마우스의 캐릭터를 2004년 이후에는 별도의 로열티 없이 사용가능했지만, 그 유효기간이 2024년까지 늘어나게 된 것이다. 이는 사회 전체의 이익이 아닌 디즈니의 이익을 높이는 데 기여했다는 평가를 받는다.

01 다음 중 시장의 실패를 가져오는 요인으로 옳지 않은 것은?

① 무임승차 문제
② 수확체감의 법칙
③ 양의 외부효과
④ 정보의 비대칭성
⑤ 독 점

02 다음 표는 양의 외부효과(Positive externality effect)가 발생하는 시장의 사적 한계효용, 사적 한계비용, 그리고 사회적 한계효용을 제시해주고 있다. 사회적 최적거래량을 (㉠)이라 하고, 시장의 균형거래수준이 사회적 최적수준과 같아지도록 하기 위한 세금 혹은 보조금을 (㉡)이라고 하자. (㉠)과 (㉡)을 옳게 고르면?

(단위 : 개, 원)

거래량	사적 한계효용	사적 한계비용	사회적 한계효용
1	2,700	600	3,400
2	2,400	1,000	3,100
3	2,100	1,400	2,800
4	1,800	1,800	2,500
5	1,500	2,200	2,200
6	1,200	2,600	1,900

	㉠	㉡
①	5개	300원의 보조금이 필요
②	5개	700원의 보조금이 필요
③	4개	300원의 세금이 필요
④	4개	300원의 보조금이 필요
⑤	4개	700원의 세금이 필요

FEED BACK

☑ 왜 틀렸을까?

01 ☐ 개념 이해 부족 　☐ 문제 이해 부족 　☐ 기타(　　　　)
02 ☐ 개념 이해 부족 　☐ 문제 이해 부족 　☐ 기타(　　　　)

☑ 개념 다시 짚어보기

문제 01   시장실패의 원인

중요도	★★★☆☆
정답	②

개념 해설

② 수확체감의 법칙은 기업의 단기에서 하나의 생산요소가 고정되어 있을 때 다른 생산요소의 투입을 늘리면 산출되는 총생산물의 증가분이 감소하는 현상을 의미한다. 이는 모든 기업들의 특징을 의미하는 것이며, 시장실패와는 무관하다.

오답 정복하기

① 무임승차 문제는 시장실패를 야기하는 요인이다. 공공재의 경우 대가를 치르지 않고도 해당 재화 및 서비스를 활용할 수 있기 때문에 소비자는 진실한 선호를 표출하지 않으려고 한다. 이로 인해 최대지불의사를 알 수 없어 시장균형생산량이 어떻게 결정되는지 알 수 없다.

③ 외부효과란 시장실패의 요인이다. 어떤 경제주체의 행위가 제3자에게 의도하지 않은 이득이나 손해를 주고도 이에 대해 대가를 받지도, 대가를 치르지도 않는 경우 최적 생산량과는 다른 결과를 초래한다. 이 중 제3자에게 의도하지 않은 혜택을 주는 경우를 양의 외부효과라고 한다.

④ 정보의 비대칭성이란 거래 양 당사자가 보유한 정보가 서로 다른 경우를 의미한다. 특성에 대한 정보를 비대칭적으로 갖는 경우를 감추어진 특성이라고 하며, 행동에 대한 정보를 비대칭적으로 갖는 경우를 감추어진 행동이라고 한다.

문제 02   외부경제의 해결책

중요도	★★★☆☆
정답	②

개념 해설

사회적 최적 거래량 수준은 사회적 한계효용과 사적 한계비용이 일치하는 5개이다. 한편, 사적 최적 거래량 수준은 사적 한계효용과 사적 한계비용이 일치하는 4개이다. 따라서 1개의 과소생산이 발생하고 있다. 한편, 외부경제는 사회적 한계효용과 사적 한계효용의 차이만큼 보조금을 지급하여 해결한다. 생산량 5개 수준에서 사회적 한계효용과 사적 한계효용의 차이가 700원이므로, 이를 보조금으로 지급하여 생산량을 4개에서 5개로 늘릴 수 있다.

오답 정복하기

외부경제는 과소생산의 문제가 발생한다. 생산자 입장에서는 생산에 따른 효용(편익)이 사회적인 수준보다 작기 때문이다. 따라서 사회적 한계효용과 사적 한계효용의 차이만큼을 보조금으로 지급하면 과소생산의 문제를 해결할 수 있다.

> **🧪 문제 분석**
>
> 외부경제는 한계비용은 사적인 경우와 사회적인 경우에 동일하나 사회적 한계효용이 사적 한계효용보다 크다. 이러한 이유로 사회최적생산량보다 적게 생산되는 과소생산의 문제가 발생한다. 문제에서 모든 거래량 수준에서 사회적 한계효용이 사적 한계효용보다 높아 외부경제 상황임을 알 수 있다.

03 대학교육의 사적 한계편익(PMB)은 대학생 수(N)에 따라 $PMB(N) = 600 - 15N$으로 결정되고 대학생 수(N)가 한 단위 늘 때마다 추가적으로 150의 외부한계편익이 발생한다. 대학교육의 한계비용(MC)은 $MC(N) = 15N$으로 결정된다. 정부 개입 없이 경쟁시장에서 결정되는 대학생 수, 그리고 사회적 잉여가 극대화되는 최적 대학생 수와 이를 달성하기 위한 피구보조금을 순서대로 적은 것은?

① 20, 25, 150

② 20, 30, 150

③ 20, 25, 100

④ 20, 30, 100

⑤ 30, 20, 100

04 시장실패의 경우인 외부효과와 관련하여 잘못 설명한 것은?

① 긍정적 외부효과를 갖는 재화의 경우 시장경쟁에 의한 공급량은 사회적 최적공급량에 비해 적게 된다.

② 부정적 외부효과가 있는 오염유발재를 생산하는 사회적 비용은 공급곡선이 반영되는 사적 비용보다 크다.

③ 기술재 생산의 사회적 비용은 사적 비용에서 기술파급 효과치를 뺀 금액과 같다.

④ 소비에서 긍정적 외부효과가 발생하는 경우 사회적 최적소비량이 시장에서 결정되는 소비량보다 많게 된다.

⑤ 소비의 사회적 가치가 사적 효용가치를 하회할 경우 시장에서 결정되는 생산량은 사회적으로 바람직한 수준보다 과소생산되는 경향이 있다.

FEED BACK

☑ 왜 틀렸을까?

03 ☐ 개념 이해 부족 ☐ 문제 이해 부족 ☐ 기타( )
04 ☐ 개념 이해 부족 ☐ 문제 이해 부족 ☐ 기타( )

☑ 개념 다시 짚어보기

문제 03   외부경제와 보조금

개념 해설

정부개입이 없는 경우의 균형은 사적 한계편익과 사적 한계비용이 같아지는 점이므로 $600 - 15N = 15N$이 성립해야 하고 이때의 N은 20이다. 한편, 사회적으로 바람직한 대학생 수는 사회적 한계편익과 한계비용이 일치하는 지점에서 결정된다. 즉, $SMB : 600 - 15N + 150 = 15N$인 지점에서 결정된다. 따라서 $N = 25$ 이다. 정부의 개입이 없다면 최적수준에 비해 5명의 대학생이 부족하게 된다. 한편, 정부는 이러한 문제를 해결하기 위해 보조금을 지급한다. 대학생 수가 한 명 늘어날 때마다 150의 외부한계편익이 발생하므로, 단위당 보조금은 150이 된다.

오답 정복하기

외부경제의 경우 사적 한계편익과 사회적 한계편익이 일치하지 않아 과소생산의 문제가 발생한다. 따라서 외부경제로 인한 과소생산 문제는 보조금을 통해 해결할 수 있다. 사적 한계편익이 사회적 한계편익과 동일해질 수 있도록 보조금을 지급하면 사회 최적 생산량을 달성 가능하다.

문제 04   외부경제와 사회적 편익

개념 해설

⑤ 외부경제의 경우 생산하는 기업의 편익이 사회적 편익보다 작아서 발생한다. 외부경제란 어떤 경제주체의 행동이 제3자에게 의도하지 않은 혜택을 주면서도 이에 대해 대가를 받지 않는 것을 의미한다. 즉, 사회가 얻는 혜택이 개인보다 높다는 것이다. 따라서 사회 최적수준에 비해 과소생산된다.

오답 정복하기

① 긍정적 외부효과(외부경제)를 유발하는 재화의 경우 과소생산되므로, 사회적 최적공급량에 비해 적게 된다.
② 부정적 외부효과(외부불경제)를 갖는 오염유발재의 경우 개인이 치르는 비용보다 사회가 치르는 비용이 더 크다. 따라서 사회 최적 공급량 수준보다 과다생산된다.
③ 기술재를 생산하는 기업은 사적 편익보다 사회적 편익이 높다. 이는 바꿔 이야기하면 사적 비용이 사회적 비용보다 높음을 의미한다. 그리고 그 차이는 기술 파급 효과만큼이다.
④ 과소생산의 문제는 사회 최적 생산량이 사적 생산량보다 많음을 의미한다. 외부경제는 과소생산이, 외부불경제는 과다생산의 문제가 발생한다.

> **🧪 문제 분석**
>
> 외부경제의 중요한 특징을 확인하는 문제이다. 외부경제의 과소생산은 사회적 한계편익과 사적 한계편익이 일치하지 않아 발생한다.

18

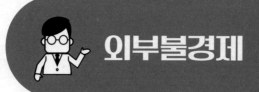

외부불경제

▶ "마음껏 환경을 파괴하세요! 중국이 오염으로 숨 막혀 죽는 걸 막는 것에 필요한
모든 청정에너지와 에너지 효율 도구를 우리가 발명해 여러분에게 파는 데 5년
이면 족할 겁니다. 그쪽 산업에서는 우리가 여러분을 완전히 지배하게 되겠지요.
그러니 서두르지 말아주세요!"

– 토머스 프리드먼^{Thomas Friedman}

01 배 경

1 동유럽의 회원가입

2004년 체코와 헝가리를 비롯한 동구권 10개국이 EU에 가입하였다. 체코·폴란드·헝가리·에
스토니아·라트비아·리투아니아·슬로바키아·슬로베니아·몰타·키프로스의 10개국이다.
당시 EU는 동유럽 국가들의 가입으로 15개국이었던 회원국을 25개국으로 확대할 수 있었다. 이들
은 자유 시장 원리를 거부했던 국가들로 경제·사회의 많은 측면들이 베일에 가려져 있었지만,
무엇보다 놀라운 것은 환경오염의 수준이었다.

2 사회주의가 더 친환경적이라는 착각

일부 환경주의자들은 자유시장이 환경의 적이라고 생각한다. 자본주의가 이윤을 추구하여 환경오
염이 심화된다는 주장이다. 하지만 동유럽 국가들의 사례는 자유시장이 환경에 최악의 적은 아님
을 보여주었다. 구소련 영향권에 속해 있던 공산국가들이 유럽연합에 가입했을 때 환경피해 상황
은 상상 이상으로 심각했다. 유해물질로 오염된 지역은 쉽게 찾아볼 수 있었고, 식수는 유럽연합
기준에 맞지 않았다. 반면 자본주의를 채택한 국가들은 수십 년 동안 경제가 성장하면서 환경 문제
도 꾸준히 해결되었다. 경제수준이 높아질수록 환경에 대한 의식이 높아지고, 소비자들은 환경에
피해를 주는 상품은 구입하지 않기 때문이다. 자본주의 국가의 정부는 법과 규제를 통해 소비자들
의 욕구를 충족시켜주면서도 환경피해를 최소화하도록 유인한다. 이러한 차이를 설명해줄 수 있
는 개념이 바로 외부성^{Externality}이다.

① 외부불경제의 정의

경제학은 소비자와 생산자가 최선의 이익을 얻기 위해 행동할 때 모든 사람에게 바람직한 결과가 도출된다고 끊임없이 주장한다. 하지만 소비자와 생산자 두 주체 간 거래의 결과가 제3자에게 부정적인 영향을 미칠 때 모든 사람에게 바람직한 결과가 도출된다는 주장은 설득력을 잃게 된다. 환경오염은 대표적인 외부불경제이다.

아무런 구속이 없다면 기업은 자신의 생산에 따른 비용만 계산하게 된다. 생산에 수반되는 환경오염이 미칠 사회적 비용은 고려하지 않는다는 의미이다. 극단적인 경우로, 기업이 쓰레기를 공짜로 버릴 수 있다면 쓰레기가 넘쳐나게 될 것이다. 하지만 쓰레기 방출에 비용을 지불해야 한다면 기업은 쓰레기를 덜 발생시키는 방법을 찾고자 노력할 것이다. 따라서 자본주의 국가에서 정부는 환경오염 물질을 발생시키는 기업이 비용을 지불하도록 법과 제도를 만들어 운영한다.

외부성

외부성이란 한 경제주체의 행동이 제3자에게 의도하지 않은 혜택이나 손실을 주면서도 이에 대해 대가를 받지도, 대가를 지급하지도 않는 현상을 의미한다. 제3자에게 의도하지 않은 혜택을 주는 경우를 외부경제[Positive externality], 의도하지 않은 손실을 주는 경우를 외부불경제[Negative externality]라고 한다.

② 외부불경제와 과다생산

① 사회 최적수준

사회적으로 바람직한 최적수준은 사회 전체가 얻는 추가적인 만족과 추가적인 비용이 일치하는 지점에서 결정된다. 한계수입(MR)과 한계비용(MC)이 일치할 때 이윤극대화 생산량이 결정되는 것과 같은 논리이다. 즉, 사회적 한계편익과 사회적 한계비용이 일치할 때 결정된다.

$$SMU = P = SMC$$

② 과다생산

공해물질을 배출하는 기업은 배출을 통한 이득과 비용만을 계산하기 때문에 사회 전체적으로는 적정 수준보다 과다 배출한다. 사회적 비용은 개별 기업의 비용보다 높기 때문에 사회적 최적 생산수준은 기업이 생각하는 수준보다 낮을 수밖에 없다. 즉, 오염물질 배출을 통해 개별 기업이 얻는 한계편익은 사회적 측면에서도 동일하지만, 한계비용은 사회적 측면이 개별 기업보다 높은 것이다.

- $SMC = PMC + EC$
- $SMU = PMU$

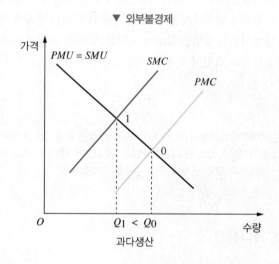

▼ 외부불경제

과다생산

③ 외부불경제의 해결책

① 직접적인 규제

㉠ 정 의

가장 손쉬운 방법은 법과 정책을 통해 규제하는 것이다. 오염물질 배출 한도를 법으로 정하고 이를 어겼을 때 제재를 가하는 방법이다. 1970년대 미국은 청정대기법[CAA : Clean Air Act]과 청정수질법[CWA : Clean Water Act]을 통해 직접적인 규제정책을 시행했다. 이러한 직접적인 규제로 미세먼지 농도, 이산화황 농도, 납의 농도 등 건강에 해로운 물질을 줄일 수 있었다.

㉡ 단 점

모든 직접적인 규제의 단점은 규제자가 규제 대상인 특정 기업의 이윤과 기업가를 보호할 수 있다는 점에 있다. 이를 규제 포획[Regulatory capture]이라고 한다. 또한 규제는 경직적이다. 특정 종류의 오염물질 배출 저감을 위해 정확하게 어떤 기술을 적용할지 명시한다. 그러면서도 배출량을 낮추거나 없애는 혁신적인 기술에 대한 보상은 없다. 이러한 제도의 유인체계 하에서는 규제로 인한 환경오염 물질 처리가 지속 가능하기 어렵다.

② 시장을 활용한 정책

시장 원리에 입각한 정책은 기업에 어떤 행위를 하도록 직접적으로 지시하지 않는다. 다만, 정책적 설계를 통해 시장이 기업에 주는 인센티브를 따르도록 유인한다.

㉠ 오염세 부과

환경을 오염시키는 기업에 오염세를 부과한다. 오염세는 기업 입장에서는 생산비용의 증가로 인식되기 때문에 오염물질의 배출을 줄일 확실한 인센티브로 작용한다. 또한 오염물질 배출을 줄이기 위한 다양한 수단을 검토하게 된다. 즉, 시장을 활용하여 유연하게 기업 스스로 오염물질을 감축할 수 있도록 유도할 수 있다. 이러한 성격의 세금을 피구세$^{\text{Pigouvian Tax}}$라고 한다.

㉡ 배출권 거래제

배출권 거래제$^{\text{Emission trading}}$는 모든 기업에게 동일한 양만큼의 배출한도를 부여한 다음 배출한도가 남는 기업이 부족한 기업에게 판매할 수 있도록 하는 제도이다. 즉, 부여받은 한도를 상회하여 배출량이 존재하는 기업은 남는 기업으로부터 배출권을 구매해야 한다는 것이다. 한편, 새로운 기업이 해당 시장에 들어오기 위해서도 시장 내 기존 기업으로부터 배출권을 구입해야 한다. 이는 기업들로 하여금 오염물질 감축을 위한 노력을 이끌어낼뿐만 아니라 오염물질 감소를 위한 기술개발의 유인으로 작동한다.

㉢ 재산권 설정

환경 보호의 인센티브를 주기 위해서는 재산권의 설정도 효과적인 방법이다. 멸종위기의 동물이 있을 경우 소유권이 불분명하다면 밀렵꾼들의 사냥감이 될 것이다. 하지만 멸종동물의 서식지를 야생동물 보호구역으로 설정하고, 이로부터 나오는 경제적 이득을 지역 주민들이 가져갈 수 있게 한다면 지역주민들은 멸종위기 동물을 보호하고자 할 것이다.

③ 평 가

일부 극단적인 환경주의자들은 공해물질의 배출이 0이 되어야 비로소 문제가 해결되었다고 판단한다. 하지만 경제학의 입장에서 공해물질의 배출이 완전하게 제거되어야 한다는 주장은 실현 가능성이 낮을 뿐만 아니라 가능하다 하더라도 지속가능하지 않다. 아마도 모든 생산이 중단되어야만 지속 가능한 공해물질 배출 제로(0)가 실현될 것이다. 결국 직접 규제든 시장을 활용한 정책이든 적정 수준의 공해물질은 허용해야 한다. 즉, 합리적인 정책 목표는 공해에 따르는 비용과 생산에 따르는 편익 사이에서 균형을 이루는 것이다. 다시 말해 생산에 따르는 사회적 비용과 사회적 편익의 조화가 필요하다.

01 외부성에 관한 다음 설명 중 옳은 것은?

① 어떤 재화의 생산에 의해 외부불경제가 발생한다면 사적 최적산출량은 사회적 최적산출량에 비해 과소하게 된다.

② 외부경제의 경우에는 정부개입의 근거가 없으나 외부불경제가 있을 경우에는 정부가 개입할 필요가 있다.

③ 외부불경제가 문제가 되는 것은 사적 비용과 사회적 비용 간에 차이가 발생하기 때문이다.

④ 외부불경제의 경우는 시장실패를 야기하지만 외부경제의 경우는 그렇지 않다.

⑤ 외부성은 항상 당사자 간에 대칭적으로 발생한다.

02 기업 A가 직면하는 연필의 수요곡선은 $P = 1,200$, 한계비용은 $MC = 500 + \dfrac{1}{2}Q$이다. 그런데 연필을 생산하면 흑연이 대기와 식수를 오염시키며 이 피해가 연필 한 단위 당 500원이다. 이 기업의 ㉠ 사적 이윤극대화 생산량(Q_m)과 ㉡ 사회적으로 바람직한 생산량(Q_c)은 각각 얼마인가?(단, P는 가격, Q는 생산량이다)

	㉠	㉡
①	1,400	1,400
②	1,400	600
③	1,400	400
④	1,600	600
⑤	1,600	400

FEED BACK

✓ 왜 틀렸을까?

| 01 | ☐ 개념 이해 부족 | ☐ 문제 이해 부족 | ☐ 기타(|) |
| 02 | ☐ 개념 이해 부족 | ☐ 문제 이해 부족 | ☐ 기타(|) |

✓ 개념 다시 짚어보기

166 PART 1 미시경제

중요도	★★★★☆
정답	③

문제 01 외부불경제와 사회적 비용

개념 해설

③ 외부불경제란 어떤 경제주체의 행동이 제3자에게 의도하지 않은 손실을 주면서도 이에 대해 대가를 지불하지 않는 경우를 의미한다. 이로 인해 사적 비용보다 사회적 비용이 높게 나타나 사회 최적생산량 수준보다 과다하게 생산되는 결과가 발생한다.

오답 정복하기

① 외부불경제는 과다생산의 문제를 유발한다. 사적 비용이 사회적 비용보다 작기 때문이다. 반면 외부경제의 경우 사적 효용이 사회적 효용보다 작기 때문에 과소생산의 문제가 발생한다.

② 외부경제와 외부불경제 모두 정부 개입의 근거가 존재한다. 효용 혹은 비용의 괴리를 쉽게 해결하는 방법은 보조금 혹은 세금이기 때문이다. 다른 해결방안들도 존재하지만 정부의 개입은 모두 가능하고 필요하다.

④ 외부효과는 시장실패의 대표적인 원인이다. 그리고 외부효과는 외부경제와 외부불경제로 구분된다.

⑤ 외부성은 그 정의부터 대칭성과 거리가 멀다. 의도하지 않은 혜택 혹은 손실을 주는 주체와 아무런 대가를 지급하거나 받지 않는 주체가 존재하므로 외부성은 대칭적일 수 없다.

PART 01

중요도	★★★★☆
정답	③

문제 02 외부불경제와 기업, 사회

개념 해설

문제에서 가격이 1,200원으로 주어져 있다는 것으로부터 가정된 시장이 완전경쟁시장임을 알 수 있다. 따라서 가격과 한계비용으로부터 이윤극대화 생산량을 도출할 수 있다.

$$P = MC \rightarrow 1,200 = 500 + \frac{1}{2}Q \rightarrow 700 = \frac{1}{2}Q \rightarrow Q = 1,400$$

한편, 외부한계비용이 500원으로 주어져 있으므로, 사회적 비용은 사적 한계비용에 500원이 더해진 $SMC = 1,000 + \frac{1}{2}Q$이다. 따라서 사회적 최적생산량은 가격($P$)과 SMC가 일치하는 생산량 400이다.

$$1,200 = 1,000 + \frac{1}{2}Q \rightarrow 200 = \frac{1}{2}Q \rightarrow Q = 400$$

오답 정복하기

외부불경제를 해결하는 정부의 개입은 외부효과의 크기만큼 세금을 부과하는 것이다. 즉, 사적 비용이 사회적 비용보다 작아 발생하는 과다생산의 문제를 세금을 부과하여 일치시켜 줌으로써 사회 최적생산량 수준을 달성할 수 있는 것이다.

03 외부효과(Externality)로 인한 비효율적 자원배분을 개선하는 방법으로 가장 적절하지 않은 것은?

① 양(+)의 외부효과를 초래하는 새로운 기술에 대해 특허권을 제공함으로써 기술개발자에게 법적으로 유효한 재산권을 인정해 준다.

② 과수원과 양봉업자의 경우에서와 같이 외부효과를 주고받는 두 기업이 합병을 한다.

③ 외부효과에 관련된 당사자가 많고 거래비용이 클 경우에는 정부가 개입하지 않고 자발적인 협상을 하도록 한다.

④ 정부가 오염배출권을 경매를 통해 팔고, 오염배출 기업들 사이에 이를 거래할 수 있게 한다.

⑤ 환경을 오염시키는 기업에 오염세를 부과한다.

04 공해배출권(Tradable pollution permits)에 대한 설명으로서 틀린 것은?

① 공해배출권의 가격은 공해정화비용을 반영할 것이다.

② 공해배출권은 공해배출 행위를 합법화하므로 공해문제를 해결할 수는 없다.

③ 조세와 달리 조세 징수에 따르는 행정비용을 줄일 수 있다.

④ 다른 생산자들보다 더 낮은 비용으로 공해를 정화할 수 있는 생산자는 공해배출권의 매각자가 될 것이다.

⑤ 최근 활용되고 있는 탄소배출권은 공해배출권의 대표적인 예이다.

문제 03 외부효과의 해결책 코즈정리

개념 해설

③ 코즈정리는 외부효과의 또 다른 해결방안이다. 정부의 개입이 없더라도 관련된 당사자를 명확히 확정할 수 있고 재산권이 명확하며 거래비용이 무시할 수 있을 정도로 작을 경우 정부의 개입 없이 경제주체들의 자유로운 협상으로 해결할 수 있다는 것이다. 하지만 현실에서는 재산권이 명확하지 않고 거래비용이 큰 경우가 대부분이어서 코즈정리의 현실 설명력은 떨어진다.

🔖 문제 분석

외부효과가 발생하면 사회 최적 생산량 수준에서 벗어나게 된다. 즉 외부경제의 경우 과소생산이, 외부불경제의 경우 과다생산이 문제가 된다.

오답 정복하기

① 외부경제는 사적 한계효용이 사회적 한계효용보다 작아 과소생산의 문제를 야기한다는 문제가 있다. 따라서 사적 한계효용과 사회적 한계효용의 간극을 보조금으로 지원해주면 최적생산량 달성이 가능하다. 새로운 특허권 제공은 두 효용의 괴리를 채워주는 기능으로 작용할 수 있다.

② 합병은 대표적인 외부효과의 해결책이다. 외부효과의 발생기업과 그로 인해 혜택 혹은 손실을 보는 기업을 합병하여 하나의 주체로 만들면 외부효과 자체가 사라지게 된다.

④ 오염배출권 거래제도는 시장을 활용한 외부효과의 해결방법이다. 탄소배출권이 활발하게 거래되고 있어 실현가능성을 눈여겨봐야 할 제도이다.

⑤ 외부불경제는 사적 비용이 사회적 비용보다 작아 과다생산의 문제가 발생한다. 따라서 세금을 부과해 두 비용의 괴리를 줄여주는 해결책이 존재하는데, 오염세가 대표적이다.

PART 01

문제 04 시장을 활용한 외부불경제 해결

개념 해설

② '공해문제의 해결'이란 공해물질의 배출을 0으로 만드는 것이 아니다. 공해물질을 최적수준으로 배출할 수 있도록 조정하는 것이 문제의 해결이다. 공해배출권은 정부의 개입 없이 외부효과를 해결할 수 있는 방법 중 하나이다. 더 많은 공해물질을 배출하기 위해서는 배출할 수 있는 권리를 시장에서 구입하도록 함으로써 공해문제를 수요와 공급의 논리로 해결할 수 있다.

오답 정복하기

① 공해배출권의 가격은 공해정화비용을 반영하여 결정된다. 배출권은 일종의 재화이기 때문에 생산에 따른 비용이 가격에 반영되는 것은 당연하다.

③ 조세징수가 아닌 시장에서 거래를 통해서 사적 한계비용을 높이고, 이 과정이 한 경제주체에 의해 이뤄지는 것이 아니므로 행정비용의 절감이 가능하다.

④ 더 낮은 비용으로 공해를 정화할 수 있는 생산자는 공해배출권을 판매할 수 있는 생산자의 위치에 있게 되고, 반대로 공해정화비용이 많이 드는 기업은 공해배출권을 구입하여 공해배출을 해야 하므로 소비자가 된다.

⑤ 글로벌 금융위기 이후 논의가 주춤했던 탄소배출권 거래는 최근 다시 활발해지고 있다.

19  공공재

▶ "나에게서 아이디어를 얻은 사람은 스스로 지식을 얻으면서도 나의 아이디어를
감소시키지 않는다. 나의 촛불로 자신의 촛불을 밝히는 사람은 빛을 얻으면서도
나를 어둡게 하지 않는다."

— 토머스 제퍼슨[Thomas Jefferson]

01　민간이 공급하지 않는 상품

일반적인 재화나 서비스는 돈을 지불하고 구입하는 것을 당연하게 여기는 반면 어떤 재화나 서비스는 거의 매일 사용하면서도 돈을 내지 않아도 된다고 생각한다. 아니, 돈을 낼 필요가 아예 없다고 생각한다. 출근할 때 이용하는 도로나 불청객이 집에 침입 했을 때 도움을 요청하는 경찰서비스, 내가 글을 쓰는 지금도 적의 침입을 막고 있는 국방 서비스 등이 대표적이다. 경제학적으로 이러한 서비스 역시 대가를 지급해야 하는 상품이다. 이들 서비스의 공통점은 시장에서 민간 기업이 공급하기 어렵다는 점이다. 경제학에서는 이러한 상품을 공공재[Public goods]라고 한다. 국방서비스, 경찰 및 소방서비스, 기초과학 연구, 도로 및 터널 건설 등이 대표적이다.

02　공공재의 특성

한 TV 프로그램에서 인기 가수가 신들린 곱창 먹방을 선보였다. 방송 이후 전국적으로 곱창 부족 사태가 발생할 만큼 곱창의 수요가 급증했다. 입맛을 다시며 곱창집을 찾았던 손님들은 한, 두 시간씩 기다려야 했고 심지어는 공급이 부족해 먹지 못하고 발길을 돌리는 일마저 생겼다. 일부에서는 곱창의 가격도 상승했다. 이때 곱창은 일반적인 재화의 성격을 보여주고 있다. 즉, 돈을 내야만 사먹을 수 있으며 사용자가 많아질수록 해당 상품의 양이 감소하는 성격을 갖고 있다. 하지만 공공재는 이와 반대되는 특성을 갖고 있다. 이를 비경합성[Non-rivalry]과 비배제성[Non-excludability]이라는 특징으로 요약할 수 있다.

① 비경합성

비경합성은 사용자가 많아지더라도 해당 상품의 양이 감소하지 않는 특성을 의미한다. 우리 가족은 총 5명이다. 만약 치킨 한 마리를 시켰을 때, 우진이가 닭다리 두 개를 모두 먹으면 서우와 서주는 닭다리를 먹을 수 없다. 하지만 공공서비스는 그렇지 않다. 군인들의 국방 서비스가 우진이를 보호해준다고 해서 서우와 서주가 받는 보호의 양이 줄어들지 않는다. 이러한 특성으로 인해 참여자들 간에 수요를 위한 경쟁이 일어나지 않는다.

> 🔍 **비경합성과 소비의 한계비용**
>
> 공공재는 경합성이 존재하지 않는다. 이는 추가적인 한 단위의 소비에 비용이 발생하지 않음을 의미한다. 즉, 소비의 한계비용이 0임을 의미한다. 한편, 기업은 가격과 한계비용이 일치하도록 이윤극대화 생산량과 가격을 책정해야 하는데, 한계비용이 0이므로 가격을 책정할 수 없다. 기업에 의한 공공재의 공급이 어려운 이유이다.

② 비배제성

비배제성은 공급자가 사용을 위한 대가를 치르지 않은 사람이라 하더라도 배제할 수 없는 특성을 의미한다. 치킨은 배제성을 갖는다. 만약 치킨을 배달시켰을 때 돈을 내지 않는다면 배달부는 걸쭉한 욕을 내뱉고 도로 가져갈 것이다. 이때 치킨은 배제성^{Excludability}을 갖는다고 이야기한다. 하지만 국방 서비스의 재원이 되는 세금을 내지 않은 사람이 있을 때, 이 사람만 배제하고 국방 서비스를 공급하기란 불가능하다. 따라서 공급자는 대가를 치렀는지와 무관하게 모든 사람에게 서비스를 제공할 수밖에 없다.

③ 재화의 구분

지금까지는 경합성과 배제성이 모두 존재하는 민간재$^{\text{Private goods}}$와 경합성과 배제성이 모두 존재하지 않는 공공재만을 살펴봤다. 하지만 경합성 혹은 배제성의 존재 유무에 따라 재화를 총 4가지 유형으로 구분할 수 있다.

① 경합성 有, 배제성 無

경합성은 있지만, 배제성이 없는 재화의 유형이다. 즉, 한 사람의 소비가 다른 사람의 소비를 제한하는 속성은 있지만, 대가를 치르지 않았다고 해서 공급자가 사용을 배제할 수는 없는 유형의 재화이다. 이러한 재화를 공유자원$^{\text{Common resource}}$이라고 한다. 공유자원은 일반적으로 소유권이 명확하게 정립되지 않아 여러 사람이 함께 소유하는 자원으로 정의된다. 공해상에 있는 물고기들이 대표적이다. 공해는 어느 국가에도 속하지 않은 영역이기 때문에 모든 국가의 어부들이 조업활동을 할 수 있다. 즉, 배제성이 없다. 하지만 공해상의 물고기 수는 한정되어 있기 마련이다. 누군가 많이 잡아가면 다른 사람이 가져갈 물고기가 없다는 의미이다. 이 경우 공해상의 물고기는 매우 빠른 속도로 멸종된다. 누구나 잡을 수 있고, 다른 사람이 잡으면 내가 잡을 물고기가 없는 상황에서는 남용의 문제가 발생하기 때문이다. 이러한 현상을 생태학자 게릿 하딘$^{\text{Garret Hardin}}$은 1968년 사이언스지에 발표한 논문을 통해 공유지의 비극$^{\text{The tragedy of commons}}$이라고 명명했다.

② 경합성 無, 배제성 有

배제성은 있지만 경합성이 없는 재화의 유형이다. 즉, 대가를 치르지 않은 사람은 사용할 수 없도록 배제할 수 있지만, 나의 소비가 다른 사람의 소비에 의해 제한을 받지는 않는다는 속성을 가진 재화라는 의미다. 이러한 재화를 클럽재$^{Club\ goods}$라고 한다. 통신 및 인터넷 서비스가 대표적이다. 통신회사에 가입하지 않은 사람은 해당 서비스를 이용하지 못하도록 제한할 수 있지만, 일단 가입하고 나면 다른 사람의 사용에 거의 영향을 받지 않고 통신 및 인터넷 서비스를 이용할 수 있다. 동영상 강의도 마찬가지이다. 수강료를 내지 않은 사람은 배제할 수 있지만, 일단 수강료를 내고 강의를 등록하면 아무리 많은 사람이 강의를 수강한다 하더라도 아주 특수한 경우를 제외하면 나의 강의수강에는 영향을 미치지 않는다.

▼ 재화의 구분

구 분	경합성	비경합성
배제성	민간재	클럽재
비배제성	공유자원	공공재

03 공공재와 무임승차의 문제

① 무임승차의 문제

공공재가 가진 비배제성과 비경합성의 특성으로 인해 정당한 가격을 지불하지 않고 혜택을 받으려는 사람들이 존재한다. 굳이 비용을 지불하지 않아도 공공재화와 서비스를 누릴 수 있기 때문이다. 이를 무임승차자 문제$^{Free-rider\ problem}$이라고 한다.

② 무임승차와 시장실패

공공재는 이를 사용하는 사람들의 지불의사와 무관하게 건설된다. 시장에서 10개에 5천원 하는 사과를 구입할 때 사람들은 자신의 지불의사와 가격을 비교하게 된다. 비교 결과 사과구입에 따른 만족이 지불하는 가격보다 높다면 대가를 지불한다. 하지만 공공재인 도로는 모든 사람이 함께 사용하는 재화이고, 일부 유료도로를 제외하면 일단 건설되고 나면 건설 과정에 대가를 지불하지 않은 사람이더라도 사용을 금지할 수 없다. 이런 상황에서 사람들은 도로를 이용하기를 원하면서도 비용은 다른 사람들이 부담하기를 원한다. 즉 무임승차자가 되기로 결심한다.

문제는 경제학의 아버지 아담 스미스가 보이지 않는 손을 주장한 이래로 경제학은 자신의 이기심에 따라 생산자와 소비자가 행동하면 개인의 이득은 물론 사회 전체의 이득이 증가한다고 주장했다. 하지만 공공재의 경우 자신의 이기심에 따라 행동하면 모든 사람에게 바람직하지 않은 결과가 도출된다. 즉, 시장의 효율적인 자원배분이 실패하는 시장실패가 발생한다.

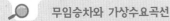

무임승차와 가상수요곡선

일반적인 재화의 시장수요곡선은 개별수요곡선을 수평합하여 도출한다. 하지만 공공재의 시장수요곡선은 수직합하여 도출한다. 모든 소비자가 동일한 수량에 직면하지만, 이에 대한 선호는 모두 다르기 때문이다. 이렇게 도출된 공공재의 시장수요곡선을 가상수요곡선$^{Pseudo\ demand\ curve}$이라고 한다.

04 공공재의 공급

공공재는 개인의 이기심으로 인해 바람직하지 못한 결과가 초래된다. 무임승차를 결심한 수요자들이 공공재에 대한 자신의 진실한 선호를 숨기기 때문에 시장에 맡겨 둘 경우 적정량이 생산되지 못한다. 따라서 공공재의 경우 시장의 힘에 맡겨두기 보다는 다양한 방법을 통해 공급을 결정하게 된다.

1 사회적 압력과 인센티브 활용

공공재 공급에 필요한 재원 마련을 위해 사회적 압력과 인센티브 제도를 운영하는 방법이 있다. 공영 방송국이 대표적인 예이다. 공영 방송을 위해 기부할 수 있도록 사람들을 설득하기 위해 다양한 캠페인을 통해 사회적 압력을 가하는 한편, 기부자들에게는 다양한 혜택을 주는 인센티브를 주었다. 뿐만 아니라 기부자들을 존중하는 사회적 분위기를 유도하는 한편, 기부하지 않은 사람들은 망신을 주는 방법을 사용하기도 했다.

2 세금의 부과

세금은 무임승차 문제를 해결할 수 있는 가장 강력한 방법이다. 세금을 내지 않을 경우 법적 처벌을 받기 때문이다. 그리고 이는 정부가 국민들이 공공재를 얼마나 원하는지와 무관하게 대가를 치르도록 강제하는 방법이다. 오늘날 많은 공공재가 정부에 의해 제공되고 있기 때문에 공공재를 공급한다는 것은 실제로 정부가 돈을 걷는 것을 의미한다.

PART 01

01 다음 중 공공재에 대한 설명으로 옳지 않은 것은?

① 국철의 서비스는 공공재이지만 사철의 서비스는 공공재가 아니다.

② 기술의 발달로 공공재이던 것이 민간재로 바뀌는 경우도 있다.

③ 정부예산의 중요한 기능 중 하나는 공공재의 공급수준과 내용을 결정하는 것이다.

④ 민주적인 정부라도 공공재의 효율적 공급을 보장하지 못한다.

⑤ 사람들은 실제로 공공재에 대한 자신의 선호를 진실하게 표출하지 않는 경향이 있다.

02 공공재(Public goods)와 공유자원(Common resources)에 관한 설명으로 옳은 것을 모두 고른 것은?

> ㉠ 공공재는 비배제적이고 비경합적이며, 공유자원은 비배제적이지만 경합적이다.
>
> ㉡ 공유자원이 과다하게 사용되어 고갈되는 공유자원의 비극(Tragedy of the commons)은 음(−)의 외부효과로 인해 발생할 수 있다.
>
> ㉢ 무임승차자(Free rider)의 문제는 공공재의 시장공급량을 효율적 수준보다 작게 하는 결과를 초래한다.

① ㉠   ② ㉠, ㉡

③ ㉠, ㉡, ㉢   ④ ㉠, ㉢

⑤ ㉡, ㉢

문제 01   공공재의 특징

중요도 ★★★★☆
정답 ①

개념 해설

① 국철이라 하더라도 요금을 지불하지 않은 사람은 지하철에 탑승할 수 없으므로, 즉 배제성이 존재하므로 공공재라 할 수 없다.

오답 정복하기

② 공공재는 민간재가, 민간재는 공공재가 될 수 있다. 그리고 이를 촉발하는 매개가 '기술'일 수 있다.

③ 공공재는 비배제성과 비경합성으로 인해 민간에서 공급하는 것이 비효율적이므로, 정부가 공급한다. 따라서 정부예산의 중요한 기능 중 하나가 공공재의 공급수준과 내용을 결정하는 것이다.

④ 공공재는 시장에서 효율성을 담보하지 못하기 때문에, 즉 시장실패를 야기하기 때문에 민주적인 정부라 하더라도 효율적 공급을 보장할 수 있는 것은 아니다.

⑤ 공공재는 비배제성의 특성으로 인해 대가를 지급하지 않아도 사용할 수 있으므로 자신의 진실한 선호를 표출하지 않으려는 경향이 강하다. 이로 인해 시장수요곡선 도출 시 개별 수요곡선을 수평합하지 못하고 수직합하여 도출한다.

📙 문제 분석

경제학적인 의미에서 공공재가 되기 위해서는 배제성과 경합성이 모두 존재하지 않아야 한다.

문제 02   공공재와 공유자원의 비교

중요도 ★★★★☆
정답 ③

PART 01

개념 해설

㉠ 공공재는 비배제성과 비경합성을 갖으며, 공유자원은 비배제성만 존재한다. 마을 공동 목초지의 경우 마을주민이라면 누구나 자신의 말에게 풀을 먹일 수 있지만, 풀의 양은 한정적이므로 경합성은 존재한다. 이로 인해 공유지가 남용되는 공유지의 비극 문제가 발생한다.

㉡ 공유자원의 비극은 일종의 외부불경제라 할 수 있다. 사적 비용보다 사회적 비용이 크기 때문이다.

㉢ 무임승차자의 문제는 시장에 맡겨 둘 경우 과소생산의 문제를 초래한다. 누구도 공공재 생산비용을 부담하지 않으려 하기 때문에 과소생산될 수밖에 없다.

오답 정복하기

공공재와 공유자원 그리고 사적재의 특징을 잘 알아두어야 한다. 배제성과 경합성을 기준으로 모든 특성이 있는 경우 사적재이며, 모든 특성이 없는 경우가 공공재 그리고 배제성은 없으나 경합성이 존재하는 자원이 공유자원이다. 공공재의 경우 시장에 맡겨 둘 경우 과소생산의 우려가 있으므로 시장의 힘이 효율적인 자원배분을 담보하지 못한다. 즉, 시장실패를 야기한다.

03 공공재 및 시장실패에 관한 설명으로 옳은 것을 모두 고른 것은?

> ㉠ 정(+)의 외부효과가 있는 재화의 경우 시장에서 사회적 최적 수준에 비해 과소생산된다.
> ㉡ 공유지의 비극은 배제성은 없으나 경합성이 있는 재화에서 발생한다.
> ㉢ 공공재의 경우 개인들의 한계편익을 합한 것이 한계비용보다 작다면 공공재 공급을 증가시키는 것이 바람직하다.

① ㉠　　　　　　　　　　　② ㉠, ㉡
③ ㉠, ㉡, ㉢　　　　　　　④ ㉠, ㉢
⑤ ㉡, ㉢

04 공공재 Z에 대한 소비자 갑과 을의 수요함수와 한계비용이 다음과 같을 때, 사회적으로 바람직한 이 공공재의 공급량은 얼마인가?

> • 소비자 갑의 수요함수 : $Q = 450 - 3P$
> • 소비자 을의 수요함수 : $Q = 320 - 2P$
> • 한계비용 : $MC = 30 + \dfrac{1}{3}Q$

① 90　　　　　　　　　　　② 120
③ 180　　　　　　　　　　④ 240
⑤ 300

FEED BACK

✓ 왜 틀렸을까?
03 ☐ 개념 이해 부족　☐ 문제 이해 부족　☐ 기타(　　　)
04 ☐ 개념 이해 부족　☐ 문제 이해 부족　☐ 기타(　　　)

✓ 개념 다시 짚어보기

176 PART 1 미시경제

문제 03 공공재와 시장실패 – 공공재의 특징

중요도	★★★★☆
정답	②

개념 해설

㉠ 일반적으로 외부경제가 존재하는 경우 사적 한계효용보다 사회적 한계효용이 크기 때문에 과소생산의 문제가 발생한다. 이를 해결하기 위해서 정부는 보조금을 지급한다.

㉡ 공유지의 비극은 공유자원에서 발생한다. 공유자원이란 배제성은 없으나 경합성이 존재하는 재화를 의미한다. 마을 공동의 목초지, 공해상의 물고기 등이 대표적이다. 소비를 막을 수는 없지만, 이로 인해 소비로 인한 고갈의 문제가 가속화되는 것이다.

오답 정복하기

㉢ 공공재의 경우 개인들의 한계편익을 합한 것이 한계비용보다 작다면 공공재 공급을 감소시키는 것이 바람직하다. 생산에 따른 비용이 편익보다 더 큰 상황이므로 합리적인 상황이 아니기 때문이다.

문제 04 공공재의 균형생산량 – 공공재의 공급

중요도	★★★★☆
정답	④

PART 01

개념 해설

공공재의 시장수요곡선은 개별수요곡선의 수직합으로 도출된다. 따라서 두 소비자의 수요함수는 P로 정리하여 합해야 한다. 시장수요함수의 도출은 다음과 같다.

- 갑의 수요곡선 : $P = -\dfrac{1}{3}Q + 150$

- 을의 수요곡선 : $P = -\dfrac{1}{2}Q + 160$

- 시장 수요곡선 : $P = -\dfrac{5}{6}Q + 310$

따라서 공공재의 공급량은 시장수요곡선과 한계비용의 연립을 통해 확인 가능하다. 즉, 공급량은 240개이다.

$$-\frac{5}{6}Q + 310 = \frac{1}{3}Q + 30 \rightarrow \frac{7}{6}Q = 280 \rightarrow Q = 240$$

오답 정복하기

공공재의 시장수요함수는 개별 소비자가 진실한 선호를 도출하지 않기 때문에 사적재와 달리 수평합 할 수가 없다. 즉, 가격을 중심으로 더할 수 없다는 의미이다. 따라서 수요량을 중심으로 더해야 하고 이를 위해서는 수요곡선 P에 대해 정리해야 한다. 이렇게 합하는 과정을 수직합이라고 하며, 이렇게 도출된 수요곡선을 가상수요곡선이라고 한다.

불완전 정보와 시장실패

> ▶ "인기 차종은 인증 중고차 매물이 부족할 정도에요. 차량이 들어오면 곧바로 판매될 정도죠."
>
> – 수입차 관계자

01 현실과 이론의 괴리, 정보의 불완전

완전경쟁시장의 성립 조건 중에 하나는 완전한 정보였다. 시장 거래의 참여자들이 가진 정보가 서로 동일하고 완전하다는 가정이다. 문제는 현실은 이상과 다르다는 것이다. 경제학이 거래를 설명하는 일반적인 예에서는 구매자와 판매자는 거래를 통해 무엇을 얻으려고 하는지 정확히 알고 있다. 시장에서 블루베리를 구입할 경우 소비자가 2만원을 가게 주인에게 주면 주인은 양질의 냉장 블루베리를 준다. 하지만 현실에서는 거의 정상적인 거래가 불가능할 정도로 정보가 완전하지 않은 경우가 많다.

어떤 기업인이 은행에 와서 다른 사람들보다 훨씬 높은 연 10%의 이자를 지급할 테니 대출을 받고 싶다는 의사를 밝혔다고 하자. 은행원은 먼저 해당 기업인의 금융 정보와 사업 정보를 수집한다. 하지만 은행원은 이 경우 은행의 수익에 큰 도움이 되는 고객으로 간주할지, 아니면 얼마나 어려운 상황이기에 저렇게 높은 금리를 지불하겠다고 이야기하는지 의심할 것이다. 혹시 파산이라도 하면 대출을 승인해준 은행원 개인은 물론이거니와 은행 전체에도 피해를 입히기 때문이다. 이러한 예는 중고차 시장에서 중고차를 구입할 때, 기업의 인사 담당자가 신입사원을 채용할 때 등 현실의 많은 경우에 발생한다.

02 감추어진 정보

불완전한 정보는 크게 두 가지의 정보가 감추어져 있어서 발생한다. 상품이나 서비스의 어떤 특성이나 거래 당사자의 행동에 대한 정보가 그것이다. 이를 경제학에서는 감추어진 특성과 감추어진 행동으로 구분한다.

1 감추어진 특성

① 중고차 시장에서의 불확실성

중고차를 구입해 본 경험이 있는 사람은 공감할 것이다. 중고차 시장에서 딜러가 차의 엔진도 보여주고, 리프트에 올려 보이지 않는 차의 하부를 아무리 꼼꼼하게 보여주더라도 전문가가 아닌 소비자의 입장에서는 자동차의 상태에 관해서 제대로 알 길이 없다. 최근에는 자동차 정비소에서 중고차를 골라주는 서비스를 제공하는 경우도 있다. 하지만 불확실함이 남아 있기는 마찬가지다. 중고차 시장에서 마음에 드는 중고차 2대를 골랐다. 외형상 다를 바 없는 두 대의 차량은 가격이 상이하다. 1대는 가격이 예상했던 가격과 비슷하지만, 다른 1대는 반값이다. 완전한 정보가 가정되는 세상에서 동일한 상황이 펼쳐졌다면 2대의 중고차는 예견한 바와 같이 성능이 동일한 것이 맞다. 주저 없이 가격이 반값인 자동차를 선택할 수 있다. 하지만 정보가 불완전한 상황에서는 결함이 있기 때문에 가격이 싼 건 아닐까 하는 의심을 거둘 수가 없다. 정보가 불완전하기 때문에 선택이 쉽지 않다. 하지만 중고차 딜러는 자동차의 이력과 성능에 대한 비교적 정확한 정보를 가지고 있다.

② 감추어진 특성과 역선택

감추어진 특성이란 이처럼 거래 대상물에 대한 특성 정보가 불완전한 경우를 의미한다. 즉, 거래 당사자 간에 가진 정보가 비대칭적인 상황을 의미한다. 이러한 특성에 대한 불완전한 정보는 역선택[Adverse selection]의 문제를 야기한다. 중고차 시장에서 차량 특성에 대한 정보가 불완전하다보니 나쁜 성능의 차를 더 비싼 가격에 구입하게 된다는 것이다. 선택에 대한 정보가 완전하지 않으면 수요자와 공급자 모두 만족하는 거래가 성사되지 못한다. 즉, 효율적인 균형이 성립하지 않는다.

③ 역선택의 해결

중고차 시장에서 반복해서 나쁜 성능의 차를 비싼 가격에 구입하게 된다면, 사람들은 중고차 거래 자체를 꺼릴 것이다. 중고차 시장도 특성에 대한 정보의 비대칭성 문제를 해결하고, 역선택 문제를 줄여 거래를 활성화 시키고자 한다. 역선택 문제를 해결하기 위해 사용할 수 있는 대표적인 방법은 보증을 요구하거나 브랜드를 살펴보는 것이다. 경제학에서는 이를 각각 신호 발송[Signaling]과 선별[Screening]이라고 한다.

㉠ 신호의 발송(보증 및 계약)

품질보증서와 서비스 계약서는 불완전한 차량 정보를 보완하여 역선택을 방지할 수 있는 수단이다. 거래당사자인 중고차 회사 외에 공인된 기관에서 해당 차량을 살펴보고, 문제가 없음을 보증해줄 수 있다면 특성에 대한 정보가 부족한 수요자 입장에서는 안심하고 거래에 참여할 수 있다. 실제 유럽의 선진 국가들은 이러한 보증서비스로 막대한 수입을 창출한다. TUV, SGS, Bureau Veritas 등이 대표적인 인증기관이다. 막대한 투자금이 투입되는 건설 및 조선, 엔지니어링 등의 사업에서는 정보 비대칭으로 인한 불확실성을 줄이기 위해 공사 전에 도면 및 설계도를 반드시 국제 인증 업체의 인증을 받도록 되어 있다. 한편, 서비스 계약서도 매우 중요하다. 외부 기관의 품질보증이 없더라도 중고차 구입 이후 3년 간 발생하는 고장에 대해 무상 수리 서비스를 제공하겠다는 서비스 계약을 체결한다면 소비자 입장에서는 역선택의 위험을 크게 줄일 수 있다.

ⓛ 선별(브랜드)

소비자 입장에서는 브랜드를 기준으로 중고차를 선택하는 것도 좋은 방법이다. 일반적으로 독일의 자동차들은 내구성이 뛰어나다고 알려져 있다. 큰 사고가 없었던 중고차일 경우 독일의 브랜드 자동차를 선택한다면 역선택의 위험을 줄일 수 있다. 실제로 최근에는 많은 자동차 회사에서 직접 중고차 시장을 운영하고 있다. Mercedes Benz, BMW, Audi, Volvo, 현대자동차 등에서 자신들의 자동차를 직접 관리하여 판매하고 있다. 자신들의 자동차를 직접 관리하여 판매한다는 점에서 소비자들은 선별 과정을 거친 양질의 중고차를 거래할 수 있어서 좋고, 자동차 회사 입장에서는 신차에 대한 회전율을 높일 수 있어 좋다. 인증 중고차 시장에서는 중고차가 없어서 팔지 못한다고 이야기하는 이유이다.

② 감추어진 행동

① 보험시장에서의 불확실성

보험시장은 중고차 시장보다 불확실성이 크다. 비교적 객관적인 재화나 서비스의 특성에 대한 정보가 비대칭적인 것이 아니라 사람의 행동에 대한 정보가 비대칭적이기 때문이다. 이는 특히 보험회사 입장에서 골치 아픈 문제이다. 보험회사는 피보험자가 보험금을 받게 될 리스크를 추정해야 한다. 만약 불완전한 정보를 바탕으로 피보험자가 가진 리스크를 평가하게 된다면 파산할 수도 있다. 통계적으로 어떤 집단에서 사고가 발생할 가능성이 몇 퍼센트인지 알고 있다. 그러나 그 집단의 구성원 중 한 명을 특정하여 사건 발생 가능성을 예상할 수는 없다. 보험회사는 비슷한 리스크를 지닌 사람들을 모아 보험료를 받아 공동의 기금을 마련해둔다. 그리고 이 가운데 원하지 않은 사건을 경험한 사람들에게 보험금을 지급한다. 1천명의 가입자 가운데 900명은 일 년 내내 사고가 나지 않는 사람들이며, 나머지 100명 가운데 80명은 경미한 사고를 내는 사람들로 자신이 낸 보험료보다 낮은 보험금을 받는 사람들이다. 나머지 20명은 큰 사고를 내는 사람들로 자신이 낸 보험료의 5~6배의 보험금을 받는 사람들이다. 이 경우 연말이 되면 이 2%의 사람들은 보험 가입에 만족하지만 나머지 98%는 많이 내고 적게 받는다고 생각하게 될 것이다. 이것이 보험의 속성이다. 이는 사고가 무작위로 발생하며, 그 가능성은 보험에 가입한 모든 사람에게 같다는 가정이 전제되어 있는 설명이다. 하지만 사고의 가능성은 사람들의 행동에 따라 달라진다는 점에서 확률이 달라진다. 보험회사가 아무리 철저하게 정보를 수집하려고 해도 사람의 행동에 대한 정보는 불완전하기 마련이다.

② 감추어진 행동과 도덕적 해이

보험회사 입장에서 문제가 되는 대표적인 행동은 보험 가입 이후 가입자들이 보험 가입 전과는 다른 행동을 보이는 점이다. 즉, 보험에 가입하고 나면 사고를 예방하기 위한 노력을 덜 기울이는 것이다. 보험가입자들은 사고 발생 시 보험금을 받을 수 있기 때문에 습관을 바꾸거나 사고 확률이 높은 환경을 개선하려는 노력을 게을리 한다. 의료실비보험 가입 전에는 웬만한 큰 병이 아니고서는 생활 습관을 조절해 이겨내려고 한 반면 보험 가입 이후에는 콧물만 훌쩍여도 병원을 찾는다. 화재보험도 마찬가지이다. 화재보험 가입 전에는 불이나면 오롯이 개인의 책임이기 때문에 철저한 관리를 하는 반면 보험 가입 이후에는 화재 예방 노력을 게을리 한다. 이처럼 보험 가입 전과 후의 행동 변화를 감추어진 행동이라고 하며 행동에 대한 정보가 보험회사와 가입자 간에 비대칭적으로 존재하여 발생하는 문제를 도덕적 해이[Moral hazard]라고 한다.

도덕적 해이가 발생하면 보험회사가 지급해야 할 보험금은 당초의 예상 규모를 훨씬 상회할 수 있다.

③ **도덕적 해이의 해결**

도덕적 해이의 문제는 해결이 어렵다. 대표적인 해결 방법으로는 도덕적 해이의 행동 변화를 야기하지 못하도록 보험금 제공과 관련된 인센티브 체계를 재설계(자기부담금)하는 방법과 행동 변화를 야기하지 못하도록 감시를 철저히 하는 방법(국가의료보험)이 있다.

㉠ 인센티브 체계의 재설계(자기부담금)

보험 가입자가 보험 가입 이후에 행동을 바꾸는 이유는 보험료만 낸다면 사고 발생 시 자신에게 어떠한 손해도 없기 때문이다. 따라서 도덕적 해이를 방지하도록 하는 방법 중에 하나는 사고가 발생하더라도 보험금의 일부를 보험 가입자도 부담하도록 보험금 지급 방식을 설계하는 것이다. 이를 자기부담금제도 혹은 공동보험제도$^{Co-insurance}$라고 한다. 자동차 보험도 과거에는 차량 손해액과 관계없이 보험가입 시 선택한 금액만 부담하는 정액형 방식이었으나, 2011년부터 차량 손해액의 일정비율만큼을 고객이 부담하도록 하는 정률제 방식으로 변경하여 도덕적 해이의 가능성을 낮추고 있다.

㉡ 철저한 감시와 처벌(국가의료보험제도)

우리나라를 비롯한 유럽의 많은 국가들은 정부가 직접 의료보험제도를 관리한다. 이는 의료보험 시장에 내재된 정보의 불완전성 문제는 궁극적으로 민간이 관리하기 어렵다는 인식이 깔려 있다. 따라서 국가 주도의 의료보험 제도를 운영하여 도덕적 해이의 문제가 발생하지 않도록 보험금 지급 내역을 면밀히 검토하고 심사한다. 부적절한 보험금 지급이 이뤄질 경우 환수하거나 처벌하기도 한다. 이러한 강제성으로 인해 도덕적 해이의 가능성은 낮아지게 된다.

> 🔍 **국가의료보험제도와 역선택**
>
> 국가가 운영하는 의료보험은 역선택도 방지한다. 국가에 의한 의료보험은 강제보험이다. 사고 확률이 높은 사람과 낮은 사람 모두가 보험에 가입함으로써 가입자 풀이 커진다. 가입자 풀이 커지면 리스크가 작은 고객들을 상당 수 확보할 수 있기 때문에 리스크가 큰 고객들에게 지급해야 할 보험금 부담이 줄어들어 역선택의 문제를 고민할 필요가 없게 된다.

01 정보의 비대칭성으로 인해 발생하는 역선택 현상에 대한 다음 설명 중 옳은 것은?

① 정보가 비대칭적일 때 정보를 갖지 못한 사람은 바람직하지 않은 상대방과 거래할 가능성이 높아진다.

② 중고차 시장에 성능이 좋은 중고차들이 많이 나오게 되는 현상을 말한다.

③ 보험에 가입한 운전자는 운전에 주의를 덜 기울이게 된다.

④ 역선택은 정보를 갖고 있지 못한 측의 자기선택(Self-selection) 과정에서 발생한다.

⑤ 역선택은 감추어진 행동 때문에 발생한다.

02 다음 중 역선택을 방지하기 위한 대책으로 옳지 않은 것은?

① 대학생들이 취업에서 유리한 위치를 차지하기 위해 자격증을 취득한다.

② 생명보험회사가 보험가입 전에 신체검사를 의무화한다.

③ 사고금액의 일부를 보험계약자가 부담하도록 하는 보험상품을 판매한다.

④ 정부가 수입 쇠고기, 농산물 등에 대하여 원산지를 표시하도록 의무화하였다.

⑤ 중고차 시장에서 3년 무한 보증제도를 실시한다.

FEED BACK

☑ 왜 틀렸을까?	01 ☐ 개념 이해 부족	☐ 문제 이해 부족	☐ 기타( )
	02 ☐ 개념 이해 부족	☐ 문제 이해 부족	☐ 기타( )
☑ 개념 다시 짚어보기			

문제 01 　감추어진 특성의 특징 – 역선택

중요도 ★★★☆☆
정답 ①

개념 해설

① 정보가 비대칭적인 상황에서는 바람직하지 않은 상대방과 거래할 가능성이 높아진다. 시장에 성능이 나쁜 중고차만 존재할 가능성이 높기 때문이다. 특성에 대한 정보가 비대칭적인 경우 거래 상대방은 어떤 중고차가 좋은 중고차인지 알 수 없다. 자동차를 중고시장에 내놓는 사람들 입장에서도 좋은 차는 비싸게, 안좋은 차는 저렴하게 팔려야 하지만 정보가 비대칭적인 상황에서는 좋은 차는 저렴하게 나쁜 차는 비싸게 판매되어 시장에는 나쁜 차만 남게 된다.

오답 정복하기

② 특성에 대한 정보가 비대칭적인 경우 중고차 시장에는 좋은 중고차는 사라지고 좋지 않은 성능의 중고차만 존재하게 된다.
③ 보험 가입 이후에 행동을 바꾸는 행위는 도덕적 해이에 해당한다.
④ 자기선택은 자신들 드러내도록 하는 장치로서, 역선택 과정에서 발생하는 것이 아니라 역선택의 해소 장치이다.
⑤ 역선택은 감추어진 특성으로 인해 발생되며, 감추어진 행동으로 인해 발생하는 정보비대칭 현상은 도덕적 해이이다

문제 02 　역선택의 방지책

중요도 ★★★★☆
정답 ③

개념 해설

③ 보험 가입 이후에 발생하는 사고에 대해 보험금의 일부를 보험계약자도 부담하도록 강제하는 상품은 도덕적 해이를 방지하기 위한 제도이다. 도덕적 해이는 이처럼 인센티브 체계의 재설계를 통해 해결할 수 있다.

📖 문제 분석

역선택과 도덕적 해이를 구분하는 좋은 방법은 거래 전인지 후인지를 살펴보는 것이다. 선택은 거래 전에 일어나는 행위이고, 행동의 변화는 거래 후의 결과이기 때문이다.

오답 정복하기

① 자격증을 취득하는 것은 일종의 인증이다. 특정 자격증을 보유한 사실이 경쟁력 있는 지원자임을 반증하여 회사입장에서 역선택의 가능성을 낮추기 때문이다.
② 상해의 위험이 높은 사람은 보험 가입 이후에 보험금으로 상해를 커버할 수 있으므로 가입 의사가 일반적인 경우보다 클 수밖에 없다. 따라서 보험회사는 이러한 역선택을 경계해야 한다.
④ 원산지 표시는 역선택을 줄이기 위한 제도이다. 원산지에 대한 정보를 제공함으로써, 소비자가 정보의 비대칭으로 인해 역선택 상황에 직면할 위험을 줄일 수 있다.
⑤ 중고차 시장에서의 보증제도는 해당 중고차의 성능이 나쁘지 않다는 것을 증명하는 역할을 함으로써, 소비자가 역선택 상황에 직면하는 것을 막아준다.

03 다음 중 도덕적 해이와 가장 관련이 없는 것은?

① 스톡옵션

② 기업의 폐기물 방치

③ 정보의 비대칭성

④ 은행담보대출

⑤ 사고 건수에 따른 보험료 할증

04 중고차 시장에 중고차 200대가 매물로 나와 있다. 그 중 100대는 성능이 좋은 차이고, 100대는 성능이 나쁜 차이다. 성능이 좋은 차를 매도하려는 사람은 600만원 이상에 판매하려 하고, 성능이 나쁜 차를 매도하려는 사람은 400만원 이상에 판매하려 한다. 이 중고차 시장에서 중고차를 구매하려는 잠재적 구매자는 무한하다. 구매자들은 성능이 좋은 차는 900만원 이하에 구매하려 하고, 성능이 나쁜 차는 500만원 이하에 구매하려 한다. 중고차의 성능에 관한 정보를 매도자는 알고 있지만 구매자는 알지 못한다. 이 시장에서는 어떤 균형이 존재할까?

① 모든 중고차가 700만원에 거래되는 균형이 존재한다.

② 좋은 중고차만 900만원에 거래되는 나쁜 균형이 존재한다.

③ 좋은 중고차는 900만원에 거래되고, 나쁜 중고차는 500만원에 거래되는 균형이 존재한다.

④ 좋은 중고차는 500만원에 거래되고, 나쁜 중고차는 900만원에 거래되는 균형이 존재한다.

⑤ 어떤 균형도 존재하지 않는다.

FEED BACK

☑ 왜 틀렸을까?	03 ☐ 개념 이해 부족	☐ 문제 이해 부족	☐ 기타( )
	04 ☐ 개념 이해 부족	☐ 문제 이해 부족	☐ 기타( )
☑ 개념 다시 짚어보기			

문제 03   도덕적 해이의 사례

중요도	★★★★☆
정답	②

개념 해설

② 기업의 폐기물 방치는 윤리적인 측면에서 문제이지만, 경제학에서 이야기하는 도덕적 해이와는 거리가 멀다. 도덕적 해이가 정의되기 위해서는 거래 전과 후의 행동 변화가 명시되어야 한다.

> **📖 문제 분석**
>
> 도덕적 해이란 감추어진 행동으로 인해 발생하는 현상으로서 거래 전과 후의 행동 변화에 대한 정보가 비대칭적으로 존재하여 발생한다.

오답 정복하기

① 스톡옵션은 도덕적 해이 중 주인-대리인 문제를 해결할 수 있는 대표적인 장치이다. 전문경영인의 경우 기업의 장기적인 이익보다는 단기적인 수익에 초점을 둔 경영을 할 수 있으므로, 주주들은 이를 방지하고자 미래의 기업가치와 연동된 스톡옵션을 지급하여 도덕적 해이의 발생 가능성을 방지하고자 한다.

③ 정보의 비대칭성은 감추어진 특성과 행동으로 구분된다. 특성에 대한 정보가 비대칭적인 경우를 역선택이라고 하며, 행동에 대한 정보가 비대칭적인 경우를 도덕적 해이라고 한다.

④ 은행 담보대출 과정에서도 도덕적 해이가 존재한다. 성실한 상환을 약속한 이후 담보물의 가치에 의존해 상환을 미루는 형태가 대표적이다.

⑤ 사고 건수에 따른 보험료 할증은 도덕적 해이를 방지하기 위한 방법이다. 보험 가입 이후 위험 관리 의무를 게을리할 경우 보험사가 큰 손해를 볼 수 있다. 이를 건수에 따라 보험료가 높아지도록 설계해놓는다면, 위험 관리 의무를 게을리하는 도덕적 해이를 방지할 수 있다.

문제 04   역선택의 실제

중요도	★★★★☆
정답	①

개념 해설

구매자들의 지불용의를 살펴보면 좋은 차에 대해서는 900만원, 나쁜 차에 대해서는 500만원의 지불의사를 갖는다. 한편, 좋은 차와 나쁜 차를 만나게 될 확률은 50%이므로, 구매자가 임의의 차에 대해 지불할 용의가 있는 금액은 700만원이다.

$$700만원 = (0.5 \times 900만원) + (0.5 \times 500만원)$$

한편, 좋은 차를 매도하려는 사람은 600만원 이상에 판매하려 하고, 나쁜 차를 가진 사람은 400만원 이상을 받고자 한다. 따라서 700만원을 제시하면, 좋은 차와 나쁜 차 가진 사람이 모두 차를 판매하고자 할 것이다. 이는 700만원에서 중고차 거래의 균형가격이 형성됨을 의미한다.

오답 정복하기

중고차 시장에서 좋은 차에 대해 700만원, 나쁜 차에 대해 300만원의 지불의사를 갖는다면 임의의 차에 대해 500만원의 지불용의를 갖는다. 한편, 이 경우 좋은 차를 매도하려는 사람은 차를 매도하지 않을 것이고 나쁜 차를 가진 사람만 차를 매도하려고 하므로, 중고차 시장에는 결국 나쁜 차만 존재하게 된다.

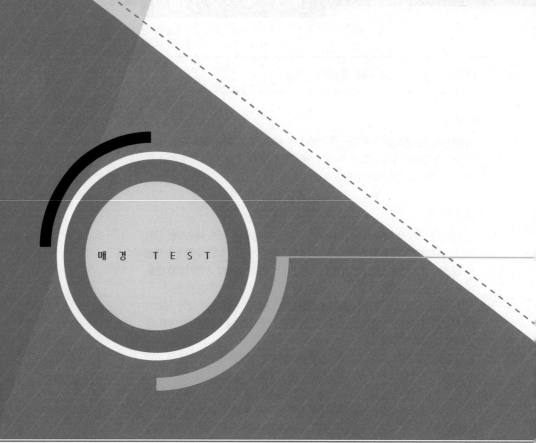

매 경 TEST

거시경제 · 국제경제

CHAPTER 01 거시경제학의 기초

▶ "미시경제학이 경제학자들의 구체적인 오류에 관한 학문이라면, 거시경제학은 경제학자들의 일반적인 오류에 관한 학문이다."

— P.J.오루크[O'Rourke,P.J]

01 거시경제학, 경제에 대한 포괄적 관점

1 미시경제학과의 차이

거시경제학은 경제 전체를 하나의 커다란 유기체로 간주한다. 즉, 성장과 실업, 인플레이션, 무역 수지 등의 측면을 총체적으로 살펴본다. 총체적이라는 의미가 지금까지 공부했던 미시경제학과 동일한 논리 체계를 유지한 채 더 큰 대상을 바라본다는 것만은 아니다. 미시경제학이 개별시장 (상품, 노동, 자본 등)에서 발생하는 독점, 경쟁, 자원배분 등의 문제가 분석 대상이었다. 경제성장, 무역 적자와 같이 경제 전체를 바라보는 시각은 존재하지 않았다. 다시 말해 미시경제학은 어떤 상품의 가격이 오르는 이유, 최저임금제가 임금에 미치는 영향은 설명할 수 있지만, 경제 전체의 물가나 실업과 같은 거시경제적 이슈는 설명하지 못하였다. 또, 경제 전체를 대상으로 분석이 필요한 정책당국자, 중앙은행 등은 미시경제학만으로는 올바른 경제적 판단을 할 수 없다. 미시경제학은 경제 전체를 설명하는 분석 도구가 아니기 때문이다.

2 거시경제학의 필요성, 구성의 오류

거시경제학이 필요한 이유를 거론할 때 자주 언급되는 것이 구성의 오류[Fallacy of Composition]이다. 이는 부분에서의 합리성이 전체에 적용되지 않음을 의미한다. 모두가 개인의 입장에서 합리적으로 행동하더라도, 전체적인 측면에서는 전혀 예상하지 못한 결과를 초래할 수 있다. 영화 미션 임파서블 시리즈는 1보다 나은 2, 3이 있음을 증명한 대표적인 영화다. 미녀 배우 레베카 퍼거슨 덕분이기도 하지만 6편 폴아웃 역시 엄청난 인기를 끌었다. 액션 영화는 아이맥스 영화관이 제격이지만, 높은 인기 탓에 예매가 쉽지 않다. 어쩔 수 없이 일반 영화관에 왔지만, 작은 화면에 답답해 벌떡 일어서고 말았다. 한결 잘 보였지만, 뒷사람의 시야를 가리는 바람에 뒷사람도 일어섰다. 결국 영화관에 있던 모든 사람들이 일어나서 보게 되었다. 모두가 앉아 있던 경우보다 더 보이지 않게 된 것은 물론이다. 이것이 구성의 오류이다. 개인의 관점에서 합리적인 행동이 전체에는 적용되지 않는 것이다. 미시경제적 관점에서 본 합리성이 거시경제의 측면에서 적용되지 않는 경우가 존재하기 때문에 경제 전체를 분석 대상으로 하는 도구가 필요한 것이다.

02 거시경제학, 경제를 고칠 수 있다는 믿음

1 1930년대 미국 대공황과 거시경제학의 태동

대공황^{Great Depression}은 1928년 일부 국가에서 야기된 경제공황이 검은 목요일로 불리는 1929년 10월 24일 뉴욕 주식시장 대폭락으로 시작되어 전 세계로 확대된 경제공황을 의미한다. 대공황으로 인해 미국의 산업 생산은 30퍼센트 이상 감소했다. 1인당 소득은 3분의 1이나 줄었으며, 1930년대 내내 실업률은 25퍼센트에 달했다. 미국은 자국 경제를 보호하기 위해 수입품에 보복관세를 부과했고, 이는 수출국들을 어렵게 만들었다. 독일에서 있었던 대규모 실업 사태는 히틀러 등장의 빌미를 제공했다. 대공황은 전 세계에 상처를 주었다.

경제학자들은 지금 경제에 무슨 일이 벌어지고 있는지, 왜 이런 일이 생겼는지, 이제 어떻게 해야 하는지 고민하기 시작했다. 고민 결과 새로운 측정 방법을 채택하고, 새로운 이론을 세우고 정책을 제안했는데, 이는 모두 거시적 경제 활동과 연관되어 이었다. 거시경제학은 이렇게 탄생했다.

2 거시경제학자의 시선

거시경제학자와 미시경제학자는 세상을 바라보는 렌즈가 다르다. 일자리와 구직자를 놓고 볼 때 미시경제학자는 구직자의 동기나 임금, 생산성을 살펴볼 것이다. 구직자의 능력이 얼마의 가치가 있을지, 임금은 구직자에게 얼마의 가치가 있을지 등이다. 하지만 거시경제학자는 경제 전반적인 시선으로 이를 바라본다. ≪당신이 경제학자라면^{Undercover Economist}≫의 저자 팀 하포드^{Tim Harford}는 그의 책에서 이를 하늘에 떠 있는 새의 시각이라고 표현한다. 개별 기업이나 구직자의 동기가 아닌 경제 전반을 살펴봄을 의미한다. 불경기에서 경제 전체의 평균 임금이 하락하고 , 실직자가 증가하는 사실을 연구한다. 유가상승이나, 은행의 대출여력 감소가 사회 전반에 영향을 미칠 경우 상품과 서비스의 공급 능력이 감소하는지, 어떻게 하면 이러한 영향을 막을 수 있는지 등이다. 어려운 질문이지만, 수백만 사람들의 삶에 막대한 영향을 미친다는 점만큼은 확실하다.

3 존 메이너드 케인즈의 등장

대공황의 고통은 거시경제학자들을 태동시켰다. 이들은 경제 전체가 각 부분의 총합과는 다른 어떤 것으로 이해함으로써 불황의 비밀을 파악하기 위해 노력했다. 이 새로운 유형의 경제학자들은 공통적으로 경제는 제대로 작동하지 않을 수도, 하지만 고칠 수도 있다는 믿음이었다. 존 메이너드 케인즈^{John Maynard Keynes}는 이러한 새로운 유형의 경제학자들 가운데 가장 유명한 사람이었다. 케인즈는 ≪평화의 경제적 귀결^{The Economic Consequences of the Peace}≫에서 1919년 전쟁의 책임을 묻는 베르사유 조약과 1920년대의 공황기 내내 영국의 경제 정책을 비판하며 명성을 얻었다. 그는 대공황 발생 초기에 경제가 마그네토 문제^{Magneto trouble}를 겪고 있다는 유명한 주장을 했다. 마그네토란 예전에 자동차 엔진을 점화할 때 쓰던 자석 발전기를 말한다. 즉, 지금 상황은 경제의 엔진이 망가진 게 아니라 부품에 이상이 있을 뿐이란 것을 의미한다. 이는 기술적 결함 때문에 전체 기계가 멈춰버렸지만, 올바른 도구와 이해만 있으면 고칠 수 있다는 주장이다. 거시경제학의 쓰임을 엿볼 수 있는 대목이다.

「거시경제편」에서 계속해서 살펴보겠지만, 거시경제가 추구하는 정책 목표는 경제성장과 단기적인 경기변동 그리고 낮은 실업률과 낮은 물가상승률, 지속적인 무역수지 균형이다. 그리고 이를 분석하기 위해 총수요–총공급이라는 모델이 필요하다. 이는 거시경제 정책을 체계적으로 분석하고 성장, 실업, 인플레이션, 무역수지 간의 트레이드오프 관계를 파악하는 데 유용하다. 한편, 거시경제학에서는 경제를 고치기 위한 두 가지 정책 수단이 존재한다. 바로 재정정책[Fiscal policy]과 통화정책[Monetary policy]이다. 간단히 소개하면, 재정정책은 정부의 예산과 지출을 고려한 정부의 조세정책과 지출 정책을 의미한다. 그리고 통화정책은 이자율, 신용, 경제 전체의 대출 규모에 영향을 미치는 중앙은행의 정책을 의미한다.

04 거시경제의 순환

1 거시경제의 기본순환

거시경제를 공부하는 첫 걸음은 경제 전체가 작동하는 방식을 이해하는 일이다. 이를 한 눈에 보여주는 것이 경제순환도이다. 경제순환도는 생산요소를 중심으로 논의를 시작할 수 있다. 생산요소[Factors of production]란 생산과정에 투입되는 것으로, 주로 자본[Capital]과 노동[Labor]이 대표적이다. 특히, 자본은 주로 토지, 공장, 기계와 같은 물적자본으로 단순화하여 살펴본다. 물적자본과 노동은 모두 가계에 의해 소유되고 있다. 물적자본이 가계에 의해 소유되고 있다는 설명이 어색할 수 있지만, 기업은 주주들에 의해 소유되어 있고, 대부분의 주주는 가계이기 때문에 경제에서 대부분의 물적자본이 가계에 의해 직접 혹은 간접 소유되고 있다고 볼 수 있다.

▼ 거시경제의 기본순환

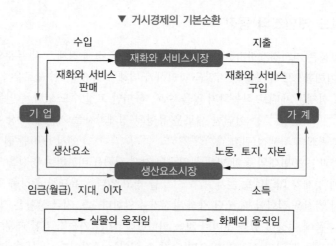

② 거시경제의 주요 주체

거시경제의 기본순환을 구성하는 경제주체는 가계와 기업이다. 거시경제의 단순 순환 모형에서는 나타나지 않지만, 정부와 해외부문 역시 중요한 거시경제의 경제주체이다.

① 가 계

㉠ 소비와 생산요소 공급 주체

가계는 소비지출의 주체이다. 소비지출$^{\text{Consumer spending}}$이란 재화와 서비스시장에서 국내기업과 외국기업이 생산한 재화와 서비스를 구입하는 행위를 의미한다. 또한 가계는 생산에 필요한 생산요소(노동, 토지, 자본)를 기업에게 제공한다. 그리고 생산요소의 수요자인 기업으로부터 대가로 임금 혹은 이자, 임대료를 받는다. 가계가 기업으로부터 받은 대가는 가계의 소득이 되고, 이는 소비의 원천으로 기능한다.

㉡ 저축의 주체

가계가 소비의 주체이지만, 벌어들인 소득 전부를 소비하지는 않는다. 저축^{Saving}이란 미래의 소비를 위해 소득의 일부를 사용하지 않고 남겨두는 것을 의미한다. 가계는 민간부문의 경제주체이므로, 민간저축$^{\text{Private saving}}$이라는 표현을 사용하기도 한다. 가계가 형성한 저축은 금융시장에서 자금 공급의 역할을 한다. 즉, 남긴 돈은 돈이 필요한 누군가에게 대출해주는 자금의 원천이 되는 것이다.

> **🔍 가처분소득과 저축**
>
> 가처분소득$^{\text{Disposable income}}$이란 전체 소득 중에서 조세를 제외한 소득으로 소비와 저축을 할 수 있는 소득을 의미한다. 그리고 소득은 생산요소 제공의 대가로부터 얻는 것과 정부로부터 받는 보조금이 합쳐진 금액이다. 이러한 보조금을 이전지출^{Transfer}이라고 한다. 따라서 가처분소득은 다음과 같이 정의된다.
>
> $$\text{가처분소득} = \text{소득} + \text{이전지출} - \text{조세} = \text{소비지출} + \text{민간저축}$$

② 기 업

　㉠ 생산의 주체

　　경제 전체에서 기업은 생산의 주체이다. 가계가 제공한 생산요소를 활용해 재화와 서비스를 생산하여 공급하는 주체이다. 한편, 생산을 통해 얻은 수입을 생산요소 제공자들에게 분배하는 역할도 수행한다. 수입의 일부를 노동과 자본, 토지를 제공한 가계에게 임금과 이자, 임대료의 형식으로 제공한다. 그리고 남은 수입은 자신의 이윤을 분배한다.

　㉡ 투자의 주체

　　기업은 가계로부터 생산요소를 제공받아 생산하는 주체이지만, 가계와 같이 재화와 서비스를 구입하기도 한다. 기계설비의 구축, 포장 로봇 등의 장비가 필요한데, 이를 생산하는 다른 기업으로부터 구입해야 한다. 한편, 재고 역시 투자에 해당한다. 재고란 생산했지만 판매하지 못하고 남은 생산량을 의미한다. 이는 현재 수요를 상회하는 공급으로, 이후의 수요에 대비하기 위해 투자한 것으로 간주한다. 이처럼 실물자본을 증가시키기 위한 재화와 서비스의 구매행위를 투자지출$^{\text{Investment spending}}$이라고 한다.

 재고가 투자인 이유

재고가 투자로 간주되는 이유는 미래의 기업매출 증가에 기여하기 때문이다. 경제학에서 재고란 기업이 팔지 못해 쌓여 있는 물건이 아니라 미래의 기업매출 증가에 기여하는 요인이다. 투자로 쉽게 분류되는 기업의 기계장비 구매가 미래의 기업매출 증가에 기여하듯이 재고 역시 동일한 이유에서 투자로 분류된다.

---

③ 정 부

　정부의 수입은 가계와 기업이 납부하는 세금으로 구성된다. 가계와 기업은 수입의 일부를 세금의 형태로 정부에 납부한다. 그리고 이렇게 걷어진 세금의 일부는 다시 이전지출의 형태로 가계에 되돌려준다. 대부분의 조세수입은 정부를 운영하는 데 필요한 재화와 서비스 구입에 사용된다.

④ 해외부문

　해외부문은 수출과 수입을 담당한다. 수출^{Export}은 국내 기업이 생산하는 재화와 서비스를 다른 국가에 판매하는 것을 의미하며, 수입^{Import}은 해외에서 생산된 재화와 서비스를 우리 국민이 소비하는 것을 의미한다.

해외부문으로의 자금 이동

수출을 할 경우 해외로부터 국내로 수출대금이 유입되고, 수입이 있을 경우 국내로부터 해외로 수입대금이 유출된다. 한편, 해외로의 자금 이동에 반드시 재화와 서비스 거래가 필요한 것은 아니다. 해외기업이 주식을 취득하거나 외국인에게 자금을 빌려주는 경우 재화와 서비스의 거래 없이 자금 이동이 가능하다.

---

③ 거시경제 기본순환의 시사점

① 유출되는 화폐의 합 = 유입되는 화폐의 합

기본순환도의 각각의 단계에서 유출되고 유입되는 화폐양의 합은 일치해야 한다. 즉, 가계가 재화와 서비스 시장에 지출하는 소비지출과 정부에 납부하는 조세 그리고 금융기관에 유입되는 저축의 합은 가계로 들어오는 생산요소의 대가(임금, 이자, 이윤)와 정부로부터의 이전지출의 합과 일치해야 한다는 의미이다.

② 총생산 = 총소득

생산이 있는 곳에 소득이 있다. 생산에 기여하면 생산물의 가치만큼 소득이 창출되기 때문이다 (총생산 = 총소득). 그리고 이렇게 얻은 소득은 다시 재화와 서비스 구입에 지출되어 새로운 생산의 원천이 된다.

③ 저축 = 투자

저축은 총생산량 가운데 소비되지 않은 나머지이다. 한편 총생산은 곧 총소득이기 때문에 총소득 가운데 소비되지 않은 것과 같은 의미이다. 즉 거시경제 순환도에서 저축과 투자는 일치한다.

④ 종 합

거시경제의 기본순환도는 경제 전체적으로 재화와 서비스의 생산이 발생해야 그 생산물의 가치에 상응하는 소득이 창출되고, 그 소득이 다시 재화와 서비스에 대한 지출로 연결 되어 새로운 생산이 계속될 수 있음을 알 수 있다. 생산을 통한 소득의 발생이 가계 지출의 재원이 되고 이는 기업 생산의 원동력이 되는 것이다. 이러한 순환관계에서 생산과 소득은 같을 수밖에 없다. 다시 말해, 기업이 생산한 재화와 서비스의 가치는 가계가 생산물시장에서 지출한 금액과 같고, 이는 생산요소시장에서 기업이 가계에 지불하는 요소소득의 총액과 같다.

PART 02

01 다음 자료에 대한 옳은 분석을 〈보기〉에서 고른 것은?

> (가) 갑은 가족들의 저녁 식사를 준비하기 위해 ⓐ 정육점에서 돼지고기를 구입하였다.
> (나) 정부는 경기 침체에서 벗어나기 위해 ⓑ 법인세율을 대폭 인하하는 정책을 실시하였다.

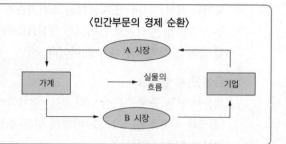

〈민간부문의 경제 순환〉

| 보 기 |

㉠ ⓐ는 A시장에서 수요자에 해당한다.
㉡ ⓑ는 B시장에서 수요 증가 요인이다.
㉢ (가)에서 갑은 효용의 극대화를 추구하는 경제 주체이다.
㉣ (나)에서 정부는 소득 재분배의 기능을 수행하였다.

① ㉠, ㉡   ② ㉠, ㉢   ③ ㉡, ㉢   ④ ㉡, ㉣   ⑤ ㉢, ㉣

02 다음 자료는 시장경제체제에서의 정부 유형을 비유적으로 나타낸 것이다. 이에 대한 학생의 진술 중 가장 적절한 것은?

> 자녀 양육에서 나타나는 부모의 유형은 크게 두 가지이다. 첫 번째는 ㉠ 자유방임형 부모이다. 이 유형의 부모는 자녀의 일에 나서서 간섭하거나 참견하지 않아도 자녀는 스스로 잘 성장한다고 믿는다. 부모로서 최소한의 돌봄 기능만 수행하되 다른 부분은 자녀의 자율에 맡긴다. 두 번째는 ㉡ 우두머리형 부모이다. 이 유형의 부모는 기본적으로 자녀의 자율성을 인정해 주되 부족한 부분에 대해서는 적극적으로 개선시키고자 노력하고 자녀가 나아가야 할 올바른 방향을 제시한다.

① 대공황은 ㉠과 같은 유형의 정부가 옳았음을 입증하는 계기였다.
② ㉠과 같은 유형의 정부는 '보이지 않는 손'에 대한 믿음이 확고했다.
③ ㉡과 같은 유형의 정부는 작은 정부에 해당한다.
④ 1970년대의 석유 파동 이후 ㉡과 같은 유형의 정부가 등장했다.
⑤ ㉠, ㉡ 모두 시장 실패에 적극적으로 대처하는 정부 유형에 해당한다.

FEED BACK

✓ 왜 틀렸을까?	01 ☐ 개념 이해 부족	☐ 문제 이해 부족	☐ 기타( )
	02 ☐ 개념 이해 부족	☐ 문제 이해 부족	☐ 기타( )
✓ 개념 다시 짚어보기			

중요도	★★★★☆
정답	③

문제 01   거시경제의 기본순환 – 생산물 및 생산요소시장

개념 해설

ⓒ 법인세율을 대폭 인하할 경우 기업은 투자 여력이 높아진다. 이는 생산요소의 수요 증가 여력이 된다.

ⓒ (가)에서 저녁식사를 위해 돼지고기를 구입하는 것은 가계의 소비행위이다. 가계는 자신의 효용을 극대화하기 위해 소비를 한다.

오답 정복하기

㉠ B시장은 생산요소시장이다. 그리고 ⓐ는 생산요소시장에서 공급자에 해당한다.

㉣ 법인세율을 대폭 인하하는 정책은 경기 안정화 정책과 관련 있다. 경기가 침체된 상황에서 법인세율 인하는 경기 확장과 연관되어 있기 때문에 경기 침체를 벗어날 수 있는 정책이다. 소득 재분배 기능은 누진소득세나 개별소비세 적용, 공공근로사업을 통한 고용창출, 최저임금제 인상 등과 관련되어 있다.

> **🧪 문제 분석**
>
> A시장은 생산물시장, B시장은 생산요소시장을 의미한다. 기업은 생산하여 생산물시장에 공급하고, 가계는 생산물시장에서 소비한다. 또한 가계는 생산요소시장에 생산요소를 공급하고, 기업은 생산요소시장에서 이를 수요한다.

중요도	★★★☆☆
정답	②

문제 02   거시경제학 기초 – 작은 정부와 큰 정부

개념 해설

② 문제에서의 '자유방임형 부모'란 시장의 자유로운 자원배분 기능을 의미한다. 경제학의 태동은 미시경제학이었다. 아담 스미스는 시장의 가격기구를 통한 효율적인 자원배분을 강조했다. 정부는 그저 시장을 유지하는 정도의 역할이면 충분했다. 아담 스미스는 그의 책《국부론》에서 이를 '보이지 않는 손'이라고 표현했다.

오답 정복하기

① 대공황은 미시경제학의 논리가 더 이상이 작동하지 않음을 입증하는 사례였다. 즉, 더 이상 시장의 힘에 의한 균형이 달성되지 않았던 것이다. 따라서 대공황은 자유방임형 부모가 아닌 우두머리형 부모가 필요했음을 의미한다.

③ 우두머리형 정부는 모든 것을 정부가 관장하는 큰 정부를 의미한다. 참견하지 않고 바라보는 역할이 아니라 필요한 부분에서 적극적인 개선을 위해 노력하는 역할을 의미한다.

④ 1930년대 대공황 이후 강하고 큰 정부가 강조되었다.

⑤ '큰 정부'는 시장실패에 적극적으로 대처하는 정부유형이다. 시장의 힘이 균형을 달성할 때까지 기다리지 않고 적극적으로 해결하는 역할의 정부를 의미한다.

03 다음 표는 어느 국가의 주요 경제 지표의 일부이다. 이에 대한 분석으로 옳은 것은?

구 분	2015년	2016년	2017년	2018년
경제성장률	5	3	2	−3
물가상승률	4	3	1	−1
실업률	4	5	4	5

① 2017년의 경제 규모가 가장 크다.

② 물가 수준은 지속적으로 하락하고 있다.

③ 1인당 국민 소득은 2015년이 가장 크다.

④ 2018년의 물가 수준은 2017년과 동일하다.

⑤ 2016년과 2018년의 실업자 수는 동일하다.

04 〈보기〉의 상황과 경제 활동의 종류가 순서대로 옳게 연결된 것은?

> **보 기**
>
> ㉠ 회사원인 철수는 주말마다 산에 가기 위해 홈쇼핑에서 등산용품을 구입하였다.
> ㉡ 은행에서 퇴직한 영희는 퇴직금으로 커피 전문점을 창업하였다.

① 생산–분배

② 분배–소비

③ 소비–분배

④ 분배–생산

⑤ 소비–생산

FEED BACK

✔ 왜 틀렸을까?	03 ☐ 개념 이해 부족 ☐ 문제 이해 부족 ☐ 기타( )
	04 ☐ 개념 이해 부족 ☐ 문제 이해 부족 ☐ 기타( )
✔ 개념 다시 짚어보기	

문제 03　거시경제학의 주요 지표

중요도	★★★☆☆
정 답	①

개념 해설

① 경제성장률은 전년대비 성장률을 의미한다. 양의 성장률을 기록한 해는 2017년이 마지막이다. 2018년에는 음의 성장률을 기록하고 있으므로, 2018년은 2017년에 비해 실질 GDP가 줄었음을 의미한다. 따라서 가장 경제 규모가 큰 해는 2016년이다.

오답 정복하기

② 2017년까지 물가수준은 지속적으로 상승하고 있다. 계속해서 물가상승률이 상승하다가 2018년에는 감소를 기록했다.

③ 1인당 국민소득을 측정하기 위해서는 인구 자료가 필요하다. 실질 국내총생산을 인구로 나눈 수치가 1인당 국민소득이기 때문이다.

④ 물가상승률은 전년대비 상승률을 의미한다. 2017년에 1%가 상승했다가 2018년에 1% 감소했지만, 기준이 되는 값이 다르다. 따라서 1% 상승했다가 감소했지만, 그 절대치는 다를 수밖에 없다.

⑤ 실업률이 동일하다고 해서 실업자 수가 동일하다는 보장이 없다. 실업률은 경제활동인구 대비 실업자의 수를 의미하기 때문이다. 따라서 같은 실업률을 기록한다고 해서 실업자의 수가 같을 수는 없다.

문제 04　거시경제 주체

중요도	★★★☆☆
정 답	⑤

개념 해설

㉠ 가계^{Household}는 경제생활의 단위로서 일반적인 가정과 가족을 의미한다. 가계는 가족구성원들의 인적, 물적 자원을 생산과정에 제공하고 그 대가로 소득을 받으며, 이를 저축과 소비활동에 사용한다.

㉡ 기업^{Firm}은 경제학에서 자본을 조달하고, 생산요소를 결합하여 새로운 부가가치를 갖는 재화와 용역을 생산하는 역할을 담당하는 주체이다.

오답 정복하기

분배는 생산요소시장에서 이뤄진다. 생산요소시장$^{Factor\ market}$은 생산요소가 거래되는 시장으로서, 기업은 생산요소시장에서 생산요소의 소비자로, 가계는 생산요소시장에서 공급자로 행동한다. 생산요소시장에서는 생산요소 활용의 대가가 지급되므로 경제 내의 소득이 분배되는 공간으로서의 기능을 한다.

02

총경제활동의 측정

▶ "더 성장하려는 목표가 무엇에 대한 것인지, 그리고 무엇을 위한 것인지 명확히 해야 한다."

— 사이먼 쿠즈네츠^{Simon Smith Kuznets}

01 경제데이터의 수집

1 세금 징수를 위한 경제데이터 수집

역사적으로 정부는 오래 전부터 경제데이터를 수집해왔다. 세금을 얼마나 거둘 수 있는지 예측하기 위해서는 국민의 재산 규모를 파악하는 과정이 필요했기 때문이다. 2000년 전 카이사르 아우구스투스가 실시했던 퀴리니우스의 인구조사^{The Census of Quirinius}는 세금을 거두기 위한 인구조사였고, 1086년의 둠스데이 북^{Domesday Book}은 정복왕 윌리엄 1세가 잉글랜드를 정복하면서 이에 속한 소유물과 조세 징수 대상의 가치 등을 조사한 토지대장이다. 국민소득을 최초로 추정한 사람은 경제학자인 윌리엄 페티^{Sir William Petty}였다. 1660년대에 국가의 재산이나 금·은 보유량과 별개로 영국의 국민소득을 처음으로 추정했다. 그 결과 연간 4,000만 파운드라는 추정치를 얻을 수 있었다.

2 경제문제를 고치기 위한 데이터 수집

① 대공황 시기의 데이터 구축

정부가 경제 체제의 문제를 고치려는 관점에서 경제를 측정하고자 한 것은 대공황이 발생하고, 전쟁 발발의 가능성이 높던 1930년대였다. 당시 대공황 탈출이라는 과제를 안고 당선된 프랭클린 루스벨트 대통령은 경제문제를 해결하기 위해 지금의 위기가 발생한 이유와 구체적으로 무엇을 해야 하는지 파악해야 했다. 복지수당을 지급하거나, 대규모 사회기반 시설 사업을 벌여 실업문제를 해결하고자 하더라도 실업이 어느 정도이고, 얼마나 많은 사람이 혜택을 받는지 등이 불명확했다. 이러한 통계 데이터가 충분하지 않았기 때문에 루스벨트 행정부는 데이터 수집부터 시작했다.

② 쿠즈네츠의 국민소득계정

1971년 노벨 경제학상 수상자인 사이먼 쿠즈네츠^{Simon Smith Kuznets}는 현대 경제 통계분야를 개척한 경제학자이다. 쿠즈네츠는 국민소득 계정^{National income accounts}을 개발했다. 이는 경제 단위에서 발생하는 모든 소득을 합산한 것이다. 즉, 거시경제의 순환을 국민소득의 생산·분배·지출이라는 활동형태에 따라 수지균형의 계정방식으로 표현한 것이다. 다시 말해「생산 = 지출 = 소득」의 항등식이 성립하는 것이다. 특히 국민소득계정 중에서 가장 핵심이 되는 항목은 생산측면이다. 이를 국내총생산이라고 하며, 일반적으로 GDP^{Gross Domestic Product}라고 부른다. 이는 경제 단위 내에서 생산된 모든 생산물의 가치를 합산한 값이다. 국민소득계정을 통해 수백만 경제주체의 총활동을 측정할 수 있다.

국가 경제 전체의 활동을 측정하기 위해서는 수량과 가격을 모두 고려해야 한다. 그리고 한 경제는 생산과 지출, 소득 측면에서 살펴볼 수 있다. 이는 「제01장 거시경제학의 기초」에서 학습한 거시경제의 기본순환이 생산과 지출, 소득이라는 요인을 중심으로 이뤄진다는 점을 살펴보면 이해할 수 있을 것이다. 그리고 「생산 = 지출 = 소득」의 등식은 거시경제의 기본순환을 다른 방식으로 설명하고 있다는 것을 이해할 수 있을 것이다.

① 생 산

한 국가가 얼마만큼의 시장가치를 생산해내는지를 측정하기 위해서는 얼마짜리 상품을 얼마나 생산했는지를 이해해야 한다. 오로지 자동차만을 생산하는 국가가 있다고 가정하자. 자동차 한 대의 가격은 3천만원이며, 한 해 동안 총 500만대를 생산한다. 이 국가의 생산액은 1조 5천억원(= 3천만원 × 500만대)이 된다. 경제학자들은 생산측면에서 경제 전체의 활동을 측정하는 지표를 국내총생산(GDP)이라고 정의한다. 국내총생산은 일정기간 동안 새롭게 생산된 최종재화와 서비스의 시장가치의 합으로 정의된다. 국내총생산은 최종재화에 관심이 있다. 최종생산물을 만들기 위해 투입된 요소들까지 포함할 경우 중복 계산되기 때문에 분리해서 계산하지 않는다. 자동차라는 최종재화를 만들기 위해 들어가는 엔진의 가치는 자동차 가격에 반영되어 있기 때문이다. 국내총생산은 국가 경제활동을 측정하는 대표적인 지표이므로, 별도로 살펴본다. 한편, 국내총생산은 생산 측면의 지표이지 소비자들에 대한 판매 척도는 아니다. 따라서 생산된 것이 소비자들에게 팔리지 않았다 하더라도 GDP에 계산된다. 2019년에 제조한 자동차 500만대 가운데 30만대가 팔리지 않는다면 자동차의 재고가 증가하게 된다. 그리고 이 재고는 GDP의 일부로 계산된다.

② 지 출

한 국가의 경제활동은 지출측면에서도 측정할 수 있다. 이 국가에 살고 있는 가계와 기업은 생산된 모든 자동차를 구입한다. 자동차 구입에 가계와 기업이 지출한 모든 금액을 합하면 총지출은 정확하게 1조 5천억원이 된다. 물론 팔리지 않은 30만대의 재고도 존재한다. 경제학에서 이러한 재고는 기업 자신에 의해 소유되고 기업에 의해 구매된 것으로 분류된다. 따라서 자동차에 대해 가계가 지출한 금액과 기업이 지출한 금액을 합하면 총 1조 5천억원이 된다.

③ 소득

한 국가의 경제활동은 가계와 기업이 벌어들인 것에 초점을 맞출 수도 있다. 해당 국가의 기업은 1조 5천억원의 매출이 발생했다. 자동차 회사는 매출 가운데 일부를 생산에 기여한 사람들에게 제공해야 한다. 약 1조원의 돈이 생산요소 제공의 대가로 지급되었다고 하자. 그렇다면 이윤은 5천억원이 된다. 생산요소 제공자들은 1조원의 소득을 얻게 되었다. 그리고 기업은 5천억원의 이윤, 즉 소득을 얻게 되었다. 따라서 경제 전체적으로 얻은 소득을 살펴보면 1조원과 5천억원의 합인 1조 5천억원이 된다.

④ 생산 = 지출 = 소득

① 생산 = 지출

생산측면, 지출측면, 소득측면에서 살펴보았을 때 모두 1조 5천억원이라는 값이 나오는 것은 우연이 아니다. 생산, 소득, 지출측면의 접근방법은 논리상 언제나 같은 답을 도출해야만 한다. 먼저, 일정기간 중 생산된 상품과 서비스의 시장가치는 이를 구매하기 위해 지출한 금액과 정의상 같아진다. 자동차의 총생산액 1조 5천억원은 사람들이 자동차 구입을 위해 기꺼이 지출하고자 하는 금액이기 때문이다. 생산된 상품과 서비스의 시장가치와 이에 대한 사람들의 지출비용은 언제나 같기 때문에 생산접근방법과 지출접근방법은 경제활동에 대한 동일한 결과를 도출한다.

② 지출 = 소득

지출 = 소득은 판매자가 소비자로부터 받은 금액과 소비자가 지급한 총액은 동일해야 한다는 것을 의미한다. 즉, 판매자의 총수입은 경제활동에 의해 창출된 총소득과 같아야 한다는 것이다. 소비자는 소득이 있어야 지출이 가능하고, 지출의 근원이 되는 소득은 기업에게 생산요소를 제공한 대가로 형성되기 때문이다. 즉, 지출접근방법과 소득접근방법이 같아야 한다는 것이다.

③ 국민소득계정의 기본 항등식

생산과 지출, 지출과 소득이 일치하므로, 생산물의 가치와 소득, 지출은 모두 같아야만 한다. 이처럼 세 가지 접근방법이 모두 등가관계에 있으므로 일정기간 동안 다음의 식이 성립한다. 그리고 이를 국민소득계정의 기본 항등식이라고 한다.

$$생산 \ = \ 지출 \ = \ 소득$$

 항등식

항등식^{Identity}이란 변수에 임의의 값을 대입하여도 항상 성립하는 등식을 의미한다. 즉, 어떤 경우에도 같아질 수밖에 없는 관계를 의미한다.

① 정 의

국내총생산$^{\text{GDP ; Gross Domestic Product}}$은 일정기간 동안 한 국가 내에서 새롭게 생산된 최종생산물의 시장가치의 합으로 정의된다. 일정기간이라는 표현을 통해 국내총생산은 유량^{Flow}임을 알 수 있다. 즉, 국내총생산은 일 년 혹은 반기, 분기 등의 일정기간이 정의되어야 의미를 갖는 개념이다. 보다 중요한 개념은 한 국가 내에서의 시장가치, 새롭게 생산된 상품과 서비스 그리고 최종상품 및 서비스라는 점에 있다.

> **저량과 유량**
>
> 저량^{Stock}변수란 일정시점이 정의되어야 하는 측정지표로서, 자산, 부채, 자본 등이 대표적이다. 한편 유량^{Flow}변수란 일정기간이 정의되어야 하는 지표로서, 소득, 수요량(공급량), 국내총생산, 국제수지 등이 대표적이다.

① 한 국가 내에서

국내총생산(GDP)은 한 국가 내에서 생산된 최종재화와 서비스의 시장가치만을 측정 대상으로 삼는다. 해외에서 생산된 재화와 서비스는 국내총생산의 측정 대상이 아니라는 것이다. 삼성전자의 연간 휴대폰 생산능력은 5억 3,400만대 가량으로 추정된다. 이 가운데 베트남에서 2억 4,000만대, 인도에서 1억 2,000만대가 생산된다. 이는 한국 기업인 삼성전자의 생산이 한국의 GDP가 아닌 베트남 그리고 인도의 GDP 상승에 기여한다는 것을 의미한다.

② 시장가치

국내총생산(GDP)은 최종재화와 서비스의 시장가치를 측정한다. 즉, 시장에서 판매되는 가격을 측정 대상으로 삼는다는 의미다. 이로 인해 서로 다른 종류의 상품과 서비스 생산물을 합산하기가 쉬워졌다. 시장가치라는 기준이 없을 때는 자동차 10대와 유모차 30대는 합산이 되지 않는다. 서로 다른 대상물이기 때문이다. 만약 대수를 기준으로 40대의 생산이 이뤄지고 있다는 수치를 발표한다면 국내총생산 지표는 유용하지 않을 것이다. 자동차와 유모차의 경제적 가치가 다르기 때문이다. 하지만 시장가치라는 공통의 기준을 사용하면 의미가 있다. 즉, 차의 생산액은 3억(= 3천만원 × 10대), 유모차의 생산액은 3천만원(= 1백만원 × 30대)으로 각기 다른 종류의 상품과 서비스이지만, 경제적 가치의 상대적 중요성을 제대로 반영할 수 있다.

③ 새로 생산된 상품과 서비스

국내총생산(GDP)은 일정기간 내에 새롭게 생산된 상품과 서비스만을 측정 대상으로 한다. 일정기간 이전에 생산된 상품의 매매는 제외된다는 의미다. 신축 주택은 국내총생산에 포함되는 반면 중고 주택은 제외된다. 중고 주택은 신축 당시의 GDP에 포함되었다. 한편, 중고 주택을 올해 부동산에서 중개해주고 부동산 중개 수수료를 받았다면, 해당 중개 서비스는 올해 새롭게 생산된 서비스이므로 올해의 국내총생산에 포함된다.

④ 최종상품 및 서비스

새롭게 생산된 상품과 서비스를 보다 구체적으로 구분하면, 중간재화(서비스)와 최종재화(서비스)로 분류된다. 중간재화(서비스)는 다른 상품이나 서비스를 생산하는 데 사용되는 성격의 재화 및 서비스를 의미한다. 빵을 만드는 데 밀가루가 사용되었다면 밀가루는 중간재, 빵은 최종재이다. 그리고 밀가루를 제빵 회사에 전달해 준 운송서비스는 중간서비스에 해당한다. 최종재화(서비스)는 생산과정에서 가장 마지막에 남는 결과물이다. 우리 동네 빵집에 진열된 빵들은 최종상품이며, 빵을 들고 집에 돌아갈 때 탄 버스는 최종서비스에 해당한다. 국내총생산(GDP)에는 최종상품과 최종서비스만이 측정 대상이 된다. 경제활동의 목적은 최종상품과 서비스를 생산하는 것이기 때문이다.

중간재와 최종생산물의 구분

자본재$^{\text{Capital goods}}$는 최종생산물에 해당한다. 공장이나 사무용 건물은 다른 생산을 위한 과정에 사용되지만 다른 중간재와 달리 그것이 생산된 해에 모두 소비되지 않는다. 따라서 자본재는 그 자체로 생산물로 간주하여 국내총생산에 포함한다. 자본재로 인한 생산능력의 향상도 경제활동의 일부라고 생각하기 때문이다. 자본재는 토지와 같은 천연자원이 포함되지는 않으며 공장, 사무용건물, 장비, 소프트웨어 등이 포함된다.

한편, 재고투자$^{\text{Inventory investment}}$도 최종재로 간주한다. 재고^{Inventory}란 팔리지 않은 최종상품을 의미한다. 한편, 재고투자는 그 재고가 연간 증가한 만큼의 금액을 의미한다. 연초에 창고에 쌓여 있던 밀가루가 100만원어치였는데, 연말에 밀가루 110만원어치를 보관하고 있다면 재고투자액은 10만원이 된다. 이러한 재고의 증가는 최종상품의 하나로 간주하여 GDP에 포함된다. 재고보유의 증가는 팔지 못한 상품의 증가라기보다 미래의 생산능력이 커졌다는 것을 의미하기 때문이다.

② 국내총생산 삼면등가의 원칙

국민소득계정의 기본 항등식으로부터 국가 경제활동의 측정이 생산, 지출, 소득측면에서 동일한 결과를 도출한다는 것을 확인할 수 있었다. 국가 경제활동을 측정하는 대표적인 지표인 국내총생산 역시 생산과 지출, 소득측면에서 접근하여 측정할 수 있다. 그리고 모두 동일한 값을 도출한다. 앞서 살펴본 GDP의 정의는 GDP를 생산측면에서 측정한 것이다. GDP 역시 생산뿐만 아니라 지출과 소득측면에서 살펴볼 수 있다.

① 지출측면에서의 GDP 측정

지출측면에서의 GDP 측정은 GDP를 일정기간 동안 한 나라 내에서 새롭게 생산된 최종재화와 서비스에 대한 총지출을 측정하는 방법이다. 총지출을 측정하기 위해서는 경제 전체에서 지출을 담당하는 경제주체들의 지출을 합산하는 방식을 활용한다. 지출을 담당하는 경제주체는 가계와 기업, 정부 그리고 해외부문이다. 즉, 가계의 소비지출, 기업의 투자지출, 정부의 정부지출 그리고 해외부문의 순수출(수출 – 수입)을 합산하여 도출한다. 그리고 이렇게 합산한 결과는 총생산측면에서의 GDP와 일치한다. 이를 소득지출 항등식$^{\text{Income-expenditure identity}}$이라고 한다.

$$Y(= \text{총생산}) = C + I + G + NX$$
$$(C : \text{소비}, \ I : \text{투자}, \ G : \text{정부지출}, \ NX : \text{순수출})$$

㉠ 소 비

소비^{Consumption}는 우리나라의 각 가정에서 최종재화와 서비스 구입에 지출한 금액을 의미한다. 여기에는 국산품과 수입품 모두가 포함된다. 소비는 총지출에서 가장 큰 비중을 차지하는 항목이다.

㉡ 투 자

투자^{Investment}는 기업이 담당하는 지출이다. 투자는 신규 자본재에 대한 지출(고정투자$^{\text{Fixed investment}}$)과 기업의 재고보유증가(재고투자$^{\text{Inventory investment}}$)가 포함된다. 기업의 재고는 기업의 미래 생산능력 증가와 밀접한 연관이 있고, 재고를 기업이 자신의 상품을 구입한 것으로 간주할 수 있기 때문에 투자지출의 하나로 포함된다.

㉢ 정부지출

정부지출$^{\text{Government purchase}}$은 정부에 의한 상품 및 서비스 구입을 의미한다. 정부 역시 가계와 기업처럼 지출을 한다. 공무원의 월급을 포함하여 즉각적인 필요를 충족하기 위해 지출되기도 하고, 공무원들이 일할 공간을 위한 사무용 건물 구입 등과 같은 자본재 획득을 위한 지출도 이뤄진다. 정부지출에는 가계와 기업의 지출이 포함되어 있으며, 정부부문에 의한 지출과 자본재 구입은 모두 정부지출(G)에 포함된다. 한편, 정부지출에는 사회보장기금, 의료보장, 실업보험금 등의 이전지출^{Transfers}은 포함되지 않는다. 이는 경제적 거래가 아니라 정부가 일방적으로 지급하는 것이기 때문이다. 같은 논리로 정부가 가진 채무로 인해 지급해야 하는 이자도 정부지출에 포함되지 않는다.

ⓔ 순수출

순수출은 수출에서 수입을 뺀 금액이다. 수출은 총지출에 포함되는 반면 수입은 포함되지 않는다는 것이다. 수출은 자국에서 생산된 상품을 해외에서 구입한 금액이며, 수입은 그 반대이다. 수출이 총지출에 포함되는 이유는 국내총생산의 정의와 연관된다. 즉, 국내에서 생산된 재화와 서비스를 해외부문이 구입하는 것이므로, 총지출에 포함된다. 수입이 제외되는 이유는 이미 수입된 상품과 서비스는 지출, 투자, 정부지출에서 측정하고 있기 때문이다. 또한 수입은 그 정의상 우리나라가 아닌 해외에서 생산된 품목이다. 따라서 국내총생산의 정의와도 부합하지 않기 때문에 측정에서 제외한다.

② 소득측면에서의 GDP 측정

소득측면에서의 GDP 측정은 생산에 참여한 사람들이 그 대가로 받는 소득과 이윤 그리고 정부에 납부한 세금을 합산해 GDP를 측정하는 방법이다. 소득접근방법에서의 핵심은 국민소득National income의 개념을 이해하는 것이다. 국민소득은 피용자보수, 자영업자 소득, 개인 임대 소득, 기업이윤, 순이자소득, 생산 및 수입 관련 세금, 기업의 경상이전지출, 공기업의 이윤이 포함된다.

㉠ 피용자보수

피용자보수Compensation of employees는 근로소득자의 소득을 의미한다. 임금, 고용주가 납부하는 직원의 공적 보험(4대 보험) 부담금 등이 포함된다. 자영업자의 소득은 포함되지 않으며, 국민소득 가운데 피용자보수가 차지하는 비중이 가장 크다.

㉡ 자영업자 소득과 개인 임대 소득

자영업자 소득Proprietors' income은 누군가에게 고용되지 않고 자신의 사업체를 운영하며 스스로를 고용하는 자영업자의 소득을 의미한다. 한편, 개인 임대 소득Retail income of persons은 토지나 건축물을 다른 사람에게 빌려주고 받는 소득이나, 작곡가나 작가의 로열티 수입들이 포함된다.

㉢ 기업이윤

기업이윤Corporate profits은 기업이 생산활동에 참여한 생산요소제공자들에게 임금, 이자, 임대료, 기타비용을 지급하고 남은 잔여부분으로서, 기업의 순수입으로 벌어들이는 금액을 의미한다. 이 금액에서 법인세 및 배당금이 지급되고, 법인세 및 배당금까지 지급하고 남은 금액은 이익 잉여금이라고 한다. 기업의 이익 잉여금은 기업 내부에 보관된다.

㉣ 순이자소득

순이자소득Net interest은 개인이 기업이나 해외로부터 받은 이자수입에서 개인이 지급한 이자를 뺀 금액이다. 우리나라의 경우 외환위기 이후 국민소득에서 가계소득이 차지하는 비중이 감소(2000년 72.0% → 2015년 66.7%)하고 있는데, 이는 자영업자 소득과 순이자소득의 감소가 주원인이라는 분석이 존재한다. 2017년 발간된 한국경제연구원의 「최근 우리나라 기업 및 가계소득 현황 및 시사점」 보고서에 따르면 2000년부터 2015년 기간 중 순이자소득은 3.9%p, 영업잉여 소득은 9.4%p 하락했다.

ⓜ 생산 및 수입에 대한 부과금 및 기업 경상이전지출

생산 및 수입에 대한 부과금^{Taxes on production and imports}은 기업이 정부에 부과하는 간접세(판매세, 소비세 등)를 비롯해 수입품에 부과되는 관세, 재산세 등이 포함된다. 한편, 기업의 경상이전지출^{Business current transfer payments}은 기업이 개인이나 정부 또는 외국인에게 지급한 금액 가운데 급여와 세금, 대가성 금액을 제외한 것을 의미한다. 기업이 납부한 불우이웃성금, 보험금지급, 벌금 등이 포함된다.

ⓗ 정부기업의 경상잉여

정부기업의 경상잉여^{Current surplus of government enterprises}란 정부소유 기업들의 이윤을 의미한다. 정부기업의 경상잉여는 기업의 손실이 발생하면 적자를 기록하기도 한다.

01 국내총생산에 대한 설명으로 옳지 않은 것은?

① GDP는 한 국가 내에서 모든 경제주체가 일정기간 동안에 창출한 부가가치의 합이다.

② GDP는 한 국가 내에서 일정기간 동안에 생산된 모든 생산물의 시장가치이다.

③ 기준연도 이후 물가가 상승하는 기간에는 명목 GDP가 실질 GDP보다 크다.

④ 기준연도의 실질 GDP와 명목 GDP는 항상 같다.

⑤ 국내총생산은 생산자의 국적과 관계가 없다.

02 다음 중 국내총생산이 증가되는 경우를 모두 고르면?

> ㉠ 국내 A사 자동차의 재고 증가
> ㉡ 중고자동차 거래량 증가
> ㉢ 은행들의 주가 상승
> ㉣ 주택 임대료 상승
> ㉤ 맞벌이 부부 자녀의 놀이방 위탁 증가

① ㉠, ㉡, ㉢ 　　　　　　② ㉠, ㉢, ㉣

③ ㉠, ㉣, ㉤ 　　　　　　④ ㉡, ㉢, ㉣

⑤ ㉢, ㉣, ㉤

FEED BACK

✓ **왜 틀렸을까?**

01 ☐ 개념 이해 부족　☐ 문제 이해 부족　☐ 기타(　　　　)
02 ☐ 개념 이해 부족　☐ 문제 이해 부족　☐ 기타(　　　　)

✓ **개념 다시 짚어보기**

206　PART 2 거시경제·국제경제

문제 01 국내총생산의 정의

중요도	★★★☆☆
정답	②

개념 해설

② 국내총생산은 일정기간 동안 한 국가 내에서 새롭게 생산된 모든 최종생산물의 시장가치의 합이다. 따라서 '모든 생산물'이라는 GDP의 정의는 옳지 않다. 국내총생산의 정의에 중간재는 포함되지 않는다.

오답 정복하기

① 국내총생산 삼면 등가의 원칙에 따라 생산 및 소득, 분배측면은 모두 동일하다. 일정기간 동안 창출한 부가가치와 일치하는 이유이다.

③ 국내총생산은 「물가(P) × 생산량(Q)」으로 정의된다. 실질 GDP는 물가 변수로 기준연도를 사용하고, 명목 GDP는 해당연도를 사용한다. 따라서 기준연도 이후 물가가 상승했다면, 명목 GDP가 실질 GDP보다 크게 된다.

④ 기준연도에는 해당연도와 기준연도가 일치하기 때문에 명목 GDP와 실질 GDP가 일치한다.

⑤ 국내총생산은 국적과 무관하다. 국적과 무관하게 한 국가 내에서 생산된 최종 재화와 서비스의 시장가치의 합으로 정의된다.

문제 02 국내총생산 측정 대상

중요도	★★★☆☆
정답	③

PART 02

개념 해설

㉠ 국내 A사 자동차의 재고 증가는 당해연도 GDP의 투자 항목으로 집계된다. 재고는 GDP의 구성요소 가운데 투자에 해당하기 때문이다.

㉣ 주택 임대료는 당해연도에 국내총생산에 귀속된다. 따라서 주택 임대료의 상승은 국내총생산의 증가 요인이다.

㉢ 맞벌이 부부 자녀의 놀이방 위탁은 놀이방 서비스라는 최종 서비스의 생산을 의미하므로 국내총생산은 증가한다.

오답 정복하기

㉡ 중고자동차는 새롭게 생산된 재화가 아니므로, 그 해의 국내총생산에 포함되지 않는다. 이미 새롭게 생산된 해의 국내총생산에 계산되었기 때문이다.

㉢ 주식은 국내총생산의 집계 대상이 아니다. 새롭게 생산된 최종 재화 및 서비스가 아니기 때문이다.

03 GDP에 대한 다음 설명 중 옳은 것을 모두 고르면?

> ㉠ 2017년에 생산되어 재고로 보유되다가 2018년에 판매된 재화의 가치는 2018년 GDP에 포함된다.
> ㉡ 부동산 중개업자가 2017년에 지어진 아파트의 2018년 매매 중개로 받은 수수료는 2018년 GDP에 포함된다.
> ㉢ 2017년 들어 학교 교육에 실망한 부모들이 직장을 그만두고 집에서 자식을 가르치면 2017년 GDP는 감소한다.
> ㉣ 홍수 피해를 복구하는데 들어간 비용은 GDP에 포함된다.
> ㉤ 한국의 자동차 회사가 2017년에 미국에서 생산하여 한국에서 판매한 자동차의 가치는 한국의 2017년 GDP에 포함된다.

① ㉠, ㉡   ② ㉠, ㉣
③ ㉡, ㉢   ④ ㉠, ㉢, ㉣
⑤ ㉡, ㉢, ㉣

04 A와 B는 갑국과 을국의 GDP를 다른 방식으로 나타낸 것이다. 이에 대한 설명으로 옳은 것은?

[A] 갑국 GDP
소비 + 투자 + 정부지출 + ㉠

[B] 을국 GDP
임금 + 이자 + 지대 + ㉡

① ㉠의 증가는 갑국의 수출 증가를 의미한다.
② ㉡은 정신적 노동을 제공한 대가이다.
③ A는 분배국민소득, B는 지출국민소득이다.
④ 갑국의 수입이 증가하더라도 A의 크기는 변동이 없다.
⑤ 갑국 국민이 을국에서의 생산활동에 참여하고 받은 임금은 B에 포함되지 않는다.

FEED BACK

✓ 왜 틀렸을까?	03 ☐ 개념 이해 부족 ☐ 문제 이해 부족 ☐ 기타( )
	04 ☐ 개념 이해 부족 ☐ 문제 이해 부족 ☐ 기타( )
✓ 개념 다시 짚어보기	

중요도	★★★★☆
정답	⑤

문제 03   국내총생산 측정 대상

개념 해설

ⓒ 2017년에 지어진·아파트의 시장가치는 2017년의 국내총생산에 집계되고 2018년의 국내총생산 측정 대상은 아니다. 다만, 해당 아파트를 2018년에 중개한 대가는 2018년에 새롭게 생산된 최종 서비스이므로 서비스 수수료인 중개 수수료는 2018년의 국내총생산에 포함된다.

ⓒ 집에서 교육이 이뤄진다는 것은 시장에서 이뤄지던 서비스 수요가 사라진 셈이므로 GDP는 감소하게 된다.

ⓔ 홍수 피해 복구에 들어가는 비용은 정부가 지출하고, 이는 정부의 생산활동으로 간주되므로, GDP에 포함된다.

오답정복하기

① 2017년에 생산되어 재고로 보유되다가 2018년에 판매된 재화의 가치는 2017년에 재고투자로 집계되었으므로 2018년 GDP와는 무관하다.

ⓜ 국내총생산은 한 국가 내에서의 생산을 측정한다. 따라서 한국 자동차 회사가 미국에서 생산했다면 이는 미국의 국내총생산으로 측정된다.

중요도	★★★★☆
정답	④

문제 04   삼면등가의 원칙

개념 해설

④ 국내총생산의 구성요소는 소비와 투자, 정부지출 그리고 순수출이다. 순수출이란 수출에서 수입을 제외한 값을 의미한다. 수입은 해외에서 생산된 품목이기 때문에 국내총생산과 무관하다. 따라서 수입이 증가하더라도 갑국 GDP의 크기와는 무관하다.

오답정복하기

① ⑦은 순수출이다. 즉, '수출 – 수입'이므로 순수출의 증가는 수출의 증가일수도, 수입의 감소일수도 있다.

② 국내총생산은 부가가치의 합으로도 정의할 수 있다. 임금, 이자, 지대는 대표적인 부가가치 항목이며, 마지막 ⓛ은 이윤이다. 이윤은 기업주 자신에게 분배하는 소득이라 할 수 있다. 이윤은 모든 생산요소의 활용 대가를 지급하고 남은 부분이다. 정신적 노동 제공의 대가는 임금이다.

③ A는 지출항목별로 국내총생산을 계산한 지출국민소득이며, B는 생산요소 제공자들에 대한 대가로 계산한 분배국민소득이다.

⑤ 국내총생산은 한 국가 내에서 이뤄진 경제활동을 측정한다. 따라서 갑국 국민이라 하더라도 을국에서 생산활동에 참여하고 받은 임금이라면 을국의 GDP에 포함된다.

GDP의 종류와 한계

▸ "GDP로 정의되는 국민소득의 측정치로는 한 국가의 복지를 추정하기란 거의 불가능하다."

– 사이먼 쿠즈네츠[Simon Smith Kuznets]

01 GDP의 종류

① 명목 GDP와 실질 GDP

① 명목 GDP와 그 한계

국내총생산은 시장가치를 기준으로 합산하여 도출되기 때문에 각 상품 및 서비스의 생산량에 가격을 곱하여 산출된다. 이때 그 당시의 시장가격으로 측정하는 경우를 명목 GDP[norminal GDP]라고 한다. 명목 GDP의 문제는 다른 두 시점을 비교·평가하는 경우에 발생한다. 시간에 따라 재화와 서비스의 시장가치는 변하기 때문이다. 2017년에 출고된 갤럭시S8의 공급가는 93만 5천원이었지만, 2018년에는 79만 9천원이다. 다른 모든 조건이 일정하다고 가정할 때, 생산량에 가격을 곱하여 산출되는 GDP가 생산량 변화가 없음에도 불구하고 낮아질 수 있는 것이다. 즉, 명목 GDP만 놓고 보면 GDP의 하락이 생산량 감소 때문인지, 가격하락 때문인지 구분할 수가 없는 것이다.

$$NGDP = Q_{당해년도} \times P_{당해년도}$$

② 실질 GDP의 필요성

명목 GDP가 가진 한계를 극복하기 위해 경제학자들은 물리적 수량의 변화와 가격에 의한 변화를 구분할 수 있는 방법을 고안했다. 그 방법은 바로 가격 변수를 동일한 연도의 가격을 사용하는 것이다. 이를 기준가격이라고 한다. 즉, 해마다 GDP를 측정하는 과정에서 가격변수는 동일한 연도의 가격을 사용하면서 생산액을 측정하는 것이다. 이처럼 기준년도의 가격으로 측정한 GDP를 실질 GDP[real GDP]라고 한다.

$$RGDP = Q_{당해년도} \times P_{기준년도}$$

Gross domestic product 2019

순위	국가	GDP(달러 기준)
1	United States	21,410,230
2	China	15,543,710
3	Japan	5,362,220
4	Germany	4,416,800
5	India	3,155,230
6	France	3,060,070
7	United Kingdom	3,022,580
8	Italy	2,261,460
9	Brazil	2,256,850
10	Canada	1,908,530
11	South Korea	1,777,650
12	Russia	1,754,290
13	Spain	1,583,870
14	Australia	1,581,890
15	Mexico	1,285,080
16	Indonesia	1,152,890
17	Netherlands	994,771
18	Turkey	961,655
19	Switzerland	779,327
20	Saudi Arabia	759,219

출처 : World Bank
※ 저자 주 : 우리나라는 세계 11위의 경제 대국이다.

③ 명목 GDP와 실질 GDP의 활용, GDP 디플레이터

명목 GDP와 실질 GDP의 정의를 활용하면 물가변화를 측정할 수 있다. 즉, 기준년도 대비 당해년도의 물가가 얼마나 변했는지를 살펴볼 수 있다. 따라서 두 개념을 활용해 물가지수를 도출할 수 있는 것이다. 특히 명목 GDP와 실질 GDP를 활용한 물가지수를 GDP 디플레이터[GDP deflator]라고 한다. 한편 GDP 디플레이터는 명목 GDP(NGDP)를 실질 GDP(RGDP)로 나누어 구해진다. 기준년도에는 명목 GDP가 실질 GDP와 일치하므로, GDP 디플레이터는 100이다. 따라서 GDP 디플레이터가 100보다 크면 당해년도 물가가 기준년도에 비해 상승한 것을 의미하고, 100보다 작으면 그 반대를 의미한다.

 물가지수

물가지수[price index]란 특정한 재화와 서비스 묶음에 대한 평균물가수준을 특정 기준년도와 비교해 측정하는 수치를 의미한다.

$$GDP\,\mathrm{de}\,flator = \frac{NGDP(= Q_{당해년도} \times P_{당해년도})}{RGDP(= Q_{당해년도} \times P_{기준년도})} \times 100$$

② 잠재 GDP와 실제 GDP

① 정 의

잠재 GDP[potential GDP]란 한 국가가 달성할 수 있는 최대의 생산량을 보여준다. 이는 한 국가에 존재하는 생산요소를 정상적인 수준에서 모두 고용했을 때 달성할 수 있는 생산량을 의미한다. 정상적인 수준이란 노동력을 예로 들었을 경우 주 40시간 근무를 기준으로 한 것이다. 그러나 병원에 소속된 전공의들의 경우 주간 100시간, 연속 근무 48시간 등의 과도한 업무를 해왔다. 노동력이 이처럼 활용된다면 더 높은 생산을 달성할 수 있겠지만, 지속가능하지 않다. 따라서 잠재 GDP란 정상적인 범위에서 생산요소가 최대한 활용되었을 때 달성할 수 있는 생산량을 의미한다. 실제 GDP[actual GDP]란 이론적인 개념은 아니다. 비교 대상이 되는 기간의 GDP를 측정했을 때 도출되는 값을 의미한다. 잠재 GDP와 비교하기 위한 대상 값으로서 의미를 갖는다. 국회 입법조사처(2017)의 분석 결과에 의하면 우리나라의 잠재 GDP 성장률, 즉 잠재성장률은 2010년 이후 지속적으로 하락하고 있다.

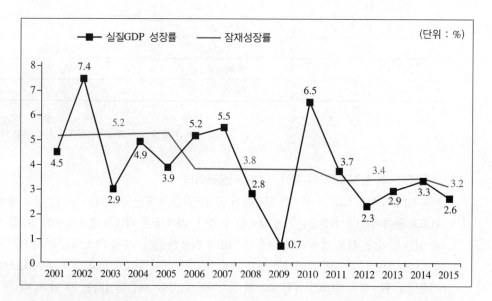

잠재 GDP와 실제 GDP

잠재 GDP를 조금 더 자세히 정의하면, 물가변화를 야기하지 않는 범위 내에서 한 나라에 존재하는 노동, 자본 등의 생산요소를 정상적으로 투입한 경우 달성할 수 있는 최대생산능력을 의미한다. 이는 다분히 이론적인 개념이어서, 국가별로 잠재 GDP 수준이 어느 정도인지는 연구자별로 다르기 때문에 합의된 정확한 값이 존재하지 않는다.

② GDP 갭

잠재 GDP와 실제 GDP를 거론한 이유는 GDP 갭을 설명하기 위해서다. GDP 갭$^{GDP\ gap}$이란 잠재 GDP와 실제 GDP의 차이를 의미한다. 잠재 GDP란 한 경제가 달성할 수 있는 최대치를 의미한다. 만약 실제 GDP가 잠재 GDP 수준보다 더 크다면, 경제가 비정상적으로 과열되었다고 판단할 수 있다. 정상적인 범위를 넘어서 활용되고 있기 때문이다. 반면 실제 GDP가 잠재 GDP 수준보다 낮다면, 이는 경기가 침체된 상황이라 판단할 수 있다. 생산요소의 정상적인 활용 수준조차 달성하지 못하고 있기 때문이다.

> **GDP 갭**
>
> GDP 갭은 인플레이션 갭과 디플레이션 갭으로 구분된다. 인플레이션 갭$^{Inflation\ gap}$은 실제 GDP가 잠재 GDP를 초과하는 경우를 의미하고, 디플레이션 갭$^{Deflation\ gap}$은 실제 GDP가 잠재 GDP보다 작은 경우를 의미한다.

02 GDP의 한계

국내총생산은 총경제활동을 측정하는 유용한 수단이지만, 모든 면에서 완벽한 것은 아니다. 모든 통계지표는 한계를 갖기 마련이다. 중요한 것은 데이터의 활용에 있어 한계점을 정확히 인식하는 일이다.

① 비시장 거래의 미포함

국내총생산은 시장가치를 중심으로 집계되기 때문에 시장에서 거래되지 않는 상품이나 서비스는 GDP에 포함되지 않는다. 가내 생산과 지하경제가 대표적이다. 전문 청소업자가 사설 보육원에 일을 맡길 경우 대가를 지급하기 때문에 GDP에 포함되지만, 이를 가족이 수행하면 공식적인 대가가 존재하지 않기 때문에 GDP에 포함되지 않는다. 하지만 엄연히 가족이 제공한 서비스도 한 국가의 생산에 해당한다. 지하경제$^{Underground\ economy}$도 마찬가지다. 마약밀매, 성매매, 도박과 같은 불법 경제활동은 공식적인 시장에서의 거래가 아니므로 GDP에 포함되지 않는다. 물론 불법 경제활동이 사회에 해악을 미치지만, 경제적인 측면에서는 엄연한 생산이다. 하지만 공식적인 시장이 아닌 지하경제는 국내총생산에 포함되지 않는다.

② 부정적 외부효과

부정적 외부효과란 경제주체의 행동이 제3자에게 의도하지 않은 손실을 주면서도 이에 대해 대가를 치르지 않는 경우를 의미한다. 공해물질의 배출이 대표적이다. 공장이 생산을 위해 열심히 공장을 가동하여 제품을 만들어 낼 경우 공장의 시장가치는 GDP에 포함되지만, 생산 과정에서 발생한 오염비용은 포함되지 않는다.

③ 실질적인 가치 미반영

국내총생산은 시장가치를 기준으로 한다. 만약 인류 역사상 가장 오래된 베스트셀러인「성경」이 「해리포터」보다 책값이 저렴하다면 GDP로 측정하는 가치는 해리포터가 성경보다 높다. 한편, 어떤 사람이 구입한 명품 시계의 값은 누군가에게는 반 년치 연봉일 수도 있다. 즉, 국내총생산에서 말하는 가치란 미적가치나 실질적 가치 또는 제품이나 서비스에서 얻는 만족도에 따른 가치를 의미하지 않는다. 오로지 객관적으로 측정할 수 있는 돈의 양만을 측정의 대상으로 삼는다.

④ 여가 및 행복의 미반영

사람들의 최종 목표는 최대한 많이 생산하는 것이 아니다. 궁극적인 목표가 많은 생산이라면 아무도 휴가를 가지 않고, 은퇴도 하지 않으려 할 것이다. 사람들은 행복하기 위해 생산 활동에 참여한다. GDP는 한 경제에 의해 얼마나 많은 물질적 재화가 생산되고 있는지를 알려주는 것이지, 인간의 행복을 최대화하기 위해 물질적 재화가 사용되고 있는지 여부는 알려주지 않는다.

03 국가 경제를 측정하는 다른 지표

① 국민총생산

국민총생산$^{GNP ; Gross National Product}$은 일정기간 동안 한 국민이 새롭게 생산한 재화와 서비스의 시장 가치의 합으로 정의된다. 국내총생산이 한 국가 내에서 새롭게 생산한 재화와 서비스 즉, 영토의 개념이라면, 국민총생산은 국민의 개념이다. 자국민이라면 우리나라든, 외국이든 상관이 없이 모두 국민총생산의 측정 대상이 된다.

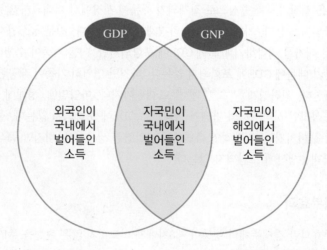

② 국민총소득

① 정 의

국민총소득$^{GNI\,;\,Gross\,National\,Income}$은 명칭에서 알 수 있듯이 국적을 기준으로 삼는 지표이다. 즉, 일정기간 우리나라 국민이 국내외에서 벌어들인 소득으로 정의된다. GDP가 한 국가의 생산활동을 대표하는 지표라면, GNI는 한 나라 국민의 소득을 대표하는 지표이다.

② 국내총생산(GDP)과 국민총소득(GNI)

국내총생산은 영토를 중심으로 하는 반면 국민총소득은 국적을 기준으로 한다. 따라서 우리나라 국민이 해외에서 벌어들인 소득은 GNI에는 포함되지만 GDP에는 포함되지 않는다. 반대로 외국인이 우리나라에서 벌어들인 소득은 GDP에는 포함되지만 GNI에는 포함되지 않는다. 따라서 외국인이 국내에서 많이 활동하는 국가는 GDP가 GNI보다 크지만, 자국민이 해외에서 많이 일하는 경우에는 GNI가 GDP보다 크게 된다. GNI와 GDP의 관계를 수식으로 표현하면 다음과 같다.

$$GNI = GDP + 국외순수취요소소득^*$$

*국외순수취요소소득 : 해외에서 우리 국민이 벌어들인 소득 − 외국인이 국내에서 벌어들인 소득

PART 02

01 다음 그림은 어떤 나라의 연도별 실질 GDP와 명목 GDP를 나타낸 것이다. 이에 대한 분석으로 옳지 않은 것은?

① 2017년의 물가지수는 100이다.

② 2018년의 경제성장률은 0%이다.

③ 2018년의 물가상승률은 10%이다.

④ 2019년의 경제성장률은 10%이다.

⑤ 2019년의 물가수준은 전년도와 동일하다.

02 아래의 표는 가상경제의 2017년~2019년 간 생산활동을 정리한 것이다. 표를 보고 알 수 있는 사실 중 옳지 않은 것은?(단, 국민소득 통계의 기준년도는 2017년임)

연 도	쌀		자동차		컴퓨터	
	수량(kg)	가격(천원)	수량(대)	가격(천원)	수량(대)	가격(천원)
2017	100	2	3,000	20,000	1,400	1,000
2018	120	4	2,800	25,000	1,500	1,050
2019	130	5	3,200	24,000	1,600	1,000

① 2017년의 명목 GDP는 61,400,200천원이다.

② 2018년의 명목 GDP는 2008년에 비해 약 16.6% 증가하였다.

③ 2018년의 GDP 디플레이터는 약 124.5이다.

④ 2018년의 실질 GDP는 전년에 비해 증가하였다.

⑤ 2019년에는 전년에 비해 실질 GDP가 14% 이상 증가하였다.

문제 01   경제성장률 - 실질 GDP와 명목 GDP

중요도	★★★★☆
정답	⑤

개념 해설

⑤ 명목 GDP와 실질 GDP 값을 알면 GDP 디플레이터를 구할 수 있어 물가의 변화 정도를 살펴볼 수 있다. 한편 GDP 디플레이터는 명목 GDP를 실질 GDP로 나누어 구한다. 따라서 2018년과 2019년 명목 GDP는 일정한데 실질 GDP는 상승했으므로 물가수준은 전년에 비해 하락했음을 알 수 있다.

오답 정복하기

① 2017년은 기준년도로서 명목 GDP와 실질 GDP가 일치하므로 물가지수는 100이다.

② 경제성장률은 실질 GDP의 증가율을 의미한다. 2018년 실질 GDP는 2017년과 동일하므로, 경제성장률은 0%이다.

③ 2018년도의 물가상승률은 GDP 디플레이터로 살펴볼 수 있다. 2017년은 기준년도로서 명목과 실질 GDP가 동일하므로, GDP 디플레이터는 100이다. 한편, 2018년에는 $110(=\dfrac{550}{500} \times 100)$이므로, 물가는 10% 상승했다.

④ 실질 GDP가 500에서 550으로 증가했으므로, $10\%(=\dfrac{50}{500} \times 100)$ 상승했다.

문제 02   명목 GDP와 실질 GDP - GDP의 계산

중요도	★★★☆☆
정답	④

PART 02

개념 해설

2017년 명목 GDP $= 61,400,200$
$\qquad\qquad\qquad = (100 \times 2) + (3,000 \times 20,000) + (1,400 \times 1,000)$

2018년 명목 GDP $= 71,575,480$
$\qquad\qquad\qquad = (120 \times 4) + (2,800 \times 25,000) + (1,500 \times 1,050)$

2018년 실질 GDP $= 57,500,240$
$\qquad\qquad\qquad = (120 \times 2) + (2,800 \times 20,000) + (1,500 \times 1,000)$

2019년 실질 GDP $= 65,600,260$
$\qquad\qquad\qquad = (130 \times 2) + (3,200 \times 20,000) + (1,600 \times 1,000)$

④ 2018년의 실질 GDP는 전년에 비해 감소하였다.

오답 정복하기

① 기준년도인 2017년은 명목 GDP와 실질 GDP 모두 61,400,200이다.

② 2017년과 2018년의 명목 GDP 증가율은 약 16.6%이다.
   $(61,400,200 \rightarrow 71,575,480)$

③ GDP 디플레이터는 명목 GDP를 실질 GDP로 나누어 구한다. 또한 기준년도에는 명목 GDP와 실질 GDP가 일치하므로 GDP 디플레이터가 100이다. 2018년의 GDP 디플레이터는 124.5(=71,575,480/57,500,240×100)이다.

⑤ 2018년의 실질 GDP가 57,500,240이고, 2019년의 실질 GDP가 65,600,260이므로 약 14% 이상 증가하였다.

03 어느 경제의 2019년 국내총생산이 사과 4개와 오렌지 6개로 이루어졌다. 2018년도 사과와 오렌지의 가격은 각각 10원과 5원이고, 기준년도(2015년) 사과와 오렌지의 가격은 모두 5원이었다. 이 경제의 2019년도 GDP디플레이터는 얼마인가?

① 120

② 140

③ 71

④ 70

⑤ 0.7

04 다음 신문 기사에 대해 옳은 분석이나 추론을 한 사람을 〈보기〉에서 고른 것은?

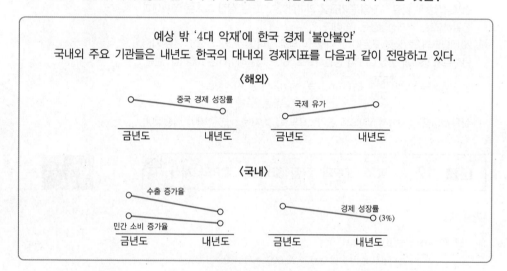

예상 밖 '4대 악재'에 한국 경제 '불안불안'
국내외 주요 기관들은 내년도 한국의 대내외 경제지표를 다음과 같이 전망하고 있다.

〈해외〉

중국 경제 성장률

국제 유가

금년도   내년도   금년도   내년도

〈국내〉

수출 증가율

경제 성장률 (3%)

민간 소비 증가율

금년도   내년도   금년도   내년도

┌ 보 기 ┐
갑 : 실질 GDP가 금년도보다 줄어든다고 보고 있군요.
을 : 국제 유가 상승을 성장 억제 요인으로 보고 있어요.
병 : 내수가 수출 부진을 메울 것으로 기대할 수 있겠군요.
정 : 중국의 성장 둔화는 우리의 대중국 수출에 부정적인 요인으로 작용하겠군요.

① 갑, 을

② 갑, 정

③ 을, 병

④ 을, 정

⑤ 병, 정

문제 03 GDP 디플레이터

개념 해설

명목 GDP $= 70 = (10 \times 4) + (5 \times 6)$
실질 GDP $= 50 = (5 \times 4) + (5 \times 6)$
GDP 디플레이터 $= 70/50 \times 100 = 140$

오답 정복하기

GDP 디플레이터는 기본적으로 GDP의 개념을 활용하기 때문에 수입 물가가 포함되지 않는다는 개념적 한계를 갖는다. 소비자물가지수와 함께 가장 많이 쓰이는 물가지표이지만, 보완지표와 함께 사용하는 것이 필요하다.

📖 문제 분석

GDP 디플레이터는 명목 GDP와 실질 GDP의 개념차이를 통해 물가의 변화를 살펴보는 개념이다. 보다 구체적으로는 명목 GDP를 실질 GDP로 나누어 구한다.

문제 04 거시경제 지표 – 경기변동

개념 해설

을 : 국제 유가 상승은 생산비 증가로 이어져 생산성을 감소시키는 요인이다. 따라서 국제 유가의 상승은 성장 억제 요인이다.
정 : 중국의 성장 둔화로 인해 중국의 국민소득이 감소하고 이는 우리의 대중국 수출의 적신호가 될 수 있다.

오답 정복하기

갑 : 실질 GDP가 양의 값을 갖는 경우에 직전년도 보다 상승하고 있음을 의미한다.
병 : 민간소비증가율이 하락하고 있는 것으로 보아 내수 소비의 증가를 기대할 수 없다.

CHAPTER 04 균형국민소득의 기본모형 – 고전학파 모형

▶ "1945년 4월부로 경제 환경이 질서에서 혼돈으로 바뀌었다. 판매는 어렵고 물가는 불안정했다. 경제학은 한정된 자원을 서로 경쟁하는 무한한 수요자들에게 나누는 분배의 과학이다. 그런데 4월 12일 미 보병 30사단의 도착과 함께 풍요의 시대가 열리고 자원이 넘쳐나자, 모든 필요가 노력 없이 충족되는 상황에서는 경제 조직과 활동이 필요 없어진다는 가설이 증명되었다."

– R.A. 래드퍼드[Radford]

01 균형국민소득과 총수요

① 균형국민소득

① 의 미

균형국민소득이란 한 국가 경제 전체의 재화 및 서비스 공급(총공급)이 총수요, 즉 재화 및 서비스에 대한 지출과 같아질 때 결정되는 국민소득수준을 의미한다. 균형국민소득을 결정하는 두 요인은 총공급과 총수요이다. 총공급$^{AS \, ; \, Aggregate \, Supply}$이란 국민경제 전체에서 생산된 재화 및 서비스의 생산을 의미하고, 총수요$^{AD \, ; \, Aggregate \, Demand}$란 국민경제 전체의 재화 및 서비스에 대한 수요를 의미한다. 앞서 「거시경제의 기본순환」 모형에서 균형국민소득은 생산과 지출, 소득의 측면에서 일치한다는 것을 확인했다. 하지만 기본순환 모형은 균형국민소득 자체가 어떻게 형성되는지에 대해선 알려주지 않는다.

② 균형국민소득 결정에 관한 두 가지 입장

균형국민소득이 어떤 수준에서 결정되는지는 거시경제학의 주요 관심사 가운데 하나이다. 그 결정과정에 대해서는 두 가지 입장이 존재하는데, 바로 고전학파와 케인즈다. 고전학파는 국민소득은 한 국가 내에 존재하는 생산요소가 완전히 고용되는 수준에서 결정된다고 주장했다. 반면, 케인즈는 현실에서 국민경제가 항상 완전고용을 유지하는 것은 아니라고 설명했다. 거시경제학은 기본적으로 케인즈의 의견이 바탕이 되지만, 이 두 입장의 끊임없는 갈등으로 인해 발전해왔다.

> 🔍 **고전학파와 케인즈**
>
> 거시경제학의 균형은 총수요와 총공급에 의해 결정된다. 하지만 바라보는 시각에 따라 총수요 혹은 총공급을 더 중요시 여기는 입장이 존재한다. 여기서 총공급을 보다 중요하게 여기는 사람들을 고전학파라고 한다. 케인즈는 이와 정반대편에 위치한다. 즉, 케인즈는 거시경제학의 균형 형성에 총수요가 더 중요하다고 주장하였다.

② 총공급과 총수요

① 균형국민소득과 총공급

국민소득계정의 기본 항등식에서는 생산국민소득과 분배국민소득이 일치한다. 이는 국민경제 전체의 최종생산물의 가치와 국민소득이 일치한다는 것을 의미한다. 만약 물가가 1로 고정되어 있다면, 총공급은 그 자체로 국가 경제 전체에서 생산되는 재화 및 서비스의 총생산량(= 국내총생산)과 동일하다고 할 수 있다. 물가가 1이라면 실질과 명목 국내총생산은 당연히 동일하게 된다. 이 경우 실질국민소득 역시 총생산량과 일치하게 된다.

② 균형국민소득과 총수요

총공급과 달리 총수요는 실질 국민소득과 같아야 한다는 보장이 없다. 총수요는 개별경제주체인 가계(C), 기업(I), 정부(G) 및 해외부문(NX)의 최종생산물에 대한 지출을 모두 합한 것이다. 즉, 재화와 서비스에 대한 국민경제 전체의 수요는 생산물에 대한 개별경제주체들의 지출 총계(E)라 할 수 있다.

$$E = C + I + G + NX$$

실질 국민소득과 총수요가 일치하지 않는 이유를 상식적인 측면에서 살펴보면, 개별경제주체 (가계, 기업, 정부, 해외부문)는 각기 일정한 목적을 가지고 경제활동을 하기 때문에 이들 전체 구매량이 반드시 기업 전체의 생산량과 같으리라는 보장이 없다. 즉, 총수요와 총공급이 항상 일치할 이유는 없는 것이다. 경제학의 개념을 활용해서 설명할 수도 있다. 국내총생산 삼면등가의 원칙에서는 생산측면과 지출측면에서 측정한 국내총생산이 항상 일치했지만, 지출측면에서의 GDP와 총수요는 반드시 일치하지 않는다. 지출측면의 GDP에는 재고투자가 포함되지만, 총수요에는 포함되지 않기 때문이다.

PART 02

① 고전학파의 등장과 기본가정

경제학의 아버지라 불리는 아담 스미스$^{\text{Adam Smith}}$ 이후 1776년 국부론$^{\text{An Inquiry into the Nature and Causes of the Wealth of Nations}}$을 출간한 이후 모든 경제학자들은 같은 생각을 공유했다. 하지만 케인즈가 1936년 「고용·이자 및 화폐의 일반이론」을 출간한 이후 자신을 기존의 경제학자와는 다르다고 주장하면서 기존 경제학자들을 고전학파라고 불렀다. 고전학파의 기본가정은 보이지 않는 손과 세이의 법칙으로 요약할 수 있다.

① 보이지 않는 손

고전학파 경제학자들은 시장 기구에 맡길 경우 자율적인 조정능력에 의해 개인의 이익이 증진됨은 물론 국가의 이익과 조화를 이루게 된다고 주장했다. 미시경제학에서의 균형 형성 원리에서 살펴보았듯이, 시장에 초과수요 혹은 초과공급과 같은 불균형이 발생하면 신축적인 가격의 움직임에 의해 저절로 균형을 회복한다. 고전학파는 국가 경제도 같은 논리에 의해 균형을 달성한다고 주장했다.

② 세이의 법칙

고전학파를 설명하는 또 하나의 기본 시각은 세이의 법칙$^{\text{Say's law}}$이다. 경제학자인 프랑스의 장 바티스트 세이$^{\text{Jean-Babtiste Say}}$는 사람들이 수요 하는 것은 자신들이 생산하는 재화를 시장에 판매함으로써 돈을 벌 수 있다고 예상하기 때문이라고 주장했다. 돈을 벌 수 있을 것이라고 믿기 때문에 소비를 할 수 있다는 것이다. 소비로 인해 돈을 벌 수 있기 때문에 구매행위에 나선다는 것이다. 이는 일정한 양의 재화가 시장에 공급된다는 사실은 경제 전체적으로 동일한 양만큼의 수요가 시장 어딘가에 존재한다는 것을 의미한다. 즉, A재화의 시장에서 초과공급이 존재하는 경우 반드시 B 혹은 C시장에서는 초과수요가 존재할 수밖에 없다는 것이다. 이를 세이는 공급이 스스로 자신의 수요를 창출한다(Supply creates its demand).라고 표현했다. 보다 구체적으로, A재의 공급이 B재의 수요를 창출한다는 것을 의미하고, 이는 A재의 공급자가 B재의 수요자가 된다는 것을 의미한다. 그리고 이러한 인과관계가 성립하기 위해서는 사람들이 A재를 구매한다는 가정이 반드시 필요하다. A재에 대한 사람들의 수요는 A재 공급자의 소득이 되고, 이는 A재의 공급자가 B재의 수요자로 행동할 수 있는 근간이 되기 때문이다. 세이는 이러한 인과관계가 경제 내의 다수의 재화들 간에 성립함으로써 시장 전반에 걸쳐 총공급과 총수요가 일치한다고 보았다. 경제 전체의 초과수요나 초과공급은 존재하지 않는다는 것이다.

② 고전학파 이론과 총공급

① 고전학파 : 임금의 신축성과 세이의 법칙

고전학파 경제학자들은 공급이 수요를 창출한다는 세이의 법칙을 받아들였다. 고전학파 경제학자들이 세이의 법칙을 받아들일 수 있었던 배경에는 가격변수(가격, 임금, 이자율 등)의 신축성에 대한 믿음이 존재한다. 가격변수의 신축성을 가정할 경우 총수요는 반드시 총공급과 같게 된다. 가계에서 재화 소비를 줄일 경우 재화시장에서는 초과공급이 발생하게 된다. 하지만 고전학파가 가정하는 세상에서는 재화의 가격이 바로 하락하기 때문에 재화에 대한 소비가 증가해 수요와 공급은 일치하게 된다. 한편, 소비를 줄인 만큼 저축을 증가시켰다면, 자본시장에서 기업의 투자자금은 풍부해지게 된다. 저축으로 인해 자금의 공급이 늘어났고, 가격변수가 신축적인 고전학파의 세계에서는 이자율이 하락하게 된다. 이는 기업으로 하여금 투자재에 대한 수요를 늘어나게 한다. 따라서 투자재 시장에서는 투자재의 가격이 상승하여 수요와 공급이 다시 일치한다. 따라서 경제 전체의 총수요와 총공급은 일치한다.

> **🔍 기업의 투자와 이자율**
>
> 기업의 투자와 이자율은 음(-)의 상관관계를 갖는다. 기업의 투자는 은행의 자금 차입을 통해 이뤄지기 때문이다. 따라서 이자율이 낮을 때 기업은 투자를 위한 자금차입을 늘려 투자를 확대하고, 이자율이 높을 때는 자금차입을 줄여 투자를 줄인다.

② 고전학파 세계에서 총공급의 결정

총공급은 경제 전체에서 동원할 수 있는 자원의 양 및 기술조건에 의해 결정된다. 노동은 대표적인 생산요소이다. 노동시장에서 임금이 신축적이면 노동의 공급과 수요가 일치하므로 완전고용이 달성된다. 노동 이외의 생산요소도 마찬가지다. 요소가격이 신축적이면 완전고용을 가정할 수 있다. 결국 가격변수의 신축성이 바탕이 된 세이의 법칙을 따르는 경제에서는 언제나 완전고용상태에 있게 된다.

③ 고전학파와 총공급

세이의 법칙$^{\text{Say's law}}$으로 대표되는 고전학파의 주장에서 살펴볼 수 있듯이 시작점은 총공급이다. 경제 전반의 총공급으로 인해 구매가 발생하고, 이러한 구매는 총수요의 기반이 되기 때문이다. 즉, 고전학파의 시각에서 균형국민소득은 총공급에 의해 결정되며, 총수요는 그저 따라올 뿐이다. 한편, 총공급은 경제 전체의 생산함수에 의해 결정된다. 그리고 생산은 생산요소인 노동과 자본을 활용해 이뤄진다.

① 총생산함수

고전학파의 시각에서 거시경제와 미시경제는 다르지 않다. 국가 전체의 생산은 생산함수에 의해 결정된다는 것이다. 다만, 개별 시장이 아닌 국가 경제 전체를 대상으로 하는 생산함수이기 때문에 총생산함수라고 표현한다. 단기의 총생산함수를 가정하면, 자본은 변하지 않고, 노동만이 변하게 된다. 즉, 자본량은 이미 균형 수준을 달성하여 단기적으로 고정되어 있고, 총생산의 규모는 노동량에 의해서만 영향을 받게 된다.

$$Y = F(\overline{K}, L)$$

> **🔍 거시경제학에서의 장기와 단기**
>
> 미시경제학에서는 단기와 장기를 고정투입요소의 유무로 구분했지만, 거시경제학에서는 가격변수의 신축성 여부로 단기와 장기를 구분한다. 즉, 가격변수가 완전 신축적인 기간을 장기$^{\text{Long-run}}$라 하며, 비신축적인 기간을 단기$^{\text{Short-run}}$라고 한다.

② 노동시장

단기의 총생산함수는 노동의 투입량에 의해 결정되므로, 노동시장에서의 균형노동량이 어떻게 결정되는지 살펴봐야 한다. 노동시장의 균형노동량도 노동의 수요와 공급에 의해 결정된다. 상품의 수요와 공급에 의해 상품의 가격이 결정되듯, 노동의 수요와 공급에 의해 균형노동량과 실질임금(w)이 결정된다. 노동시장에서 노동수요는 실질임금의 감소함수이고, 노동공급은 실질함수의 증가함수이다. 즉, 실질임금이 높을수록 노동수요가 감소하는 반면 노동공급은 증가함을 의미한다.

- 노동수요 : $L^d = L^d(w)$, $\dfrac{\Delta L^d}{\Delta w} < 0$
- 노동공급 : $L^s = L^s(w)$, $\dfrac{\Delta L^s}{\Delta w} > 0$
- 시장균형 : $L^d = L^s$

③ 고전학파의 균형국민소득의 결정

노동시장에서 균형노동량이 결정되면, 총생산함수와 결합되어 경제 전체의 총생산량이 결정된다. 한편, 노동시장에서 정해진 균형노동량은 완전고용량(L^e)이다. 즉, 일할 의사와 능력이 있는 모든 사람들이 고용된 상태라는 것이다. 그리고 완전고용량에 상응하는 산출량을 완전고용생산량(Y^f)이라고 한다. 그리고 이때의 생산량은 실질 국내총생산을 의미한다.

> 🔍 **완전고용생산량**
>
> 완전고용상태에 상응하는 완전고용생산량은 노동을 포함한 생산에 필요한 모든 생산요소가 완전히 고용되어 산출되는 생산량이라는 의미로서, 잠재 GDP$^{\text{Potential GDP}}$와 동의어이다.

▼ 노동시장균형과 완전고용산출량

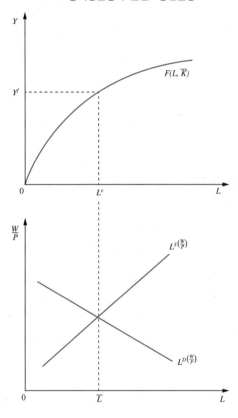

01 고전학파 이론에 부합하는 설명을 모두 묶은 것은?

> ㉠ 모든 생산물가격과 생산요소가격은 완전 신축적이다.
> ㉡ 세이의 법칙을 따르고 있다.
> ㉢ 총수요가 국민소득을 결정한다.
> ㉣ 정부의 적극적 시장개입이 필요하다.

① ㉠, ㉡   ② ㉠, ㉢

③ ㉡, ㉢   ④ ㉠, ㉢, ㉣

⑤ ㉡, ㉢, ㉣

02 고전학파의 거시경제모형에서 일시적으로 소득이 잠재 GDP 수준으로 복귀하기까지의 조정과정을 잘 나타낸 것은?

① 이자율이 상승하여 총수요가 증가한다.

② 이자율이 하락하여 총수요가 증가한다.

③ 이자율이 하락하여 총공급이 증가한다.

④ 물가가 하락하여 총수요가 증가한다.

⑤ 물가가 상승하여 총수요가 증가한다.

FEED BACK

✓ 왜 틀렸을까?	01 ☐ 개념 이해 부족 ☐ 문제 이해 부족 ☐ 기타( )
	02 ☐ 개념 이해 부족 ☐ 문제 이해 부족 ☐ 기타( )
✓ 개념 다시 짚어보기	

문제 01   고전학파 경제학 이론

개념 해설

㉠ 고전학파는 시장의 가격기구를 신봉한다. 즉, 자유로운 가격기구의 조정기능을 이뤄진다고 믿으며, 이를 위해서는 생산물 가격과 생산요소의 신축성을 가정한다.

㉡ 세이의 법칙은 공급이 수요를 창출한다는 법칙이다. 이는 경제가 언제나 완전고용산출량을 달성하기 때문에 균형국민소득의 결정에서 총수요는 아무런 역할을 하지 못하고 총공급이 중요하다는 것을 의미한다.

오답 정복하기

㉢ 고전학파 경제학에서 중요한 것은 총공급이다. 총수요의 중요성을 강조한 것은 케인즈다.

㉣ 고전학파 경제학에서 경제는 언제나 완전고용산출량을 달성하기 때문에 정부의 개입이 불필요하다. 완전고용산출량을 벗어난 상태에서는 물가변수의 신축적인 조정으로 인해 다시 균형을 달성하기 때문이다.

문제 02   고전학파 경제학 – 균형의 달성

개념 해설

② 고전학파 경제학에서는 모든 가격변수는 신축적이다. 이자율도 마찬가지다. 일시적으로 생산물시장에서 초과공급이 발생하면 고전학파는 이자율이 하락하여 총수요가 증가하고, 생산물시장의 불균형이 해소된다고 생각한다.

오답 정복하기

케인즈 경제학에서는 생산물시장의 초과공급이 발생할 경우 그대로 두면 균형을 회복하는 데 많은 시간이 필요하다고 생각한다. 현실에서 가격변수가 경직적이기 때문이다. 따라서 정부가 개입하여 총수요를 균형수준에 도달할 때까지 확장시켜야 한다고 주장한다.

03 다음 중 고전학파에 대한 설명으로 옳지 않은 것은?

① 실제 GDP가 잠재 GDP에 미달하는 경우 이자율이 하락한다.

② 모든 가격변수가 완전 신축적이므로 모든 시장은 완전고용상태이다.

③ 통화량의 변화는 명목 GDP를 증가시킨다.

④ 확대적인 재정정책을 실시하더라도 실물변수에 영향을 미치지 못한다.

⑤ 공급이 수요를 창출한다.

04 어떤 이유에 의해 노동수요가 증가했다. 고전학파의 균형국민소득 결정에 의할 경우 나타날 수 있는 다음의 현상 가운데 옳지 않은 것은 무엇인가?

① 1인당 실질 GDP가 증가한다.

② 고용량이 증가한다.

③ 실질임금이 상승한다.

④ 민간소비가 감소한다.

⑤ 가처분소득이 증가한다.

FEED BACK

✓ 왜 틀렸을까?	03 ☐ 개념 이해 부족	☐ 문제 이해 부족	☐ 기타( )
	04 ☐ 개념 이해 부족	☐ 문제 이해 부족	☐ 기타( )
✓ 개념 다시 짚어보기			

중요도	★★★★☆
정답	④

문제 03   고전학파 경제학의 기본가정

개념 해설

④ 고전학파 경제학에서 확대재정정책을 실시하면 이자율은 상승하고 소비와 투자가 감소한다. 저축이 늘어나고 이는 이자율을 높이기 때문이다. 다만 이는 총수요에 영향을 미치지 못한다. 증가된 정부지출과 줄어든 소비와 투자는 상쇄되기 때문이다. 결과적으로 보면 재정정책 역시 실물변수에 영향을 미치지 못하는 것처럼 보이지만, 이는 결과일 뿐 실제로는 영향을 미치지만 상쇄되어 효과가 없는 것 뿐이다.

오답 정복하기

① 실제 GDP가 잠재 GDP에 도달하지 못하는 경우 이자율이 하락하여 소비와 투자가 증가한다.
② 고전학파는 모든 가격변수가 신축적임을 가정한다.
③ 고전학파의 화폐수요이론은 화폐수량설이다. 즉, 통화량의 변화는 물가의 상승을 야기하고 이는 명목 GDP를 증가시킨다.
⑤ 고전학파 경제학은 공급은 스스로 수요를 창출한다는 세이의 법칙을 신봉한다.

중요도	★★★★☆
정답	④

문제 04   고전학파 경제학의 기본가정

개념 해설

④ 고전학파는 총공급이 총수요를 창출한다는 세이의 법칙을 기본가정으로 한다. 균형국민소득 결정에 총수요는 아무런 역할을 할 수 없으며 총공급만이 균형국민소득을 결정할 수 있다. 따라서 고전학파의 균형국민소득은 노동시장부터 시작한다. 즉, 노동시장에서의 노동의 수요와 공급에 의해 자율적으로 노동의 고용수준이 결정되면 이는 한 경제 전체의 생산함수와 결합되어 총공급이 결정된다. 그리고 이 총공급이 곧 국민소득의 규모를 결정한다는 것이다. 노동수요의 증가는 노동시장에서 수요곡선이 우측으로 이동해 고용량이 증가하고, 실질임금이 증가하게 된다. 다른 여타의 조건이 일정한 상황에서 고용량의 증가는 경제 전체의 실질 GDP와 1인당 실질 GDP가 모두 증가한다. 이는 가처분소득($Y-T$)의 증가로 이어져 민간소비의 증가로 이어진다.

오답 정복하기

가처분소득의 증가는 민간소비의 증가를 야기한다. 가처분소득(Disposable Income)이란 소득에서 세금을 제외한 소득으로 실제로 가계에서 사용할 수 있는 소득을 의미한다.

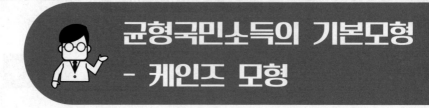

CHAPTER 05 균형국민소득의 기본모형 - 케인즈 모형

▶ "우리는 이제 모두 케인즈주의자들이다"

– 리처드 닉스Richard Nixon

01 케인즈의 등장

① 기존 경제이론의 한계

거시경제학이라는 용어는 영국의 경제학자 케인즈의 등장과 함께 사용되기 시작했다. 1920년대 말부터 전 세계의 자본주의 국가들을 강타한 대공황Great Depression으로 인해 이전 시기에 경험하지 못한 길고 혹독한 경기침체를 경험했다. 1929년 3.2%에 불과했던 미국의 실업률은 1933년에 25.2%로 증가했고, 국내 총생산 역시 1929~33년 기간 중 30% 가량 감소했다. 문제는 대공황의 발생이 당시의 경제이론으로는 설명되지 않는다는 점에 있었다. 기존 이론체계에서는 균형을 벗어나는 상황이 발생하면 임금과 가격의 조정으로 인해 모든 시장에 걸쳐 수요와 공급이 균형을 이루기 때문이다. 즉, 시장기구가 원활히 작동한다면 보이지 않는 손에 의해 자원배분은 가장 효율적으로 배분될 것이다. 또한 고전학파 체계에서는 실업이란 임금이 균형수준보다 높기 때문에 발생한다. 따라서 실업은 임금을 낮추면 해결되어야 한다. 하지만 1933년의 임금수준이 1929년의 3분의 1 수준으로 하락했음에도 불구하고 실업은 전혀 줄어들지 않았다. 이는 높은 임금수준이 실업의 원인이 아니었음을 의미했다.

② 케인즈의 이론

① 경직적인 가격과 임금 변수를 주장

케인즈는 무엇보다 고전학파가 가정하는 임금 및 가격의 신축성을 부정했다. 현실에서 가격과 임금은 균형을 유지하기 위해 빠르게 낮아지거나 높아지지 않고, 일정 수준에서 경직적이라는 것이다. 이로 인해 공급이 수요와 일치하지 않는 상태가 상당기간 지속될 수 있다고 주장했다.

② 대공황의 원인 : 총수요의 부족

케인즈는 대공황의 원인을 경제 전체의 수요가 부족하기 때문이라고 진단했다. 따라서 총수요를 증가시켜야 한다는 획기적인 처방을 제시했다. 케인즈는 대공황 시기의 실업이 수요와 공급의 불균형의 대표적인 예라고 보았다. 즉, 실업은 고전학파의 주장처럼 임금이 너무 높아서 발생하는 것이 아니라, 노동에 대한 수요보다 공급이 과다하여 존재한다고 보았다. 그리고 노동에 대한 수요가 공급에 미치지 못하는 것은 생산물에 대한 경제 전체의 수요가 부족하기 때문에 발생한다고 주장했다. 경기가 침체되어 생산한 생산물을 모두 판매하지 못하고 재고가 증가하게 되면, 기업의 입장에서는 생산을 줄이고, 그 과정에서 고용을 줄일 수밖에 없기 때문이다. 결국 실업의 주요인은 경제 전체의 총수요의 부족인 것이다.

③ 정부개입을 주장

임금 및 가격의 경직성에 기초한 케인즈 이론의 중요한 시사점은 완전고용을 달성하기 위해서는 정부의 개입이 필요하다는 것이다. 실업의 해소, 즉 노동시장에서의 초과공급을 해소하기 위해서는 노동에 대한 수요를 증가시켜야 하며, 이는 재화 및 서비스에 대한 경제 전체의 총수요를 증대시켜야 가능하다. 하지만 현재 상황에서 기다린다고 총수요가 증대되지 않는다. 극심한 경기침체로 인해 가계의 소득은 감소했고, 이는 소비의 감소로 이어지기 때문이다. 따라서 케인즈는 정부의 개입을 주장했다. 정부가 인위적으로 총수요를 높여주어야 한다는 것이다. 이는 정부가 공공사업에 투자함으로써 가능하다고 주장하였다. 정부가 직접 도로를 만들고, 댐을 건설하여 기업에게 대규모 일거리를 제공하면, 이를 위한 고용이 창출되고, 이는 다시 가계의 소득 증가로 이어져 소비가 증가한다. 즉, 경제 전체의 총수요가 증가한다는 것이다.

02 케인즈 모형과 총수요의 의미

① 케인즈 : 가격변수의 경직성

케인즈는 고전학파가 가정한 바와 달리 물가, 이자율 및 임금이 단기적으로는 신축적으로 변화할 수 있는 것이 아니고 고정되어 있다고 보았다. 가격변수가 신축적이지 않기 때문에 총수요와 총공급이 자동적으로 일치하는 시장 기구는 작동하지 않는다. 단기적으로는 가격의 조정이 아닌 주어진 총수요에 맞춰 총공급 및 고용이 결정된다는 것이다. 즉, 총수요가 총공급보다 작으면 재고가 증가하여 기업들은 생산량을 줄이고, 총공급보다 크면 재고가 감소해 기업들은 수요에 맞춰 생산을 증가시킨다는 것이다.

② 총수요와 균형국민소득

총수요에 맞춰 총공급이 결정되어 형성된 균형국민소득은 고전학파가 주장하는 바와 같이 항상 완전고용생산량에 상응하는 국민소득이 될 수 없다. 경기가 침체되어 있을 때에는 총수요가 부족하기 때문에 산출량과 국민소득이 완전고용생산량 수준에 미치지 못하게 된다. 또한 경기가 침체되어 실업이 높은 경우 총수요의 증가는 임금이나 물가에 별다른 영향을 주지 않고 총공급을 증가시킬 수 있다. 즉, 완전고용국민소득을 달성하는 데에는 총수요의 증대가 관건이 된다.

③ 총수요의 결정

케인즈 모형에서 총수요의 결정을 이해하기 위해서는 총수요에 대한 이해가 우선되어야 한다. 앞서 살펴보았듯이 총수요는 재화와 서비스에 대한 가계와 기업, 정부 및 해외부문의 지출의 합계로 이뤄진다. 각 경제주체의 활동을 살펴보면 다음과 같다.

① 소비함수

소비는 가계의 경제활동이다. 일정기간 동안 가계가 필요한 상품과 서비스를 구입하기 위해 지출한 소득의 일부분을 의미한다. 소비를 통한 각 가계는 자신의 욕망을 충족시키며 동시에 재생산의 기반이 되는 가장 기본적인 경제활동이다. 케인즈는 일정기간 동안 가계의 소비지출이 소득에 의해 결정된다고 보았다. 소득이 많을수록 소비도 많을 수 있다는 것이다. 그리고 여기에서의 소득이란 각 가계가 벌어들인 소득에서 세금을 납부하고 남은 소득을 의미한다. 이를 가처분 소득$^{\text{Disposable income}}$이라고 한다.

$$C = C(Y^d) = C(Y - T)$$

한편, 보다 구체적으로 소비는 소득에 영향을 받는 부분과 소득의 많고 적음과 관계없이 소비하는 부분으로 나눠볼 수 있다. 생필품 같은 경우 소득 수준과 관계없이 누구나 비슷한 규모로 소비한다. 이런 소비를 기초소비(C_0)라고 한다. 따라서 소비함수는 다음과 같이 다시 표현할 수 있다.

$$C = C_0 + C_1(Y - T), C_0 > 0, 0 < C_1 < 1$$

 소비와 소득의 관계

- 소득이 증가하면 소비도 증가한다(소비는 소득의 증가함수이다).
- 소득이 매우 낮을 때 소비지출은 소득을 초과한다.
- 소비는 소득증가에 따라 증가하지만, 소비의 증가분은 소득증가분보다 작다.

② 계획된 투자

경제학에서 투자란 자본재에 대한 지출을 의미한다. 즉, 공장설비나 건물을 구입하거나, 재고의 증가를 의미한다. 현실에서는 주식을 구입하거나 고가품의 그림을 구입하는 행위 등을 투자라고 이야기하지만, 경제학에서는 현재의 생산활동과 관련이 없는 금융 및 실물 자산의 거래는 투자에 포함되지 않는다. 경제학에서의 투자 개념이 복잡해지는 이유는 재고가 투자의 개념에 포함되기 때문이다. 재고의 존재로 인해 투자는 사전적 투자$^{\text{Ex-ante}}$와 사후적 투자$^{\text{Ex-post}}$로 구분한다.

사전적 투자와 사후적 투자

사전적 투자[Ex-ante]는 일정기간에 투자재 구입을 위하여 계획하는 지출이고, 사후적 투자[Ex-post]는 일정기간에 실제로 투자재 구입을 위하여 행해진 지출이다. 이런 의미에서 사전적 투자를 계획된 투자 혹은 의도된 투자[Planned of intended investment]라고 하며, 사후적 투자를 실현된 투자[Realized investment]라고 한다.

사전적 투자(I_a)라고 해서 재고가 포함되지 않은 것은 아니다. 하지만 사전적 투자에는 예상된 재고가 포함되어 있다. 얼마큼 생산하면 얼마만큼의 재고가 남을 것이라고 사전에 계획한 재고가 포함되어 있다. 반면에 사후적 투자(I_p)에는 예상범위를 벗어난 재고가 포함된다. 즉, 사후적 투자에 포함되는 것은 재고의 증가($\triangle inv$)인 것이다. 따라서 사전적 투자와 사후적 투자의 차이는 계획과 다른 재고변동의 양이다. 이를 표현하면 다음과 같다.

$$I_p = I_a + \triangle inv \;\to\; \triangle inv = I_p - I_a$$

4 균형국민소득의 결정

① 총수요와 국민소득

총수요는 앞서 살펴본 바와 같이 가계, 기업, 정부 및 해외부문의 재화 및 서비스에 대한 지출의 합을 의미한다. 논의를 단순화하기 위해 가계의 지출인 소비를 제외한 나머지 요인들은 외생적으로 주어져 있다고 가정하자. 즉, 투자와 정부지출, 순수출은 소득수준과 관계없이 일정 수준으로 주어진다고 가정한다.

$$E = C(Y - \overline{T}) + \overline{I} + \overline{G} + \overline{NX}$$

폐쇄경제, 즉 순수출이 0인 경우를 가정하면 계획된 지출 E는 소비(C), 투자(I), 정부지출(G)의 합이다.

$$E = C + I + G = C(Y - \overline{T}) + \overline{I} + \overline{G}$$

② 총수요와 총공급의 결정

균형국민소득은 재화와 서비스의 총공급이 총수요와 일치하는 상태를 의미한다. 총공급은 재화와 서비스의 총생산을 의미하고, 거시경제의 기본순환에서 살펴본 바와 같이 총생산으로부터 벌어들인 금액은 생산요소제공자들에게 생산요소 제공의 대가로 배분되므로, 국내총생산과 일치한다. 한편, 총수요는 재화와 서비스에 대한 경제주체들의 총지출과 같다. 따라서 총공급은 국민소득과, 총수요는 총지출과 같으므로, 균형국민소득의 조건은 국민소득과 총지출이 같다고 표현할 수 있다.

$$Y = E$$

총수요는 재화 및 서비스에 대한 지출과 일치하므로 투자, 정부지출, 순수출을 합한 것과 같다. 투자, 정부지출과 순수출은 소득과 무관하므로 총지출곡선의 기울기는 소비함수의 기울기와 일치한다. 한편, 총공급은 항상 국민소득과 일치하므로 총공급을 국민소득의 함수로 표현하면 원점을 지나는 45° 선이 된다.

▼ 총공급과 총수요의 일치

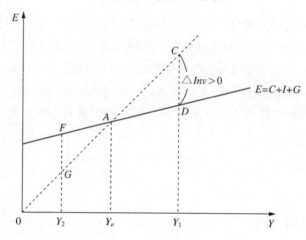

실제 일정기간 동안 이루어지는 생산활동이 항상 균형수준과 일치한다는 보장은 없다. 만약 실제 생산수준이 균형수준보다 크다면 실제 국민소득이 균형국민소득보다 클 것이다($Y_e < Y_1$). 이 경우 총수요곡선은 총공급곡선의 아래에 위치하게 된다. 즉, 경제 전체의 초과공급이 발생하게 되고, 초과공급의 크기만큼 재고가 증가한다(CD, $\triangle inv > 0$). 재고가 증가하는 경우 기업들은 생산을 줄이게 된다. 생산의 감소는 곧 소득의 감소이므로, 실제 국민소득 수준은 Y_1으로부터 점차 감소하여 Y_e 수준에 도달할 때까지 계속된다. 반대의 경우에는 초과수요가 발생하고, 기업은 균형국민소득 수준에 이를 때까지 생산을 늘려, 균형국민소득이 달성된다.

⑤ 인플레이션 갭과 디플레이션 갭

균형국민소득의 결정 과정에서 살펴본 바와 같이 균형국민소득은 총수요에 의해서 결정된다. 총수요가 총공급의 크기를 결정하는 사실에서 놓치지 말아야 할 점은 이는 국가 경제 전체에 충분한 유휴생산능력이 있다는 것을 전제로 하고 있다는 점이다. 즉, 사용되지 못하고 놀고 있는 생산자원이 존재한다는 가정 하에 성립하는 개념이라는 것이다. 만약 한 국가 경제에 존재하는 노동과 자원이 정상적인 범위에서 최대한 활용되고 있는 상황에서는 총수요가 총공급을 결정할 수 없다. 주어진 노동과 자원의 완전이용수준을 초과해서는 생산할 수 없기 때문이다. 이러한 완전고용 수준에서의 산출량은 잠재적 산출량 혹은 완전고용산출량이라고 한다.

① 인플레이션 갭

만약 총수요가 완전고용산출량을 초과하게 되면 물가상승압력이 존재하게 된다. 인플레이션 갭$^{Inflationary\ gap}$이란 총수요가 총공급을 초과하는 크기를 의미한다. 즉, 완전고용수준에서의 초과수요이다. 다음의 그림에서 균형국민소득 수준은 총수요곡선과 총공급곡선이 교차하는 Y_1에서 결정된다. 하지만 Y_1 수준은 가상적인 개념일 뿐 실현될 수 없다. 완전고용국민소득 수준이 Y_f에서 결정되기 때문이다. 따라서 실제 산출량은 Y_f에서 결정되며, Y_f 수준에서 총수요곡선과 총공급곡선 간의 수직거리가 바로 인플레이션 갭이다. 이때 상품시장에서는 초과수요로 인해 물가가 상승한다. 이는 물가상승을 피하기 위해서는 완전고용산출량 수준에 맞게 생산해야 한다는 것을 알려준다.

② 디플레이션 갭

디플레이션 갭$^{Deflationary\ gap}$은 인플레이션 갭의 반대 개념이다. 즉 총수요가 완전고용생산량 수준에 미치지 못하는 경우 발생한다. 다음 그림에서 균형국민소득은 Y_0에서 결정된다. 해당 수준에서는 국가 경제 내에 존재하는 자원을 충분히 활용하고 있지 못하기 때문에 균형국민소득은 완전고용수준(Y_f)에 미치지 못하게 된다. 즉, $Y_0 \sim Y_f$만큼의 유휴자원이 존재하는 것이다. 디플레이션 갭이란 Y_f수준에서 총공급곡선과 총수요곡선 사이의 수직거리를 의미한다. 디플레이션 갭의 존재는 재화 및 서비스 시장에서의 초과공급을 의미하므로, 필연적으로 산출량과 고용량의 감소가 나타난다. 따라서 이를 막기 위해서는 유효수요의 증가가 필요하다. 즉, 투자나 정부지출 증가, 조세감면을 통한 유효수요의 증가를 통해 총수요곡선을 우상향으로 이동시켜 디플레이션 갭을 제거할 수 있다.

유효수요$^{Effective\ demand}$

인간의 물질에 대한 욕구는 무한하지만, 구매력을 수반하지 않는 욕망은 단지 잠재적 수요에 지나지 않는다. 유효수요는 크게 2종류로 나누어진다. 하나는 소비물자에 대한 수요, 즉 소비(수요)와 다른 하나는 공장설비나 원료를 증대시키기 위한 수요, 즉 투자(수요)이다. 이런 경우 기업이 경영적인 생산활동을 계속하기 위하여 필요로 하는 원료 등의 중간수요는 포함되지 않는다. 소비와 투자로 이루어지는 유효수요의 크기에 따라 사회 경제활동의 수준이 정해진다고 하는 이론을 유효수요의 이론이라고 한다.

▼ 인플레이션 갭

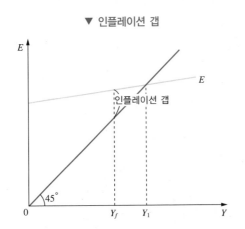

▼ 디플레이션 갭

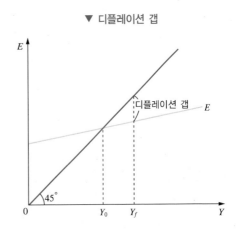

01 **저축의 역설에 관한 설명으로 옳은 것은?**

① 소득이 증가하면 저축이 감소한다는 가설이다.

② 투자가 GDP와 정(+)의 상관관계를 가질 때에는 저축이 증가하면 소득이 증가한다는 가설이다.

③ 고전학파 이론에서는 성립되지 않는 가설이다.

④ 명목이자율의 상승이 인플레이션율을 하락시킨다는 가설이다.

⑤ 소비와 저축이 동시에 증가한다는 가설이다.

02 **소비지출 $C = 100 + 0.8\,Y$, 투자지출 $I = 500$, 정부지출 $G = 200$일 때, 균형국민소득은?**

① 1,000

② 4,000

③ 5,000

④ 7,000

⑤ 10,000

FEED BACK

☑ **왜 틀렸을까?**

01 ☐ 개념 이해 부족　☐ 문제 이해 부족　☐ 기타(　　　)
02 ☐ 개념 이해 부족　☐ 문제 이해 부족　☐ 기타(　　　)

☑ **개념 다시 짚어보기**

236　PART 2 거시경제·국제경제

문제 01   케인즈 경제학 – 저축의 역설

중요도	★★★★☆
정 답	③

개념 해설

③ 저축의 역설이란 모든 개인이 절약하여 저축을 증가시키면 총수요가 감소하여 국민소득이 감소한다는 개념이다. 이는 총수요가 완전고용생산량에 미치지 못하는 경우에 성립하는 개념이므로, 언제나 총수요와 총공급이 일치하는 균형상태를 가정하는 고전학파 이론에서는 성립하지 않는다.

오답 정복하기

① 소득이 증가하면 소비와 저축 모두 증가한다. 소비와 저축 가운데 어떤 항목이 더 많이 증가하는지는 한계소비성향에 달려있다.

② 투자와 GDP의 상관관계와 저축과 소득의 상관관계는 상관이 없으며, 절약의 역설과 무관하다.

④ 명목이자율은 실질이자율과 예상인플레이션율의 합계로 나타난다. 명목이자율이 상승하는 경우 예상인플레이션율은 상승한다. 그리고 이는 실제 인플레이션으로 나타날 수 있다.

⑤ 저축이 증가할 경우 소비가 감소하여 경제 전반의 총수요 감소로 이어진다는 가설이다.

문제 02   균형국민소득의 결정 – 총수요와 균형국민소득

중요도	★★★★☆
정 답	②

개념 해설

균형국민소득은 총수요와 총공급이 일치할 때 결정된다. 한편, 총수요는 소비, 투자, 정부지출의 합으로 정의되므로 다음과 같이 계산된다.

$$Y = C + I + G = 100 + 0.8Y + 500 + 200$$

정리하면, $Y = \dfrac{1}{0.2} \times 800 = 4{,}000$이 된다.

오답 정복하기

케인즈의 단순모형에서는 총공급과 총생산은 항상 일치하지만 총수요와 총지출이 반드시 일치하리라는 보장은 없다. 그리고 이러한 불일치는 완전고용산출량 이하의 영역에서만 나타난다.

03 다음과 같이 주어진 식을 토대로 계산한 균형국민소득은 얼마인가?

$$C = 200 + 0.8\,(Y - T)$$
$$I = 600, \quad G = 100$$
$$X_n = 100, \quad T = 1{,}000$$

(C는 소비지출, Y는 국민소득, T는 조세, I는 투자지출, G는 정부지출, X_n은 순수출)

① 500

② 600

③ 700

④ 800

⑤ 1,000

04 소비 및 저축을 하는 가계부문과 생산 및 투자를 하는 기업부문만 존재하는 단순한 거시경제에서 소비함수와 투자함수가 다음과 같을 때, 이 경제의 균형국민소득은?

$$C = 30 + 0.8\,Y$$
$$I = 10 + 0.1\,Y$$

(C는 소비지출, Y는 국민소득, I는 투자지출)

① 400

② 600

③ 700

④ 800

⑤ 1,000

중요도 ★★★★☆
정답 ⑤

문제 03 균형국민소득의 결정 - 총수요와 균형국민소득

📖 문제 분석

균형국민소득은 총수요와 총공급이 일치할 때 결정된다.

개념 해설

총수요는 소비, 투자, 정부지출의 합으로 정의되므로 다음과 같이 계산된다.

$$Y = C + I + G + X_n = 200 + 0.8(Y - 1,000) + 600 + 100 + 100$$

정리하면, $Y = 0.8Y + 200 \rightarrow Y = \dfrac{1}{0.2} \times 200 = 1,000$ 이 된다.

오답 정복하기

소비는 단순히 소득이 아니라 가처분소득의 증가함수이다. 즉, 소득에서 세금을 납부하고 남은 실질적으로 소비에 활용할 수 있는 소득에 비례한다는 것이다. 따라서 소비함수의 수식이 Y가 아닌 $Y - T$로 표현된 것이다. 한편, 케인즈의 단순모형에서 소비를 제외한 나머지 투자와 정부지출, 그리고 순수출은 모두 외생변수로 가정한다. 따라서 문제에서 소비를 제외한 나머지 변수는 상수로만 주어졌다.

중요도 ★★★★☆
정답 ①

문제 04 케인즈의 단순모형과 균형국민소득의 결정

개념 해설

균형국민소득은 총수요와 총공급이 일치할 때 결정된다. 한편, 케인즈의 단순모형에서 총수요는 소비, 투자의 합으로 정의되므로 다음과 같이 계산된다.

$$Y = C + I = 30 + 0.8Y + 10 + 0.1Y$$

정리하면, $Y = 0.9Y + 40$이 된다. 따라서 $Y = 400$이다.

오답 정복하기

케인즈의 단순모형은 소비와 투자만 고려한다. 한편, 총수요와 총지출이 일치하지 않는 이유는 투자에 있다. 투자는 사전에 계획된 투자와 실제 실현된 투자가 있는데 재고의 증가만큼 차이가 발생하기 때문이다. 따라서 케인즈 단순모형에서 총공급과 총생산은 일치하지만, 총수요와 총지출이 반드시 일치하는 것은 아니다. 케인즈의 단순모형에서도 균형국민소득은 총수요와 총공급이 일치할 때 형성된다.

PART 02

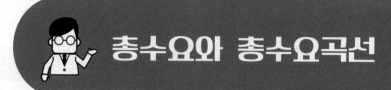

CHAPTER

06 총수요와 총수요곡선

▸ "경제주체 심리, 주요 거시경제변수 변동성 이해에 중요"

– 로버트 홀[Robert Hall]

01 정의와 형태

1 정의

총수요곡선[Aggregate demand curve]은 한 경제의 전반적인 물가 수준과 가계(C), 기업(I), 정부(G), 해외부문(NX) 등에 의한 총생산물에 대한 수요량 간의 관계를 나타내는 곡선이다. 총수요곡선은 「실질 국내총생산–물가」 평면에서 우하향의 기울기를 갖는다. 즉, 다른 모든 조건이 일정하다면, 물가가 상승할 때 총생산물의 수요량이 감소하고, 물가가 하락할 경우 총생산물의 수요량이 감소한다.

▼ 총수요곡선의 형태

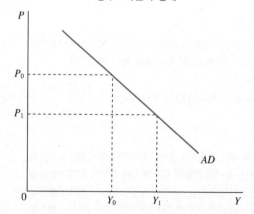

미시경제학의 수요곡선과 거시경제학의 총수요곡선

개별시장의 수요곡선과 전체 시장의 총수요곡선은 그 형태가 매우 유사해 보인다. 하지만 두 곡선은 큰 차이가 존재한다. 개별시장의 수요곡선은 다른 재화의 가격이 일정할 때를 가정한다. 스마트폰 가격에 대한 수요곡선을 도출할 때는 다른 재화의 가격은 변하지 않고 오직 스마트폰 가격이 하락했을 때 스마트폰의 수요량 변화를 보여준다. 하지만 총수요곡선에서는 다른 모든 재화의 가격이 일정하다는 가정을 사용할 수 없다. 총수요곡선은 일정기간 동안 생산되는 모든 재화 및 서비스에 대한 수요를 대상으로 하기 때문이다. 거시경제학에서의 총수요는 물가로 표현되는 경제 전반의 가격수준이 상승하고 하락할 때 어떤 일이 발생하는지 관심을 갖는다.

② 총수요곡선이 우하향하는 이유

총수요곡선은 우하향하는 형태를 갖는다. 이는 물가가 상승할 때 국내에서 생산되는 최종생산물에 대한 수요량이 감소한다는 것을 의미한다. 보다 구체적으로 물가가 상승할 때 총수요를 구성하는 요인들(소비, 투자, 정부지출, 순수출)의 감소가 발생한다는 것이다. 이 중 물가변화와 관련을 맺는 것은 소비와 투자, 그리고 순수출이다.

① 소비의 변화, 자산효과

물가의 변화는 부^{Wealth}와 소득의 실질가치를 변화키고 물가의 상승은 실질적인 구매력을 감소시킨다. 은행에 500만원의 예금이 있는 사람의 경우 50만원짜리 스마트폰을 10개 구입할 수 있었지만, 물가의 상승으로 동일한 스마트폰의 가격이 100만원이 되면 5개 밖에 구입할 수 없다. 구매력의 감소는 소비를 줄이게 되고, 이는 모든 사람들이 비슷하게 반응할 것이다. 그 결과 최종생산물에 대한 지출은 감소하게 된다. 전반적인 물가수준과 소비지출 간에 음(−)의 상관관계가 존재하는 것이다. 이를 자산효과$^{Wealth\ effect}$라고 한다.

② 투자의 변화, 이자율 효과

물가의 상승은 투자의 축소를 야기한다. 물가의 상승은 화폐의 구매력을 감소시키기 때문이다. 이자율이란 화폐의 가격이다. 따라서 화폐에 대한 수요가 많아지면 이자율이 높아지고, 반대의 경우 이자율이 낮아진다. 물가의 상승으로 1만원으로 구입할 수 있었던 2,000원짜리 아이스크림 5개는 2,500원으로 상승한 후에는 4개밖에 구입하지 못한다. 화폐의 구매력이 감소한 것이다. 가계는 동일한 양의 아이스크림 구매를 위해서는 이전보다 더 많은 화폐를 보유해야 한다. 더 많은 화폐를 보유한다는 것은 은행에서 자금을 차입하거나 보유하고 있던 채권을 매각한다는 것을 의미한다. 이처럼 화폐에 대한 수요가 많아지면 이자율이 상승하게 된다. 한편, 기업은 투자지출을 차입에 의존한다. 그리고 이자율은 차입의 비용이다. 따라서 이자율의 상승은 자금조달비용의 상승을 의미하기 때문에 이자율이 높아질 경우 기업은 차입규모를 줄이고 투자를 축소할 수밖에 없다. 결국 물가의 상승은 투자를 축소시키는 것이다. 이러한 물가와 투자지출 간에 존재하는 간접적인 음(−)의 상관관계를 이자율 효과$^{Interest\ rate\ effect}$라고 한다.

③ 정부지출

정부지출$^{Government\ spending}$은 많은 부분에 있어 한 국가 경제의 물가수준과 독립적이다. 공무원의 급여가 대표적이다. 물가가 오른다고 해서 공무원들의 급여가 좀처럼 오르는 법은 없다. 참고로 2019년 공무원의 연봉인상은 1.8%이다. 따라서 정부지출은 우하향의 총수요곡선과는 별다른 연관이 없다.

④ 순수출, 무역수지 효과

순수출$^{Net\ exports}$은 물가수준과 연관이 있다. 다른 나라의 물가수준이 동일하다는 가정 하에 우리나라의 물가가 상승하면, 우리나라의 재화는 다른 나라의 재화보다 상대적으로 비싸진다. 이로 인해 해외 시장에서 우리나라 제품과 서비스에 대한 지출이 감소한다. 즉, 수출이 줄어든다는 의미다. 반면 수입은 증가할 것이다. 따라서 물가수준이 높아질수록 순수출은 감소한다. 물가수준과 순수출 간의 음(−)의 상관관계가 존재한다. 이를 무역수지 효과라고 한다.

02 총수요곡선의 도출

케인즈의 균형국민소득 결정 모형에서 살펴본 바와 같이 케인즈는 45° 선의 총공급과 총수요가 일치하는 지점에서 균형국민소득이 결정된다. 현재 상황에서 물가수준이 하락($P_1 \rightarrow P_2$) 할 경우 실질 국내총생산 수준에서 총지출이 증가한다. 따라서 총지출곡선은 위쪽으로 이동하게 된다 ($E_1 \rightarrow E_2$). 이에 따라 새로운 균형점은 B점에서 형성된다. 그 결과 실질 국내총생산은 Y_1에서 Y_2으로 증가한다. 이를 「실질 국내총생산-물가」 평면으로 옮기면 우하향의 총수요곡선이 도출된다.

▼ 소득-지출 균형의 변화

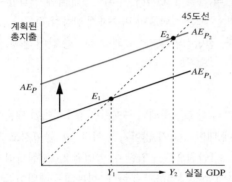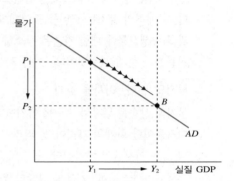

03 총수요곡선의 이동

미시경제학에서 살펴본 바와 같이 내생변수의 변화는 곡선 내의 변화를, 외생변수의 변화는 곡선의 변화를 야기한다. 「거래량-가격」 평면에 그려지는 미시경제학의 수요곡선에서 가격의 변화는 곡선 내의 이동을, 가격 외의 변화는 곡선의 이동을 야기한다. 이는 거시경제학에서도 마찬가지이다. 「실질 국내총생산-물가」 평면에 그려지는 총수요곡선은 물가의 변화는 곡선 내의 이동을, 물가 외의 변화는 곡선의 이동을 야기한다. 물가의 변화와 실질 국내총생산의 변화는 자산효과와 이자율효과, 무역수지 효과를 통해 살펴봤으며, 물가 외의 변화는 구체적으로 소비, 투자, 정부지출, 순수출에 영향을 미치는 요인들에 의해 발생한다.

① 미래에 대한 전망

글로벌 금융위기 이전 미국인들은 주택 가치가 상승하고 있으며, 이러한 추세가 당분가 계속될 것이라 믿었다. 미래에 대한 낙관적인 전망은 각 가계로 하여금 더 많은 소비를 하도록 만들었으며, 기업들 역시 투자를 늘리기 시작했다. 소비자와 기업의 미래에 대한 확신은 총수요곡선을 우측으로 이동하게 만들었다. 하지만 2007년 주택가격 상승은 거품이었음이 드러났다. 주택가격은 폭락하기 시작했고, 미래에 대한 걱정은 소비의 감소로 나타났다. 기업들 역시 미래 판매량 감소를 우려하여 투자를 축소하기 시작했다. 그 결과 총수요곡선은 좌측으로 이동했다. 이처럼 미래에 대한 전망은 총수요곡선을 이동시키는 대표적인 요인이다.

② 조 세

소비자 및 기업에 대한 세금의 인하는 소득에서 더 많은 돈을 소비에 사용할 수 있어 소비가 증가한다. 즉, 총수요곡선이 오른쪽으로 이동한다. 반대로 세금을 높일 경우 가처분소득이 감소하기 때문에 소비가 감소한다.

③ 정부지출

정부지출은 직접적으로 총수요곡선에 영향을 미친다. 총수요를 높이기 위해 정부는 정부지출을 높여 총수요에 간접적인 영향을 미칠 수 있다. 고속도로를 건설하거나 국방비 지출을 늘리는 형태가 대표적이다. 이 경우 총수요곡선이 우측으로 이동하지만, 반대로 정부지출의 대규모 삭감이 불가피한 경우도 존재한다. 이때는 총수요곡선이 좌측으로 이동한다.

▼ 총수요곡선의 이동 요인

구 분	증가(오른쪽 이동)	감소(왼쪽 이동)
소 비	• 미래소득에 대한 높은 기대 • 정부의 감세 정책	• 미래소득에 대한 낮은 기대 • 이자율 증가
투 자	• 미래 경제상황에 대한 확신 • 소기업에 대한 세액공제	• 경기침체에 대비한 기업 지출 축소 • 자본에 대한 조세 증가로 인한 투자 축소
정부지출	• 정부지출의 증가	• 부채 증가에 대응한 정부지출의 감소
순수출	• 신규 FTA의 체결 • 중국의 경제성장	• 자국 상품에 대한 다른 나라의 관세 인상 • 환율의 하락

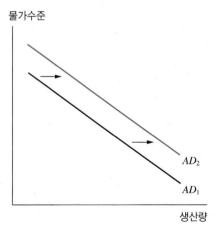

▼ 총수요곡선의 우측 이동

물가수준

생산량

AD_2

AD_1

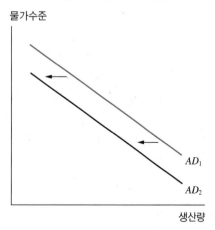

▼ 총수요곡선의 좌측 이동

물가수준

생산량

AD_1

AD_2

01 그림의 국민경제균형점 A를 B로 이동시킬 수 있는 원인과 그 결과로 적절한 것은?

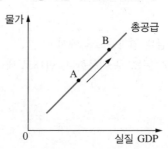

	원 인	결 과
①	수출 증가	고용 증가
②	기술혁신	인플레이션 발생
③	민간소비 증가	실업률 증가
④	공장 해외 이전	경상수지 개선
⑤	국제원유가 하락	디플레이션 발생

02 다음 그림은 갑국의 총수요와 총공급을 나타낸다. 이와 같은 변화의 요인으로 가장 적절한 것은?

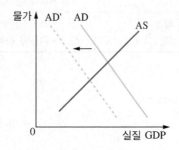

① 갑국의 순수출이 증가하였다.
② 중앙은행이 기준 금리를 인하하였다.
③ 정부가 종합 소득세율을 인상하였다.
④ 중앙은행이 지급준비율을 인하하였다.
⑤ 정부가 사회간접자본 투자를 확대하였다.

FEED BACK

✓ 왜 틀렸을까?	01 ☐ 개념 이해 부족	☐ 문제 이해 부족	☐ 기타( )
	02 ☐ 개념 이해 부족	☐ 문제 이해 부족	☐ 기타( )

✓ 개념 다시 짚어보기

문제 01   총수요와 총공급 곡선 − 균형의 형성

중요도 ★★★★☆   정답 ①

개념 해설

① 거시경제의 균형이 총공급곡선을 따라 A점에서 B점으로 이동하기 위해서는 총수요곡선의 우측이동이 필요하다. 총수요곡선은 수출이 증가하는 경우 순수출의 증가로 인해 우측으로 이동한다. 그리고 이는 실질 GDP의 증가를 야기해 실업의 감소를 가져온다. 즉, 고용이 증가한다는 것을 의미한다.

오답 정복하기

② 기술혁신은 총공급곡선의 이동요인이다. 총공급곡선을 따라 균형점이 이동하고 있기 때문에 총수요 측의 변화요인이 균형점 이동의 원인으로 적절하다.

③ 민간소비의 증가는 총수요곡선의 우측이동요인이다. 다만, 그 결과 실질 GDP가 증가하기 때문에 생산은 증가하고, 실업은 감소한다. 따라서 실업률 증가의 결과는 나타나지 않는다.

④ 공장의 해외 이전은 총공급의 감소 요인이다. 공장이 해외로 이전할 경우 자국의 GDP는 감소하는 반면 해외의 GDP는 상승하기 때문이다.

⑤ 국제원유가는 총공급요인이다. 국제원유가가 하락할 경우 총공급곡선이 우측으로 이동하고, 이러한 추세가 지속될 경우 물가가 하락하는 디플레이션이 발생할 수 있다.

문제 02   총수요곡선의 이동 요인

중요도 ★★★★☆   정답 ③

PART 02

개념 해설

③ 정부가 종합 소득세율을 인상할 경우 가계의 가처분소득이 감소한다. 가처분소득은 소득에서 세금을 납부하고 남은 실질적인 소득으로서 소비의 근간이 된다. 따라서 종합 소득세율의 상승은 가처분소득의 감소를 의미하고, 이는 소비의 감소를 야기해 총수요곡선의 좌측이동을 야기한다.

오답 정복하기

① 순수출은 총수요의 한 구성요인으로, 순수출이 증가하면 총수요곡선은 우측으로 이동한다.

② 투자는 금리와 밀접한 연관이 있다. 기준금리를 인하할 경우 차입에 의존하는 투자는 증가하게 된다. 이는 총수요곡선의 우측이동요인이다.

④ 지급준비율이란 예금액 가운데 대출에 사용하지 못하고 은행에 남겨두는 금액을 의미한다. 이 비율을 낮춰주면 은행에 남겨둬야 할 금액이 작아지므로, 더 많은 대출이 가능하다. 기업과 정부 모두 대출여력이 높아지면 소비와 투자를 증가시킬 수 있다. 따라서 총수요곡선의 우측이동요인이 된다.

⑤ 정부의 사회간접자본 확충은 정부지출의 증가이다. 정부지출은 총수요의 한 구성요인이므로 총수요곡선의 우측이동을 야기한다.

[03-04] 다음 자료를 읽고 물음에 답하시오.

영식이네 어머니는 ⊙ 종업원을 고용하여 신발 가게를 운영하시며, 아버지는 ○○회사에서 공장장으로 일하
신다. 지난달에는 아버지가 ⓛ 보너스를 받으셨고, 어머니는 ⓒ 월세 지출을 줄이기 위해 ⓔ 다른 점포를
빌려 신발 가게를 이전하셨다. 이번 달에는 아버지가 ⓜ 출퇴근용 승용차를 새로 구입하셨다.

〈민간 부분의 경계 순환〉

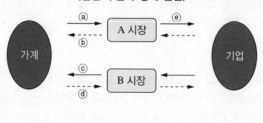

┌─────────────────────────┐
│ ──→ 실물 흐름   ---→ 화폐흐름 흐름 │
└─────────────────────────┘

03 ⊙~ⓜ에 대한 설명으로 옳은 것은?

① ⊙은 ⓐ에 포함된다.
② ⓛ은 ⓑ에 포함된다.
③ ⓒ은 ⓒ에 포함된다.
④ ⓔ은 ⓓ에 포함된다.
⑤ ⓜ은 ⓔ에 포함된다.

04 ⓐ~ⓔ에 대한 설명으로 가장 적절한 것은?

① 가계의 저축이 증가하면 ⓐ는 감소한다.
② 기업의 각종 기부 활동이 증가하면 ⓑ는 증가한다.
③ 치안, 국방 등과 같은 공공재의 소비행위는 ⓒ에 포함된다.
④ 가계의 소비 지출이 증가하면 ⓓ는 감소한다.
⑤ ⓔ는 이윤 획득을 위한 경제적 행위이다.

문제 **03**   거시경제의 기본 순환 – 소비와 생산

중요도	★★★★☆
정 답	②

개념 해설

② 아버지가 보너스를 받는 과정은 생산요소 제공에 대한 대가를 받는 과정이다. 따라서 생산요소시장으로부터 가계로의 화폐흐름에 해당한다.

오답 정복하기

①, ③, ④ 모두 기업이 생산요소를 수요하는 과정이므로, ⓔ에 해당한다.

⑤ ⓜ은 생산물 시장에서 최종 재화를 구입하는 과정이므로, 그림에서 생산물시장으로부터 가계로 실물이 이동하는 흐름에 해당한다. 즉, ⓒ에 해당한다.

> **📖 문제 분석**
>
> ㉠, ㉢, ㉣은 기업이 생산요소를 수요하는 과정이며, ㉡은 생산요소 제공의 대가를 받는 과정 그리고 ㉤은 생산물 시장에서 최종 재화를 구입하는 과정이다. 한편, 아래 그림에서 A시장은 생산요소 시장이며, B시장은 생산물시장이다.

문제 **04**   경제주체의 경제행위 – 총수요의 구성요소

중요도	★★★★☆
정 답	⑤

PART 02

개념 해설

⑤ 기업이 생산요소시장에서 생산요소를 수요하는 것은 생산활동을 하기 위함이고, 이는 생산을 통해 이윤을 획득하고자 하는 정상적인 경제적 행위이다.

오답 정복하기

① 가계가 생산요소시장에 공급을 줄인다는 것은 일을 줄인다는 것을 의미한다. 이는 소득이 증가하였을 때 나타나는 현상이지 저축 증가의 결과가 아니다.

② ⓑ는 생산요소시장에서 가계로 흘러들어가는 화폐흐름, 즉 소득이다. 기업의 기부활동 증가와 가계의 소득 증가는 무관하다.

③ 치안, 국방 등의 공공재 소비행위는 민간의 거시경제 순환에 포함되지 않는다. 총수요의 구성항목일 뿐 가계와 기업으로 이루어진 민간의 순환과정에는 포함되지 않는다.

④ 가계의 소비지출이 증가하면 소비가 증가한다. 이는 생산물시장으로 흘러들어가는 화폐가 많음을 의미한다. 따라서 ⓓ는 증가한다.

총공급과 총공급곡선

▶ "장기에 우리는 모두 죽는다(In the long run we are all dead)."
– 존 메이너드 케인즈[John Maynard Keynes]

01 정의와 형태

① 정 의

총공급은 경제활동을 하는 모든 기업의 총생산을 합한 것이다. 생산은 한 국가에 존재하는 기술과 자본, 노동과 같은 생산요소의 조합으로 이뤄진다. 한편, 총공급곡선[Aggregate supply curve]은 한 경제의 전반적 물가수준과 기업들의 전체 생산량 사이의 관계를 의미한다. 총공급곡선은 단기와 장기의 그 형태가 다르다. 주로 살펴보게 될 단기의 총공급곡선은 「실질 국내총생산-물가」 평면에서 우상향의 기울기를 갖는다. 즉, 다른 모든 조건이 일정하다면, 물가가 상승할 때 총생산물의 공급량이 증가하고, 물가가 하락할 경우 총생산물의 공급량이 감소한다. 하지만 장기의 총공급곡선은 완전고용생산량 수준에서 수직의 형태를 갖는다.

> 🔍 **미시경제학의 공급곡선과 거시경제학의 총공급곡선**
>
> 개별시장의 공급곡선과 전체 시장의 총공급곡선은 매우 유사하지만, 두 가지 측면에서 중요한 차이가 존재한다. 첫 번째는 총공급곡선은 하나의 재화 또는 서비스가 아닌 전체로서 경제의 총생산을 나타낸다는 점이다. 두 번째는 거시경제 차원에서 경제가 단기에 작동되는 방식과 장기에 작동되는 방식의 차이가 존재한다는 것이다.

② 단기와 장기의 총공급곡선

① 장기의 총공급곡선

거시경제학에서 장기는 고전학파의 세계이다. 「제04장 균형국민소득의 기본모형」에서 살펴본 바와 같이 고전학파는 가격과 임금의 신축적인 조정을 강조한다. 즉, 노동시장에 불균형이 발생하더라도, 명목임금이 신축적으로 조정되어 균형을 회복한다는 것이다. 보다 구체적으로 물가가 하락하면($P_0 \rightarrow P_1$) 실질임금은 상승하게 되고($\frac{W_0}{P_0} \rightarrow \frac{W_0}{P_1}$), 이는 노동시장에서 초과공급을 발생시킨다. 하지만 고전학파 모형에서는 초과공급을 해소하기 위한 임금의 조정이 신속하게 이뤄진다. 즉, 명목임금이 정확히 물가상승분만큼 하락($W_0 \rightarrow W_1$)하여 원래의 균형으로 되돌아오는 것이다($\frac{W_0}{P_1} \rightarrow \frac{W_1}{P_1}$). 물가의 하락이라는 충격에도 불구하고 경제는 다시 완전고용(L^f)과 완전고용국민소득(Y^f) 수준으로 돌아오는 것이다. 즉, 물가가 경제 전체의 생산량 변화에 어떠한 영향도 미치지 못한다. 이는 고전학파의 총공급곡선은 완전고용국민소득 수준에서 수직의 형태임을 알려준다.

▼ 장기 총공급곡선의 도출

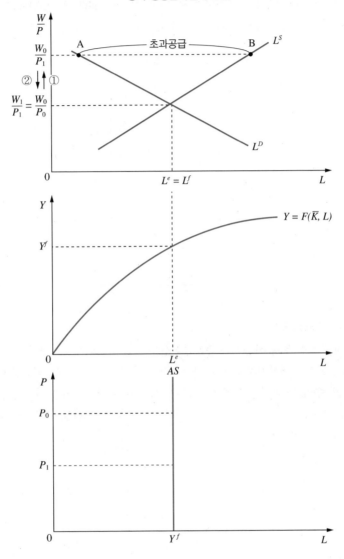

② 단기의 총공급곡선

단기는 케인즈의 세계이다. 케인즈는 균형국민소득의 결정 과정에서 총공급은 아무런 역할을 하지 못하고, 총수요에 의해 그 수준이 결정된다고 주장했다. 유휴자원의 존재로 인해 총수요만 확보된다면 총공급은 이에 맞춰 얼마든지 증가할 수 있다고 보았기 때문이다. 따라서 케인즈는 완전고용국민소득(Y^f)수준 이하에서는 총수요의 크기가 총공급을 결정한다고 주장했다. 그 결과 단기의 총공급곡선은 완전고용국민소득에 도달하기 전까지는 물가 수준에서 수평이고, 완전고용국민소득에 도달하면 수직의 형태를 갖게 된다. 완전고용국민소득 이전 수준에서는 총공급이 아무런 역할을 하지 못하기 때문이다.

▼ 단기 총공급곡선의 도출

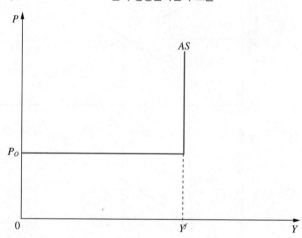

③ 우상향의 총공급곡선

거시경제 분석을 위해 사용하는 총공급곡선은 고전학파와 케인즈의 공급곡선을 절충하여 사용한다. 즉, 물가가 변하지 않는 단기에는 케인즈의 수평 형태의 공급곡선을, 물가가 완전 신축적으로 변할 수 있는 장기에는 고전학파의 수직 형태의 공급곡선을 사용한다. 하지만 실제 분석에 가장 많이 활용하는 것은 물가가 경직적이지만 약간은 변할 수 있음을 가정하고 도출한 우상향의 공급곡선이다.

③ 단기 총공급곡선이 우상향하는 이유

① 판매수입의 증가 > 생산비용의 상승

단기에 총공급곡선이 우상향하는 것은 전반적 물가수준이 증가함에 따라 기업들이 기꺼이 더 많이 생산할 의사가 있음을 의미한다. 이는 최종 재화 및 서비스의 가격이 투입요소의 가격보다 훨씬 신속하게 증가하는 경향이 있기 때문이다. 쉽게 말해, 만들어 판매하는 재화 및 서비스의 가격이 이를 만들기 위한 재료의 가격보다 빠르게 상승한다는 것이다. 즉, 물가 수준이 높아지는 경우 판매수입이 생산비용보다 빠르게 증가할 수 있어 기업들은 기꺼이 더 많이 생산하고자 한다.

② 경직적인 생산비용

판매수입의 증가가 생산비용의 상승보다 빠른 이유는 가격이 경직적^{Sticky}이기 때문이다. 이는 경제의 변화에 대응해 천천히 조정된다는 것을 의미한다. 대표적으로 임금은 경직적인 가격변수이다. 물가가 갑작스럽게 상승한 경우, 샌드위치 가격은 상승하기 때문에 판매수입은 증가한다. 하지만 현실에서 임금은 물가상승에 맞춰 즉각적으로 조정되지 못한다. 따라서 기업의 수익은 증가하게 된다. 또한 이 경우 기업은 노동자를 추가로 고용해 더 많은 생산을 준비하게 된다. 즉, 물가가 상승하는 경우($P_A{\rightarrow}P_B$) 생산자는 더 많은 최종생산물을 판매하여 더 높은 판매수입을 올리고자 한다. 이때 단기적으로 임금이 고정되어 있기 때문에 기업은 이전보다 더 높은 이윤을 얻을 수 있다. 따라서 기업은 물가가 상승할 경우 더 많은 최종생산물을 판매하여 단위당 이윤을 높일 수 있다. 따라서 물가와 총생산 간에는 정의 상관관계가 존재한다($A{\rightarrow}B$).

> **생산요소의 가격이 경직적인 이유**
>
> 현실에서는 계약 혹은 비공식적인 관행이 임금을 비롯한 다른 생산요소의 가격을 경직적이게 한다. 노조가 있는 회사들은 한 번에 수년간의 임금 수준을 결정하는 계약을 맺는다. 해당 기간 동안에는 직원이 임금 인상을 요구할 수 없으며, 고용주도 임금을 깎을 수 없다. 원재료도 마찬가지다. 패스트푸드 가맹점은 내년에 공급받을 소고기 패티 가격을 현재 시점에서 공급자와 계약하게 된다. 내년 1년 동안은 물가가 상승되더라도 계약된 금액에 따라 소고기 패티의 공급이 이뤄진다.

02 총공급곡선의 이동

총공급곡선 역시 내생변수인 물가의 변화에 의해서 총공급곡선 상의 이동이 나타나는 반면 외생변수의 변화, 즉 물가 이외의 요인이 변화하는 경우 총공급곡선 자체가 이동하게 된다. 총공급곡선은 단위당 이윤이나 총생산에 영향을 미치는 요인들에 의해 이동한다. 총공급곡선은 국가 전체의 모든 기업의 의사결정이 반영되어 있기 때문이다.

① 단기 총공급곡선의 이동

① 생산비용의 변화

유가나 명목임금의 상승과 같은 생산비용의 증가는 대표적인 단기 총공급곡선의 이동요인이다. 유가가 갑자기 상승할 경우 기업들의 생산비용은 증가할 것이다. 이 경우 기업들은 주어진 가격 수준에서 재화의 공급을 줄이려고 하기 때문에 단기 총공급곡선은 좌측으로 이동한다.

② 공급충격

생산에 직접적인 영향을 미치는 중대한 사건이 발생할 경우 단기 총공급곡선은 이동한다. 이를 공급충격Supply shock이라고 한다. 태풍이나 홍수와 같은 천재지변이 대표적이다. 자연재해로 인해 전력망이 파괴되고 생산된 농작물 등이 모두 떠내려간다면 총생산은 감소될 수밖에 없다.

③ 기술발전 등 생산성 변화

기술이 발전하면 동일한 생산요소를 활용하여 이전보다 더 많은 총생산물을 공급할 수 있다. 혹은 동일한 생산물을 더 적은 생산요소의 투입으로 생산해낼 수 있다. 두 경우 모두 단위당 이윤이 증가됨을 의미한다. 따라서 각 가격수준에서 기업이 생산할 수 있는 총생산물의 양은 증가하게 된다. 이처럼 기술발전 등의 이유로 생산성이 개선되면 가격이 변하지 않아도 총생산물의 공급이 증가되고 이는 단기 총공급곡선의 우측 이동으로 나타난다.

▼ 단기 총공급곡선의 이동

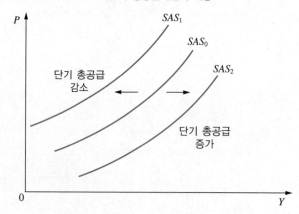

② 장기 총공급곡선의 이동

장기 총공급곡선은 완전고용생산량 수준에서 수직이다. 즉, 전반적인 물가수준과 상관없이 한 경제 내에 존재하는 이용가능한 투입요소에 의해 생산수준이 결정된다는 것이다. 이는 결국 한 국가 경제의 완전고용생산량 수준을 확장시킬 수 있는 요인에 의해 장기 총공급곡선이 이동하게 된다는 것을 의미한다.

① 신기술의 도입

신기술이 도입될 경우 동일한 양의 자원을 활용해 이전보다 더 많은 양을 생산할 수 있다. 19세기 산업혁명을 이끌었던 방적기와 20세기의 생산성 확장을 야기한 인터넷과 같은 범용기술 General purpose technology이 대표적이다. 이러한 신기술의 도입은 완전고용생산량 자체를 확장시키기 때문에 장기 총공급곡선을 이동시킨다.

② 생산요소의 증가

경제 내에 존재하는 생산요소의 변화로도 장기 총공급곡선은 이동한다. 외국인 투자의 증가는 경제의 자본량을 증가시키고, 생산을 증가시켜 장기 총공급곡선을 우측으로 이동시킨다. 반면에 투자수준이 낮아 마모된 자본을 대체하지 못하면 정반대의 결과가 초래된다. 이 경우 완전고용생산량 수준이 작아지고, 장기 총공급곡선은 좌측으로 이동한다.

▼ 장기 총공급곡선의 이동 요인

구 분	증가(오른쪽 이동)	감소(왼쪽 이동)
기 술	기술혁신	혁신의 유인을 감소하는 제도
자 본	공장 및 기계에 대한 외국인 투자 증가	감가상각과 자본의 마모
노 동	이민자 유입으로 인한 노동공급 증가	인구 고령화
교 육	보편적 초등교육	국가장학금의 축소
자연자원	새로운 에너지원 공급	기후변화로 인한 경작가능 토지의 축소

▼ 장기 총공급곡선의 이동

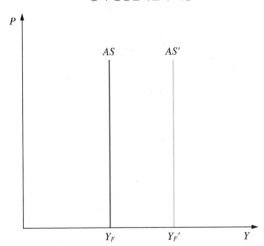

01 수직인 장기 총공급곡선과 달리 단기 총공급곡선은 우상향한다. 그 이유로 볼 수 없는 것은?

① 생산자들의 착각
② 임금의 경직성
③ 가격의 경직성
④ 물가수준의 지속적 상승
⑤ 노동자들의 착각

02 총공급곡선의 이동과 관련된 다음 설명 중 적절하지 않은 것은?(단, 단기의 총공급곡선은 우상향한다)

① 자본스톡이 증가하면 장기 총공급곡선은 오른쪽으로 이동한다.
② 기술진보가 이루어지면 단기 총공급곡선은 오른쪽으로 이동한다.
③ 예상 물가수준이 하락하면 장기 총공급곡선은 오른쪽으로 이동한다.
④ 인구 고령화가 진행되어 노동인구가 감소하면 단기 총공급곡선은 왼쪽으로 이동한다.
⑤ 자연자원이 추가적으로 발굴되면 장기 총공급곡선은 오른쪽으로 이동한다.

FEED BACK

☑ 왜 틀렸을까?	01 ☐ 개념 이해 부족	☐ 문제 이해 부족	☐ 기타( )
	02 ☐ 개념 이해 부족	☐ 문제 이해 부족	☐ 기타( )
☑ 개념 다시 짚어보기			

문제 01   단기와 장기의 총공급곡선 형태

중요도	★★★★☆
정답	④

개념 해설

④ 물가수준의 지속적인 상승이 우상향의 단기 총공급곡선을 형성하는 것은 아니다. 기본적으로 단기 총공급곡선이 우상향하는 이유는 가격변수의 경직성 때문이며, 이에 대한 생산자와 노동자들의 착각이 존재하기 때문에 물가가 상승할 때 총공급이 증가할 수 있다.

오답 정복하기

① 물가가 상승할 때 생산자들은 자신들의 가격이 상승했다고 착각하여 생산을 증가시킨다. 이러한 이유로 물가의 상승과 총공급이 비례할 수 있다.

② 현실에서 임금이 경직되어 있기 때문에 물가가 상승하는 경우 실질임금이 낮아지게 된다. 따라서 생산자들은 더 많은 고용을 할 여력이 생기게 되고 이는 총공급의 증가로 이어진다.

③ 현실에서 가격은 경직적이기 때문에 물가가 오른다고 해도 마음대로 올릴 수 없다. 따라서 가격을 올리지 않고 생산량을 늘리는 방식으로 생산자들은 이윤극대화를 추구한다. 그 결과 물가의 상승과 총공급의 증가가 비례적으로 이뤄진다. 가격을 신축적으로 조정하는 기업들이 많을수록 총공급곡선이 수직에 가까워진다.

⑤ 물가 상승이 있을 때 노동자들은 물가의 상승을 정확하게 인식하지 못해 실질임금의 하락을 눈치채지 못한다. 이로 인해 생산자들이 낮아진 실질임금으로 획득한 여유분으로 추가적인 고용을 실시할 수 있는 것이다.

> **📖 문제 분석**
>
> 거시경제학에서 단기는 케인즈의 영역이며, 장기는 고전학파의 세계이다. 단기의 총공급곡선은 우상향하며, 장기의 총공급곡선은 완전고용산출량 수준에서 수직이다.

PART 02

문제 02   물가 이외의 변수와 총공급곡선

중요도	★★★★☆
정답	③

개념 해설

③ 총공급곡선의 이동을 야기하는 것은 물가변화에 대한 예상이다. 물가상승에 대한 예상이 달라질 때 노동자들은 명목임금의 상승을 요구하고 이는 총생산의 감소를 야기하기 때문이다. 하지만 이 때 이동하는 것은 단기 총공급곡선이다. 장기 총공급곡선은 완전고용산출량 수준에서 수직이기 때문에 예상 물가상승률과는 무관하다. 장기 총공급곡선을 이동시키는 요인은 완전고용산출량 자체의 상승이다. 이는 기술혁신, 생산성 증가와 같은 근본적인 변화로부터 야기된다.

오답 정복하기

① 자본스톡이 증가할 경우 완전고용산출량 수준의 향상을 야기할 수 있으므로 장기 총공급곡선이 오른쪽으로 이동한다.

② 기술진보가 이뤄지면 동일한 생산요소의 활용으로 더 많은 생산이 가능해지므로 단기 총공급곡선이 오른쪽으로 이동한다.

④ 노동인구의 감소는 총생산의 감소로 이어지므로 단기 총공급곡선의 좌측 이동 요인이다.

⑤ 새로운 자원의 발견은 완전고용산출량 수준을 향상시킬 수 있는 요인이므로 장기 총공급곡선을 우측으로 이동시킬 수 있다.

03 장기 총공급곡선에 관한 설명으로 옳지 않은 것은?

① 장기적으로 한 나라 경제의 재화와 서비스공급량은 그 경제가 가지고 있는 노동과 자본 그리고 생산기술에 의해 좌우된다.

② 장기 총공급곡선은 고전학파의 이분성을 뒷받침해준다.

③ 확장적 통화정책으로 통화량이 증가하더라도 장기 총공급곡선은 이동하지 않는다.

④ 장기 총공급량은 명목임금이 경직적이고 자유롭게 변동하지 않기 때문에 물가수준이 얼마가 되든 변하지 않는다.

⑤ 장기 총공급곡선은 수직이다.

04 장기 총공급곡선이 수직선이라는 사실은 다음 중 무엇을 의미하는가?

① 장기적으로 생산성의 변화가 잠재적 실질 GDP에는 영향을 주지 않는다.

② 장기적으로 잠재적 실질 GDP의 변동이 고용수준에 영향을 주지 않는다.

③ 장기적으로 물리적 자본 보유량이 고용수준에 영향을 주지 않는다.

④ 장기적으로 이자율의 변화가 잠재적 명목 GDP에는 영향을 주지 않는다.

⑤ 장기적으로 물가수준의 변화가 잠재적 실질 GDP에는 영향을 주지 않는다.

FEED BACK

☑ 왜 틀렸을까?	03 ☐ 개념 이해 부족	☐ 문제 이해 부족	☐ 기타( )
	04 ☐ 개념 이해 부족	☐ 문제 이해 부족	☐ 기타( )
☑ 개념 다시 짚어보기			

문제 03   총공급곡선 – 장기 총공급곡선

중요도 ★★★★☆
정답 ④

개념 해설

④ 장기 총공급곡선은 완전고용산출량 수준에서 수직이다. 즉, 「실질 GDP–물가」 평면에서 수직이라는 것은 물가변수의 영향을 받지 않는다는 것을 의미한다. 장기에서는 명목임금이 신축적이고, 자유롭게 변하여 물가수준에 무관하게 항상 균형을 달성하므로, 장기 총공급곡선은 완전고용산출량 수준에서 수직이다. 현 경제의 능력으로 달성할 수 있는 최대치를 달성한 것이다.

오답 정복하기

① 장기적인 산출량은 완전고용산출량이다. 이는 한 국가 경제에 존재하는 부존자원의 양과 생산수준에 의해 결정된다.
② 장기총공급곡선은 완전고용산출량 수준에서 수직이므로, 통화량의 증가는 물가의 상승만 야기할 뿐 실질변수에 영향을 미치지 못한다는 고전학파의 이분성을 뒷받침해준다.
③ 확장적 통화정책으로 인해 통화량이 증가하여도 완전고용산출량 수준 자체가 증가하는 것은 아니므로 장기 총공급곡선은 이동하지 않는다.
⑤ 장기 총공급곡선은 완전고용산출량 수준에서 수직이다.

문제 04   총공급곡선 – 장기 총공급곡선

중요도 ★★★★☆
정답 ⑤

PART 02

개념 해설

⑤ 장기 총공급곡선이 완전고용산출량 수준에서 수직이라는 점은 물가수준의 변화에 영향을 받지 않는다는 것을 의미한다. 즉, 물가수준의 변화로는 잠재 GDP 자체를 변화시킬 수 없다는 것을 의미한다.

오답 정복하기

① 생산성의 변화는 완전고용산출량 자체를 변화시켜 장기 총공급곡선을 이동시킬 수 있다.
② 한 국가 경제의 잠재 GDP는 완전고용산출량으로 표현되고 이는 한 국가 내에 있는 고용되기를 원하고 능력이 있는 존재하는 모든 생산요소를 고용했을 때 달성할 수 있는 생산량이다. 따라서 잠재 GDP가 증가하면 고용수준이 달라지게 된다.
③ 장기적으로 물리적 자본 보유량은 완전고용산출량 자체의 변화를 야기할 수 있기 때문에 잠재적 GDP에 영향을 미친다.
④ 이자율의 변화는 장기적으로 명목 GDP에는 영향을 미친다.

균형 물가와 균형 생산량의 결정

▶ "일본을 장기 경제침체에서 끌어내기 위해 추진한 아베노믹스가 쏘아 올린 3개
의 화살이 과녁을 적중한 것이라 볼 수 있다."

– 아베 신조[Abe Shinzo]

01 총수요-총공급 모형을 통한 단기 균형의 도출

거시경제학에서는 총수요와 총공급이 만나는 지점에서 단기 거시경제 균형이 형성된다. 이때 형
성되는 물가를 균형물가(P_E)라 하고, 그 때의 총생산량을 균형총생산(Y_E)이라고 한다. 이때 형성
되는 단기 균형은 한 국가 경제 전체의 초과공급과 초과수요를 모두 청산하고 난 결과이다.

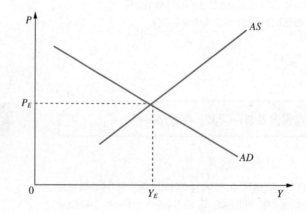

① 수요측 충격

총수요곡선이 이동하면 균형이 달라진다. 총수요곡선을 이동시키는 현상을 수요측 충격이라고 한다. 미래 경제 상황에 대한 기대, 자산 가치의 변화, 보유한 실물자본의 양, 재정 및 통화 정책은 대표적인 수요측 충격들이다. 수요측 충격은 총수요곡선이 오른쪽으로 이동하는 경우와 좌측으로 이동하는 경우로 나눠볼 수 있다. 두 경우 모두 총수요곡선의 이동으로 인한 단기 균형은 물가와 총생산의 변화 방향이 일치한다.

① 양의 수요충격($AD_0 \rightarrow AD_1$)

총수요의 증가는 총수요곡선을 우측으로 이동시킨다. 소비, 투자, 정부지출, 순수출의 요인들이 증가할 때 총수요곡선은 우측으로 이동한다. 총수요곡선의 우측이동으로 인해 물가의 상승($P_0 \rightarrow P_1$)과 총생산의 증가($Y_0 \rightarrow Y_1$)가 발생한다. 그 결과 단기적으로 경제가 호황을 경험한다. 1930년대 전례 없던 대공황을 탈출할 수 있었던 전략은 엄청난 규모의 정부지출 증가를 통한 총수요곡선의 우측이동이었다. 케인즈는 유효수요의 부족을 경기불황의 원인으로 진단하고, 정부지출을 통한 총수요의 증가로 대공황을 극복할 수 있었다.

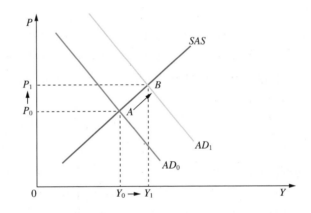

PART 02

② 음의 수요충격($AD_1 \rightarrow AD_2$)

총수요의 감소는 총수요곡선을 좌측으로 이동시킨다. 보다 구체적으로 소비, 투자, 정부지출 및 순수출의 감소로 야기된다. 경기가 너무 과열되어 있다고 판단하는 경우 정부가 인위적으로 정부지출을 감소시키고, 이자율 상승을 통한 투자 감소를 야기하는 경우 총수요곡선은 좌측으로 이동한다. 총수요의 좌측이동으로 인해 물가의 하락($P_1 \rightarrow P_2$)과 총생산의 감소($Y_1 \rightarrow Y_2$)가 발생한다

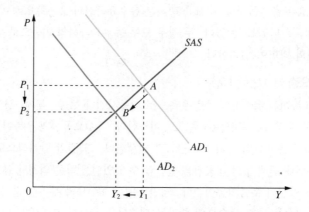

② 공급측 충격

총공급곡선이 이동하는 경우에도 균형이 달라진다. 이를 공급측 충격이라고 한다. 생산요소의 가격변화, 생산성 변화 등이 대표적인 공급측 충격들이다. 총공급곡선은 총수요곡선에 비해 정부가 인위적으로 이동시키기가 어렵다. 이는 기업의 영역이기 때문이다. 따라서 정부가 직접적으로 조절할 수 있는 것은 총수요 측면이며, 총공급 측면에는 간접적으로 영향을 미칠 수 있을 뿐이다. 한편, 총공급곡선의 이동으로 인한 단기 균형의 변화는 물가와 총생산을 서로 반대방향으로 이동시키는 특징이 있다.

① 양의 공급충격($SAS_0 \rightarrow SAS_1$)

총공급의 증가는 총공급곡선을 우측으로 이동시킨다. 1990년대 중반부터 이어진 인터넷 사용 증가와 IT의 발달은 근로자들의 생산성을 크게 증가시켰다. 이는 기업 생산성 향상으로 이어져 총공급을 증가시키는 요인으로 작용했다. 총공급곡선이 우측으로 이동하면 물가가 하락($P_0 \rightarrow P_1$)하고, 국가 전체의 총생산은 증가($Y_0 \rightarrow Y_1$)한다.

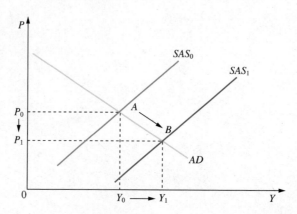

② 음의 공급충격($SAS_1 \rightarrow SAS_2$)

총공급의 감소는 총공급곡선을 좌측으로 이동시킨다. 이에 따라 경제의 단기 균형도 달라진다. 즉, 총공급곡선의 좌측이동으로 인해 물가가 상승($P_1 \rightarrow P_2$)하고, 총생산은 감소($Y_1 \rightarrow Y_2$)한다. 생산비용의 증가와 공급충격, 기업들의 미래에 대한 비관적 전망이 그 원인이다.

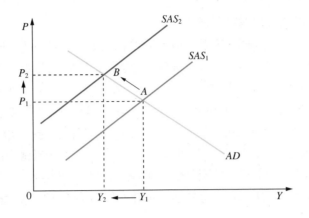

03 장기 균형의 도출

① 경제의 장기 균형

경제가 단기의 상황을 지나 장기의 상황에 도달하면, 총공급곡선의 형태가 변하게 된다. 즉, 장기에는 우상향의 총공급곡선이 아니라 완전고용국민소득(잠재생산량, Y^p) 수준에서 수직의 장기총공급곡선(LAS)을 갖게 된다. 경제의 장기 균형은 총수요곡선(AD)과 단기총공급곡선(SAS), 그리고 장기총공급곡선(LAS)이 일치하는 지점에서 형성된다.

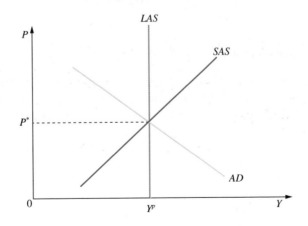

② 수요측 충격과 경제의 장기 균형

경제가 장기 균형 상태에 도달한 상태에서 수요측 충격이 발생한 경우 단기 균형이 변동한다. 하지만 장기에는 모든 변수가 신축적인 기간으로 스스로 균형을 찾아가기 때문에 총수요 충격은 장기에는 영향을 미치지 못한다.

① 양의 수요측 충격과 장기 균형

경제가 장기 균형 상태에 도달한 상태에서 양의 총수요 충격이 발생하면, 총수요곡선이 우측으로 이동($AD_0 \rightarrow AD_1$)한다. 이로 인해 단기 균형은 총수요곡선을 따라 형성($A \rightarrow B$)되며, 단기적으로 물가가 상승($P_1 \rightarrow P_2$)하고, 총생산은 증가($Y^p \rightarrow Y_2$)한다. 문제는 단기에 경직적이었던 변수들이 장기에는 모두 신축적이라는 점에 있다. 물가의 상승은 근로자들로 하여금 임금 인상을 요구하도록 만들어 명목임금이 상승하게 된다. 임금의 상승은 기업의 입장에서 생산비용의 증가이기 때문에 기업은 생산량을 감소시키게 된다. 그 결과 단기 총공급곡선이 점차 좌측으로 이동한다. 그리고 이러한 총공급곡선의 이동은 세 곡선이 교차하는 새로운 균형점 C에 도달할 때까지 계속된다. 그 결과 총생산은 다시 잠재생산량수준(Y^p)으로 돌아오지만 물가는 상승(P_3)하게 된다.

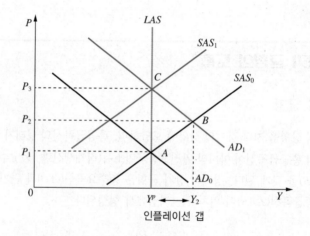

인플레이션 갭

> 🔍 **총수요·총공급 모형과 인플레이션 갭**
>
> 양의 수요측 충격이 발생하면 단기적으로 완전고용생산량 보다 많은 생산이 가능하다. 이는 그래프에서 Y_2로 나타난다. 이때 Y^p와 Y_2의 차이를 인플레이션 갭(Inflationary gap)이라고 한다. 경제의 총생산이 잠재생산량을 상회하는 것이다. 따라서 물가상승 압력이 발생하게 되고, 이는 새로운 장기 균형점이 C에서 형성되는 원인이 된다.

② 음의 수요측 충격과 장기 균형

경제가 장기 균형에 도달한 상태에서 음의 충격이 발생하면, 총수요곡선이 좌측($AD_1 \rightarrow AD_2$)으로 이동한다. 이로 인해 단기 균형은 총수요곡선을 따라 형성($A \rightarrow B$)되며, 단기적으로 물가가 하락($P_1 \rightarrow P_2$)하고, 총생산도 감소($Y^p \rightarrow Y_2$)한다. 가격의 하락은 명목임금의 하락으로 이어진다. 이는 기업의 입장에서는 생산비용의 감소를 의미하기 때문에 생산을 증가시킨다. 따라서 단기 총공급곡선은 우측($SAS_1 \rightarrow SAS_2$)으로 이동한다. 이러한 총공급곡선의 이동은 세 곡선이 교차하는 새로운 균형점 C에 도달할 때까지 계속된다. 그 결과 총생산은 다시 잠재생산량수준(Y^p)으로 돌아오지만 물가는 하락(P_3)하게 된다.

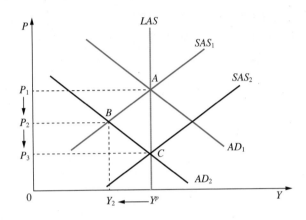

01 폭설로 도로가 막혀 교통이 두절되고 농촌 비닐하우스가 무너져 농작물 피해가 발생하였다. 우하향하는 총수요곡선과 우상향하는 총공급곡선을 이용하여 이러한 자연재해가 단기적으로 경제에 미치는 영향은?

① 물가수준은 상승하고 실질 GDP는 감소한다.
② 물가수준은 하락하고 실질 GDP는 감소한다.
③ 물가수준은 상승하고 실질 GDP는 증가한다.
④ 물가수준은 상승하고 실질 GDP는 불변이다.
⑤ 물가수준은 하락하고 실질 GDP는 증가한다.

02 총수요-총공급 모형에서 단기 균형 상태에 있다고 하자(단, 총수요곡선은 우하향하고 총급곡선은 우상향함). 이때 수입 원자재 가격이 하락하고 정부지출이 증가하는 경우 단기 균형은 어떻게 변화될 것인가?

① 물가 상승, 국민소득 감소
② 물가 상승, 국민소득 불분명
③ 물가 하락, 국민소득 불분명
④ 물가 불분명, 국민소득 불분명
⑤ 물가 불분명, 국민소득 증가

FEED BACK

✓ 왜 틀렸을까?	01 ☐ 개념 이해 부족	☐ 문제 이해 부족	☐ 기타( )
	02 ☐ 개념 이해 부족	☐ 문제 이해 부족	☐ 기타( )
✓ 개념 다시 짚어보기			

문제 01   총수요곡선과 총공급곡선 – 균형의 변화

중요도	★★★★☆
정 답	①

개념 해설

① 폭설과 같은 자연재해는 경제 전체의 생산을 감소시켜 총공급곡선이 좌측으로 이동하고, 이로 인해 실질 GDP는 감소하고, 물가수준은 상승한다.

오답 정복하기

② 물가수준이 하락하기 위해서는 총공급곡선이 우측으로 이동해야 한다. 하지만 문제의 상황에서는 총공급이 감소하는 경우를 상정하고 있다.

③ 물가수준과 실질 GDP가 함께 증가하기 위해서는 총수요곡선이 우측으로 이동해야 한다. 문제는 총공급측 요인을 다루고 있다.

④ 물가수준이 상승하고 실질 GDP가 불변이기 위해서는 총수요곡선과 총공급곡선이 동시에 이동하면서 각 변화분을 상쇄시켜야 한다.

문제 02   총수요곡선과 총공급곡선 – 균형의 변화

중요도	★★★★☆
정 답	⑤

PART 02

개념 해설

⑤ 수입원자재 가격의 하락은 총공급곡선의 우측이동요인이다. 이전보다 많은 생산요소의 투입이 가능하기 때문이다. 한편, 정부지출의 증가는 총수요곡선의 우측이동 요인이다. 이 경우 국민소득은 증가하지만, 물가의 변화 방향은 불분명하다. 총공급과 총수요의 변화 크기에 따라 상승도 하락도 가능하다.

오답 정복하기

총수요곡선과 총공급곡선이 동시에 변하는 상황에서는 방향성과 함께 변화의 크기가 중요하다. 이에 따라서 물가 혹은 실질 GDP의 증가 방향이 달라질 수 있기 때문이다. 따라서 두 곡선이 함께 움직이는 문제의 경우 실제 간략하게 그려서 판단하는 것이 중요하다.

03 다음 그림은 총수요곡선, 총공급곡선 그리고 잠재 GDP를 보여주고 있다. 그림에서 경제상태는 (㉠)갭을 보여주고 있고, 잠재 GDP를 달성하기 위한 재정정책은 정부투자를 (㉡)하고 (또는) 조세를 (㉢)해야 한다. ㉠~㉢에 들어갈 말로 옳은 것은?

	㉠	㉡	㉢
①	디플레이션	증가	감소
②	인플레이션	증가	감소
③	인플레이션	감소	증가
④	디플레이션	감소	증가
⑤	인플레이션	감소	불변

04 폐쇄경제의 총수요-총공급 모형을 이용하여 신용경색과 부동산 가격 하락이 단기적으로 거시경제에 미치는 영향을 분석한 것 중 옳지 않은 것은?(단, 총수요곡선은 우하향하고 단기 총공급곡선은 우상향한다)

① 소비가 감소한다.
② 물가수준이 상승한다.
③ 고용이 감소한다.
④ 기업대출이 감소한다.
⑤ 국민소득이 감소한다.

중요도	★★★★☆
정 답	③

문제 03 인플레이션 갭과 디플레이션 갭 – 균형의 형성

개념 해설

③ 문제의 상황에서 총수요와 총공급의 균형은 잠재 GDP를 상회하는 수준에서 형성되고 있다. 이는 단기적으로 물가의 상승을 야기한다. 한 국가 경제 내에 존재하는 것보다 많은 수요가 존재하는 상황이기 때문이다. 그리고 이런 경우 실제 GDP와 잠재 GDP 간의 차이를 인플레이션 갭이라고 한다. 이 경우 다시 균형을 회복하기 위해서는 정부투자를 줄이고, 조세를 늘리는 정책이 필요하다.

오답 정복하기

디플레이션 갭은 총수요–총공급이 형성하는 균형 수준에서의 실질 GDP가 잠재 GDP에 미치지 못하는 경우를 의미한다. 이 경우에는 총수요 확장 정책이 필요하다. 즉, 정부지출을 늘리고, 세금을 인하하는 정책이 필요하다.

PART 02

중요도	★★★★☆
정 답	②

문제 04 균형의 형성

개념 해설

② 부동산 가격의 하락은 각 가계의 입장에서는 자산가격의 하락이므로 소비를 줄이는 요인으로 작용한다. 즉 총수요곡선의 좌측이동요인이다. 한편, 신용경색으로 은행들의 신용대출이 감소하면, 기업들의 투자가 감소한다. 이 역시 총수요곡선의 좌측이동요인이다. 총수요곡선의 좌측이동은 물가를 하락시키고 실질 GDP를 하락시킨다.

오답 정복하기

① 자산가치의 감소와 신용경색은 소비와 투자의 감소를 야기한다.
③ 소비와 투자의 감소는 총수요곡선을 좌측으로 이동시키고, 그 결과 실질 GDP가 감소하므로 고용이 감소한다.
④ 신용경색으로 인해 기업대출이 막히게 되면 투자 역시 위축된다. 기업은 투자를 차입에 의존하기 때문이다.
⑤ 총수요곡선의 좌측이동은 국민소득의 감소를 야기한다.

화폐의 기능과 화폐수요

▸ "화폐는 우리가 그와 헤어질 때를 제외하고는 아무런 혜택을 주지 않는 축복이다."

– 앰브로스 비어스[Ambrose Bierce]

01 화폐의 기능

경제학에서 이야기하는 화폐는 교환에 사용할 수 있는 자산을 의미한다. 물물교환 시대에 물건을 얻기 위해서는 상대방이 원하는 다른 물건을 내놓아야 했다. 오늘날에는 이러한 상품화폐가 아닌 지폐나 동전을 그 대가로 지급한다. 사실 경제학에서 화폐에 대한 딱 떨어지는 정의는 없다. 화폐의 본질을 무엇으로 보느냐에 따라 그 정의가 달라지기 때문이다. 따라서 화폐를 이해하기 위해서는 화폐의 기능에 대해 살펴봐야 한다.

1 교환의 매개수단

교환의 매개수단[Medium of exchange]은 화폐의 본질적인 기능이다. 물건을 구입하면서 그 대가로 화폐를 제시한다. 화폐는 그 자체로는 정교한 기술로 만든 하나의 종이일 뿐이다. 하지만 재화나 서비스의 교환을 위해 사용할 때는 교환의 가치를 가진 자산이 된다. 이처럼 재화나 서비스의 교환 과정에 사용되는 화폐의 기능을 교환의 매개수단으로서의 기능이라고 한다.

2 가치의 저장수단

재화나 서비스를 구매할 때 화폐가 교환의 매개수단이 될 수 있는 것은 화폐 그 자체로 가치를 갖고 있기 때문이다. 즉, 화폐에는 일정한 구매력이 저장되어 있다. 그리고 구매력은 상당한 기간 안정적으로 유지된다. 사회 구성원 모두가 5만원짜리 지폐로 이에 상응하는 물건과 교환할 수 있다고 동의했기 때문이다. 이를 가치의 저장수단[Store of value]라고 한다.

3 회계의 단위

오늘날 모든 재화와 서비스의 가치는 화폐로 표현된다. 화폐를 통해 상품의 가치를 모두 동일한 가격으로 표현하여 효율적인 자원배분이 이뤄질 수 있다. 소비자가 느끼는 가치와 생산자가 느끼는 가치가 다르면 효율적인 자원의 배분이 이뤄질 수 없기 때문이다. 화폐경제에서 화폐는 회계의 단위[Unit of account]이며 이를 가치척도의 기능이라고도 한다.

① 화폐를 갖고자 하는 이유

화폐수요$^{\text{Money demand}}$란 특정시점에 보유하고자 하는 화폐량을 의미한다. 화폐는 그 자체로는 종이에 불과하고, 오래 보유한다고 해서 가치가 올라가지 않는다. 즉, 수익성이 없는 금융자산이다. 반면 주식이나 채권과 같은 금융자산은 수익성이 존재한다. 그리고 부동산, 금, 은과 같은 실물자산도 수익성이 존재한다. 그럼에도 사람들은 수익성 있는 금융자산과 실물자산만 보유하려하지 않고 화폐를 보유하려 한다. 고전학파와 케인즈는 서로 다른 근거로 이를 설명한다. 고전학파의 의견을 화폐수량설이라고 하며, 케인즈의 의견을 유동성 선호설이라고 한다.

② 고전학파의 기본시각, 화폐수량설

화폐수량설$^{\text{Quantity theory of money}}$은 물가가 통화량에 의해 결정된다는 화폐수요이론이다. 화폐시장에서 통화공급이 통화수요보다 많아지면 초과공급이 발생하고, 많아진 통화량으로 인해 생산물에 대한 초과수요가 발생해 물가가 상승한다는 것이다. 기본적으로 고전학파는 교환의 매개수단으로서의 화폐를 강조한다. 화폐수량설은 피셔의 교환방정식과 마샬의 현금잔고방정식으로 구분된다.

① 피셔의 교환방정식

㉠ 정 의

교환방정식$^{\text{Equation of exchange}}$은 일정기간 동안의 생산물 총거래액($P \times Y$)은 그 기간의 화폐지불액($M \times V$)과 같다는 것을 나타낸다. 여기서 중요한 것은 화폐의 거래유통속도$^{\text{Velocity of money}}$이다. 이는 경제 내의 화폐 한 단위가 일정기간 동안 평균적으로 몇 번이나 사용되었는지를 나타낸다. 일정기간 동안 총 500만원의 거래가 있었고, 이때 경제 내에 존재하는 화폐공급량이 10만원이라면 화폐유통속도(V)는 50이 된다. 고전학파는 한 경제의 화폐유통속도는 매우 안정적이라고 생각했다. 화폐유통속도는 금융제도의 발달정도, 화폐 사용 관습 등에 의존하며, 이들 요인은 단기간에 바뀔 수 있는 요인들이 아니기 때문에 안정적이라고 보았다. 반면 케인즈는 화폐의 거래유통속도는 이자율에 민감하게 변하기 때문에 안정적이지 않다고 보았다.

$$P(\text{물가}) \times Y(\text{실질 국내총생산}) = M(\text{통화량}) \times V(\text{화폐의 거래유통속도})$$

ⓛ 해석

화폐유통속도(V)가 안정적이라는 점은 산출량의 명목가치(명목GDP, PY)가 통화량(M)에 비례한다는 것을 의미한다. 한편, 실질 국내총생산(Y)은 한 국가 경제 내에 존재하는 생산요소의 양과 기술 등에 의해서 결정되기 때문에 통화량과 무관하다. 따라서 중앙은행이 화폐의 공급량(M)을 늘리면 물가수준(P)이 비례적으로 상승한다. 이는 통화량 증가속도($\frac{\triangle M}{M}$)가 높아지는 만큼 물가의 상승속도($\frac{\triangle P}{P}$, 인플레이션)도 빨라진다는 것을 의미한다.

② 마샬의 현금잔고방정식

피셔의 교환방정식에서는 화폐수요가 암묵적으로 제시된다. 즉, 교환방정식의 해석을 통해 교환의 매개수단으로서 활용하기 위해 화폐를 보유한다는 점을 추론할 수 있다. 하지만 마샬은 현금잔고방정식을 통해 사람들의 화폐수요를 직접적으로 설명한다. 그는 소득을 얻는 시점과 재화 및 서비스를 구입하는 시점이 다르고, 수익성이 있는 채권 등의 금융자산 구입을 위해 화폐를 보유한다고 설명했다. 그리고 명목국민소득의 일부를 화폐로 보유한다고 설명했다. 현금잔고방정식을 표현하면 다음과 같다.

$$M^D = kPY$$

🔍 **마샬의 k**

마샬의 $k^{\text{Marshallian k}}$는 명목국민소득(PY) 1원을 거래시키는데 필요한 통화량 혹은 명목국민소득 가운데 수요하고자 하는 화폐량을 의미한다. 고전학파는 마샬의 k가 사회의 거래관습에 의해 결정되기 때문에 전쟁이나 천재지변이 일어나지 않는 한 크게 변하지 않아 일정하다고 보았다.

$$k = \frac{M^D}{PY}$$

③ **케인즈의 화폐수요이론, 유동성 선호설**

① 화폐수요의 동기, 유동성

유동성 선호설$^{\text{Theory of liquidity preference}}$은 사람들이 화폐를 보유하는 이유는 유동성을 확보하기 위해서라고 설명한다. 유동성^{Liquidity}이란 자산의 손실 없이 얼마나 빨리 교환의 매개수단으로 교환될 수 있는지를 나타내는 개념이다. 유동성이 가장 높은 자산은 화폐이다. 대신 화폐는 수익성이 존재하지 않는다. 반면 주식이나 채권, 부동산, 금과 은 등의 수익성 금융자산이나 실물자산들은 수익성이 있지만, 그 자체로 교환의 매개수단으로 활용할 수는 없다. 케인즈는 사람들이 화폐가 지닌 유동성을 확보하기 위하여 화폐를 보유한다고 주장했다.

② 유동성 선호의 이유

　㉠ 거래적 동기

　　거래적 동기는 소득을 얻는 시점과 지출시점의 시차를 보완하여 소득이 발생하지 않는 시점에도 거래를 하기 위해 화폐를 보유한다는 것을 보여준다. 한편 일반적으로 소득이 증가하면 거래 규모도 커져 화폐수요는 소득의 증가함수이다.

　㉡ 예비적 동기

　　사람들은 사고나 질병, 예측하기 어려운 사건 등 예상하지 못한 지출에 대비하기 위해 유동성을 선호한다. 개인과 기업 모두 마찬가지이다. 예상치 못한 사건에 대비하려는 화폐수요를 예비적 동기에 의한 화폐수요라고 한다.

　㉢ 투기적 동기

　　케인즈 화폐수요 이론의 핵심이다. 케인즈는 사람들이 거래적, 예비적 동기보다 더 많은 화폐를 보유하는 현상을 두고 수익성이 존재하는 자산에 투자하기 위한 목적에서 화폐를 보유한다고 설명했다. 즉, 수익성이 있는 채권을 구입하기 위해 화폐를 보유한다는 것이다. 채권이 저렴할 때 구입해 비쌀 때 되팔아야 차익을 얻을 수 있는데, 채권이 비쌀 경우 사람들은 채권의 가격이 낮아질 때까지 일시적으로 화폐를 보유한다는 것이다.

🔍 **채권의 가격과 이자율, 역의 관계**

이자(r) 10%를 합쳐 1년 후에 총 100만원을 갚기로 했다고 가정하자. 그렇다면 현재 얼마를 빌려줘야 하는지는 다음과 같이 구해진다. 따라서 현재 빌려주는 돈은 약 90.9만원($=\dfrac{100}{1.1}$) 가량이 된다.

$$A \times (1+r) = A \times (1+0.1) = 100만원$$

한편, 누군가 이러한 내용이 담긴 증서를 90만 9천원에 구입한다면, 10%의 이자를 지급받는 증서를 구입한 셈이 된다. 이처럼 미래의 특정시점에 얼마의 금액을 주기로 약속하는 증서가 바로 채권[Bond]이고 90만 9천원은 채권의 가격이 된다. 즉 채권의 가격은 다음과 같이 구해진다.

$$P_B = \frac{미래에\ 지급하기로한\ 금액}{1+r}$$

이자 20%를 지급하여, 1년 후에 총 100만 원을 지급하는 채권이 있다면 채권의 가격은 약 83만원($=\dfrac{100}{1.2}$)이 된다. 이처럼 이자율이 증가할수록 채권의 가격은 낮아지게 된다.

③ 유동성 선호와 케인즈의 화폐수요이론

케인즈가 밝힌 화폐를 수요하는 이유인 유동성 선호 가운데 거래적, 예비적 동기에 의한 화폐수요는 소득 수준에 비례하고, 투기적 동기에 의한 화폐수요는 이자율에 반비례한다. 이를 바탕으로 케인즈의 화폐수요함수는 다음과 같이 표현가능하다. 즉, 케인즈의 화폐수요는 소득이 증가하거나 이자율이 하락하면 증가한다. 이는 다른 조건이 같다면($\overline{P}$, $\overline{Y}$) 화폐수요는 이자율과 역의 관계를 갖기 때문에 「통화량-이자율 평면」에서 우하향하는 모양의 화폐수요곡선이 도출된다. 다른 조건이 같다면 이자율의 상승으로 채권의 가격이 낮아지고 이는 화폐보유의 기회비용이 상승함을 의미한다. 따라서 사람들은 화폐수요량을 줄이게 된다. 반대로 이자율이 하락하면 채권의 가격이 높아 화폐보유의 기회비용이 작으므로 사람들은 화폐수요량을 증가시키게 된다.

▼ 케인즈의 화폐수요함수와 화폐수요곡선

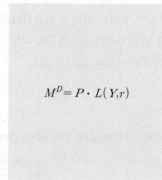

$$M^D = P \cdot L(Y, r)$$

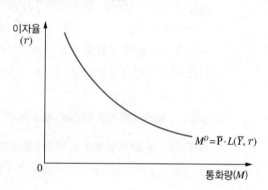

④ 균형 이자율의 형성

케인즈는 이자율이 화폐시장에서의 화폐수요와 공급에 의해 결정된다고 주장했다. 화폐수요는 유동성 선호를 반영하여, 소득에 비례하고, 이자율에 반비례하는 한편 화폐공급은 이자율과 무관하게 중앙은행이 독자적으로 결정한다. 따라서 화폐공급은 중앙은행이 공급하고자 하는 화폐량 수준에서 수직의 형태이다. 따라서 균형이자율(r^*)은 「통화량-이자율」 평면에서 다음과 같이 결정된다.

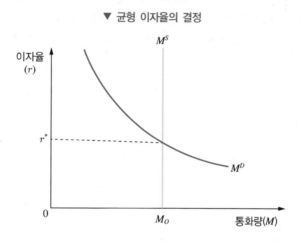

▼ 균형 이자율의 결정

01 케인즈의 화폐수요이론에 대한 설명 중 옳지 않은 것은?

① 거래적 동기의 화폐수요는 소득과 양(+)의 관계에 있다.

② 예비적 동기의 화폐수요는 소득과 양(+)의 관계에 있다.

③ 투자적 또는 투기적 동기의 화폐수요는 이자율과 양(+)의 관계에 있다.

④ 거래적 화폐수요는 보몰의 재고모형으로 발전하였다.

⑤ 투자적 또는 투기적 화폐수요는 토빈의 포트폴리오 이론에 의해 보완되었다.

02 화폐수량설에 따른 화폐수량방정식은 $M \times V = P \times Y$이다. 이에 관한 설명으로 옳지 않은 것은?(단, M은 통화량, V는 화폐유통속도, P는 산출물의 가격, Y는 산출량이다)

① 장기적으로 화폐의 중립성이 성립한다.

② 화폐유통속도는 오랜 기간에 걸쳐 비교적 안정적이다.

③ 중앙은행이 통화량을 증가시키면 물가는 상승한다.

④ 화폐수요가 이자율에 민감하게 반응한다.

⑤ 중앙은행이 통화량을 변화시키면 산출량의 명목가치는 비례적으로 변한다.

FEED BACK

| ☑ 왜 틀렸을까? | 01 ☐ 개념 이해 부족 | ☐ 문제 이해 부족 | ☐ 기타( ) |
| | 02 ☐ 개념 이해 부족 | ☐ 문제 이해 부족 | ☐ 기타( ) |

☑ 개념 다시 짚어보기

문제 01 케인즈의 화폐수요 - 유동성 선호설

중요도 ★★★☆☆
정답 ③

개념 해설

③ 사람들이 유동성을 선호하는 이유는 수익성이 존재하는 채권을 구입하기 위해 서이고, 채권의 가격은 이자율과 역의 관계에 있기 때문이다.

오답 정복하기

①, ② 거래적, 예비적 동기의 화폐수요는 소득과 양(+)의 관계에 있다. 즉, 소득이 많을수록 많이 보유하려고 한다는 것이다.

④, ⑤ 보몰의 재고모형은 화폐를 일종의 재고로 간주하여 화폐와 예금 간의 적정 배분 문제를 통해 화폐수요를 설명하는 이론이다. 거래적 화폐수요와 관련된 이론이다.

📖 문제 분석

케인즈에 따르면 거래적 화 폐수요는 소득의 증가함수이 며, 투기적 동기의 화폐수요 는 이자율의 감소함수이다.

문제 02 고전학파의 화폐수요이론 - 화폐수량설

중요도 ★★★☆☆
정답 ④

개념 해설

④ 고전학파의 화폐수요이론은 화폐수량설이다. 이는 물가와 명목소득이 화폐의 수량에 의해 결정된다는 이론이다. 이러한 가정이 성립하기 위해서는 화폐유통 속도가 매우 안정적이어야 하며, 총산출은 화폐와 무관하게 결정되어야 한다. 화폐수요와 이자율의 관계는 케인즈의 주장이다.

오답 정복하기

① 고전학파는 화폐의 중립성을 강조했다. 즉, 통화량의 증가는 물가만 상승시킬 뿐 실질 변수에는 영향을 미치지 못한다는 것이다.

② 고전학파의 화폐수량설이 성립하기 위해서는 화폐유통속도가 안정적이라는 가 정이 필요하다. 그래야 통화량 증가가 물가 상승으로 연결된다.

③ 중앙은행이 통화량을 증가시키면 화폐유통속도가 안정적이고, 단기간에 실질 GDP가 늘어날 수 없기 때문에 물가가 상승한다.

⑤ 중앙은행이 통화량을 변화시키면 물가가 상승하기 때문에 명목 GDP는 증가 한다.

PART 02

03 중앙은행의 본원통화 공급과 관련된 설명 중 옳은 것은?

① 재정적자가 증가하면 본원통화는 감소한다.

② 중앙은행의 예금은행에 대한 대출이 증가하면 본원통화는 증가한다.

③ 수출이 증가하면 본원통화는 감소한다.

④ 외채상환액이 증가하면 본원통화는 증가한다.

⑤ 중앙은행의 유가증권 매입액이 증가하면 본원통화는 감소한다.

04 본원통화에 관한 설명으로 옳은 것은?

① 본원통화는 은행(중앙은행과 그 외 시중은행) 밖에 존재하는 모든 현금과 시중은행의 지불준비금을 합한 것이다.

② 본원통화는 은행(중앙은행과 그 외 시중은행) 밖에 존재하는 모든 현금과 시중은행이 중앙은행에 예치한 예금을 합한 것이다.

③ 본원통화는 은행(중앙은행과 그 외 시중은행) 밖에 존재하는 모든 현금이다.

④ 본원통화는 은행(중앙은행과 그 외 시중은행) 밖에 존재하는 모든 현금과 시중은행의 금고에 있는 금액을 합한 것이다.

⑤ 본원통화는 시중은행 밖에 존재하는 모든 현금과 시중은행이 중앙은행에 예치한 예금을 합한 것이다.

FEED BACK

☑ **왜 틀렸을까?**	03 ☐ 개념 이해 부족	☐ 문제 이해 부족	☐ 기타(　　　　)
	04 ☐ 개념 이해 부족	☐ 문제 이해 부족	☐ 기타(　　　　)
☑ **개념 다시 짚어보기**			

문제 03 중앙은행의 화폐공급 – 본원통화

중요도 ★★★☆☆
정답 ②

개념 해설

본원통화란 중앙은행이 발행하는 통화로서, 현금통화와 지급준비금으로 구성된다. 이를 다시 풀어쓰면, 화폐발행액과 지급준비예치금으로도 나타낼 수 있다. 따라서 중앙은행의 예금은행에 대한 대출이 증가하면 본원통화가 증가한다.

오답 정복하기

① 본원통화와 재정적자는 기본적으로 무관하다. 하지만 재정정책을 중앙은행 차입으로 조달한다면 본원통화는 증가한다.
③ 수출이 증가하면 우리나라가 벌어들이는 외화가 많아지고, 중앙은행이 달러를 매입하는 과정에서 본원통화는 증가한다.
④ 외채상환을 위해 달러를 수요하게 되면 본원통화는 감소한다.
⑤ 중앙은행이 유가증권을 매입할 경우 본원통화는 증가한다.

문제 04 중앙은행의 화폐공급 – 본원통화

중요도 ★★★☆☆
정답 ①

개념 해설

① 본원통화 = 현금통화 + 지급준비예치금
　　　　　 = 현금통화 + 시재금 + 중앙은행예치금
　　　　　 = 화폐발행액 + 중앙은행예치금

오답 정복하기

② 본원통화는 은행 밖에 존재하는 모든 현금과 시재금 그리고 중앙은행예치금의 합계이다.
③ 은행 안에 보관된 지급준비금도 본원통화에 포함된다.
④ 시중은행의 금고뿐만 아니라 중앙은행에 예치한 금액까지 본원통화에 포함된다.
⑤ 은행 밖의 현금과 중앙은행예치금 그리고 시중은행에 보관중인 시재금도 포함된다.

██ 문제 분석

본원통화란 중앙은행이 발행하는 통화로서, 현금통화와 지급준비금으로 구성된다. 이는 다시 풀어쓰면 화폐발행액과 지급준비예치금으로도 나타낼 수 있다.

PART 02

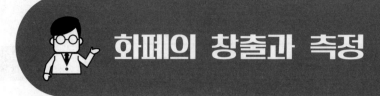

10 화폐의 창출과 측정

> "미시경제학은 당신이 갖지 못한 돈에 대한 것인 반면 거시경제학은 정부가 지출한 돈에 관한 학문이다."
>
> – P.J.오루크P.[J.O'Rourke]

01 상품태환화폐와 법정화폐

1 초기의 지폐, 상품태환화폐

초기의 지폐는 은행에서 지정한 상품의 일정 수량으로 교환될 수 있었다. 여기서 말하는 은행이 지정한 상품이란 바로 금[Gold]이다. 5만원짜리 지폐는 은행에 가면 5만원 어치의 금으로 바꿀 수 있었다. 초기 화폐의 가치는 금에 기반한 것이었다. 이처럼 해당 화폐가 기반한 상품과 일정 비율로 교환되는 것이 법적으로 보장된 화폐를 상품태환화폐[Commodity-backed money]라고 한다. 미국의 달러는 남북전쟁 직후부터 1971년까지 100년 넘게 상품태환화폐였다. 누구든지 준비은행[Reserve bank]에 가서 언제든 화폐 가치에 상응하는 일정량의 금으로 바꿀 수 있었다. 준비은행은 달러를 금으로 바꿔줄 의무가 있었다.

2 법정화폐로 전환

① 정 의

1971년 이후 화폐는 금과 같은 상품으로 전환되지 않는다. 화폐 뒤에 이를 뒷받침하는 가치 있는 상품이 존재하지 않음에도 불구하고 화폐는 사라지지 않았다. 금을 대신한 것은 정부에 대한 신뢰와 신용이다. 이는 사람들이 정부가 계속해서 화폐를 사용하고 그 가치가 어느 정도 일정하게 유지될 것이고 믿어야 가치를 갖는다. 이러한 형태의 화폐를 법정화폐[Fiat money]라고 한다. 법정화폐는 가치의 기반이 되는 물품 없이 정부 규정에 의해 만들어진 화폐를 의미한다.

② 의 미

태환화폐인 경우에는 금의 보유량만큼만 화폐를 보유할 수 있었다. 하지만, 법정화폐 시대에는 교환가능한 상품이 없어도 화폐의 발행이 가능하기 때문에 화폐발행에 제약이 사라졌다. 따라서 그 가치가 어느 정도 일정하게 유지될 것이라고 믿는다는 것은 정부가 너무 많은 새 화폐를 창출하여 화폐의 안정성을 떨어뜨리지 않으리라는 믿음을 의미한다. 이를 위해서는 화폐가 어떻게 창출되고, 어떤 기준으로 화폐의 양이 측정되는지 알아야 한다.

금 태환화폐는 화폐를 일정 양의 금과 바꿀 수 있는 화폐를 의미한다. 이는 금 3.75g(1돈)을 들고 다니는 것보다는 이에 상응하는 20만원이라고 쓰인 종이쪽지를 들고 다니는 것이 편하기 때문이었다. 지폐는 은행에 맡겨 놓은 금을 찾을 수 있는 증표였던 것이다. 이러한 태환화폐에서 기반이 되는 상품에서 자유로워진 법정화폐로 변경되면서 은행은 보다 자유롭게 화폐를 창출할 수 있게 되었다. 이를 위해서는 부분지급준비은행 체계를 이해해야 한다.

① 시중은행과 부분지급제도

① 의 미

은행은 금융중개기관$^{Financial\ intermediary}$이다. 저축자의 자금을 받아서 이를 필요한 경제주체에게 공급하는 역할을 하는 기관을 의미한다. 이처럼 남는 자금을 필요로 하는 곳에 공급하는 행위를 대출이라고 한다. 하지만 은행이 보유한 예금액 전액을 대출할 수는 없다. 예금자가 필요에 따라 언제든 자신의 예금액을 인출할 수 있기 때문이다. 따라서 예금액의 많은 부분을 보유하고 있어야 한다. 그렇다고 해서 예금액 전부를 보유하고 있을 필요는 없다. 모든 사람들이 한날 한시에 몰려와 자신의 예금을 인출할 가능성은 매우 낮기 때문이다. 따라서 시중은행들은 예금의 일부는 은행 금고(혹은 중앙은행 계좌)에 보관하고, 나머지는 자금을 필요로 하는 사람에게 대출한다. 이러한 은행의 운영방식을 부분지급준비제도라고 한다.

② 지급준비금과 지급준비율

지급준비금$^{Bank\ reserve}$이란 은행이 부분지급준비제도 하에서 대출에 사용하지 않고 남겨둔 예금액을 의미한다. 지급준비금은 은행 금고나 중앙은행 계좌에 보관한다. 전자를 시재금$^{Vault\ money}$이라고 하며, 후자를 중앙은행 지급준비예치금이라고 한다. 이렇게 남겨지는 지급준비금은 교환활동에 사용할 수 없는 현금이기 때문에 유통 중인 현금으로 간주하지 않는다. 한편, 얼마만큼의 지급준비금을 남겨둬야 하는지는 국가에서 정한다. 전체 예금액 가운데 최소 얼마만큼의 비율은 남겨두어야 한다고 규제하게 되는데, 이를 법정지급준비율$^{Reserve\ ratio}$이라고 한다. 예금액이 1억원이고, 법정지급준비율이 10%라면 1,000만원은 지급준비금으로 남겨둬야 한다.

② 시중은행의 화폐창출(신용창조)

① 중앙은행이 발권한 화폐 양 ≠ 시중 유통 중인 화폐의 양

화폐의 창출이 중앙은행만 가능하다면 중앙은행이 만들어 낸 화폐의 양이 곧 시중에 유통 중인 화폐가 된다. 하지만 부분지급제도 하에서 대출활동을 수행하는 시중은행의 존재로 인해 시중 유통 중인 화폐의 양은 중앙은행이 만들어 낸 화폐보다 많게 된다. 보통의 경우 대출된 자금은 다시 은행에 예금되어 대출의 기반이 되는 예금액이 되기 때문이다. 이처럼 시중은행에 의한 화폐공급을 신용창조$^{Credit\ creation}$라고 한다.

② 은행의 화폐 창출 과정

　㉠ 직관적인 이해

　　시대국의 법정지급준비율이 10%라고 하자. A은행은 최초로 1,000만원의 예금이 발생했다. A은행은 이중 10%인 100만원을 제외한 나머지 900만원을 김씨에게 대출했다. 그리고 김씨는 이 대출액을 자신의 거래은행인 B은행 계좌에 예금하여 사용하고자 한다. 예금액이 900만원이 된 B은행은 90만원을 제외한 810만원을 대출에 사용할 수 있고, 이를 이씨에게 대출했다. 이씨 역시 대출액을 자신의 거래은행인 C은행 계좌에 예금하여 사용한다. 이로 인해 C은행의 예금액은 810만원이 되었고, 81만원을 제외한 729만원을 대출하고자 한다. 이러한 과정은 더 이상 대출할 수 없을 때까지 계속된다.

　㉡ 무한등비급수를 활용한 신용창조액 계산

　　일정한 비율로 무한하게 계속되는 신용창조 과정은 무한등비급수를 활용하여 파악할 수 있다. 즉, 초항이 1,000만원이고, 공비가 0.1인 무한등비급수가 된다. 즉, 다음과 같이 표현 가능하다. 당초 예금액 1,000만원을 활용해 9,000만원의 새 화폐를 창출한 것이다.

$$신용창조액 = 1,000 + (1,000 \times 0.9) + (1,000 \times 0.9^2) + (1,000 \times 0.9^3) + \cdots$$
$$= 1,000 \times \frac{1}{1-0.9} = 1억원$$

　㉢ 통화승수

　　중앙은행이 창출한 화폐량 대비 은행체계의 대출 형태를 통해 창출된 화폐량의 배수를 통화승수$^{Money\ multiplier}$라고 한다. 통화승수는 법정지급준비율의 역수로 구해진다.

$$통화승수 = \frac{1}{법정지급준비율} = \frac{1}{R}$$

③ 중앙은행의 화폐 발권

시중은행에 의한 화폐 창출이 가능하기 위해서는 먼저 중앙은행의 화폐 발권이 존재해야 한다. 이를 위해서는 본원통화에 대한 개념 이해가 필요하다. 본원통화$^{Monetary\ Base}$란 중앙은행 창구를 통해 밖으로 나온 현금을 의미한다. 중앙은행 밖으로 나온 현금은 민간이 보유(현금통화)하거나 은행으로 들어가 지급준비금 형태로 보유된다. 따라서 다음과 같이 정리할 수 있다.

$$본원통화(MB) = 현금통화 + 지급준비금$$
$$= 현금통화 + (시재금 + 중앙은행 지급준비예치금)$$
$$= 화폐발행액 + 중앙은행 지급준비예치금$$

경제 내에 얼마만큼의 화폐가 존재하는지 측정하기 위해서는 어디까지를 화폐로 간주할 것인지를 정해야 한다. 이러한 기준을 **통화지표**$^{Currency\ index}$라고 한다. 한편, 경제 내에 유통되는 화폐의 양을 **통화량**$^{Money\ stock}$이라고 한다. 우리나라의 경우 중앙은행인 한국은행이 1951년부터 통화지표를 공식적으로 편제하고 있다. 2002년부터는 IMF에서 2000년에 발간한 통화금융통계매뉴얼에 따라 통화지표로 협의통화($M1$), 광의통화($M2$), 금융기관유동성(Lf)을 편제하였고, 2006년에 IMF 매뉴얼 개정에 맞춰 광의유동성(L)도 포함하고 있다. 여기서 중요한 것은 협의통화($M1$)에서 광의유동성(L)으로 갈수록 유동성이 낮아진다는 것이다.

① 협의통화($M1$)

협의통화는 화폐 교환 매개수단으로서의 기능을 강조하는 지표이다. 이는 시중에 유통되는 현금과 예금취급기관의 결제성 예금을 합한 것으로 정의된다. 시중유통현금은 지폐와 동전을 의미하며, 결제성 예금은 입출금이 자유로워 즉각 현금과 교환이 될 수 있는 수표, 자동이체서비스 등이다. 협의통화는 유동성이 매우 높은 결제성 단기금융상품으로 구성되어 있어 단기금융시장의 유동성 수준을 파악하는데 적합하다.

$$M1 = 시중유통현금 + 결제성\ 예금$$

② 광의통화($M2$)

광의통화는 협의통화보다 넓은 의미의 통화로 협의통화($M1$)에 예금취급기관의 각종 저축성 예금, 시장형 금융상품, 실적배당형 금융상품, 금융채, 거주자 외화예금 등을 더한 것이다. 여기에 유동성이 낮은 장기 금융상품(만기 2년 이상)은 제외한다. 이들은 협의통화에 비해 유동성은 떨어지지만 약간의 이자소득을 포기하면 언제든 현금화가 가능한 상품들이다.

$$M2 = M1 + 정기예적금, 시장형\ 금융상품, 실적배당형\ 금융상품, 기타예금\ 및\ 금융채$$

③ 금융기관유동성(Lf)

금융기관유동성은 광의통화에 만기 2년 이상 정기예·적금, 금융채, 금전신탁 등과 생명보험회사의 보험계약준비금, 증권금융회사의 예수금 등 유동성이 상대적으로 낮은 금융상품까지 모두 포함한 개념이다.

$$Lf = M2 + 만기\ 2년\ 이상의\ 장기금융상품 + 생명보험회사의\ 보험계약준비금, 증권회사의\ 예수금$$

④ 광의유동성(L)

광의유동성은 한 나라의 경제가 보유하고 있는 전체 유동성의 크기를 측정하기 위한 지표이다. 금융기관유동성에 기업 및 정부 등이 발생하는 기업어음, 회사채, 국공채 등 유가증권이 포함된다.

$$L = Lf + 유가증권$$

PART 02

01 2,000만원은 본원적 예금이고 은행의 법정지급준비율이 10%인 경우 총 예금창조액(혹은 총 신용창조액)은 얼마인가?(단, 현금누출과 초과지급준비금은 없음)

① 8천만원
③ 2억원
⑤ 10억원
② 1억원
④ 4억원

02 일반적으로 이자율이 상승하면 단기에 통화공급량이 증가하는 경향이 있다. 그 원인에 대한 설명 중 가장 옳지 않은 것은?

① 가계의 현금통화비율 감소
② 은행의 대출 증가
③ 화폐유통속도의 감소
④ 은행의 초과지급준비율 감소
⑤ 기업의 현금통화비율 감소

문제 01   은행시스템에 의한 화폐의 공급 - 신용창조

개념 해설

문제에서 법정지급준비율이 10%이고, 본원적 예금이 2천만원이므로, 총 예금창조 규모는 다음과 같이 계산된다.

$$\frac{1}{0.1} \times 2\,천만원 = 2\,억원$$

오답 정복하기

신용승수는 법정지급준비율의 역수로 구해진다. 이를 통해 본원적 예금 대비 얼마의 화폐가 창조되는지 측정할 수 있다.

문제 02   화폐의 공급 - 화폐유통속도

개념 해설

③ 일반적으로 이자율이 상승하는 경우 사람들은 화폐보유비율을 줄이려고 한다. 저축하는 경우에 더 많은 이자수입을 얻을 수 있기 때문이다. 따라서 화폐유통 속도는 증가한다. 더 적은 화폐가 존재하기 때문에 동일한 생산량의 거래를 위해서는 화폐의 회전율이 높아져야 하기 때문이다.

오답 정복하기

① 이자율이 상승하면 가계의 현금통화비율이 감소한다. 이자율은 저축의 기회비용이기 때문이다. 즉, 저축으로 인해 얻을 수 있는 이자수입이 커졌기 때문에 현금보유를 줄이고자 한다.

② 은행의 대출은 자금에 대한 수요이다. 대출의 증가는 수요가 높아졌음을 의미하기 때문에 이자율 상승의 원인이 된다.

④ 은행의 초과지급준비율이 감소하면 은행의 대출여력이 감소한다. 즉, 화폐공급량이 감소를 의미하고 이는 이자율 상승의 요인이 된다.

⑤ 기업의 현금보유성향 감소는 자금 수요의 감소를 의미하기 때문에 이자율 상승의 요인이 된다.

PART 02

03 A국에는 2개의 은행이 있는데 지급준비율을 제1은행은 20%, 제2은행은 10%로 항상 유지한다. 갑은 기존에 보유하고 있던 현금 100만원을 제1은행에 예금하였고, 제1은행은 지급준비금을 제외한 금액을 을에게 대출하였다. 을은 이 돈으로 병에게서 물품을 구입하였고, 병은 이 대금을 제2은행에 예금하였다. 제2은행은 지급준비금을 제외한 금액을 정에게 대출하였다. 이상의 거래로부터 추가적으로 창출된 통화량은?

① 144만원

② 152만원

③ 160만원

④ 232만원

⑤ 332만원

04 어떤 수출업자가 달러로 받은 수출대금을 원화로 교환해 줄 것을 요구하자 한국은행이 2억원을 새로 발권하여 지급했으며, 그 수출업자는 거래은행의 요구불예금 구좌에 입금했다. 법정지급준비율이 25%일 때, 화폐공급은 최대한 어느 정도까지 증가할 수 있는가?

① 2억원

② 4억원

③ 6억원

④ 8억원

⑤ 10억원

중요도	★★★★☆
정답	②

문제 03 신용창조 – 지급준비율

개념 해설

신용창조를 간단하게 살펴볼 수 있는 문제이다. A은행에 입금한 100만원은 법정준비금 20%를 제외한 80만원을 대출할 수 있다. 따라서 80만원의 통화가 창출된 셈이다. 다시 80만원은 B은행에 예금되고 법정준비금 10%를 제외한 72만원은 대출이 가능하다. 두 번째 과정에서 72만원의 통화가 창출된 셈이다. 따라서 총 152만원의 통화가 창출되었음을 알 수 있다.

오답 정복하기

문제에 제시된 과정은 두 개의 은행만을 상정했기 때문에 단순합으로 구해졌지만, 경제 전체를 대상으로 하고 이러한 대출이 더 이상 가능하지 않을 때까지 계속되는 상황을 가정한다면 무한등비급수의 합으로 풀어내야 한다. 한편 이 과정에서 통화승수는 법정지급준비율의 역수로 주어진다.

중요도	★★★★☆
정답	④

문제 04 신용창조 – 지급준비율

개념 해설

새로 발권한 금액이 2억원이고, 통화승수가 $\dfrac{1}{0.25}$ 이므로, 최대 창출 가능한 화폐공급은 $2억원 \times \dfrac{1}{0.25} = 8억원$이 된다.

🧪 **문제 분석**

신용창조는 무한등비급수의 합으로 계산된다. 한편, 통화승수는 법정지급준비율의 역수로 주어진다.

PART 02

11

총수요관리정책 – 재정정책

> "만약 재무부가 낡은 가죽부대에 지폐를 가득 담아 폐광에 적당한 깊이로 파묻고 나서 마을의 쓰레기로 입구까지 채워지도록 한 다음, 자유방임주의 원칙에 익숙한 사기업에 그 폐광을 넘겨 지폐를 다시 파내도록 한다면 (…) 더 이상의 실업은 없을 것이고, 그 영향으로 아마 마을의 실질소득과 자산은 원래보다 훨씬 커질 것이다."
>
> – 존 메이너드 케인스[John Maynard Keynes]

01 단기의 거시경제 처방, 총수요관리정책

① 고장 난 경제를 고칠 수 있다는 믿음

거시경제 문제는 이를 바라보는 두 가지의 상반된 시각이 존재한다. 그리고 이들의 주장은 서로 다른 시간 프레임을 갖는다. 즉 케인즈는 단기를, 고전학파는 장기의 시각에서 바라본다. 총수요관리정책은 단기에 경제를 조절하는 케인즈의 정책이다. 총수요관리정책[Aggregate demand management policy]이란 경제상황에 맞게 지출을 조절하는 정책을 의미한다. 단기에는 생산능력이 크게 변하기 어렵기 때문에 일정 수준에 고정되어 있다고 간주할 수 있다. 또한 단기에는 지출이 생산능력을 초과하기도 하고, 미치지 못하기도 한다. 따라서 경기가 과열되거나 침체되었을 때 경제 전체의 총수요를 조절해 줄 필요가 있다. 총수요관리정책은 경기안정화정책[Stabilization policy]이라고 표현하기도 한다.

② 재정정책과 통화정책

총수요관리정책은 재정정책과 통화정책으로 구분한다. 재정정책은 세율 혹은 정부지출을 통해 경제의 총지출을 관리하는 정책이며, 통화정책은 이자율과 통화량을 조절해 경제 전체의 총지출에 영향을 미치는 정책이다. 재정정책과 통화정책 모두 총수요–총공급 모형을 기반으로 그 효과를 살펴본다.

① 의 미

재정정책$^{\text{Fiscal policy}}$이란 조세수입과 공공지출의 규모에 대한 정부의 결정을 의미한다. 이는 단순히 예산을 편성하는 것 이상의 의미를 갖는다. 얼마를 어떻게 지출할지, 그리고 필요한 재원은 어떻게 조달할 것인가에 대한 선택은 경제에 큰 영향을 줄 수 있다. 한편, 재정정책의 핵심인 정부지출 (G)은 총수요의 일부이다. 균형상태에서 총공급(= 총생산)과 총수요는 일치하므로 다음과 같이 표현할 수 있다.

$$Y = \text{총수요} = C + I + G + NX$$

② 재정정책의 파급 경로

① 정부지출(G)의 변화

재정정책을 통한 총수요의 증가는 두 가지 경로에 의존한다. 첫 번째는 정부지출이다. 정부지출의 변화는 직, 간접적으로 총수요에 영향을 미친다. 정부지출(G) 자체의 증가만으로도 총수요는 증가한다. 정부지출이 총수요의 구성요인이기 때문이다. 이는 총수요에 직접적으로 영향을 미치는 방법이다. 보다 중요한 것은 소비와 투자를 활용한 간접적인 방식이다. 정부지출의 증가는 총수요를 증가시키고, 이는 국민소득의 증가를 야기해 다시 소비와 투자를 증가시켜 총수요를 높인다. 이는 승수효과와 구축효과로 설명된다.

② 조세(T)정책의 변화

조세는 총수요방정식을 구성하는 요소 중 소비(C)를 통해 직접적으로 총수요에 영향을 미친다. 사람들의 소비는 소득에서 조세를 제외한 가처분소득의 크기에 직접적인 영향을 받기 때문이다. 세율이 오를 경우 근로자들의 가처분소득이 감소하기 때문에 소비는 축소될 것이다. 그 결과 총수요곡선은 왼쪽으로 이동할 것이다. 반대로 세율의 하락은 가처분소득의 증가를 야기해 소비를 높이고 이는 총수요곡선의 우측이동으로 나타난다. 한편, 세율은 소비를 통해 직접적인 영향을 미치지만, 투자와 같이 다른 요소에 의해 간접적인 영향을 줄 수도 있다.

③ 확장적 재정정책과 긴축적 재정정책

정부는 경기흐름에 따라 확장적 혹은 긴축적 재정정책을 활용할 수 있다. 이를 경기대응적 재정정책 Countercyclical fiscal policy이라고 하며, 불황과 회복이 반복되는 경기순환을 완화하는 데 그 목표가 있다.

① 확장적 재정정책

확장적 재정정책Expansionary fiscal policy은 조세와 재정지출의 정책효과가 총수요를 증가시키는 경우를 의미한다. 정부지출의 증가와 세금인하는 모두 확장적 효과를 나타내 총수요곡선이 오른쪽으로 이동한다.

② 긴축적 재정정책

긴축적 재정정책Contractionary fiscal policy은 조세와 재정지출의 정책효과가 총수요를 감소시키는 경우를 의미한다. 정부지출의 감소와 세금인상은 모두 긴축적 효과를 나타내 총수요곡선이 왼쪽으로 이동한다.

▼ 확장적 · 긴축적 재정정책

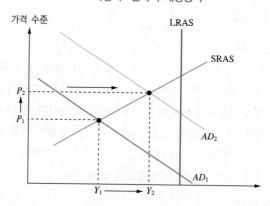

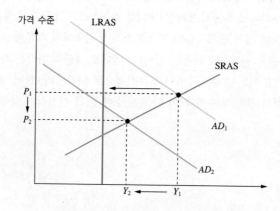

④ 경기변동에 대한 정책 대응

① 자기조정 과정에 의한 균형 회복

정책결정자들이 재정정책을 활용하는 이유는 소비자와 기업에게 악영향을 미칠 수 있는 경기변동을 안정화하기 위해서이다. 2007년 말 미국의 주택시장 붕괴는 총수요곡선을 좌측으로 이동시켰다($AD_1 \rightarrow AD_2$). 총수요의 감소로 인해 생산은 완전고용산출량 이하로 떨어지고($Y_1 \rightarrow Y_2$) 실업자는 늘어난다. 물론 정부의 대응 없이도 균형을 다시 회복할 수 있다. 실업의 증가로 임금과 생산비용이 하락하여 전반적인 물가의 인하가 발생할 것이다. 이로 인해 단기의 총공급곡선은 오른쪽으로 이동해 경제는 다시 최초의 완전고용생산량 수준(Y_1)에 도달할 수 있다. 이를 거시경제의 자기조정 과정이라고 한다.

② 정부의 개입

자기조정에 의한 균형 회복이 가능함에도 불구하고 정책 결정자들이 재정정책을 사용하는 이유는 이러한 조정이 신속하지 않기 때문이다. 균형의 회복을 기다리는 과정에서 기업이 도산하고 사람들이 일자리를 잃게 되면 정부는 어떤 조치를 취해야 한다는 압박을 받기 마련이다. 하지만 정부가 항상 사태를 개선할 수 있는 것만은 아니다. 따라서 침체 이전의 수준으로 총수요를 회복시킬 수 있는 적절한 재정정책을 찾아야 한다. 경기부양책이 완벽하게 성공한다면 총수요곡선은 AD_2에서 AD_1으로 이동할 것이다. 하지만 부분적으로 성공한다면 AD_3에 멈출 것이다. 비록 완전한 성공은 아니지만, 이러한 부분적인 성공이 아무런 조치를 취하지 않을 때보다 나을 것이다. 그만큼 고통의 시간을 줄일 수 있기 때문이다.

▼ 확장적 재정정책의 효과

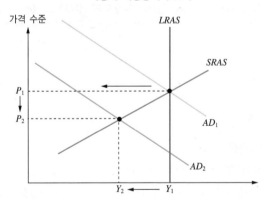

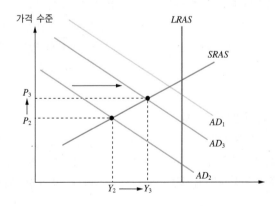

① 재량적 재정정책

재량적 재정정책^{Discretionary fiscal policy}은 정부가 적극적으로 정책목표를 설정하고, 세율을 변경하는 법안을 통해 시행하는 재정정책이다. 1960년대와 1970년대에는 자유재량적 재정정책의 옹호자가 많았지만, 80년대에 들어 자유재량적 재정정책의 효과에 대한 의심을 품기 시작했다. 그러나 2007~2009년의 불황은 다시 재량적 재정정책에 관심을 갖도록 만들었다. 2009년 미국의 경기부양법안은 대표적인 재량적 재정정책이다. 오바마 정부는 미국의 회복과 재투자법안^{American Recovery and Reinvestment Act}을 통해 8400억 달러 규모의 경기부양책을 실시했다. 법안을 제정했다는 것은 소득에 적용하는 세율의 조정을 결정해야 한다는 것을 의미한다. 세율의 변경이라는 재량적 도구는 매우 적극적인 수단이지만, 법안이 만들어지고 정책이 시행되는 과정에서 정책효과가 약해질 수도 있고, 심지어 반대 효과가 나타날 수도 있다는 단점이 존재한다. 실제 2009년 미국의 경기부양법의 경제적 효과에 대해서도 논란이 계속되고 있다.

> **재량적 재정정책의 정치적 문제**
>
> 경제가 매우 빠르게 성장한다면 세수 역시 빠르게 증가한다. 이러한 현상을 두고 경제학자라면 경기과열을 막기 위해 정부지출을 늘리지 말고, 경제 전체의 소비를 줄이기 위해 세금을 올리라고 주장할 것이다. 반면 경제가 위축되는 경우 경제학자들은 정부로 하여금 정부지출을 늘리라고 이야기할 것이다. 하지만 정치적으로는 환영받지 못한다. 정치인들은 불황기에 모두가 허리띠를 졸라매고 있는 상황에서 정부도 그렇게 해야 한다고 주장할 것이다. 경제가 호황일 때 정부지출을 줄이고, 불황일 때 정부지출을 늘려야 한다는 생각은 정치적으로 받아들이기가 어렵다. 법안을 통해 시행하는 재량적 재정정책이 실현되기 어려운 이유이다.

② 자동안정화 장치

① 조세와 자동안정화 장치

자동안정화 장치^{Automatic stabilizers}는 정책입안자가 인위적으로 개입하지 않더라도 재정정책에 영향을 미치는 조세와 정부지출을 의미한다. 조세가 자동안정화 장치의 수단으로 거론되는 이유는 소득이 증감함에 따라 세율이 올라가는 방식으로 소득세 체계가 구축되기 때문이다. 경제가 호황일수록 소득은 높아지기 때문에 정책결정자들의 개입이 없어도 자동적으로 높은 세금이 부과되어 지출을 축소시킨다. 반대로 경제가 침체상태에 있을 때는 소득의 감소로 인해 낮은 세율의 적용을 받는다. 이때 역시 소득의 감소로 지출이 감소해 총수요가 위축되지만, 세금효과로 인해 총수요 감소의 정도가 줄어든다.

② 정부지출과 자동안정화 장치

정부지출도 자동안정화 장치로 기능한다. 실업 보험 급여, 의료보험과 같은 복지프로그램은 실업 상태 혹은 저소득에 기반하여 수급 자격을 부여한다. 경제가 호황일 때는 복지프로그램의 수급자가 줄어들기 때문에 정부지출 역시 감소한다. 이는 정부가 의도적으로 정부지출(G)을 낮추어 총수요를 감소시키는 긴축적 재정정책과 결과적으로 유사하다. 반면 경기침체기에는 보다 많은 사람들이 실업보험 및 식품지원 프로그램의 도움을 받기 때문에 관련 지출이 자동적으로 늘어난다. 이는 경기침체기에 총수요곡선을 우측으로 이동시키는 요인으로 작동한다.

04 승수모형

① 승수모형의 필요성

재정정책은 정부지출의 증가와 세율의 인하를 통해서 가능하다. 경기부양을 통한 일자리 창출이 화두인 요즘, 세금 인하를 주장하는 자문관들은 종업원들의 가처분소득의 증가를 통한 소비의 증가가 총수요를 확대할 것이라고 주장한다. 한편, 정부지출의 확대를 주장하는 자문관은 수많은 실업자들을 위해 정부는 기반 시설에 대한 투자로 일자리를 창출해야 한다고 주장한다. 정부 사업으로 인해 새롭게 고용된 근로자들에게 지급된 소득은 음식, 옷, 기타 필요한 물품에 대한 지출을 통해 경제로 흘러들어갈 것이다. 두 수단 모두 경기부양에 효과가 있지만, 정책 결정자는 보다 효율적인 수단을 원할 것이다. 즉, 어떤 정책이 더 큰 경기부양효과가 있는지 따져보고 결정할 것이다. 이때 활용되는 개념이 바로 승수^{Multiplier}이다.

② 승수효과

승수효과$^{Multiplier\ effect}$란 소비지출의 파급효과를 의미한다. 즉, 국민소득의 변화를 야기할 수 있는 외생적인 요인이 변했을 때 그 최초의 변화분을 상회하는 수준으로 국민소득이 변화하는 효과를 의미한다. 외생적인 요인이 정부지출이라면 정부지출 승수는 다음과 같이 표현할 수 있다.

$$\text{정부지출 승수} = \frac{\text{균형국민소득 증가분}}{\text{정부지출증가에 따른 총수요 증가분}} = \frac{1}{1-MPC}$$

① 정부지출의 승수효과

정부가 추가 지출을 통해 경기를 부양하고자 할 때 승수효과에 의존한다. 정부기관이 새로운 모니터를 구입한다고 할 때, 정부가 모니터 제조업자에게 모니터 대금 50억원을 지급하면 즉시 그만큼의 GDP가 증가한다. 모니터 회사는 그 돈으로 회사 직원들에게 임금을 지불하고, 공장 신축과 같은 투자를 수행한다. 공장 신축을 위해 고용된 사람들은 이렇게 얻은 소득으로 경제에서 재화와 서비스를 구매하기 위해 지출한다. 이러한 행위가 연속적으로 이어진다. 이처럼 승수효과가 발생하는 이유는 정부지출의 증가($G\uparrow$)가 소비지출의 증가($C\uparrow$)를 자극하여 연쇄적인 총수요의 증가가 발생하기 때문이다. 경제 전체의 한계소비성향이 0.8이라고 가정할 경우 연쇄효과는 다음과 같이 계산된다. 최초의 정부지출 50억원으로 전체 GDP는 50억원만큼 증가한다. 이는 경제 전체에 추가적인 소득이 50억원 만큼 발생했음을 의미하고 사람들은 이 가운데 80%인 40억원(= 50억원 × 0.8)을 다시 소비한다. 이는 다시 GDP를 40억원 만큼 높이

CHAPTER 11 총수요관리정책 – 재정정책 **291**

고, 따라서 경제 전체적으로 40억원의 추가소득이 발생한다. 다시 사람들은 이 가운데 32억원(= 40억원 × 0.8)을 소비한다. 이는 무한히 계속된다. 정부지출의 총 효과를 살펴보기 위해서는 각각의 추가적인 소비를 모두 합산해야 한다. 무한히 계속되는 이러한 계산을 모두 합하면 총 250억원의 총지출이 발생했음을 알 수 있다. 소득과 소비로 이어지는 연쇄효과로 인해 최초의 정부지출 증가분 50억원보다 더 큰 실질 GDP의 증가가 발생하는 것이다.

$$\triangle Y = \triangle G_0 + MPC\triangle G_0 + MPC^2\triangle G_0 + MPC^3\triangle G_0 + \cdots$$
$$= (1 + MPC + MPC^2 + MPC^3 + \cdots)\triangle G_0$$
$$= \frac{1}{1 - MPC}\triangle G_0 \ (MPC : \text{한계소비성향}, \ 0 < MPC < 1)$$

한계소비성향

한계소비성향$^{MPC \ ; \ Marginal \ Propensity \ to \ Consume}$은 소득이 1원 증가할 때 늘어난 소비액을 의미한다. 추가적인 소득 1달러 중에 얼마가 소비로 지출되는지를 나타내는 개념이다. 한계소비성향이 0.8이라면 추가적인 소득 중 80%를 소비에 사용한다는 의미이다.

② 조세(정액세)의 승수효과

정액세$^{Lump-sum \ taxes}$는 소득수준과 무관하게 일정액을 징수하는 세금을 의미한다. 조세액이 T로 일정한 상황에서 세금이 $\triangle T$만큼 감소하면 가처분소득은 $\triangle T$만큼 증가하고 이에 따라 소비는 $MPC\triangle T$만큼 증가한다. 이로 인해 소득은 다시 $MPC^2\triangle T$만큼 증가하고, 이는 새로운 균형에 도달할 때까지 계속된다. 따라서 조세감소에 따른 소득과 소비의 연쇄효과를 다음과 같이 표현할 수 있다.

$$\triangle Y = MPC\triangle T + MPC^2\triangle T + MPC^3\triangle T + \cdots$$
$$= (MPC + MPC^2 + MPC^3 + \cdots)\triangle T$$
$$= \frac{MPC}{1 - MPC}\triangle T \ (MPC : \text{한계소비성향}, \ 0 < MPC < 1)$$

정부지출 승수와 조세감면 승수의 비교

정부지출을 증가했을 때에 비해 조세감면의 승수효과가 더 작다($\frac{1}{1 - MPC} > \frac{MPC}{1 - MPC}$). 정부지출의 경우 소득($Y$)을 즉각적으로 증가시키지만, 조세감면의 경우는 가처분소득($Y - T$)의 증가가 먼저 발생하고, 가처분소득의 일부는 소비되지 않고 저축되기 때문이다.

③ 구축효과

① 정 의

정부가 확장적 재정정책을 시행했을 때 승수효과로 인한 파급효과로 처음의 정부지출보다 훨씬 더 큰 효과가 경제에 발생함을 살펴봤다. 하지만 정부지출을 증가시켜 확장적 재정정책을 시행하는 과정에서 그 재원을 어떤 경로를 통해서 마련했느냐에 따라 재정정책의 효과가 완전하게 나타나지 못한다. 확장적 재정정책의 시행과정에서 이자율이 상승하기 때문이다. 이자율의 상승은 투자와 소비를 위축시키는 요인이기 때문에 확장적 재정정책의 효과가 온전히 발생하지 못하도록 한다. 이를 구축효과^{Crowding effect}라고 한다.

② 구축효과의 발생

㉠ 조세저항 회피

정부지출 증가의 재원은 어떤 경로를 통해 확보했는지와 무관하게 세금이다. 문제는 세금을 더 징수할 경우 조세저항이 강하다는 점이다. 따라서 정부는 국채를 발행하여 재원을 조달한다. 국채는 일정기간 뒤에 약속한 금액을 주기로 약속한 징표이다. 10년 뒤에 100만원을 주기로 약속하고 이를 90만원에 판매하는 것이다. 국가 전체의 입장에서 보면 빚을 다음 세대로 전가하는 것이라 할 수 있다. 국채를 판매하고 벌어들인 90만원은 현재 사용되지만, 갚아야하는 100만원은 미래의 일이기 때문이다. 하지만 국채의 발행을 통한 조세 징수는 저항이 없다. 국채를 발행하는 일이 국민들에게 직접적인 악영향을 미치지 않을 뿐만 아니라 국채를 발행하는지 관심을 갖지 않으면 알 수조차 없기 때문이다.

㉡ 이자율 상승

문제는 국채 발행을 늘릴 경우 이자율에 영향을 미친다는 점이다. 채권의 가격과 이자율은 역의 관계를 갖는다. 국채 발행이 증가할 경우 채권시장에서는 채권 공급이 늘어난다. 이는 채권 가격을 낮추게 되고, 그 결과로 이자율이 높아진다. 이자율은 실물 시장에서 투자지출을 줄이는 요인으로 작용하게 된다. 따라서 정부지출의 증가로 인한 총수요의 증가가 투자의 감소로 상쇄되는 효과가 발생한다. 그림에서 E점에서 F점으로의 이동이 승수효과이고, F점에서 균형이 형성되지 못하고 실질 GDP의 일부가 상쇄되어 G점에서 균형이 형성되는 이유가 바로 구축효과 때문이다.

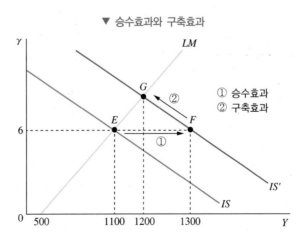

▼ 승수효과와 구축효과

01 다음 중 자동안정화 장치에 대한 예로서 옳은 것은?

> ㉠ 누진적 소득세
> ㉡ 실업보험
> ㉢ 법인의 이윤에 부과하는 조세

① ㉠   ② ㉠, ㉡

③ ㉠, ㉡, ㉢   ④ 모두 해당 사항 없음

⑤ ㉠, ㉢

02 다음 설명 중 옳은 것을 모두 고르시오.

> ㉠ 한계저축성향을 알면 정부지출승수를 알 수 있다.
> ㉡ 밀어내기효과(Crowding-out effect)는 확대재정정책이 이자율을 하락시켜 투자를 증가시키
>   는 효과이다.
> ㉢ 승수효과란 정부구입이 1원 증가하면 총수요는 1원보다 큰 폭으로 증가하는 현상이다.
> ㉣ 정부가 세금을 인하하여 소비지출을 촉진하면 승수효과가 발생할 수 있다.

① ㉠, ㉡   ② ㉠, ㉢, ㉣

③ ㉡, ㉢, ㉣   ④ ㉢, ㉣

⑤ 정답 없음

FEED BACK

☑ 왜 틀렸을까?	01 ☐ 개념 이해 부족 ☐ 문제 이해 부족 ☐ 기타( )
	02 ☐ 개념 이해 부족 ☐ 문제 이해 부족 ☐ 기타( )
☑ 개념 다시 짚어보기	

문제 01 　자동안정화 장치의 종류

중요도	★★★★☆
정 답	③

개념 해설

㉠ 누진적 소득세의 경우 소득이 낮으면 소득세도 낮게 되므로 소비 여력을 높일 수 있다.

㉡ 실업보험 역시 소득이 낮은 시기에 이를 보전해줌으로써, 경기침체기에 총수요를 유지할 수 있는 장치이다.

㉢ 법인의 이윤 역시 경기침체기에는 감소하므로, 이에 부과하는 조세가 자동적으로 줄어들어 새로운 투자 및 소비의 여력을 갖출 수 있다. 이는 모두 총수요의 증가요인이다.

문제 분석

자동안정화 장치란 경기침체가 발생할 때 정부가 별도의 조치를 취하지 않더라도 자동적으로 총수요가 증가하도록 만들어진 정책적 장치를 의미한다.

오답 정복하기

재정정책은 재량정책과 자동안정화 장치 두 가지의 방법으로 나뉘어진다. 재량정책은 법 제도를 통해 정부가 직접 개입하는 것이며, 자동안정화 장치는 법 제도의 개편 없이 정책적 장치를 통해 실질적으로 자동안정화의 기능을 수행할 수 있도록 설계된 것이다.

문제 02 　자동안정화 장치의 종류 – 승수효과

중요도	★★★★☆
정 답	②

PART 02

개념 해설

㉠ 한계저축성향을 알면 한계소비성향을 알 수 있기 때문에 정부지출에 얼마만큼 민감하게 반응하는지 살펴볼 수 있다.

㉢ 승수효과란 정부구입 1원 증가에 따른 실질 GDP 증가폭을 의미한다. 보통의 경우 정부구입 1원보다 훨씬 큰 폭으로 증가한다.

㉣ 정부의 세금인하는 소비를 자극할 수 있는 좋은 수단이며, 이는 다시 국민소득의 증가를 가져와 소비를 다시 상승시킨다. 승수효과가 발생하는 것이다.

오답 정복하기

㉡ 구축효과란 재정정책의 자금 조달을 채권발행을 통해 시행하다보니 이자율을 상승시켜 투자를 감소시키기 때문에 발생하는 현상이다.

03 구축효과에 대해 옳게 말하고 있는 사람들로만 짝지은 것은?

> ㉠ 구축효과는 확장적 재정정책이 이자율을 상승시키기 때문에 발생하는 현상이다.
> ㉡ 구축효과는 투자감소 외에 추가적으로 유발된 소비감소에 따른 소득감소로도 설명할 수 있는 부분이 있다.
> ㉢ 확장적 재정정책을 국채발행으로 하는 경우, 국채이자율은 하락하지만 전체 채권시장의 이자율은 상승해서 투자가 감소한다.
> ㉣ 구축효과의 크기가 승수효과의 크기보다 작은 경우 확장적 재정정책이 국민소득에 아무런 영향을 주지 못한다.

① ㉠, ㉡   ② ㉠, ㉣
③ ㉡, ㉢   ④ ㉢, ㉣
⑤ 정답 없음

04 다음의 상황에서 정부지출의 효과가 큰 순으로 나열한 것은?

> ㉠ 한계소비성향이 0.6인 상황에서 정부가 지출을 500억원 증가시켰다.
> ㉡ 한계소비성향이 0.3인 상황에서 정부가 지출을 500억원 증가시켰다.
> ㉢ 한계저축성향이 0.8인 상황에서 정부가 지출을 500억원 증가시켰다.

① ㉠ > ㉡ > ㉢   ② ㉠ > ㉢ > ㉡
③ ㉡ > ㉢ > ㉠   ④ ㉢ > ㉠ > ㉡
⑤ ㉢ > ㉡ > ㉠

FEED BACK

☑ 왜 틀렸을까?	03 ☐ 개념 이해 부족 ☐ 문제 이해 부족 ☐ 기타( )
	04 ☐ 개념 이해 부족 ☐ 문제 이해 부족 ☐ 기타( )
☑ 개념 다시 짚어보기	

중요도	★★★★☆
정답	①

문제 03 재정정책과 구축효과

개념 해설

㉠ 구축효과는 확장적 재정정책의 재원조달을 국채발행을 통해 시행하기 때문에 발생한다. 국채의 공급 증가는 국채 가격을 떨어뜨리고 이는 이자율의 상승을 야기한다. 이로 인해 투자가 감소해 당초 기대만큼 실질 GDP가 늘어나지 않는 현상이 구축효과이다.

㉡ 추가적으로 얻게 되는 소득을 소비로 활용해야 승수효과가 커지지만, 해당 소득을 저축하게 되면 실질 GDP 증가로 이어지지 않는다.

오답 정복하기

㉢ 확장적 재정정책의 재원조달을 국채발행을 통해 실시하는 경우 국채공급의 증가를 야기해 국채가격이 하락하고, 이는 이자율의 상승을 야기한다.

㉣ 승수효과는 효과가 배가 되는 현상이고, 구축효과는 이 효과를 잡아먹는 현상이다. 따라서 구축효과 < 승수효과라면 국민소득에 재정정책이 충분히 영향을 미칠 수 있다.

중요도	★★★★☆
정답	①

문제 04 한계소비성향과 한계저축성향 – 재정지출과 승수

개념 해설

㉠ $\dfrac{1}{1-\text{한계소비성향}} \times 500\text{억원} = \dfrac{1}{1-0.6} \times 500\text{억원} = 1{,}250\text{억원}$

㉡ $\dfrac{1}{1-\text{한계소비성향}} \times 500\text{억원} = \dfrac{1}{1-0.3} \times 500\text{억원} = \text{약 } 714\text{억원}$

㉢ $\dfrac{1}{\text{한계저축성향}} \times 500\text{억원} = \dfrac{1}{0.8} \times 500\text{억원} = \text{약 } 625\text{억원}$

오답 정복하기

확장적 재정정책은 총수요곡선을 오른쪽으로 이동시켜 경제 전체의 총수요를 증가시키게 된다. 이 때 총수요의 크기는 정부지출액만큼 증가하는 것이 아니라 이보다 크게 증가하게 되는데 이를 '승수효과'라고 한다. 승수효과가 클수록 정부지출 증가의 효과가 커지게 된다. 승수효과의 크기는 한계소비성향과 관계가 있다. 정부가 지출을 증가시켜도 이것이 가계에 흘러들어가 소비의 증가로 연결되지 않는다면 총수요는 증가하지 않기 때문이다. 구체적으로 승수는 다음과 같이 구해진다.

$$\text{승수} = \dfrac{1}{1-\text{한계소비성향}}$$

한편, 소득 중에 소비되고 남은 것은 저축이라고 한다. 따라서 소득은 소비와 저축으로 구성된다. 결국 승수를 구하는 식의 분모(1-한계소비성향)는 한계저축성향이라고 할 수 있다. 따라서 한계저축성향이 낮을수록 승수는 커지게 되어 정부지출의 효과가 크게 된다.

12

총수요관리정책 - 통화정책

▸ "물가 상승 확대가 불확실한 시기에 금리를 조정하면 물가 안정이 중앙은행의
우선 목표가 아니라는 잘못된 신호를 경제 주체들에게 줄 수 있다."

– 신인석 금융통화위원

01 통화정책의 정의와 작동방식

1 통화정책의 정의

통화정책$^{Monetary\ policy}$은 독점적 발권력을 지닌 중앙은행이 통화량이나 이자율에 영향을 미쳐 물가
안정, 금융안정 등을 달성함으로써 경제가 지속가능한 성장을 이룰 수 있도록 하는 정책을 말한
다. 통화정책은 주로 이자율 변화를 통해 경제에 영향을 미친다. 이자율이 변하면 돈을 빌리고 빌
려주려는 성향이 바뀌는데, 이는 경제에 중요한 영향을 미친다.

2 이자율과 통화정책

「제9장 화폐의 기능과 화폐수요」에서 케인즈의 화폐수요모형을 살펴보았다. 통화정책은 케인즈
가 1936년에 처음 제안한 이 유동성 선호모형으로부터 이자율과 통화정책의 연결고리를 살펴볼
수 있다.

① 화폐의 수요

유동성 선호모형에서 살펴본 바와 같이 화폐 수요함수는 「화폐량-이자율」 평면에서 우하향하
는 형태를 갖는다. 이는 이자율과 화폐수요량 간에 음(-)의 상관관계가 있음을 의미한다. 즉,
이자율이 높을 때 화폐를 덜 수요하고, 이자율이 낮을 때 더 많은 화폐를 수요한다는 것이다.
한편, 내생변수인 이자율의 변화가 아닌 실질 GDP와 같은 외생변수의 변화는 화폐 수요곡선을
이동시킨다. 실질 GDP의 증가는 화폐수요를 증가시켜 곡선의 우측이동을, 실질 GDP의 감소
는 화폐수요를 감소시켜 곡선의 좌측이동을 야기한다. 이밖에 신용카드 사용의 증가, ATM기
기의 증가는 화폐수요의 감소 요인이다. 일상의 지출을 위해 지갑 안에 넣어두어야 하는 화폐
의 양이 줄어들기 때문이다.

② 화폐의 공급

유동성 선호모형에서 화폐공급은 중앙은행에 의해 정해진 것으로 간주된다. 중앙은행은 이자
율과 관계없이 공급하는 화폐량을 일정하게 유지할 수 있다고 가정한 것이다. 따라서 화폐 공
급곡선은 수직이다.

③ 명목 이자율의 결정

유동성 선호모형에서 화폐의 수요와 공급이 만나는 점에서 명목 이자율이 결정된다. 유동성 선호모형에서는 중앙은행이 화폐공급에 대한 완벽한 통제력을 갖고 있다고 가정하기 때문에 중앙은행에 의한 화폐공급 변화가 이자율을 변화시킨다. 중앙은행이 화폐공급을 변화시키는 방법에는 공개시장조작, 지급준비율 정책, 재할인율 제도가 있다. 이들 제도를 통화정책의 수단이라고 한다. 이들 수단의 변화로 인해 화폐공급곡선이 좌우로 변하면서 이자율이 달라진다. 한편, 화폐수요곡선은 기울기가 중요하다. 화폐공급의 변화에 따라 이자율이 얼마나 변할지 결정하는 것은 화폐수요곡선의 기울기이기 때문이다. 화폐수요곡선이 평평할수록(탄력적일수록) 이자율이 변하는 정도는 가파를 때(비탄력적)보다 작을 것이다.

▼ 화폐공급곡선의 이동

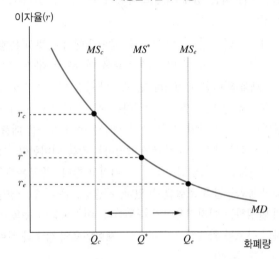

㉠ 공개시작조작

공개시장조작[Open-market operation]은 중앙은행이 시장에서 국채를 은행에 팔거나 은행으로부터 사들이는 행위를 의미한다. 이는 중앙은행이 가장 많이 사용하는 통화정책의 수단이다. 중앙은행은 화폐공급을 늘리고자 할 때 은행으로부터 채권을 사들인다. 그리고 그 대가로 지급준비금을 지불한다. 그러면 은행은 지급준비금이 많아졌기 때문에 대출을 늘리거나 채권을 더 많이 구입할 수 있어 결과적으로 화폐를 창출한다. 반대의 경우 중앙은행이 화폐공급을 줄이고 싶으면, 채권을 팔고 지급준비금을 받는다. 중앙은행은 이렇게 회수한 돈을 폐기해 교환가능한 화폐의 양을 줄인다.

ⓒ 지급준비율 정책

지급준비율 정책은 중앙은행이 쓸 수 있는 가장 강력한 정책이다. 지급준비금의 요건[Reserve requirement]을 통제하는 정책이기 때문이다. 즉, 은행이 예금의 일정 비율 이상을 지급준비금으로 보유하도록 정하는 규제를 조절하는 것이다. 1930년대 이 지급준비율을 변경하여 본원통화를 조절하면 신용승수효과를 통해 통화량에 영향을 준다는 사실이 밝혀지면서 지급준비제도는 중앙은행의 통화정책 수단으로 위상이 높아졌다. 중앙은행은 화폐공급을 늘리고자 할 때 지급준비율을 낮춰 대출 여력을 높여주고, 화폐공급을 줄이고자 할 때 지급준비율을 높여 대출 여력을 낮춘다. 이 방법은 그 영향력의 범위가 너무 넓어 실제로는 드물게 사용된다. 지급준비금 요건의 변화를 통해 화폐 공급량을 의미 있는 수준으로 통제하려면 지급준비금의 규모가 급격하게 바뀌어야 하고, 이 경우 은행의 경영 신뢰가 약화될 수 있어 이는 신용을 이용하는 경제 전체로 파장이 이어질 수 있기 때문이다.

ⓒ 재할인율 정책

재할인율 제도(중앙은행 여수신제도)는 중앙은행이 은행의 은행으로서의 역할을 수행하는 것을 의미한다. 즉, 중앙은행이 금융기관을 대상으로 대출 및 예금을 통해 자금의 수급을 조절하는 정책을 의미한다. 중앙은행 제도가 등장했던 초기에 중앙은행은 상업은행이 기업에 할인해 준 어음을 다시 할인·매입하는 형식으로 자금을 지원했기 때문에 재할인이라는 명칭이 붙었다. 즉, 재할인[Rediscount]이란 예금은행이 자금을 대출하면서 기업으로부터 받은 상업어음을 은행에 제시하여 자금을 차입하는 것을 의미한다. 이때 중앙은행이 시중은행에 적용하는 이자율을 재할인율[Rediscount rate]이라고 한다. 중앙은행은 이 재할인율을 조절함으로써 시중의 통화공급을 조절할 수 있다. 재할인율은 시중은행이 중앙은행으로부터 자금을 차입할 때 발생하는 이자비용이기 때문이다. 이자비용이 높을수록 자금 차입을 꺼리고, 낮을수록 차입 규모를 확대하고자 하므로, 재할인율의 상승과 하락을 통해 경제 전체의 화폐공급을 조절할 수 있다.

유동성 선호모형을 통해 중앙은행의 결정이 이자율에 영향을 미치는 과정을 살펴볼 수 있다. 즉, 중앙은행이 화폐공급을 늘리면 이자율이 하락하고, 화폐공급을 줄이면 이자율이 상승한다. 이러한 이자율 결정에 중앙은행이 개입하는 것은 이자율이 경제에 미치는 효과가 크기 때문이다. 이자율은 자금 차입의 비용이며, 개인의 경우 주택이나 자동차와 같이 목돈이 들어가는 소비는 차입을 통해 해결하는 경우가 많고, 기업 역시 투자를 할 때 차입에 의존하기 때문이다.

1️⃣ 확장적 통화정책

이자율의 변화는 경제 전체의 총수요에 영향을 미친다. 이자율이 하락하면 사람들은 차입의 확대를 통해 목돈이 들어가는 소비를 증가시킨다. 기업 역시 이자율이 하락하면 차입의 비용이 낮아지기 때문에 투자를 확대시킬 수 있다. 모두 총수요의 증가요인이다. 중앙은행은 이자율 인하에 따른 이러한 경제적 효과를 알고 있기 때문에 경기침체 시에 공개시장조작을 통해 화폐공급을 늘린다. 이처럼 이자율 인하를 통해 총수요를 확대하는 통화정책을 확장적 통화정책이라고 한다.

▼ 확장적 통화정책

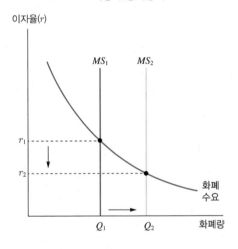

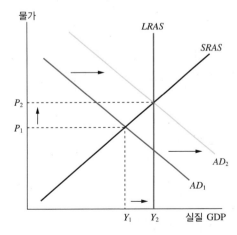

② 긴축적 통화정책

경제가 활기찬 것은 분명 좋은 일이다. 하지만 경제가 지나치게 과열된 경우 조정이 필요하다. 단기적 생산수준이 장기균형보다 높으면 반드시 물가가 오르기 마련이다. 중앙은행의 물가안정과 완전고용을 위해 통화정책을 사용할 권한이 있다. 따라서 중앙은행이 경기가 과열되었다고 판단하면 이자율을 높인다. 이자율 인상은 소비와 투자를 감소시켜 총수요곡선을 왼쪽으로 이동시켜 단기적으로 물가와 균형 생산량 수준을 하락시킨다.

▼ 긴축적 통화정책

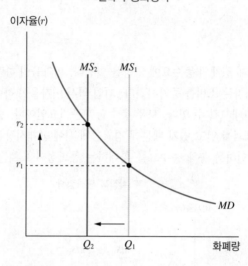

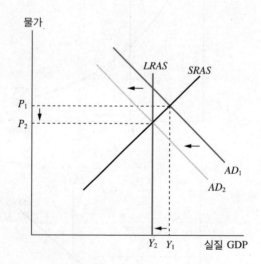

③ 유동성 함정

① 정 의

유동성 함정$^{\text{Liquidity trap}}$은 확장적 통화정책을 통해 실질 GDP를 증가시키려는 시도가 전혀 효과를 발휘하지 못하는 상황을 의미한다. 이는 경기가 극도로 침체되었을 때 통화공급을 늘려, 명목 이자율을 0에 가깝게 낮춰도 경제주체들이 화폐를 보유하기만 할 뿐 투자 혹은 소비를 늘리지 않아 실물경제에 아무런 영향을 주지 못하는 상황을 의미한다.

② 유동성 함정의 발생

유동성 함정은 경기가 극도로 침체되었을 때 발생한다. 또한 향후 경제상황이 나아질 것으로 보이지 않을 때 발생한다. 이 때 중앙은행은 경기부양을 위하여 통화량 공급 증가를 통해 이자율을 낮추는 확장적 통화정책을 실시한다. 하지만 은행들이 대출을 꺼린다. 미상환에 대한 가능성이 높아졌기 때문이다. 은행이 아닌 기업의 측면을 보더라도 투자에 대한 수익성이 악화되었기 때문에 투자를 꺼린다. 이자율이 낮아져도 자금을 차입하여 투자하지 않는 것이다. 소비자의 입장에서는 현금을 최대한 쌓아둔다. 이자율이 바닥에 가까워졌다는 것은 수익성 있는 자산인 채권의 가격이 최고조에 올랐다는 것을 의미하고, 향후 이자율이 상승하여 채권가격이 낮아졌을 때 채권을 구입하기 위해서는 현금을 보유하고 있어야 하기 때문이다. 이처럼 경기가 극도로 침체되었을 때 확장적 통화정책을 통해 화폐공급 증가가 실물로 흘러들어가지 않는 현상이 마치 함정에 빠진 것과 같다고 하여 유동성 함정이라고 한다.

▼ 유동성 함정

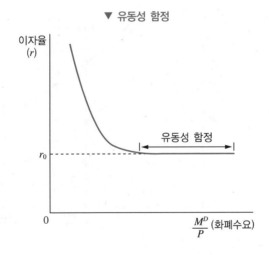

④ 장기 균형의 변화

① 실물시장의 변화

최초의 균형점 A에서 중앙은행이 화폐공급을 증가시켰다고 하자. 화폐공급의 증가는 이자율을 낮추고, 이는 소비와 투자가 증가해 총수요가 확장된다. 그 결과 총수요곡선이 우측으로 이동한다($AD_0 \rightarrow AD_1$). 그 결과 단기균형은 B점으로 이동하며, 이때 총생산은 완전고용생산량을 상회($Y^P \rightarrow Y^1$)하며, 물가도 상승($P^0 \rightarrow P^1$)한다. 물가의 상승은 노동자들로 하여금 명목임금(W) 상승을 주장하도록 압박한다. 실질임금($\frac{W}{P}$)이 물가상승($\triangle P$)으로 인해 하락하기 때문이다. 이는 기업 입장에서는 생산비용의 증가이므로 생산감소의 요인이 된다. 결국 거시경제 전체의 총공급이 감소하게 되고, 이러한 감소는 완전고용생산량 수준에 이를 때까지 계속된다. 즉, 단기 총공급곡선은 장기 총공급곡선과 만나 새로운 균형을 형성할 때까지 좌측으로 이동($SAS_0 \rightarrow SAS_1$)하게 된다. 그 결과 새로운 균형은 C점에서 형성되며, 이때 C점은 단기 총공급곡선과 장기 총공급곡선 위에 위치하므로 거시 경제의 단, 장기 균형을 모두 충족한다. 결과적으로 확장적 통화정책은 장기에는 실질 국내총생산에는 아무런 영향을 미치지 못하고 물가만 상승시키는 것($P^1 \rightarrow P^2$)이다. 이처럼 화폐공급의 변화가 장기에 아무런 영향을 미치지 못하는 현상을 화폐의 중립성$^{\text{Monetary neutrality}}$이라고 한다.

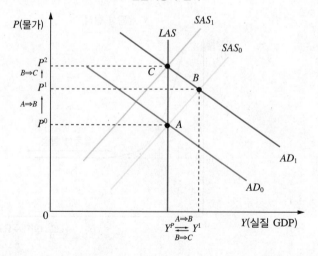

▼ 실물시장의 변화

② 화폐시장의 변화

최초의 균형점은 A점이다. 이때 중앙은행이 화폐공급을 늘리면 화폐공급이 증가해 이자율이 하락($r_0 \to r_1$)한다. 이자율의 하락은 총수요를 증가시키고, 이는 화폐수요곡선의 우측이동을 야기한다. 화폐수요곡선의 이동은 새로운 화폐공급곡선과 만나 균형을 형성할 때까지 계속된다.($M_0^D \to M_1^D$) 그 결과 새로운 균형점은 C점에서 형성되고 이때의 이자율은 화폐공급증가 이전과 동일하다. 장기에는 화폐공급의 변화가 물가만 상승시킬 뿐 이자율에 아무런 영향을 미치지 못하는 것을 확인할 수 있다.

▼ 화폐시장의 변화

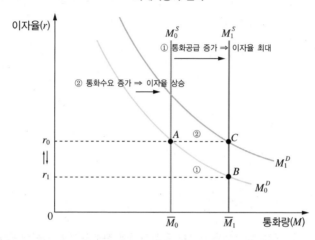

01 중앙은행의 기준금리 인하가 경제에 미치는 효과에 대한 설명 중 옳지 않은 것은?

① 채권가격이 상승한다.

② 기업의 자금조달 비용이 경감된다.

③ GDP 갭이 축소되어 물가가 하락한다.

④ 화폐보유의 기회비용이 하락하여 화폐수요가 증가한다.

⑤ 외국과의 금리차가 확대되면서 원화의 평가절하가 촉진되어 수입이 감소한다.

02 최근 한국은행의 금융통화위원회에서 동결되었던 정책금리를 인상하였다. 이에 따라 예상되는
결과로 옳지 않은 것은?

① 채권가격의 하락

② 총수요의 감소로 인한 경제성장 둔화

③ 실질 GDP 감소와 물가 하락

④ 원화가치의 하락

⑤ 통화증가율의 감소

FEED BACK

☑ 왜 틀렸을까?				
	01 ☐ 개념 이해 부족	☐ 문제 이해 부족	☐ 기타(	)
	02 ☐ 개념 이해 부족	☐ 문제 이해 부족	☐ 기타(	)
☑ 개념 다시 짚어보기				

문제 01 통화정책의 효과

중요도	★★★★☆
정 답	③

개념 해설

③ 문제에서의 GDP 갭이란 잠재 GDP−실제 GDP로 정의되고 있다. 기준금리를 인하할 경우 투자가 높아져 총수요가 확장된다. 그 결과 물가는 상승한다.

오답 정복하기

① 금리와 채권가격은 역의 관계이므로, 금리 인하는 채권가격의 상승으로 이어진다.
② 기업은 투자자금을 차입에 의존한다. 따라서 기준금리 인하는 차입의 비용이 낮아졌음을 의미한다.
④ 화폐보유의 기회비용은 은행에 저축했을 때 나오는 예금이자이다. 따라서 기준금리 인하는 예금수입이 작아진 셈이고 화폐보유의 기회비용이 감소한 셈이므로 화폐수요가 증가한다.
⑤ 이자율은 곧 수익률이다. 기준금리를 인하하게 되면 우리나라 금융상품의 수익률이 낮아짐을 의미하고, 그 결과 해외자본의 유출이 일어난다. 이는 외환시장에서 외환공급이 감소하여 환율이 상승하는 결과로 나타난다.

문제 02 금리인상의 효과 – 긴축적 통화정책

중요도	★★★★☆
정 답	④

개념 해설

④ 금리는 수익률이기도 하다. 금리의 인상은 수익률의 상승을 의미하기 때문에 글로벌 자본이 한국 시장으로 유입된다. 이는 외환시장에서 외환공급의 증가를 의미하고 이는 환율하락으로 이어진다. 명목환율의 하락은 원화가치의 상승을 의미한다. 1달러당 1,200원에서 1,000원이 되었다면 이제는 1,000원으로 1달러를 구입할 수 있다는 의미이므로 원화가치의 상승이다.

오답 정복하기

① 이자율과 채권가격은 반비례한다. 따라서 금리인상은 채권가격의 하락으로 나타난다.
② 투자와 이자율은 역의 관계이다. 기업들은 투자를 차입에 의존하고, 이자는 차입의 비용이기 때문이다. 따라서 투자가 감소하고 총수요가 줄어들어 경기가 침체될 수 있다.
③ 총수요의 감소는 총수요곡선의 좌측이동을 야기해 실질 GDP를 줄이고, 물가를 하락시킨다.
⑤ 금리의 인상은 총수요 위축을 야기해 통화량도 감소한다.

03 다음 (   ) 안에 알맞은 말을 옳게 짝지은 것은?

> 채권가격이 더 이상 상승할 수 없을 정도로 높은 경우, 채권가격이 하락할 것으로 예상되어 자산을 화폐 형태로 보유하려고 한다. 따라서 화폐공급량이 증가하여도 채권가격은 더 이상 (㉠)하지 않고 (㉡)만 그만큼 증가한다. 즉, 화폐수요의 이자율 탄력도가 무한대가 되는 (㉢)에 빠진다.

	㉠	㉡	㉢
①	상승	화폐수요량	유동성 함정
②	하락	화폐수요량	유동성 함정
③	상승	화폐보유량	정책함정
④	하락	화폐보유량	정책함정
⑤	하락	화폐수요량	구축효과

04 유동성 함정에 관한 설명으로 옳지 않은 것은?

① 화폐수요의 이자율 탄력성이 무한대인 경우에 발생한다.
② 채권의 가격이 매우 높아서 추가적인 통화공급이 투기적 화폐수요로 모두 흡수된다.
③ 이자율이 매우 낮아 향후 이자율이 상승할 것으로 예상될 경우 유동성 함정이 발생할 수 있다.
④ 확장적 통화정책은 이자율을 하락시키지 못하여 총수요 확대효과가 없다.
⑤ 확장적 재정정책은 이자율을 상승시켜 총수요 확대효과가 없다.

문제 03 유동성 함정

개념 해설

유동성 함정이란 경기가 극도로 침체되어 있을 때, 확장적 통화정책이 총수요의 증가로 이어지지 않는 현상을 의미한다. 이는 이자율이 아무리 낮아져도 소비나 투자를 하려하지 않기 때문이다. 즉, 명목이자율이 거의 0%가 되어 채권가격도 오를만큼 오르고, 화폐수요만 높아져 소비와 투자로 연결되지 않는다.

오답 정복하기

재정정책의 효과를 반감시키는 것이 구축효과라면, 유동성 함정은 통화정책을 무력화시킨다. 이 경우 재정정책을 통한 총수요확대정책의 지원이 필요하다.

문제 04 유동성 함정

개념 해설

⑤ 유동성 함정은 더 이상 통화정책이 효과를 발휘하지 못하는 상황을 의미한다. 아무리 통화공급을 늘려도 소비와 투자에 사용되지 않고 경제주체에 의해 수요될뿐이다. 이 경우 재정정책을 통해 총수요확대정책을 지원하는 것이 바람직하다.

오답 정복하기

① 유동성 함정의 상황에서는 화폐수요의 이자율 탄력성이 무한대이다. 더 이상 이자율이 낮아질 수 없기 때문이다.
② 채권의 가격이 너무 높아서 추가적인 통화공급은 모두 투기적 화폐수요로 흡수된다. 이후 이자율이 높아져 채권가격이 하락하기만을 기다리는 수요이다.
③ 이자율이 매우 낮은 경우 경제가 이를 지속할 수 없음을 알기 때문에 유동성 함정이 발생한다.
④ 유동성 함정 상황에서는 아무리 통화량을 늘려도 이자율이 낮아지지 않기 때문에 효과가 없다.

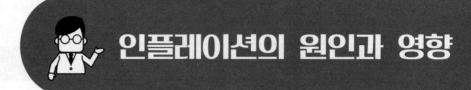

인플레이션의 원인과 영향

▶ "인플레이션은 언제 어디서나 화폐적 현상이다."
– 밀튼 프리드먼[Milton Friedman]

01 인플레이션의 의미

인플레이션[Inflation]이란 물가가 지속적으로 상승하는 현상을 의미한다. 인플레이션이 발생한다는 것은 가진 돈으로 살 수 있는 상품이 줄어든다는 것을 의미한다. 시기를 막론하고, 시장 경제에서는 어떤 상품의 가격은 오르고, 어떤 상품의 가격은 내린다. 하지만 인플레이션 상황에서는 휘발유, 음식 등 많은 필수품의 가격이 동시에 올라, 가계는 어려운 상황에 직면하게 된다. 인플레이션은 보다 구체적으로 재화와 서비스의 일정한 조합을 가지고 측정한 가격이 전체적으로 상승하는 현상이다. 휘발유 가격이 리터당 300원 상승하거나, 영화 티켓이 2,000원 상승하는 현상 자체로는 인플레이션이 아니다. 다양한 상품들의 가격 수준이 평균적으로 상승하는 현상이 인플레이션이다.

02 인플레이션의 측정

인플레이션은 전반적인 물가수준의 상승이다. 우리나라의 경우 인플레이션의 측정은 통계청에서 평균 도시 소비자의 구매 행위를 담은 장바구니를 만들어 경제의 전반적 물가수준을 측정한다. 이 장바구니에 포함된 각 상품의 양은 특정 기간 동안 일반 가계의 전형적인 소비를 나타낸다. 그러면 장바구니에 포함된 상품 전체를 구매할 때 소요되는 총비용을 계산할 수 있다. 그리고 그 총비용은 시간이 갈수록 변한다. 이 변하는 값을 기준시점과 비교하면 물가의 변화를 살펴볼 수 있다. 이 장바구니에 무엇이 포함되는지에 따라 인플레이션을 측정하는 방법은 다양하게 나누어진다.

> **물가지수의 측정**
>
> 물가지수는 기준시점의 물가를 100으로 놓고 비교시점의 물가를 이와 비교하는 방식으로 물가를 측정한다. 비교시점의 물가가 100보다 높으면 물가의 상승을, 이보다 낮으면 물가가 하락했다고 판단한다. 한편, 기준시점의 물가지수에서는 상품수량을 고정시켜 놓고 비교한다. 그래야 가격의 변동을 비교할 수 있기 때문이다.

① 소비자물가지수

소비자물가지수$^{CPI\,;\,consumer\,price\,index}$는 도시가계가 일상생활을 영위하기 위해 구입하는 상품가격과 서비스 요금의 변동을 종합적으로 측정하기 위해 작성하는 지수로서, 2015년을 기준(= 100)으로 가계소비지출에서 차지하는 비중이 1/1,000인 품목 460개를 대상으로 작성된다. 통계청에 의해 작성되는 소비자물가지수는 물가변동이 도시가구의 소비생활에 미치는 영향을 나타내는 지표로 어느 특정 가구나 계층을 대상으로 측정하는 것이 아니라 전체 도시 가구의 평균적인 영향을 나타내기 때문에 체감물가와 차이가 발생할 수 있다.

① 근원인플레이션

근원인플레이션은 기초 경제여건에 의하여 결정되는 물가상승률을 의미하며 대부분의 경우 전체 소비자물가상승률에서 농산물 가격, 국제 원자재 가격 등의 변동분을 제거하여 계산한다. 근원인플레이션율은 물가에 미치는 단기적·불규칙적 충격이 제외되어 기조적인 물가상승 흐름을 포착할 수 있다는 장점이 있는 반면 일반국민들의 체감물가와 괴리될 위험성이 있다. 우리나라의 경우 전체 소비자물가지수에서 곡물을 제외한 농산물과 석유류를 제외한 지수를 근원인플레이션 지수로 사용하고 있다.

② 생활물가지수

소비자물가지수의 보조지수로서 소비자물가 조사대상품목 중에서 일반 소비자들이 자주 구입하는 기본 생필품 141개(2015 = 100)를 선정하여 이들 품목의 평균적인 가격변동을 나타낸다.

② 생산자물가지수

생산자물가지수$^{PPI\,;\,producer\,price\,index}$는 국내에서 생산하여 국내시장에 공급되는 모든 재화와 서비스 가격의 변동을 측정하기 위해 작성하는 지수이다. 한국은행에 의해 측정되는 생산자물가지수는 국내출하액이 모집단금액의 1/1,000 이상인 766개 상품이 포함되며, 서비스의 경우 1/2,000 이상인 거래비중을 갖는 104개의 품목이 대상이 된다.

③ GDP 디플레이터

GDP 디플레이터는 명목 GDP와 실질 GDP의 개념을 활용해 물가수준을 측정한다. GDP에는 소비뿐만 아니라 투자, 정부지출, 수출이 포함되고, 수입은 제외된다. 소비자물가지수와 함께 물가지수로 가장 많이 활용된다.

PART 02

4 물가지수의 한계

① 고정된 장바구니 구성

사람들은 올해 구매했던 상품을 내년에 똑같이 구매하지 않는다. 따라서 어떤 상품의 가격이 오르면 다른 상품을 구입한다. 하지만 물가지수의 측정을 위한 장바구니 안의 상품들은 계속해서 고정되어 있다. 이로 인한 물가지수의 과대 혹은 과소 측정 문제가 존재한다.

② 기술변화의 미반영

휴대전화가 처음으로 시장에 등장했던 당시 물가지수 측정을 위한 장바구니에는 유선전화가 포함되어 있었다. 휴대전화의 사용 요금은 높지만, 유선전화에 비해 요금 적용 방식이 유연해 생활비 측면에서 장점이 크다. 이후에 스마트폰, 인터넷 전화, 화상 전화 등이 등장했지만 과거의 유선전화만 장바구니에 포함시키면 기술변화가 반영되지 못하는 결과를 낳는다. 결과적으로 더 많은 선택을 할 수 있는 상황에서 사람들이 생활비를 절약하는 측면을 간과하게 된다.

03 화폐의 중립성

1 산출량의 명목가치와 실질가치

국내총생산은 산출량을 화폐가치로 측정한다. 산출을 화폐로 측정하는 방법은 직관적이긴 하지만, 물가가 달라지면 화폐가치로 측정한 산출물의 가치가 달라진다는 단점이 있다. 만약 어떤 국가에서 모든 화폐 단위에 0을 하나 더 붙이기로 했다고 합의했다면, 100원은 1,000원이, 1,000원은 10,000원이 되어 화폐로 측정된 산출물의 가치는 엄청나게 상승한다. 하지만 생산된 재화와 서비스의 수량은 그대로이다. 이처럼 생산된 실질 수량으로 측정한 개념을 실질가치라고 한다. 화폐단위로 측정한 것이 아니므로 0을 하나 더 붙이기로 하더라도 그 실질가치는 변하지 않는다. 이때 달라지는 것은 화폐단위로 측정한 명목가치이다.

2 장기와 화폐의 중립성

화폐의 중립성$^{Neutrality\ of\ money}$이란 전반적인 물가수준의 변화는 경제의 실물 변수에 영향을 미치지 않는다는 개념이다. 일부 상품 및 서비스의 가격이 아니라 경제 내의 모든 상품의 가격이 동시에 증가하면 구매력이 낮아지지 않는다는 것이다. 2,000원짜리 사과가 20,000원이 되었더라도 우리의 월급 역시 10배가 되었다면 화폐의 구매력, 즉 실질가치는 변함이 없다. 화폐는 단기에서보다 장기에서 더 중립적이다. 물가의 변화는 시간이 충분하다면 명목가치만 변화시킬 뿐 실질가치를 변화시키지 않는다.

1 화폐수량설

인플레이션과 관련된 고전학파 이론은 화폐수량설$^{Quantity\ theory\ of\ money}$이다. 화폐수량설은 화폐의 가치가 화폐 공급량에 따라 결정된다는 이론이다. 더 나아가 물가수준의 변화를 주로 화폐 수량 변화의 결과로 본다. 화폐 공급이 증가하면 동일한 수량의 재화나 서비스에 대해 더 많은 지폐가 존재하게 되므로 물가가 상승한다. 반대로 화폐 공급이 감소하면 재화나 서비스 수량은 변하지 않아도 이들을 살 화폐가 줄어든 것이므로 물가가 하락한다.

2 수요견인 인플레이션

경기가 좋은 경우 기업들이 늘어난 수요를 맞추기 위해 급속하게 생산량을 늘리면서 재능 있는 사람들을 고용하기 위해 경쟁하는 과정에서 임금이 오른다. 너무 적은 재화에 너무 많은 돈이 지출되면서 수요는 물가를 높게 끌어올린다. 반대의 경우도 존재한다. 경기가 침체하는 경우 같은 수량의 재화에 더 적은 돈이 쓰이면서 물가가 내려간다. 즉, 수요견인 인플레이션은 총수요곡선의 우측이동으로 발생하는 물가상승을 의미한다.

3 비용인상 인플레이션

핵심 생산요소의 가격이 급격히 상승할 때 나타나는 유형의 인플레이션이다. 비용인상 인플레이션은 1970년대 중반 심각하게 나타났다. 당시 세계 석유 공급의 대부분을 통제하던 OPEC이 석유 생산을 줄이기로 결정한 것이다. 석유는 휘발유 외에도 거의 모든 생산과정에 절대적으로 필요한 자원량이기 때문에 석유 가격의 상승은 경제 전체의 재화 가격을 상승시켰다. 이처럼 비용인상 인플레이션은 총공급곡선의 좌측이동으로 인해 발생하는 물가상승을 의미한다.

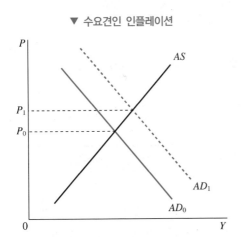

▼ 수요견인 인플레이션

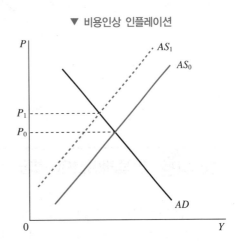

▼ 비용인상 인플레이션

④ 혼합형 인플레이션

혼합형 인플레이션$^{Mixed\ inflation}$은 총수요 요인과 총공급 요인이 모두 작용하여 발생하는 인플레이션을 의미한다. 비용인상 인플레이션이 발생하는 경우 물가상승과 실질 GDP의 감소가 함께 나타난다. 이때 실질 GDP의 감소 문제, 즉 경기침체를 해결하기 위해 확장적 재정정책을 사용할 경우 혼합형 인플레이션이 나타난다. 확장적 재정정책으로 인해 총수요곡선이 우측으로 이동하면 더 큰 폭의 물가상승이 일어나고, 이는 다시 명목임금 상승으로 이어져 총공급곡선이 좌측으로 이동하는 원인이 된다. 이러한 반복은 물가를 더 큰 폭으로 상승시킨다.

> ### 🔍 통화량 증가와 혼합형 인플레이션
>
> 혼합형 인플레이션의 악순환은 반드시 통화량 증가가 수반된 확장적 재정정책일 때 발생한다. 비용인상 인플레이션만 존재하는 경우 물가상승이 임금상승을 야기하고, 다시 물가가 상승하는 악순환이 발생하지 않는다는 것이다. 실업의 증가는 각 가계의 소비 감소로 이어져 총수요의 감소로 이어지기 때문이다. 총수요가 감소하게 되면 총수요곡선이 좌측으로 이동하므로 인플레이션이 발생할 수 없다.

▼ 혼합형 인플레이션

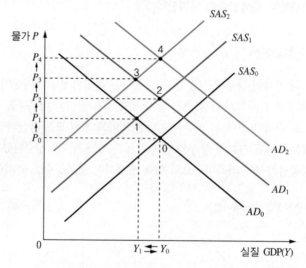

05 인플레이션의 영향

화폐중립성 이론에 따르면 경제는 결국 달라진 명목 가격에 적응하게 마련이고, 실질 생산에는 아무런 영향이 없다. 그럼에도 불구하고 인플레이션은 경제에 나쁜 영향을 미친다고 이야기한다. 사실 물가수준 자체는 중요하지 않다. 하지만 물가의 변화는 경제적 행위에 큰 영향을 미친다.

1 예상하지 못한 인플레이션

① 부의 재분배

예상하지 못한 인플레이션은 채권자와 채무자 간의 부를 재분배한다. 채권자가 돈을 빌려주는 시점에서 인플레이션을 예상하지 못한 탓에 구매력 하락분을 이자로 책정하지 않았기 때문이다. 100만원을 빌려주고 되돌려 받는 시점에 인플레이션이 10%가 발생했다면 실질적으로 90만원을 되돌려 받은 셈이다. 따라서 채권자는 손해를, 채무자는 이득을 보게 된다.

> **인플레이션 조세**
>
> 부를 소유한 사람이 인플레이션으로 인해 그 가치가 증발해버리는데, 이를 두고 마치 소득의 일부를 정부가 가져가는 세금과 같다고 하여 인플레이션 조세$^{\text{Inflation tax}}$라고 한다.

② 불확실성의 증대

일반적인 사업체에서 단위당 이윤은 10%를 넘지 않는다. 이런 상황에서 내년도 생산요소의 가격이 5%가 오를지, 10% 혹은 20%가 오를지에 대한 확신이 없다면 생산 계획은 매우 어려워진다. 생산에 대한 계획이 어려운 경우 고용 규모에 대한 결정도 내리기 어려울 수밖에 없다.

2 예상한 인플레이션

① 피셔효과

인플레이션을 예상하는 경우 채권자와 채무자 사이에 부의 재분배가 발생하지 않는다. 채권자는 채무자에게 인플레이션으로 인해 발생하는 구매력의 하락만큼 이자를 요구할 수 있기 때문이다. 피셔효과는 이를 나타낸다. 피셔효과$^{\text{Fisher effect}}$는 명목이자율은 실질이자율과 예상 인플레이션율의 합계로 결정된다고 설명한다.

$$i = r + \pi^e$$
(명목이자율 = 실질이자율 + 예상 인플레이션율)

② 메뉴비용과 구두창 비용

메뉴비용$^{\text{Menu costs}}$은 인플레이션에 맞춰 가격을 변경하는 데에서 발생하는 금전상, 시간상, 기회상의 비용을 의미한다. 이는 가격이 변함에 따라 메뉴를 새로 인쇄해야 하는 음식점의 상황을 예로 든 표현이다. 탄산음료 캔의 가격이 변화하는 경우 자동판매기에 인쇄된 숫자를 모두 바꿔야 하며, 인터넷 전자상거래 업체라 하더라도 홈페이지 상의 모든 가격을 변경해야 하는 번거로움이 존재한다. 구두창 비용$^{\text{Shoe-leather costs}}$도 이와 유사하다. 인플레이션에 직면한 경제주체들이 현금을 관리하기 위해 들이는 시간, 돈, 노력 등의 비용을 의미한다. 현금을 많이 취급하는 동네 슈퍼마켓의 경우 물가가 안정적이라면 돈을 들고 있어도 불안하지 않다. 하지만 물가가 빨리 오르는 경우 최대한 많은 이자를 주는 은행에 돈을 넣어두고 싶을 것이다. 구매력 하락을 상쇄하기 위해 이자라도 받고자 할 것이기 때문이다. 따라서 현금을 저축하고 인출하기 위해 부지런히 은행을 다닐 것이다. 이 과정에서 구두창이 빨리 닳아 자주 교환할 수밖에 없는 상황을 구두창 비용이라고 표현했다.

01 그림 (가), (나)는 인플레이션의 발생 유형을 나타낸 것이다. 이에 대한 설명으로 옳지 않은 것은?

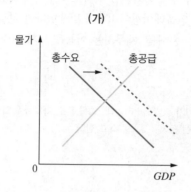

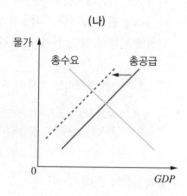

① 확장 통화 정책은 (가)에 대한 대책이다.

② 순수출의 증가는 (가)의 요인이 될 수 있다.

③ 국제 곡물 가격의 상승은 (나)의 요인이 될 수 있다.

④ (나)에서는 경기 침체와 물가 상승이 동시에 나타난다.

⑤ 산업 전반의 생산성 증진은 (나)에 대한 대책이 될 수 있다.

02 다음 표에 대한 설명으로 옳은 것은?

구 분	갑국		을국	
	2017년	2018년	2017년	2018년
명목이자율(%)	4	2	5	4
물가상승률(%)	3	1	4	5

① 2017년의 실질이자율은 갑국보다 을국이 높다.

② 2017년에 갑국과 달리 을국은 실질 이자율이 전년과 동일하다.

③ 2018년에 갑국과 을국 모두 실질 이자율이 전년보다 낮다.

④ 2018년에 갑국과 달리 을국에서는 예금의 원리금이 감소했다.

⑤ 2018년에 을국에서는 실물자산 투자가 예금 가입보다 유리했다.

FEED BACK

☑ **왜 틀렸을까?**

01 ☐ 개념 이해 부족　☐ 문제 이해 부족　☐ 기타(　　　　　)

02 ☐ 개념 이해 부족　☐ 문제 이해 부족　☐ 기타(　　　　　)

☑ **개념 다시 짚어보기**

문제 01 인플레이션의 원인

중요도	★★★★☆
정답	①

개념 해설

① 확장 통화 정책은 총수요곡선의 우측이동으로 인해 발생하는 수요견인 인플레이션에 해당한다. 따라서 수요견인 인플레이션에 대한 대책으로는 적절하지 않다.

오답 정복하기

② 순수출의 증가는 총수요곡선의 우측이동요인이므로, (가)의 요인이 될 수 있다.
③ 국제 곡물 가격의 상승은 비용인상 인플레이션의 요인이다. (나)의 요인이다.
④ 경기침체와 물가상승이 동시에 일어나는 현상을 '스테그플레이션'이라고 한다. 스테그플레이션은 비용인상 인플레이션의 발생으로 인해 확장적 통화정책이 시행될 때 발생한다.
⑤ 산업 전반의 생산성 증진은 총공급곡선의 우측이동요인이다. 따라서 비용인상 인플레이션의 해결방안이 된다. 실제 1970년대 오일파동 때 미국 정부가 선택한 해결방안이다.

🧪 문제 분석

인플레이션의 발생유형인 수요견인 인플레이션(가)과 비용인상 인플레이션(나)을 설명하고 있다.

문제 02 피셔방정식 – 명목이자율과 실질이자율

중요도	★★★★☆
정답	⑤

PART 02

개념 해설

⑤ 2018년 을국에서는 실질이자율이 –1%였다. 따라서 실물자산 투자가 예금 가입보다 유리한 상황이다.

오답 정복하기

① 2017년의 실질이자율은 1%로 갑국와 을국이 동일하다.
② 현재 주어진 자료만으로는 전년도 실질이자율을 구할 수 없다.
③ 갑국의 경우 실질이자율은 2017년과 2018년 모두 1%로 동일하다. 한편, 을국은 2018년에 실질이자율이 감소했다.
④ 예금은 명목이자율을 기준으로 한다. 2018년에 명목이자율은 갑국과 을국 모두 +이므로 예금의 원리금이 증가한다.

🧪 문제 분석

피셔방정식은 실질이자율은 명목이자율에서 인플레이션율을 차감하여 계산한 값을 나타낸다.

03 다음 상황에 나타난 갑국 경제 상황 변화의 원인으로 가장 적절한 것은?

> 경기가 좋아지고 있다.
> 물가가 많이 오르고 있어 걱정이다.

① 수입 원자재 가격이 급등하고 있다.
② 기업의 상품수출이 감소하고 있다.
③ 정부가 지속적으로 긴축재정 정책을 펴고 있다.
④ 중앙은행이 지속적으로 확대 통화 정책을 펴고 있다.
⑤ 소비자들이 향후 경기에 대해 비관적으로 전망하고 있다.

04 그림은 갑국과 을국의 경제 상황을 나타낸다. 이러한 상황을 발생시킬 수 있는 요인으로 적절한 것은?

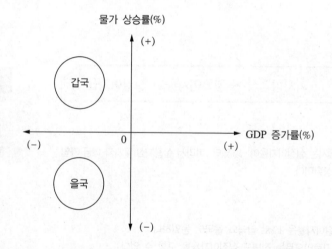

	갑 국	을 국
①	생산기술 발전	민간소비 감소
②	수입유가 상승	기준금리 인상
③	수입유가 하락	민간소비 증가
④	수입유가 상승	순수출 증가
⑤	생산기술 발전	순수출 감소

문제 03 인플레이션의 발생요인 – 수요견인 인플레이션

중요도	★★★★★
정답	④

개념 해설

④ 경기가 좋아지고, 물가가 상승하고 있다는 것은 총수요곡선이 우측으로 이동했음을 의미한다. 즉 총수요확장정책의 결과이다. 중앙은행의 지속적인 확대 통화 정책은 적절한 사례이다.

오답 정복하기

① 수입 원자재 가격의 급등은 총비용측 요인이다. 이는 총공급곡선의 좌측이동요인으로 비용인상 인플레이션 요인이다.
② 다른 조건이 일정할 때 기업의 상품수출이 감소할 경우 순수출이 감소하여 총수요곡선이 좌측으로 이동한다. 이 경우 물가는 하락하고, 실질 GDP도 감소한다.
③ 정부의 지속적인 긴축재정 정책은 총수요곡선을 좌측으로 이동시킨다. 그 결과 물가의 하락과 실질 GDP의 감소가 나타난다.
⑤ 향후 경기에 대한 비관적 전망은 총수요곡선을 좌측으로 이동시킨다.

문제 04 인플레이션의 발생요인 – 비용인상 인플레이션

중요도	★★★★★
정답	②

개념 해설

② 갑국의 경우 수입유가 상승으로 인한 결과라 할 수 있다. 한편 을국은 물가와 실질 GDP 모두가 하락하고 있다. 이는 총수요곡선의 좌측이동이 초래한 결과이다. 따라서 을국의 상황을 기준금리 인상으로 표현한 것은 적절하다.

오답 정복하기

① 생산기술의 발전은 총공급곡선의 우측이동요인이다. 따라서 물가가 하락하고 실질 GDP는 상승한다. 또한 민간소비의 감소는 총수요곡선을 좌측으로 이동시켜, 물가를 하락시키고, 실질 GDP를 줄이게 된다.
③ 수입유가의 하락은 총공급곡선의 우측이동요인이며, 민간소비의 증가는 총수요곡선의 우측이동요인이다. 따라서 갑국의 경우 물가가 하락하면서 실질 GDP가 상승하며, 을국의 경우는 물가와 실질 GDP 모두가 상승한다.
④ 수입유가의 상승은 총공급곡선의 좌측이동요인이며, 순수출증가는 총수요곡선의 우측이동요인이다. 따라서 갑국은 물가의 상승 및 실질 GDP의 하락이 나타나고, 을국은 물가와 실질 GDP 모두가 상승한다.
⑤ 생산기술의 발전은 총공급곡선의 우측이동요인이며, 순수출의 감소는 총수요곡선의 좌측이동요인이다. 따라서 갑국은 물가가 하락하며 실질 GDP가 증가하나, 을국은 물가와 실질 GDP 모두 하락한다.

> **문제 분석**
>
> 수입유가의 상승은 총공급의 감소요인으로서, 총공급곡선의 좌측이동을 야기한다. 이 같은 비용인상 인플레이션이 발생하면, 물가는 상승하고, 실질 GDP는 하락한다.

CHAPTER

14

실업

▸ "일에 매이지 않고 벗어날 수만 있다면 대개 인간은 일을 하지 않으려 한다.
사람들이 하려고만 든다면, 할 일은 많다."

– 헨리 포드[Henry Ford]

01 실업의 정의와 종류

① 실업의 정의

실업[Unemployment]이란 일할 의사와 능력이 있음에도 불구하고 일자리를 얻지 못하는 상태를 의미한다. 우리나라의 경우 통계청의 경제활동인구조사를 통해 매달 15일이 포함 된 주에 실업률이 조사되고 있다. 경제활동인구조사에서 실업자는 조사대상주간에 수입이 있는 일을 하지 않았고, 지난 4주간 일자리를 찾아 적극적으로 구직활동을 하였던 사람으로서 일자리가 주어지면 즉시 취업이 가능한 자로 정의된다.

② 실업의 종류

① 자발적 실업

자발적 실업이란 스스로 실업상태에 놓이는 경우를 의미한다. 즉, 일할 능력과 의사가 있음에도 불구하고, 현재의 임금수준에서는 일할 의사가 없는 상태를 의미한다. 자발적 실업은 마찰적 실업[Fractional unemployment]이라고도 하는데, 이는 더 좋은 조건의 일자리를 찾아보기 위해 실업상태에 놓인 것을 의미한다. 구직자와 구인기업이 서로에 대한 정보를 정확하고 쉽게 얻을 수 있다면 자발적 실업은 빠르게 해소될 수 있다. 아무리 경제가 성장하더라도 반드시 존재할 수밖에 없는 실업의 유형이며 어떤 경제에서도 실업률이 0이 되지 않는 이유이다.

② 비자발적 실업

비자발적 실업은 일할 의사와 능력이 있음에도 불구하고 본인의 의사와 무관하게 실업상태인 경우를 의미한다. 경기적 실업과 구조적 실업이 대표적이다.

㉠ 경기적 실업

경기적 실업[Cyclical unemployment]은 경기 침체로 인해 발생하는 실업이다. 경제 내의 총수요가 충분하지 못하면 경기가 침체되고 이는 기업들로 하여금 생산을 줄이도록 만든다. 결국 실질국내총생산이 감소하고, 이로 인해 실업이 발생한다. 이렇게 발생하는 경기적 실업은 그 원인이 총수요의 부족에 있으므로 확장적인 총수요관리정책을 통해 해결할 수 있다. 다만, 거시경제의 순환, 즉 호황과 불황은 언제나 반복되는 것이므로 경기적 실업은 시기에 따라 끊임없이 발생하게 된다.

오쿤의 법칙

오쿤의 법칙$^{Okun's\ law}$은 한 나라의 산출량과 실업 사이에 경험적으로 관찰되는 음의 상관관계로서, 총생산 갭(잠재생산량−실제생산량)과 실업률 간 역의 관계를 나타낸다. 오쿤에 의하면 실업률이 1% 올라가면 실질국민총생산은 완전고용생산량의 2.5%만큼 감소한다.

$$\frac{Y_P - Y}{Y_P} = \alpha(u - u_N)$$

ⓛ 구조적 실업

구조적 실업$^{Structural\ unemployment}$은 기술의 발전으로 인해 특정 산업이 사양화되면서 발생하는 실업이다. 이는 산업 부문 간 노동수급의 불균형을 인해 발생하는 실업으로, 경제 전체에 총수요가 충분하더라도 구조적 실업은 발생할 수 있다. 구조적 실업이 심화되는 또 다른 이유는 노동자의 교육수준, 연령, 성별 등에 따라 사양 산업에 새로운 산업으로 이직하지 못하기 때문이다. 다시 말해 특정 산업에서의 노동의 초과공급이 노동에 대한 초과수요가 존재하는 다른 산업으로 이동하지 못하는 것이다. 따라서 구조적 실업의 해결을 위해 노동자에 대한 교육과 훈련 그리고 유연한 노동정책이 뒷받침 되어야 한다.

02 실업의 측정

1 경제활동참가율

경제활동참가율을 측정하기 위해서는 생산가능인구와 경제활동인구에 대해 이해해야 한다. 생산가능인구는 15세 이상의 인구를 의미한다. 생산가능인구의 기준 연령이 15세인 이유는 의무교육 기간이 끝나 취업이 가능한 나이가 만 15세이기 때문이다. 한편, 경제활동인구는 15세 이상 65세 미만 인구 가운데 일할 의사가 없는 학생이나 주부 그리고 일할 능력이 없는 환자, 재소자 등을 제외한 민간인을 의미한다.

$$경제활동참가율 = \frac{경제활동인구}{생산가능인구}$$

② 취업률과 실업률

취업률과 실업률을 측정하기 위해서는 경제활동인구가 취업자와 실업자로 구분된다는 점과 경제활동인구 혹은 생산가능인구를 기준으로 측정된다는 점을 이해해야 한다.

① 취업자와 실업자

경제활동인구는 다시 취업자와 실업자로 구분된다. 취업자는 수입을 목적으로 주당 1시간 이상 일하거나 동일가구 내 가족이 운영하는 농장이나 사업체의 수입을 위하여 주당 18시간 이상 일한 무급가족종사자, 그리고 직업 또는 사업체를 가지고 있으나 일시적인 병 또는 사고, 연가, 교육, 노사분규 등의 사유로 일하지 못한 일시휴직자를 포함한다. 실업자는 경제활동인구에서 취업자를 제외한 나머지이다.

② 취업률과 실업률

취업률은 생산가능인구 가운데 취업자의 수로 정의되며, 실업률은 경제활동인구 가운데 실업자의 수로 정의된다.

$$\cdot\ 취업률 = \frac{취업자}{생산가능인구} \times 100$$

$$\cdot\ 실업률 = \frac{실업자}{경제활동인구} \times 100$$

③ 실업률 지표의 한계

우리나라의 2017년 실업률은 3.7%로, 2007년 이래 줄곧 3%를 유지해왔다. 수치만을 바탕으로 한다면 우리나라는 거의 완전고용에 가깝지만, 이는 현실을 제대로 반영하지 못한 수치이다. 실업률이 현실을 제대로 반영하지 못하는 이유는 구직단념자가 많은 우리나라의 특징과 임시근로자의 존재 때문이다.

㉠ 구직단념자의 존재

구직단념자[Discouraged worker]란 오랫동안 구직활동을 했지만 일자리를 찾지 못해 구직을 포기한 사람들을 의미한다. 일반적으로 실업자가 되기 위해서는 일할 의사와 능력이 있음에도 불구하고 일자리를 찾지 못해야 한다. 하지만 구직단념자들은 일할 의사를 잃어버린 사람들로 비경제활동인구로 분류되어 아예 실업률 통계 대상이 되지 않는다. 일반적으로 구직단념자가 증가할수록 실업률은 낮게 측정된다. 통계청이 2018년 8월에 발표한 고용동향에 따르면 우리나라의 구직단념자는 54만 6,000명으로 전년 동월대비 6만 3,000명 늘어난 것으로 파악됐다. 구직단념자 통계가 집계되기 시작한 2014년 이후 7월 기준으로는 처음으로 50만명을 넘기며 가장 높은 수치를 기록했다.

㉡ 임시근로자의 존재

우리나라 실업률 통계는 주당 1시간 이상 수입을 얻기 위해 일을 하면 모두 취업자로 간주된다. 고용의 질은 고려되지 않는다는 의미이다. 단순 아르바이트나 비정규직 근로자들 모두 취업자로 분류되면서 실업자의 규모가 작게 측정되는 한계가 존재한다.

④ 실업률의 보조지표

실업률이 국민이 체감하는 실제 실업률을 제대로 반영하지 못한다는 비판은 오래 전부터 제기되었다. 학계와 언론계에서 공식적 실업 통계의 실효성이 떨어진다는 지적이 늘면서 다양한 보조지표의 개발이 필요하다는 의견이 지속적으로 제기되었다. 이에 국제노동기구는 2013년 10월 국제노동통계인총회에서 기존 실업자 개념의 한계를 보완할 수 있는 고용보조지표에 관한 국제기준을 마련했다. 여기에는 체감실업자 개념을 적용한다. 체감실업자는 공식 실업자 외에 충분히 일하지 못하는 취업자, 취업하고자 하는 욕구는 있으나 일하지 못하는 비경제활동인구와 같이 사회적 관점에서 노동이 충분히 활용되지 못하는 노동력을 의미한다. 확장경제활동인구는 경제활동인구에 잠재경제활동인구를 더한 새 개념이다. 우리나라의 경우 2015년 1월부터 고용보조지표를 공식적으로 발표하고 있다. 현재 통계청이 발표하는 고용보조지표는 세 가지다. 고용보조지표1은 공식 실업자에 시간관련추가취업가능자를 포함시키고, 고용보조지표2는 공식 실업자에 잠재취업가능자와 잠재구직자 등을 나타내는 잠재경제활동인구를 포함시킨 체감실업률이다. 고용보조지표3은 공식 실업자에, 시간관련추가취업가능자와 잠재경제활동인구를 모두 고려한 체감실업률을 의미한다. 한편, 2018년 상반기 고용보조지표3은 집계를 시작한 이래 11.8%로 최고를 기록했다.

▼ 고용보조지표 계산식

지표 유형	계산식
고용보조지표1	(실업자 + 시간관련추가취업가능자) / 경제활동인구 × 100
고용보조지표2	(실업자 + 잠재경제활동인구) / 확장경제활동인구 × 100
고용보조지표3	(실업자 + 시간관련추가취업가능자 + 잠재경제활동인구) / 확장경제활동인구 × 100

출처 : 통계청, 경제활동인구조사 지침서 6p

PART 02

01 다음 자료에서 2008년~2018년에 나타난 변화에 대한 옳은 분석만을 〈보기〉에서 있는 대로 고른 것은?

그림은 갑국의 청년층과 장년층의 경제활동참가율 및 고용률 추세를 나타낸다(단, 청년층과 장년층의 인구는 변함이 없다).

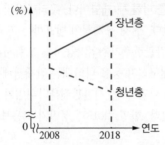
〈연령층별 경제 활동 참가율〉

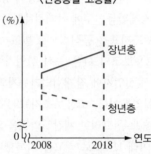
〈연령층별 고용률〉

*청년층 : 15세 ~ 29세, 장년층 : 55세 ~ 64세

$$**연령층별\ 고용율(\%) = \frac{연령층별\ 취업자\ 수}{연령층별\ 인구}$$

┤보 기├
㉠ 장년층 실업자 수는 감소했다.
㉡ 장년층 취업자 수는 증가했다.
㉢ 청년층 취업자 수는 감소했다.
㉣ 청년층 비경제활동인구는 증가했다.

① ㉠, ㉡
② ㉠, ㉢
③ ㉢, ㉣
④ ㉠, ㉡, ㉣
⑤ ㉡, ㉢, ㉣

문제 01 노동인구의 측정 - 경제활동참가율과 고용률

중요도	★★★★☆
정 답	⑤

개념 해설

ⓒ 분모인 장년층 인구는 불변인 상태에서 장년층의 고용률이 증가하고 있으므로, 장년층 취업자 수가 증가했음을 알 수 있다.

ⓒ 분모인 청년층 인구가 불변임에도 불구하고 청년층 고용률이 감소하고 있으므로, 청년층 취업자 수가 감소했음을 알 수 있다.

ⓔ 청년층과 장년층 인구는 변하지 않고, 청년층 경제 활동 참가율은 감소하고 있다. 이는 청년층 경제활동인구의 감소 때문이라고 할 수 있다.

오답 정복하기

ⓐ 장년층 실업자 수가 감소했는지 여부는 알 수 없다. 장년층 경제활동인구와 취업자 수 모두 증가했기 때문이다.

> **문제 분석**
>
> 문제에서 청년층은 15~29세, 장년층은 55~64세 인구를 의미하므로, 경제활동인구(15~64세)가 변화없음을 의미한다. 즉, 경제 활동 참가율과 고용률의 분모가 변화없다.

PART 02

02 다음 표는 갑국의 경제활동참가율과 고용률을 나타낸다. 이에 대한 옳은 분석을 〈보기〉에서 고른 것은?(단, 갑국의 15세 이상 인구는 변화가 없다)

분 기	1	2	3	4
경제활동참가율(%)	85	83	80	74
고용률(%)	80	78	75	72

$$*고용률 = \frac{취업자\ 수}{15세\ 이상\ 인구} \times 100$$

┤보 기├
㉠ 1분기에 비해 2분기에 실업자 수는 증가하였다.
㉡ 2분기에 비해 3분기에 비경제활동인구가 증가하였다.
㉢ 3분기에 비해 4분기에 실업률은 감소하였다.
㉣ 취업자 수의 전분기 대비 감소율은 3분기와 4분기가 같았다.

① ㉠, ㉡   ② ㉠, ㉢
③ ㉡, ㉢   ④ ㉡, ㉣
⑤ ㉢, ㉣

문제 02 노동인구의 측정 – 경제활동참가율과 고용률

중요도	★★★★☆
정 답	③

개념 해설

ⓛ 생산가능인구를 100명으로 동일하다고 가정하면, 각 분기의 경제활동인구는
85명 → 83명 → 80명 → 74명이다. 따라서 비경제활동인구가 15명 → 17명
→ 20명 → 26명이 된다.

ⓒ 경제활동인구는 취업자와 실업자로 구분된다. 문제에서 생산가능인구 100명을
가정하면, 고용자는 80명 → 78명 → 75명 → 72명이다. ⓛ에서 구한 경제활동
인구와 비교해보면, 실업자는 5명으로 계속 일정하다가 4분기에 2명으로 감소
한다. 따라서 3분기에 비해 4분기의 실업률은 감소한다.

오답 정복하기

ⓐ 1분기와 2분기의 실업자 수는 5명으로 동일하다.

ⓔ 고용자는 78명(2분기) → 75명(3분기) → 72명(4분기)이다. 따라서 3분기에서
4분기로 넘어갈 때 감소율을 살펴보면, $\frac{3}{78} \times 100$에서 $\frac{3}{75} \times 100$이므로, 4
분기의 감소율이 더 크다.

> **📖 문제 분석**
>
> 경제활동참가율은 생산가능
> 인구(15~64세) 가운데 경제
> 활동인구의 비중이며, 고용률
> 은 생산가능인구 가운데 취업
> 자의 비중을 의미한다.

PART 02

03 다음의 표는 갑국의 고용지표 관련 인구 변화를 나타낸 것이다. 이에 대한 분석으로 옳은 것은?

구 분	15세 이상 인구	경제활동인구	실업자 수
변 화	감 소	증 가	감 소

$$*고용률 = \frac{취업자 수}{15세 이상 인구} \times 100$$

① 실업률 상승
② 고용률 상승
③ 취업자 수 감소
④ 비경제활동인구 증가
⑤ 경제활동참가율 하락

04 고용통계에 대한 설명으로 옳지 않은 것을 〈보기〉에서 모두 고르면?

┤보 기├
㉠ 구직 단념자가 많아지면 실업률이 하락한다.
㉡ 실업률은 경제활동인구에서 실업자가 차지하는 비율이다.
㉢ 경제활동참가율이 높아지면 고용률이 높아진다.
㉣ 구직 단념자가 많아져도 고용률은 변하지 않는다.
㉤ 고용률이 증가하면 실업률은 하락한다.

① ㉠, ㉣   ② ㉠, ㉤
③ ㉡, ㉢   ④ ㉡, ㉣
⑤ ㉢, ㉤

FEED BACK

☑ 왜 틀렸을까?	03 ☐ 개념 이해 부족 ☐ 문제 이해 부족 ☐ 기타( )
	04 ☐ 개념 이해 부족 ☐ 문제 이해 부족 ☐ 기타( )
☑ 개념 다시 짚어보기	

문제 03　노동인구의 측정

개념 해설

② 갑국의 고용지표에서 경제활동인구는 증가한 반면 실업자의 수가 감소했으므로, 취업자가 증가했음을 알 수 있다. 또한 생산가능인구인 15세 이상 인구가 감소했으므로, 고용률 계산에 있어 분모는 감소, 분자는 상승했으므로, 고용률은 상승했다.

오답 정복하기

① 실업률은 경제활동인구 가운데 실업자 수의 비중을 의미한다. 분모인 경제활동인구는 증가하고, 분자인 실업자 수는 감소했으므로, 실업률은 감소한다.

③ 경제활동인구는 증가한 반면 실업자의 수가 감소했으므로, 취업자가 증가한다.

④ 15세 이상 인구는 경제활동인구와 비경제활동인구로 구분된다. 15세 이상 인구가 감소한 반면 경제활동인구가 증가했다는 것은 비경제활동인구가 크게 줄었다는 것을 의미한다.

⑤ 경제활동참가율은 생산가능인구 가운데 경제활동인구가 차지하는 비중이다. 분모인 생산가능인구는 감소하는 반면 분자인 경제활동인구는 증가하고 있으므로 경제활동참가율은 증가한다.

문제 04　고용통계의 특징

개념 해설

ⓒ 경제활동참가율은 생산가능인구 가운데 경제활동인구의 비중이다. 한편, 실업률은 경제활동인구 가운데 실업자의 비중이다. 경제활동참가율이 높아지더라도, 비경제활동인구가 경제활동인구로 전환되어 높아진 경우라면 경제활동참가율의 상승에도 불구하고 고용률이 낮아질 수 있다.

ⓜ 고용률은 생산가능인구 가운데 취업자의 비중이다. 만약 비경제활동인구가 감소하는 경우 고용률은 증가하지만, 실업률과는 무관하므로, 고용률이 상승한다고 해서 반드시 실업률이 하락하는 것은 아니다.

오답 정복하기

㉠ 구직 단념자는 실업률 통계가 체감보다 낮게 되는 이유이다. 우리나라의 실업 상황이 엄청 심각함에도 불구하고 실업률 수치가 완전고용 수준으로 측정되는 것 역시 구직단념자 때문이다.

㉡ 실업률은 경제활동인구에서 실업자가 차지하는 비중이다. 한편 고용률은 생산가능인구에서 고용자가 차지하는 비중을 의미한다.

㉣ 구직 단념자가 많아졌더라도 경제활동인구가 감소하고 비경제활동인구가 늘어났다면 고용률의 분모인 생산가능인구는 변하지 않으므로 고용률은 불변이다.

15 단기와 장기의 필립스곡선

▶ "인플레이션을 2%로 끌어올리려는 정부와 일본은행의 노력으로 최대 거시경제적 목표인 실업률이 사상최저 수준으로 떨어졌다."

― 아베 신조[Abe Shinzo]

01 실업과 인플레이션의 상충관계

거시경제에서 실업과 인플레이션은 서로 불편한 트레이드오프 관계에 있다. 총수요가 완전고용산출량(= 잠재 GDP)보다 낮으면 경제는 불황에 빠져 실업자가 발생하기 쉽다. 하지만 인플레이션은 발생하지 않는다. 반대로 총수요가 완전고용산출량 수준과 일치하거나 이를 초과하면 실업자는 별로 없지만, 인플레이션이 발생하기 쉽다. 물론 완전히 가운데 지점도 있었다. 이를 골디락스 경제[Gldilocks economy]라고 한다. 너무 차갑지도, 뜨겁지도 않은 상태이며, 완전고용산출량 수준에서 총수요와 총공급이 정확하게 일치한다. 1960년대와 1990년 상당 부분이 골디락스 경제였다고 할 수 있다. 하지만 높은 실업률과 낮은 인플레이션의 시기 그리고 낮은 실업률과 높은 인플레이션의 시기가 보다 일반적이었다. 이러한 트레이드 오프 관계는 거시경제 정책의 핵심적인 난제 중 하나이다. 인플레이션율(π)과 실업률(u) 간의 상충관계(음의 상관관계)를 나타내는 곡선을 필립스곡선[Philips curve]이라고 한다. 음의 상관관계로 인해 중앙은행이 0%의 인플레이션을 원하면 7%의 실업률을, 3%정도의 인플레이션을 원하면 4%의 실업률을 감수해야 한다.

▼ 필립스곡선

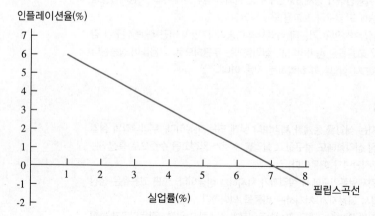

① 필립스곡선의 발견

1950년대 경제학자 필립스[William Housego Philips]는 영국의 실업률과 임금의 퍼센트 변화에 관한 60년이 넘는 연간 데이터를 살펴보았다. 그는 실업률과 물가상승률 간의 특징적인 변화를 발견하고, 이를 「실업률–물가상승률」 평면에 그려 수학적으로 그려냈다. 즉, 시간이 지나면서 경제가 물가상승률이 높고 실업률이 낮은 상황에서 물가상승률이 낮고 실업률이 높은 상황으로 변해가거나 그 반대로 변하는 경향도 있음을 보여주었다.

② 필립스곡선의 경제적 의미

필립스가 발견한 실업률과 물가상승률의 트레이드 오프 관계가 갖는 경제적 의미는 총수요-총공급 모형을 통해 설명할 수 있다.

① 총수요가 완전고용산출량을 상회하는 경우

경제가 완전고용산출량을 달성했음에도 불구하고 총수요가 계속해서 증가하면, 통화가 지나치게 많이 유통되고 수요가 넘쳐서 사람들은 경제가 생산할 수 있는 것보다 더 많은 상품을 구매하기를 원한다. 이러한 상황에서는 경기적 실업은 거의 없고, 실업률은 매우 낮을 가능성이 높다. 그러나 수요가 넘치는 상황에서 실업률이 낮아지면 임금이 올라갈 수 있다. 또한 상품시장에서는 상품은 수요보다 적은데 이를 구매하려는 통화가 넘쳐난다. 따라서 완전고용 상황에서 임금과 상품 가격이 동시에 올라갈 가능성이 크다.

② 총수요가 완전고용산출량에 미치지 못하는 경우

경제가 완전고용산출량 수준에 미치지 못하는 경우 불황이 발생한다. 공장 설비가 가동을 멈추고, 실업이 발생한다는 의미다. 실업자가 많은 경우 노동자들은 일자리를 얻기 위해 경쟁하면서 임금이 낮게 형성된다. 상품시장에서는 팔리지 않은 상품이 넘쳐나고 이러한 상품을 구매하기 위한 통화는 지나치게 부족하게 된다. 이런 상황에서는 인플레이션은 발생하지 않는다.

PART 02

① 단기 필립스곡선의 도출

필립스곡선은 총수요-총공급 모형과 오쿤의 법칙의 결합으로 도출이 가능하다. 한편, 총공급 곡선은 단기와 장기로 구분되기 때문에 필립스곡선 역시 단기와 장기의 필립스곡선으로 구분하여 살펴볼 수 있다. 최초의 거시경제 균형은 E_1에서 형성되었다. 따라서 Y_1은 완전고용산출량이다. 한편, 총수요곡선이 우측($AD_1 \rightarrow AD_2$)으로 이동하면서 단기의 균형이 E_2로 이동한다. 새로운 균형점 E_2에서의 생산량 Y_2는 완전고용산출량을 상회하는 생산량이므로 물가의 상승(103→104)이 나타난다. 실질 국내총생산의 증가는 실업률의 감소를 야기한다. 따라서 총수요곡선의 우측이동은 실업률의 감소와 인플레이션율의 상승으로 나타난다. 이러한 균형점의 변화를 필립스곡선 상에 그리면 다음과 같다.

▼ 단기의 총수요와 필립스곡선

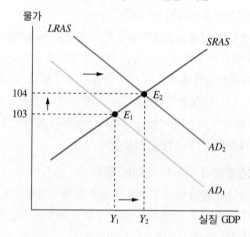

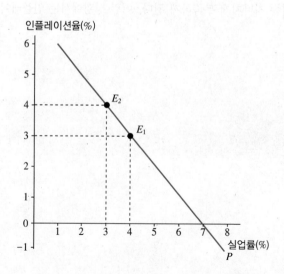

② 단기 필립스곡선의 이동

① 안정적인 상충관계의 붕괴

1950년대와 60년대의 실업률과 인플레이션율 간의 안정적인 상충관계를 보여주던 필립스곡선은 1970년에 들어서면서 물가승상률과 실업률이 동시에 상승하는 현상이 나타났다. 물가상승률과 실업률 모두가 거의 두 자릿수를 기록하는 스태그플레이션^{Stagflation}이 나타난 것이다. 1980년대에는 물가상승률과 실업률이 모두 낮아지는가 하면, 1990년 후반에는 물가상승률과 실업률 모두가 1980년대 중반보다 훨씬 더 낮아졌다. 실업률과 인플레이션율 간의 안정적인 상관관계가 깨지기 시작한 것이다. 이는 인플레이션율에 대한 경제주체들의 예상으로 설명이 가능하다.

② 인플레이션율에 대한 예상과 단기 필립스곡선의 이동

㉠ 경제주체들의 인플레이션 예상

지금까지 살펴본 단기 필립스곡선은 중요한 요소를 놓치고 있다. 바로 인플레이션에 대한 예상의 영향이다. 어떤 경제이든 사람들은 지난 몇 년 동안의 전반적 인플레이션이 계속될 것이라고 예상한다. 지난 몇 년 동안 인플레이션이 매년 3% 가량이었다면 앞으로도 약 3%의 인플레이션이 발생할 수 있다는 예상은 가격으로 실현되기 마련이다. 매년 3%의 물가상승을 예상하므로 당연히 임금도 3% 오를 것으로 예상하고, 이로 인해 3%의 인플레이션은 기정사실이 된다.

㉡ 확장적 총수요정책의 실시

경제는 실업률 4%와 인플레이션율 3%에서 균형을 유지하고 있다. 이 상태에서 실업률을 1% 낮추기 위해 확장적 총수요정책을 실시하면 6%의 인플레이션율을 감당해야 한다. 이때 경제는 실업률 4% 수준에서 완전고용생산량을 달성하고 있었으므로, 확장적 총수요정책을 통해 생산량을 완전고용생산량 이상으로 늘리게 되면 실업률은 낮아지지만 물가는 상승하게 된다. 한편, 이러한 효과는 단기적이어서 물가의 상승은 명목임금의 상승으로 이어져 단기총공급곡선이 좌측으로 이동하기 때문이다. 단기 총공급곡선의 좌측 이동은 완전고용생산량 수준에서 균형이 형성될 때까지 계속된다. 결과적으로 실업률은 다시 4%로 돌아오고, 인플레이션율만 6%에 이르는 것이다.

㉢ 경제주체들의 인플레이션율 예상 변화

문제는 경제주체들의 인플레이션율에 대한 예상이 변화한다는 점이다. 이제 사람들은 이 경제의 인플레이션율이 6%라고 예상한다. 사람들이 6%라고 예상하면 물가는 6%에서 기정사실이 된다. 이 상태에서 다시 실업률을 1%로 낮추기 위해 확장적인 총수요정책을 활용하면, 단기적으로는 실업률 1%를 달성할 수 있지만, 인플레이션율은 9%로 높아진다. 그리고 장기적으로 실업률이 다시 완전고용생산량 수준인 4%로 돌아올 때 사람들은 인플레이션율에 대한 예상을 9%로 조정하기 때문에 물가는 9%에서 고착된다. 이처럼 실업률이 완전고용 수준인 4%에 머무르면서 인플레이션율만 계속해서 상승하기 때문에 단기 필립스곡선은 우측으로 이동하게 된다.

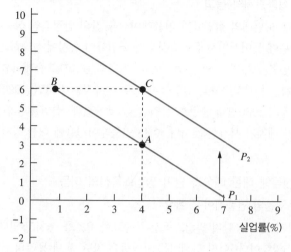

04 장기 필립스곡선

장기는 고전학파의 세계이다. 케인즈 역시 장기에 대해 동의하지 않은 것은 아니지만, 장기적으로 경제가 정부의 개입 없이 완전고용 수준으로 서서히 회복하더라도 오랫동안 기다리는 과정에서 엄청난 비용을 지불해야 한다고 이야기했다. 경제를 재조정하는 데에 오랜 시간이 걸린다면 수많은 사람이 거지 신세를 면치 못한다는 것이다. 따라서 케인즈는 정부가 적극적으로 개입하여 경기를 진작시키고 실업을 없애면서 불황의 기간을 최대한 줄여야 한다는 주장을 펼친다. 이는 '장기에 우리는 모두 죽는다.'는 표현에 집약되어 있다. 한편, 고전학파는 확장적 통화정책은 장기의 실질 국내총생산에 아무런 영향을 미치지 못한다는 화폐의 중립성을 주장했다. 이는 완전고용생산량 수준에서 수직으로 나타나는 장기 총공급곡선으로 대표된다. 이에 따라 총수요-총공급 모형과 오쿤의 법칙으로 인해 도출되는 필립스곡선 역시 수직의 완전고용 수준(자연실업률)에서 수직의 형태를 갖게 되어, 장기에는 단기에 존재하던 실업률과 인플레이션율 간의 상관관계가 사라지게 된다.

> ### 🔍 자연실업률
>
> 자연실업률$^{\text{Natural rate of unemployment rate}}$은 완전고용$^{\text{Full employment}}$실업률이라고 불린다. 한 국가 내에 일할 의사와 능력이 있는 모든 사람이 고용된 상태임을 의미한다. 경제학에서 자연실업률은 물가상승을 야기하지 않는 최소한의 실업률 수준이라고 한다. 완전고용산출량 수준에서의 실업률이라는 의미로 자연실업률, 완전고용실업률, 물가안정실업률$^{\text{NAIRU : Non-Accelerating Inflation Rate of Unemployment}}$ 모두 같은 의미이다.

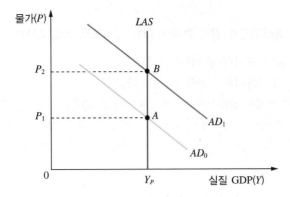

▼ 장기의 총수요 – 총공급 모형

물가(P)

LAS

P_2 ------ B

P_1 ------ A

AD_1

AD_0

0 Y_P 실질 GDP(Y)

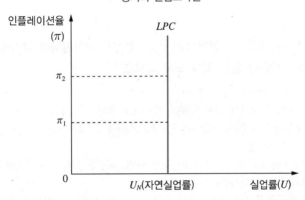

▼ 장기의 필립스곡선

인플레이션율
(π)

LPC

π_2 ------

π_1 ------

0 U_N(자연실업률)   실업률(U)

01 실업률과 인플레이션율 간의 관계에 대한 설명으로 가장 적절한 것은?

① 단기적으로는 정(+)의 상관관계를 갖는다.

② 장기적으로는 부(−)의 상관관계를 갖는다.

③ 양자 간의 관계는 장기적으로도 안정적으로 유지된다.

④ 재정적자 확대로 실업률과 인플레이션율이 모두 하락하면서 양자 간의 관계가 발생한다.

⑤ 장기적으로 실업률은 자연실업률 수준에 머물지만 인플레이션율은 통화량 증가율에 따라 높거나 낮을 수 있다.

02 단기에서 총공급곡선은 우상향하고 필립스곡선은 우하향하며 장기에서는 둘 다 수직이라고 할 때, 다음 설명 중 옳은 것을 모두 고르면?

> ㉠ 총공급곡선이 우상향하는 이유는 메뉴비용, 장기계약, 불완전 정보 등으로 설명할 수 있다.
> ㉡ 필립스곡선이 수직에 가깝다면 인플레이션율을 1% 하락시키기 위한 국민소득 감소분으로 표현되는 희생비율이 크다.
> ㉢ 우상향하는 총공급곡선과 우하향하는 필립스곡선은 모두 총수요관리정책을 통하여 국민소득 안정화정책이 가능함을 의미한다.
> ㉣ 장기 총공급곡선과 장기 필립스곡선 하에서는 화폐의 중립성이 성립한다.

① ㉠, ㉡   ② ㉢, ㉣

③ ㉠, ㉡, ㉢   ④ ㉠, ㉡, ㉣

⑤ ㉠, ㉢, ㉣

문제 01 필립스곡선 – 장기 필립스곡선

중요도	★★★★☆
정답	⑤

개념 해설

⑤ 장기 필립스곡선은 자연실업률 수준에서 수직이다. 즉, 인플레이션율과 무관하게 결정된다는 것이다. 이때 통화량 증가율은 실질 변수에는 영향을 미치지 못하고 인플레이션만 상승시킬 뿐이다.

오답 정복하기

① 단기 필립스곡선은 실업률과 인플레이션율 간의 음(−)의 상관관계를 나타낸다.
② 장기적으로 실업률과 인플레이션율은 상관관계가 성립하지 않는다. 자연실업률 수준에서 수직이기 때문이다.
③ 양자 간의 관계는 단기에는 안정적이지만, 장기에는 성립하지 않는다.
④ 재정적자가 확대되면 총수요가 증가하므로, 물가는 상승하고, 실질 GDP는 증가하여 실업률은 감소한다.

문제 02 장, 단기 필립스곡선의 특징 – 장, 단기 필립스곡선

중요도	★★★★☆
정답	⑤

개념 해설

㉠ 총공급곡선이 우상향하는 이유는 가격변수의 경직성 때문이며, 이를 초래하는 요인으로는 메뉴비용, 장기계약, 불완전 정보 등을 거론할 수 있다.
㉢ 우상향하는 총공급곡선으로부터 도출되는 우하향의 필립스곡선은 모두 총수요관리정책의 효과가 있음을 의미한다. 수직의 총공급곡선 및 필립스곡선 하에서는 총수요곡선은 물가만 상승시킬 뿐 실질 변수에 아무런 영향을 미치지 못하기 때문이다.
㉣ 완전고용생산량 수준에서 수직인 총공급곡선과 완전고용수준에서 수직인 필립스곡선 하에서는 화폐의 중립성이 성립한다. 즉, 총수요관리정책은 물가에만 영향을 미칠 뿐 실질 변수에는 영향을 미치지 못한다.

오답 정복하기

㉡ 희생률이란 인플레이션율 1%p 낮추기 위해 감수해야 하는 연간 실질 GDP의 감소율을 의미한다. 수직의 필립스곡선 하에서는 긴축적인 정책을 수행하더라도 실업률의 변화는 초래할 수 없으며 실질 GDP의 변화를 초래하지 못하므로 희생비율은 작다. 만약 총공급곡선이 수직인 경우라면 희생률 없이 인플레이션을 낮출 수 있다는 의미이다.

PART 02

03 자연실업률에 관한 설명으로 가장 옳지 않은 것은?

① 인터넷의 발달은 자연실업률을 낮추는 역할을 한다.

② 최저임금제나 효율성 임금, 노조 등은 마찰적 실업을 증가시켜 자연실업률을 높이는 요인으로 작용한다.

③ 새 케인즈학파의 이력현상에 의하면 실제실업률이 자연실업률을 초과하게 되면 자연실업률 수준도 높아진다.

④ 일자리를 찾는 데 걸리는 시간 때문에 발생하는 실업은 자연실업률의 일부이다.

⑤ 산업 간 또는 지역 간의 노동수요곡선의 변화는 자연실업률에 영향을 미칠 수 있다.

04 아래 표에는 어느 나라의 3개 연도에 걸친 실제 실업률, 자연실업률, 잠재 GDP가 기록되어 있다. 다음 설명 중 옳지 않은 것은?

연 도	실제 실업률(%)	자연실업률(%)	잠재 GDP(조원)
2009	4	3	900
2014	3	4	1,000
2019	5	4	1,100

① 2009년도에는 침체 갭(Recessionary gap)이 발생하였다.

② 2014년도에는 확장 갭(Expansionary gap)이 발생하였다.

③ 2009년도 실제 GDP는 1,100조원 보다 크다.

④ 2014년도에는 인플레이션 상승 압력이 발생하였다.

⑤ 2019년도의 GDP 갭을 없애기 위해서는 확장적 통화정책이 필요하다.

FEED BACK

✓ **왜 틀렸을까?**

03 ☐ 개념 이해 부족	☐ 문제 이해 부족	☐ 기타( )	
04 ☐ 개념 이해 부족	☐ 문제 이해 부족	☐ 기타( )	

✓ **개념 다시 짚어보기**

중요도	★★★★☆
정 답	②

문제 03 자연실업률

개념 해설

② 최저임금제 인상이나 효율성 임금, 노조 등은 자연실업률을 높이는 역할을 하지만, 자발적 실업인 마찰적 실업의 증가와는 무관하다. 마찰적 실업은 더 나은 직장을 찾기 위한 탐색기간에 발생하는 실업으로서, 자연적 실업에는 마찰적 실업이 포함되어 있다.

오답 정복하기

① 인터넷의 발달은 구직자와 구인기업의 정보비대칭성을 낮춰 자연실업률을 낮추는 데 기여할 수 있다.
③ 새 케인즈학파의 이력가설은 한번 높아진 실업률은 다시 낮아지지 않는다는 것을 의미한다. 따라서 실제실업률이 자연실업률을 초과하게 될 경우 자연실업률 수준도 높아지게 된다는 것이다.
④ 탐색기간에 발생하는 실업은 마찰적 실업으로서, 자연실업률의 일부이다. 아무리 낮은 실업률을 기록한다하더라도 자발적 실업인 마찰적 실업의 존재로 인해 실업률이 0%가 될 수는 없다.

중요도	★★★★☆
정 답	③

PART 02

문제 04 자연실업률과 잠재 GDP

개념 해설

③ 2009년과 2019년에는 실제실업률이 자연실업률보다 높으므로 잠재 GDP보다 실제 GDP가 더 낮은 경기침체상태임을 알 수 있다. 따라서 2019년도 실제 GDP는 1,100조보다 작을 수밖에 없다.

오답 정복하기

① 2009년도는 실제실업률이 자연실업률보다 높았기 때문에 경제가 900조보다 낮은 수준이었다는 것을 알 수 있다. 따라서 침체 갭이 발생한다.
② 2014년에는 실제실업률이 자연실업률보다 낮으면서 실제 GDP가 잠재 GDP보다 높다는 것을 알 수 있다. 따라서 확장 갭이 존재한다.
④ 2014년도에는 실제 GDP가 잠재 GDP보다 높기 때문에 물가 상승 압력이 존재한다.
⑤ 2019년도에는 실제 실업률이 자연실업률보다 높기 때문에 이를 해결하기 위해서는 확장적 통화정책이 필요하다.

> 📖 **문제 분석**
>
> 잠재 GDP는 한 국가 경제 내에 존재하는 모든 생산요소를 정상적인 범위 내에서 최대한 사용했을 때의 생산량을 의미한다. 그리고 이때의 실업수준을 자연실업률이라고 한다.

CHAPTER

16

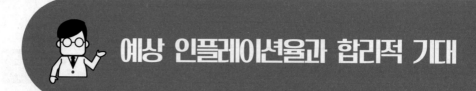

예상 인플레이션율과 합리적 기대

▶ "기대인플레이션 안정이 통화정책의 핵심이다."

― 조동철 금융통화위원

01 단기와 장기의 균형

① 예상 인플레이션의 변화와 균형점의 이동

경제주체의 향후 인플레이션율 예상(π^e)의 변화는 단기 필립스곡선을 이동시킨다. 예상 인플레이션율이 상승하면 단기 필립스곡선이 우측으로, 예상 인플레이션율이 하락하면 좌측으로 이동한다. 한편, 장기 필립스곡선은 언제나 완전고용실업률 수준에서 수직의 형태이다. 예상 인플레이션율의 변화는 단기와 장기 균형의 변화를 야기하는데, 이는 명목임금 수준에 영향을 미쳐 단기적으로 고용수준의 변화를 초래하기 때문이다.

② 단기와 장기의 균형점 변화

① 인플레이션 예상에 대한 근로자와 고용주의 의사결정

근로자는 명목임금을 기준으로 노동공급을 결정하고, 고용주는 실질임금을 기준으로 노동수요 규모를 결정한다. 근로자는 인플레이션이 예상되는 경우 임금계약 체결 시 이를 반영하고자 한다. 인플레이션만큼 연봉을 인상하지 않으면 임금의 실질 구매력이 감소하기 때문이다. 물가상승 때문에 연봉에서 손해를 볼 수는 없다. 한편, 고용주는 인플레이션이 예상되는 경우 노동수요 규모를 늘리고자 한다. 실질임금($\frac{W}{P}$)이 감소하기 때문이다. 고용주는 실질임금이 상승하면 고용량을 줄이고, 실질임금이 하락하면 고용량을 증가시킨다.

② 실제 인플레이션율(π)과 예상 인플레이션율(π^e)의 차이 발생

근로자는 미래의 인플레이션율에 관심이 있고, 고용주는 현재의 인플레이션율에 관심이 있기 때문에 근로자는 예상 인플레이션율(π^e)을 기준으로 의사결정을 하고, 고용주는 실제 인플레이션율(π)을 기준으로 의사결정을 할 수밖에 없다. 장기 균형에서는 실제 인플레이션율과 예상 인플레이션율이 일치하기 때문에 안정적인 균형이 유지된다. 하지만 확장적 총수요정책의 시행으로 인해 총수요곡선이 우측으로 이동해 총수요가 완전고용생산량보다 많아지면 물가가 상승한다. 즉, 실제 인플레이션율이 높아지는 것이다.

㉠ 고용주, 고용 증가를 통한 생산 증가

　실제 인플레이션율의 상승은 실질임금을 낮추고, 고용주는 더 많은 고용을 통해 생산을 늘리고자 한다. 단기적으로 실업률이 낮아지는 이유이다. 하지만 이는 지속될 수 없다. 근로자들이 이를 모를 리 없기 때문이다.

㉡ 근로자, 명목임금 상승을 요구

　근로자들은 물가상승률만큼 명목임금의 인상을 요구하게 된다. 즉, 예상 인플레이션율을 상향 조정하는 것이다. 고용주 입장에서 이는 생산비용의 증가이고, 단기 총공급곡선의 좌측이동요인이다. 단기 총공급곡선의 좌측이동은 완전고용생산량 수준에서 균형이 형성될 때까지 계속된다. 이는 필립스곡선 상에서 단기 필립스곡선의 우측 이동으로 나타나고 장기와 단기의 필립스곡선이 만나는 새로운 균형점에서는 실업률은 이전과 동일하고 인플레이션율만 높아지게 된다.

 예상 인플레이션율과 실제 인플레이션율 간의 차이

확장적 총수요관리정책 시행 ⇒ 예상 인플레이션율(π^e) < 실제 인플레이션율(π) ⇒ 당초 예상 대비 실질임금 하락 ⇒ 고용규모 증가 ⇒ 총생산 증가 ⇒ 근로자들의 명목임금 상승 요청(예상 인플레이션율 상향 조정) ⇒ 고용규모 감소 ⇒ 총생산 감소, 완전고용생산량(자연실업률)에서 새로운 균형 형성 ⇒ 물가만 상승

▼ 단기 필립스곡선의 이동과 균형의 변화

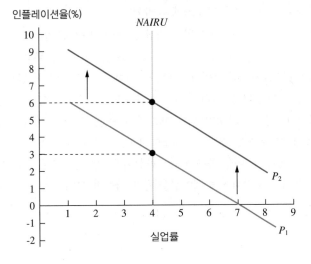

③ 현실에서의 장, 단기 균형의 변화

① 현실에서의 자연실업률

예상 인플레이션율의 변화로 인한 장, 단기 균형의 변화는 결과적으로 완전고용생산량 혹은 자연실업률은 변하지 않고 물가 수준의 상승만 가져온다. 문제는 현실에서는 어느 정도의 실업률 수준이 자연실업률인지 알 수가 없다는 점이다. 국가마다 다르고, 한 국가 내에서도 시점마다 다르다. 다만, 자연실업률 수준을 알 수는 없지만 자연실업률보다 낮은 수준에서는 인플레이션이 가속화되고, 반대의 경우 비자발적 실업이 증가하면 현재 실업률은 자연실업률보다 높은 상태라고 추론할 수 있다.

② 1970년대 오일파동과 스테그플레이션

1970년대 OPEC의 원유 수출 금지로 인해 총공급곡선은 급격하게 좌측으로 이동했다. 이는 정책결정자로 하여금 매우 어려운 상황을 초래했다. 실질 국내총생산의 하락과 물가의 상승이 동시에 발생한 것이다. 즉, 실업의 증가와 인플레이션율 상승이 동시에 발생한 것이다. 정책당국자 입장에서는 실업률을 낮추면 물가가 더 폭등하고, 물가를 낮추자니 실업률이 높아지는 딜레마 상황에 빠졌다.

㉠ 1970년, 실업의 해결을 선택

연방준비은행은 물가의 상승보다 실업이 더 큰 문제라 생각하고 화폐 공급을 확대했다. 그 결과는 새로운 장기균형점으로 이동하는 과정과 같다. 시간이 지날수록 인플레이션은 점점 심해졌지만, 실업률은 상대적으로 같은 수준에 머물렀다. 확장적 통화정책이 경제주체들의 인플레이션 예상을 높였고, 단기 필립스곡선이 우측으로 이동한 것이다. 1970년 4%였던 인플레이션은 1979년 11%에 육박했다.

㉡ 1979년, 연방준비제도이사회의 의장 폴 볼커의 충격요법

인플레이션이 계속 높아지자, 새 의장인 폴 볼커인 경제주체의 인플레이션 예상을 낮출 필요가 있다고 판단하고, 이자율을 높여 화폐 공급을 줄였다. 경제주체들이 연방준비제도이사회가 인플레이션을 강하게 관리할 것이라는 기대가 형성되자, 인플레이션 예상은 낮추기 시작했다. 이는 효과적이었다. 1980년 14%였던 물가상승률은 1985년 4%로 하락했다. 이를 통해 중앙은행인 연방준비제도이사회는 실업률과 물가상승률을 모두 통제 가능한 범위에 둘 수 있었다. 이를 통해 필립스곡선이 알려주는 중앙은행의 미션은 실업률을 자연실업률 가까이에 두면서 인플레이션을 통제 가능한 상태로 두는 것이라 할 수 있다.

1 디스인플레이션과 희생률

① 디스인플레이션의 정의

디스인플레이션^{Disinflation}이란 단기간에 인플레이션율을 크게 낮추는 것을 의미한다. 디스인플레이션이 문제가 되는 것 역시 필립스곡선이 알려주는 실업률과 물가상승률 간의 상충관계 때문이다. 물가상승률을 크게 낮춘다는 것은 실업률이 크게 증가한다는 것을 의미하기 때문이다.

② 희생률

희생률$^{Sacrifice\ rate}$이란 인플레이션율을 낮추는 과정에서 발생하는 일시적인 경기침체와 실업률의 증가를 측정하는 개념이다. 보다 구체적으로는 인플레이션율을 1%p 낮추기 위해 포기해야 하는 연평균 GDP의 증가분을 의미한다.

2 디스인플레이션의 정책효과와 비용

디스인플레이션의 정책적 효과는 앞서 살펴본 미국의 1970년 공급충격 사례에서 이미 살펴봤다. 문제는 얼마나 빨리 예상 인플레이션율과 실제 인플레이션율이 일치하는가에 있다. 이는 경제주체가 적응적 기대를 하는지, 합리적 기대를 하는지에 따라 달라진다.

① 디스인플레이션과 예상 인플레이션율의 감소

긴축적 통화정책은 총수요곡선의 좌측 이동을 야기해 새로운 단기 균형점에서는 총수요는 완전고용생산량 보다 작아지고, 물가 수준은 이전보다 낮아진다. 즉, 인플레이션은 낮아지지만, 실업률은 높아지게 된다. 이는 단기 필립스곡선 상의 이동으로 나타난다(0→1). 경제주체들은 이제 예상 인플레이션을 낮추게 된다. 총수요곡선의 좌측 이동으로 인해 낮은 물가수준이 상당기간 계속되기 때문이다. 이는 단기 필립스곡선의 좌측이동을 야기한다. 단기 필립스곡선의 이동은 완전고용(자연실업률) 수준에 이를 때까지 계속된다.

▼ 디스인플레이션의 과정

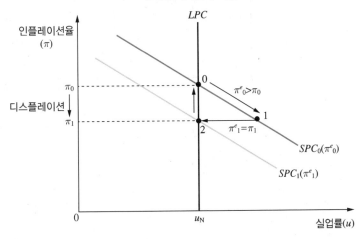

② 디스인플레이션의 비용

인플레이션을 낮추기 위해서는 실업률의 상승이 나타난다. 실업률의 상승이라는 비용을 최소화하기 위해서는 가급적 빨리 자연실업률 수준에서 장기균형이 형성되어야 한다. 새로운 단기균형에서 장기균형을 형성하는 과정에서 자연실업률보다 높은 실업을 계속해서 경험해야 하기 때문이다. 합리적 기대와 적응적 기대는 인플레이션율에 대한 예상을 어떻게 조정하는지에 대한 설명이다.

㉠ 적응적 기대이론

적응적 기대$^{\text{Adaptive expectation}}$는 사람들이 미래에 대한 기대를 형성할 때는 과거를 기준점으로 삼는다는 것이다. 과거에도 이랬으니 앞으로도 이럴 거라는 예상이다. 적응적 기대는 과거에 발을 딛고 있기 때문에 새로운 상황에 적응하는 데 체계적인 오차를 발생한다. 실제 인플레이션에 가까워지는 데 상당한 시간이 걸리는 것이다. 따라서 경제주체가 적응적 기대를 하는 경우 오랜 시간 동안 자연실업률을 상회하는 높은 실업률을 경험하게 된다.

㉡ 합리적 기대이론

합리적 기대$^{\text{Rational expectation}}$는 사람들이 미래에 대한 기대를 형성할 때 사용할 수 있는 모든 정보를 활용해 미래를 예측한다는 것이다. 적응적 기대처럼 과거만을 살펴보는 것이 아니라 활용가능한 모든 정보를 바탕으로 미래를 예측하는 방법이다. 합리적 기대는 체계적인 오차가 발생하지 않기 때문에 비교적 빠르게 예상 인플레이션율을 실제 인플레이션율 수준에 맞추게 된다. 만약 경제주체가 합리적 기대를 하고, 이 예상이 완전히 정확하다면, 예상 인플레이션율을 실제 인플레이션율 수준에 한 번에 맞출 수 있다.

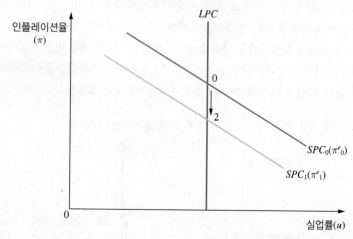

▼ 긴축적 통화정책과 합리적 기대

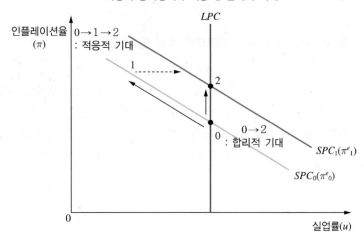

▼ 확장적 통화정책과 적응적, 합리적 기대

01 다음 중 필립스곡선에 대한 설명으로 옳지 않은 것은?

① 실업률과 물가상승률 간 상충관계를 나타낸다.

② 자연실업률 가설에 의하면 장기적으로 정책당국이 실업률을 통제할 수 없다.

③ 예상물가상승률이 낮아지면 필립스곡선은 아래로 이동한다.

④ 합리적 기대하에서 예상치 못한 통화팽창은 단기적으로 실업률에 영향을 미칠 수 없다.

⑤ 1970년대 스태그플레이션은 필립스곡선의 불안정성을 입증하였다.

02 다음 필립스곡선에 대한 설명 중 옳은 것은?

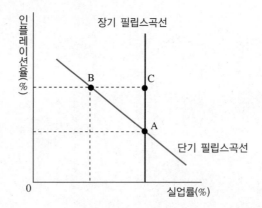

① 경제가 B에 있는 경우, 기대 인플레이션율은 실제 인플레이션율과 같다.

② 경제가 A에 있는 경우, 적응적 기대 하에서 확장적 통화정책은 단기적으로 경제를 A에서 B로 이동시킨다.

③ 경제가 A에 있는 경우, 합리적 기대 하에서 예상치 못한 확장적 통화정책은 단기적으로 경제를 A에서 C로 이동시킨다.

④ 기대 인플레이션율의 상승은 단기 필립스곡선을 왼쪽으로 이동시킨다.

⑤ 1970년대 스태그플레이션은 단기 필립스곡선 상의 움직임으로 나타낼 수 있다.

FEED BACK

☑ 왜 틀렸을까?

01 ☐ 개념 이해 부족 ☐ 문제 이해 부족 ☐ 기타(   )
02 ☐ 개념 이해 부족 ☐ 문제 이해 부족 ☐ 기타(   )

☑ 개념 다시 짚어보기

346 PART 2 거시경제·국제경제

문제 01 　합리적 기대

중요도 　★★★★☆
정답 　④

개념 해설

④ 합리적 기대를 하더라도 예상하지 못한 통화정책은 단기에 효과를 볼 수 있다. 활용가능한 정보를 바탕으로 미래를 예측하는 것이 합리적 기대이기 때문이다. 예상하지 못한 정책은 활용가능한 범위에 포함되지 않기 때문에 단기적으로 실업률에 영향을 미칠 수 있다.

오답 정복하기

① 단기 필립스곡선은 실업률과 물가상승률 간 상충관계를 나타낸다.
② 자연실업률 가설에 의하면 장기적으로 정책당국이 실업률을 통제할 수 없다. 실질 변수를 변화시키려는 시도는 물가만 상승시킬 뿐 실질 변수에 영향을 미치지 못하기 때문이다.
③ 인플레이션율에 대한 예상은 단기 필립스곡선을 이동시킨다. 인플레이션 기대가 높은 경우 우측으로, 낮은 경우 좌측으로 이동한다.
⑤ 스태그플레이션은 물가의 상승과 실업률의 상승이 동시에 발생한다.

문제 02 　적응적 기대와 합리적 기대

중요도 　★★★★☆
정답 　②

PART 02

개념 해설

② A점에서는 단기와 장기의 균형이 일치하는 지점으로 예상 인플레이션율과 실제 인플레이션율이 일치한다. 현 상황에서 적응적 기대가 존재하고 확장적 통화정책을 수행한다면 바로 C점으로 이동하지 못하고 B점으로 이동한 뒤 체계적 오차를 범한 다음 C점으로 이동하게 된다.

오답 정복하기

① 경제가 B점에 있는 경우 기대 인플레이션율보다 실제 인플레이션율이 높은 상태이다. 노동자들은 실제 인플레이션에 대한 정보가 완전하지 않기 때문에 B점에 당분간 머무르게 된다.
③ 합리적 기대를 형성하고 있더라도 예상하지 못한 확장적 통화정책은 단기적으로 경제를 A점에서 B점으로 이동시킨다.
④ 기대 인플레이션율의 상승은 단기 필립스곡선을 우측으로 이동시킨다.
⑤ 1970년대 스태그플레이션이 보여준 실업률과 인플레이션율의 동반 상승은 단기 필립스곡선의 이동으로 표현할 수 있다.

03 다음 그림에서 어떤 경제가 점 B에 있다고 하자. 다음 설명 중 옳은 것은?

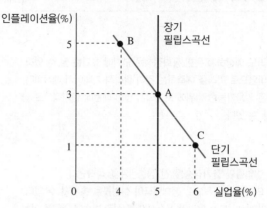

① 기대 인플레이션율과 실제 인플레이션율이 같다.
② 이 경제에서는 잠재 실질 GDP가 달성되고 있다.
③ 기대 인플레이션율은 3%이다.
④ 자연실업률은 4%이다.
⑤ 기대 인플레이션율의 하락은 B에서 A로의 이동을 가져온다.

04 필립스곡선에 관한 설명으로 옳은 것을 모두 고른 것은?

> ㉠ 원유가격의 상승은 단기 필립스곡선을 아래쪽으로 이동시킨다.
> ㉡ 기대인플레이션율의 상승은 단기 필립스곡선을 아래쪽으로 이동시킨다.
> ㉢ 합리적 기대 하에서 예상치 못한 통화정책은 인플레이션율과 실업률의 조합점을 단기 필립스곡선 상에서 이동시킨다.
> ㉣ 적응적 기대 하에서 통화정책은 인플레이션율과 실업률의 조합점을 단기 필립스곡선상에서 이동시킨다.

① ㉠, ㉡   ② ㉠, ㉢
③ ㉡, ㉢   ④ ㉡, ㉣
⑤ ㉢, ㉣

문제 03   기대 인플레이션율과 실제 인플레이션율

중요도 ★★★★☆
정답 ③

개념 해설

③ 점 B에서는 실제 인플레이션율이 기대 인플레이션율보다 높은 상태이다. 해당 단기 필립스곡선은 기대인플레이션율이 3%인 지점이다. 장, 단기 균형이 인플레이션율이 3%인 A점에서 형성되기 때문이다.

오답 정복하기

① B점에서는 실제 인플레이션율이 기대 인플레이션율 보다 높은 지점이다.
② B점에서는 해당국의 경제가 자연실업률 5%보다 낮은 실업률을 기록하고 있으므로, 잠재 실질 GDP보다 높은 생산량을 기록하고 있음을 알 수 있다.
④ 자연실업률은 단기와 장기 균형이 일치하는 5%이다.
⑤ 기대 인플레이션율은 필립스곡선의 이동요인이다. 따라서 B점에서 A점으로의 이동과 같은 곡선 내의 이동은 성립하지 않는다.

문제 04   필립스곡선의 특징

중요도 ★★★★☆
정답 ⑤

PART 02

개념 해설

ⓒ 합리적 기대 하에서 예상치 못한 통화정책은 단기적으로 효과를 볼 수 있다. 즉, 단기 필립스곡선 상에서의 이동을 야기한다.
ⓔ 적응적 기대 하에서 통화정책은 체계적인 오차를 발생시킨다. 즉, 인플레이션율과 실업률의 조합점을 단기 필립스곡선 상에서 이동시킨다. 이후 인플레이션 기대가 바뀌는 경우 조금씩 이동하면서 장기균형점을 찾아간다.

오답 정복하기

ⓐ 원유가격의 상승은 미래 인플레이션에 대한 기대를 높여 단기 필립스곡선을 우측 상방으로 이동시킨다.
ⓑ 기대 인플레이션율의 상승은 단기 필립스곡선을 우측으로 이동시킨다. 기대 인플레이션율의 하락은 단기 필립스곡선을 좌측으로 이동시킨다.

CHAPTER 17

무역의 발생 원인, 절대우위와 비교우위

▸ "미국과 멕시코가 자유 무역을 한다면, 일자리가 국경을 넘어 남쪽으로 빨려 들어가는 굉음이 들릴 것이다."

― 로스 페로[Ross Perot]

「국제경제」

01 국제무역의 이득

① 세계화와 자유무역

많은 경제학자들은 자유무역을 선호한다. 자유무역이 전반적인 이득을 가져다주기 때문이다. 1950년 세계 모든 국가의 수출액은 세계 GDP의 약 7%를 차지했지만, 지금은 세 배 이상 증가하여 약 25%를 기록하고 있다. 미국의 경우 1950년 수출액은 미국 GDP의 3%를 차지했지만, 2000년대 중반에는 12%로 증가했다. 세 배 이상 늘어난 셈이다.

② Win-Win으로서의 국제무역

국제무역은 수출국과 수입국 모두의 이익을 증진시킨다. 우선 국제무역으로부터 얻을 수 있는 잠재적 이익은 절대우위, 비교우위로 나누어 볼 수 있다.

① 절대우위론

국제무역에서는 어떤 국가가 다른 국가에 비해 특정 상품에 대한 생산성이 더 높을 때 해당 상품의 생산에서 절대우위[Absolute advantage]를 갖는다고 표현한다. 생산성이 더 높다는 의미는 시간당 생산량이 더 많거나 일정한 생산량을 달성하기 위한 생산요소가 더 적을 때를 의미한다. 미국과 사우디아라비아만 교역을 하는 경우 미국은 밀 재배에서 절대우위를 갖고, 사우디아라비아는 석유 생산에서 절대우위를 갖는다. 어느 한 국가가 특정 생산에 대해 절대우위를 갖는다는 의미가 사우디아라비아에 밀 경작지가 없거나, 미국에 유전이 없다는 것을 의미하지 않는다. 단지 특정 상품에 대한 생산성이 다른 나라에 비해 더 높다는 의미일 뿐이다. 이 경우 각자가 절대우위를 갖는 상품만을 생산하여 서로 무역을 통해 주고 받는다면 무역을 하지 않았을 때에 비해 양국 모두에게 이득이 된다.

② 비교우위론

어떤 경우에는 A국이 모든 상품 생산에서 절대우위를 갖고 B국은 A국에 비해 모든 상품 생산에서 절대열위를 갖는 경우가 있다. 절대우위론의 기준에 의하면 교역이 이루어질 수 없지만, 실제로는 A국과 B국 간의 교역이 성립된다. 이를 설명할 수 있는 이론이 바로 비교우위이다.

미국과 멕시코가 대표적인 예이다. 미국은 다양한 노동시장에서 교육받은 노동자를 더 많이 확보하고 있다. 또한 많은 자본 장비, 통신, 전기, 수송과 같은 인프라 측면에서 멕시코보다 앞서 있다. 그럼에도 불구하고 미국과 멕시코가 교역을 지속한다. A국은 B국에 비해 모든 상품에서 생산성 우위를 갖는다. 이때 A국은 생산성 우위가 가장 큰 상품에서 비교우위를 갖고, B국은 생산성 열위가 가장 작은 상품에서 비교우위를 갖는다. 예를 들어, 어떤 경제학 교수가 논문교정작업과 원고타이핑 작업 모두 자신의 비서보다 빠르다면, 그는 논문교정과 원고타이핑 작업에서 절대우위를 갖는다. 하지만 경제학 교수가 두 일을 모두 하지 않는다. 일을 할 수 있는 시간은 한정되어 있기 때문에 논문 교정은 교수가, 타이핑 작업은 비서가 담당하면, 둘은 더 많은 일을 할 수 있다.

③ 무역의 이득

① 작은 국가의 규모의 경제 실현

영국과 같은 작은 국가에서 자동차 회사가 무역을 하지 않는다면, 영국 자체의 자동차 소비수요만을 감안할 때, 규모의 확대가 어렵다. 즉, 적은 수요로 인해 대량생산을 할수록 평균비용이 낮아지는 규모의 경제가 주는 혜택을 누릴 수가 없다. 하지만 내수용과 수출용 모두를 생산할 수 있다면 규모의 경제를 실현할 수 있다.

② 소비자들의 선택 범위 확장

어떤 회사가 하나만 존재하고, 이 회사가 국내 시장에 존재하는 모든 내수용 자동차를 생산한다고 하자. 규모의 경제를 생각하면, 이 회사는 한 가지 종류만을 잘 만들 수 있을 것이다. 이런 상황에서 소비자들이 다양한 자동차를 두고 선택할 수 있으려면, 다른 나라와 무역을 해야 한다.

③ 산업 내 특화의 수준 향상

자동차는 수많은 부품으로 이루어져 있다. 기술수준이 낮은 부품부터 복잡한 부품들이 모여 자동차를 생산해낸다. 뿐만 아니라 조립라인도 있어야 한다. 비슷한 국가들끼리 무역을 하게 되면 어떤 부품은 A국에서 생산하고, 다른 부품은 B국에서 생산할 수 있다. 또한 제3국에서 조립을 할 수도 있다. 이러한 과정을 통해 무역 당사자들은 특화된 임무에 집중하면서 생산성 증진을 실현할 수 있다.

④ 지식과 기술을 쉽게 전수

일본의 도요타社는 재고를 줄이기 위해 필요할 때만 부품 공급이 이뤄지는 재고 관리 시스템인 적시생산방식Just-in-time을 개발해냈다. 이러한 방식이 매우 효과적인 시스템이라는 것이 밝혀졌고, 자동차뿐만 아니라 다양한 산업에서 활용되고 있다. 이는 교역 과정에서 알게 된 것이다. 재화와 서비스만이 아니라 아이디어의 전수로 이뤄진다.

⑤ 국내 생산자들의 경쟁 자극

경쟁은 가격인하와 혁신을 자극한다. 국내 시장에서 국내 상품 간의 경쟁이 아니라 세계의 상품들과 경쟁함으로써, 더 나은 상품과 가격경쟁력을 확보하기 위한 경쟁이 형성된다.

① 기본 가정

전통적 무역이론인 절대우위론과 비교우위론은 노동가치설^{Labor theory of value}을 기반으로 국가 간에 생산기술의 차이가 존재한다고 가정한다. 노동가치설이란 상품의 가격은 투입된 노동시간에 비례한다는 것을 의미하고, 국가 간에 생산기술의 차이가 존재한다는 것은 국가 간에 다른 생산함수를 갖는다는 것을 의미한다.

> **노동가치설**^{Labor theory of value}
>
> 상품의 가치는 해당 상품을 생산한 노동이 형성하고, 가치의 크기는 그 상품을 생산하는 데 필요한 노동시간이 결정한다는 이론이다. 노동가치설의 가정은 다음과 같다.
> • 각 재화의 생산에는 노동만이 유일한 생산요소이다.
> • 모든 노동의 질은 동일하다.
> • 재화 1단위를 생산하는 데 필요한 노동의 투입량은 재화의 생산량과 관계없이 일정하다. 즉, 재화의 생산함수가 규모에 대한 수익불변의 특징을 갖는다.

② 절대우위론

절대우위론은 각 국이 절대우위에 있는 제품 생산에 특화하여 서로 주고받을 경우 전 세계적으로 산출량이 증가하여 국가 간에 자발적인 거래로 양국 모두 이득을 누릴 수 있다는 이론이다.

① 절대열위와 절대우위

절대우위란 절대적으로 적은 생산비용으로 생산할 수 있는 것을 의미한다. 반대로 절대열위란 높은 생산비용으로 생산할 수 있는 상품생산을 의미한다. 영국은 섬유 1단위를 생산하기 위해 노동자 7명이 투입되는 반면, 포르투갈은 15명이나 투입되어야 한다. 이 경우 영국은 섬유생산에 절대우위를 갖는다고 이야기한다. 반면 영국은 포도주 1병을 생산하기 위해 노동자 5명의 투입이 필요한 반면 포르투갈은 4명을 투입하면 생산이 가능하다. 즉, 영국은 섬유생산에, 포르투갈은 포도주 생산에 절대우위가 있다.

상품 국가	섬유	포도주
영국	7	5
포르투갈	15	4

② 절대우위론과 무역

절대우위론에 의하면 절대우위에 있는 상품을 수출하고, 절대열위에 있는 상품을 수입하면 무역으로 이득을 볼 수 있다. 즉, 영국은 포르투갈에 섬유를 수출하고, 포르투갈은 영국에 포도주를 수출하면 양국 모두 무역으로 이득을 볼 수 있다.

③ 비교우위론

미국과 멕시코의 사례처럼 한 국가가 모든 산업에 절대우위에 있음에도 불구하고 무역이 발생하는 경우가 존재한다. 즉, 절대우위론으로 설명되지 않는 교역의 유형이 존재한다는 것이다. 섬유생산과 포도주 생산 모두 영국이 절대우위를 갖는 경우에도 교역은 이뤄진다. 경제학자 데이비드 리카르도는 이를 비교우위론으로 설명한다. 즉, 무역은 절대우위가 아니라 비교우위에 의해서 발생한다는 주장이다.

국 가 \ 상 품	섬 유	포도주
영 국	7	3
포르투갈	15	4

① 비교우위와 비교열위

비교우위란 상대적으로 적은 생산비용으로 생산할 수 있는 경우를 의미한다. 반대로 비교열위란 상대적으로 높은 생산비용으로 생산하는 경우를 의미한다. 다른 경제주체보다 상대적으로 잘한다는 것의 경제학적 의미는 어떤 활동을 다른 경제주체에 비해 더 적은 기회비용으로 수행할 수 있음을 의미한다. 결국 비교우위론은 기회비용의 관점에서 무역의 발생 원인을 설명하는 이론이라 할 수 있다. 기회비용의 관점에서 각국의 섬유와 포도주 생산에 따른 비용을 계산하면 다음과 같다.

PART 02

국 가 \ 상 품	섬 유	포도주
영 국	$\dfrac{7}{3}$	$\dfrac{3}{7}$
포르투갈	$\dfrac{15}{4}$	$\dfrac{4}{15}$

② 비교우위론과 무역

영국은 섬유 생산비용 대비 약 43%의 비용으로 포도주 생산이 가능한 반면 포르투갈은 섬유 대비 약 27%의 비용으로 생산가능하다. 이를 통해 포르투갈이 포도주 생산에 비교우위가 있음을 알 수 있다. 비교우위의 관점에서 포르투갈은 영국에 포도주를, 영국은 포르투갈에 섬유를 수출하여 양국이 모두 이득을 누릴 수 있다.

- 영국(England) : 섬유$_{Ehg}$: 포도주$_{Ehg}$ = 7 : 3 → 포도주$_{Ehg}$ = $\dfrac{3}{7}$ 섬유$_{Ehg}$

- 포르투갈(Portugal) : 섬유$_{Por}$: 포도주$_{Por}$ = 15 : 4 → 포도주$_{Por}$ = $\dfrac{4}{15}$ 섬유$_{Por}$

③ 비교우위가 발생하는 원인

  ㉠ 기후의 차이

    국가마다 존재하는 기후의 차이로 인해 국가마다 적은 생산비용으로 재배 가능한 작물들이 존재한다. 기후의 차이는 비교우위를 발생시키는 첫 번째 요인이다.

  ㉡ 요소부존량의 차이

    국가마다 보유한 자원의 종류와 양이 다르다. 이런 생산요소의 차이가 비교우위를 발생시킨다. 이를 설명하는 무역이론이 헥셔-오린이론(Heckscher-Ohlin model)이다. 헥셔-오린이론에서는 한 국가는 그 국가가 풍부하게 보유한 요소를 집약적으로 사용한 재화 생산에 비교우위를 갖는다고 설명한다. 반도체산업과 같은 자본집약적 산업과 농업과 같은 노동집약적 산업을 비교할 때 노동자 1인당 자본량은 반도체 산업이 훨씬 높을 것이다. 반면 농업은 자본 1단위당 노동자 투입량이 훨씬 높을 것이다. 이처럼 생산하는 재화에 따라 많이 쓰이는 생산요소가 달라지는데, 이를 요소집약도^{factor intensity}라고 한다.

  ㉢ 기술의 차이

    기술의 차이도 비교우위를 발생시키는 요인이다. 동일한 생산요소를 보유하고 있더라도 이를 조합하는 기술의 차이로 인해 비교우위가 발생할 수 있다.

03   보호무역의 수단

1 관세장벽

① 정 의

  관세^{Tariff}는 수입상품에 부과하는 조세를 의미한다. 수입상품에 관세를 부과하면 수입상품의 가격이 국내 상품의 가격보다 높게 되어 국내 시장에서 총소비량은 감소하게 된다. 이는 국내 생산업자들과 정부에게는 이득이 되지만, 더 저렴하게 다양한 상품을 이용하지 못하는 소비자들에게는 손실이 된다. 따라서 사회 전체적인 자중손실이 발생한다.

② 관세장벽의 종류

  ㉠ 반덤핑관세

    반덤핑관세^{Anti-dumping Duty}는 수출국의 수출업자가 자국 내에서 통상적으로 거래되는 가격보다 낮은 가격으로 외국으로 수출하여 수입국이 실질적인 피해를 입었거나 입을 우려가 있는 경우 국내 산업을 보호하기 위해 덤핑차액 이하의 관세를 부과하는 조치를 의미한다.

  ㉡ 상계관세

    상계관세^{Countrervailing Duty}는 상대국이 산업을 보호할 목적으로 보조금을 지급한 경우 이로 인한 자국의 피해를 막기 위해 부과하는 관세이다. 생산물의 제조, 생산 혹은 수출에서 직간접적으로 부여된 보조금을 상쇄할 목적으로 부과되는 특별과세이다.

ⓒ 보복관세

보복관세$^{\text{Retaliatory Duty}}$란 자국 상품에 대해 차별적인 혹은 부당한 조치를 취함으로써 손실
이 발생하였다고 판단되는 경우 피해액의 범위 내에서 부과하는 보복 성격의 관세를 의미
한다.

② 비관세장벽

① 수입할당제

수입할당제$^{\text{Import quota}}$는 재화와 서비스의 수입량을 제한하는 보호무역 조치이다. 예를 들어, 정
부가 미국산 반도체를 매년 일정 규모 이상은 수입하지 못하도록 제한하는 조치로, 정부가 각
기업에 일정 수입량을 허가해줌으로써 결정된다.

② 수출자율규제

수출자율규제$^{\text{Voluntary export restraint}}$란 수출국이 자율적으로 수출물량을 일정 수준 이하로 억제하
도록 하는 제도이다.

PART 02

01 다음 중 비교우위론에 관한 설명으로 옳지 않은 것은?

① 변호사가 집안일을 하지 않고 가사도우미를 쓰는 것은 비교우위론의 이론에 부합한다.

② 모든 산업이 절대열위에 놓이더라도 하나 이상의 산업에서 비교우위를 가질 수 있다.

③ 비교우위는 국가의 부존자원이나 인간에 대한 투자에 의해 변할 수 있다.

④ 모든 산업이 비교열위에 놓이는 경우도 존재한다.

⑤ 국가 간의 무역뿐만 아니라 개인 간의 교역을 설명하는 데에도 응용된다.

02 다음은 국가 간 교역이 이뤄지는 기본원리에 대한 설명이다. 옳지 않은 것을 고르시오.

> ㉠ 각국은 기회비용이 적은 재화를 생산한다.
> ㉡ 한 나라가 모든 재화에 절대적인 우위가 있는 교역은 성립하지 않는다.
> ㉢ 교역이 이뤄지면 한 나라가 이득을 보면 다른 나라는 손해를 본다.
> ㉣ 기회비용의 크기가 비교우위를 결정한다.

① ㉠, ㉡   ② ㉠, ㉣

③ ㉡, ㉢   ④ ㉡, ㉣

⑤ ㉢, ㉣

FEED BACK

☑ 왜 틀렸을까?

01 ☐ 개념 이해 부족	☐ 문제 이해 부족	☐ 기타(	)
02 ☐ 개념 이해 부족	☐ 문제 이해 부족	☐ 기타(	)

☑ 개념 다시 짚어보기

문제 01 전통적 무역이론 - 비교우위론

중요도	★★★★★
정답	④

개념 해설

④ 비교우위는 상대적인 개념이기 때문에 절대적인 수준에서 다른 국가에 비해 모두 절대열위에 놓이더라도 최소한 하나 이상의 산업에서 비교우위에 놓일 수 있다. 아무리 발전 단계가 뒤쳐진 국가라 하더라도 모든 산업에서 비교열위에 놓일 수는 없다.

오답 정복하기

변호사가 집안일을 직접 하지 않고 가사도우미를 쓰는 것은 비교우위론의 입장에서 타당하다. 집안일에 대한 기회비용이 변호사가 가사도우미에 비해 크기 때문이다. 한편, 비교우위론은 기회비용의 관점에서 살펴보기 때문에 모든 산업이 절대열위에 놓이더라도 적어도 하나 이상의 산업에서 비교우위를 가질 수 있다. 이러한 비교우위론은 국가뿐만 아니라 개인 간의 교역을 설명하는 데에도 응용된다.

📖 문제 분석

비교우위론이란 어떤 경제주체가 다른 경제주체보다 상대적으로 잘할 때 비교우위를 갖는다고 규정하는 무역이론이다. 다른 경제주체보다 상대적으로 잘한다는 것의 경제학적 의미는 어떤 활동을 다른 경제주체에 비해 더 적은 기회비용으로 수행할 수 있음을 의미한다. 결국 비교우위론은 기회비용의 관점에서 무역의 발생 원인을 설명하는 이론이라 할 수 있다.

문제 02 전통적 무역이론 - 절대우위와 비교우위

중요도	★★★★★
정답	③

PART 02

개념 해설

ⓛ 한 국가의 모든 산업이 절대열위에 놓이더라도 최소한 하나 이상의 산업은 절대우위를 갖기 때문에 교역은 성립한다(비교우위론).

ⓒ 자유무역으로 인한 교역이 지속적 될 수 있는 이유는 양국 모두가 이득을 보기 때문이다. 리카르도의 국제무역모형은 무역 발생 이전보다 무역 발생 이후에 사회 전체적인 잉여가 양국 모두에 있어서 증가한다는 것을 보여준다.

오답 정복하기

비교우위는 기회비용의 관점에서 바라본 무역의 발생 원인이다. 즉, 절대적인 생산비의 차이가 무역을 발생시키는 것이 아니라 상대적으로 저렴하게 생산할 수 있는 산업에 비교우위가 형성된다는 것이다. 각 국은 이처럼 생산의 기회비용이 적은 산업에 특화하여 다른 국가에 수출함으로써 이득이 증대된다는 것이다.

📖 문제 분석

비교우위와 절대우위를 이해하고 있는지를 묻는 문제이다.

03 A재 1단위를 생산하기 위해서는 한국에서는 노동시간으로 20시간, 미국에서는 10시간이 필요하다. 그리고 B재 1단위를 생산하기 위해서는 한국에서는 노동시간으로 15시간, 미국에서는 5시간이 필요하다. 다음 중 옳은 것은?

① 미국에서 A재 1단위를 생산하기 위한 기회비용은 B재 $\frac{1}{2}$이다.

② A재는 미국에, B재는 한국에 절대우위가 있다.

③ 한국은 미국에 비하여 B재에 비교우위가 있다.

④ 한국에서 B재 1단위를 생산하기 위한 기회비용은 노동 15단위이다.

⑤ 교역을 하면 교역조건은 B재 1단위에 대해서 A재 $\frac{1}{2}$단위와 $\frac{3}{4}$단위 사이에서 결정된다.

문제 03   비교우위의 계산

개념 해설

비교우위 문제는 생산량 1단위를 생산하는 데 투입되는 노동의 양으로 주어질 수도 있고, 노동 1단위 투입으로 생산할 수 있는 상품의 수량으로 주어질 수도 있다. 어느 경우이든 비교우위의 의미를 이해하면 비교우위를 파악하기 위한 계산과정은 크게 다르지 않다. 본 문제를 표로 정리해보면 다음과 같다.

구 분	A재	B재
한 국	20	15
미 국	10	5

이는 생산량 1단위를 생산하기 위해 필요한 노동투입량이다. 노동투입량이 많을수록 높은 가격이 책정된다. A재 1단위 생산을 위해서는 B재 1단위 생산을 포기하는 것이고, 이는 B재 생산에 투입되는 노동 15단위를 A재에 투입하게 됨을 의미한다. 따라서 기회비용을 계산해보면 한국은 A재 생산에, 미국은 B재 생산에 비교우위가 있다. 리카르도의 국제무역모형에서 살펴본 바와 같이 양국이 교역을 한다면 양국 모두에 이득이 되는 B재의 가격은 $\dfrac{5}{10}$ 와 $\dfrac{15}{20}$ 사이에서 결정된다.

구 분	. A재	B재
한 국	$\dfrac{20}{15}$	$\dfrac{15}{20}$
미 국	$\dfrac{10}{5}$	$\dfrac{5}{10}$

오답 정복하기

기회비용 및 비교우위가 결정되면 보기에 대한 판단이 가능하다.

① 미국에서 A재 1단위 생산의 기회비용은 B재 2개($=\dfrac{10}{5}$)이다.

② 미국은 A재, B재 모두에 절대우위가 있다.

③ 한국은 A재에 비교우위가 있다.

④ 한국에서 B재 1단위 생산의 기회비용은 A재 0.75개($=\dfrac{15}{20}$)이다.

PART 02

04 다음 중 비교우위론에 관한 설명으로 옳지 않은 것은?

① 대기업의 CEO가 화단에 직접 물을 주지 않고 정원사를 고용하는 것은 비교우위론의 예측과 부합한다.

② 한 국가에서 모든 산업이 비교열위에 있는 경우도 종종 관찰된다.

③ 절대열위에 있는 산업이라도 비교우위를 가질 수 있다.

④ 국가 간의 무역뿐만 아니라 개인 간의 교역을 설명하는 데에도 응용된다.

⑤ 비교우위는 국가의 지원이나 민간의 투자에 의해 그 양상이 변할 수 있다.

FEED BACK

✓ 왜 틀렸을까?	04 ☐ 개념 이해 부족 ☐ 문제 이해 부족 ☐ 기타( )
✓ 개념 다시 짚어보기	

문제 **04**	전통적 무역이론 - 비교우위

중요도	★★★☆☆
정 답	②

개념 해설

비교우위란 한 국가가 다른 국가에 비해 상대적으로 저렴하게 동일한 상품을 생산할 수 있는 경우를 의미한다. 절대우위가 절대적인 생산비를 비교하는 반면 비교우위는 상대적인 기회비용을 반영한 개념이다. 따라서 모든 영역에서 절대우위에 놓일 수는 있지만, 모든 영역에서 비교열위에 놓일 수는 없다. 적어도 하나 이상의 영역에서 비교우위를 갖는다.

오답 정복하기

① 대기업의 CEO는 경영도, 화단가꾸기도 잘할 수 있지만, 기회비용이 큰 행동을 포기하는 것은 비교우위의 관점이다.
③ 모든 영역에서 절대열위에 있더라도 한 가지 이상의 영역에서 비교우위를 갖는다.
④ 비교우위는 국가와 개인 모두의 교환과정에서 성립하는 개념이다.
⑤ 비교우위는 고정불변의 개념이 아니며 국가의 지원이나 투자에 의해 변화하는 개념이다.

PART 02

기타 무역이론과 무역정책

▸ "미국과 멕시코가 자유 무역을 한다면, 일자리가 국경을 넘어 남쪽으로 빨려 들어가는 굉음이 들릴 것이다."

– 로스 페로$^{Ross\ Perot}$

01 헥셔-오린 이론

① 등장배경

헥셔-오린 이론$^{Heckscher-Ohlin}$은 국가 간에 존재하는 부존 자원이 상이함으로 인해 무역이 발생한다고 주장하는 이론이다. 리카르도가 국가 간 기술의 차이가 비교우위를 야기해 무역이 발생한다고 주장한 것과 다른 주장이다. 이들은 국가 간에 기술의 차이가 없다는 것을 가정했다. 헥셔와 오린은 1980~1914년 사이 기간에 증기선과 철도와 같은 운송수단의 획기적 발전이 국제무역에 크게 기여하는 점을 주목했다. A국과 B국 사이에서 상품을 연결해주는 운송수단은 A국과 B국에게 동일하게 적용되는 요인이기 때문에 기술의 차이라고 할 수 없음에도 불구하고 무역이 급증한 것이다. 이를 토대로 무역이 발생하는 원인은 국가 간 자원의 불균형한 분포 때문이라고 생각했다.

② 기본가정 : 2-2-2 모형

헥셔-오린 모형은 2개의 국가와 2개의 상품(산업) 그리고 2개의 생산요소를 가정한다(2-2-2-모형). 그리고 이들 생산요소는 두 산업 간에 자유롭게 이동할 수 있다는 것을 전제로 한다. 한편, 소비자의 기호는 국가마다 다르며, 선호는 소득수준과 무관하다고 가정한다.

① 산업 간 이동이 자유로운 2개의 생산요소

반도체와 사과를 생산하는 두 산업에서 생산요소인 노동과 자본의 가격이 모두 동일하다는 것을 의미한다. 만약에 반도체 산업에서는 노동의 사용에 시간당 5만원을 지급하고, 농업분야에서는 시간당 5천원을 지급한다면 모든 노동력이 반도체 산업으로 이동할 것이기 때문이다. 이러한 요인을 제거하기 위해 노동과 같은 생산요소는 모든 산업에서 동일한 임금(대가)을 받는다고 가정한다.

② 산업에 따라 요소집약도가 다르다.

요소집약도$^{Factor\ intensity}$는 어떤 재화 생산에 있어서 다른 생산요소에 비해 더 많이 생산되는 생산요소가 무엇인지를 나타낸다. 농업은 생산요소 가운데 노동을 더 많이 사용하고, 반도체 산업은 자본을 더 많이 사용한다. 이러한 요소집약도의 차이에 의해 농업을 노동집약적, 반도체 산업을 자본집약적 산업이라고 한다.

③ 자국은 자본이 풍부하고, 외국은 노동이 풍부하다.

국가마다 다양한 지리적 환경, 인구, 상이한 발전단계 등으로 인해 노동, 자원 등 생산자원의 부존량이 다르다. 헥셔-오린 모형에서는 왜 부존량이 다른가에 초점을 맞추지는 않고, 이러한 상이한 부존량으로 인해 무역이 발생한다고 주장하면서, 자국은 자본이 풍부한 국가로, 외국은 노동이 풍부한 국가로 가정하고 논의를 진행한다.

④ 최종재는 국가 간에 자유로운 이동이 가능하지만, 생산요소는 이동하지 못한다.

헥셔-오린 모형에서는 최종 생산물에 대한 교역은 인정하지만, 생산요소는 국가 간에 자유롭게 이동하지 못한다고 가정한다.

⑤ 두 상품의 생산기술은 동일하다.

리카르도가 비교우위론에서 두 국가 간에 무역이 발생하는 이유는 기술수준의 차이라고 했던 주장과 정반대의 주장이다. 헥셔-오린 이론에서는 기술수준에는 차이가 없고 생산요소의 부존량의 차이로 인해 무역이 발생한다고 주장한다.

③ 헥셔-오린 이론의 시사점 : 요소부존도에 따른 수출과 수입

자국과 외국이 무역을 시작하면 무역 발생 이전의 반도체의 상대가격은 자유무역 이후에 세계 상대가격 수준으로 상승하게 되고, 이로 인해 자국은 반도체 생산을 증가시키는 유인이 존재한다. 한편, 높아진 가격으로 인해 반도체에 대한 자국의 소비는 감소하나 해외부문에서의 수요가 존재하기 때문에 수출이 발생한다. 이처럼 자유무역이 이뤄질 경우 자국은 풍부한 생산요소인 자본을 집약적으로 사용해 반도체를 생산하여 수출하고, 외국은 노동을 집약적으로 생산에 사용하는 사과를 수출한다.

④ 레온티에프 역설

① 의 미

경제학자 레온티에프$^{\text{Wassily Leontief}}$는 1947년의 미국 자료를 바탕으로 헥셔-오린 이론을 검증했다. 전 세계의 다른 국가에 비해 미국은 자본집약도가 높은 국가라고 여겼기 때문에 미국은 자본집약적인 상품을 수출하고 노동집약적인 상품을 수입할 것으로 예측했다. 하지만 레온티에프의 검증 결과는 정반대로 나타났다. 미국의 수입에서 노동 대비 자본이 차지하는 비율이 수출보다 높았다. 이를 레온티에프의 역설$^{\text{Leontief's paradox}}$이라고 한다.

㉠ 미국의 광활한 토지를 고려하지 않음

레온티에프는 생산요소를 노동과 자본만을 고려하고 미국에 광활한 토지가 존재한다는 사실을 간과했다. 노동과 자본만을 비교하면 자본이 풍부하지만, 토지를 고려할 경우 토지를 집약적으로 사용하는 농업제품들이 많이 생산되어 수출되었을 것이다.

㉡ 고기술 노동과 저기술 노동을 구분하지 않음

생산요소 가운데 노동이라고 해서 모두 저기술 노동만을 의미하지는 않는다. 최첨단 상품을 생산하기 위해서는 고기술 노동력이 필요하다. 따라서 생산성을 기준으로 노동력을 측정하면 실질적인 생산요소로서의 노동력은 단지 사람 수를 세는 것보다 훨씬 크게 나타난다. 이러한 시각에서 볼 때 미국은 자본집약국이 아닌 노동집약국일 수 있는 것이다.

02 　자유무역과 보호무역

① 보호무역의 등장

19세기 초 경제학자들은 자유무역을 통한 양국의 이익 증진을 강조했다. 당시의 경제학자들은 자유무역을 주장하며, 각국의 정부가 각국의 수요와 공급에 의해 결정되는 수출 혹은 수입의 규모를 인위적으로 조절하려 개입하면 자원의 효율적인 배분이 왜곡된다고 주장했다. 하지만 19세기 중반 독일의 경제학자 리스트$^{Georg\ Friedrich\ List,\ 1789\sim1846}$는 독일의 경제발전을 위해서는 보호무역 정책$^{Trade\ protection}$을 시행해야 한다고 주장했다. 그는 그의 책 「정치경제의 국민적 체계(1930)」에서 다음과 같이 보호무역을 주장했다.

사다리를 타고 정상에 오른 사람이 그 사다리를 걷어차 버리는 것은 다른 이들이 그 뒤를 이어 정상에 오를 수 있는 수단을 빼앗아 버리는 행위로, 매우 잘 알려진 교활한 방법이다. …… 보호 관세와 항해 규제를 통해 다른 국가들이 감히 경쟁에 나설 수 없을 정도로 산업과 운송업을 발전시킨 국가의 입장에서는 정작 자신이 딛고 올라온 사다리(정책, 제도)는 치워 버리고 다른 국가들에게는 자유 무역의 장점을 강조하면서, 지금까지 자신이 잘못된 길을 걸어왔다고 …… 참회하는 어조로 선언하는 것보다 현명한 일을 없을 것이다.

② 보호무역의 수단

① 관세장벽

관세^{Tariff}는 수입상품에 부과하는 조세로서, 대표적인 보호무역의 수단이다. 수입상품에 관세를 부과하게 되면 수입상품의 가격이 국내 상품의 가격보다 높게 되어 국내 시장에서 총소비량은 감소하게 된다. 이는 국내 생산업자들과 정부에게는 이득이 되지만, 더 저렴하게 다양한 상품을 이용하지 못하는 소비자들에게는 손실이 된다. 따라서 사회 전체적인 자중손실이 발생한다.

② 관세장벽의 종류

㉠ 반덤핑관세

반덤핑관세$^{Anti-dumping\ Duty}$는 수출국의 수출업자가 자국 내에서 통상적으로 거래되는 가격보다 낮은 가격으로 외국으로 수출하여 수입국이 실질적인 피해를 입었거나 입을 우려가 있는 경우 국내 산업을 보호하기 위해 덤핑차액 이하의 관세를 부과하는 조치를 의미한다.

㉡ 상계관세

상계관세$^{Countrervailing\ Duty}$는 상대국이 산업을 보호할 목적으로 보조금을 지급한 경우 이로 인한 자국의 피해를 막기 위해 관세를 부과한다. 생산물의 제조, 생산 혹은 수출에서 직간접적으로 부여된 보조금을 상쇄할 목적으로 부과되는 특별과세이다.

㉢ 보복관세

보복관세$^{Retaliatory\ Duty}$란 자국 상품에 대해 차별적인 혹은 부당한 조치를 취함으로써 손실이 발생하였다고 판단되는 경우 피해액의 범위 내에서 부과하는 보복 성격의 관세를 의미한다.

③ 비관세장벽

비관세장벽은 수입을 제한하기 위해 명시적 혹은 묵시적으로 가해지는 관료적 혹은 규제 관련 프로세스를 모두 포함한다. 예를 들어 한국으로 들어오는 모든 TV는 포장을 푼 뒤에 검사를 받아야 한다고 규정되어 있다면, 이러한 규제로 인해 소요되는 시간과 불편함으로 수입이 확실히 감소할 것이다.

㉠ 수입할당제

수입할당제$^{\text{Import quota}}$는 재화와 서비스의 수입량을 직접적으로 제한하는 보호무역의 조치이다. 정부가 미국산 반도체를 매년 일정 규모 이상은 수입하지 못하도록 제한하는 조치가 여기에 해당하는데, 정부가 각 기업에게 일정 수입량을 허가해줌으로써 결정된다.

㉡ 수출자율규제

수출자율규제$^{\text{Voluntary export restraint}}$란 수출국이 자율적으로 수출물량을 일정 수준 이하로 억제하도록 하는 제도이다. 그 명칭과 달리 이러한 협정은 자율적이지 않을 수도 있다. 수출을 줄이지 않는다면, 상대 국가가 수입할당제를 실시하거나 관세를 부과할 것이라는 위협을 하며 이러한 협정을 맺기 때문이다.

01 다음은 헥셔-오린 이론의 가정이다. 옳지 않은 것을 고르시오.

① 두 나라의 생산함수는 동일하다.

② 두 나라의 선호체계를 반영하는 사회후생함수는 동일하다.

③ 두 나라의 요소부존도는 동일하다.

④ 두 나라의 생산요소는 노동과 자본이며 생산요소의 국외 이전은 불가능하다.

⑤ 두 나라, 두 개의 재화, 두 개의 생산요소를 가정한다.

02 다음은 헥셔-오린 이론에서 설명하는 국제무역의 발생 원인이다. 빈칸에 들어갈 말로 옳게 짝지어진 것을 고르시오.

> 헥셔-오린 이론은 국가 간에 존재하는 부존자원의 상이함으로 인해 무역이 발생한다고 주장하는 이론이다. 헥셔와 오린은 1980~1914년 사이 기간에 증기선과 철도와 같은 운송수단의 획기적 발전이 국제무역에 크게 기여하는 점을 주목했다. A국과 B국 사이에서 상품을 연결해주는 운송수단은 A국과 B국에게 동일하게 적용되는 요인이기 때문에 기술의 차이라고 할 수 없음에도 불구하고 무역이 급증한 것이다. 헥셔와 오린은 노동과 자본만을 생산요소로 가정하였다. 그리고 (㉡)이 풍부한 국가는 (㉠) 상품을 수출하고, 자본집약적 상품을 수입하기 때문에 무역이 발생한다고 주장했다.

	㉠	㉡
①	노동집약적	노동
②	노동집약적	자본
③	자본집약적	노동
④	자본집약적	자본
⑤	정답 없음	

FEED BACK

✓ 왜 틀렸을까?	01 ☐ 개념 이해 부족 ☐ 문제 이해 부족 ☐ 기타( )
	02 ☐ 개념 이해 부족 ☐ 문제 이해 부족 ☐ 기타( )
✓ 개념 다시 짚어보기	

문제 01 　헥셔-오린 이론의 가정

중요도	★★★★☆
정답	③

개념 해설

헥셔-오린 모형은 2개의 국가와 2개의 상품(산업) 그리고 2개의 생산요소를 가정한다(2-2-2-모형). 그리고 이들 생산요소는 두 산업 간에 자유롭게 이동할 수 있다는 것을 전제로 한다. 헥셔-오린 모형의 기본가정은 산업 간 이동이 자유로운 2개의 생산요소, 산업에 따라 다른 요소집약도, 자국은 자본풍부국이며, 외국은 노동풍부국이라는 가정, 최종재는 국가 간에 자유로운 이동이 가능하지만, 생산요소는 이동하지 못한다는 가정, 두 상품의 생산기술이 동일하다는 가정, 소비자의 기호는 국가마다 동일하며 선호는 소득수준에 영향을 받지 않는다는 가정 등이다.

오답 정복하기

헥셔-오린 이론과 리카르도의 비교우위론의 결정적인 차이는 생산함수이다. 리카르도는 국가마다 상이한 기술수준을 보유하고 있다고 가정한 반면 헥셔-오린 모형에서는 국가마다 동일한 기술수준, 즉 생산함수를 가정했다. 이렇게 생산기술에 따른 차이를 배제한 것은 요소부존량이 비교우위를 결정한다는 사실을 확인하고 싶었기 때문이다. 이처럼 생산함수는 헥셔-오린과 비교우위론을 구분하는 기준이 된다.

문제 02 　헥셔-오린 이론

중요도	★★★★☆
정답	①

PART 02

개념 해설

헥셔-오린 모형은 2개의 국가와 2개의 상품(산업) 그리고 2개의 생산요소를 가정한다(2-2-2-모형). 그리고 이들 생산요소는 두 산업 간에 자유롭게 이동할 수 있다는 것을 전제로 한다. 이러한 전제 하에 노동이 풍부한 국가는 노동집약적 상품을, 자본이 풍부한 국가는 자본집약적 상품을 수출하면 양국의 실질 소득 또는 구매력이 증가한다는 이론이다.

오답 정복하기

핵셔-오린 이론에서 설명하는 무역이 발생하는 원인에 대해 살펴보는 것도 중요하지만 헥셔-오린 이론이 성립하게 되는 가정들을 살펴보는 것도 매우 중요하다.

03 다음 중 국가간의 비교우위가 무역의 원인이 된다는 헥셔-오린 정리의 가정을 모두 고르면?

> ㉠ 두 나라의 생산함수는 동일하다.
> ㉡ 두 나라의 선호체계를 반영하는 사회후생함수는 동일하다.
> ㉢ 두 나라의 요소부존도는 동일하다.
> ㉣ 두 나라의 생산요소는 노동 한 가지이고, 한 국가 내의 노동의 이동은 자유롭다.

① ㉠, ㉡　　　　　　　　　　　② ㉡, ㉣
③ ㉠, ㉡, ㉢　　　　　　　　　④ ㉠, ㉡, ㉣
⑤ ㉠, ㉡, ㉢, ㉣

04 A국과 B국이 교역하는 헥셔-오린 모형을 고려해보자. 양국은 자동차와 의류를 생산하며 두 재화에 대한 동일한 상대수요곡선을 갖고 있다. 양국의 요소부존량이 다음 표와 같이 주어져 있을 때 다음 설명 중 옳지 않은 것은?(단, 자동차는 자본집약적 재화이고 의류는 노동집약적 재화이다)

구 분	A국	B국
노 동	25	50
자 본	30	55

① A국이 B국에 비해 자본이 상대적으로 풍부한 국가이다.
② B국은 의류생산에 비교우위를 갖는다.
③ 양국은 무역을 통해 이익을 창출할 수 있다.
④ 무역을 하면 양국의 자동차의 의류에 대한 상대가격은 수렴한다.
⑤ 무역을 하면 A국에서 노동의 자본에 대한 상대요소가격은 상승한다.

FEED BACK

☑ 왜 틀렸을까?	03 ☐ 개념 이해 부족　☐ 문제 이해 부족　☐ 기타(　　　)
	04 ☐ 개념 이해 부족　☐ 문제 이해 부족　☐ 기타(　　　)
☑ 개념 다시 짚어보기	

문제 03 헥셔-오린 이론

중요도 ★★★★☆
정답 ①

개념 해설

헥셔-오린 정리는 두 개의 생산요소와 두 개의 재화 그리고 2개 국을 가정한다. 한편, 두 나라의 생산함수는 동일하다고 가정하며, 선호체계 역시 차이가 존재하지 않는다고 가정한다.

오답 정복하기

ⓒ 헥셔-오린 이론은 요소부존도의 차이로 인해 무역이 발생한다고 주장한다.
ⓔ 생산요소는 노동과 자본 두 가지이며, 국가 내의 생산요소의 이동은 자유롭다

문제 04 헥셔-오린 이론 - 요소부존량

중요도 ★★★★☆
정답 ⑤

PART 02

개념 해설

헥셔-오린 정리는 요소부조도가 높은 재화 생산에 비교우위가 존재하여 무역이 이뤄진다고 주장한다. 문제에서 A국의 요소집약도는 $\frac{25}{30} = 1.2$ 이고, B국은 $\frac{50}{55} = 1.1$ 이다.

⑤ 무역을 하면 A국에서 자본의 고용이 증가하고, 자본임대료가 상승하므로 노동의 자본에 대한 상대요소가격이 하락한다.

오답 정복하기

①, ② A국이 B국에 비해 자본이 상대적으로 풍부하고, B국은 노동이 풍부하므로 노동집약재인 의류 생산에 비교우위를 갖는다.
③ 요소집약도에 따른 비교우위를 바탕으로 양국은 무역을 통해 이익을 창출할 수 있다.
④ 무역을 하면 A국은 자본집약재인 자동차를 수출하여 자동차의 상대가격이 상승하고, B국은 노동집약재인 의류를 수출하여 의류의 상대가격이 상승하므로 양국의 자동차의 의류에 대한 상대가격은 수렴한다.

CHAPTER

19

국제수지

▸ "2018년 7월 경상수지는 87억6000만 달러로 지난 2012년 3월 이후 77개월 연속, 사상 최장 기간 흑자 기록"

— 한국은행의 7월 국제수지

01 국제수지와 국제수지표의 정의

1 국제수지 이해의 필요성

국민소득계정에 더해 정부 경제학자들과 통계학자들은 국제수지, 즉 경상수지의 구성요소와 이에 필요한 자금을 지원하기 위한 많은 거래를 상세히 기록한다. 국제수지의 수치들은 많은 언론매체가 관심을 갖고 있는 데서 알 수 있듯이 민간의 경제주체들에게는 매우 큰 관심사이다. 국제수지 계정을 이해하는 것은 한 국가의 국제거래가 갖는 의미를 평가하는 데 도움이 된다.

2 국제수지와 국제수지표의 정의

국제수지[Balance of payments]란 자국과 외국의 거주자들 사이에 발생한 모든 금융거래를 집계한 것을 의미한다. 즉, 자국의 국민이 외국의 재화와 서비스를 구입한 것이나 자국의 국민이 외국의 실물 및 금융 자산을 구입한 것을 집계한 것이다. 이 과정에서 우리나라로부터 외국으로 돈이 유출되기도 하고, 외국으로부터 우리나라로 돈이 유입되기도 한다. 이를 하나의 표로 정리한 것을 국제수지 혹은 국제수지표라고 한다.

국제수지는 거래의 내용에 따라 크게 경상거래와 자본거래로 구분한다. 경상거래는 국가 간 각종 재화와 서비스의 수출과 수입을 기록한 거래이며, 자본거래는 외국으로부터 빚을 얻어 오거나 외국에 돈을 빌려주는 등 국가 간 자금의 거래를 의미한다.

① 경상계정

경상계정$^{Current\ account}$이란 거주자와 비거주자 간에 일어나는 재화와 서비스에 대한 수출과 수입을 기록한 국제수지의 한 부분이다. 경상계정은 국제수지표에서 가장 중요하게 관찰되는 항목이다. 이는 생산활동, 고용, 국민소득 등 국민경제에 직접적인 영향을 미칠 뿐만 아니라 금융거래에도 영향을 미치기 때문이다. 이러한 경상계정은 상품수지, 서비스수지, 본원소득수지, 이전소득수지로 구성된다. 이 가운데 상품수지와 서비스수지를 합한 것을 재화와 서비스 수지 그리고 본원소득수지와 이전소득수지를 합한 것을 소득수지라고 한다.

① 상품수지

상품수지는 상품의 수출액과 수입액의 차이를 의미한다. 수출이 수입보다 커서 수지가 (+)가 되면 흑자, 반대로 수입이 수출보다 크면 수지가 (−)가 되어 적자가 된다.

② 서비스수지

서비스수지는 외국과의 서비스거래로 수취한 돈(= 서비스 수입)과 지급한 돈(= 서비스 지급)의 차이를 의미한다. 우리나라의 선박 혹은 항공기가 상품을 운송하고 외국으로부터 받은 운임, 외국 관광객이 한국에서 쓴 돈, 국내 기업이 외국기업으로부터 받은 특허권 사용료 등이 서비스 수입이 된다. 반대로 우리나라가 외국에 지급한 운임, 우리나라 관광객이 해외에서 지출한 경비, 삼성전자가 애플에 지급한 특허료 등은 모두 서비스 지급으로 나타난다.

③ 본원소득수지

본원소득수지는 급료 및 임금 수지와 투자소득수지로 구성된다. 급료 및 임금 수지는 거주자가 외국에 단기간(1년 미만) 머물면서 일한 대가로 받은 돈과 국내에 단기로 고용된 비거주자에게 지급한 돈의 차이이다. 한편 투자소득수지는 거주자가 외국에 투자하여 벌어들인 배당금·이자와 국내에 투자한 비거주자에게 지급한 배당금·이자의 차이를 의미한다.

④ 이전소득수지

이전소득수지는 거주자와 비거주자 사이에 아무런 대가없이 주고받은 거래의 차이를 말한다. 이전소득수지에는 해외에 거주하는 교포가 국내의 친척 등에게 보내는 송금이나 정부 간의 무상원조 등이 기록된다.

② 자본계정

자본계정에는 자본이전 및 비생산·비금융자산 거래가 기록된다. 자본이전은 자산 소유권의 무상이전, 채권자에 의한 채무면제 등을 포함한다. 한편 비생산·비금융자산에는 브랜드 네임, 상표 등 마케팅자산과 기타 양도 가능한 무형자산의 취득과 처분이 기록된다.

③ 금융계정

① 직접투자

직접투자는 직접투자 관계에 있는 투자자와 투자대상기업 간에 일어나는 대외거래를 기록한다. 직접투자에는 직접투자가와 직접투자대상기업의 관계를 발생시키는 최초의 거래는 물론 직접투자가와 직접투자대상기업 간의 차입, 대출 등 후속거래도 포함된다.

② 증권투자

증권투자는 거주자와 비거주자 간에 이루어진 주식, 채권 등에 대한 투자를 말하는 것으로 이 가운데 직접투자 또는 준비자산에 해당되는 주식, 채권 등의 거래는 제외된다.

③ 파생금융상품과 기타투자

파생금융상품은 파생금융상품거래로 실현된 손익 및 옵션 프리미엄 지급·수취를 기록한다. 한편, 기타투자에는 직접투자, 증권투자, 파생금융상품 및 준비자산에 포함되지 않는 거주자와 비거주자 간의 모든 금융거래를 기록한다. 대출·차입, 상품을 외상으로 수출하거나 수입할 때 발생하는 무역신용, 현금 및 예금 등의 금융거래가 기록된다.

④ 준비자산

통화당국의 외환보유액 변동분 중 거래적 요인에 의한 것만 포함한다. 외환보유액은 운용수익 발생 등 거래적 요인뿐만 아니라 환율변동 등 비거래적 요인에 의해서도 변동하는데 국제수지표의 준비자산에는 거래적 요인에 의한 외환보유액 변동분만 계상된다.

▼ 국제수지표의 구성

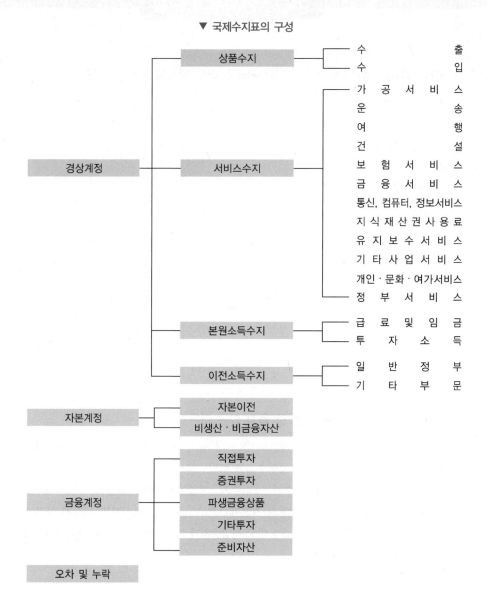

		상품수지	수출 수입
경상계정		서비스수지	가공서비스 운송 여행 건설 보험서비스 금융서비스 통신, 컴퓨터, 정보서비스 지식재산권사용료 유지보수서비스 기타사업서비스 개인·문화·여가서비스 정부서비스
		본원소득수지	급료및임금 투자소득
		이전소득수지	일반정부 기타부문
자본계정		자본이전 비생산·비금융자산	
금융계정		직접투자 증권투자 파생금융상품 기타투자 준비자산	
오차 및 누락			

※ 출처 : 알기 쉬운 경제지표해설(2014, 한국은행), 92p

01 국제수지표에 외자도입에 따른 이자지급은 어느 항목에 기록되는가?

① 경상거래의 수취

② 경상거래의 지급

③ 자본거래의 수취

④ 자본거래의 지급

⑤ 어느 항목에도 기록되지 않음

02 국제수지의 항목에 관한 설명 중 옳지 않은 것은?

① 준비자산 증감은 경상수지, 자본수지, 오차 및 누락을 합한 절대값과 같고 부호도 같다.

② 자본수지는 투자수지와 기타자본수지를 합한 것이다.

③ 경상수지는 상품 및 서비스수지, 소득수지, 경상이전수지를 합한 것이다.

④ 국제수지계정은 크게 경상계정과 자본계정으로 구분되고 복식부기 원리에 따라 작성된다.

⑤ 오차 및 누락, 준비자산의 변화가 없고 경상수지가 100억 달러 흑자이면 자본수지는 100억 달러 적자가 된다.

FEED BACK

☑ **왜 틀렸을까?**

01 ☐ 개념 이해 부족　☐ 문제 이해 부족　☐ 기타(　　　　)

02 ☐ 개념 이해 부족　☐ 문제 이해 부족　☐ 기타(　　　　)

☑ **개념 다시 짚어보기**

374 PART 2 거시경제 · 국제경제

문제 01 　국제수지표 – 경상수지

중요도	★★★★☆
정답	②

개념 해설

본원소득수지는 '급료 및 임금 수지'와 '투자소득수지'로 구성된다. '급료 및 임금 수지'는 거주자가 외국에 단기간(1년 미만) 머물면서 일한 대가로 받은 돈과 국내에 단기로 고용된 비거주자에게 지급한 돈의 차이이다. 한편 '투자소득수지'는 거주자가 외국에 투자하여 벌어들인 배당금·이자와 국내에 투자한 비거주자에게 지급한 배당금·이자의 차이를 의미한다. 따라서 경상거래의 본원소득수지에 기록된다.

오답 정복하기

자본계정에는 '자본이전' 및 '비생산·비금융자산' 거래가 기록된다. 자본이전은 자산 소유권의 무상이전, 채권자에 의한 채무면제 등을 포함한다. 한편 비생산·비금융자산에는 브랜드 네임, 상표 등 마케팅자산과 기타 양도 가능한 무형자산의 취득과 처분이 기록된다.

문제 02 　국제수지표

중요도	★★★★☆
정답	①

개념 해설

「경상수지 + 자본수지 + 오차 및 누락 + 준비자산증감 = 0」이 된다. 따라서 경상수지와 자본수지, 오차 및 누락의 합계와 준비자산 증감은 절대값은 같고 부호는 반대이다.

오답 정복하기

경상계정은 국제수지표에서 가장 중요하게 관찰되는 항목이다. 이는 생산활동, 고용, 국민소득 등 국민경제에 직접적인 영향을 미칠 뿐만 아니라 금융거래에도 영향을 미치기 때문이다. 이러한 경상계정은 상품수지, 서비스수지, 본원소득수지, 이전소득수지로 구성된다. 이 가운데 상품수지와 서비스수지를 합한 것을 '재화와 서비스 수지' 그리고 본원소득수지와 이전소득수지를 합한 것을 '소득수지'라고 한다. 자본수지는 '자본이전' 및 '비생산·비금융자산' 거래가 기록된다. 자본이전은 자산 소유권의 무상이전, 채권자에 의한 채무면제 등을 포함한다. 한편 비생산·비금융자산에는 브랜드 네임, 상표 등 마케팅자산과 기타 양도 가능한 무형자산의 취득과 처분이 기록된다.

> **📋 문제 분석**
>
> 국제수지는 일정기간 한 나라의 거주자와 외국거주자 사이에 이루어지는 모든 경제적 거래를 체계적으로 분류하여 집계한 것을 의미한다. 국제수지는 경상수지와 자본수지, 금융계정과 오차 및 누락으로 구성된다.

PART 02

03 국제 거래 중 우리나라의 경상수지 흑자를 증가시키는 것은?

① 외국인이 우리나라 기업의 주식을 매입하였다.
② 우리나라 학생의 해외 유학이 증가하였다.
③ 미국 기업이 우리나라에 자동차 공장을 건설하였다.
④ 우리나라 기업이 중국 기업으로부터 특허료를 지급받았다.
⑤ 우리나라 기업이 외국인에게 주식투자에 대한 배당금을 지급하였다.

04 어떤 나라의 국제수지표에서 경상수지와 재화 및 서비스수지의 크기는 같고 준비자산의 증감이 없었다. 재화 및 서비스수지가 흑자를 나타내고 있는 경우에 다음 설명 중 적절한 것을 모두 고른 것은?(단, 오차 및 누락은 0이다)

> ㉠ 순자본유출은 양의 값을 가진다.
> ㉡ 국내 저축의 크기는 국내 투자의 크기보다 작다.
> ㉢ 국민소득의 크기는 소비, 투자, 정부지출의 합보다 크다.
> ㉣ 순수출과 순자본유출의 크기는 서로 같다.

① ㉠, ㉡, ㉢   ② ㉠, ㉡, ㉣
③ ㉠, ㉢, ㉣   ④ ㉡, ㉢, ㉣
⑤ ㉠, ㉡, ㉢, ㉣

FEED BACK

☑ 왜 틀렸을까?

| 03 | ☐ 개념 이해 부족 | ☐ 문제 이해 부족 | ☐ 기타( ) |
| 04 | ☐ 개념 이해 부족 | ☐ 문제 이해 부족 | ☐ 기타( ) |

☑ 개념 다시 짚어보기

376 PART 2 거시경제 · 국제경제

중요도	★★★★☆
정 답	④

문제 03 경상수지

개념 해설

④ 우리나라 기업이 중국으로부터 받은 특허료는 경상수지의 서비스수지의 수입으로 포함된다. 따라서 경상수지 개선 요인이다.

오답 정복하기

① 외국인에 의한 우리나라 기업의 주식 매입은 자본수지의 개선에 해당한다.
② 우리나라 학생의 해외 유학 증가는 경상수지 적자요인이다.
③ 미국 기업의 우리나라 자동차 공장 건설은 자본수지 개선 요인이다.
⑤ 우리나라 기업이 외국인에게 주식투자에 대한 배당금을 지급한 것은 본원소득수지의 유출요인으로 경상수지 악화요인이다.

중요도	★★★★☆
정 답	③

문제 04 국제수지표 일반

개념 해설

㉠, ㉣ 오차 및 누락이 0이고, 경상수지와 자본수지의 합도 0이므로 재화 및 서비스수지가 흑자 그리고 자본수지가 적자이다. 자본수지 적자는 해외투자증가로 순자본유출의 증가를 의미하므로, 순해외투자 또는 순자본유출이 0보다 크다.

㉡ 지출국민소득 항등식에 의하면 유입과 유출이 일치해야 하므로, $S - I = X - M$ 일 때, $S > I = X > M$이 성립하여 국내 저축이 국내 투자보다 클 때 경상수지는 흑자이다.

㉢ 지출국민소득에 의하면 $Y = C + I + G + NX$이므로 경상수지가 흑자라면 순수출은 0보다 크고, 국민소득의 크기는 소비, 투자, 정부지출의 합보다 크다.

PART 02

CHAPTER 20 환 율

> "중국과 유럽연합(EU) 등이 그들의 통화가치를 조작하고 이자율을 낮추고 있다. 반면 미국은 기준금리를 올리고 있어 경쟁력이 저하된다."
>
> — 도널드 트럼프[Donald Trump]

01 환율의 필요성

국제금융거래는 자국의 화폐로 다른 나라의 재화나 서비스 혹은 금융 및 실물 자산을 구입하는 것을 의미한다. 한 국가 내에서 서울 사람이 전라도의 특산물을 구입할 때에는 동일한 통화를 사용하기 때문에 거래에 있어 큰 문제가 발생하지 않지만, 우리나라 원화로 미국의 달러 표시 자산을 구입할 때는 문제가 달라진다. 통화의 단위가 다르기 때문에 이를 원화 혹은 달러로 일치시켜야 거래가 발생할 수 있기 때문이다. 이때 한 나라의 통화와 다른 나라의 통화 간의 교환비율을 환율[Exchange rate]이라고 한다. 즉, 외화 1단위를 얻기 위해 필요한 자국 화폐의 양이 곧 환율이다.

02 통화가치와 환율

1 통화가치 의미

환율은 자국 및 외국화폐의 가치를 나타낸다. 외국화폐 1단위를 얻기 위해 필요한 자국화폐의 양이 많아지면 이는 자국화폐의 가치 하락이고, 반대로 그 양이 작아지면 자국화폐 가치의 상승이라 할 수 있다. 환율의 상승은 외국화폐 1단위를 얻기 위해 필요한 자국화폐의 양이 많아졌음을 의미하기 때문에 자국화폐 가치의 하락이고, 환율의 하락은 같은 이유로 자국화폐 가치의 상승이다.

2 평가절상과 평가절하

① 평가절상

평가절상[Appreciation]은 자국통화의 가치가 상승하는 현상을 의미한다. 환율이 1$ 당 2,000원에서 1,000원으로 하락한 경우를 살펴보자. 이는 1$의 가격이 낮아졌음을 의미한다. 즉, 달러 가치가 하락했음을 의미하고 동전의 앞뒷면과 같이 이는 원화가치의 상승과 동의어이다. 따라서 명목환율의 하락은 곧 평가절상을 의미하고, 이는 자국통화 가치의 상승을 의미한다.

② 평가절하

평가절하^{Depreciation}는 자국통화의 가치가 하락하는 현상이다. 우리나라와 미국의 환율이 1$ 당 1,000원에서 2,000원으로 상승한 경우를 가정해보자. 이는 1$를 구입하기 위해 필요한 돈이 1,000원에서 2,000원으로 증가했음을 의미한다. 즉, 달러의 가치가 상승했음을 의미하고, 우리나라 원화의 가치가 하락했다는 것과 동의어이다. 명목환율의 상승은 곧 평가절하를 의미하고, 이는 자국통화 가치의 하락을 의미한다.

> **🔍 통화가치와 환율**
>
> 명목환율의 움직임과 통화가치의 방향은 반대방향이다. 명목환율의 상승(달러당 1,000원→1,200원)은 원화가치의 하락을 의미하는 반면, 명목환율의 하락(달러당 1,200원→1,000원)은 원화가치의 상승을 의미한다. 다시 말해, 명목환율의 상승은 평가절하를, 명목환율의 하락은 평가절상을 의미한다.

③ 환율의 결정

이자율이 화폐의 가격이듯이 환율은 외환의 가격이다. 모든 가격은 시장에서의 수요와 공급에 의해 결정된다. 따라서 환율도 외환시장에서 외환의 수요와 공급에 의해 결정되는 변수이다.

① 외환의 수요

환율이 낮아질수록 외환에 대한 수요량은 증가한다. 1$ 당 2,000원에서 1,000원으로 환율이 하락한 경우를 생각해보자. 환율 하락 이전에는 원화 2,000원이 있어야 1$짜리 미국 상품을 구입할 수 있지만, 하락 이후에는 1,000원만 있어도 종전에 구입했던 물건을 구입할 수 있다. 이에 사람들은 더 많은 달러를 보유해 저렴해진 미국 상품의 소비를 늘리고자 한다. 이처럼 환율과 외환의 수요는 역의 상관관계를 갖게 되고, 우하향의 외환수요곡선으로 나타난다.

② 외환의 공급

환율이 높아질수록 외환에 대한 공급량은 증가한다. 1$ 당 1,000원에서 2,000원으로 환율이 상승한 경우를 생각해보자. 한국에 놀러온 미국인 관광객은 환율 상승 이전에는 보유한 1$로 우리나라 상품 1,000원짜리를 구입할 수 있었지만, 이제는 2,000원짜리 상품을 구입할 수 있다. 따라서 달러화를 더 많은 원화로 바꿔서 더 많은 원화 표시 상품을 구입하고자 한다. 이로 인해 외환시장에서는 외환인 달러화의 공급이 증가하게 된다. 따라서 환율이 높아질수록 외환공급량도 증가한다. 이는 우상향의 외환공급곡선으로 나타난다.

③ 균형환율의 도출과 균형변화

외환시장에서 외환수요와 외환공급이 만나는 점에서 균형환율과 균형 외환거래량이 결정된다. 한편, 이러한 균형은 외환수요 혹은 외환공급이 변하는 요인이 발생하면 균형 역시 변하게 된다. 대표적인 요인들은 다음과 같다.

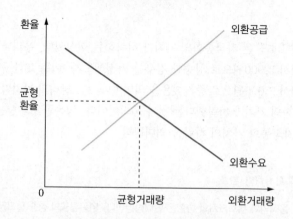

ⓖ 선호의 변화

여타의 다른 모든 조건이 일정할 때 수입 제품에 대한 국내 선호가 상승하면 해당 제품을 구입하기 위해 더 많은 외환을 수요하고자 하고. 그 결과 환율이 상승하게 된다. 아이폰에 대한 선호가 커지면, 아이폰 구입을 위해 외환을 보유하려는 사람들이 많아지고 이는 외환 수요곡선을 우측으로 이동시켜 환율을 상승시킨다.

ⓛ 국가 간 상대소득의 변화

한 국가의 소득이 다른 국가에 비해 빠르게 증가하면 자국 상품은 물론이거니와 외국 상품에 대한 소비를 늘리게 된다. 이 과정에서 외국산 제품에 대한 소비가 늘어나게 되고, 외국 산 제품의 소비를 위해서는 외환이 필요하게 된다. 이는 외환수요의 증가로 이어져 환율이 상승하게 된다.

ⓒ 국가 간 인플레이션율의 변화

한 국가의 물가수준이 다른 국가에 비해 빠르게 상승하면 큰 폭의 화폐가치 하락이 발생한 다. 이 경우 해당 국가의 국민들은 가격이 상대적으로 저렴한 외국의 상품에 대한 수요를 늘리게 되고, 이는 외국 통화에 대한 수요증가로 이어져 환율이 상승하게 된다.

ⓔ 균형 이자율의 변화

이자율은 투자에 대한 수익률이다. 한 국가의 이자율이 다른 국가에 비해 높으면, 투자 수 익을 얻기 위해 해당 국으로 다른 국가의 자금들이 유입된다. 즉, 외환시장에 외환의 공급 이 증가하게 된다. 이는 외환공급곡선을 우측으로 이동시켜 환율이 하락하는 요인으로 작 용한다.

🔍 구매력평가

1. 정 의
만약 동일한 상품이 두 국가에서 서로 다른 가격으로 거래된다면 국가 간 차익거래에 의해 결국에는 국내가격과 해외가격이 동일하게 될 것이다. 차익거래^{arbitrage}란 싸게 사서 비싸게 팔아 비용을 들이지 않고 이윤을 획득하는 행위를 의미한다. 구매력평가란 국가 간에 상품교역이 자유롭게 이루어지는 경우에 두 국가에서 구매력이 같아져야 한다는 것을 의미한다. 동일한 상품이라면 달러로 구매하는 것이나 달러를 원화로 바꾸어 원화로 구매하는 것이나 지불하는 가격이 같아야 한다는 것이다. 이를 일물일가의 법칙$^{law\ of\ one\ price}$이라고 한다. 즉, 차익거래의 기회가 사라지고 동일한 상품이나 자산에 대해 하나의 가격만이 성립하게 되는 것을 의미한다.

2. 예 시
미국에서 5달러인 상품이 우리나라에서 5,000원이라면 원-달러 환율은 1,000원이 되어야 한다. 만약 원-달러 환율이 800원이라면 4,000원을 5달러로 바꾸어 미국에서 이 상품을 구입해 우리나라에서 팔면 1,000원의 이익을 얻을 수 있다. 반대로 원-달러 환율이 1,200원일 경우 우리나라에서 5,000원으로 이 상품을 구입해 미국에 팔면 5달러를 받을 수 있는데, 이를 원화로 바꾸면 6,000원이므로 1,000원의 이익을 얻을 수 있다. 하지만 이러한 차익거래는 무한히 지속되기 어렵다. 원-달러 환율이 낮은 경우 달러에 대한 수요가 증가하여 원-달러 환율이 상승해 1,000원에서 균형이 형성되고, 원-달러 환율이 높은 경우 원화에 대한 수요가 감소하여 원-달러 환율이 하락해 1,000원에서 균형이 형성되기 때문이다.

3. 현실에서 구매력평가설이 성립하지 않는 이유
① 무역장벽
일물일가의 법칙의 가정과 달리 현실적으로는 관세나 수송비와 같은 무역에 대한 다양한 장벽으로 인해 일부 재화들이 교역되지 못한다.
② 비교역재의 존재
비교역재는 주로 서비스업과 건설에 관련된 생산물이 해당되는데, 비교역재는 국제적으로 거래되지 않으므로 그 가격은 국내 수요와 공급에 의해서만 결정된다. 따라서 국내요인에 의한 비교역재의 가격변화는 국내 물가 수준에는 영향을 주지만 환율에는 영향을 미치지 못한다.
③ 독과점적 가격설정
독점력을 소유한 기업이 동일한 생산물을 시장마다 다른 가격에 판매할 수 있다. 경쟁적 시장에서 이탈하는 정도가 클수록 국가마다 다른 가격이 책정될 가능성이 크다.
④ 국가마다 다른 물가지수 측정방식
물가지수 측정을 위한 바스켓의 구성과 품목별 가중치가 상이하기 때문에 구매력평가의 검정 자체가 무의미해진다.

01 다음 중 나머지 경우와 다른 방향으로 대미 달러 환율에 영향을 미치는 것은?

① 국내 기업에 의한 해외직접투자가 증가한다.

② 정부가 외환시장에 개입하여 달러화를 매도한다.

③ 경상수지 흑자폭 증가세가 지속된다.

④ 외국인 관광객들의 국내 지출이 큰 폭으로 증가한다.

⑤ 외국인 투자자들이 국내 주식을 매수하는 추세가 지속된다.

02 환율과 국제수지에 대한 설명으로 옳지 않은 것은?

① 구매력평가설에 따를 때 다른 조건은 일정하고 우리나라의 통화량만 증가하는 경우 원-달러 환율은 하락한다.

② 원-달러 환율이 하락하는 경우 원화가 평가절상된 것이다.

③ 달러 대비 원화 가치의 하락은 우리나라의 대미 수출 증가요인으로 작용한다.

④ 자본이동이 자유로운 경우, 다른 조건은 일정하고 우리나라의 이자율만 상대적으로 상승하면 원화의 가치가 상승한다.

⑤ 경상수지가 흑자이면 환율은 하락한다.

문제 01 환율의 변화, 형성

중요도	★★★★★
정답	①

개념 해설

① 국내 기업에 의한 해외직접투자가 증가하면, 외국에 투자하기 위한 외환 수요가 증가한다. 이는 외환시장에서 외환수요곡선을 우측으로 이동시켜 명목환율을 상승시키는 결과를 가져온다.

오답 정복하기

외환수요와 공급의 변화 방향에 따라 균형환율이 상승 혹은 하락한다.

② 정부가 외환시장에 개입하여 달러화를 매도할 경우 외환시장에 달러화 공급이 증가하기 때문에 환율은 하락한다.

③ 경상수지 흑자는 수출이 수입보다 많음을 의미한다. 이는 수출대금의 결제를 위한 외환이 우리나라에 많이 유입됨을 의미하기 때문에 외환공급의 증가로 이어지고 이는 환율의 하락요인으로 작용한다.

④ 외국인 관광객의 국내 지출 증가는 외환공급의 증가이다. 외국인 관광객이 우리나라 시장에서 지출하기 위해 원화에 대한 수요가 증가하고, 원화수요 충족을 위해 달러화를 원화로 바꾸기 때문에 외환시장에서 공급이 증가한다. 이로 인해 환율이 하락한다.

⑤ 외국인 투자자들이 국내 주식을 매수하게 되면 그 대가로 달러를 지급하기 때문에 우리나라 외환시장에서 외환공급이 증가한다. 그 결과 환율이 하락한다.

> **📖 문제 분석**
>
> 환율은 외환의 가격이다. 가격이라는 것은 시장에서 결정되고, 시장은 수요와 공급이 존재하는 유무형의 공간을 의미한다. 따라서 환율은 외환시장에서 외환수요와 외환공급에 의해 결정된다.

문제 02 환율과 국제수지

중요도	★★★★★
정답	①

개념 해설

① 다른 조건이 일정하고, 통화량이 증가한다면 국내 물가가 상승한다. 국내 물가의 상승은 구매력평가설에 의한 원-달러 환율을 상승시킨다. 화폐의 가치가 하락했기 때문에 이를 환율의 상승으로 보충해야 하기 때문이다.

오답 정복하기

② 원-달러 환율이 하락하는 경우 달러가치가 하락하고, 원화는 평가절상된다.

③ 달러 대비 원화 가치의 하락은 환율인상요인이다. 이는 대미 수출의 증가요인이다.

④ 자본이동이 자유롭고 다른 조건이 일정한 경우 우리나라의 이자율 상승은 국내로 해외자본의 유입을 증가시키므로 환율이 하락하고 원화 가치가 상승한다.

⑤ 경상수지가 흑자이면 우리나라로 외환의 유입이 증가해 환율은 하락한다.

03 환율에 대한 구매력평가설에 대해 설명한 것으로 적합하지 않은 것은?

① 환율변화율은 양국의 물가상승율 차이로 나타낼 수 있다고 설명한다.

② 단기적인 환율의 움직임을 잘 나타내고 있다는 평가를 받고 있다.

③ 두 나라의 화폐간의 명목환율은 두 나라의 물가수준에 의해 결정된다고 설명한다.

④ 어떤 물건의 가격이 어디에서든지 같아야 한다는 일물일가의 법칙을 국제시장에 적용한 것이다.

⑤ 빅맥지수가 대표적인 구매력 평가설에 의한 환율지수이다.

04 2개의 국가 간 상품가격(혹은 물가)과 환율의 관계를 설명하는 구매력평가설이 가장 유효한 경우는?

① 일물일가의 법칙이 성립하지 않는 경우

② FTA 등으로 인해 관세가 인하된 경우

③ 유가 상승으로 운송비 등이 높아진 경우

④ 비교역재가 많은 경우

⑤ 물가지수 산출에 포함되는 재화가 서로 상이한 경우

문제 03 구매력평가설

중요도	★★★★★
정 답	②

개념 해설

② 구매력평가설은 단기 환율 움직임을 잘 나타내지 못하고, 장기적인 환율의 변화를 잘 반영하는 것으로 알려져있다. 이는 다양한 현실적인 요인으로 단기에는 잘 맞지 않기 때문이다.

오답 정복하기

① 일물일가의 법치에 의해 양국의 물가상승률의 차이로 환율을 설명하는 이론이다.

③ 두 나라의 화폐 간의 명목환율이 물가수준에 의해 결정된다는 이론으로 일물일가의 법칙에 토대를 두고 있다.

④ 일물일가의 법칙이란 동일한 상품은 동일한 가치를 가져야 한다는 것으로, 해당 개념이 국제시장에 적용된 것이 구매력평가설이다.

⑤ 빅맥지수, 스타벅스 라떼지수 등이 대표적이다.

문제 04 구매력평가설

중요도	★★★★★
정 답	②

PART 02

개념 해설

② 구매력평가설은 일물일가의 법칙에 기반한 것으로 비교역재가 많은 경우 잘 성립하지 않는다. 하지만 관세가 인하된 경우 일물일가의 법칙이 성립할 가능성이 높아지므로, 구매력평가설 역시 환율을 잘 반영할 가능성이 높아진다.

오답 정복하기

① 일물일가의 법칙이 성립하지 않으면 구매력 평가설은 그 개념 자체의 성립이 어렵다.

③ 운송비, 관세 등의 가격 왜곡요인으로 인해 일물일가의 법칙 평가가 어렵다.

④ 비교역재가 많은 경우 환율과 무관한 상품이 많다는 것을 의미하므로 구매력평가설 성립이 어렵다.

⑤ 물가지수가 서로 다르다면 구매력평가설의 검증이 어렵다.

더 많은 정보와 지식을

여기서 멈출 거예요? 고지가 바로 눈앞에 있어요.
마지막 한 걸음까지 시대에듀가 함께할게요!

매경TEST
600점
뛰어넘기

| 문제의 키워드 | + | 개념 적용 | + | 오답 정복하기 | = | 쉽고 빠른 고득점 완성! |

경영편

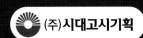
(주)시대고시기획

대체거래시스템(ATS)
우리나라 자본시장법상 다자간매매체결회사로 정의된다. 정규 증권거래소의 기능을 대체하는 다양한 형태의 증권거래 시스템을 뜻한다. 장외시장과 같이 기존 거래소와는 별도로 주식을 사고 팔 수 있으며, 빠른 거래 체결, 낮은 수수료 체계가 가장 큰 장점이다.

딥페이크(Deepfake)
인공지능(AI) 기술을 활용해 특정 인물의 신체, 얼굴을 원하는 영상에 합성한 편집물로서, 유명인부터 일반인에 이르기까지 편집 대상에 제약을 받지 않아 사회적으로 문제가 되고 있다. 이것은 발달된 편집 기술 덕분에 쉽게 제작되고 확산될 수 있으며 진위를 쉽게 가릴 수 없어 확실한 대처방안이 필요하다.

MaaS(Mobillity as a Service)
개별 운행 수단을 소유하지 않고 서비스로 소지한다는 개념으로, 개인 교통수단은 물론 대중교통, 차량 공유, 자전거에 이르기까지 모든 교통수단을 하나의 통합된 서비스로 제공하는 대표적인 공유 경제이다.

미닝아웃(Meaning out)
신념을 뜻하는 미닝(meaning)과 벽장 속에서 나온다는 뜻의 커밍아웃(coming out)이 결합된 용어로, 자신의 정치적·사회적 신념을 숨기지 않고 소비 행위를 통해 적극적으로 표출하는 것을 말한다.

테뉴어 보팅(Tenure voting)
장기투자자가 소유한 주식에 더 많은 의결권을 부여하는 것으로 차등의결권 제도 중 하나이다. 적대적 인수·합병(M&A)으로부터 경영권을 방어할 수 있다. 장기보유주의 가치를 높일 수 있고 경영자는 지속가능한 경영을 통해 단기 사업보다 장기 사업에 집중할 수 있다.

코즈마케팅(Cause marketing)
기업의 경영 활동과 사회적 이슈를 연계시키는 마케팅을 말한다. 이는 사회적 문제를 해결하려는 노력이 기업의 선한 이미지 구축에 기여하고, 이러한 이미지가 소비자의 구매 행동으로 이어지는 관계를 통해 공유가치창출(CSV ; Creating Shared Value) 전략의 구체적인 실천 방안이라 할 수 있다.

매경TEST
600 점
뛰어넘기

경제·경영 시사 / 사고력 / 지식문제 빅데이터 완벽 분석

경영편

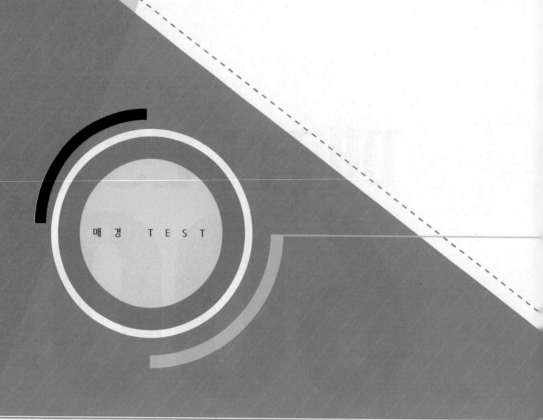

매 경 TEST

PART 03

경영

CHAPTER

01

경영학이란

> "초격차란 규모나 자본에 의해 그 실현 가능성이 결정되는 것이 아니라 과감한 혁신을 향한 리더의 의지, 구성원의 주도적 실천에 의해 이뤄지는 것."
>
> – 권오현 삼성전자 회장

01 경제학과 경영학

① 경영환경을 읽을 수 있는 시각, 경제학

경제학을 통해서는 기업을 둘러싼 환경을 읽을 수 있는 시각을 키울 수 있다. 기업은 필연적으로 시장을 필요로 하고, 국가 경제와 맞닿아 있다. 따라서 시장의 작동 원리를 이해해야 하고, 국가 경제의 변화에 미칠 영향을 분석할 수 있어야 한다. 현상과 원인에 대한 올바른 진단이 전제되어야 정확한 대안을 제시할 수 있기 때문이다.

② 기업의 운영원리를 이해할 수 있는 시각, 경영학

경제학을 통해 기업이라는 하나의 큰 조직이 놓여있는 환경을 이해했다면, 경영학을 통해서는 기업이 어떤 원리에 의해 운영되는지를 이해할 수 있다. 기업이 놓인 시장과 거시적 환경을 분석하고 대안을 제시했다하더라도 기업 내부에서 이를 실행할 능력이 없다면 아무런 소용이 없다. 따라서 제시된 대안을 실현해낼 수 있을 때 기업의 경쟁력이 높아질 수 있으며, 경쟁력이 높아져야 시장을 창출하고 이윤을 극대화할 수 있다.

02 경영학과 기업

① 경제학에서의 기업

경제학에서 기업은 국민경제에서 생산을 담당하는 주체이다. 국민경제의 순환 과정에서 기업은 가계로부터 생산요소를 제공받고, 기업은 생산요소 제공의 대가인 임금, 이자, 임대료를 지급한다. 이는 가계의 소득이 되어 소비의 원천이 되고, 가계는 다시 이를 기업이 생산한 재화와 서비스 구입에 사용하게 되어 기업의 생산이 지속되도록 하는 역할을 한다.

경제학의 재정정책과 통화정책을 통해 살펴본 바와 같이 한 국가경제 내에서 기업의 역할은 매우 중요하다. 총수요가 부족해 경기가 침체될 때에도 그 중심에는 기업이 있다. 총수요의 부족이 기업의 생산을 위축시켜 경기가 침체되기 때문이다. 한편, 국민경제의 선순환 과정의 중심에도 기업이 있다. 기업의 생산이 증가하면 이에 따라 국민소득이 증가하고, 이는 생산물에 대한 수요 증가로 이어지기 때문이다. 수요의 증가가 다시 생산의 증가로 이어지는 것은 물론이다.

03 기업의 존재 목적

1 이윤 추구

이윤이란 생산을 통해 벌어들인 수입에서 생산과정에 생산요소를 제공한 사람들에게 대가를 지급하고 남은 금액이다. 기업은 이렇게 벌어들인 이윤으로 주주와 채권자에게 보상을 하고, 직원, 협력업체에 대가를 지급한다.

① 주주와 채권자

기업 활동에서 가장 먼저 이해해야 하는 이해관계자는 주주와 채권자이다. 기업을 운영하기 위해서는 무엇보다 자금이 필요하다. 현실에서 기업들은 주변 사람들이나 은행에서 돈을 빌려 사업자금을 마련하는 경우가 많다. 기업에게 돈을 빌려준 사람들은 주주 혹은 채권자가 된다. 이들은 자신들의 자금 지원에 대한 수익을 원하기 때문에 기업은 이들의 기대에 부응하기 위해 필연적으로 이윤을 창출해야만 한다.

ㄱ 주 주

주주란 자금을 빌려주면서 해당 기업에 대한 소유권의 일부를 갖는 사람들이다. 주주들은 기업이 좋은 성과를 창출했을 때 그 기업이 거둔 이익의 일부를 배당금의 형태로 지급받는다.

ㄴ 채권자

채권자는 빌려준 자금에 대해 상환을 받는 권리만 가질 뿐 소유권을 갖고 있지 않고 원금과 함께 정해진 이자를 받을 뿐이다. 따라서 똑같이 돈을 빌려줬더라도 기업이 잘되었을 때 주주는 큰 대가를 얻는 반면 채권자는 그렇지 못하다. 반면에 기업의 성과가 좋지 않을 때 주주는 투자한 돈을 잃을 수 있지만, 채권자는 그렇지 않다.

② 직원과 협력업체

기업의 이윤으로 인해 직원과 협력업체 간의 관계가 유지될 수 있다. 기업에는 많은 직원들이 존재한다. 만약 이윤의 창출이 지속적이지 못하면, 이들에게 월급을 지급하지 못한다. 적자라면 지속적인 기업 활동이 어렵게 되고, 이는 생산 활동에 자신의 노동력을 제공한 직원들에게 적당한 대가를 지급하지 못하는 결과로 이어지게 된다. 한편, 협력업체도 마찬가지다. 기업은 혼자서만 모든 활동을 할 수는 없으며 다양한 분야의 기업들과 협력하게 된다. 만약 해당 기업이 이윤을 창출하지 못하면 이들 협력업체와도 지속적인 관계를 이어갈 수 없게 된다.

③ 기업 이윤 추구의 의미

기업이 이윤을 추구하는 이유는 주주와 채권자의 기대에 부응하고, 직원의 노력에 걸맞은 대우를 하면서, 협력업체와 상생하기 위해서이다. 만약 직원에게 월급을 지급하지 못하면 직원 가족의 생계가 문제가 된다. 협력업체도 마찬가지다. 이윤창출을 통한 지속적인 관계 유지를 못하면 협력업체의 이윤도 감소해 동일한 문제가 협력업체 내에서 발생하게 된다. 따라서 기업에 이윤을 추구하는 것은 책임감의 의미도 갖는다.

② 아이디어의 판매

기업의 존재 목적으로 생각해 볼 수 있는 것에는 아이디어의 판매가 있다. 내가 가진 아이디어를 친구나 가족과 공유할 수도 있다. 하지만 창업을 통하면 더 많은 사람들과 나의 아이디어를 공유할 수 있다. 애플의 매킨토시, 마이크로소프트의 윈도우즈 등도 모두 처음에는 몇몇의 친구와 공유하던 제품일 뿐이었지만, 기업을 만들어 공유하는 범위를 점차 넓히자, 전 세계적인 상품이 될 수 있었다. 이처럼 독창적인 아이디어의 판매는 기업의 존재 목적 가운데 하나이다.

04 기업의 종류

기업은 기업을 운영하기 위한 자금의 출처에 따라 크게 사기업과 공기업으로 구분된다. 사기업 Private enterprise 은 영리를 추구할 것을 목적으로 개인이 출자한 기업인 반면 공기업 State-owned enterprise 은 공익을 목적으로 국가 및 공공기관이 출자한 기업이다. 우리나라의 상법에서는 기업의 종류를 합명회사, 합자회사, 유한책임, 주식회사와 유한회사의 5종류로 구분하고 있다. 이는 출자자의 수에 따른 분류라 할 수 있다.

> 🔍 **상법 제3편 회사**
>
> **제169조(회사의 의의)** 이 법에서 회사란 상행위나 그 밖의 영리를 목적으로 하여 설립한 법인을 말한다.
> **제170조(회사의 종류)** 회사는 합명회사, 합자회사, 유한책임회사, 주식회사와 유한회사의 5종으로 한다.

분류기준			기업형태
사기업	단독기업		개인기업
	공동기업	인적 공동기업	합명회사
			합자회사
		물적(자본적) 공동기업	유한책임회사
			유한회사
			주식회사
공기업			국영기업, 지방공익기업, 공사, 공단
공사공동기업			특수회사

※ 출처 : 「생활 속의 경영학(제5판)」, 장영광·정기만, 신영사, 2014

① 개인기업

개인기업은 개인 1인이 출자하여 경영을 하는 기업으로 영리 추구를 목적으로 한다. 개인기업이 포함된 사기업은 경제적 이익을 목적으로 설립되어 이윤 극대화를 위해 노력하고, 그 과실을 구성원이나 사원(주주)개인에게 배분하는 것을 기본원리로 한다.

② 인적 공동기업

① 합명회사

합명회사는 혈연관계에 있는 2인 이상의 출자로 이뤄지며, 사원은 회사의 채무에 대해 변제할 무한책임을 진다. 사원 구성 후 정관을 작성하여 설립등기를 하면 회사가 설립되고, 출자에 있어서 재산출자뿐만 아니라 노무 및 신용출자도 인정된다. 입사 및 사원의 지위 양도는 다른 사원의 승낙을 필요로 하나 퇴사가 자유롭고 제명제도가 존재한다. 원칙적으로 모든 사원이 업무집행권 및 대표권한을 갖는다.

② 합자회사

합자회사는 무한책임사원과 유한책임사원으로 구성되는 복합적 조직의 회사이다. 무한책임사원은 회사를 경영하고 유한책임사원은 자본을 제공하여 사업 활동의 이익을 분배받는다. 합자회사는 무한책임사원이 존재한다는 측면에서는 합명회사와 같으나 출자액의 한도 내에서만 책임을 지는 유한책임사원이 있다는 면에서 차이가 난다. 합자회사는 사원 간의 개인적인 신뢰를 바탕으로 하기 때문에 인적회사에 속한다.

③ 물적 공동기업

① 유한회사

유한회사는 출자자의 수가 2~50인인 회사로서, 사원 전원이 출자의무를 지지만, 출자금액의 한도로만 유한책임을 진다. 사원의 수가 많지 않아도 되고, 출자금액도 소액이어서 중소기업에 적당한 기업형태이다. 주식회사와 유사해보이나, 설립절차와 운영방법이 주식회사에 비해 간단하다는 점과 지분의 양도가 자유롭지 못하다는 점은 주식회사와의 차이점이다. 유한회사는 1인 또는 다수의 이사를 두어야 한다.

② 유한책임회사

회사의 정관이나 상법에 다른 규정이 존재하지 않으면 유한책임회사에 대해서는 합명회사에 관한 규정을 준용한다. 그러나 합명회사는 무한책임사원으로만 구성된 반면 유한책임회사는 출자자가 자신의 출자금액 한도 내에서만 책임을 지도록 한다. 반면 기존 유한회사와의 차이점은 이사나 감사를 두지 않아도 되고 사원이 아닌 사람도 회사의 업무집행자가 될 수 있다는 점이다. 유한책임회사는 합명회사처럼 설립 및 운영은 쉽게 할 수 있지만, 출자자의 책임한도를 출자금액까지로 제한해줌으로써 부담 없이 창업할 수 있도록 유도하기 위한 회사 형태이다. 신생 벤처기업, 기술형 신생기업 등이 이에 속한다.

③ 주식회사

가장 많은 회사들이 갖추고 있는 기업형태이다. 출자 한도 내에서 유한책임을 지는 1인 이상의 출자자에 의해 설립되는 기업형태로서 대규모 기업에 적당하다. 최소 1주 이상은 주식을 발행해야 하며 상법상 1주당 액면가액은 100원 이상이다. 자본을 출자하는 주주의 수가 많아지고 주식분산이 고도화될수록 경영에 관여하지 않고 주가상승차익이나 배당과 같은 이익획득에만 관심이 높아진다. 따라서 전문경영인에게 경영을 맡기게 되어 소유와 경영이 분리되는 특징이 있다. 주식회사의 특징을 정리하면 다음과 같다.

- ㉠ 자본의 증권화

  소액단위의 균일한 주식을 발행하여 자금 출자를 쉽게 하고, 이를 증권시장에서 사고파는 것이 가능하도록 하여 소유권의 이전 역시 쉽게 하였다. 이는 시장의 단기자금을 기업의 장기고정자본으로 전환하는 역할을 담당한다.

- ㉡ 소유와 경영의 분리

  자기자본비율에 의해 회사의 소유권을 갖지만 경영은 전문경영인을 고용하여 맡긴다.

- ㉢ 유한책임성

  출자자는 출자의 범위 내에서만 책임을 진다. 즉, 개인의 자본능력에 따라 책임의 한계가 결정된다.

- ㉣ 규모의 경제실현

  소액단위의 자본이 결합하여 대규모의 자본을 형성함으로써 생산원가의 절감, 정보수집 비용의 감소, 시장지배력의 강화를 도모할 수 있다.

④ 공기업과 공사공동기업

공기업은 국가나 지방자치단체가 공익을 목적으로 출자하는 기업형태이다. 공사공동기업은 공기업과 사기업을 혼합한 기업형태로 공익을 추구하면서 경영효율까지 동시에 추구하기 위한 기업형태이다.

01 기업을 둘러싼 환경에 관한 설명으로 옳지 않은 것은?

① 경제적 환경의 구체적 내용으로 경제체제, 경제상황, 국가경제규모, 재정, 금융정책 등이 있다.

② 기업의 환경을 내부환경과 외부환경으로 구분했을 때 주주는 외부환경에 속한다.

③ 기업의 간접환경(일반환경)에는 정치·법률적 환경, 경제적 환경, 기술적 환경, 사회·문화적 환경 등이 있다.

④ 기업에 노동력을 공급하는 종업원도 기업의 환경요인 중 하나이다.

⑤ 기업의 경쟁자나 부품 공급자는 직접환경(과업환경) 요인이다.

02 효율성(Efficiency)과 효과성(Effectiveness)에 관한 설명으로 옳지 않은 것은?

① 효과성은 자원의 사용정도를, 효율성은 목표의 달성 정도를 평가대상으로 한다.

② 효율성은 일을 올바르게 함(Do things right)을, 효과성을 옳은 일을 함(Do right things)을 의미한다.

③ 성공적 조직이라면 효율성과 효과성이 모두 높다.

④ 효율성은 목표달성을 위한 수단이다.

⑤ 효율성은 최소한의 자원 투입으로 최대한의 산출을, 효과성은 목표의 최대한 달성을 지향한다.

FEED BACK

✓ 왜 틀렸을까?	01 ☐ 개념 이해 부족	☐ 문제 이해 부족	☐ 기타( )
	02 ☐ 개념 이해 부족	☐ 문제 이해 부족	☐ 기타( )
✓ 개념 다시 짚어보기			

문제 01 기업환경 - 주주

개념 해설

② 주주란 자금을 빌려주면서 해당 기업에 대한 소유권의 일부를 갖는 사람들이다. 주주들은 기업이 좋은 성과를 창출했을 때 그 기업이 거둔 이익의 일부를 배당금의 형태로 지급받는다. 이들은 기업의 내부 구성원이므로, 내부환경에 해당한다.

오답 정복하기

① 경제체제, 경제상황 등은 모두 기업을 둘러싼 외부환경이다.
③ 정치·법률적 환경, 경제적 환경, 사회·문화적 환경 등은 간접환경에 해당한다.
④ 노동력은 중요한 기업의 환경요인이다.
⑤ 경쟁자와 부품 공급자(협력업체)는 직접환경 요인이다.

문제 02 효율성과 효과성

개념 해설

① 효율성은 투입한 자원의 양에 대비하여 조직이 산출해 내는 결과물의 비율을 의미한다. 효율성은 효과성의 하위개념에 해당한다. 효과성은 목표의 달성 정도를 평가대상으로 하는 것이다.

오답 정복하기

효과성은 목표달성의 정도를, 효율성은 그 과정에서 투입한 노력 대비 결과물의 크기가 어느 정도인지를 의미한다.

03 무한책임사원과 유한책임사원으로 구성된 상법상의 기업형태는?

① 합명회사   ② 합자회사

③ 유한회사   ④ 주식회사

⑤ 자영회사

04 유한회사의 특징으로 옳은 것은?

① 감사는 필요적 상설기관이다.

② 이사는 3인 이상을 두어야 한다.

③ 경영은 무한책임을 지는 출자자가 담당한다.

④ 최고의사결정기관은 사원총회이다.

⑤ 기관의 구성은 간단하고 개방적이다.

FEED BACK

✔ 왜 틀렸을까?	03 ☐ 개념 이해 부족	☐ 문제 이해 부족	☐ 기타( )
	04 ☐ 개념 이해 부족	☐ 문제 이해 부족	☐ 기타( )
✔ 개념 다시 짚어보기			

문제 03 　회사의 유형 – 합자회사

개념 해설

② 합자회사는 무한책임사원과 유한책임사원으로 구성되는 복합적 조직의 회사이다. 무한책임사원은 회사를 경영하고 유한책임사원은 자본을 제공하여 사업 활동의 이익을 분배받는다. 합자회사는 무한책임사원이 존재한다는 측면에서는 합명회사와 같으나 출자액의 한도 내에서만 책임을 지는 유한책임사원이 있다는 면에서 차이가 난다. 합자회사는 사원 간의 개인적인 신뢰를 바탕으로 하기 때문에 인적회사에 속한다.

오답 정복하기

① 합명회사는 혈연관계에 있는 2인 이상의 출자로 이뤄지며, 사원은 회사의 채무에 대해 변제할 무한책임을 진다.
③ 유한회사는 출자자의 수가 2~50인인 회사로서, 사원 전원이 출자의무를 지지만, 출자금액 한도로만 유한책임을 진다. 사원의 수가 많지 않아도 되고, 출자금액도 소액이어서 중소기업에 적당한 기업형태이다.
④ 출자한 한도 내에서 유한책임을 지는 1인 이상의 출자자에 의해 설립되는 기업형태로서 대규모 기업에 적당하다.

문제 04 　회사의 유형 – 유한회사

개념 해설

④ 유한회사의 사원총회는 주식회사의 주주총회와 같은 역할을 한다. 유한회사는 출자자의 수가 2~50인인 회사로서, 사원 전원이 출자의무를 지지만, 출자금액을 한도로만 유한책임을 지기 때문이다.

오답 정복하기

① 감사를 상설기관으로 두는 것은 주식회사이다.
② 유한회사에 관해서는 사원수를 제한하는 법규정이 없다.
③ 유한회사의 사원은 말 그대로 유한책임을 진다.
⑤ 유한회사는 지분양도가 자유롭지 않아 폐쇄적이다.

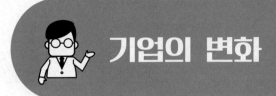
▸ "대기업이 기술력 있는 벤처기업을 인수합병(M&A)하려고 하면 적극 지원하겠다."

— 홍종학 중소벤처기업부 장관

기업의 인수·합병$^{M\&A \,; \, Merger\ and\ Scquisition}$은 기업의 외적성장을 이끄는 주요 수단이다. 기업의 인수·합병은 인수와 합병으로 구성된다. 합병^{Merger}은 기업지배권 획득을 목적으로 두 개 이상의 기업이 하나로 통합되어 단일 기업이 되는 것을 의미하고, 인수^{Acquisition}는 특정기업이 다른 기업의 주식 또는 자산을 취득하여 경영권을 획득하는 것을 의미한다.

① 인수·합병 방법

① 기업합병

기업합병은 두 개 이상의 회사가 법률적으로 하나의 기업이 되는 기업결합수단이다. 가장 강한 형태의 인수·합병 방법에 해당하며 흡수합병과 신설합병으로 나뉜다.

㉠ 흡수합병

흡수합병은 존속기업이 소멸기업의 모든 영업활동과 자산, 채무를 인계 받는 기업합병 방법이다.

㉡ 신설합병

합병을 하려는 모든 기업들이 일단 해산되고, 이들이 새로운 기업을 설립하는 형태의 기업합병이다. 새롭게 설립된 기업이 해산 기업들의 자산, 채무, 영업이익을 인계받는다.

② 주식취득

주식취득은 취득기업이 피취득기업의 주식 일부 혹은 전부를 주주로부터 취득하는 방법이다. 기업합병과의 차이점은 기업합병은 기업의 일부 혹은 전부가 소멸되지만, 주식취득은 해당기업이 개별기업으로 계속해서 존재한다는 점이다.

③ 자산취득

한 기업이 상대기업 자산의 일부를 인수하는 것을 의미한다. 표면적으로 매각기업의 기업구조나 주주들의 주식소유권에는 영향이 없다.

② 인수·합병의 효과

① 매출의 증대

두 기업이 인수·합병으로 하나의 기업이 되면 유통망, 브랜드 등과 같은 기업의 자원이 풍부해지기 때문에 이종산업 간의 결합에서는 시장 다변화, 제품 다변화, 사업영역 확대를 통한 매출의 증대를 기대할 수 있게 되고, 동종산업 간의 결합에서는 시장점유율의 확대로 지배적 위치의 확보를 기대할 수 있다.

② 비용절감

기업의 인수·합병으로 규모의 경제가 발생할 수 있다. 즉, 인수·합병으로 다양한 자원을 활용할 수 있게 됨으로써 생산 및 유통과정에서의 효율성을 높여 원가를 절감할 수 있다.

③ 위험감소

기업의 인수·합병으로 이종산업 간의 결합이 이루어지면 공동으로 활용 가능한 자원이 많아져 각종 비용이 절감된다. 또한 한 분야에서의 손실을 다른 분야에서의 이득으로 상쇄할 수 있어 영업위험이 분산되고 수익안정화를 달성할 수 있다.

③ 인수·합병의 공격과 방어

① 공격방법

인수·합병을 위해 실시하는 공격방법에는 대표적으로 공개매수, 그린메일, 파킹, 흑기사, 토요일 밤의 기습작전 등이 있다.

ⓐ 공개매수$^{TOB \; ; \; Tender \; Offer}$

경영권 지배를 목적으로 특정기업의 주식을 주식시장 밖에서 공개적으로 매수하는 적대적 M&A방식이다. 주식의 매입기간, 간격, 수량 등을 미리 홍보하여 증권시장 밖에서 불특정 다수를 대상으로 매수하는 것으로 다른 기업 매수에 효과적이다. 영국에서는 TOB ; Take Over Bid라고 하며, 미국에서는 Tender Offer라고 한다.

ⓑ 그린 메일$^{Green \; mail}$

경영권이 취약한 대주주에게 보유주식을 높은 가격에 팔아 프리미엄을 챙기는 투자자를 그린 메일러$^{Green \; mailer}$라고 한다. 이때 판매 의사를 밝히는 편지를 대주주에게 보내게 되는데, 이 편지를 달러의 색에 비유해 그린 메일$^{Green \; mail}$이라고 한다. 공갈·갈취를 의미하는 블랙 메일$^{Black \; mail}$과 달러의 색인 녹색^{Green}의 합성어이다.

ⓒ 파킹^{Parking}

기업매수와 관련해 주식을 구입한 사실이 시장에 알려지면 주가가 상승하기 때문에 이를 사전에 방지하기 위하여 주식 매집자가 매집사실을 감추기 위하여 주식을 브로커나 증권회사에 맡겨 놓은 것을 의미한다.

ⓓ 흑기사$^{Bblack \; knight}$

적대적 M&A를 시도하는 기업이나 개인이 단독으로 필요한 주식을 취득하기 어려울 때 우호적인 제3자의 도움을 청하게 되는데 이때 경영권 탈취에 도움을 주는 개인이나 기업을 의미한다.

ⓔ 토요일 밤의 기습$^{Saturday \; night \; special}$

기업을 인수하는 측이 매수당하는 기업에게 방어할 시간을 주지 않기 위해서 공휴일인 토요일 저녁에 공개 매수를 선언하는 경우를 의미한다. 1980년대 미국에서 빈번히 발생하였다.

② 방어방법

　㉠ 백기사^{White knight}

　　적대적 M&A의 공격을 받고 있으나 스스로 방어할 자본이 부족할 때 우호적인 제3세력을
　　찾아 도움을 청하게 되는데, 이때의 개인이나 기업을 백기사라고 한다. 흑기사의 반대편에
　　선 제3자라 할 수 있다.

　㉡ 황금낙하산^{Golden parachute}

　　M&A를 당하는 기업의 최고경영자가 인수로 인하여 임기 전에 사임하게 될 경우를 대비하
　　여 거액의 퇴직금, 스톡옵션, 일정기간 동안 보수와 보너스 등을 받을 권리를 사전에 고용
　　계약서에 기재하여 안정성을 확보하고 동시에 기업의 인수 비용을 높이는 방법이다.

　㉢ 팩맨^{Pack man}

　　극단적은 M&A의 반격 전략이다. 어떤 기업이 적대적 M&A를 시도하면 매수대상 기업이
　　이에 대항하여 자신이 오히려 매수 기업을 인수하겠다는 역매수 계획을 발표하고 매수기업
　　주식의 공개매수 등을 시도하는 방법이다. 이를 통해 매수대상 기업은 매수 희망기업이 자
　　사에 대한 적대적 M&A를 포기하도록 유도한다.

　㉣ 독약처방^{Poison pill plan}

　　적대적 M&A에 대한 방어전략의 일종으로 가장 강력하고 적극적인 M&A 방어수단이다. 주
　　주에게 보통주로 전환할 수 있는 우선주나 특정한 권리를 행사할 수 있는 증권(독약처방)을
　　대가없이 배부한 뒤 특정 조건을 만족시키는 상황이 되면 권리를 행사하도록 한다. 주주에
　　게 전환사채를 배당의 형태로 무상으로 배부하고, 인수하려는 세력이 주식을 매집하면 배
　　당 받은 주식을 고가에 되파는 권리를 부여하는 방식이 가장 대표적이다.

　㉤ 왕관보석^{Crown jewel}

　　M&A 대상이 되는 회사의 가장 가치 있는 자산을 처분함으로써 대상 회사의 가치 및 매력을
　　감소시켜 M&A를 방지하는 것을 의미한다.

　㉥ 초다수결의제^{Supermajority voting}

　　상법상에 규정된 특별결의 요건보다 더 가중된 요건을 정관으로 규정함으로써 적대적
　　M&A에 대하여 경영권을 방어하는 수단이다. 예를 들어 현행 상법에서는 정관의 변경에 대
　　한 특별결의 요건으로 출석한 주주의 의결권의 3분의 2 이상과 발행 주식 총수의 3분의 1
　　이상으로 규정하고 있는데, 초다수결의제에서는 출석한 주주 의결권의 90% 이상, 발생주
　　식 총수의 70 이상 등의 방식으로 결의 요건을 높여 사실상 적대적 M&A가 이루어질 수 없
　　도록 하는 것이다.

02　기업의 분할

기업분할^{Division}은 기업의 인수·합병과 반대이다. 기존 회사의 사업부에 기업의 재산 즉, 자본금
과 부채를 나눠준 후 새로운 기업을 만드는 것을 의미한다. 기업의 분할은 물적분할과 인적분할로
나눠진다.

① 물적분할

물적분할^{Physical division}은 분할주체가 신설회사의 주식을 100% 소유해 주주들은 종전과 같은 지분가치를 누릴 수 있다. 즉, 영업부문의 일부만을 자회사에 이전시키고 주식은 모회사가 모두 보유하여 자회사의 주식 취득 없이 물적으로만 분리하는 경우를 의미한다.

② 인적분할

인적분할은 기존 회사의 주주들이 지분율만큼씩 신설 법인의 주식을 나눠 갖는 것이다. 즉, 모회사가 영업부문의 일부를 신설된 회사로 이전시키면서 모회사의 주주가 주식을 취득하는 경우로서 인적으로 분할되는 경우를 의미한다.

③ 기업의 집단화

① 의미와 목적

㉠ 의 미

기업은 이익을 위해 집단화 하려는 성향이 있다. 기업의 집단화는 둘 이상의 기업이 결합하여 보다 큰 경제단위로 결합하는 것을 의미한다. 미시경제학의 과점시장에서 공부했던 카르텔도 기업집단화의 대표적인 예이다. 기업의 집단화와 기업의 인수·합병은 완전히 별개의 개념이 아니다. 기업의 집단화 개념 가운데 일부는 기업의 인수·합병과 중복된다.

㉡ 목적과 종류

기업의 집단화는 동종기업 간 경쟁회피, 생산공정이나 유통의 합리화, 출자관계 형성을 통한 기업지배 등의 이유로 행해진다.

② 종 류

㉠ 카르텔

카르텔^{Cartel}은 법률적, 경제적으로 완전히 독립되어 있는 동종 또는 유사업종 기업 간에 수평적으로 맺는 협정을 의미한다. 이는 공정경쟁에 위배되기 때문에 법으로 금지하고 있는 기업집단화 형태이다. 이를 현실에서는 담합이라고 한다. 가장 흔한 형태의 카르텔은 가격이나 판매조건, 수량 등을 조절하는 것이다. 카르텔의 형성을 통해 기업들이 추구하는 바는 바로 시장의 독점화이다.

㉡ 트러스트

트러스트^{Trust}는 두 개 이상의 기업이 법률적, 경제적인 독립성을 상실하고 하나의 통일된 단일기업을 형성하는 기업의 집단화이다. 이를 기업합동이라고도 부른다. 이는 각 기업의 독립성을 완전히 상실하기 때문에 가장 강력한 형태의 기업집단화이다. 기업의 인수·합병(M&A)이 트러스트이다. 트러스트에 해당한 형성하는 목적은 대자본의 형성이다.

㉢ 콘체른

콘체른^{Konzern}은 자본이 결합하는 집단화 형태로서 지배되는 기업은 법률적으로 독립성을 유지하지만 자본적으로는 독립성을 상실하고 지배를 받는다. 우리나라의 재벌 기업들이 주로 활용하는 기업집단화 방법이다. 즉, OO홀딩스라고 이름붙은 지주회사가 바로 콘체른이다. 지주회사^{Holding company}란 자회사 주식의 일부 혹은 전부를 소유해 자회사의 경영권을 지배하는 회사를 의미한다. 콘체른은 인수·합병(M&A)의 주식취득과 유사하다.

01 동종 또는 유사업종의 기업 간 독립성을 유지하면서 상호 경쟁을 배제하는 것은?

① 카르텔(Cartel)

② 인수・합병(M&A)

③ 트러스트(Trust)

④ 오픈숍(Open shop)

⑤ 클로즈드숍(Closed shop)

02 자회사 주식의 일부 또는 전부를 소유해서 자회사 경영권을 지배하는 지주회사와 관련이 있는 기업 결합은?

① 콘체른(Konzern)

② 카르텔(Cartel)

③ 트러스트(Trust)

④ 콤비나트(Kombinat)

⑤ 조인트 벤처(Joint venture)

문제 01   기업의 집단화 – 카르텔

개념 해설

① 카르텔(Cartel)은 법률적, 경제적으로 완전히 독립되어 있는 동종 또는 유사업종 기업 간에 수평적으로 맺는 협정을 의미한다. 이는 공정경쟁에 위배되기 때문에 법으로 금지하고 있는 기업집단화 형태이다.

오답정복하기

② 기업의 인수 · 합병은 기업의 외적성장을 이끄는 주요 수단이다. 기업의 인수 · 합병은 인수와 합병으로 구성된다.

③ 트러스트는 시장지배를 목적으로 동일한 생산단계에 속한 기업들이 하나의 대자본에 결합되는 것을 의미한다.

④ 오픈숍은 노동자의 기업의 노동조합에 대한 가입 여부를 자유롭게 결정할 수 있도록 한 제도이다.

⑤ 클로즈드숍은 공통의 이해를 목적으로 하는 모든 노동자를 조합에 가입시키고 조합원임을 고용의 조건으로 하는 노사 간의 협정을 말한다.

문제 02   기업의 집단화 – 카르텔

개념 해설

① 콘체른(Konzern)은 자본이 결합하는 집단화 형태로서 지배되는 기업은 법률적으로 독립성을 유지하지만 자본적으로는 독립성을 상실하고 종속적 지배를 받는다. 우리나라의 재벌 기업들이 주로 활용하는 기업집단화 방법이다.

오답정복하기

② 카르텔(Cartel)은 법률적, 경제적으로 완전히 독립되어 있는 동종 또는 유사업종 기업 간에 수평적으로 맺는 협정을 의미한다.

③ 트러스트(Trust)는 두 개 이상의 기업이 법률적, 경제적인 독립성을 상실하고 하나의 통일된 단일기업을 형성하는 기업의 집단화이다. 이를 '기업합동'이라고 부른다.

④ 콤비나트는 기술적 연관이 있는 여러 생산부문이 근접 입지하여 형성된 기업의 지역적 결합체이다. 결합(結合)이라는 뜻으로, 공장결합이라고도 번역된다.

⑤ 조인트 벤처란 특정 목적의 달성을 위한 2인 이상의 공동사업체를 의미한다.

03 적대적 M&A 위협에 대한 방어 전략에 포함될 수 있는 적절한 항목은 모두 몇 개인가?

> ┤보 기├
>
> ㉠ 독약처방(Poison pill)
> ㉡ 이사진의 임기분산
> ㉢ 황금낙하산(Golden parachute)
> ㉣ 초다수결의제
> ㉤ 백기사(White knight)

① 1개   ② 2개
③ 3개   ④ 4개
⑤ 5개

04 비영리조직과 영리기업의 중간형태로 사회적 목적을 추구하면서 영업활동을 수행하는 기업의 종류는?

① 블루기업   ② 좀비기업
③ 사회적 기업   ④ 한계기업
⑤ 블랙기업

FEED BACK

✓ **왜 틀렸을까?**

✓ **개념 다시 짚어보기**

03 ☐ 개념 이해 부족	☐ 문제 이해 부족	☐ 기타(	)
04 ☐ 개념 이해 부족	☐ 문제 이해 부족	☐ 기타(	)

중요도	★★★★☆
정 답	⑤

문제 03 적대적 M&A - 주식회사

개념 해설

㉠ 독약처방은 적대적 M&A에 대한 방어전략의 일종으로 가장 강력하고 적극적인 M&A 방어수단이다. 주주에게 보통주로 전환할 수 있는 우선주나 특정한 권리를 행사할 수 있는 증권(독약처방)을 대가없이 배부한 뒤 특정 조건을 만족시키는 상황이 되면 권리를 행사하도록 한다.

㉢ 황금낙하산은 M&A를 당하는 기업의 최고경영자가 인수로 인하여 임기 전에 사임하게 될 경우를 대비하여 거액의 퇴직금, 스톡옵션, 일정기간 동안 보수와 보너스 등을 받을 권리를 사전에 고용계약서에 기재하여 안정성을 확보하고 동시에 기업의 인수 비용을 높이는 방법이다.

㉣ 초다수결의제는 상법상에 규정된 특별 결의 요건보다 더 가중된 요건을 정관으로 규정함으로써 적대적 M&A에 대하여 경영권을 방어하는 수단이다.

㉤ 백기사는 적대적 M&A의 공격을 받고 있으나 스스로 방어할 자본이 부족할 때 우호적인 제3세력을 찾아 도움을 청하게 되는데, 이때의 개인이나 기업을 백기사라고 한다. 흑기사의 반대편에 선 제3자라 할 수 있다.

중요도	★★★★☆
정 답	③

문제 04 사회적 기업

개념 해설

③ 사회적 기업이란 비영리조직과 영리기업의 중간 형태로, 사회적 목적을 추구하면서 영업활동을 수행하는 기업이다. 영리기업이 이윤 추구를 목적으로 하는데 반해, 사회적 기업은 사회서비스의 제공 및 취약계층의 일자리 창출을 목적으로 한다. 최근에는 사회적 기업과 벤처가 결합된 소셜벤처도 활동 중이다.

오답 정복하기

② 좀비기업 : 회생할 가능성이 없음에도 정부 또는 채권단의 지원을 받아 간신히 파산을 면하고 있는 기업을 의미한다.

④ 한계기업 : 재무구조가 부실해 영업활동을 통해 벌어들이는 이익으로 금융비용도 감당하지 못하는 등 상대적 경쟁력을 상실함으로써 더 이상의 성장에 어려움을 겪는 기업을 의미한다.

CHAPTER 03  경영자와 동기부여

▶ "앞선 1~3차 산업혁명을 통해 새로 등장한 일자리를 살펴보면 매슬로우 욕구 5단계 중 1~3단계와 정확하게 일치하는 것을 알 수 있다. 4차 산업혁명에서는 4단계인 자기충족욕구에 해당하는 일자리가 나타날 가능성이 크다."

– 이민화 창조경제연구회 이사장

01 경영자의 중요성

경영자란 기업의 방향을 결정하고 경영활동을 직접 수행하는 주체이다. 즉, 경영자는 경영을 총괄하면서 경영에 대한 책임을 지는 주체이다. 경영이란 조직이 추구하는 목표를 달성하기 위하여 계획을 수립하고 이를 실행하며, 그 결과를 평가하는 일련의 과정을 의미한다. 하지만 경영활동이 이뤄지는 기업은 인격체가 아니기 때문에 스스로 경영활동을 수행할 수 없다. 따라서 기업 내에는 이를 수행할 주체가 있어야 하는데 이들이 바로 경영자이다. 경영자는 기업 구성원의 역할 및 행동을 규정하고, 경영을 총괄하며 경영에 대한 책임을 지게 된다.

02 경영자의 기능

1 계획화

계획화^{Planning}는 기업조직이 설정한 공동의 목표를 어떻게 달성할 것인지를 디자인하는 과정이다. 즉, 장래에 달성하고자 하는 상태를 위해 다양한 대안들을 선택하는 과정이라 할 수 있다. 성공적인 계획화 과정은 미래의 불확실성을 줄일 수 있다. 또한 구성원들로 하여금 목표와 업무를 체계적으로 인식하고 수행할 수 있도록 도와준다.

2 조직화

조직화^{Organizing}는 계획화 과정에서 수립한 계획을 수행하기 위해 기업 내의 자원을 배치하고 분배하는 과정이다. 이러한 조직화는 구성원들이 담당할 역할을 의도적으로 설정하는 경영관리의 한 분야이다.

③ 지 휘

지휘^{Leading}란 구성원들이 조직으로부터 부여받은 임무를 원활하게 수행할 수 있도록 의욕을 불어넣어주고 영향력을 행사하는 경영자의 기능이다. 즉, 리더로서의 역할이라 할 수 있다. 이는 구성원들의 능력을 부여된 임무에 맞게 효과적으로 사용할 수 있도록 격려하고 돕는 활동으로, 경영목표 달성을 위해 매우 중요한 활동이다.

④ 통 제

통제^{Controlling}는 계획과 실제 성과에 대한 차이를 인식하고, 이를 줄이기 위한 활동이다. 즉, 구성원들의 행동이 계획에 일치하도록 활동을 측정하고 수정하는 일이다. 따라서 통제활동은 일반적으로 목표달성의 측정과 관련이 깊다.

03 경영자의 유형

① 소유와 경영의 분리에 따른 구분

① 소유경영자

소유경영자^{Owner manager}는 작은 기업을 소유하면서 운영하는 사람을 의미한다. 다른 표현으로 기업가^{Entrepreneur}라고도 한다. 미국에서 기업가라는 단어는 주로 소기업의 소유경영자를 의미한다. 혹은 기업의 소유권을 가지고 있으나 운영에는 참여하지 않는 자를 의미한다. 하지만 대기업을 소유하고 있는 경영자를 기업가라고 표현하지 않는다. 직접 관리를 하면서 혁신을 담당하는 기업가의 자세를 의미하는 기업가 정신이라는 단어도 여기서 파생되어 나온 것이다.

② 고용경영자

고용경영자는 소유경영자에게 경영기능의 일부 혹은 전부를 위탁받아 소유경영자의 이해관계를 위해 일하는 대리인으로서의 경영자를 의미한다. 기업의 규모가 커지고 전문화될수록 소유경영자가 모든 것을 통제하지 못하게 된다. 따라서 보다 효율적인 경영을 위해 전문성을 가진 고용경영자에게 경영기능의 일부를 위탁하게 되는 것이다. 이러한 고용경영자는 경영의 전문성을 지니며, 실질적인 기능에 있어서는 소유경영자와 거의 동일하다.

③ 전문경영자

전문경영자는 소유와 경영이 분리된 운영체제, 즉 자본과 경영이 분리된 경영체제에서 독립적인 전문성을 인정받으며 경영활동을 수행하는 사람이다. 오늘날에는 소유와 경영이 분리되어 있지 않아도 어느 정도의 자율성을 보장받으며 경영활동을 하는 사람들을 전문경영자라고 한다.

② 위계수준에 따른 구분

① 최고경영층

최고경영층은 기업의 장기적인 목표와 전략을 수립하고, 이사회에서 결정된 기본방침을 실천에 옮기는 경영자이다. 일반적으로 이사급 이상의 임원에 해당한다. 경영관리활동의 계획, 지휘, 조정 및 통제를 담당한다.

② 중간경영층

중간경영층^{Middle management}은 부장, 차장, 과장 등의 직급에 해당하는 경영자를 의미한다. 최고경영층이 정한 방침을 위임받은 권한 내에서 구체적으로 실시하는 역할을 담당한다. 이들은 최고경영층의 의사를 하위경영층에게 전달함으로써 최고경영층과 하위경영층 중간에서 의견을 조정하고 원활한 의사소통을 돕는 역할을 수행한다.

③ 하위경영층

하위경영층은 현장에서 직접 작업을 담당하는 근로자나 사무원을 지휘 감독하는 경영층으로서, 생산현장의 조장, 반장 등의 감독자와 사무직의 계장 또는 대리가 이에 해당한다.

04 경영자의 역할

경영학자 민츠버그^{Henry Mintzberg}는 경영자들이 어떻게 시간을 소비하며, 어떠한 일을 하느냐에 따라 대인적, 정보적, 의사결정적 역할을 수행한다고 설명한다.

① 대인적 역할

대인적 역할^{Interpersonal role}은 경영자가 기업을 원만하게 경영하기 위해 필요한 역할로, 기업 내외부의 다양한 사람들과 관계를 유지하는 것을 의미한다. 구체적으로 기업의 외형적 대표자로서의 역할과 리더로서의 역할, 연락자로서의 역할의 3가지로 구분할 수 있다. 외형적 대표자로서의 역할은 일정 단위의 장으로서의 경영자 역할에는 방문자 접견, 고객 접대, 직원 경조사 참여 등이 있다. 그리고 리더로서는 조직 구성원을 채용하고 훈련하며 동기부여를 가능하도록 독려하는 역할이 있다. 마지막으로 연락자로서의 역할은 내부의 동료나 외부의 이해관계자들과 연결하는 역할을 의미한다.

② 정보적 역할

정보적 역할^{Informational role}은 경영자가 올바른 의사결정을 위해 다양한 정보를 수집하고 전달하는 것과 관련된 역할이다. 구체적으로 청취자로서의 역할, 전파자로서의 역할 그리고 대변인으로서의 역할로 구분된다. 청취자^{Monitor}로서의 역할은 조직 내외부의 다양한 정부를 입수하고, 조직 구성원의 시야 밖에 있는 정보들을 수집하는 역할이다. 그리고 이렇게 수집된 정보를 하위계층에게 전달해주는 역할이 전파자로서의 역할이다. 한편, 수집된 정보는 기업 외부의 사람들에게 전달되기도 하는데 이를 대변인으로서의 역할이라고 한다.

③ 의사결정적 역할

의사결정적 역할^{decisional role}은 수집된 정보를 바탕으로 의사결정을 내리고 그 결과에 대해 책임지는 역할이다. 이는 기업가로서의 역할, 분쟁해결자로서의 역할, 자원배분자로서의 역할, 그리고 협상자로서의 역할로 구분된다. 기업가로서의 역할은 경영자가 기업 발전을 위해 노력하는 일련의 활동을 의미한다. 한편, 분쟁해결자는 노사분규나 계약위반과 같은 기업 내외부 문제에 대한 해결사로서의 역할이다. 그리고 자원배분자로서의 역할은 높은 경영성과를 위해 기업의 자원을 어떻게 누구에게 분배할 것인지의 문제이며 협상자로서의 역할은 공급자 혹은 노동조합과 견해 차이를 해소하기 위해 노력하는 역할을 의미한다.

▼ 민츠버그의 경영자 역할

구분	세부 역할	내용
대인적 역할	외형적 대표자	방문객의 영접, 법적 서류 서명 등 상징적인 대표자로서 법률적 내지 사교적 성질의 전형적 임무를 수행한다.
	리더	직무가 적절히 수행되도록 종업원의 채용, 배치, 훈련, 동기부여와 활성화 등과 같은 종업원과 관련된 모든 활동을 수행한다.
	연락자	정보를 제공하는 정보제공자와 수평적 외부접촉을 통해 자기개발과 네트워크를 유지한다.
정보적 역할	청취자	조직과 환경의 이해를 도모하기 위해 다양하고 광범위하게 정보를 탐색(정기간행물 구독과 개인적 접촉 유지)하여 경영활동을 수행하는 과정에서 유리하게 활용될 수 있는 정보를 꾸준히 탐색하는 신경망 센터로서 활동하는 것이다.
	전파자	외부 또는 종업원들로부터 받은 사실 또는 해석이 포함된 필요한 정보를 조직구성원에게 전달(정보를 중계하기 위한 모임 개최 등)해 주는 역할을 한다.
	대변인	조직의 계획, 정책, 행동, 결과 등 조직과 관련해 수집한 정보의 일부를 기업 외부의 사람들에게 전달(언론기관에 정보제공 등)해 주는 역할이다
의사결정적 역할	기업가	기업성장과 발전을 위해 솔선수범하며, 창의적 노력을 기울이는 활동을 말한다. 변화를 초래할 개선 프로젝트를 창조하고 기회포착을 위해 조직과 환경을 탐색(전략구성과 신규 계획개발 모임 개최 등)한다.
	분쟁 해결자	파업, 고객파산, 계약위반 등 기업 내외에서 발생하는 각종 애로사항에 대해 적극적인 해결방안을 모색하는 활동이다. 중요하고 예기치 못한 분쟁을 조정할 책임을 지게(분쟁과 위기를 포함한 활동 반성)된다.
	자원 배분자	기업의 인적·물적·금전적 자원을 어떻게 그리고 누구에게 배분할 것인지를 결정하는 것을 말한다. 조직이 갖고 있는 모든 종류의 자원 배분에 책임(일정계획과 종업원 직무설계 등)이 있다.

---

05 동기부여이론

① 정의

동기부여^{Motivation}란 어떤 목적의 달성을 위해 특정방향으로 개인의 행동을 유도하는 것이다. 조직구성원들의 욕구를 정확히 파악할 수 있다면 이들을 리더가 원하는 방향으로 이끄는데 보다 수월할 수 있다. 동기부여이론은 크게 내용이론과 과정이론 그리고 강화이론으로 구분된다.

② 동기부여이론

① 동기부여의 내용이론

동기부여의 내용이론은 사람들이 어떤 것 때문에 동기부여가 되는지를 연구하는 이론이다. 동기부여의 내용이론은 매슬로우의 욕구단계론과 알더퍼의 ERG이론으로 보다 구체적으로 살펴볼 수 있다.

㉠ 매슬로우의 욕구단계론

욕구단계론은 인간이 느끼는 욕구는 단계가 존재하며, 하위단계가 충족되어야 상위단계의 욕구를 느낀다는 전제에서 출발한다. 따라서 동기부여를 위해서는 하위단계의 욕구충족이 되지 않은 상태에서 상위단계의 욕구를 충족해주어도 동기부여가 되지 않는다고 주장한다. 매슬로우는 낮은 단계에서 높은 단계의 욕구로 다음과 같은 욕구를 제시했다.

- 1단계 생리적욕구 : 인간의 생명유지에 필요한 최소한의 욕구(음식, 물, 공기 등)이다.
- 2단계 안전욕구 : 안정이나 안전을 추구하는 목표로서, 병이나 위협을 회피하려는 욕구이다.
- 3단계 소속욕구 : 우정이나 사랑, 소속감을 느끼고자 하는 욕구이다.
- 4단계 존경욕구 : 다른 사람들로부터 인정과 존경을 받고자 하는 욕구이다.
- 5단계 자아실현욕구 : 자기만족 및 자아실현에 대한 욕구이다.

㉡ 알더퍼의 ERG이론

ERG이론은 인간의 욕구를 3단계로 단순화하여 추상화한 것이다. ERG이론에서는 인간이 느끼는 욕구가 일방향이 아니라고 전제한다. 즉 매슬로우의 욕구단계론과 달리 하위단계에서 상위단계로 이어지는 만족-진행의 과정만이 아니라 상위단계에서 하위단계로의 좌절-퇴행의 과정도 보인다는 것이다. 이는 상위욕구가 만족되지 않았을 때에는 하위욕구가 더 커진다는 것이다. 즉 매슬로우는 한 사람의 욕구는 단계적으로 한 단계에 대한 욕구만 강조된다고 보았지만, 알더퍼는 인간이 동시에 둘 이상의 욕구 추구도 가능한 존재로 설명했다.

- 1단계 존재욕구(E : Existence needs) : 인간으로서 존재하기 위해 필요한 물리적·생리적 욕구로 매슬로우의 1단계와 2단계 욕구 중에 물리적인 욕구에 해당하는 것이다.
- 2단계 관계욕구(R : Relatedness) : 사회생활과 관련된 욕구이다. 매슬로우가 정의한 욕구 중 2단계 타인과 관련된 욕구와 3단계 소속욕구 그리고 4단계 존경욕구가 혼합된 욕구이다.
- 3단계 성장욕구(G : Growth) : 자아실현 및 성장과 관련된 욕구이다. 매슬로우의 욕구 중 4단계 존경욕구와 5단계 자아실현욕구에 해당하는 욕구이다.

② 동기부여의 과정이론

동기부여의 과정이론은 사람은 어떤 과정을 거치면 동기가 부여되는지를 연구하는 학문이다. 대표적인 과정이론에는 공정성이론과 기대이론이 있다.

㉠ 공정성이론

공정성이론$^{Equity\ theory}$은 사람이 자신이 일한 것에 대한 대가비율과 타인이 일한 것에 대한 대가비율을 비교하여 동기부여가 일어난다는 이론이다. 자신이 일한 것에 대한 대가비율과 타인이 일한 것에 대한 대가비율은 다음과 같이 결정된다. 자신비율이 타인비율보다 크면 일에 대한 자신의 노력 투입을 늘리고 내가 남들보다 더 많은 대가를 받는 것이 당연하다는 식으로 자신의 생각을 바꾸게 된다. 반대의 경우에는 자신의 노력 투입을 줄이면서 내가 대가를 적게 받는 것이 당연하다고 생각을 바꾼다.

$$\cdot \text{자신비율} = \frac{\text{자신이 일한 것에 대한 대가}}{\text{자신의 노력투입}}$$

$$\cdot \text{타인비율} = \frac{\text{타인이 일한 것에 대한 대가}}{\text{타인의 노력투입}}$$

ⓛ 기대이론

동기부여의 기대이론$^{\text{Expectancy theory}}$은 인간의 욕구가 행동을 유발한다는 전제에서 출발한다. 따라서 행동을 하려는 욕구의 정도인 동기의 강도에 의해 동기부여 정도가 좌우된다고 이야기한다. 동기의 강도는 다음과 같이 결정된다.

$$\text{동기의 강도} = \text{행동 결과에 대한 인식가치} \times \text{결과의 실현 인식가능성 정도}$$

③ 동기부여의 강화이론

㉠ 의 미

동기부여의 강화이론$^{\text{Reinforce theory}}$은 사람의 행동은 환경적인 요인에서 결정된다는 전제에서 출발한다. 즉, 효과의 법칙$^{\text{Law of effect}}$에 근거를 둔 이론으로서 어떤 결과가 즐거우면 해당 행동이 반복된다는 것을 중점을 둔 이론이다. 강화이론에서는 스키너의 강화이론이 대표적이다.

㉡ 스키너의 강화이론

스키너는 효과의 법칙을 응용하여 조직의 행동수정$^{\text{OB Mod ; Organizational Behavior Modification}}$이라는 개념을 만들었다. 조직의 행동수정의 목표는 조직구성원의 바람직한 행위는 강화하고 그렇지 않은 행위는 제거하기 위하여 강화의 원칙을 활용하는 것이다. 4가지 강화전략을 활용해 조직의 행동수정의 목표를 달성한다. 즉, 긍정적 및 부정적 강화는 바람직한 행동을 강화시키고자 하는 목적이며 처벌과 소멸은 바람직하지 않은 행동을 감소시키려는 전략이다.

• 긍정적·적극적 강화 : 어떤 일에 대한 칭찬, 금전 지급 등을 통해 자신의 행동이 즐거운 결과를 초래했다고 느끼게 하여 바람직한 행동을 계속하도록 만드는 방법이다.

• 부정적·소극적 강화 : 어떤 일에 대해 바람직하지 않은 결과가 발생하는 것을 피하게 만들어 리더가 원하는 행동을 강화하려는 방법이다. 업무를 열심히 하는 사람에게는 잔소리를 하지 않음으로서 업무를 열심히 하도록 하는 방법이다. 업무를 열심히 하면 잔소리를 회피할 수 있는 것이다.

• 처벌 : 종업원의 바람직하지 않은 행동에 불쾌한 결과가 초래될 수 있음을 보여줌으로써 바람직하지 않은 행동을 줄이게 하는 방법이다.

• 소멸 : 바람직한 행동을 했을 때 받을 수 있는 칭찬이나 보상을 바람직하지 않은 행동을 했을 때 하지 않음으로써 바람직하지 않은 행동을 줄이게 하는 방법이다.

01 전문경영자와 소유경영자에 관한 설명으로 옳지 않은 것은?

① 소유경영자는 환경변화에 빠르게 대응할 수 있다는 장점이 있다.

② 전문경영자에 비해 소유경영자는 단기적 성과에 집착하는 성향이 강하다.

③ 전문경영자와 주주 사이에 이해관계가 상충될 수 있다.

④ 전문경영자에 비해 소유경영자는 상대적으로 전문성이 떨어질 수 있다.

⑤ 소유경영자는 전문경영자에 비해 상대적으로 강력한 리더십의 발휘가 가능하다는 장점이 있다.

02 경영자에 대한 다음의 설명 중 가장 적절하지 않은 것은?

① 기업이 대규모화되면서 기업경영의 문제가 복잡해지고, 자본이 분산됨에 따라 전문경영자가 출현하게 된다.

② 소유경영자가 지배하는 기업에서 자본 출자와 관련성이 없으면서 최고경영층으로 활약하는 사람은 고용경영자이다.

③ 전문경영자는 단기적 기업이익을 추구하는 성향을 보인다.

④ 전문경영자는 자율적 경영과 경영관리의 합리화를 도모하는 성향을 보인다.

⑤ 수탁경영층은 최고경영층으로부터 경영기능을 위임받아 업무를 수행하는 중간경영층을 지칭한다.

문제 01   경영자의 유형 – 전문경영자와 소유경영자

중요도	★★★★☆
정답	②

개념 해설

② 소유경영자의 경우 임기는 없지만 전문경영자는 임기를 가진다. 따라서 단기적 시각을 가지는 것은 전문경영자이다. 주인–대리인 문제도 단기적 성과로 인해 발생한다.

오답 정복하기

① 소유경영자는 기업의 최대주주이다. 따라서 자신의 의지대로 환경변화에 빠르게 대응할 수 있다. 우리나라의 대기업이 일사불란하게 경영전략을 수립할 수 있는 이유이다.
③ 전문경영자의 이해관계는 기업이 아닌 자신에게 있다. 따라서 기업의 주인인 주주와 전문경영자 사이에 이해관계는 상충될 수 있다.
④ 전문경영자는 특정한 분야에 우수한 사람이다. 하지만 소유경영자는 최대주주일 뿐 전문성과는 관련이 없다.
⑤ 소유경영자는 자신의 기업이므로 강력한 리더십의 발휘가 가능하다.

문제 02   경영자의 역할

중요도	★★★★☆
정답	⑤

PART 03

개념 해설

⑤ 경영자는 경영관리활동을 수행하는 사람이다. 이 중 수탁경영층은 전문경영자와 유사한 개념으로 최고경영층이 아니라 주주로부터 경영기능을 위임받는 최고경영자를 의미한다.

오답 정복하기

① 전문경영자는 소유와 경영이 분리된 운영체제, 즉 자본과 경영이 분리된 경영체제에서 독립적인 전문성을 인정받으며 경영활동을 수행하는 사람이다.
② 고용경영자는 소유경영자에게 경영기능의 일부 혹은 전부를 위탁받아 소유경영자의 이해관계를 위해 일하는 대리인으로서의 경영자를 의미한다.
③ 전문경영자는 임기가 존재하여 단기적 성향을 보인다.
④ 전문경영인은 어느 정도의 자율성을 보장받으며 경영활동을 수행한다.

03 인간의 욕구는 계층을 형성하며, 고차원의 욕구는 저차원의 욕구가 충족될 때 동기부여 요인으로 작용한다는 욕구단계이론을 제시한 사람은?

① 맥그리거
② 매슬로우
③ 페이욜
④ 버나드
⑤ 사이몬

04 매슬로우의 욕구단계설에 포함되는 욕구가 아닌 것은?

① 생리적 욕구
② 자아존중의 욕구
③ 안전의 욕구
④ 자아실현의 욕구
⑤ 행복의 욕구

문제 03   매슬로우 – 동기부여 이론

중요도	★★★★☆
정답	②

개념 해설

② 매슬로우는 욕구가 5단계로 계층을 이루고 있으며 저차원의 욕구 충족 시 고차원의 욕구가 동기부여 기제로 등장한다고 주장하였다.

오답정복하기

① 맥그리거는 X–Y 이론을 제시하여 조직내의 인간관리에 큰 공헌을 하였다.
③ 페이욜은 관리의 5요소와 관리의 일반원칙을 제시하여 관리과정을 체계화 한 학자이다.
④ 버나드는 조직균형론과 협동체계론 등을 주장했다.
⑤ 사이몬은 의사결정에서의 제한된 합리성 이론으로 유명하다.

문제 04   매슬로우의 욕구단계론

중요도	★★★★☆
정답	⑤

개념 해설

⑤ 매슬로우가 주장한 다섯가지 욕구에는 생리적욕구, 안전욕구, 소속욕구, 존경욕구, 자아실현욕구가 있다.

오답정복하기

• 생리적욕구는 인간의 생명유지에 최소한으로 필요한 욕구(음식, 물, 공기 등)를 의미한다.
• 안전욕구는 안정이나 안전을 추구하는 목표로서, 병이나 위협을 회피하려는 욕구이다.
• 소속욕구는 우정이나 사랑, 소속감을 느끼고자 하는 욕구이다.
• 존경욕구는 다른 사람들로부터 인정과 존경을 받고자 하는 욕구이다.
• 자아실현욕구는 자기만족 및 자아실현에 대한 욕구이다.

PART 03

04  조직구조

> ▶ "일본은 19세기 모델, 즉 계층적인 톱다운에 의한 지휘명령적 조직을 규범으로 하면서 성공해왔다."고 분석했다. 하지만 내일의 정보형 조직은 이것과 완전히 다른 조직구조와 조직원리를 요구한다. 지휘자조차 없는 소편성 재즈밴드의 형태 이다."
>
> – 피터 드러커[Peter Ferdinand Drucker]

01 조직화와 경영조직

1 조직화의 의미

조직화[Organizing]란 계획수립을 통해 설정된 목표를 달성하기 위해 조직을 설계하고 유지하는 관리과정을 말한다. 즉, 직무의 내용을 명확히 설정하고, 해당 직무 수행에 관한 권한과 책임을 명확히 함으로써 상호 관계를 설정하는 과정이다.

> **조직화의 기본요소**
>
> • 사람의 집합체
> 다양한 사람들이 공동의 목표를 위해 노력할 때 개별적으로 행동할 때 보다 더 큰 이득을 얻는다. 이를 시너지 효과[Synergy effect]라고 한다.
> • 분 업
> 분업은 조직 효율화 달성의 기본이다. 조직의 업무는 개인과 집단에게 전문화된 과업을 분할하고 할당할 때 그 성과가 커진다.
> • 집단작업
> 분업을 통해 분할, 할당된 업무는 시너지 효과 달성을 위해 조정되어야 한다. 집단작업을 통해 시너지 효과를 달성할 수 없다면 조직의 공동목표를 달성할 수 없다.
> • 공동목적
> 경영조직의 기본요소 중 가장 중요한 요소이다. 경영조직이 조직화를 통해 얻게 되는 이점은 명확한 업무의 흐름, 개인별 직무 지침 제공, 직무의 중복과 업무에 대한 갈등 방지 등이다.

2 경영조직의 의미

조직이란 목적 달성을 위해 의식적으로 조정된 두 사람 이상의 인간 활동 및 그 체계로서 사람들 사이의 협동체계이다. 같은 맥락에서 경영조직이란 경영의 각 구성원이 협동적 활동을 하고 경영 목적을 더욱 효과적으로 달성하기 위하여 각 구성원들이 수행해야 할 역할과 각 구성원 간의 관계를 규정하는 것으로서 구성원의 책임과 직무 간의 상호 관계를 규정하여야 한다.

02 조직구조의 구분, 공식적 및 비공식적 조직

조직구조$^{Organization\ structure}$는 개인과 집단의 과업을 통해 공동의 목적을 수행하기 위해 분화되고 조정하는 직무관계의 공식적 체계이다. 높은 생산성은 적합한 자원의 배치와 활용을 포함하는 조직구조의 설계에서 시작된다. 조직구조는 크게 공식적, 비공식적 조직으로 구분된다.

1 공식적 조직

회사 조직도는 대표적인 공식적 조직이다. 조직도에 명시되어 있는 다양한 직위와 부서들은 해당 기업의 목표를 달성하기 위해 필요한 업무의 분담과 책임 관계를 공식적으로 명확하게 표시해 놓은 것이다.

> **공식적 조직의 특징**
>
> • 직무의 분할
>   공식적 조직구조를 살펴보면 그 기업의 직무가 어떻게 분할, 형성되어 있는지 확인할 수 있다. 재무, 인사, 영업팀 등이 공식적인 직무분할의 예인데, 이것은 개인 창업자나 소기업, 중견기업, 대기업 등 규모에 따라 공식적 조직구조가 다르다.
> • 상하관계
>   공식적 조직구조 내 팀 관계도를 통해 상사와 부하종업원 사이의 권한 관계를 확인할 수 있으며 보고체계를 한 눈에 알 수 있다.
> • 과업종류
>   조직도에 나와 있는 직위 명은 해당 담당자에게 할당된 과업의 성격을 나타낸다.
> • 하부단위
>   조직도는 경영자를 중심으로 각 하부단위들이 어떻게 집단화되어 있는지를 보여준다. 이를 부문 또는 부서라고 한다.
> • 관리단계
>   전형적인 조직도는 조직의 기본적인 분업체계와 이를 연결시키는 공식적 권한체계를 보여준다. 업무의 기능상 분업뿐만 아니라 전체적인 권한단계에서의 관리적 체계를 동시에 보여주는 것이다. 이는 상사-부하관계에 따라 직무가 부과되고, 지휘와 통제가 이루어지는 관리계층을 형성하게 된다.

② 비공식적 조직

같은 취미를 가진 구성원들이 모여 조직을 형성하는 경우가 비공식적 조직구조의 대표적인 예이다. 모든 조직은 공식적인 조직 구조 이면에 비공식적인 조직을 갖고 있다. 비공식적 조직은 조직도 상에 나타난 공식적 구조와 함께 존재하지만, 문서화되지 않은 조직이다.

> **비공식적 조직의 장단점**
>
> 비공식적 조직은 공식적 조직이 갖는 공백을 채워주는 역할을 담당한다. 비공식 조직은 조직 내 의사소통을 원활하게 하고, 조직 구성원들이 서로 지원하고 보호하도록 도와준다. 또한 개인의 사회적 욕구를 만족시켜 주고, 일체감과 소속감을 갖게 해준다. 한편, 비공식적 조직은 한계가 있는데, 공식적인 권한 밖에 독립적 조직이기 때문에 때로는 조직 전체의 최상위 목표와 반대로 움직이기도 한다. 그 결과 비공식적 조직을 통한 의사소통으로 인해 공식적인 구조의 권한과 의사소통을 벗어나는 경우가 종종 생긴다.

03 조직구조의 분화

① 조직분화의 의미

조직분화^{Departmentalization}란 어떤 조직이 수행해야 할 업무 전체를 세부 단위별로 파악하여 이를 유사하거나 상호 연관되어 있는 것끼리 묶은 다음 이들 묶음 간의 관계를 설정하는 것이다. 조직분화에는 수평적 분화와 수직적 분화가 있다.

② 조직분화의 종류

① 수평적 분화

수평적 분화란 조직의 업무 가운데 기능, 제품, 지역, 고객, 업무과정 등과 같이 상호 대응되는 수준의 업무단위를 묶는 것을 의미한다.

㉠ 기능에 의한 분화

기능에 의한 수평적 분화는 조직에서 수행하는 기본기능을 중심으로 분화하는 것이다. 인사, 생산, 마케팅, 재무 등의 기능 중심으로 분화하는 것을 의미한다. 일반적인 조직에서 볼 수 있는 조직분화라 할 수 있다.

㉡ 제품에 의한 분화

제품에 의한 수평적 분화는 제품 자체, 또는 제품라인에 따라 분화하는 것이다. 예를 들어 가정용가구, 주방용가구, 사무용가구 등으로 조직을 묶는 것을 의미한다.

ⓒ 지역에 의한 분화

지역에 의한 수평적 분화는 지리적인 요소에 근거하여 조직을 분화하는 방법으로 국내 여행부, 해외 여행부, 크루즈 사업본부 등으로 구분하는 것이 이에 해당한다.

ⓔ 고객에 의한 분화

고객에 의한 수평적 분화는 제품이나 서비스에 대한 수요자 기준으로 분류하여 조직이 이에 대응하도록 묶는 것이다. 은행의 경우 개인고객본부, 기업고객본부, 중소기업고객본부, 기관고객본부 등으로 조직을 묶는 것이 이에 해당한다.

ⓜ 업무과정에 의한 분화

업무과정에 의한 조직의 분화는 상품이나 서비스를 고객에게 판매하는 과정까지 일련의 순서에 따라 분화하는 방법이다. 대표적인 예로는 철강이 나오는 순서에 따라 조형부, 제관부, 가공부, 조립부로 조직을 묶는 것이 있다.

② **수직적 분화**

수직적 분화는 조직의 상하로 이어지는 계층의 수를 구분하는 것이다. 사장-전무-상무-부장-차장-대리-사원으로 이어지는 계층을 의미한다. 수직적 분화 단계가 많아질수록 의사결정의 속도가 늦어져 환경변화에 신속한 대응이 어려워진다. 최근 많은 기업들이 팀제를 도입한 것은 이러한 수직적 분화의 한계를 보완하기 위한 시도이다.

① 집권화와 분권화의 정의

집권화와 분권화는 권한이 어느 계층에 집중되어 있는지의 여부로 나눈 기준이다. 집권적 관리조직이란 의사결정권과 관리통제권이 상위 특정계층에 집중되어 있는 조직이며, 분권적 관리조직은 권한위임의 원칙에 따라 상대적으로 하위계층이 권한을 행사하는 조직이다.

② 집권화와 분권화의 결정요소

① 의사결정의 중요성

의사결정 내용이 중요하여 대외적인 공개가 어려운 경우 집권화되어야 하며, 일상적인 의사결정의 경우 분권화되는 경향이 있다.

② 업무특성

업무가 동적이고 상황의 변화에 따라 변화의 폭이 클수록 분권화되는 경향이 존재한다.

③ 일관성의 필요성

업무가 조직 전체적으로 동일한 방향으로 진행되고 효율적인 경우 집권화가 필요하다.

④ 경영자의 관리능력과 교육의 필요성

우수한 경영자가 존재하는 경우 분권화되더라도 실질적인 관리에 어려움이 크지 않기 때문에 분권화되며, 관리자 양성을 추구하는 조직일수록 분권화된다.

⑤ 소유와 경영의 분리 여부

우리나라와 같이 가족경영이 일반적인 경우 집중화되며, 미국과 같이 소유와 경영의 분리가 일반적일수록 분권화되는 경향이 존재한다.

③ 집권화 및 분권화의 장단점

① 집권화의 경우

집권화의 가장 큰 장점은 통일된 정책으로 인한 안정성이다. 우수한 경영자의 지식과 경험을 통해 조직 운영의 효율성을 높일 수 있지만 이는 단점으로 작용할 수도 있다. 즉 집권화의 경우 우수한 경영자로 인해 최고경영자의 독재성이 강하게 나타날 수 있으며, 최고경영자에 대한 하위계층의 의존도가 심해서 창의적인 결정을 내리기 어렵다. 또한 집권화 조직의 경우 의사결정 속도가 느릴 수 있다.

② 분권화의 경우

분권화 조직의 경우 의사결정의 신속함이 가장 큰 장점이다. 우수한 경영자를 계속해서 양성할 수 있으며, 경영의 합리화를 기대할 수 있다는 점도 장점이다. 반면 부서 간의 이해관계가 대립한다거나 공동비용의 발생으로 각종 비용이 발생할 수 있다는 점은 단점이다.

조직은 전통적 조직과 동태적 조직으로 구분된다. 전통적 조직은 기능별, 부문별 조직이 있으며, 동태적 조직에는 프로젝트팀 조직, 매트릭스 조직, 가상조직, 무경계조직 등이 있다.

1 전통적 조직

① 기능별 조직

기능별 조직^{Functional organization}은 가장 전통적이고 기본적인 조직으로서, 업무내용이나 기능의 유사성을 기준으로 묶어 놓은 조직 형태를 의미한다.

 기능별 조직의 장단점

기능별 조직형태는 업무의 일관성이 유지되어 빠른 업무 수행 및 문제해결이 가능하고 각 기능 내에서 심도 있는 훈련이 가능하다. 한편, 자원의 효율적인 활용으로 규모의 경제를 실현시킬 수 있다. 이러한 장점에도 불구하고 개별 기능이 아닌 조직 전체에 해당하는 문제가 발생했을 때는 책임소재를 명확하게 구분해내기가 어려우며, 기능을 중심으로 구분한 부서 간의 의사소통 문제가 발생할 수 있다. 또한 부서 이기주의도 기능별 조직에서 발생할 수 있는 문제점이다.

② 부문별 조직

부문별 조직^{Divisional organization}은 동일한 제품, 지역, 고객, 업무과정 중심으로 분화하여 만든 조직이다. 부문별 조직이 구성되면 부문별 조직 내에서 기능별 조직이 형성될 수 있다는 점은 부문별 조직의 중요한 특징이다. 서울 사무소, 부산 사무소, 세종 사무소 등으로 지역별로 부문별 조직을 만들더라도 각 사무소 내에는 총무, 인사, 재무팀 등이 별도로 존재하는 형태가 부문별 조직 내의 기능별 조직구성이라 할 수 있다.

 부문별 조직의 장단점

부문별 조직은 제품별, 지역별, 고객별로 보다 특화된 영업활동을 할 수 있다는 장점과 함께 책임소재가 명확하고 환경변화에 유연하다는 특징을 갖는다. 그러나 각 부문에 동일한 부서가 중복되어 많은 비용이 발생해 규모의 경제 실현이 어렵고 전체 조직의 목표와는 상반된 부문별 조직의 움직임이 나타날 수 있다.

① 프로젝트팀 조직

프로젝트팀 조직^{Project team}은 테스크포스팀^{Task Force Team}이라고도 한다. 즉, 일시적으로 발생한 특정 과제를 해결하기 위해 구성된 팀이다. 따라서 새롭게 구성되기 보다 기존 팀에서 해당 문제해결에 필요한 능력을 갖춘 사람이라고 판단되는 조직 구성원들이 모여 팀을 형성하게 된다. 한시적·동태적이라는 특징을 갖는다. 해당 과제가 마무리되면 다시 본 팀으로 복귀하게 된다.

프로젝트팀 조직의 장단점

프로젝트팀의 경우 고정적인 조직을 만들지 않아도 되기 때문에 유연한 조직운영이 가능하다는 것이 무엇보다 큰 장점이다. 그리고 단기적인 목표가 주어지기 때문에 목표달성 여부를 정확히 확인할 수 있다. 반면 임시적인 조직이기 때문에 본래 소속 팀과의 갈등을 겪을 수 있으며 다양한 부서의 사람들이 모인 팀이다 보니 팀 내 조화가 어려울 수도 있다.

② 매트릭스 조직

매트릭스 조직^{Matrix organization}은 프로젝트팀 조직에 기능별 조직 혹은 부문별 조직형태를 결합시킨 형태이다. 매트릭스 조직은 기능별 혹은 부문별로 구성된 기본 조직에서 특정 프로젝트 수행을 위한 일부 사람들을 뽑아 새롭게 조직을 구성하는 형태이다. 따라서 매트릭스 조직에서 구성원은 최소 두 개 이상의 부서에서 근무하게 된다. 다국적기업에서 해당국 실정에 맞는 조직 운영을 위해 국가별·지역별로 기본조직을 만든 다음에 신제품개발, 정보화추진프로젝트팀을 운영하는 형태가 매트릭스 조직에 해당한다. 매트릭스 조직은 급변하는 환경 속에서도 성장을 추구하는 조직체에 응용되는 조직유형이다.

매트릭스 조직의 장단점

매트릭스 조직은 정보가 활발히 공유되어 문제해결에 있어 매우 효율적이라는 장점을 갖는다. 반면 두 명 이상의 팀장 즉, 명령계통의 이원화로 우선순위 결정에 문제가 발생할 수 있으며, 업무처리에 시간과 돈이 많이 필요하다는 단점이 있다.

③ 가상조직 및 네트워크 조직

가상조직^{Virtual organization}은 전통적 조직의 핵심요소를 갖고 있으나 일부에 있어서는 전통적 조직의 경계와 구조가 없는 조직을 의미한다. 가상조직은 네트워크 조직^{Network organization} 혹은 모듈조직^{Module organization}이라고도 불린다. 보다 구체적으로 전통적 조직의 핵심요소인 인적, 물적자원은 조직 내에 두지만, 나머지 요인들은 모두 아웃소싱하는 형태의 조직을 의미한다.

④ 무경계조직

무경계조직^{Boundaryless organization}은 조직 내외부의 조직끼리 연계함으로써 경계를 허무는 조직을 의미한다. 쉽게 말해 부나 과를 연결하여 경계를 없애는 것이다. 이 역시 프로젝트 팀과 같이 일시적으로 형성되는 조직이다. 기존 조직에서 경계가 허물어지는 경우 내부 무경계조직^{Internal boundaryless organization}이라하고 일시적으로 외부조직과 연계하는 경우를 외부 무경계조직^{External boundaryless organization}이라 한다.

01 매트릭스 조직에 관한 설명으로 옳지 않은 것은?

① 기술의 전문성과 제품 혁신을 동시에 추구하는 조직에 적합한 구조이다.

② 인적자원을 유연하게 공유하거나 활용할 수 있다.

③ 구성원들은 두 명의 상관에게 보고를 해야 한다.

④ 전통적인 수직적 계층구조에 수평적인 팀을 공식화하여 양자 간의 균형을 추구한다.

⑤ 역할 분담, 권력 균형, 갈등 조정 등이 쉬워 효율적인 조직 운영이 가능하다.

02 조직형태에 관한 설명으로 옳은 것은?

① 기능별 조직은 특정과제나 목표를 달성하기 위해 구성하는 임시조직이다.

② 부문별 조직은 업무내용이나 기능을 유사한 것끼리 묶는 조직형태를 말한다.

③ 네트워크 조직은 전통적 조직의 핵심요소를 간직하고 있으나 조직의 경계와 구조가 없다.

④ 프로젝트팀 조직은 동일한 제품이나 지역, 고객, 업무과정을 중심으로 분화하여 만든 조직이다.

⑤ 라인조직은 기능별 조직의 다른 형태로 기능을 중심으로 수평적으로 조직된다.

FEED BACK

☑ **왜 틀렸을까?**

01 ☐ 개념 이해 부족　　☐ 문제 이해 부족　　☐ 기타(　　　　)

02 ☐ 개념 이해 부족　　☐ 문제 이해 부족　　☐ 기타(　　　　)

☑ **개념 다시 짚어보기**

문제 01   조직의 형태 – 매트릭스 조직

개념 해설

⑤ 매트릭스 조직은 정보가 활발히 공유되어 문제해결에 매우 효율적이라는 장점을 갖는다. 반면 두 명 이상의 팀장 즉, 명령계통의 이원화로 우선순위 결정에 문제가 발생할 수 있으며, 업무처리에 시간과 돈이 많이 필요하다는 단점이 있다.

오답 정복하기

매트릭스 조직은 프로젝트팀 조직에 기능별 조직 혹은 부문별 조직형태를 결합시킨 형태이다. 매트릭스 조직은 기능별 혹은 부문별로 구성된 기본 조직에서 특정 프로젝트 수행을 위한 일부 사람들을 뽑아 새롭게 조직을 구성하는 형태이다. 따라서 매트릭스 조직에서 구성원은 최소 두 개 이상의 부서에서 근무하게 된다.

문제 02   조직의 형태 – 네트워크 조직

개념 해설

③ 가상조직은 전통적 조직의 핵심요소를 갖고 있으나 일부에 있어서는 전통적 조직의 경계와 구조가 없는 조직을 의미한다. 가상조직은 '네트워크 조직' 혹은 '모듈조직'이라고도 불린다. 보다 구체적으로 전통적 조직의 핵심요소인 인적, 물적자원은 조직 내에 두지만, 나머지 요인들은 모두 아웃소싱하는 형태의 조직을 의미한다.

오답 정복하기

① 기능별 조직은 가장 전통적이고 기본적인 조직으로서, 업무내용이나 기능의 유사성을 기준으로 묶어 놓은 조직 형태를 의미한다.

② 부문별 조직은 동일한 제품, 지역, 고객, 업무과정을 중심으로 조직을 분화하여 만든 조직을 의미한다. 부문별 조직이 구성되면 부문별 조직 내에서 기능별 조직이 형성될 수 있다는 점은 부문별 조직의 중요한 특징이다.

④ 프로젝트팀 조직은 테스크포스팀이라고도 한다. 즉, 일시적으로 발생한 특정 과제를 해결하기 위해 구성된 팀이다. 따라서 새롭게 구성되기 보다 기존 팀에서 해당 문제해결에 필요한 능력을 갖춘 사람이라고 판단되는 조직 구성원들이 모여 팀을 형성하게 된다.

03 기계적 조직과 유기적 조직의 비교·설명으로 옳은 것은?

① 기계적 조직은 직무 전문화가 낮고 유기적 조직은 직무 전문화가 높다.

② 기계적 조직은 의사결정 권한이 분권화되어 있고, 유기적 조직은 의사결정 권한이 집권화되어 있다.

③ 기계적 조직은 동태적이고 복잡한 환경에 적합하며, 유기적 조직은 안정적이고 단순환 환경에 적합하다.

④ 기계적 조직은 통제범위가 넓고, 유기적 조직은 통제범위가 좁다.

⑤ 기계적 조직은 지휘계통이 길고, 유기적 조직은 지휘계통이 짧다.

04 조직구조를 설계할 때 고려하는 상황변수가 아닌 것은?

① 전 략   ② 제 품

③ 기 술   ④ 환 경

⑤ 규 모

FEED BACK

☑ **왜 틀렸을까?**

03 ☐ 개념 이해 부족	☐ 문제 이해 부족	☐ 기타(	)
04 ☐ 개념 이해 부족	☐ 문제 이해 부족	☐ 기타(	)

☑ **개념 다시 짚어보기**

문제 03 　 기계적 조직과 유기적 조직

개념 해설

기계적 조직은 비탄력적인 과업과 수직적 의사소통구조, 긴 지휘계통, 좁은 통제범위, 높은 수준의 공식성과 권한의 집중화를 들 수 있다. 유기적 조직구조는 탄력적인 과업과 수평적인 의사소통구조, 짧은 지휘 계통, 넓은 통제범위, 낮은 수준의 공식성과 권한의 분권화를 들 수 있다.

오답정복하기

기계적 조직의 특징은 집권화로 요약할 수 있다. 집권화의 가장 큰 장점은 안정성이다. 이는 조직 운영의 효율성으로 연결되지만 이는 단점으로 작용할 수도 있다. 집권화의 효율성은 최고경영자의 독재성으로 표현될 수 있으며, 하위계층의 최고경영자에 대한 의존도 심화로 인해 창의력 개발이 어렵다.

문제 04 　 조직구조 설계

PART 03

개념 해설

조직구조에 영향을 미치는 요인으로는 환경, 기술, 규모, 전략이다. 환경은 조직의 과업수행에 영향을 주는 단체 및 세력들과 그들 간의 집합이며, 기술은 조직이 자원을 산출물로 변화시키기 위해 수행하는 각종 활동을 포괄적으로 지칭하는 개념이다. 규모란 조직구성원의 수이며, 전략은 기업의 목적을 달성하기 위해 조직 전체와 그 부문들 모두를 하나로 이끄는 계획과 방침을 의미한다.

05 경영전략

> "경영전략이란 기업의 장기적 목적 및 목표의 결정, 이들 목표를 실행하기 위하여 필요한 활동방향과 자원배분의 결정이다."
>
> – 알프레드 챈들러[Alfrend D. Chandler]

01 전략적 경영

1 의 미

전략적 경영[Strategic management]이란 조직이 적절한 전략을 수립하고 실행함으로써 이득을 얻는 과정을 의미한다. 전략이란 장기적인 목표 달성을 위해 개발된 일반적인 계획이라고 정의된다. 일반적으로 전략적 경영은 환경에 대한 분석에서 시작된다. 환경분석은 조직에 영향을 미칠 수 있는 환경요인을 찾는 것이 목적이다. 전략적 경영은 다음의 5단계를 통해 이뤄진다.

> 환경분석(1단계) → 조직의 방향설정(2단계) → 전략수립(3단계) → 전략실행(4단계) → 통제(5단계)

2 유 형

환경분석 결과 조직의 미션과 비전을 설정했다면 이를 실행할 전략을 수립해야 한다. 전략은 크게 조직 위계단계별 전략, 성장 및 축소 전략, 경쟁력 강화 전략으로 구분된다.

① 위계단계별 전략

조직 위계단계별 전략은 크게 전사적 전략, 사업전략, 기능적 전략 등이 있다. 전사적 전략은 기업 전체의 장기적인 방향을 결정하는 전략이며 사업전략은 특정 산업이나 특정 시장 내에서 경쟁하기 위한 전략적 의도를 담은 전략이다. 그리고 기능적 전략은 사업전략의 원활한 수행을 위해 조직의 자원을 어떻게 사용할 것인지에 대한 가이드라인을 제시한다.

㉠ 전사적 전략

전사적 전략[Corporate strategy]은 기업 전체의 장기적인 방향을 설정하는 전략이다. 이는 기업 전체의 자원 배부의 지침과 방향을 결정하는 것이라 할 수 있다. M&A, 사업부 분할 및 매도 등 기업활동에 대한 자원의 배분이 전사적 전략의 중요 내용이다.

㉡ 사업전략

사업전략[Business strategy]은 단일 사업 혹은 생산라인과 관련된 전략이다. 여기서는 주로 제품이나 서비스 믹스 결정, 신기술 도입 등과 같은 의사결정이 이뤄진다.

ⓒ 기능적 전략

기능적 전략$^{Functional\ strategy}$은 사업전략의 원활한 수행을 위해 조직의 자원을 어떻게 사용할 것인지에 대한 가이드라인을 제공한다. 기능적 전략의 핵심은 효용이 극대화되도록 자원을 배분할 방법을 찾는 것이다.

② 성장전략

성장전략$^{Growth\ strategy}$은 기업이 장기적인 경쟁에서 살아남기 위한 방편으로서 현재의 영업활동 범위와 크기를 키우는 전략이다. 집중화 성장전략, 다각화 성장전략이 있다.

㉠ 집중화 성장전략

집중화 성장전략은 기존 제품 또는 시장에 집중하거나 동일 사업영역 내에서의 확장을 통한 성장을 추구하는 전략이다.

㉡ 다각화 성장전략

다각화 성장전략은 새로운 제품이나 시장에 진출하여 성장을 꾀하는 전략이다. 이는 관련 다각화와 비관련 다각화로 구분된다. 관련 다각화는 현재의 사업영역과 관련 있는 새로운 분야에 진출하는 것이고, 비관련 다각화는 전혀 관계가 없는 분야에 진출하는 것이다.

 관련 다각화와 비관련 다각화의 장점

관련 다각화에 성공할 경우 기존 기업의 자원을 활용할 수 있는 장점이 있고, 비관련 다각화의 성공은 사업위험을 분산시킬 수 있는 장점이 있다.

㉢ 수직적 통합화 전략

수직적 통합화 전략이란 제품의 생산 및 유통경로상에서 공급자와 수요자를 통합하는 전략이다. 공급자를 통합하는 전략을 후방 수직통합이라하고 수요자를 통합하는 전략을 전방 수직통합이라고 한다.

🔍 수직적 통합의 예시

과자 제조업체가 밀가루 업체와 통합하면 후방 수직통합이고 과자 제조업체가 과자 유통업체와 통합하면 전방 수직통합이 된다. 수직적 통합화 전략도 일종의 다각화 성장전략이라 할 수 있다.

③ 축소 및 현상 유지 전략

축소 및 현상 유지 전략은 기업의 정상적인 경영이 어려울 경우 조직 생존을 위하여 활용하는 전략이다.

㉠ 리스트럭처링

리스트럭처링^{Restructuring}은 조직의 효율성을 높이고 성과를 개선하기 위해 조직의 규모나 사업구조, 운용내용을 바꾸는 전략이다. 경영자의 입장에서 리스트럭처링은 경영의 실패로 보일 수 있으나, 최근에는 미래의 불투명한 경영환경에 대처하고자 리스트럭처링을 미리 실시하기도 한다.

> **다운사이징과 영업양도**
>
> • 다운사이징^{Downsizing}은 비용절감 및 영업효율을 목표로 조직의 규모를 줄이는 것이다. 일반적으로 많이 행해지는 다운사이징은 인력 감축이다. 다운사이징도 리스트럭처링의 한 종류이다.
> • 영업양도^{Divestiture}는 핵심 사업에 집중하고, 영업효율성 개선 및 비용 절감을 목적으로 사업의 일부를 매각하는 것이다. 지나친 다각화로 산만해진 사업을 핵심사업 위주로 재편하는 리스트럭처링이라 할 수 있다.

㉡ 현상 유지 전략

현상 유지 전략$^{Stability \; strategy}$은 위험부담을 줄이기 위해 현재의 시장점유율을 유지하는 수준의 영업활동을 시행하려는 안정화 전략이다. 하지만 기업이 오랜 기간 동일한 상태를 유지하는 것은 불가능하기 때문에 단기적인 전략이라 할 수 있다.

④ 경쟁력 강화전략

㉠ 전략적 제휴

전략적 제휴$^{Strategic \; alliances}$는 두 개 이상의 기업이 서로 간의 이익을 도모하기 위해 동반자 관계를 맺는 전략이다. 전략적 제휴의 형태는 다양하다. 공급제휴, 분배제휴 등이 대표적이다. 공급제휴는 좋은 품질의 부품이나 원재료를 공급받기 위한 제휴이며, 분배제휴는 공동생산과 공동판매를 위한 것이다.

㉡ e-비즈니스 전략

e-비즈니스 전략$^{e-business \; strategy}$은 인터넷과 같은 정보통신기술을 활용해 경쟁우위를 점하는 전략이다. B2B 모형과 B2C 모형이 대표적이다. B2B는 Business to Business의 약자로 기업 간의 전자상거래를 의미하며 B2C는 Business to Customer의 약자로 기업과 고객 간의 전자상거래를 의미한다. 최근에는 정부도 대형 거래처로 부상하면서 B2G, 즉 Business to Government라는 용어도 생겨났다.

① 경쟁우위전략의 요소

기업이 경쟁우위를 점하기 위해서는 원가와 품질, 새로운 아이디어, 진입장벽, 자본 등을 고려해야 한다. 경쟁전략은 이러한 요소들을 다양하게 고려하는 경영 전략들이다. 경쟁우위전략은 전사적 전략과 사업 전략으로 나눠볼 수 있으며 전사적 전략에는 포트폴리오 방법, 점진적 조정법이 대표적이고, 사업전략에는 포터의 본원적 전략법과 제품수명주기법이 대표적이다.

② 전사적 전략

① 포트폴리오 방법

사업 영역이 두 개 이상으로 확장되면 자원 배분과 관련된 문제는 매우 중요해진다. 이런 상황에서 활용할 수 있는 경쟁우위전략이 바로 포트폴리오 방법이다. BCG 매트릭스와 GE 사업심사법은 포트폴리오 방법의 대표적인 전략수립 기법이다.

㉠ BCG 매트릭스

BCG 매트릭스$^{Boston\ Consulting\ Group\ matrix}$ 기법은 산업이나 시장의 성장률과 점유율로 사업기회를 분석하는 기법이다. 이는 전략적 사업단위를 분석대상으로 삼는다. 각 시장점유율과 성장률 수준으로 전략적 사업단위를 대응시키면 4개의 상황이 생성된다.

▼ 사업 포트폴리오 관점

PART 03

- 별 : 높은 시장성장율과 높은 시장점유율이 대응되는 영역이다. 확장되는 시장에서 효과적으로 활동하고 있기 때문에 많은 수익을 내고 있으며, 새로운 성장전략을 위해 많은 투자자금이 필요하다.
- 물음표 : 높은 시장성장률과 낮은 시장점유율이 대응되는 영역이다. 시장은 확장되고 있으나 경쟁력이 떨어져 수익은 낮다. 따라서 경쟁력이 확보되는 영역에만 집중하고 나머지는 과감히 철수해야 한다.
- 현금젖소 : 낮은 시장성장률과 높은 시장점유율이 대응되는 영역이다. 많은 수익을 내는 영역이다. 시장이 더 이상 확대되지는 않으므로 시장유지전략이 필요하며, 여기서 얻은 수익을 별 및 물음표에 투자해야 한다.
- 개 : 낮은 시장성장률과 낮은 시장점유율이다. 시장의 확장 가능성도, 수익도 모두 낮다. 사업에서 철수해야 하는 영역이다.

ⓛ GE 사업심사법

맥킨지 매트릭스라고 불리는 GE 사업심사법$^{GE business screen}$은 사업경쟁력 정도와 산업의 매력도를 대응시켜 전략을 수립한다. 대부분의 시장에서는 두 개 이상의 사업을 담당하지만 하나의 제품 또는 시장 각각을 분석 대상으로 삼는 BCG 매트릭스의 한계를 보완할 수 있는 전략으로 평가받는다. 사업경쟁력 정도는 시장점유율, 기술적 우위의 정도, 제품이나 서비스의 품질, 원가, 가격경쟁력 등이 종합적으로 고려되는 변수이고, 산업의 매력도는 시장 크기, 시장성장률, 경쟁강도 등에 의해서 결정되는 변수이다. 이렇게 형성되는 9개의 셀에서 우월한 사업과 물음표 사업에서는 투자를 계속하는 전략이, 평균적인 사업과 수익창출 사업에서는 현상유지 전략이, 실패한 사업에는 철수하는 전략이 사용된다.

▼ 사업경쟁력 정도(경쟁상의 위치)

	높음	우월한 사업 (성장 추구)	우월한 사업 (성장 추구)	물음표 (성장 추구)
산업의 매력도	중간	우월한 사업 (성장 추구)	평균적인 사업 (계속 유지)	실패한 사업 (철수(매각))
	낮음	수익창출 사업 (계속 유지)	실패한 사업 (철수(매각))	실패한 사업 (철수(매각))
		강함	평균	약함

사업답위 경쟁력

② **점진적 조정법**

점진적 조정법$^{Incrementalism strategy}$은 오랜 시간 동안 조금씩 기존의 전략을 수정하는 전략이다. 경영자는 장기적인 목표를 염두에 두면서 단기의 문제를 극복하며 업무환경 변화에 대응해나간다. 긴 시간에 걸친 조정으로 유연성을 확보하는 경영전략이다.

③ SWOT 분석법

SWOT 분석법은 조직 내부의 강점 및 약점을 조직 외부의 기회 및 위협요인과 대응시켜 전략을 개발하는 방법이다. 외부환경을 분석하면 기업이 활용 가능한 기회요인과 위협요인을 파악할 수 있다.

	Helpful	Harmful
Internal	Strengths **S**	Weaknesses **W**
External	Opportunities **O**	Threats **T**

> 🔍 **SWOT 분석의 전략**
>
> - 외부기회요인 : 경제가 호황이거나 새로운 기술이 출현한 경우, 시장이 지속적으로 성장하고 경쟁자가 약해진 경우 등이다.
> - 외부위협요인 : 자원의 고갈, 새로운 규제, 소비자 기호 변화, 경쟁자의 출현
> - 내부강점요인 : 숙련된 노동자의 보유, 높은 시장점유율, 탄탄한 마케팅 조직, 고객의 높은 충성도, 원활한 금융조달
> - 내부약점요인 : 무능한 관리자, 낮은 기술 및 연구개발투자, 높은 이직률

④ 사업부전략

① 포터의 본원적 전략

마이클 포터는 시장의 범위와 경쟁우위의 원천에 따라 사업단위의 전략적 의사결정을 내렸다.

▼ 포터의 본원적 전략의 체계

시장의 범위	넓음	원가우위 전략	차별화 전략
	좁음	원가 중심 집중화 전략	차별화 중심 집중화 전략
		저가(낮은 비용)	제품의 독창성
		경쟁우위의 원천	

⑦ 차별화 전략

차별화 전략$^{Differentiation\ strategy}$은 경쟁사와는 독창적인 제품으로 경쟁우위를 확보하는 전략이다. 이는 제품의 독창성을 무기로 넓은 범위의 시장을 공략한다. 넓은 시장을 다시 작은 시장으로 세분화하여 적합한 제품을 공급해야 하므로, 소품종 제품을 대량생산하는 원가우위기업에 비해서는 가격경쟁력이 떨어지는 전략이다.

⑥ 원가우위 전략

원가우위 전략$^{Cost\ leadership\ strategy}$은 조직 내의 모든 분야에서 원가를 낮춰 경쟁사보다 싸게 공급하여 경쟁력을 확보하는 전략이다. 원가절감이 원가우위 전략의 핵심이므로 엄격한 비용관리를 실시한다.

ⓒ 집중화 전략

집중화 전략$^{Focus\ strategy}$은 시장을 세분화하여 경쟁사보다 낮은 원가를 기반으로 경쟁우위를 차지하거나 제품의 독창성으로 경쟁우위를 확보하는 전략이다. 집중화 전략은 특정시장을 대상으로 삼는 전략이다.

② 제품수명주기 방법

제품수명주기$^{Product\ life\ cycle}$란 제품이 시장에 나타난 후 도입, 성장, 성숙, 쇠퇴를 거쳐 시장에서 사라진다는 이론이다. 제품수명주기 방법은 이러한 제품수명주기의 각 단계에 맞춰 전략을 구사해야 한다는 이론이다.

> 🔍 **제품수명주기설의 한계**
>
> 제품수명주기이론은 특정산업의 주기를 설명하지 못한다는 한계를 갖는다. 또한 제품수명주기의 형태가 마케팅 전략 혹은 예측 불가한 요인에 의해 달라질 수 있기 때문에 현실의 결과를 제대로 설명하지 못한다는 한계를 갖는다.

▼ 상품수명주기

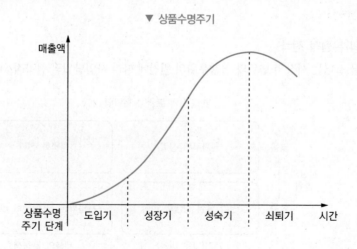

ⓐ 도입기

도입기는 신제품이 처음 시장에 소개되는 시기로 본격적인 수요를 창출할 때까지는 상당한 시간이 소요되어 매출실적이 저조하다. 이 시기에는 마케팅 능력이 무엇보다 중요한 시기이다. 마케팅을 통해 제품인지도를 높여 구매의욕을 자극해야 하는 시기이다.

ⓑ 성장기

성장기는 제품이 사람들에게 알려져 수요가 급증하고 새로운 경쟁자들이 시장에 진출하여 유통경로가 확장되고 시장규모가 커지는 시기이다. 해당 단계에서는 제품의 신뢰성과 제품 차별화가 무엇보다 중요하다. 수요증가에 따라 공급이 증가하면서 제조원가도 하락해 이익이 증가하는 단계이다. 수익은 높고 위험부담은 낮은 단계라 할 수 있다.

ⓒ 성숙기

성숙기는 시장수요가 포화에 이르는 단계이다. 이때 기업들은 시장점유율 확보를 위해 가격인하, 홍보 등의 경쟁을 벌이게 된다. 기업의 이윤은 감소하고 유휴설비가 발생한다. 수익은 낮고 위험이 커지는 시기이다. 이 시기 마케팅 목표는 시장점유율 유지이다.

ⓓ 쇠퇴기

쇠퇴기는 판매량이 감소하는 시기이다. 새로운 경쟁자가 등장하고 해당 상품의 대한 소비자의 기호가 변한 결과이다. 이윤이 감소하고, 많은 기업들이 해당 산업에서 철수하는 시기이다. 이 시기 마케팅 목표는 남아 있는 잔존수요로부터 이득을 얻는 것이다.

01 전략을 수립하는 과정에서 기업 외부의 기회와 위협 요소들을 파악하고 기업 내부의 강점 및 약점을 분석하는 기법은?

① BCG 분석   ② SWOT 분석

③ GAP 분석   ④ BEP 분석

⑤ 4P 분석

02 경영전략의 수준에 관한 설명으로 옳지 않은 것은?

① 경영전략은 조직규모에 따라 차이가 있으나 일반적으로 기업차원의 전략, 사업부 단위 전략, 기능별 전략으로 구분된다.

② 성장, 유지, 축소, 철수, 매각, 새로운 사업에의 진출 등에 관한 전략적 의사결정은 기업차원의 전략 영역에 포함된다.

③ 사업부 전략은 각 사업영역과 제품분야에서 어떻게 경쟁우위를 획득하고 유지해 나갈 것인지를 결정하는 전략을 말한다.

④ 기능별 전략은 사업단위들 간의 시너지 효과를 높이는 데 초점을 둔다.

⑤ 생산, 재무, 인사, 마케팅 등의 활동 방향을 정하기 위한 것은 기능별 전략이다.

문제 01   경영전략 – SWOT 분석

개념 해설

② SWOT 분석법은 조직 내부의 강점 및 약점을 조직 외부의 기회 및 위협요인과 대응시켜 전략을 개발하는 방법이다. 외부환경을 분석하면 기업이 활용 가능한 기회요인과 위협요인을 파악할 수 있다.

오답 정복하기

① BCG 매트릭스 기법은 산업이나 시장의 성장률과 점유율로 사업기회를 분석하는 기법이다.
④ 손익분기점 분석에서는 보통 비용을 고정비와 변동비(또는 비례비)로 분해하여 매출액과의 관계를 검토한다.
⑤ 4P란 상품(Product), 가격(Price), 장소(Place), 촉진(Promotion)을 의미한다.

문제 02   경영전략

개념 해설

④ 사업단위들 간의 시너지 효과를 높이는 데 초점을 두는 전략은 사업부 전략이다.

오답 정복하기

① 경영전략은 기업차원, 사업부 단위, 기능별 전략으로 구분된다.
② 기업차원의 전략은 단일의 사업 혹은 생산라인과 관련된 전략이다. 여기서는 주로 제품이나 서비스 믹스 결정, 신기술 도입 등과 같은 의사결정이 이뤄진다.
⑤ 기능별 전략은 사업전략의 원활한 수행을 위해 조직의 자원을 어떻게 사용할 것인지에 대한 가이드라인을 제공한다.

PART 03

03 본원적 경쟁전략의 하나인 원가우위 전략에서 원가의 차이를 발생시키는 요인이 아닌 것은?

① 원가우위 전략
② 차별화 전략
③ 집중화 전략
④ 시장침투 전략
⑤ 다각화 전략

04 수직적 통합에 관한 설명으로 옳지 않은 것은?

① 수직적 통합은 거래비용의 감소에 따른 원가상 이점이 있는 반면, 관련 활동 간의 생산능력의 불균형과 독점적 공급으로 인한 비효율성에 의해 오히려 원가열위로 작용하기도 한다.
② 전방통합을 위해 유통망을 확보하여 고객에게 차별적 서비스를 제공하는 것이 가능해진다.
③ 후방통합을 통해 양질의 원재료를 안정적으로 공급받아 고품질을 유지할 수 있다.
④ 수직적 통합은 기업활동의 유연성을 강화시키는 요인으로 작용해서 경쟁력을 강화시킬 수 있으며, 특히 기술변화가 심하고 수요가 불확실하거나 경쟁이 치열한 경우에 적합하다.
⑤ 기업 간 거래에는 제품사양이나 가격, 납기 등을 결정하는 데 비용이 수반되지만 이런 활동을 내부화하여 비용절감 및 원료조달이나 제품의 판로 확보가 가능해지고, 이를 통해 안정적 기업활동이 유지될 수 있다.

FEED BACK

☑ **왜 틀렸을까?**

| | 03 | ☐ 개념 이해 부족 | ☐ 문제 이해 부족 | ☐ 기타( ) |
| | 04 | ☐ 개념 이해 부족 | ☐ 문제 이해 부족 | ☐ 기타( ) |

☑ **개념 다시 짚어보기**

문제 03 포터의 본원적 전략

중요도	★★★★☆
정답	①

개념 해설

① 원가우위 전략은 조직 내의 모든 분야에서 원가를 낮춰 경쟁사보다 싸게 공급하여 경쟁력을 확보하는 전략이다. 원가절감이 원가우위 전략의 핵심이므로 엄격한 비용관리는 실시한다.

오답정복하기

• 차별화 전략은 경쟁사와는 독창적인 제품으로 경쟁우위를 확보하는 전략이다. 이는 제품의 독창성을 무기로 넓은 범위의 시장을 공략한다. 넓은 시장을 다시 작은 시장으로 세분화하여 적합한 제품을 공급해야 하므로, 소품종 제품을 대량생산하는 원가우위기업에 비해서는 가격경쟁력이 떨어지는 전략이다.
• 집중화 전략은 시장을 세분화하여 경쟁사보다 낮은 원가를 기반으로 경쟁우위를 차지하거나 제품의 독창성으로 경쟁우위를 확보하는 전략이다. 집중화 전략은 특정시장을 대상으로 삼는 전략이다.

문제 04 성장전략 – 수직적 통합

중요도	★★★★☆
정답	④

개념 해설

④ 수직적 통합화 전략이란 제품의 생산 및 유통경로상에서 공급자와 수요자를 통합하는 전략이다. 공급자를 통합하는 전략을 '후방 수직통합'이라 하고 수요자를 통합하는 전략을 '전방 수직통합'이라고 한다.

PART 03

CHAPTER

06  마케팅 믹스

▶ "과거의 마케팅은 구매라는 최종 목적지에만 집중했다면 오늘날의 마케팅은 고
객의 구매프로세스 전체를 대상으로 한다. 고객은 구매하는 동안, 구매한 후의
모든 단계에서 도움을 기대하기 때문이다."

— 피터 드러커[Peter Ferdinand Drucker]

01 마케팅 믹스

마케팅 믹스[Marketing mix]란 마케팅 목표의 효과적인 달성을 위해 마케팅 활동에서 사용하는 여러 가지 방법을 전체적으로 균형이 잡히도록 조정·구성하는 일을 말한다. 보다 구체적으로 목표시장을 선정한 이후 소비자의 욕구를 충족시킬 수 있도록 상품을 계획하고, 가격을 책정하며, 유통과정을 설정하고, 촉진과정을 통해 매출을 높이는 활동을 수행하게 된다. 이를 상품, 가격, 유통, 촉진을 마케팅 믹스라고 하며 4P[Product, Price, Place, Promotion]라고 한다.

02 제 품

1 의 미

마케팅 믹스 중 제품은 기업이 생산하여 판매하는 유형의 재화와 무형의 서비스를 의미한다. 고객이 구입하여 소비함으로써 자신의 욕구와 필요를 충족시켜 줄 수 있는 것을 말하며, 판매목적으로 시장에 내놓는 모든 것을 의미한다.

> **필립 코틀러의 제품 구분**
> • 핵심제품[Core product]이란 제품 개념 중에서 가장 기본적인 차원으로서 고객이 제품 구매로부터 얻으려는 가장 근본적인 효용이나 서비스를 의미한다.
> • 유형제품[Actual product]은 실제적인 제품으로서, 품질, 스타일, 브랜드, 포장 그리고 제품 속성 등의 물리적 제품을 의미한다.
> • 확장제품은 핵심제품과 유형제품을 확장한 개념으로 배달, 설치, 보증, 대금결제방식, 애프터 서비스 등의 추가적인 서비스와 편익을 의미한다. HDTV를 구입한 경우 이를 배송과 설치해주면서 1년 이내 고장 시 무상수리 서비스를 제공하는 것이 확장제품의 예이다.

② 제품믹스

제품믹스$^{Product\ mix}$란 기업이 판매하고자 하는 모든 개별제품의 집합을 의미한다. 이때 제품믹스의 구조는 넓이와 깊이 그리고 길이로 이루어진다. 넓이^{Width}는 기업의 제품계열 수를, 깊이^{Depth}는 제품계열 내의 각 제품이 제공하는 품목의 수로서 각 제품이 사이즈, 컬러별로 얼마나 다양하게 존재하는지를 의미한다. 길이^{Length}는 기업이 제공하고 있는 총 품목의 수로서 넓이와 깊이(각 제품계열별 깊이의 평균)를 곱하여 측정한다.

03 가격

① 의 미

가격^{Price}은 판매자에 의해 설정되는 상품의 구매금액으로 제품 또는 서비스로 얻어지는 편익에 대한 대가이다. 가격은 다른 마케팅 믹스의 요인들에 비해 조절이 용이하지만 한번 설정된 가격으로 인한 이미지는 쉽게 바뀌지 않으며 기업의 이익과 밀접하므로 철저한 관리가 필요하다.

② 가격전략

신제품 출시와 관련하여 활용가능한 전략은 시장침투 가격전략과 스키밍 가격전략이다.

① 시장침투 가격전략

시장침투 가격전략$^{Penetration\ pricing}$이란 신제품의 초기부터 고객가치보다 낮은 가격을 책정해 시장확산 속도를 높이는 것을 목표로 한다. 수요가 가격에 민감하거나 경쟁자의 시장진입을 저지할 때 사용한다.

② 스키밍 가격전략

스키밍 가격전략$^{Skimming\ pricing}$은 신제품의 도입초기에 고가격을 책정해 최고의 수익을 올리는 것을 목표로 한다. 소비자가 혁신자 계층으로 이뤄진 경우 혹은 프리미엄 제품 혹은 가격-품질 연상을 강하게 갖는 경우 사용한다.

③ 심리적 가격조정

① 단수가격

단수가격$^{Odd\ pricing}$은 9,900원 등과 같이 단위수를 조정하여 심리적인 부담을 줄이는 가격조정 방법이다.

② 품질에 따른 가격설정

가격-품질 연상을 활용한 가격 설정이다. 고가격-고품질은 프리미엄 전략, 저가격-고품질은 좋은 가격 전략, 고가격-저품질은 오버차징 전략, 저가격-저품질은 이노코미 전략으로 구분된다.

③ 관습가격

가격은 사회적인 통념에 의해 설정되기도 한다. 생필품의 경우 심리적인 저항선이 낮기 때문에 고가격 정책을 사용할 경우 소비자들의 심리적인 저항에 부딪히게 된다. 제품에 대해 갖는 사회의 관습도 가격설정의 중요한 요인이다.

04 유통

1 의 미

유통^{Place}이란 최종소비자가 상품을 쉽게 소비할 수 있도록 만들어주는 과정에 참여하는 모든 조직체와 개인들의 활동이며, 이러한 일련의 시스템을 유통경로$^{Distribution\ channel}$라고 한다. 그리고 유통경로는 생산자와 최종소비자(사용자) 그리고 중간상을 포함하게 된다. 중간상은 제품에 대한 소유권을 갖고 직접 마케팅을 수행하는 상인중간상$^{Merchant\ middlemen}$과 소유권 없이 단순히 생산자로부터 사용자에게 이전되는 것을 수월하게 도와주는 대리중간상$^{Agent\ middlemen}$이 있다.

2 기 능

유통의 기본적인 기능은 중개역할^{Intermediaries}을 통해 총거래수를 최소화하는 것이라 할 수 있다. 즉 유통의 기본기능은 효율성의 증진에 있다. 또한 중개인을 활용함으로써 고객에게 상품이 도달하는 과정에서 위험이 분산되고, 상품의 존재를 소비자에게 알릴 수 있을 뿐만 아니라 고객에게 맞는 상품을 추천해주는 역할도 수행한다. 이밖에 재고의 관리와 금융 등 다양한 기능을 담당한다. 이러한 기능을 담당하는 유통은 마케팅 믹스 가운데 가장 유연성이 작은 요소이다.

05 촉진

1 의 미

촉진^{promotion}이란 어떤 상품의 존재를 예상고객에게 적절한 방법을 통해 알리고, 구매하도록 하며, 구매를 유인할 수 있는 다양한 인센티브를 제공하는 모든 활동을 의미한다. 즉, 구매자에게 설득적인 커뮤니케이션을 함으로써 정보제공 및 영향력을 행사하는 것으로 오늘날 정보의 불안정성, 소비자행동의 비합리성 등의 불완전경쟁 상황과 기술혁신에 의한 대량생산, 경쟁의 심화 등으로 인해 촉진활동의 중요성이 높아지고 있다.

② 촉진믹스

촉진믹스$^{Promotion\ mix}$란 촉진에 사용되는 여러 수단들을 의미한다. 대표적으로 광고, PR(홍보), 판매촉진, 인적판매, 다이렉트 마케팅, PPL$^{Product\ PLacement}$ 등이 있다.

① 광 고

광고^{Advertisement}란 상품이나 서비스를 구매하도록 하기 위한 비인적 의사소통으로, 스폰서가 대중통신매체를 통하여 사람들의 구매행동에 영향을 미칠 목적으로 시각적 내지는 구두의 메시지를 그들에게 전달하는 활동을 의미한다. 그리고 이들 대중통신매체 가운데 어떤 수단을 활용할지에 대한 결정은 ① 제품의 유형, ② 소비자 특성, ③ 매체의 활용가능성, ④ 광고비 충당자금 등에 의해 이뤄진다.

광고의 장점과 단점

광고는 짧은 시간 안에 많은 사람들에게 접근할 수 있다는 장점으로 인해 신제품 초기에 높은 효과성을 누릴 수 있으며, 그 비용이 저렴하다는 장점이 존재한다. 한편, 단점으로는 광고를 통해 고객에게 제공할 수 있는 정보의 양이 많지 않고, 불특정 다수의 고객을 대상으로 수행하기 때문에 고객에 따른 개별화가 불가능하다.

② 인적판매

인적판매$^{Personal\ selling}$란 판매원이 고객을 직접 찾아가 기업이 판매하고 있는 제품이나 서비스에 대해 쌍방적 대인의사소통을 하는 판촉활동을 의미한다. 넓은 의미의 인적판매는 전화나 우편, e-mail을 통한 상품에 대한 메시지 교환도 포함되나, 인적판매의 핵심은 대면적 의사소통을 통한 수요의 창조이다.

인적판매와 광고의 비교

일반적으로 광고가 판촉활동 가운데 가장 비용이 많이 드는 활동으로 생각하고 있지만, 경우에 따라서는 인적판매가 가장 값비싼 판촉활동이 될 수 있다. 판매원이 고정비용의 일부를 받기 때문에 경우에 따라서는 그 비용이 광고보다 높아질 수 있는 것이다. 판촉수단으로서 인적판매를 활용할 경우 관리자는 판매원의 선발 및 승진에 관한 세밀한 의사결정을 할 수 있어야 하고, 판매원의 순회방식이나 판매할 당량의 설정 및 판매원의 유효성을 측정할 수 있어야 한다.

③ 홍 보

홍보$^{PR\ ;\ Public\ Relation}$는 기업이 아닌 대중매체 스스로가 비용을 부담하는 것을 의미한다. 즉, 기업이 직간접적으로 관련을 맺고 있는 여러 집단들과 좋은 관계를 지속적으로 구축하고 유지함으로써 기업 이미지를 제고하고 구매를 촉진시키기 위해 사용하는 수단을 총칭하는 개념이다.

01 마케팅 믹스의 4P에 해당하지 않는 것은?

① Price

② Promotion

③ Place

④ Product

⑤ Procedure

02 제품 개념 중 확장제품에 해당되지 않는 것은?

① 품질보증   ② 애프터 서비스

③ 배 달   ④ 설 치

⑤ 포 장

문제 01 마케팅 믹스

중요도	★★★★☆
정답	⑤

개념 해설

마케팅 믹스란 마케팅 목표의 효과적인 달성을 위해 마케팅 활동에서 사용하는 여러 가지 방법을 전체적으로 균형이 잡히도록 조정·구성하는 일을 말한다. 보다 구체적으로 목표시장을 선정한 이후 소비자의 욕구를 충족시킬 수 있도록 상품을 계획하고, 가격을 책정하며, 유통과정을 설정하고, 촉진과정을 통해 매출을 높이는 활동을 수행하게 된다. 이를 상품, 가격, 유통, 촉진을 마케팅 믹스라고 하며 4P(Product, Price, Place, Promotion)라고 한다.

오답 정복하기

① 가격(Price)은 판매자에 의해 설정되는 상품의 구매금액으로 제품 또는 서비스로 얻어지는 편익에 대한 대가이다.
② 촉진(Promotion)이란 어떤 상품의 존재를 예상고객에게 적절한 방법을 통해 알리고, 구매하도록 설득하며, 구매를 유인할 수 있는 다양한 인센티브를 제공하는 모든 활동을 의미한다.
③ 유통(Place)이란 최종소비자가 상품을 쉽게 소비할 수 있도록 만들어주는 과정에 참여하는 모든 조직체와 개인들의 활동이다.
④ 제품(Product)은 기업이 생산하여 판매하는 유형의 재화와 무형의 서비스를 의미한다.

문제 02 제품의 구분 - 확장제품

중요도	★★★★☆
정답	⑤

개념 해설

확장제품은 핵심제품과 유형제품을 확장한 개념으로 배달, 설치, 보증, 대금결제방식, 애프터 서비스 등의 추가적인 서비스와 편익을 의미한다. HDTV를 구입한 경우 이를 배송과 설치해주면서 1년 이내 고장 시 무상수리 서비스를 제공하는 것이 확장제품의 예이다.

오답 정복하기

• 핵심제품이란 제품개념 중에서 가장 기본적인 차원으로서 고객이 제품구매로부터 얻으려는 가장 근본적인 효용이나 서비스를 의미한다.
• 유형제품은 실제적인 제품으로서, 품질, 스타일, 브랜드, 포장 그리고 제품속성 등의 물리적 제품을 의미한다.

03 소비자들이 제품가격의 높고 낮음을 평가할 때 비교기준으로 사용하는 가격은?

① 유보가격

② 최저수용가격

③ 관습가격

④ 준거가격

⑤ 단수가격

04 수요의 가격탄력성이 가장 높은 경우는?

① 대체재나 경쟁자가 거의 없을 때

② 구매자들은 높은 가격을 쉽게 지각하지 못할 때

③ 구매자들은 구매습관을 바꾸기 어려울 때

④ 구매자들이 대체품의 가격을 쉽게 비교할 수 있을 때

⑤ 구매자들이 높은 가격이 그만한 이유가 있다고 생각할 때

FEED BACK

☑ 왜 틀렸을까?	03	☐ 개념 이해 부족	☐ 문제 이해 부족	☐ 기타(	)
	04	☐ 개념 이해 부족	☐ 문제 이해 부족	☐ 기타(	)
☑ 개념 다시 짚어보기					

문제 03	가격전략 – 관습가격

중요도	★★★★☆
정답	④

개념 해설

가격은 판매자에 의해 설정되는 상품의 구매금액으로 제품 또는 서비스로 얻어지는 편익에 대한 대가이다. 준거가격이란 판단의 기준이 되는 가격이다.

오답 정복하기

① 유보가격이란 지불가능한 최대가격을 의미한다.
② 최저수용가격은 품질에 대한 의심없이 소비자가 수용 가능한 최저가격을 의미한다.
③ 관습가격은 관습적으로 형성되어 있는 가격을 의미한다.
⑤ 단수가격은 의도적으로 끝자리를 조정한 가격을 의미한다.

문제 04	수요의 가격탄력성

중요도	★★★★☆
정답	④

개념 해설

④ 수요의 가격탄력성이 높다는 의미는 가격 변화에 수요량이 민감하게 반응한다는 것을 의미한다. 대체품의 가격을 쉽게 비교할 수 있다면 그렇지 않은 경우에 비해 저렴한 상품으로 대체할 수 있으므로 가격탄력성이 높다고 할 수 있다.

PART 03

오답 정복하기

① 대체재나 경쟁자가 거의 없을 때 수요의 가격탄력성은 낮다.
② 높은 가격을 쉽게 지각하지 못할 때 가격변화에 둔감하게 된다.
③ 구매습관을 바꾸기 어려운 경우 가격변화와 수요량의 변화는 둔감하다.
⑤ 높은 가격을 인정한다면 가격변화에 수요량이 민감하게 반응하지 않는다.

07

회계기초

> ▶ "루이 14세가 차라리 아무것도 모르는 편을 선택했다면, 월스트리트와 그 규제
> 자들은 금융 시스템 전체를 위협하며 썩어 들어가고 있는 상황을 간과하기로
> 작정했다."
>
> – 제이콥 솔[Jacob Soll]

01 회계기초

1 의미와 구분

① 의 미

회계[Accounting]란 회계정보이용자가 합리적인 판단이나 의사결정을 할 수 있도록 기업실체에 관한 정보를 식별, 측정, 전달하는 과정을 의미한다. 이러한 과정을 통해 생성된 정보를 회계정보라고 한다.

② 구 분

회계는 재무회계와 관리회계 그리고 세무회계로 구분된다. 재무회계[Financial accounting]란 투자자, 채권자를 포함한 기업외부의 다양한 정보이용자들이 의사결정을 하는데 있어 유용한 정보를 제공하는 것을 목적으로 하는 회계를 의미한다. 관리회계[Managerial accounting]는 기업 내부자인 경영자가 경영활동에 필요로 하는 모든 회계정보를 생산하고 이를 분석하는 것을 주요 목적으로 하는 회계를 의미한다. 한편, 세무회계[Tax accounting]는 기업은 여러 종류의 과세에 대한 세무신고를 해야하며, 기업의 과세대상소득을 측정하고 세액을 계산한다.

구 분	재무회계	관리회계
정보이용자	외부정보이용자 (투자자, 채권자 등)	내부정보이용자(경영자)
보고수단	재무보고서(재무제표)	특수목적보고서 (특정 양식 없음)
회계기준 적용여부	일반적으로 인정된 회계원칙	적용하지 않음
정보의 성격	과거활동에 대한 정보	미래지향적 정보도 생산
정보제공의 강제성과 외부감사 여부	O	X
보고주기	정기적 보고(분기, 반기, 연간)	수 시

2 회계정보의 중요성

① 자원의 효율적 배분

회계는 기업의 재무상태와 재무성과에 대한 정보를 기업외부 정보이용자들에게 제공한다. 이들은 제공된 정보를 이용하여 보다 효율적이고 생산성이 높은 기업을 그렇지 못한 기업과 구분할 수 있게 된다. 이를 통해 기업외부의 정보이용자들은 자신들의 한정된 경제적 자원을 보다 효율적인 기업으로 배분한다.

② 수탁책임에 대한 보고

주주로부터 경영을 수탁받은 경영자는 기업의 경제적 자원을 효율적으로 관리하고 경영할 책임인 수탁책임^{Stewardship responsibility}을 갖고 있다. 이 때 경영자는 수탁받은 기업의 자본을 효과적이고 효율적으로 관리경영하고 있는지를 보고하기 위한 수단으로 회계를 이용한다.

02 재무제표

1 기본가정

① 기업실체의 가정

기업실체^{Business entity}의 가정이란 기업은 그 소유주(주주)와 분리되어 별도로 존재하고 독립적으로 활동하는 경제실체로 본다는 가정이다. 만약 기업활동에 투입되지 않은 소유주의 개인적 재산이 기업과 분리되지 않는다면 투입된 자본이 기업활동을 통해 얼마나 잘 활용되었는지 알 수 없기 때문이다. 따라서 기업활동과 관련이 없는 소유주 자신의 재산이나 개인적 경제행위는 회계정보 측정의 대상이 되지 않는다.

② 계속기업의 가정

재무제표는 일반적으로 기업이 계속기업이며 예상 가능한 기간 동안 영업을 계속할 것이라는 가정 하에 작성되는데 이를 계속기업의 가정^{Going-concern assumption}이라고 한다. 만약 경영활동을 청산하거나 중요하게 축소할 의도나 필요성이 있다면 재무제표는 계속기업을 가정한 기준과는 다른 기준을 적용하여 작성하는 것이 타당할 수 있다.

③ 기간별 보고의 가정

기간별 보고의 가정^{Periodicity assumption}이란 기업실체의 존속기간을 일정한 기간 단위로 분할하여 각 기간별로 재무제표를 작성하는 것을 말한다. 기업 외부의 정보이용자들이 의사결정을 하기 위해서는 적시에 회계정보가 필요한데 이러한 정보수요를 충족시키기 위하여 기간별 보고가 필요하다. 따라서 기업실체의 존속기간을 일정한 회계기간 단위로 구분하고 각 회계기간에 대한 재무제표를 확정하여 기간별로 재무상태와 경영 성과에 대한 정보를 제공하게 된다.

② 재무제표의 구성 요소

재무제표는 거래나 그 밖의 사건의 재무적 영향을 경제적 특성에 따라 분류하는데, 이를 재무제표의 요소라고 한다. 재무상태표에서 자산, 부채 및 자본이 관련 요소이며, 포괄손익계산에서 수익과 비용이 관련 요소이다.

▼ 재무제표의 구성 요소

구 분	내 용
자 산 (Assets)	과거 사건의 결과로 기업이 통제하고 있고, 미래의 경제적 효익이 기업에 유입될 것으로 기대되는 자원
부 채 (Liabilities)	과거 사건에 의하여 발생하였으며, 경제적 효익이 내재된 자원이 기업으로부터 유출됨으로써 이행될 것으로 기대되는 현재의 의무
자 본 (Equity)	기업의 자산에서 모든 부채를 차감한 잔여지분(순자산$^{Net\ assets}$이라고도 함)
수 익 (Income)	자산의 유입이나 증가 또는 부채의 감소에 따라 자본의 증가를 초래하는 특정 회계기간 동안에 발생한 경제적 효익의 증가(지분참여자에 의한 출연과 관련된 것은 제외)
비 용 (Expense)	자산의 유출이나 소멸 또는 부채의 증가에 따라 자본의 감소를 초래하는 특정 회계기간 동안에 발생한 경제적 효익의 감소(지분참여자에 대한 분배와 관련된 것은 제외)

③ 재무제표의 인식 및 측정

① 인식과 측정

인식^{Recognition}은 재무제표 요소의 정의에 부합하고 인식기준을 충족하는 항목을 재무상태표나 포괄손익계산서에 반영하는 과정으로 해당 항목과 관련된 미래 경제적 효익이 기업에 유입되거나 기업으로부터 유출될 가능성이 높다는 점과 해당 항목의 원가 또는 가치를 신뢰성 있게 측정할 수 있다의 기준을 모두 충족할 때를 의미한다. 한편, 측정^{Measurement}이란 재무제표에 인식되고 평가되어야 할 요소의 화폐금액을 결정하는 과정을 말한다. 재무제표를 작성하기 위해서는 다수의 측정기준이 다양한 방법으로 결합되어 사용된다.

② 측정기준

재무제표의 측정은 다양한 기준의 결합으로 이뤄진다. 대표적으로 활용되는 측정기준으로는 역사적 원가, 현행원가, 실현가능가치, 현재가치 등이 있다.

> 🔍 **재무제표의 측정기준**
>
> - 역사적 원가란 취득의 대가로 당시에 지급한 현금(자산)을 의미하며, 부담하는 의무의 대가로 수취한 금액(부채)을 의미한다.
> - 현행원가란 자산의 측면에서는 동일하거나 동등한 자산을 현재 시점에 취득할 경우에 그 대가를 의미하며, 부채의 측면에서는 현재시점에서 의무를 이행하는 데 필요한 현금 등으로 할인하지 않은 금액을 의미한다.
> - 실현가능가치란 자산의 측면에서 정상적으로 처분하는 경우 수취할 것으로 예상되는 현금이며, 부채의 측면에서는 정상적인 영업과정에서 부채 상환을 위해 지급될 것으로 예상되는 현금 등으로 할인하지 않은 금액
> - 현재가치는 자산의 측면에서 정상적인 영업과정에서 자산이 창출할 것으로 기대되는 미래순현금유입액의 현재할인가치이며, 부채의 측면에서는 정상적인 영업과정에서 부채를 상환할 때 필요할 것으로 예상되는 미래순현금유출액의 현재할인가치

④ 유용한 재무정보의 질적특성

① 근본적 질적특성 – 목적적합성과 표현충실성

목적적합한 재무정보는 정보이용자의 의사결정에 차이가 나도록 할 수 있다. 재무정보에 예측가치, 확인가치 또는 이 둘 모두가 있다면 의사결정에 차이가 나도록 할 수 있다(목적적합성). 한편, 재무정보가 유용하기 위해서는 나타내고자 하는 현상을 충실하게 표현하여야 한다. 완벽하게 표현충실성을 위해서 서술은 완전하고, 중립적이며, 오류가 없어야 할 것이다(표현충실성).

② 보강적 질적특성 – 비교가능성과 검증가능성, 적시성, 이해가능성

비교가능성은 정보이용자가 항목 간의 유사점과 차이점을 식별하고 이해할 수 있게 하는 질적특성이며, 검증가능성은 합리적인 판단력이 있고 독립적인 서로 다른 관찰자가 어떤 서술이 표현충실성이라는 데 대체로 의견이 일치할 수 있다는 것을 의미한다. 한편 적시성은 의사결정에 영향을 미칠 수 있도록 의사결정자가 정보를 제때에 이용가능하게 하는 것을 의미하며 정보를 간결하게 분류하고, 특정지으며, 표시하면 이해가능한 특성을 이해가능성이라고 한다.

01 의사결정에 유용한 정보가 되기 위해 재무제표 정보가 갖추어야 할 근본적 질적특성과 관련이 가장 적은 것은?

① 예측가치
② 완전한 서술
③ 중요성
④ 적시성
⑤ 중립적 서술

02 재무상태 또는 성과측정과 관련된 재무제표요소에 대한 설명으로 옳지 않은 것은?

① 자산은 과거 사건의 결과로 기업이 통제하고 있고 미래 경제적 효익이 유입될 것으로 기대되는 자원이다.
② 부채는 과거 사건에 의하여 발생하였으며 경제적 효익을 갖는 자원이 기업으로부터 유출됨으로써 이행될 것으로 기대되는 현재의무이다.
③ 자본은 기업의 자산에서 모든 부채를 차감한 후의 잔여지분으로 자산과 부채 금액의 측정에 따라 결정되며, 자본 총액은 기업이 발행한 주식의 시가 총액과 같다.
④ 수익은 자산의 유입이나 증가 또는 부채의 감소에 따라 자본의 증가를 초래하는 특정 회계기간 동안에 발생한 경제적 효익의 증가로서, 지분참여자에 의한 출연과 관련된 것은 제외한다.
⑤ 비용은 자산의 유출이나 소멸 또는 부채의 증가에 따라 자본의 감소를 초래하는 특정 회계기간 동안에 발생한 경제적 효익의 감소로서, 지분참여자에 의한 분배와 관련된 것은 제외한다.

FEED BACK

☑ 왜 틀렸을까?	01 ☐ 개념 이해 부족	☐ 문제 이해 부족	☐ 기타( )
	02 ☐ 개념 이해 부족	☐ 문제 이해 부족	☐ 기타( )
☑ 개념 다시 짚어보기			

중요도	★★★☆☆
정답	④

문제 01　재무제표 정보의 질적 특성

개념 해설

④ 적시성은 비교가능성과 검증가능성, 이해가능성과 함께 보강적 질적특성에 해당한다. 적시성은 의사결정에 영향을 미칠 수 있도록 의사결정자가 정보를 제때에 이용가능하게 하는 것을 의미한다.

오답 정복하기

근본적 질적특성에는 목적적합성과 표현의 충실성이 있다. 목적적합성에는 예측가치, 확인가치, 중요성이 있으며 표현의 충실성에는 완전한 서술, 중립적 서술, 오류 없는 서술이 있다. 이 근본적 질적특성을 보완하는 것이 보완적 질적특성이며 여기에는 비교가능성, 검증가능성, 적시성, 이해가능성이 있다. 유의할 점은 보강적 질적특성은 그 정보가 목적적합하지 않거나 충실하게 표현되지 않으면 개별적으로든 집단적으로든 정보를 유용하게 할 수 없다는 것이다.

중요도	★★★★☆
정답	③

문제 02　재무제표 – 자본

PART 03

개념 해설

자본은 기업의 자산에서 모든 부채를 차감한 후의 잔여지분으로 나타나며 이는 자산과 부채금액의 측정에 따라 결정된다. 따라서 기업이 발행한 주식의 시가 총액과 일치하지 않는다. 자본의 총액은 자산과 부채의 장부금액을 차감하기 때문이다.

오답 정복하기

수익에는 협의의 수익(Revenue)과 차익(Gains)이 모두 포함된다. 협의의 수익은 정상영업활동으로 발생한 것을 의미하며 대표적인 것이 매출액이다. 반면, 차익은 정상적인 영업활동 이외의 활동에서 발생하는 것으로 토지나 건물 등의 비유동자산의 처분에서 발생한다. 또한 차익은 보통 관련 비용을 차감한 금액으로 보고된다. 비용도 마찬가지로 협의의 비용뿐만 아니라 차손(Losses)도 포함된다. 정상영업활동으로 발생하는 것이 협의 비용을 의미하며 차손은 정상적인 영업활동 이외의 활동에서 발생한다. 대표적인 예로 재고자산의 손실이나 토지나 건물 등의 비유동자산의 처분에서 발생한다. 마찬가지로 관련 수익을 차감한 금액으로 보고한다.

03 재무제표 요소의 측정에 대한 설명으로 옳지 않은 것은?

① 역사적 원가로 측정하는 경우, 부채는 부담하는 의무의 대가로 수취한 금액으로 기록한다.

② 현행원가로 측정하는 경우, 부채는 현재시점에서 그 의무를 이행하는 데 필요한 현금이나 현금성자산의 할인하지 않은 금액으로 평가한다.

③ 실현가능가치로 측정하는 경우, 자산은 동일하거나 또는 동등한 자산을 현재시점에서 취득할 경우에 그 대가로 지불하여야 할 현금이나 현금성자산의 금액으로 평가한다.

④ 이행가치로 측정하는 경우, 부채는 정상적인 영업과정에서 부채를 상환하기 위해 지급될 것으로 예상되는 현금이나 현금성자산으로서 할인하지 아니한 금액으로 평가한다.

⑤ 현재가치로 측정하는 경우, 자산은 정상적인 영업과정에서 그 자산이 창출할 것으로 기대되는 미래순현금유입액의 현재할인가치로 평가한다.

04 재무보고를 위한 개념체계에 대한 설명으로 옳은 것만을 모두 고른 것은?

보 기

㉠ 자산은 미래 경제적 효익이 기업에 유입될 가능성이 높고 해당 항목의 원가 또는 가치를 신뢰성 있게 측정할 수 있을 때 재무상태표에 인식한다.

㉡ 재무정보가 유용하기 위해서는 목적적합해야 하고 나타내고자 하는 바를 충실하게 표현해야 한다.

㉢ 비교가능성, 검증가능성, 중요성 및 이해가능성은 목적적합하고 충실하게 표현된 정보의 유용성을 보강시키는 질적특성이다.

㉣ 재무보고를 위한 개념체계와 한국채택국제회계기준이 서로 상충하는 경우에는 개념체계가 우선하여 적용된다.

① ㉠, ㉡　　　② ㉠, ㉢
③ ㉡, ㉢　　　④ ㉡, ㉣
⑤ ㉢, ㉣

문제 03　재무제표 요소의 측정

중요도 ★★★★☆
정답 ③

개념 해설

③ 실현가능가치로 측정하는 경우, 자산은 정상적으로 처분하는 경우 수취할 것으로 예상되는 현금이나 현금성자산의 금액이다.

오답 정복하기

부채의 경우, 현행원가로 측정하는 경우는 그 의무를 이행하는 데 필요한 현금이나 현금성자산의 할인하지 않은 금액으로 평가하는 반면, 이행가치로 측정하는 경우는 부채를 상환하기 위해 지급될 것으로 예상되는 현금이나 현금성 자산으로 평가한다. 이행과 상환을 구분해서 이해하도록 하는 것이 중요하다.

문제 04　재무제표 일반

중요도 ★★★★☆
정답 ①

개념 해설

ⓒ 중요성은 목적적합성과 관련된 근본적 질적특성에 해당하고 비교가능성, 검증가능성, 적시성, 이해가능성은 보강적 질적특성에 해당한다.
ⓔ 재무보고를 위한 개념체계와 한국채택국제회계기준이 서로 상충하는 경우에는 한국채택국제회계기준이 우선하여 적용된다.

오답 정복하기

개념체계는 외부이용자를 위한 재무제표의 작성과 표시가 되는 개념을 정립하며, 개념체계가 한국채택국제회계기준과 상충되는 경우에는 우선하지 못한다. 개념체계는 한국채택국제회계기준이 아니므로 측정한 측정과 공시 문제에 관한 기준을 정하지 아니하는 것에 유의해야한다.

PART 03

재무제표

> ▸ "측정할 수 없다면 관리할 수 없다."
> – 피터 드러커[Peter Ferdinand Drucker]

01   재무제표의 의미와 그 구성

재무제표[Financial statements]란 기업의 경영자가 외부 정보이용자에게 기업실체의 재무상태, 경영성과, 현금흐름 등에 관한 재무적 정보를 제공하는 수단을 의미한다. 재무제표는 특정 시점의 상태(Stock, 저량)를 나타내는 재무상태표와 특정 기간의 변동(Flow, 유량)을 나타내는 포괄손익계산서, 자본변동표, 현금흐름표, 그리고 재무제표 본문에 표시된 정보를 이해하는 데 도움이 되는 주석으로 구성된다.

02   재무상태표

① 의 미

재무상태표[Statement of financial position]는 일정시점 현재 기업실체의 재무상태에 대한 정보를 제공하는 재무제표이다. 여기서 일정시점이란 일반적으로 회계기간 말(보고기간 말)을 의미한다. 한편, 재무상태표는 자산과 부채 및 자본으로 구성된다. 자산의 총액은 항상 부채 총액과 자본 총액의 합과 일치해야 하기 때문에 이를 회계 등식 또는 재무상태표 등식이라고 한다.

② 재무상태표의 작성

① 자산의 정의와 분류

자산[Assets]이란 과거의 거래나 사건의 결과로서 현재 기업실체에 의해 지배되고 미래에 경제적 효익을 창출할 것으로 기대되는 자원이다. 이는 유동자산과 비유동자산으로 구분하여 표시되는데, 일반적으로 재무상태표에는 유동자산 항목들이 먼저 배열되고 그 다음에 비유동자산 항목들이 배열된다.

유동자산과 비유동자산

- 유동자산$^{Current\ assets}$은 현금은 물론, 정상적 영업주기내 또는 재무보고기간 말로부터 1년 이내에 현금 화되거나 사용될 것으로 예상되는 자산을 말한다. 대표적인 예로 현금 및 현금성자산, 매출채권, 단기 금융자산, 재고자산 등이 있다.
- 비유동자산$^{Non-current\ assets}$은 유동자산에 속하지 않는 자산을 말한다. 대표적인 예로 유형자산, 무형자산, 장기금융자산 등이 있다.

② 부채의 정의와 분류

부채^{Liabilities}란 과거의 거래나 사건의 결과로서 현재 기업실체가 부담하고 그 이행에 자원의 유출이 예상되는 의무이다.

 유동부채와 비유동부채

- 유동부채$^{Current\ liabilities}$란 기업의 정상적 영업주기내 또는 재무보고기간 말로부터 1년 이내에 결제(지급)되어야 하는 부채와 단기매매목적으로 보유하는 부채를 말한다. 대표적인 예로 단기차입금, 매입채무, 미지급비용, 미지급금, 선수금, 선수수익, 유동성 장기부채 등이 있다.
- 비유동부채$^{Non-current\ liabilities}$란 유동부채에 속하지 않는 부채를 말하며, 장기차입부채, 장기충당부채, 퇴직급여충당금 등을 포함한다.

③ 자 본

자본^{Equity}은 자산총액에서 부채총액을 차감한 잔액(= 순자산)을 말한다.

PART 03

① 의 미

　　포괄손익계산서$^{Statement\ of\ comprehensive\ income}$란 일정기간 동안 발생한 기업실체의 경영성과를 보고하는 재무제표이다. 즉, 포괄손익계산서는 일정기간 동안 기업이 재화의 판매, 용역의 제공 등에서 획득한 수익과 수익을 획득하는 과정에서 발생한 비용 그리고 수익과 비용의 차액인 순이익$^{Net\ income}$ 등에 대한 정보를 제공한다.

② 구성항목

　　포괄손익계산서는 수익과 비용, 순이익, 기타포괄손익으로 구성된다. 이 가운데 수익은 기업의 주요 경영활동으로서 재화의 판매, 용역의 제공 등에 따른 대가로 발생하는 자산의 유입 또는 부채의 감소를 의미하고, 비용은 주요 경영활동으로서 재화의 판매, 용역의 제공 등에 따라 발생하는 자산의 유출 또는 부채의 증가를 의미한다. 순이익은 당해 기간의 수익의 합계에서 비용 합계를 차감한 차액으로 측정하며 이는 자본의 증가를 가져온다. 순이익이 음수이면 순손실이라고 부르며 그만큼 자본이 감소하게 된다. 기타포괄손익이란 회계기준의 규정에 의해 당기손익으로 인식하지 않은 손익을 말한다. 한국채택국제회계기준에서는 토지, 건물 등 자산에 대한 재평가 차익과 확정급여제도의 재측정 요소 등이 있다.

① 의 미

　　현금흐름표$^{Statement\ of\ cash\ flows}$는 일정기간 동안 기업의 현금이 어떻게 조달되고 사용되는지를 보여주는 재무제표이다. 재무상태표와 포괄손익계산서는 기업의 재무상태와 경영성과에 대한 정보를 제공하지만, 기업의 현금흐름에 대한 정보는 제공하지 못한다. 이에 반해 현금흐름표는 현금흐름의 창출능력 및 사용능력을 평가하는데 유용한 정보를 제공하고 기업이 현금흐름을 얼마나 창출하여 어떻게 사용하였는가 그리고 현금이 부족한 경우 어떻게 조달하였는가에 대한 정보를 제공한다.

② 현금흐름표의 구분

　　현금흐름표가 제 역할을 하기 위해서는 현금흐름의 내용을 성격에 따라 구분할 필요성이 있다. 따라서 현금흐름표는 영업활동으로 인한 현금흐름, 투자활동으로 인한 현금흐름, 재무활동으로 인한 현금흐름과 같이 세 가지 활동유형에 따라 구분한다.

① 영업활동으로 인한 현금흐름

영업활동 현금흐름^{CFO ; Cash Flow from Operating}은 기업의 주요 수익창출활동인 제품의 생산 및 판매활동, 상품과 용역의 구매 및 판매활동 등에서 발생한 현금흐름이다. 따라서 영업활동 현금흐름은 일반적으로 당기순손익에 영향을 미치는 거래나 그 밖의 사건의 결과로 발생한다.

② 투자활동으로 인한 현금흐름

투자활동 현금흐름^{CFI ; Cash Flow from Investing}은 영업활동에 사용하기 위한 유·무형자산 및 현금성자산에 속하지 않는 기타 투자자산의 취득 및 처분과 관련된 활동에서의 현금흐름을 말한다.

③ 재무활동으로 인한 현금흐름

재무활동 현금흐름^{CFF ; Cash Flow from Financing}은 기업이 필요로 하는 자금의 조달 및 상환활동에서의 현금흐름을 말한다.

05 자본변동표

1 의 미

자본변동표^{Statement of changes in equity}는 일정기간 동안 자본의 각 항목들이 어떻게 변동하였는가를 보여주는 재무제표이다. 자본의 크기를 변동시키는 요인에는 당기순이익과 기타포괄손익 외에도 추가출자, 배당, 자기주식의 취득과 처분 등이 있다. 자본은 주주의 몫을 나타냄으로 기업의 소유주인 주주들은 궁극적으로 자신들의 몫이 기초에 비하여 얼마나 변동하였는지에 관심을 갖는다. 따라서 IFRS는 앞서 자본의 변동 내용을 자본변동표를 통해 포괄적으로 제시할 것을 요구하고 있다.

2 자본변동표의 구성

자본은 자본금, 주식발행초과금, 이익잉여금, 기타포괄손익누계액 등으로 구성되어 있으며, 자본변동표는 각 항목별로 기초잔액, 변동사항, 기말잔액을 표시하며 작성된다.

06 주 석

주석^{Notes}은 재무상태표, 포괄손익계산서, 자본변동표 및 현금흐름표에 표시하는 정보에 추가하여 제공되는 정보로서, 재무제표에 표시된 항목을 구체적으로 설명하거나 세분화하며, 재무제표의 인식요건을 충족하지 못하는 항목에 대한 정보를 제공한다.

01 한국채택국제회계기준에 의한 재무제표의 종류가 아닌 것은?

① 재무상태표

② 포괄손익계산서

③ 현금흐름표

④ 사업보고서

⑤ 주 석

02 ㈜동영은 2019년 1월 1일 영업을 시작하여 2019년 12월 31일 다음과 같은 재무정보를 보고하였다. 재무제표의 설명으로 옳지 않은 것은?

• 자본금	₩200,000	• 현금	₩500,000
• 재고자산	₩350,000	• 차량운반구	₩1,000,000
• 단기차입금	₩200,000	• 매출	₩3,000,000
• 매출원가	₩2,000,000	• 급여	₩50,000
• 감가상각비	₩100,000	• 매입채무	₩600,000

① 재무상태표에 보고된 총자산은 ₩1,850,000이다.

② 재무상태표에 보고된 총부채는 ₩800,000이다.

③ 손익계산서에 보고된 당기순이익은 ₩800,000이다.

④ 재무상태표에 보고된 총자본은 ₩1,050,000이다.

⑤ 손익계산서에 보고된 총비용은 ₩2,200,000이다.

FEED BACK

✓ 왜 틀렸을까?	01 ☐ 개념 이해 부족	☐ 문제 이해 부족	☐ 기타( )
	02 ☐ 개념 이해 부족	☐ 문제 이해 부족	☐ 기타( )
✓ 개념 다시 짚어보기			

464 PART 3 경 영

중요도	★★★☆☆
정 답	④

문제 01 재무제표

개념 해설

④ 사업보고서는 재무제표에 해당하지 않는다. 한국채택국제회계기준에 의한 재무제표는 재무상태표, 포괄손익계산서, 자본변동표, 현금흐름표 및 주석이다.

오답 정복하기

① 재무상태표는 일정시점 현재 기업실체의 재무상태에 대한 정보를 제공하는 재무제표이다.
② 포괄손익계산서는 일정기간 동안 발생한 기업실체의 경영성과를 보고하는 재무제표이다.
③ 현금흐름표는 일정기간 동안, 기업의 현금이 어떻게 조달되고 사용되는지를 보여주는 재무제표이다.
⑤ 주석은 재무상태표, 포괄손익계산서, 자본변동표 및 현금흐름표에 표시하는 정보에 추가하여 제공된 정보로서, 재무제표에 표시된 항목을 구체적으로 설명하거나 세분화하며, 재무제표의 인식요건을 충족하지 못하는 항목에 대한 정보를 제공한다.

중요도	★★★☆☆
정 답	③

PART 03

문제 02 재무제표의 해석

오답 정복하기

(1) 총자산 : 현금(₩500,000) + 차량운반구(₩1,000,000) + 재고자산(₩350,000) = ₩1,850,000
(2) 총부채 : 단기차입금(₩200,000) + 매입채무(₩600,000) = ₩800,000
(3) 자본 : (1) − (2) = ₩1,050,000
(4) 수익 : 매출(₩3,000,000)
(5) 총비용 : 급여(₩50,000) + 매출원가(₩2,000,000) + 감가상각비(₩100,000) = ₩2,150,000
(6) 당기순이익 : (4) − (5) = ₩850,000

03 다음에 주어진 ㈜동영의 2019년 말 자료에 따른 당기순이익은?

• 매출액	₩450,000	• 이자비용	₩18,000
• 이자수익	₩5,000	• 매출원가	₩95,000
• 감가상각비	₩78,000	• 종업원급여	₩34,000
• 재평가이익	₩9,000	• 광고선전비	₩10,000

① ₩215,000
② ₩220,000
③ ₩229,000
④ ₩233,000
⑤ ₩237,000

04 다음 중 일정시점에 대한 정보를 제공하는 재무제표인 것은?
① 재무상태표
② 포괄손익계산서
③ 현금흐름표
④ 자본변동표
⑤ 정답 없음

FEED BACK

☑ 왜 틀렸을까?

03 ☐ 개념 이해 부족   ☐ 문제 이해 부족   ☐ 기타(   )
04 ☐ 개념 이해 부족   ☐ 문제 이해 부족   ☐ 기타(   )

☑ 개념 다시 짚어보기

466 PART 3 경영

문제 03 재무제표 – 당기순이익

개념 해설

① 당기순이익 = 수익 – 총비용 = ₩455,000 – ₩235,000 = ₩220,000
  • 수익 : 매출액(₩450,000) + 이자수익(₩5,000) = ₩455,000
  • 총비용 : 이자비용(₩18,000) + 매출원가(₩95,000) + 감가상각비(₩78,000)
    + 종업원급여(₩34,000) + 광고선전비(₩10,000) = 235,000
② 자산재평가이익은 기타포괄손익으로 처리하며 당기순이익에는 포함되지 않는다.

문제 04 재무제표

개념 해설

재무상태표는 일정시점 현재 기업실체의 재무상태에 대한 정보를 제공한다. 반면, 포괄손익계산서와 현금흐름표, 자본변동표의 경우 일정 기간 동안의 기업의 경영성과와 현금흐름, 자본변동에 관한 정보를 제공한다. 재무상태표에만 '20XX년 12월 31일 현재' 라고 되어있는 것을 확인할 수 있다.

오답 정복하기

② 포괄손익계산서는 일정기간 동안 기업이 재화의 판매, 용역의 제공 등에서 획득한 수익과 수익을 획득하는 과정에서 발생한 비용 그리고 수익과 비용의 차액인 순이익 등에 대한 정보를 제공한다.
③ 현금흐름표는 현금흐름의 창출능력 및 사용능력을 평가하는 데 유용한 정보를 제공하고 기업이 현금흐름을 얼마나 창출하여 어떻게 사용하였는가 그리고 현금이 부족한 경우 어떻게 조달하였는가에 대한 정보를 제공한다.
④ 자본변동표는 일정기간 동안 자본의 각 항목들이 어떻게 변동하였는가를 보여주는 재무제표이다.

PART 03

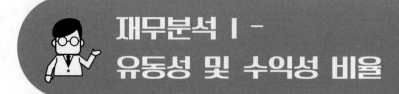

CHAPTER
09

재무분석 Ⅰ –
유동성 및 수익성 비율

▶ "포기에 관한 결정은 아주 중요한데, 가장 소홀히 여겨지고 있다."

– 피터 드러커[Peter Ferdinand Drucker]

01 재무분석 기초

1 의 미

재무제표 분석[Financial statement analysis]은 기업이 보고한 재무제표를 여러 가지 분석적 방법에 의하여 검토함으로써 기업의 현재 및 과거의 경영성과 및 재무상태의 좋고 나쁨을 판단하고 나아가 미래의 성과를 예측하는 방법을 말한다. 실제 투자를 결정하기 위해서는 재무제표의 숫자 자체가 아니라 비율 혹은 이익추세에 대한 파악을 위해 재무분석을 실시한다.

2 목 적

재무제표는 해당 기업의 재무상태, 경영성과, 자본변동, 현금흐름 정보를 회계정보이용자에게 제공한다. 그러나 회계정보이용자가 해당 기업의 정보를 효과적으로 파악하기 위해서는 재무제표에 포함된 정보를 이용 가능한 상태로 가공할 필요가 있다. 정보이용자가 기업을 파악하는 데 있어 재무제표의 항목이나 수치 자체보다 각 항목 간의 관계 및 변동 방향과 크기가 더 중요한 의미를 갖기 때문이다. 이처럼 재무제표 분석은 재무제표에 나타난 수치를 여러 가지 방법으로 분석해 봄으로써 재무제표의 정보가 좀 더 의미 있는 정보가 되게 하여 기업을 제대로 파악하게 하는 데 그 목적이 있다.

02 재무비율 분석

1 의 미

재무비율[Financial ratio]은 재무제표상에 표기된 관련 2개 이상 항목들을 서로 대응시켜 산정된 비율을 말하며, 재무비율 분석[Financial ratio analysis]이란 분석 목적에 따라 산출한 재무비율을 통하여 기업의 재무상태나 경영성과를 평가하는 분석 방법을 말한다. 비율 분석은 간편하게 사용할 수 있다는 장점이 있어 오래전부터 재무제표 분석 방법으로 널리 사용되고 있다.

② 유동성 비율

① 정 의

유동성 비율은 기업의 단기적 지급능력을 나타내는 비율이다. 유동성에 대한 구체적인 분석은 재무상태표 작성일 기준으로 1년 이내에 만기가 도래하는 유동부채를 갚을 수 있는 능력이 되는지를 살펴보는 데 있다. 이 능력이 확보되지 않으면 기업은 부도사태에 직면할 수 있다.

② 유동비율

유동비율$^{Current\ ratio}$이란 1년 이내 현금화가 가능한 유동자산을 1년 이내에 만기가 도래하는 유동부채로 나눈 값으로, 기업의 유동성을 평가하는 데 가장 많이 이용되는 재무비율이다. 유동자산으로부터 실현될 현금으로 유동부채를 상환할 수 있으려면 유동비율이 최소 1보다는 큰 값을 가져야 하며, 보통은 2 이상의 값이어야 채권자에게 안전한 수준으로 평가된다.

$$유동비율(\%) = \frac{유동자산}{유동부채} \times 100$$

③ 당좌비율

당좌비율$^{Quick\ ratio}$은 재고자산의 처분을 고려하지 않은 상태에서 단기채무 지급능력을 측정하는 비율로서 유동비율보다 더 보수적인 비율이다. 유동자산에는 현금이나 예금, 매출채권, 금융자산, 재고자산과 같은 항목들이 포함된다. 그러나 이 중 재고자산은 정상적인 판매과정을 거쳐야만 현금화가 가능하기 때문에 재고자산을 제외한 당좌자산만을 가지고 계산하는 유동성의 분석이 필요하다.

$$당좌비율(\%) = \frac{당좌자산}{유동부채} \times 100$$

> **유동비율과 당좌비율**
>
> 재고자산 비율이 높은 기업들은 유동비율이 2보다 큰 값을 갖는다 하더라도 실제로 유동부채에 대한 지급능력이 낮을 수 있기 때문에 유동비율과 당좌비율을 모두 살펴보는 것이 바람직하다.

③ 안정성 비율

① 정 의

안정성 비율은 기업의 장기적 지급능력을 나타내는 비율로서 레버리지비율$^{\text{Leverage ratios}}$이라고도 부른다. 기업이 어느 정도 타인자본에 의존하고 있는가를 측정하기 위한 비율이며 일반적으로 기업의 부채의존도를 의미한다.

② 부채비율

부채비율$^{\text{Debt to equity ratio}}$은 부채총액(타인자본)을 자본총액(자기자본)으로 나누어 산출한 비율로서 타인자본과 자기자본을 비교하여 채권자들의 위험부담 정도와 주주의 투자규모에 비추어 기업이 얼마만큼을 차입하였는지를 알려주는 기초정보로서 중요한 의미가 있는 비율이다. 부채비율이 높을수록 채권자들의 채권보전 안전도는 떨어지게 된다.

$$\text{부채비율(\%)} = \frac{\text{총부채}}{\text{총자본}} \times 100$$

③ 이자보상비율

이자보상비율$^{\text{Interest coverage ratio}}$은 이자지급능력을 나타내는 비율로, 이자비용 및 법인세차감전순이익(EBIT ; Earnings Before Interest and Tax)을 이자비용으로 나누어 계산한다. 이자보상비율을 통해 채권자는 기업의 이자비용 지급능력이 수익성에 의해 뒷받침되는지를 평가할 수 있다. 채권자 입장에서는 이자보상비율이 2 미만인 경우 주의하여야 한다. 보통은 5배 수준 이상일 경우 적정한 것으로 보는 경향이 있다.

$$\text{이자보상비율} = \frac{\text{이자비용} + \text{법인세차감전순이익}}{\text{이자비용}}$$

④ 수익성 비율

① 정 의

수익성 비율은 투입된 자본 대비 얼마의 이익을 냈는지, 매출액 대비 얼마의 이익을 낼 수 있는지에 관한 정보를 제공해 준다. 따라서 투자자, 채권자, 경영자 등 기업의 이해관계자들이 의사결정을 할 때 가장 중요한 정보로 활용되고 있다.

② 자기자본이익률

자기자본이익률$^{\text{ROE ; Return On Equity}}$은 주주관점에서 사용하는 수익성 지표로서 경영자가 이익을 실현하기 위하여 주주의 투자금을 얼마나 잘 활용하였는가를 나타내는 지표이다.

$$\text{자기자본이익률(\%)} = \frac{\text{당기순이익}}{\text{평균총자본}} \times 100$$

③ 총자산이익률

총자산이익률$^{ROA\ ;\ Return\ On\ Assets}$은 회계이익(영업이익, 당기순이익)을 총자산으로 나눈 비율로써, 자본의 원천이 자기자본인지 타인자본인지 구분하지 않고 기업에 조달된 총자산이 당기성과에 얼마나 기여하였는지를 평가하는 비율이다. 총자산이익률은 영업이익을 사용하느냐, 당기순이익을 사용하느냐에 따라 총자산영업이익률과 총자산순이익률로 구분된다.

$$\cdot\ 총자산영업이익률(\%) = \frac{영업이익}{평균총자산} \times 100$$

$$\cdot\ 총자산순이익률(\%) = \frac{당기순이익}{평균총자산} \times 100$$

④ 매출순이익률

매출순이익률은 일정기간 동안의 외형인 매출액으로부터 당기순이익이 창출되는 과정을 보여주는 비율로 3요소로 분해될 수 있다.

$$매출순이익률(ROS) = \frac{매출총이익}{매출액} \times \frac{영업이익}{매출총이익} \times \frac{당기순이익}{영업이익}$$

$$= 매출총이익률 \times 영업이익률 \times 당기순이익률$$

㉠ 매출총이익률

매출총이익률은 매출액에서 매출원가를 제외한 매출총이익을 매출액에 대비시켜 구하는 비율이다. 매출총이익률은 매출액과 매출원가에 의해 결정되므로 기업이 제품의 가격을 올리거나 원재료의 가격이 낮아지면 이 비율은 높아지게 된다.

㉡ 영업이익률

분자에 매출총이익 대신에 매출총이익에서 판매비와 관리비를 차감한 영업이익이 자리하는 비율이다. 영업이익을 증대시키기 위해서는 판매비와 관리비를 줄이거나 효율적으로 사용하여야 한다.

㉢ 당기순이익률

당기순이익을 영업이익으로 나눈 값으로 최종적으로 주주에게 남겨진 이익이 얼마인지를 알 수 있는 지표이다. 당기순이익은 영업이익에서 영업외비용과 법인세비용을 차감하여 산출되므로 당기순이익이 높아지려면 영업외비용을 절감하거나 합리적인 절세방안을 강구해야 한다.

01 다음은 ㈜동영의 2019년 말 재무상태표이다. ㈜동영의 유동비율이 400%일 때 자본금은?

재무상태표

㈜동영		제5기 2019년 12월 31일 현재	(단위 : 원)
현 금	20	매입채무	?
매출채권	?	미지급비용	17
재고자산	?	비유동부채	100
비유동자산	200	자본금	?
		이익잉여금	50
자산총계	₩400	부채와 자본총계	₩400

① ₩100   ② ₩200

③ ₩300   ④ ₩400

⑤ ₩500

02 기업의 안정성을 나타내는 비율이 아닌 것은?

① 부채비율

② 자기자본비율

③ 이자보상비율

④ 배당성향

⑤ 고정장기적합률

문제 01   재무상태표 – 유동비율

중요도	★★★★☆
정 답	②

개념 해설

매입채무를 x로 놓으면 $\dfrac{200}{x+17} \times 100 = 400$이므로 $x = 33$이다.

따라서, 자본금은 $400 - 33 - 17 - 100 - 50 = 200$

문제 02   안정성 비율

중요도	★★★☆☆
정 답	④

PART 03

개념 해설

④ 배당성향은 당기순이익 중 배당으로 처분된 비율을 의미하는 것으로, 기업의 배당정책을 판단하는 지표이다.

오답 정복하기

① 부채비율은 부채총액(타인자본)을 자본총액(자기자본)으로 나누어 산출한 비율로서 타인자본과 자기자본을 비교함으로써 채권자들의 위험부담 정도와 주주의 투자규모에 비추어 기업이 얼마만큼을 차입하였는지를 알려주는 기초정보이다.

② 자기자본비율은 총자본 대비 자기자본의 비율로, 기업의 자본 건전성을 판단하는 데 중요한 요건이 된다.

③ 이자보상비율은 기업의 채무상환능력을 나타내는 지표로, 기업이 영업이익으로 금융비용(이자비용)을 얼마나 감당할 수 있는지를 보여주는 지표이다. 이 회사가 영업이익으로 이자를 감당할 수 있는가, 감당한 후 얼마나 여유가 있는가를 알아보는 지표이다.

⑤ 고정장기적합률은 장기자본의 고정화 정도를 판단하기 위한 비율로서 장기자본과 고정자산과의 관계비율로 표시한다. 장기자본, 즉 자기자본과 고정부채에 대해서 고정자산이 몇 %를 차지하고 있는가를 표시하는 비율이며 자본배분의 안정성을 판단하는 자료로 이용된다.

03 ㈜동영은 2019년 1월 1일 토지를 ₩100,000에 구입하였고 이 토지에 재평가모형을 적용한다. 2018년 12월 31일 이 토지를 재평가한 결과 공정가치는 ₩90,000원이다. 이 재평가회계처리에 영향을 받지 않는 재무비율은?

① 부채 대 자본비율
② 매출액순이익률
③ 총자산회전율
④ 당좌비율
⑤ 자기자본이익률

04 ㈜동영은 결산일 현재 총자산이 ₩100,000이고 총부채가 ₩60,000이다. 총자산 중 유동자산은 ₩30,000이고 총부채 중 유동부채는 ₩50,000이다. 회사는 유동비율과 부채비율을 100%로 유지하는 것을 목표로 하고 있다. 이러한 목표를 달성하기 위한 조치로 적절한 것은?

① 유동부채 ₩20,000을 현금으로 상환한다.
② 유상증자를 실시하여 현금 ₩20,000을 조달한다.
③ 유동부채 ₩20,000을 출자전환한다.
④ 유동자산을 처분하여 유동부채 ₩20,000을 상환한다.
⑤ 매출채권을 회수하여 현금 ₩20,000을 수령하였다.

FEED BACK

☑ 왜 틀렸을까?

		개념 이해 부족		문제 이해 부족		기타(	)
03	☐	개념 이해 부족	☐	문제 이해 부족	☐	기타(	)
04	☐	개념 이해 부족	☐	문제 이해 부족	☐	기타(	)

☑ 개념 다시 짚어보기

474 PART 3 경 영

문제 03   재무분석 – 당좌비율

중요도	★★★★☆
정답	④

개념 해설

④ 당좌비율은 당좌자산을 유동부채로 나누어 도출하는데, 당좌자산은 유동자산 가운데 현금으로 바꾸기 쉬운 자산을 가리킨다. 토지는 비유동자산이므로 영향이 없다.

오답 정복하기

① 부채비율(부채/자본)에서 비용발생에 따라 자본이 감소하므로 영향이 있다.
② 매출액순이익률(순이익/매출액)에서 비용발생에 따라 순이익이 감소하므로 영향이 있다.
③ 총자산회전율(매출액/평균자산)에서 자산이 감소하므로 영향이 있다.
⑤ 자기자본이익률(순이익/자기자본)에서 순이익과 자기자본 모두 감소하므로 영향이 있다.

> **🔖 문제 분석**
>
> 문제에 주어진 상황을 회계처리하면 (차) 재평가손실 (비용) ₩10,000 (대) 토지 (자산) ₩10,000 이다.

문제 04   유동비율과 부채비율

중요도	★★★★☆
정답	②

개념 해설

유동비율(%) $= \dfrac{₩30,000}{₩50,000} \times 100$ 이고,

부채비율(%) $= \dfrac{₩60,000}{₩100,000 - ₩60,000} \times 100$ 이다.

따라서 모두 100% 유지하기 위해서는 유동자산을 ₩20,000만큼 증가시키고, 자본을 ₩20,000만큼 증가시켜야 한다.

PART 03

재무분석 II - 활동성 · 성장성 비율 및 기타 비율

▸ "만약 20개의 요인들이 서로 상호작용을 한다면, 당신은 그 상황을 다루는 방법을 배워야만 할 것이다. 왜냐하면 세상이 원래 그렇기 때문이다. 당신은 다윈이 한 것처럼 지속적인 호기심을 가지고 한 걸음씩 나아간다면 생각만큼 어렵지 않다는 걸 알게 될 것이다. 그리고 당신이 얼마나 좋은 결과를 얻을 수 있는지에 놀랄 것이다."

– 찰리 멍거$^{Charlie\ Munger}$

01 활동성 비율과 성장성 비율

① 활동성 비율

① 의 미

기업이 소유하고 있는 자산들을 얼마나 효율적으로 이용하고 있는가를 측정하는 비율이다. 이와 같은 비율들은 일정기간(보통 1년간)의 매출액을 각종 주요 자산으로 나누어 산출한다. 즉, 여러 종류의 자산에 대하여 그 자산이 현재의 영업활동 수준을 나타내는 매출액과 관련하여 얼마나 높고 낮은지를 결정함으로써 그 자산의 효율적 사용정도를 측정하게 된다. 이런 이유로 활동성 비율은 재무상태표와 포괄손익계산서의 자료를 함께 사용해야 한다.

② 총자산회전율

총자산회전율$^{Asset\ turnover\ ratio}$은 자산이 실현시킨 매출액을 의미하는 재무비율로, 비율이 높을수록 효율성이 높은 것을 의미한다.

$$총자산회전율(회) = \frac{매출액}{평균총자산} = \frac{매출액}{(기초총자산 + 기말총자산) \div 2}$$

③ 매출채권회전율

매출채권회전율$^{Accounts\ receivable\ turnover\ ratio}$은 매출액을 매출채권으로 나눈 회전수로서 매출채권에 대한 투자효율성을 나타낸다. 매출채권회전율이 높다는 것은 매출채권이 순조롭게 회수되고 있음을 나타내며, 비율이 높을수록 효율성이 높음을 의미한다.

$$매출채권회전율(회) = \frac{매출액}{평균매출채권} = \frac{매출액}{(기초총매출채권 + 기말총매출채권) \div 2}$$

매출채권평균회수기간

매출채권평균회수기간$^{\text{Average collection period}}$은 매출채권을 회수하는 데에 걸리는 평균기간을 말하며 이 일수는 짧을수록 대금의 회수가 빠르고 자금회전이 용이함을 의미한다.

$$매출채권평균회수기간 = \frac{365}{매출채권회전율}$$

④ 재고자산회전율

재고자산회전율$^{\text{Inventory turnover ratio}}$은 매출원가를 평균재고자산으로 나눈 것으로써 재고자산이 어느 정도의 속도로 판매되고 있는가를 나타내는 지표로 사용된다. 일반적으로 재고자산회전율이 높을수록 효율성이 높은 것을 의미한다.

$$재고자산회전율(회) = \frac{매출원가}{평균재고자산} = \frac{매출원가}{(기초재고자산 + 기말재고자산) \div 2}$$

 재고자산평균회전기간

재고자산평균회전기간$^{\text{Average turnover period}}$은 재고자산을 매입한 날로부터 판매되는 날까지의 평균기간을 말하며, 365일을 재고자산회전율로 나누어 계산한다.

$$재고자산평균회수기간 = \frac{365}{재고자산회전율}$$

② 성장성 비율

① 의 미

기업은 지속적인 성장을 통해 기업가치의 극대화를 실현하고자 한다. 일정한 수익성을 내는 기업이라도 성장하지 않는다면 기업가치는 증대되지 않는다. 성장성은 전년 대비, 전월 대비, 전분기 대비와 같은 기준을 수립하고 비교함으로써 평가되며, 단기간이 아닌 장기간에 걸친 분석을 필요로 한다.

② 매출액성장률

일반적으로 매출액의 증가는 기업이 성장하고 있음을 나타낸다. 매출액성장률은 전년도 대비당기 매출액이 얼마나 빠른 속도로 증가하였는지를 보여주며 다음과 같이 측정된다.

$$매출액성장률(\%) = \frac{당기매출액 - 전기매출액}{전기매출액} \times 100$$

③ 순이익성장률

순이익성장률은 당기순이익이 전기순이익에 비해 얼마나 빠른 속도로 증가했는지를 나타내는 지표이며, 매출액자리에 순이익이 온다는 점을 제외하면 매출액성장률과 구하는 공식이 동일하다. 당기순이익은 매출액에서 모든 비용을 차감하고 최종적으로 주주에게 귀속되는 이익이기 때문에 순이익성장률은 주가형성에 직접적인 영향을 미친다.

$$순이익성장률(\%) = \frac{당기순이익 - 전기순이익}{전기순이익} \times 100$$

④ 총자산증가율

총자산증가율은 당기말총자산이 전기말총자산에 비해 얼마나 증가했는지를 보여주는 지표이다. 총자산은 한 기업의 규모를 나타내기 때문에 기업의 규모가 얼마나 성장하였는지를 나타낸다.

$$총자산증가율(\%) = \frac{당기말총자산 - 전기말총자산}{전기말총자산} \times 100$$

주가와 주가관련 비율들은 재무제표에 기재되는 내용은 아니지만 투자자의 관점에서 주가와 재무
제표와의 관계는 중요정보가 될 수 있다.

1 주당순이익

주당순이익$^{EPS \; ; \; Earnings \; Per \; Share}$은 기업의 보통주 당기순이익을 유통주식수로 나눈 지표로서 기업의
주당 수익력을 나타낸다. 보통주에 대해서 주당순이익을 산출하기 때문에 당기순이익에서 우선주
배당금을 차감한 금액을 유통주식수로 나누어 산출한다.

$$주당순이익 = \frac{보통주 \; 당기순이익}{유통주식수} = \frac{(당기순이익 - 우선주 \; 배당금)}{유통주식수}$$

당기순이익과 주당순이익

당기순이익은 총액으로 나타나기 때문에 기업의 입장에서는 얼마의 이익을 남겼는지를 알려주는 지표가
될 수 있지만 개별 주주에게 돌아가는 이익의 크기를 설명하지 못한다. 반면에 주당순이익은 주주의 입장에
서 얼마의 이익을 갖게 되는지를 알려주는 중요한 지표로서 주주에게는 중요한 의미를 가지며, 일반적으로
주당순이익이 높을수록 주가는 높게 형성된다.

PART 03

② 주가수익률

주가수익률$^{\text{PER ; Price-Earnings Ratio}}$은 현재의 주당 주식가격(주가)을 주당순이익으로 나눈 지표로서, 현재의 주가가 주당순이익의 몇 배로 형성되었는지를 나타낸다. 주가수익률이 낮게 나타날 경우 특정 기업의 주가가 주당 수익력에 비해 저평가 되어 있다는 것을 의미하고, 미래에 가격이 상승할 가능성이 높다고 본다. 따라서 투자자의 입장에서는 주가수익률이 낮은 기업에 투자하는 것이 더 좋은 투자 방법이라고 해석할 수 있다.

$$\text{주가수익률} = \frac{\text{주식가격}}{\text{주당순이익}(EPS)}$$

③ 주당순자산

주당순자산$^{\text{BPS ; Book-value Per Share}}$은 순자산을 유통주식수로 나눈 값이다. 기업이 발행하는 주식 한 주당 얼마만큼의 순자산을 보유하고 있는지를 나타내는 지표로서 기업 가치를 확인할 수 있는 주요 지표이다. 주당순자산이 크다는 것은 그만큼 기업의 순자산이 많다는 것을 의미한다.

$$\text{주당순자산} = \frac{\text{납입자본} + \text{이익잉여금}}{\text{유통주식수}}$$

④ 주가순자산비율

주가순자산비율$^{\text{PBR ; Price-to-Book Ratio}}$은 현재의 주식가격을 주당순자산으로 나누어 구한 값으로 현재 주식가격이 순자산(총자본)의 장부가치의 몇 배로 형성되어 있는지를 나타낸다. 주가수익률(PER)이 기업이 획득한 이익과 관련된 지표라면 주가순자산비율(PBR)은 기업의 자산에 주목한 지표로서 1배를 기준으로 1배보다 작으면 기업의 주가가 순자산의 장부가치보다 낮게 형성되어 있는 것이고, 1배보다 클 경우 주가가 기업의 순자산의 장부가치보다 비싸게 형성되어 있음을 의미한다.

$$\text{주가순자산비율} = \frac{\text{주식가격}}{\text{주당순자산}(BPS)}$$

⑤ 배당성향

배당성향(Dividend payout ratio)이란 당기순이익 중 현금으로 지급된 배당금이 차지하는 비율을 말하며, 주당배당금을 주당순이익(EPS)로 나누어 구한다. 배당성향이 높아지게 되면 이익 중 배당금이 차지하는 비율이 높아지게 되므로 자본과 자산이 동시에 감소하여 재무구조의 악화요인이 된다. 그러나 배당성향이 높다는 것은 기업이 벌어들인 이익을 주주에게 많이 돌려줌을 의미하기 때문에 투자가치가 높은 기업이라 할 수 있다.

$$\text{배당성향} = \frac{\text{주당배당금}}{\text{주당순이익}(EPS)}$$

01 다음 자료를 토대로 계산한 ㈜동영의 당기순이익은?

> • 평균총자산액 ₩3,000
> • 매출액순이익률 20%
> • 부채비율(부채/자본) 200%
> • 총자산회전율(평균총자산 기준) 0.5회

① ₩100   ② ₩200
③ ₩300   ④ ₩400
⑤ ₩500

02 2018년의 총자산이익률은 2%이고 부채비율은 200%이다. 2019년의 매출액이익률은 4%이고 부채비율은 100%이다. 2019년 자기자본이익률이 2018년 자기자본이익률의 2배일 때 아래의 보기를 활용하여 2019년 총자산회전율을 구하면 얼마인가?

> ─┤ 보 기 ├─
> • 총자산이익률 = 당기순이익/평균자산
> • 매출액이익률 = 당기순이익/매출액
> • 총자산회전율 = 매출액/평균자산
> • 부채비율 = 평균부채/평균자본
> • 자기자본이익률 = 당기순이익/평균자본

① 1.5   ② 2
③ 2.5   ④ 3
⑤ 3.5

FEED BACK

✓ 왜 틀렸을까?	01 ☐ 개념 이해 부족 ☐ 문제 이해 부족 ☐ 기타( )
	02 ☐ 개념 이해 부족 ☐ 문제 이해 부족 ☐ 기타( )
✓ 개념 다시 짚어보기	

문제 01 당기순이익

개념 해설

당기순이익을 구하기 위해서는 주어진 자료인, 총자산회전율과 매출액순이익률을 활용해야 한다. 총자산회전율은 자산이 실현시킨 매출액을 의미하는 재무비율로 높을 수록 효율적임을 의미한다. 문제에서 총자산액이 주어져 있으므로 이를 이용해 매출액을 구할 수 있다.

$$\text{총자산회전율} = \frac{\text{매출액}}{\text{평균총자산}}$$

한편, 매출액순이익율은 매출액 가운데 당기순이익이 얼마나 존재하는지 나타내는 개념이다. 총자산회전율을 통해 매출액을 파악했으므로, 매출액순이익률 지표를 통해 당기순이익을 도출할 수 있다. 세부 과정은 다음과 같다.

(1) 총자산회전율(0.5) = 매출액(₩1,500)/평균총자산(₩3,000)
(2) 매출액순이익률(20%) = 당기순이익(₩300)/매출액(₩1,500)

문제 02 재무비율 분석 – 총자산회전률

개념 해설

(1) 2018년 부채비율 : 부채(200) ÷ 자본(100) = 200%
   자본 = 자산 − 부채
   자본(100) = 자산 − 부채(200)
   자산 = 300

(2) 2018년 총자산이익률 : 당기순이익 ÷ 자산(300) = 2%
   당기순이익 = 300 × 0.02 = 6

(3) 2019년 자기자본이익률 : 당기순이익(6) ÷ 자본(100) = 6%

(4) 2019년 부채비율 : 부채(100) ÷ 자본(100) = 100%

(5) 2019년 자기자본이익률 : 이익 ÷ 자본(100) = 12%
   이익 = 자기자본이익률(12%) × 자본(100) = 0.12 × 100 = 12
   ∴ 이익 = 12

(6) 2019년 매출액이익률 : 이익(12) ÷ 매출
   매출 = 이익(12) ÷ 매출액이익률(4%) = 12 ÷ 0.04 = 300
   ∴ 매출 = 300

(7) 2019년 총자산회전율 : 매출(300) ÷ 자산(200) = 150%

03 재무비율 분석과 관련된 설명으로 옳은 것은?

① 기업영업활동의 수익성을 분석하는 주요 비율로 자기자본이익률과 이자보상비율이 사용된다.

② 총자산이익률은 매출액순이익률과 총자산회전율의 곱으로 표현할 수 있다.

③ 유동성 비율은 기업의 단기지급능력을 분석하는 데 사용되며 유동비율, 당좌비율, 총자산이익률이 주요 지표이다.

④ 이자보상비율은 기업의 이자지급능력을 측정하는 지표로 이자 및 법인세비용차감전이익을 이자비용으로 나누어 구하며 그 비율이 낮은 경우 지급능력이 양호하다고 판단할 수 있다.

⑤ 매출채권회전율이 낮다는 것은 매출채권이 순조롭게 회수되고 있음을 의미한다.

문제 03 재무비율 분석 - 총자산이익률

중요도	★★★★☆
정답	②

개념 해설

재무제표 분석은 기업이 보고한 재무제표를 여러 가지 분석적 방법에 의하여 검토함으로써 기업의 현재 및 과거의 경영성과 및 재무상태의 좋고 나쁨을 판단하고 나아가 미래의 성과를 예측하는 방법을 말한다. 실제 투자를 결정하기 위해서는 재무제표 상의 숫자 자체가 아니라 비율 혹은 이익 추세에 대한 파악을 위해 재무분석을 실시한다.

② 총자산이익률(이익/자산) = 매출액순이익률(이익/매출) × 총자산회전율(매출/자산)으로 나타낸다.

오답 정복하기

① 수익성 비율에 이자보상비율은 포함되지 않는다. 이자보상비율은 안정성 비율에 포함된다. 즉, 기업이 어느 정도 타인자본에 의존하고 있는가를 측정하는 비율이다.

③ 총자산이익률(매출액/자산)은 유동성 비율이 아닌 수익성 비율에 해당한다. 수익성 비율은 투입된 자본 대비 얼마의 이익을 냈는지, 매출액 대비 얼마의 이익을 낼 수 있는지에 관한 정보를 제공하는 지표로서, 투자자, 채권자, 경영자 등 기업의 이해관계자들이 의사결정을 하는데 있어 가장 중요한 정보로 활용되고 있다.

④ 이자보상비율(영업이익/이자비용)이 높은 경우 지급 능력이 양호하다고 볼 수 있다.

⑤ 매출채권회전율(매출액/매출채권)이 높다는 것이 순조롭게 회수되고 있음을 의미한다.

PART 03

04 다음 자료로 PER를 계산하면 얼마인가?

주가	10,000원
유통주식수	1,000,000주
보통주 당기순이익	10억원

① 10배   ② 20배

③ 30배   ④ 40배

⑤ 50배

문제 04 　재무비율 분석 – PER

중요도　★★★★☆
정답　①

개념 해설

주당순이익(EPS)은 기업의 보통주 당기순이익을 유통주식수로 나눈 지표로서 기업의 주당 수익력을 나타낸다. 보통주에 대해서 주당순이익을 산출하기 때문에 당기순이익에서 우선주 배당금을 차감한 금액을 유통주식수로 나누어 산출한다.

$$주당순이익 = \frac{보통주\ 당기순이익}{유통주식수}$$

주가수익률(PER)은 현재의 주당 주식가격(주가)을 주당순이익으로 나눈 지표로서, 현재의 주가가 주당순이익의 몇 배로 형성되었는지를 나타낸다. 주가수익률이 낮게 나타날 경우 특정 기업의 주가가 주당 수익력에 비해 저평가 되어 있다는 것을 의미하고, 미래에 가격이 상승할 가능성이 높다고 본다. 따라서 투자자의 입장에서는 주가수익률이 낮은 기업에 대해 좋은 투자기회라고 해석할 수 있다.

$$주가수익률 = \frac{주식가격}{주당순이익(EPS)}$$

문제에 제시된 자료를 주당순이익 및 주가수익률 산식에 따라 계산하면 다음과 같다.
(1) EPS = (보통주 당기순이익/유통주식수) = (10억/100만주) = 1,000
(2) PER = (주가/EPS) = (10,000/1,000) = 10배

PART 03

여기서 멈출 거예요? 고지가 바로 눈앞에 있어요.
마지막 한 걸음까지 시대에듀가 함께할게요!

최종 모의고사

매경TEST

경·제·경·영·이·해·력·인·증·시·험

수 험 번 호	
성 명	

매경TEST 최종 모의고사

01 다음 기사를 읽고 예상할 수 있는 현상을 보기에서 모두 고른 것은?

> 국내 유가에 영향을 미치는 중동산 두바이유의 가격이 급등하여 배럴당 30달러를 넘어섰다. 이에 따라 국내 휘발유 가격이 큰 폭으로 올라 리터당 1,400원을 돌파했다. 더욱이 석유수출기구(OPEC) 회원국들은 다음 달부터 하루 100만 배럴 감산을 예정대로 실행하겠다고 공언하여 유가 불안을 부추기고 있다.

┤보 기├

㉠ 휘발유 사용량이 늘어날 것이다.
㉡ 비행기 탑승객이 늘어날 것이다.
㉢ 버스나 지하철 이용자가 늘어날 것이다.
㉣ 절전형 전자 제품이나 기계의 구입이 늘어날 것이다.

① ㉠, ㉡   ② ㉠, ㉢
③ ㉡, ㉢   ④ ㉡, ㉣
⑤ ㉢, ㉣

02 다음 대화의 밑줄 친 부분에 들어갈 내용으로 적절하지 않은 것은?

> 학생 : 소비자 단체들이 과소비 추방 운동을 벌이는 것을 보았는데 과소비가 뭐죠?
> 선생 : 과소비란, 자기의 소득 능력 이상으로 지나치게 소비하는 경우를 말한단다.
> 학생 : '소비가 미덕'이라는 말도 있잖아요.
> 선생 : 물론 경제 상황에 따라 과소비가 나름대로 경제에 도움을 줄 수도 있지. 그러나 과소비의 폐해가 결코 적지 않단다.
> 학생 : 그럼 과소비의 폐해에 대해 몇 가지 사례를 말씀해 주세요.
> 선생 : 과소비는 (   )

① 사회 계층 간의 위화감을 심화시킬 수 있단다.
② 외제품 수입을 늘려 국제 수지를 악화시킨단다.
③ 가계의 빚을 키워 신용불량자로 전락시킬 수 있단다.
④ 경기 침체를 유발하여 실업 문제를 심화시키게 된단다.
⑤ 저축을 감소시켜 국내에서 조달되는 투자 재원을 줄어들게 한단다.

03 다음 특성을 갖는 농산물에 대해 바르게 설명한 것을 보기에서 모두 고른 것은?

> • 재배 기간이 길고 장기간의 저장이 어렵다.
> • 풍작으로 공급이 증가하면 가격이 큰 폭으로 하락한다.

> ┤보 기├
> ㉠ 공급의 가격 탄력성이 작다.
> ㉡ 수요의 가격 탄력성이 크다.
> ㉢ 풍년이 들면 농민의 소득이 증가한다.
> ㉣ 수요가 증가하면 가격이 큰 폭으로 상승한다.

① ㉠, ㉡   ② ㉠, ㉢
③ ㉠, ㉣   ④ ㉡, ㉢
⑤ ㉢, ㉣

04 밑줄 친 부분에 해당하는 내용을 보기에서 모두 고른 것은?

> 시장의 '보이지 않는 손'이 우리의 전지전능한 인도자가 될 수는 없다. 그렇기 때문에 사회가 시장 경제 체제를 선택한다 하더라도, 경우에 따라서는 시장에 어떤 제약을 가할 필요가 생기는 것이다. 시장을 견제하거나 시장의 부족한 부분을 채워주는 역할은 주로 정부가 담당하고 있다.

> ┤보 기├
> ㉠ 시장 개방의 확대
> ㉡ 공기업의 민영화 실시
> ㉢ 국민연금 제도의 확대
> ㉣ 불공정 거래 행위에 대한 규제 강화

① ㉠, ㉡   ② ㉠, ㉢
③ ㉡, ㉢   ④ ㉡, ㉣
⑤ ㉢, ㉣

05 그림은 자원의 효율적 배분과 관련된 것이다. 각 단계에서 (가), (나), (다)가 작용하여 그 다음 단계의 현상이 발생한다. (가), (나), (다)에 들어갈 개념을 바르게 묶은 것은?

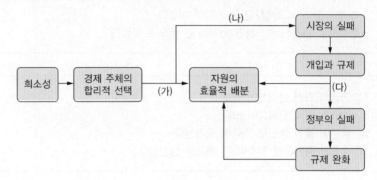

	(가)	(나)	(다)
①	보이지 않는 손	독과점	전시행정
②	외부효과	부정부패	기회비용
③	공공재	외부효과	전시행정
④	가격기구	부정부패	기회비용
⑤	보이지 않는 손	외부경제	빈부격차

06 시장에서 콩 가격이 상승한 것에 대해 두 사람이 TV에서 토론한 내용이다.

> A : 콩이 몸에 좋다는 뉴스를 보고 소비자들이 수요를 늘렸기 때문에 콩 가격이 상승했습니다.
> B : 콩 농사가 흉년이었기 때문에 콩 가격이 상승했습니다.

이 가운데 한 사람의 주장이 맞다고 한다. 누구의 주장이 맞는가를 확인하기 위한 다음의 논의에서, 괄호 안에 들어갈 말로 타당한 것은?

> 갑 : 맞는 주장을 찾으려면 콩 시장에서의 수요 곡선과 공급 곡선을 생각하면 돼.
> 을 : 맞아. A의 말이 맞다면 (㉠) 곡선이 움직여서 콩 거래량이 (㉡)했을 거야.
> 병 : 그리고 만약 B의 말이 맞다면, (㉢) 곡선이 움직여서 콩 거래량이 (㉣)했을 거야.
> 정 : 그러니까 우리는 콩 거래량의 증감 여부를 확인하면 누구의 주장이 맞는지 알 수 있겠구나.

	㉠	㉡	㉢	㉣
①	수요	증가	공급	증가
②	수요	증가	공급	감소
③	수요	감소	공급	감소
④	공급	감소	수요	증가
⑤	공급	증가	수요	감소

07 표로부터 옳게 추론한 것을 보기에서 모두 고른 것은?

(단위 : %)

구 분	인구 증가율	연령 계층별 인구 구성비			실업률
		0~14세	15~64세	65세 이상	
1970	1.99	42.5	54.4	3.1	4.4
1980	1.57	34.0	62.2	3.8	5.2
1990	0.99	25.6	69.3	5.1	2.4
2000	0.84	21.1	71.7	7.2	4.1
2002	0.63	20.3	71.4	8.3	3.1

┤보 기├

㉠ 청년 취업자가 많아지고 있다.
㉡ 노년부양비가 증가하고 있다.
㉢ 1990년 이후 총인구가 감소하고 있다.
㉣ 사회 복지 예산에 대한 노년층의 요구가 커질 것이다.

$$*노년부양비 = \frac{65세 \ 이상 \ 인구}{15\sim64세 \ 인구} \times 100$$

① ㉠, ㉢　　　　　　　　　　② ㉠, ㉣
③ ㉡, ㉢　　　　　　　　　　④ ㉡, ㉣
⑤ ㉢, ㉣

08 다음 글에 나타난 경제 문제의 해결 방안을 보기에서 모두 고른 것은?

정부의 무분별한 개입이 효율적인 자원 배분에 부정적인 영향을 주는 경우가 종종 있다. 정부 조직의 비대화는 예산의 낭비를 초래하며, 과중한 세금은 국민 생활을 압박하기도 한다. 또한 정부는 때때로 민간 부문의 욕구나 선호를 제대로 읽지 못하여 잘못된 정책 결정을 하는 경우도 있고, 부처 이기주의에 따른 횡포나 인가에 영합한 선심 행정에 따른 문제를 유발하기도 한다.

┤보 기├

㉠ 시장 기능의 활성화 정책이 필요하다.
㉡ 경제 활동에 있어서 정부의 개입을 늘려야 한다.
㉢ 공기업은 공익 증진을 위해 활동 영역을 지속적으로 넓혀 나가야 한다.
㉣ 정부 정책의 투명성 제고와 시민 단체에 의한 예산 감시활동이 시급하다.

① ㉠, ㉡　　　　　　　　　　② ㉠, ㉢
③ ㉠, ㉣　　　　　　　　　　④ ㉡, ㉢
⑤ ㉢, ㉣

09 그림의 (가)에 들어갈 말로 가장 적절한 것은?

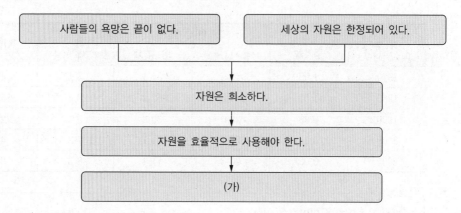

① 모든 선택에서 기회비용을 고려한다.
② 정부의 시장 개입이 효율성을 높인다.
③ 경제적으로 합리적인 선택은 공익을 먼저 고려한다.
④ 사람들은 효율성보다 형평성을 더 중요하게 생각한다.
⑤ 사람들은 자기 것보다 주인이 없는 것을 과도하게 사용한다.

10 다음과 같은 정책의 즉각적인 효과로 나타나게 될 새로운 균형점의 위치로 가장 적절한 것은?

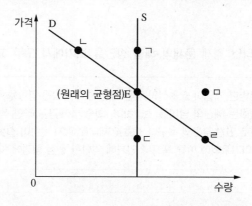

> 서울과 경기의 일부 지역이 주택 거래 신고 지역으로 지정되었다. 이들 지역의 아파트를 구입하는 사람들은 실제 거래 가격으로 매매 가격을 신고해야 한다. 그러면 현재보다 3~6배가 늘어난 아파트 취득세와 등록세를 납부해야 한다.

① ㄱ ② ㄴ
③ ㄷ ④ ㄹ
⑤ ㅁ

[11-12] 다음의 내용을 보고 물음에 답하시오.

(가) 무엇을 생산할까?
(나) 어떻게 생산할까?
(다) 누구에게 분배할까?

11 세 가지 경제 문제에 대한 적절한 설명을 보기에서 모두 고른 것은?

┤보 기├

㉠ 계획경제체제에서는 정부가 (가)를 결정한다.
㉡ 분업과 특화의 확대는 (나)와 관련된다.
㉢ 부자에게 높은 세율을 적용하는 것은 (다)에 해당된다.
㉣ 시장경제체제는 (가)의 경우에 효율성을, (나)와 (다)의 경우에 형평성을 추구한다.

① ㉠, ㉡　　　　　　　　　　　② ㉡, ㉢
③ ㉡, ㉣　　　　　　　　　　　④ ㉠, ㉡, ㉢
⑤ ㉠, ㉢, ㉣

12 (가)에 해당되는 예를 보기에서 모두 고른 것은?

┤보 기├

㉠ 창고업자가 어떤 과일을 저장할 것인지를 결정하는 문제
㉡ 기업이 주주들에게 이윤을 얼마나 배당할 것인지를 결정하는 문제
㉢ 농민이 자신의 농토에 어떤 농작물을 심을 것인지를 결정하는 문제
㉣ 자동차 회사가 공장 자동화를 추진할 것인지, 고용을 더 늘릴 것인지를 결정하는 문제

① ㉠, ㉢　　　　　　　　　　　② ㉠, ㉣
③ ㉡, ㉢　　　　　　　　　　　④ ㉡, ㉣
⑤ ㉢, ㉣

13 밑줄 친 내용에 대한 설명으로 옳지 않은 것은?

> 우리가 오늘날의 물질적 번영을 누릴 수 있게 된 것은 ⊙ 시장경제체제가 시장의 잠재력을 최대
> 한으로 활용할 수 있게 만들어 주었기 때문이다. 시장경제체제가 거둔 눈부신 성과의 배경에는
> ⓒ 가격 기구가 있다. 가격은 ⓒ 신호를 전달하고 ⓔ 유인을 제공하며 ⓜ 소득을 분배하는 세
> 가지 기능을 수행한다.

① ⊙과 대비되는 경제체제는 계획경제체제이다.

② ⓒ을 활용하는 데는 많은 비용이 소요된다.

③ ⓒ은 수요와 공급의 변화 상황을 각 경제 주체에게 알려 주는 기능이다.

④ ⓔ은 각 경제 주체가 소비나 생산활동에 대한 참여여부를 판단하게 해 주는 기능이다.

⑤ ⓜ은 각 경제 주체가 가진 자원의 규모와 시장 가격에 의해 소득을 얻게 하는 기능이다.

14 다음의 연구활동 계획서의 문제점을 개선하기 위한 적절한 제안을 보기에서 모두 고른 것은?

> 가설 : 시장경제체제를 채택한 나라의 경제 성장률이 계획경제체제를 채택한 나라의 경제 성장
>   률보다 높다.
> 분석 방법 : 가장 최근 연도의 경제 성장률을 비교한다.
> 자료 : 경제 성장률(단위 : %)
>
> | 구 분 | 2005 | 2010 | 2016 | 2017 |
> |------|------|------|------|------|
> | 남한 | 9.0 | 8.9 | 8.8 | 3.0 |
> | 북한 | -3.7 | -4.1 | 1.3 | 3.7 |
>
> 결론 : 계획경제체제를 채택한 나라의 경제 성장률이 더 높다.

┤보 기├
> ⊙ 각 경제 체제별로 여러 나라의 경제 성장률을 조사해야 한다.
> ⓒ 남한과 북한을 각각 시장경제체제와 혼합경제체제로 분류해야 한다.
> ⓒ 특정 연도의 비교에 한정하지 말고, 여러 연도의 평균 경제 성장률로 비교해야 한다.
> ⓔ 경제 성장률만 아니라 인구 증가율, 식량 및 에너지 자급도, 문맹률, 국제 수지도 조사해야
>   한다.

① ⊙, ⓒ   ② ⊙, ⓔ

③ ⓒ, ⓒ   ④ ⓒ, ⓔ

⑤ ⓒ, ⓔ

15 (가)~(라)의 사례와 관련된 경제개념을 보기에서 골라 바르게 연결한 것은?

> (가) 도서관 밖에서 들려오는 소음 때문에 시험 공부를 제대로 할 수 없었다.
> (나) 아파트 전세 가격이 폭등하자 단독 주택에 대한 전세 수요가 크게 늘어났다.
> (다) 빌 게이츠가 마이크로소프트사를 설립하기 위해 하버드 대학을 중퇴한 것은 합리적인 선택이었다.
> (라) 연극 공연장에 가 보면, 객석이 텅텅 비어 있는데도 공연 기획사는 관람료를 할인해 주지 않고 있다.

> ─ 보 기 ─
> ㉠ 대체재   ㉡ 기회비용
> ㉢ 외부불경제   ㉣ 수요의 가격탄력성

	(가)	(나)	(다)	(라)
①	㉡	㉠	㉣	㉢
②	㉢	㉣	㉠	㉡
③	㉢	㉠	㉡	㉣
④	㉢	㉡	㉣	㉠
⑤	㉢	㉠	㉣	㉡

16 다음과 같은 경제 조치가 가져올 영향을 보기에서 모두 고른 것은?

> A은행은 상환능력과 의지가 있는 신용불량자에게 연 6~15%의 저금리 적용, 연체 이자의 1년 분할 상환 등과 같은 혜택을 주기로 했다. 그리고 B 은행은 이번 주부터 최장 8년 분할 상환, 최고 100% 연체 이자 감면 등과 같은 조치를 통해 신용불량자의 채무 재조정을 본격화하기로 했다.

> ─ 보 기 ─
> ㉠ 가계의 소비 지출이 큰 폭으로 증가할 것이다.
> ㉡ 누구나 은행 대출을 쉽게 받을 수 있을 것이다.
> ㉢ 채무자들의 도덕적 해이를 유발할 수 있을 것이다.

① ㉠   ② ㉡

③ ㉢   ④ ㉠, ㉡

⑤ ㉡, ㉢

17 글에 나타난 경제적 관점과 일치하는 내용을 보기에서 모두 고른 것은?

> 정육점 주인, 맥주 만드는 사람, 빵 만드는 사람의 자비심 덕분에 우리가 저녁을 먹을 수 있는 것은 아니다. 그들이 자신의 이익을 추구하는 과정에서 우리의 저녁거리가 생기는 것이다. 우리는 그들의 인정에 호소하지 않고 그들 자신을 사랑하는 마음에 호소한다. 그들에게 우리가 무엇을 필요로 하는지 말하는 것이 아니라 어떻게 하면 그들이 이익을 얻을 수 있는지에 대해 말한다.

┤보 기├
- ㉠ 효율성보다 형평성에 더 큰 비중을 둔다.
- ㉡ '보이지 않는 손'의 역할이 갖는 중요성을 강조한다.
- ㉢ 정부의 적극적인 시장개입을 긍정적으로 평가한다.
- ㉣ 개인은 사회적 이익보다 자신의 이익에 더 많은 관심을 갖는다.

① ㉠, ㉡   ② ㉠, ㉢
③ ㉡, ㉢   ④ ㉡, ㉣
⑤ ㉢, ㉣

18 그림은 2018년과 2019년 커피 시장의 균형점을 각각 E_{2018}과 E_{2019}로 나타낸 것이다. 수요의 법칙과 공급의 법칙이 적용된다고 할 때, 균형점의 이동을 가져올 수 있는 원인들을 보기에서 바르게 짝지은 것은?

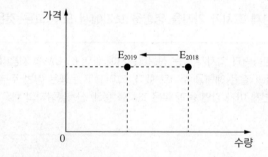

┤보 기├
- ㉠ 커피 원료의 가격이 상승했다.
- ㉡ 커피 제조업의 생산성이 향상되었다.
- ㉢ 커피의 보완재인 설탕의 가격이 상승했다.
- ㉣ 소득의 증대로 커피에 대한 수요가 증가했다.

① ㉠, ㉡   ② ㉠, ㉢
③ ㉡, ㉢   ④ ㉡, ㉣
⑤ ㉢, ㉣

19 정부가 어떤 목적에서 재화의 균형가격 P^*를 $\overline{P}$수준으로 규제하려고 한다. 이에 대한 옳은 설명을 보기에서 모두 고른 것은?

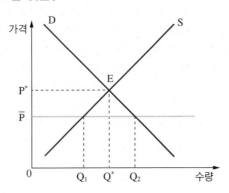

┤보 기├

㉠ $Q_1 Q_2$만큼의 초과수요로 인해 암시장이 형성될 수 있다.

㉡ 과잉 생산으로 인해 가격 폭락이 우려될 때, 정부가 자주 사용하는 정책이다.

㉢ 과거 아파트 분양가 결정에 정부가 적극 개입했던 것은 이러한 정책 유형에 속한다.

㉣ 규제 가격 하에서는 수요자가 최대로 지불하려는 가격이 공급자가 최소로 받아야겠다고 생각하는 가격보다 낮다.

① ㉠, ㉡   ② ㉠, ㉢
③ ㉡, ㉢   ④ ㉡, ㉣
⑤ ㉢, ㉣

20 다음 글을 읽고 추론할 수 있는 것 중 가장 적절한 것은?

> 과거에는 아무런 대가를 지불하지 않고서도 어디서나 깨끗한 물을 쉽게 구할 수 있었다. 하지만 산업화 과정에서 사람들의 무관심과 묵인으로 환경오염이 심해지면서 깨끗한 물을 쉽게 구할 수 없게 되었고, 이제는 깨끗한 물을 구하고자 할 때 그 값을 치르게 되었다.

① 자유거래는 모든 사람을 이롭게 한다.
② 같은 비용이면 편익이 큰 것을 선택한다.
③ 모든 재화는 시장에서 거래가 이루어진다.
④ 시장에서는 분업의 원리가 작용하고 있다.
⑤ 재화의 희소성으로 선택의 문제가 발생한다.

21 다음 두 사람의 대화에서 괄호 안에 들어갈 답변으로 가장 거리가 먼 것은?

> A : 우리나라와 같이 작은 나라가 대외 개방을 한 상태에서는 큰 나라에서 발생하는 충격에 무방비로 당할 수밖에 없어. 외국과의 교역이나 자본의 거래에 일정한 제약을 가해야만 원천적으로 이러한 충격에서 우리 경제를 방어할 수 있다고 봐.
>
> B : 외국과의 거래를 제한하자는 주장은 자원이 풍부한 큰 나라에는 맞을 지도 모르지만, 자원이 부족하여 자급자족이 불가능한 우리나라에 적용할 수는 없어. 더구나 전 세계가 개방화, 글로벌화되고 있는 시대적 조류에도 맞지 않아.
>
> A : 그럼 대외 개방을 한 상태에서 우리가 어떻게 대응해야 하지?
>
> B : (   )

① 수출품의 품질 경쟁력을 향상시켜야지.
② 해외 자본이 이동할 때 세금을 부과해야지.
③ 기업의 경영 관행을 국제 기준에 맞추어야지.
④ 금융 시장이 수요·공급의 원칙에 따라 운영되어야지.
⑤ 경제 협력 개발 기구 기준에 따라 정부 규제를 조정해야지.

22 다음은 쇠고기 시장에 대한 수요 곡선과 공급 곡선을 나타낸 것이다. 쇠고기 시장의 균형점이 E에서 E'로 이동하였을 경우, 그 원인들을 보기에서 바르게 고른 것은?

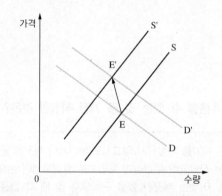

┤보 기├
㉠ 소의 사료 값이 대폭 인하되었다.
㉡ 쇠고기와 대체 관계에 있는 돼지고기 가격이 인상되었다.
㉢ 광우병이 발생한 국가로부터의 쇠고기 수입이 전면 금지되었다.
㉣ 육류 섭취를 많이 할수록 성인병에 걸릴 확률이 높아진다는 연구 보고서가 발표되었다.

① ㉠, ㉡   ② ㉠, ㉢
③ ㉡, ㉢   ④ ㉡, ㉣
⑤ ㉢, ㉣

23 다음 글의 내용을 그림으로 적절하게 나타낸 것은?

> 도시 지역 2,000가구를 방문해 조사한 결과, 6개월 전과 현재를 비교해 생활 형편, 소비 지출, 경기 상황 등에 대한 소비자들의 판단을 나타내는 '소비자평가지수'가 67.3을 기록하였다.
>
> *소비자평가지수는 $\dfrac{\text{호전응답가구수} - \text{악화응답가구수}}{\text{전체응답가구수}} \times 100 + 100$의 공식으로 계산하며 0에서 200의 값을 가진다.

①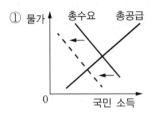

②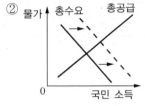

③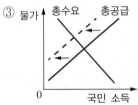

④

⑤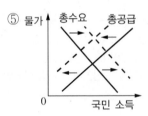

24 다음 글에 나타난 정부의 가격 정책과 성격이 같은 것을 보기에서 바르게 짝지은 것은?

> 아파트 분양 시장의 과열로 분양가를 규제한다.

┤보 기├
㉠ 저임금 근로자를 위해 최저임금제도를 시행한다.
㉡ 공급 과잉이 나타난 농산물의 가격을 일정 수준에서 지지하여 준다.
㉢ 휴가철 숙박업소의 바가지 요금을 없애기 위해 숙박 요금을 규제한다.
㉣ 서민 대출의 이자 부담 완화를 위해 금융 기관의 이자율 상한을 설정한다.

① ㉠, ㉡   ② ㉠, ㉣
③ ㉡, ㉢   ④ ㉡, ㉣
⑤ ㉢, ㉣

25 미국의 경제 조치에 대한 기사이다. 밑줄 친 부분에 들어갈 수 있는 것을 보기에서 모두 고른 것은?

> 미국 연방준비제도이사회가 지난 6월 30일 연방기금 금리를 연 1%에서 0.25%포인트 올렸다. 그러나 인상된 1.25%의 금리도 1960년대 이후 가장 낮은 수준이어서 경제 전문가들은 올해 말까지 2.25%까지 상승할 것으로 예상하고 있다. 경제 전문가들의 전망이 이처럼 금리인상에 무게를 두는 것은 _____.

┤보 기├
㉠ 도시 지역을 중심으로 실업률이 증가하고 있기 때문이다.
㉡ 최근 미국 경제가 상당한 속도로 성장하고 있기 때문이다.
㉢ 중국을 비롯한 신흥국과의 무역분쟁이 증가하고 있기 때문이다.
㉣ 유가 및 식품 가격의 강세로 인하여 물가 상승률이 높아지고 있기 때문이다.

① ㉠, ㉡   ② ㉠, ㉢
③ ㉡, ㉢   ④ ㉡, ㉣
⑤ ㉢, ㉣

26 소득 10분위별 월 소득과 소비를 보여주는 그림이다. 이에 대한 올바른 해석을 보기에서 모두 고른 것은?

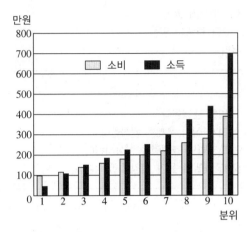

┤보 기├
ㄱ 소비는 소득에 비례한다.
ㄴ 소득 1, 2분위 계층은 소득 이상으로 소비를 한다.
ㄷ 빈곤할수록 소득에서 차지하는 소비의 비중이 낮다.
ㄹ 부유할수록 소득에서 차지하는 저축의 비중이 높다.

① ㄱ, ㄴ
② ㄴ, ㄷ
③ ㄴ, ㄹ
④ ㄱ, ㄴ, ㄹ
⑤ ㄴ, ㄷ, ㄹ

27 다음 기사를 읽고 이 상황을 더욱 악화시킬 수 있는 것을 보기에서 모두 고른 것은?

> • 국제유가 다시 40달러 돌파
> • 버스 지하철 요금 줄줄이 인상
> • 물가 인상 우려

┤보 기├

ㄱ 저축보다 소비를 권장한다.
ㄴ 통화량을 늘려서 실업 문제를 완화한다.
ㄷ 노사화합으로 기업의 경쟁력을 향상시킨다.
ㄹ 기업은 신기술 개발로 원가 절감에 노력한다.

① ㄱ, ㄴ   ② ㄱ, ㄹ
③ ㄴ, ㄷ   ④ ㄴ, ㄹ
⑤ ㄷ, ㄹ

28 총수요와 총공급의 흐름을 나타낸 그림이다. 정부가 추진할 정책으로 (가), (나)에 해당하는 것은?

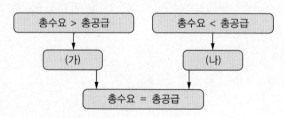

	(가)	(나)
①	세율 인상	정부 지출 축소
②	통화량 감소	국공채 매각
③	국공채 매각	세율 인하
④	정부 지출 확대	통화량 증가
⑤	흑자 예산 편성	이자율 인상

29 다음 글의 밑줄 친 부분에 해당되지 않는 것은?

> 이론적으로는 가장 효율적인 자원 배분이 가능한 시장 형태가 존재한다. 이 시장에서는 수요자와 공급자가 가격을 주어진 것으로 받아들인다. 그러나 이 시장은 <u>몇 가지 조건</u>을 충족시켜야 하기 때문에 현실에서 그 사례를 찾는 것은 매우 어렵다.

① 시장에 진입과 탈퇴의 자유가 보장되어야 한다.
② 다수의 수요자와 공급자가 시장에 참여하여야 한다.
③ 수요자와 공급자 모두 완전한 정보를 보유해야 한다.
④ 하나의 상품에 여러 개의 시장 가격이 존재하여야 한다.
⑤ 시장에서 거래되는 상품이 질적으로 차이가 없어야 한다.

30 다음 두 사람의 주장이 타당한지를 입증하기 위해 필요한 자료로 가장 거리가 먼 것은?

> 윤정 : 갑, 을 두 사람이 있다고 생각해봐. 갑은 직업이 있고 을은 없어. 이때 갑이 하루 8시간 일하는 대신 갑과 을이 4시간씩 나눠서 일하면, 갑은 쉬는 시간이 생겨서 좋고(물론 수입은 줄겠지만) 을은 일자리가 생겨서 좋을거야. 또 갑은 쉬었다 일을 하니 일하는 속도가 더 빨라질 것이고, 일자리가 없어서 돈을 한 푼도 쓰지 못했던 을은 번 돈으로 먹을 것과 입을 것을 살 수 있지.
>
> 형우 : 하지만 그렇게 장밋빛 결과만 나오는 건 아닐거야. 기업에서는 한 사람이 하던 일을 두 사람에게 나눠서 시키면 한 사람이 일할 때와 똑같은 돈이 들지는 않을거야. 우선 사람을 뽑는 데 돈이 들 테고 신입 사원을 일에 익숙하게 만들려면 교육이 필요하지. 이들을 위해 자리도 마련해 줘야 할거고, 결과적으로 돈이 더 많이 들거야. 그러면 어느 기업이 새로운 사람을 쓰려고 하겠어? 기업들은 사람 대신 기계 설비 등을 확충하려고 할거야.

① 임 금
② 취업률
③ 노동 생산성
④ 조세부담률
⑤ 기업 설비 투자

31 기본적인 경제문제를 나타낸 그림이다. 이와 관련된 사례를 보기에서 골라 바르게 연결한 것은?

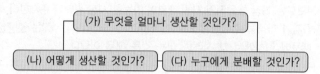

```
                    (가) 무엇을 얼마나 생산할 것인가?

        (나) 어떻게 생산할 것인가?     (다) 누구에게 분배할 것인가?
```

┤보 기├

　㉠ 갑 선생님은 이번 학기에 경제와 사회·문화 과목을 강의하기로 하였다.
　㉡ 을 회사는 영업실적이 좋은 사원에게 더 많은 성과급을 지급하기로 하였다.
　㉢ 병 회사는 사원수를 늘릴 것인지, 공장 자동화 설비를 늘릴 것인지에 대해 고민하고 있다.

	(가)	(나)	(다)
①	㉠	㉡	㉢
②	㉠	㉢	㉡
③	㉡	㉠	㉢
④	㉡	㉢	㉠
⑤	㉢	㉠	㉡

32 정부가 시장에서 가격을 P_1으로 규제한 것을 나타낸 그림이다. 이에 대해 옳게 설명한 것은?

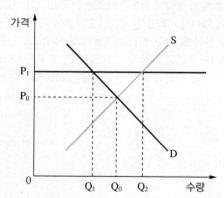

① 수요량은 Q_0에서 Q_1으로 감소한다.

② 정부가 물가 폭등을 막기 위해 실시한다.

③ 노동시장이라면 $Q_1 Q_2$ 수준의 실업자가 발생한다.

④ $Q_1 Q_2$ 수준의 초과수요가 발생하여 암시장이 형성된다.

⑤ 정부의 가격규제가 없어진다면, 가격은 P_1 수준 이상으로 상승한다.

33 기사 내용을 보고 국내 마늘 시장에 나타날 균형가격과 균형거래량의 변화를 옳게 예측한 것은?

○○일보 ○○○○년 ○월 ○일	
"마늘, 암 발생 억제해 효과 있어" –국립 암 센터 연구팀 밝혀–	"정부, 마늘에 대한 수입 관세 폐지" 외국에서 수입 급증할 듯

	균형가격	균형거래량
①	상승	증가
②	상승	감소
③	하락	감소
④	하락	불분명
⑤	불분명	증가

34 다음 사례를 통해 내릴 수 있는 결론으로 가장 타당한 것은?

> A국은 탈세를 방지하기 위하여 '영수증 주고 받기' 캠페인을 벌였으나 별로 효과가 없었다. 그 대책으로 모든 거래의 영수증에 번호를 부여하고 주기적으로 추첨해 당첨금과 경품을 지급하였다. 그러자 이 나라에서는 아무리 적은 금액이라도 영수증을 주고받는 것이 당연하게 되었다.

① 모든 자원은 희소하다.
② 거래는 모두를 이롭게 한다.
③ 사람들은 경제적 유인에 반응한다.
④ 공평성은 경쟁을 통해서 달성할 수 있다.
⑤ 효율성과 공평성을 동시에 달성할 수 없다.

35 A와 B컴퓨터 중에서 한 대를 구입하고자 한다. 자료에 대한 옳은 설명이나, 자료에 근거한 합리적 선택을 보기에서 모두 고른 것은?(단, A와 B는 컴퓨터 소비자에게 동일한 만족을 준다)

판매업체	가 격		배송료 (구매자 부담)	판매업체 신뢰도
	A컴퓨터	B컴퓨터		
(가)	156만원	156만원	2만원	하
(나)	158만원	157만원	없 음	상
(다)	159만원	158만원	2만원	상

┤ 보 기 ├

㉠ 판매업체의 신뢰도가 같으면 컴퓨터의 가격도 같다.
㉡ A컴퓨터를 구입하려면 (나)판매업체에서 구입하여야 한다.
㉢ 최소 비용으로 최대 만족을 얻으려면 B컴퓨터를 구입하여야 한다.

① ㉠
② ㉡
③ ㉠, ㉢
④ ㉡, ㉢
⑤ ㉠, ㉡, ㉢

36 그림에 제시된 (가)의 구체적 사례와 거리가 먼 것은?

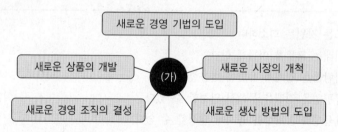

① 자동차 수요가 일시적으로 급증하자 야간 근로 시간을 늘렸다.
② 전자 상거래와 홈쇼핑 제도를 도입함으로써 물류비용을 크게 줄였다.
③ 강력한 구조 조정과 팀제 도입을 통해 기업 경영의 효율성을 향상시켰다.
④ 강철 대신에 신소재를 사용한 경량 자동차를 생산하여 부가가치를 크게 높였다.
⑤ 수출 다변화 전략을 통해 중국 시장에 집중되었던 휴대전화의 수출을 유럽 시장까지 확대시켰다.

37 경제 수업 시간에 제시된 자료이다. 이 자료에 알맞은 수업 주제로 가장 타당한 것은?

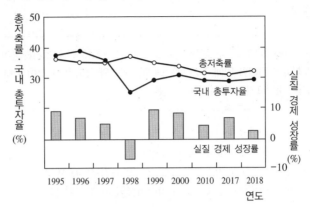

┤보 기├

　㉠ 총저축률이 상승하면 실질 경제 성장률도 높아진다.

　㉡ 2018년에 전년 대비 실질 국내 총생산은 감소하였다.

　㉢ 2018년의 국내 총투자율은 1997년 수준을 회복하지 못하였다.

　㉣ 1998년부터 2018년 사이에는 총저축률이 국내 총투자율보다 높았다.

① ㉠, ㉡　　　　　　　　　　　② ㉠, ㉢

③ ㉡, ㉢　　　　　　　　　　　④ ㉡, ㉣

⑤ ㉢, ㉣

38 환경 문제와 관련된 글이다. 밑줄 친 내용에 대한 설명으로 옳지 않은 것은?

환경 오염의 경우처럼 외부불경제가 발생하면, ㉠ 기업의 이윤 극대화를 충족시켜 주는 생산량과 사회적으로 바람직한 수준의 생산량은 일치하지 않는다. 또 ㉡ 환경 정화 시설은 정화 비용을 지불하지 않는 제3자들도 그 혜택을 누릴 수 있다는 특성 때문에 정부가 직접 나서서 그 시설을 확충하기도 한다. 게다가 오염을 야기한 주체가 그로 인해 피해를 입은 사람들에게 보상을 해주지 않기 때문에 ㉢ 환경 오염이 사회적 갈등을 초래하는 경우도 종종 발생한다. 최근에는 웰빙 바람과 함께 건강에 대한 사람들의 관심도 높아지면서 환경 오염이 ㉣ 재화의 성격마저 크게 변화시키는 양상을 보이고 있다.

① ㉠에서 기업의 생산량은 사회적으로 바람직한 수준의 생산량보다 적다.

② ㉡은 공공재의 특성을 설명하고 있다.

③ ㉠과 ㉡은 시장 실패와 관련되어 있다.

④ 강 상류의 폐수 방출 기업과 그 강물을 식수로 사용하는 하류 지역 주민들 간의 마찰이 ㉢의 한 사례이다.

⑤ 깨끗한 공기도 경제재가 될 수 있음은 ㉣의 한 사례이다.

39 모든 사람들이 다음 글에서와 같이 식사한다고 가정할 때, 옳게 추론한 내용을 보기에서 모두 고른 것은?

> 음식에는 궁합이 있다. 예를 들어 표고버섯은 돼지고기의 콜레스테롤이 체내에 흡수되는 것을 억제시키고 누린내를 없애 주기 때문에 돼지고기와 같이 먹는 것이 좋다. 표고버섯 대신에 느타리버섯을 돼지고기와 같이 먹어도 좋다.

┤ 보 기 ├

ⓐ 표고버섯과 느타리버섯은 대체재이다.
ⓑ 돼지고기의 수요가 감소하면 표고버섯의 가격은 상승한다.
ⓒ 표고버섯의 공급이 감소하면 느타리버섯의 가격은 상승한다.

① ⓐ
② ⓑ
③ ⓒ
④ ⓐ, ⓑ
⑤ ⓐ, ⓒ

40 A국의 경제 정책에 대한 의사 결정 과정을 보여주는 그림이다. 이에 근거한 진술로 가장 타당한 것은?

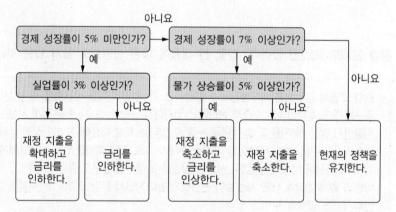

① 실업률이 2%이면 재정 지출을 확대한다.
② 경제 성장률이 7% 이상이면 현재의 정책을 유지한다.
③ 경제 정책을 결정할 때 경제 성장률을 우선적으로 고려한다.
④ 경제 성장률이 2%이고 물가 상승률이 5%인 때는 금리를 인하한다.
⑤ 재정 지출을 축소하고 금리를 인상하면 경제 성장률을 높일 수 있다.

41 미 달러화와 엔화에 대한 원화의 환율 변동 추세를 나타낸 그림이다. 이러한 추세가 지속될 것으로 예상할 때, 현 시점에서 합리적으로 판단하고 있는 사람을 보기에서 모두 고른 것은?

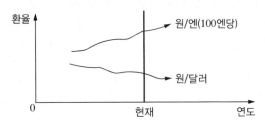

> 갑 : 엔화로 표시된 외채의 상환을 미뤄야겠어.
> 을 : 지난 미국 출장에서 남은 달러를 빨리 원화로 바꿔야겠어.
> 병 : 결혼 25주년을 기념하는 일본 여행을 빨리 다녀와야겠어.
> 정 : 미국에서 수입한 자동차의 대금을 서둘러 결제해야겠어.

① 갑, 을　　　　　　　　　　② 갑, 병
③ 을, 병　　　　　　　　　　④ 을, 정
⑤ 병, 정

42 취직 시험을 앞둔 갑은 다음 자료를 바탕으로 남은 3일을 영어와 상식 과목 공부에 배분하고자 한다. 갑의 합리적 선택과 관련하여 옳은 서술을 보기에서 모두 고른 것은?(단, 하루에 한 과목만 공부한다)

〈합격 가능 최저 점수〉

구 분	영 어	상 식
A회사	75점	80점
B회사	80점	75점

〈공부 일수별 예상 취득 점수〉

과 목	0일	1일	2일	3일
영 어	70점	75점	80점	85점
상 식	71점	75점	78점	80점

┌ 보 기 ┐

㉠ 영어 점수 5점을 높이기 위한 기회비용은 변하지 않는다.

㉡ A와 B 이외의 회사를 목표로 해도 공부 일수의 배분에는 변함이 없다.

㉢ A 회사보다는 B 회사에 합격하는 것을 목표로 공부하는 것이 합리적이다.

㉣ 3일 동안 상식만 공부할 수 없는 이유는 시간이란 자원이 한정되어 있기 때문이다.

① ㉠, ㉡   ② ㉠, ㉢

③ ㉡, ㉢   ④ ㉡, ㉣

⑤ ㉢, ㉣

43 A국과 B국이 휴대 전화 1단위와 에어컨 1단위를 생산하는 데 투입되는 노동자 수를 나타낸 표이다. 이에 대한 옳은 분석을 보기에서 모두 고른 것은?(단, 휴대전화와 에어컨의 교역 조건은 1대 1이다)

(단위 : 명)

구 분	A국	B국
휴대전화	10	8
에어컨	12	5

┌ 보 기 ┐

㉠ A국은 휴대전화에, B국은 에어컨에 절대우위가 있다.

㉡ A국은 휴대전화를, B국은 에어컨을 특화·생산하는 것이 유리하다.

㉢ A국이 특화한 상품을 2단위 생산하여 1단위를 교역할 경우, 3명의 노동력 절감 효과를 거둘 수 있다.

㉣ B국이 특화한 상품을 2단위 생산하여 1단위를 교역할 경우, 특화 상품의 0.6단위에 해당하는 무역 이익을 얻을 수 있다.

① ㉠, ㉡   ② ㉠, ㉢

③ ㉡, ㉢   ④ ㉡, ㉣

⑤ ㉢, ㉣

44 기사를 읽고 옳게 추론한 내용을 보기에서 모두 고른 것은?

> "저금리 시대, 상당 기간 지속될 듯"
> 금년 8월 중 은행의 신규 정기 예금 평균 금리는 연 3.66%로 사상 최저 수준이다. 이 금리로 1억 원을 1년간 은행에 맡겼을 때, 이자 소득세를 제외하고 실제로 받는 이자는 약 306만 원이다. 8월의 소비자 물가 상승률 4.8%가 1년 간 계속된다면, 1억 원을 예금해 1년 후에 480만 원의 이자가 붙어야 현재 가치가 유지된다. 결국 물가 상승률까지 고려할 경우 1년 동안 예금액의 가치는 약 174만 원 줄어 세금을 제외한 실질 금리는 -1.74%이다.
>
> *실질금리 = 명목금리 - 소비자물가상승률

┤ 보 기 ├

ㄱ 경기 과열을 막기 위해 정부가 재정지출을 줄일 필요가 있다.
ㄴ 소비자물가상승률이 높아지면 실질금리는 더 떨어질 것이다.
ㄷ 이러한 현상이 발생하는 이유는 '저축보다 투자가 더 많기 때문이다.'
ㄹ 금년 9월에 퇴직하여 퇴직금의 이자만으로 사는 사람들은 생활이 어려워질 것이다.

① ㄱ, ㄴ   ② ㄱ, ㄷ
③ ㄱ, ㄹ   ④ ㄴ, ㄹ
⑤ ㄷ, ㄹ

45 X재의 수요곡선과 공급곡선이 이동한 경우를 나타낸 그림이다. 이에 대한 옳은 설명을 보기에서 모두 고른 것은?

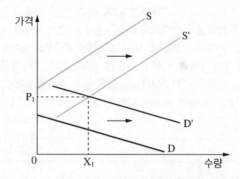

┤ 보 기 ├

㉠ 처음에 자유재였던 X재는 수요와 공급의 변화로 경제재가 되었다.
㉡ 기술혁신은 공급곡선은 S에서 S'로 이동시키는 하나의 요인이다.
㉢ X재의 가격 하락은 수요곡선을 D에서 D'로 이동시키는 하나의 요인이다.
㉣ 처음에 X재가 거래되지 않았던 이유는 공급자가 받고자 하는 가격과 수요자가 지불하고자 하는 가격이 서로 일치하지 않았기 때문이다.

*자유재 : 존재량이 풍부하여 희소성이 없는 재화를 의미한다.

① ㉠, ㉡ 　　　　　　　　　② ㉠, ㉢
③ ㉡, ㉢ 　　　　　　　　　④ ㉡, ㉣
⑤ ㉢, ㉣

46 글을 통해서 도출할 수 있는 결론으로 가장 적절한 것은?

> 돼지 한 마리를 도살할 때 나오는 고기의 양은 삼겹살이 목살보다 많다고 한다. 그런데 우리나라에서는 삼겹살이 목살보다 더 비싸게 팔린다. 그 이유는 사람들이 목살보다 삼겹살을 더 즐겨 찾기 때문이다.

① 재화의 존재량이 재화의 가격을 결정한다.
② 재화의 효용은 재화의 다양성에 의해 결정된다.
③ 재화의 선택 기준은 재화의 수량에 의해 결정된다.
④ 재화의 가격은 재화의 상대적인 희소성에 의해 결정된다.
⑤ 재화에 대한 사람들의 욕망은 재화의 수량에 반비례한다.

47 표를 보고 우리나라의 연구 개발 투자에 대한 옳은 설명을 보기에서 모두 고른 것은?

〈2019년 제조업 업종별 연구 개발 투자의 비교〉

(단위 : %)

분 류	제조업 업종	한국	미국	일본
첨단 기술	전자, 통신 장비	43.8	19.9	19.8
	의료 및 정밀 기기 등	14.8	40.9	24.2
고(高)기술	자동차	17.1	14.4	13.1
	화학, 일반 기계 등	10.9	14.6	28.6
중(中)기술	석유, 조선 등	9.2	5.7	8.9
저(低)기술	섬유 및 의복, 종이 등	4.2	4.5	5.4
제조업 전체		100.0	100.0	100.0
제조업 전체의 연구 개발 투자액(단위 : 억 달러)		122	2,241	1,464

┤보 기├

ⓐ 고기술 업종 전체의 투자 비중은 일본에 비해 낮다.
ⓑ 연구 개발 투자가 첨단 기술 업종에 편중되어 있다.
ⓒ 중기술 업종의 연구 개발 투자액은 미국과 일본에 비해 많다.
ⓓ 전자, 통신 장비를 제외한 첨단 기술 업종의 투자 비중은 미국과 일본에 비해 높다.

① ㉠, ㉡ ② ㉠, ㉢
③ ㉡, ㉢ ④ ㉡, ㉣
⑤ ㉢, ㉣

48 글에 대한 옳은 설명을 보기에서 모두 고른 것은?

> (가) 소비자는 우편 요금보다 가전제품의 가격 변화에 더 민감하게 반응한다.
> (나) ○○ 구단은 야구 경기장의 관중석이 텅 비어 있는데도 입장료를 깎아주지 않고 있다.
> (다) △△ 대학은 재정적 위기를 타개하는 방법의 하나로 등록금 수입을 늘리기 위해 수업료를 대폭 인상하였다.
> (라) 아침 일찍 영화관을 찾는 사람은 저녁 시간대에 영화를 보는 사람보다 저렴한 가격으로 영화를 감상할 수 있다.

> ┤보 기├
> ㉠ (가)는 소비자의 총소득에서 차지하는 가전제품의 지출 비중이 우편 요금의 그것보다 크기 때문이다.
> ㉡ (나)는 ○○ 구단이 야구 경기 관람에 대한 수요의 가격탄력성을 비탄력적이라고 생각했기 때문이다.
> ㉢ (다)는 △△ 대학이 대학 교육에 대한 수요의 가격탄력성을 탄력적이라고 생각했기 때문이다.
> ㉣ (라)는 아침 관객의 영화 관람에 대한 수요의 가격탄력성이 저녁 관객의 그것에 비해 비탄력적이기 때문이다.

① ㉠, ㉡   ② ㉠, ㉣
③ ㉡, ㉢   ④ ㉠, ㉢, ㉣
⑤ ㉡, ㉢, ㉣

49 다음 중 밑줄 친 내용을 통해서 설명할 수 있는 공통 주제로 가장 적절한 것은?

> [1차 산업] …제1차 산업의 생산물은 주로 생활필수품이기 때문에…
> [노동시장] …<u>노동은 특성상 저장이 불가능하고, 노동자는 생존을 위해서 노동 공급을 중단할 수 없기 때문이다.</u>…
> [가격정책] …새로운 공산품이 품질이나 이미지면에서 <u>뛰어날 경우 고가 정책을 통해 조기에 상당한 이익을 얻을 수 있다.</u>…

① 공공재의 특성   ② 시장 실패와 정부 실패
③ 기업과 노동자의 관계   ④ 산업 구성별 노동 인구
⑤ 수요와 공급의 가격탄력성

50 글의 밑줄 친 내용에 대한 사례로서 옳지 않은 것은?

> 경제 주체는 ㉠ 합리적인 의사 결정을 한다. 그런데 ㉡ 경제 주체의 합리적인 선택이 사회적으로는
> 비효율적인 결과를 초래하는 경우가 발생할 수 있다. ㉢ 이런 문제 때문에 때로는 정부의 개입이
> 필요하다. 이때 ㉣ 정부의 개입이 시장의 효율성을 개선하는 경우도 있지만, ㉤ 정부의 개입이
> 오히려 비효율적인 결과를 초래하는 경우도 종종 발생한다.

① ㉠ : 주어진 비용으로 최대의 효과를 얻도록 한다.
② ㉡ : 기업들이 가격담합을 하여 소비자에게 피해를 준다.
③ ㉢ : 대기 오염을 유발하는 경우 자동차에 부담금을 부과한다.
④ ㉣ : 초과 수요가 발생할 때 '보이지 않는 손'의 작용으로 가격이 상승한다.
⑤ ㉤ : 저소득 계층을 위한 정부의 도시 재개발 프로그램이 오히려 이들을 위한 주택 공급을 감소
시킨다.

51 글에서 A기업의 전략에 대한 옳은 설명을 보기에서 모두 고른 것은?

> 음반 CD를 생산하는 A기업은 최근 불법 복제로 인해 매출액이 크게 떨어졌다. 이에 다음과 같은
> 전략을 마련하였다.
> • 한류 열풍이 부는 동아시아 시장으로 진출한다.
> • 정부에 지적 재산권의 보호를 강력하게 요구한다.
> • 생산 비용 절감을 위해 외국에서 최첨단 설비를 도입한다.

> ┤보 기├
> ㉠ 경제 활동은 선택의 과정이다.
> ㉡ 정부에 의한 자원 배분을 선호한다.
> ㉢ 어떻게 생산할 것인가의 문제를 포함한다.
> ㉣ 소비자의 권리를 높이는 것이 주된 목적이다.

① ㉠, ㉢   ② ㉠, ㉣
③ ㉡, ㉢   ④ ㉠, ㉢, ㉣
⑤ ㉡, ㉢, ㉣

52 글에 나타난 경제·사회적 변화에 대해 옳게 추론한 내용을 보기에서 모두 고른 것은?

> 정보 기술(IT)의 눈부신 발전과 정보 고속도로의 구축은 종래의 시장 개념을 획기적으로 바꿔 놓았다. 이제 소비자들은 시장에 나가지 않고도 전자 상거래, 홈쇼핑, 사이버 쇼핑몰, 홈뱅킹 등을 통해 재화와 서비스의 구매는 물론 은행 업무까지 볼 수 있게 되었다.

> ┤보 기├
> ㉠ 사회적 거래 비용이 증가한다.
> ㉡ 신용 결제 수단의 사용이 늘어난다.
> ㉢ 재화와 서비스의 유통 방법이 혁신된다.
> ㉣ 인터넷을 통한 기업 간 거래는 감소한다.

① ㉠, ㉡   ② ㉠, ㉢
③ ㉡, ㉢   ④ ㉡, ㉣
⑤ ㉢, ㉣

53 글의 밑줄 친 부분에 대한 설명으로 옳지 않은 것은?

> 최근 들어 종래의 생산 요소인 노동, 토지, 자본보다 기술과 같은 새로운 생산 요소가 매우 중시되고 있다. 연구 개발 활동의 결과로 나타나는 기술 혁신에는 ㉠ 긍정적인 측면과 ㉡ 부정적인 측면이 내재되어 있다. 아울러 ㉢ 위험과 불확실성까지 존재한다. 그리고 ㉣ 경제 체제가 보장해 주는 인센티브의 크기에 따라 기술 혁신의 수준이 달리 나타나기도 한다.

① ㉠의 사례로 생산성 향상과 상품의 품질 개선을 들 수 있다.
② ㉡의 사례로 인간 소외와 인간 존엄성에 대한 경시 현상을 들 수 있다.
③ ㉢의 사례로 연구 개발 활동에 내재된 실패 가능성을 들 수 있다.
④ ㉢은 정부가 민간 기업의 기술 혁신을 지원하는 이유 중의 하나이다.
⑤ ㉣은 일반적으로 기술 혁신이 시장경제체제보다 계획경제체제에서 더 활발하게 이루어질 수 있음을 시사한다.

54 다음 이론에 근거한 정책이 현실에서 예상 밖의 결과를 초래하게 된 이유로 가장 적절한 것은?

이 론	가격이 오르면 수요량이 감소하고, 내리면 수요량이 증가한다.

⇩

정 책	휘발유세 인상 ⇒ 휘발유 소비량이 줄고, 교통량도 줄어들 것이다.

⇩

현 실	휘발유 가격 12.1% 상승 ⇒ 연간 소비량은 10.4% 증가하고 교통량도 늘어났다.

① 시장 경제에서 가격은 소비 활동의 지표가 되기 때문이다.
② 정책 결정 과정에서 정치적 이해관계가 고려되기 때문이다.
③ 경제 이론은 다른 조건이 일정하다는 전제하에서 성립되기 때문이다.
④ 경제 주체들은 상호 신뢰를 바탕으로 경제 활동을 수행하기 때문이다.
⑤ 시장 개입을 통한 정부 정책이 자원 배분의 효율성을 추구하기 때문이다.

55 X재의 균형 가격 P_0보다 가격이 상승할 것으로 분명하게 예상되는 경우를 보기에서 모두 고른 것은?

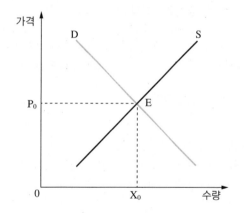

㉠ 기술혁신으로 노동생산성이 증가한 경우
㉡ 대체재인 Y재 가격과 임금 수준이 모두 상승한 경우
㉢ 소비자의 소득이 증가하고 기업 보조금이 감소한 경우
㉣ 소비자의 수가 증가하고 X재 생산에 필요한 원자재 가격이 하락한 경우

① ㉠, ㉡   ② ㉠, ㉢
③ ㉡, ㉢   ④ ㉡, ㉣
⑤ ㉢, ㉣

56 글을 읽고 추론한 내용으로 옳지 않은 것은?

> 한국–싱가포르 간 FTA 협상이 타결되었다. 이번 FTA의 주요 내용은 관세 인하 및 특혜 관세 적용, 지적 재산권 보호, 금융 시장 개방, 전자 상거래 확대 등이다. 이 중에서 특히 북한의 개성 공단에서 한국 기업이 생산한 제품의 경우, 원산지를 한국산으로 인정하여 특혜 관세를 적용하기로 함에 따라, 이들 제품의 해외 판로를 확보한 점이 주목할 만 하다.

① 한국 기업의 싱가포르 시장 진출 확대에 도움이 될 것이다.
② 한국–싱가포르 간 교역에 있어서 무역 장벽이 낮아질 것이다.
③ 한국–싱가포르 간 문화 컨텐츠 교류는 법적 보호를 받을 것이다.
④ 한국–싱가포르 간 교역에 있어서 인터넷을 활용한 거래가 증가할 것이다.
⑤ 개성 공단에서 생산된 한국 제품의 가격 경쟁력은 싱가포르에서 약화될 것이다.

57 글에 대한 옳은 설명을 보기에서 모두 고른 것은?

> (가) 구소련에서는 대부분의 농산물을 집단 농장과 국영 농장에서 생산하였다. 그런데 정부가 텃밭에서 생산된 경작물의 사적 처분을 주민들에게 허용하자 전체 경작지의 3%에 불과한 텃밭에서 생산된 농작물이 전체 농작물의 26%를 차지하게 되었다.
>
> (나) 러시아는 1992년 가격 자유화 조치와 함께 대부분의 국영 기업에 대한 민영화를 허용하였다. 그 결과 경제적 효율성은 높아진 대신, 실업률 급증과 임금 구조의 불평등 현상이 초래되었다.

┤ 보 기 ├
> ㉠ (가)는 경제적 보상의 중요성을 보여 주는 사례이다.
> ㉡ (가)는 자율적인 경제 의사결정이 비효율적임을 보여 준다.
> ㉢ (나)는 "이 세상에 공짜 점심이 없다."라는 점을 시사한다.
> ㉣ (나)는 정부가 시장에 개입해야 할 필요성이 없다는 것을 보여 준다.

① ㉠, ㉡   ② ㉠, ㉢
③ ㉡, ㉢   ④ ㉡, ㉣
⑤ ㉢, ㉣

58 그림은 한 소비자가 동일한 서비스에 대하여 기꺼이 지불할 용의가 있는 가격이 시간대별로 다르게 나타나는 것을 표시한 것이다. 옳은 설명을 보기에서 모두 고른 것은?

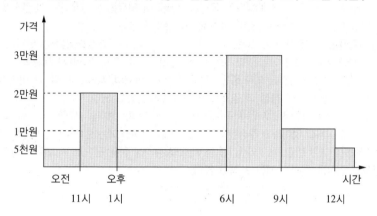

┤보 기├
○ 이 서비스에 대한 소비자의 수요량이 가장 많은 시간대는 오후 9시~12시이다.
○ 서비스의 가격이 2만원이라면 오후 1시~6시 사이에 공급자의 판매 수입은 늘어날 것이다.
○ 서비스 가격이 2만원에서 3만원으로 오르면 오후 6시~9시 사이에 공급자의 판매 수입은 늘어날 것이다.
○ 공급자가 1만원~3만원 사이에서 가격을 정한다고 하더라도, 모든 시간대에 판매 수입이 보장되는 것은 아니다.

① ㉠, ㉡　　　　　　　　② ㉠, ㉢
③ ㉡, ㉢　　　　　　　　④ ㉡, ㉣
⑤ ㉢, ㉣

[59-60] 다음 글을 읽고 물음에 답하시오.

> 현재 무역, 금융, 노동 등의 경제 활동이 국경을 초월하여 자유롭게 전개되는 가운데 세계 경제의 상호 의존성과 통합이 확대·심화되는 소위 '세계화'가 진행 중이다.
>
> (가) 일부 사람들은 세계화가 국가보다는 시장에 더 큰 힘을 실어주고 있고 성장과 복지를 증진시킬 것이라고 주장하고 있다. 또한 이들은 대체로 19세기 중반 이후 전개된 '제1차 세계화'가 1차 대전과 <u>세계 대공황</u> 등 우발적인 사건에 의해 중단되었다고 보고, 현재의 '제2차 세계화'는 이러한 사건의 재발로 중단되기는커녕 오히려 점점 더 강화될 것이라고 낙관하고 있다.
>
> (나) 이와 달리 일부 사람들은 강자인 서구 제국에 의해 주도되는 현재의 세계화가 노동자와 빈국 등 약자에게 불리하게 작용할 것이라고 주장한다. 이 밖에 세계화 자체에는 반대하지 않더라도 자본 이동의 급격성, 세계화에 대한 반감, IMF와 WTO 등 제도의 취약성 등을 근거로 '세계화의 지속 가능성'에 대해 회의적인 입장을 취하는 사람도 적지 않다.

59 (가)와 (나) 견해의 근거가 옳게 짝지어진 것을 모두 고른 것은?

구 분	(가)	(나)
㉠	국가 간 상호 이익 증대	국가 간 빈부 격차 확대
㉡	준비된 개발 도상국의 성장 기회 확대	후진국에 대한 선진국의 경제 통제 강화
㉢	선진국 기업의 공익성 증대	선진국 소비자 주권의 강화
㉣	후진국의 자본 수입 기회 확대	자본 통제에 따른 금융 혼란
㉤	경제 주체 간의 경쟁 완화	환경 및 노동 조건의 악화

① ㉠, ㉡
② ㉠, ㉤
③ ㉡, ㉢
④ ㉢, ㉣
⑤ ㉣, ㉤

60 다음은 밑줄 친 부분의 전후인 1920~30년대에 주요 선진국의 각 정부가 실시한 경제 정책이다. 이 중 대체로 (가)의 관점에 부합하는 정책이라고 볼 수 있는 것은?

① 특정 산업을 보호하기 위해 관세율을 인상하였다.
② 고용 안정을 위해 이민에 대한 규제를 강화하였다.
③ 경제 활성화를 위해 민간 경제에 적극적으로 개입하였다.
④ 고정환율제 하에서 자국 통화의 평가 절하를 단행하였다.
⑤ 자생적인 경제 회복을 유도하기 위해 긴축 기조를 유지하였다.

61 자료는 '한국 경제의 어제와 오늘'이라는 주제발표를 위해 제시한 것이다. 한국 경제에 대한 옳은 설명을 보기에서 모두 고른 것은?

〈경제 성장 요인 분석〉

(단위 : %)

구 분	1971~1980년	1981년~1990년	1991년~2000년
잠재 경제 성장률	100	100	100
(요소 투입)	66.7	60.5	50.1
노동 투입	38.1	32.9	22.1
자본 투입	28.6	27.6	28.0
(생산성 증가)	33.3	39.4	49.9
규모의 경제	16.7	18.4	22.0
자원 재분배	9.5	9.2	10.3
기술 진보	7.1	11.8	17.6

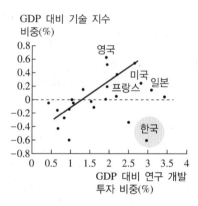

국가별 연구 개발 투자 및 기술 수지(2000년 기준)

*기술 수지 : 특허, 면허, 디자인, 상표, 기술 등과 관련하여 수취한 외화액에서 지불한 외화액을 차감한 것

┤보 기├
- ㉠ 생산성 증가에 기여한 비중이 규모의 경제보다 기술 진보에서 더 빠르게 커지고 있다.
- ㉡ 경제 성장이 양적 성장에서 질적 성장으로 변화하고 있다.
- ㉢ 기술 수지가 국제수지 흑자에 기여하고 있다.
- ㉣ 연구개발투자가 영국에 비해 효율적이다.

① ㉠, ㉡   ② ㉠, ㉣
③ ㉡, ㉢   ④ ㉡, ㉣
⑤ ㉢, ㉣

62 밑줄 친 부분의 근거로 적절하지 않은 것은?

> 최근 WTO를 비롯한 경제 관련 국제기구는 세계 각국에 대해 농민들에 대한 보호주의를 완화하거나 철폐할 것을 촉구하고 있다. 이에 따라 동남아 농업국을 비롯한 세계의 주요 농산물 생산 국가들은 특화나 생산성 향상을 통한 농업의 지속적인 발전을 도모하고 있다. 이것은 농민의 피해를 줄여야 한다는 소극적인 의미를 지닐 뿐만 아니라 <u>전통적으로 농업 발전이 공업과 서비스업 등 다른 산업의 발전을 위해서도 매우 중요한 역할을 해 왔고 앞으로도 그럴 수 있다는 적극적인 인식</u>에 토대를 두고 있다.

① 농업 소득의 증가는 공산품 및 서비스 시장의 확대에 기여할 수 있다.
② 농민의 자발적인 투자의 증가는 비농업 부문의 소득 분배 개선에 도움이 될 수 있다.
③ 농업 부문 노동생산성의 향상은 유휴 농업 노동력의 비농업 부문으로의 이동을 촉진할 수 있다.
④ 소득 증대로 농민의 저축 및 납세 규모가 커지면 비농업 부문의 외국 자본 차입이 줄어들 수 있다.
⑤ 특화에 따른 농산물 수출의 증가는 다른 산업의 자본재 수입에 필요한 외화의 공급을 늘려 줄 수 있다.

63 (가)와 (나) 두 시점 사이의 환율 변화가 우리나라에 미칠 수 있는 영향을 추론한 것으로 옳은 것은?

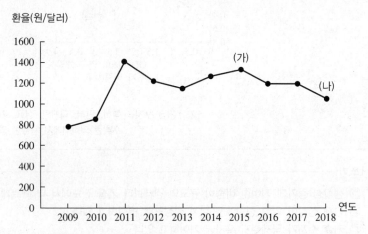

① 미국 여행의 비용 부담이 커진다.
② 미국 현지 자산에 대한 투자가 늘어난다.
③ 수입 물가를 자극해 인플레이션을 유발한다.
④ 미국으로 수출하는 상품의 달러 표시 가격이 하락한다.
⑤ 달러 표시 부채를 갖고 있는 기업의 외채 상환 부담이 커진다.

64 다음은 일정기간 동안에 발생한 우리나라와 외국 간의 거래 내역이다. 우리나라의 경상수지와 자본수지를 바르게 나타낸 것은?(괄호 안은 국제수지표에 반영된 금액이다)

> - 외국 모델이 국내 광고에 출연하였다(1억 달러).
> - 외국 펀드가 국내 빌딩을 구입하였다(2억 달러).
> - 재외 동포 2세들이 국내 대학에 입학하였다(1억 달러).
> - 국내 전자 회사가 중국에 휴대폰을 수출하였다(1억 달러).
> - 국내 자동차 회사가 미국에 공장을 설립하였다(2억 달러).

	경상수지	자본수지
①	균형	1억 달러 흑자
②	1억 달러 적자	2억 달러 흑자
③	1억 달러 흑자	균형
④	2억 달러 흑자	1억 달러 적자
⑤	2억 달러 흑자	균형

65 다음 글로부터 바르게 추론한 내용을 보기에서 모두 고른 것은?

> 외딴 섬에 남게 된 철수와 영수는 고기잡이와 통나무배 만들기라는 두 가지 일을 해야만 한다. 철수는 한 시간 걸려 물고기 한 마리를 잡을 수 있고, 10시간 걸려 통나무배 한척을 만들 수 있다. 그러나 영수는 물고기 한 마리를 잡는데 2시간, 통나무배 한 척을 만드는 데 30시간이 걸린다.

┤보 기├
- ㉠ 영수는 통나무배 만드는 데 비교우위가 있다.
- ㉡ 철수는 두 가지 일에서 모두 절대우위를 지닌다.
- ㉢ 영수가 물고기 한 마리를 잡는 데 따르는 기회비용은 통나무배 15척이다.
- ㉣ 비교우위론에 따르면 통나무배 한 척을 만들기 위해 포기해야 하는 물고기 수가 많은 사람이 통나무배를 만드는 것이 현명하다.

① ㉠   ② ㉡

③ ㉠, ㉢   ④ ㉡, ㉣

⑤ ㉢, ㉣

66 주식회사의 특징에 관한 설명으로 옳은 것은?

① 자본의 증권화로 소유권 이전이 불가능하다.

② 주주는 무한책임을 진다.

③ 소유와 경영의 분리가 불가능하다.

④ 인적결합 형태로 법적 규제가 약하다.

⑤ 자본조달이 용이하고, 과세대상 이익에 대해서는 법인세를 납부한다.

67 민츠버그의 경영자 역할 중 의사결정 역할의 범주에 속하지 않는 것은?

① 연락자   ② 기업가

③ 문제해결자   ④ 자원배분자

⑤ 협상자

68 매슬로우의 욕구단계를 순서대로 나열한 것은?

㉠ 생리욕구	㉡ 안전욕구
㉢ 소속욕구	㉣ 존경욕구
㉤ 자아실현욕구	

① ㉠ - ㉡ - ㉢ - ㉣ - ㉤

② ㉠ - ㉢ - ㉡ - ㉣ - ㉤

③ ㉠ - ㉢ - ㉡ - ㉤ - ㉣

④ ㉡ - ㉠ - ㉢ - ㉣ - ㉤

⑤ ㉡ - ㉠ - ㉢ - ㉤ - ㉣

69 기계적 조직과 유기적 조직에 관한 설명으로 옳지 않은 것은?

① 기계적 조직은 부문화가 엄격한 반면 유기적 조직은 느슨하다.

② 기계적 조직은 공식화 정도가 낮은 반면 유기적 조직은 높다.

③ 기계적 조직은 직무전문화가 높은 반면 유기적 조직은 낮다.

④ 기계적 조직은 의사결정권한이 집중화되어 있는 반면 유기적 조직은 분권화되어 있다.

⑤ 기계적 조직은 경영관리위계가 수직적인 반면 유기적 조직은 수평적이다.

70 SWOT 분석의 S-W-O-T를 올바르게 나열한 것은?

① Strength-Weakness-Openness-Threat

② Strength-Weakness-Opportunity-Threat

③ Strength-Wellness-Openness-Threat

④ Strength-Wellness-Opportunity-Trouble

⑤ Strength-Weakness-Openness-Trouble

71 한 사람의 업무담당자가 기능부문과 제품부문의 관리자로부터 동시에 통제를 받도록 이중권한 구조를 형성하는 조직구조는?

① 기능별 조직   ② 사업부제 조직

③ 매트릭스 조직   ④ 프로젝트 조직

⑤ 팀제 조직

72 다음 내용이 설명하고 있는 조직구조는?

- 테일러가 창안한 조직구조이다.
- 수평적 분화에 중점을 두고 있다.
- 각자의 전문분야에서 작업능률을 증대시킬 수 있다.

① 기능식 조직   ② 네트워크 조직

③ 매트릭스 조직   ④ 사업부제 조직

⑤ 오케스트라 조직

73 조직구조의 설계에 있어 기계적(Mechanistic) 구조와 유기적(Organic) 구조를 비교한 설명으로 옳지 않은 것은?

		기계적 구조	유기적 구조
①	과업분화 :	공유가능한 업무	전문화된 업무
②	권한체계 :	집권화	분권화
③	의사소통 :	공식적 상하 간 의사소통	비공식적 상호의사소통
④	통제방식 :	수많은 규칙과 규정	권한 위양
⑤	환경적합 :	안정된 환경에 적합	불안정한 환경에 적합

74 주식회사에 관한 설명으로 옳지 않은 것은?

① 주주의 유한책임으로 자본조달이 용이하여 대자본의 형성이 쉽다.

② 주주총회에서 주주의 의결권은 1주 1의결권을 원칙으로 한다.

③ 이사는 주주총회에서 선임되며, 최소 3인 이상이어야 하고, 그 임기는 3년이다.

④ 감사는 임의기구로서 그 설치여부는 자유이다.

⑤ 기업운영에 소요되는 자본의 조달과 경영의 합리화를 기하기 위해서 형성된 자본적 공동기업이다.

75 기업의 사회적 책임(CSR ; Corporate Social Responsibility)의 내용으로 옳지 않은 것은?

① 기업의 유지 및 발전에 대한 책임

② 기업의 후계자 육성에 대한 책임

③ 기업의 주주 부(Wealth)의 극대화에 대한 책임

④ 기업의 다양한 이해 조정에 대한 책임

⑤ 지역사회 발전으로 위한 기업의 노력

76 대리인 비용을 대리문제 방지수단에 따라 구분할 때, 그 종류에 해당하지 않는 것은?

① 감시비용(Monitoring cost) ② 확증비용(Bonding cost)

③ 잔여손실(Residual loss) ④ 보상손실(Compensation loss)

⑤ 기회비용(Opportunity cost)

77 레드오션과 블루오션의 비교 설명으로 옳지 않은 것은?

① 레드오션은 경쟁시장을 의미하고 블루오션은 무경쟁시장을 의미한다.

② 마이클 포터(M, Porter)가 제시한 본원적 경쟁전략들은 모두 레드오션 전략이다.

③ 블루오션 전략은 틈새시장을 확보하려는 전략이다.

④ 블루오션 전략은 가치와 비용을 동시에 추구하지만, 레드오션 전략은 가치와 비용 중 하나를 택한다.

⑤ 블루오션 전략은 치킨게임으로 큰 이익을 내기 어렵다는 측면에서 경쟁자가 아닌 구매자 및 기업 가치에 초점을 맞춘 전략이다.

78 정상품에 대한 수요가 공급을 초과하는 상황에서 강조되는 마케팅 컨셉은?

① 생산컨셉

② 제품컨셉

③ 판매컨셉

④ 고객중심 마케팅컨셉

⑤ 사회지향적 마케팅컨셉

79 마케팅의 본질과 환경에 대하여 설명하고 있는 다음의 내용 중 타당하지 않은 것은?

① 터보마케팅이란 시간의 중요성을 인식하고 이를 경쟁자보다 효율적으로 관리함으로써 경쟁적 이점을 확보하려는 전략을 의미한다.

② 전사적 마케팅이란 소비자지향성을 전제로 기업활동을 마케팅 활동 중심으로 통합하는 것을 의미한다.

③ 심비오틱 마케팅이란 두 개 이상의 기업이 시설의 공동 이용, 공동적인 마케팅 활동 등 마케팅 관리를 공동으로 수행하여 효율성을 확보하려고 하는 마케팅 활동이다.

④ 감성마케팅이란 특정 제품이나 서비스에 대한 고객의 심리상태를 중시하고 그 때의 기분과 욕구에 호소하는 방법으로 다품종 소량생산 방식을 주로 사용한다.

⑤ 고압적 마케팅이란 소비자의 욕구와 관계없이 기업의 입장에서 생산 가능한 제품을 생산한 후 이를 강압적으로 판매하는 형태로 선행적 마케팅 활동에 초점을 두고 있다.

80 재무상태표 등식은?

① 자산 = 부채 + 자본

② 자산 = 부채 - 자본

③ 자산 = 부채 + 자산

④ 자산 + 부채 = 수익 + 비용

⑤ 자산 + 비용 = 부채 + 수익

매경TEST 정답 및 해설

문제 01 수요와 공급 ★★★☆☆

개념 해설

문제는 유가 상승의 상황을 묘사하고 있다. 이는 공급측 요인으로, 공급곡선의 좌측이동 요인이다. 공급곡선의 좌측이동은 가격을 높이고, 거래량을 감소시킨다.

ⓒ 휘발유 가격의 상승으로, 휘발유 소비량이 감소하고 이는 버스와 지하철과 같은 대중교통 이용객 증가로 나타날 것이다.

ⓔ 전기 역시 그 원료는 휘발유이다. 따라서 전기가 덜 필요한 전자 제품 혹은 기계의 구입이 늘어날 것이다.

정답 ⑤

오답 정복하기

㉠ 수요의 법칙은 가격이 높은 재화의 수요량이 감소한다는 것을 보여준다. 휘발유 가격 상승은 사용량 감소로 이어질 것이다.

ⓛ 휘발유 가격의 인상은 이를 사용하는 비행기 운임의 증가로 이어질 것이다. 따라서 비행기 이용의 수요는 감소할 것이다.

문제 02 경제기초 – 소득과 소비 ★★★☆☆

개념 해설

문제는 과소비의 긍정적인 면과 부정적인 면을 다루고 있다. 경제의 역동성을 높여준다는 장점과 함께 그 반대의 단점을 언급하고 있다.

④ 경기 침체의 유발은 과소비와 어울리지 않는다. 과소비는 균형을 회복하기 전까지 생산과 투자의 증가로 이어지기 때문에 단기적으로 경기가 활성화되고, 활발한 생산은 실업의 감소로 이어진다.

정답 ④

오답 정복하기

① 과소비는 사회 계층 간 위화감을 조성할 수 있다. 사치스러운 소비로 인해 상대적 박탈감을 느낄 수 있기 때문이다.

② 과소비는 외제품에 대한 수요를 늘린다. 이는 국제 수지의 측면에서는 적자 요인이다.

③ 소득이 뒷받침되지 않는 과소비를 할 경우 빚으로 연명할 수밖에 없다. 과도하게 빚을 지고 이를 갚지 못할 경우 신용에 악영향을 미칠 수 있으며, 심한 경우 신용불량자로 전락할 수 있다.

⑤ 소비가 소득을 기반으로 이뤄지듯, 국가 경제의 투자는 저축이 그 기반이 된다. 저축이란 소득 가운데 소비하지 않고 남은 부분으로 정의된다. 따라서 과소비를 할 경우 저축 여력이 감소하고 이는 투자 여력의 감소로 이어진다.

문제 03 　 탄력성 ★★★★☆

개념 해설

㉠ 재배 기간이 길다는 것은 공급을 단기간에 쉽게 증가시키기 어렵다는 것이다. 이는 가격 변화에도 불구하고 공급량 변화가 적으므로, 공급의 가격 탄력성이 낮다는 것을 의미한다. 한편, 오랜 기간 저장이 가능할 경우 풍작인 해에 공급을 증가시켜 가격이 폭락하는 사태를 막을 수 있는데, 이것이 불가능하므로, 공급이 비탄력적임을 의미한다.

㉣ 비탄력적인 공급곡선은 그 기울기가 매우 가파르다. 이 경우 만약 수요가 증가하여 수요곡선이 우측으로 이동하면 수요 곡선과 공급곡선이 만나는 균형가격이 큰 폭으로 상승한다.

정답 ③

오답 정복하기

㉡ 농산물은 일반적으로 필수품에 해당한다. 제시문에 근거가 충분하지는 않지만, 수요의 가격 탄력성이 일반적으로 낮다고 판단한다.

㉢ 수요가 가격에 둔감한 경우 풍작으로 가격이 하락하면 소득이 감소한다. 수요량은 일정한 반면 가격이 하락해 총 수입이 감소하기 때문이다.

문제 04 　 시장과 정부 – 정부의 역할 ★★★★☆

개념 해설

문제는 보이지 않는 손의 한계를 언급하고 있다. 즉, 어떤 특정한 조건과 환경 하에서는 시장의 균형가격 형성 기능이 효율적인 자원배분을 달성하지 못한다는 것이다. 따라서 이 경우 정부의 적극적인 시장 개입이 필요하다.

㉢ 국민연금 제도는 정부의 적극적인 역할의 대표적인 예시이다. 사회보장제도의 강화는 정부의 개입이 커지는 것을 의미한다.

㉣ 공정한 경쟁 환경을 조성하는 일은 정부의 적극적인 기능 가운데 하나이다. 대기업 혹은 생산자의 횡포로부터 중소기업 이나 소비자를 보호하는 규제의 운영은 정부 개입의 강화를 의미한다.

정답 ⑤

오답 정복하기

㉠ 시장 개방의 확대는 정부의 역할은 낮추고 시장의 기능을 강화하는 것으로 정부 역할 강화와 거리가 멀다.

㉡ 공기업의 민영화 역시 시장을 중시하는 입장이다. 정부가 아닌 시장의 힘에 공기업 운영을 맡기려는 입장이다.

문제 05   경제 일반 - 자원의 효율적 배분 ★★★★☆

개념 해설

경제문제는 희소성에서 출발한다. 모든 부존자원은 욕망에 비해 부족하기 때문이다. 자본주의 체제에서 희소성으로 인해 발생한 경제문제가 합리성에 의해 원활히 해결된다면 가격기구에 의한 자원배분이 효율적으로 이뤄지고 있는 것이며, 그렇지 못할 경우 시장실패라 할 수 있다.

(가) 효율적 자원 배분을 위해 필요한 보이지 않는 손, 가격기구, 시장가격, 수요와 공급의 법칙 등
(나) 효율적 자원 배분이 이뤄지지 못하는 상황이므로, 독과점, 외부효과, 공공재 부족 등
(다) 시장실패를 바로잡으려는 정부의 노력이 실패하는 정부실패를 의미

정답 ①

문제 06   시장 균형의 형성 - 균형점의 이동 ★★★★☆

개념 해설

문제의 상황에서 A는 선호에 의한 수요 증가, B는 공급의 감소를 의미한다. 모두 초과수요를 야기하는 요인이다. 즉, A는 수요곡선이 우측으로 이동해 가격이 상승하고 거래량이 증가한다. 한편, B의 경우 공급곡선이 좌측으로 이동해 가격은 상승하고 거래량은 감소한다.

정답 ②

문제 07   경제자료의 분석과 해석 ★★★★☆

개념 해설

ⓒ 1990년대 이후 15~64세 인구의 증가 비율보다 65세 이상의 인구 증가 비율이 더 크므로 노년부양비가 증가하고 있음을 알 수 있다.
ⓔ 노년부양비의 증가와 함께 65세 이상 인구 비율이 증가하므로, 사회 복지 예산에 대한 노년층의 요구가 거세질 것이다.

정답 ④

오답 정복하기

ⓐ 자료에 실업률 수치만 제시되어 있으므로 정확한 청년 취업자 수의 증감은 알 수 없다.
ⓑ 1990년 이후 인구증가율은 둔화되고 있다. 하지만 증가율이 양의 값을 가지므로 인구는 조금씩 증가하고 있다.

문제 08   정부의 시장 개입 - 정부실패 ★★★★☆

개념 해설

정부실패란 시장실패를 바로잡기 위해 시장에 개입한 정부가 효율적인 자원배분에 실패하는 현상을 의미한다. 정부실패를 바로잡기 위해서는 정부의 개입을 축소하고, 시장을 활성화시키는 작은 정부론이 뒷받침되어야 한다.

㉠ 시장 기능의 활성화는 정부실패 해결의 첫 번째 열쇠이다.

㉢ 예산의 감시활동을 통해 정부정책의 효과가 왜곡되지 않고, 비효율을 줄일 수 있어 정부실패의 해결방안으로 적절하다.

 ③

오답 정복하기

㉡ 정부의 개입으로 인해 발생하는 정부실패를 보다 적극적인 정부의 역할로 해결하고자 하면 문제가 악화될 뿐이다.

㉣ 공기업 주식을 민간에 매각하는 방법 등으로 공기업의 민영화를 지향하는 것이 정부 개입을 축소시키는 것이다.

문제 09   희소성과 합리적 선택 ★★★★☆

개념 해설

① 희소성이란 인간의 욕망 대비 자원의 부존량이 부족한 상황을 의미한다. 희소성은 언제나 선택의 문제를 야기한다. 그리고 선택의 문제는 기회비용을 발생시킨다. 즉, 합리적 선택을 위해서는 기회비용이 가장 작은 것을 선택하고, 선택의 가치가 기회비용보다 커야 한다.

 ①

오답 정복하기

② 정부의 시장 개입은 효율성을 저하시킬 수 있다.

③ 합리적인 선택은 사익과 공익의 조화를 꾀하는 것이다.

④ 합리적인 선택을 하는 사람들은 형평성보다 효율성을 더 중시한다.

⑤ '공유지의 비극'처럼 개인의 이기심이 비효율적인 결과를 초래한다.

문제 10 　　수요과 공급의 균형점의 변화 ★★★★☆

개념 해설

③ 부동산 거래 과정에서 발생하는 세금이 증가한다면, 아파트 수요가 감소하게 된다. 이는 아파트값 폭등의 원인이 지나친 수요에 있다는 진단에 기반하여 공급의 증가보다는 수요의 감소를 유발하기 위한 정책이다. 세금의 증가는 우하향의 수요곡선을 좌측으로 이동시키고, 그 결과 새로운 균형점은 ⓒ에서 형성된다.

정답 ③

오답 정복하기

① 균형점이 ㉠이 되려면 수요가 증가해야 한다.
② ⓛ은 수요량의 감소를 의미한다. 수요량의 감소는 가격이 상승하는 경우에 나타난다.
④ ⓔ은 수요량이 증가한 경우이다. 수요량의 변화는 곡선 상의 이동으로 나타난다.
⑤ ⓜ은 수요와 공급이 모두 증가해야 달성 가능하다.

문제 11 　　경제문제 ★★★☆☆

개념 해설

무엇을 생산할까의 문제는 한정된 자원으로 생산할 생산물의 수량과 종류를 결정하는 일이며, 어떻게 생산할까의 문제는 가장 적은 비용이 드는 생산요소의 배합을 결정하는 일이다. 그리고 누구에게 분배할 것인가는 생산된 재화와 서비스를 누구와 어떻게 나눠가질 것인가의 문제이다. 이러한 경제문제를 해결하는 방식을 '경제체제'라고 하며 계획경제체제와 시장경제체제로 양분된다.
㉠ 계획경제체제는 중앙당국이 무엇을 생산할지를 포함해 모든 경제문제를 결정한다.
ⓛ 분업과 특화의 확대는 생산성 향상을 위한 방법으로서, 어떻게 생산할 것인가의 문제와 연관되어 있다.
ⓒ 누진세율은 형평성의 원칙을 중시하는 분배의 문제와 연관되어 있다.

정답 ④

오답 정복하기

ⓔ 무엇을, 어떻게 생산할 것인가의 문제가 효율성과 연관되어 이윤극대화를 추구한다면, 누구에게 분배할 것인가의 문제는 모든 사람이 최소한의 인간다운 생활을 할 수 있도록 기본적인 몫을 형평성 있게 분배하려는 것을 추구한다.

문제 12   경제의 기본 문제 ★★★☆☆

개념 해설

㉠ 창고업자가 어떤 과일을 저장할 것인가는 경제문제 가운데 '무엇을 생산할 것인가'에 해당한다. 저장이라는 서비스를 창출하는 것도 생산의 문제이다.

㉢ 농민에게 있어 무엇을 생산할 것인가의 문제는 어떤 농작물을 재배할 것인가의 문제이다.

정답 ①

오답 정복하기

㉡ 기업이 주주들에게 이윤을 배당하는 문제는 누구에게 분배할 것인가의 문제에 해당한다. 배당이란 기업의 주인인 주주들과 생산활동으로 인한 과실을 나누는 것을 의미한다.

㉣ 자동화와 고용의 확대는 어떠한 방식으로 생산할 것인지의 문제와 연관되어 있다. 즉, 어떻게 생산할 것인가의 문제이다.

문제 13   시장경제체제와 가격기구 – 가격의 역할 ★★★★☆

개념 해설

시장경제체제에서는 가격이 모든 경제문제를 해결한다. 균형을 회복하는 과정이 이를 보여주는데 초과수요 혹은 초과공급의 상황에서 가격의 움직임으로 인해 균형을 회복하는 것이 그것이다. 가격은 생산자와 소비자에게 생산량과 소비량에 관한 신호를 주고 경제활동에 대한 유인을 제공한다.

② 보이지 않는 손인 시장의 자동조절 기능을 통해 경제문제를 해결하는 것이 보다 합리적이라는 것이 시장경제의 원리이다. 이는 비용의 발생과는 무관하다.

정답 ②

오답 정복하기

① 중앙당국이 경제문제를 해결하는 것이 계획경제체제이다.

③ 가격은 신호전달 기능을 한다. 높아지는 경우 수요량을 줄이고, 공급량은 늘릴 수 있도록 신호를 전달하는 역할을 한다.

④ 시장 가격이 오르는 산업에 대한 자원배분은 증가하고 반대의 경우는 자원배분이 감소하는 등 가격은 각 경제 주체의 경제활동에 대한 참여의 동기를 제공한다.

⑤ 소득의 분배는 생산활동에 참여한 대가를 지급하는 과정이다. 즉, 토지제공에 대한 지대, 노동제공에 대한 임금, 자본제공에 대한 이자를 얻게 되는 과정이 그것이다.

문제 14　　경제체제와 성장률 – 자료의 해석 ★★★★☆

개념 해설

본 연구계획서는 경제체제별 경제 성장률을 파악하기 위해 남북한만을 조사한 후 계획경제체제를 채택한 나라의 경제 성장률이 더 높다는 결론을 내리고 있다.

㉠ 보다 일반화 된 결론을 얻기 위해 각 체제별로 보다 다양한 국가들의 경제 성장률을 조사하면 자료의 타당성과 신뢰성이 높아진다.

㉢ 제시된 자료는 특정 시기만을 조사하였으므로, 여러 연도의 평균 성장률을 비교한다면 오류를 줄일 수 있다.

정답 ①

오답 정복하기

㉡ 제시된 자료는 남한과 북한을 각각 시장경제체제와 계획경제체제의 대표 국가로 꼽고 있다.

㉣ 경제체제별 성장률을 구하고자 하는 것이므로 다른 자료는 필요하지 않다.

문제 15　　다양한 경제개념 이해 ★★★★☆

개념 해설

대체재란 대신하여 소비해도 동일한 만족을 주는 재화를 의미하며, 기회비용이란 어떤 선택으로 인해 포기하는 선택 가운데 가장 높은 가치를 가지는 것을 의미한다. 한편, 외부효과란 의도하지 않게 제3자에게 손해나 이득을 주면서도 이에 대해 대가를 치르지도 주지도 않는 것을 의미한다. 마지막으로 수요의 가격탄력성이란 가격 변화에 수요량 변화가 민감하게 반응하는 것을 의미한다.

(가) 도서관 밖에서 들려오는 소음을 발생시키는 사람은 의도하지 않게 도서관에서 공부하는 사람을 방해하고 이에 대한 대가를 치르지 않으므로 외부불경제(㉢)에 해당한다.

(나) 아파트 전세 가격이 폭등하자 단독 주택의 전세 가격이 폭등한 것은 단독 주택이 아파트의 대체재(㉠)이기 때문이다. 아파트 전세 값 상승은 아파트 전세 수요의 감소로 이어지고, 이는 단독 주택 수요의 증가로 이어져 단독 주택 전세 가격이 높아지는 것이다.

(다) 빌게이츠가 하버드대를 중퇴하고 마이크로소프트 창업을 선택한 것은 기회비용(㉡)을 고려한 합리적인 선택이다. 창업의 기회비용은 하버드대 중퇴이고, 이 비용이 선택으로 인한 편익보다 작았던 것이다.

(라) 공연장에서 가격을 할인하지 않는 이유는 공연 수요가 티켓 가격과 크게 연관되어 있다고 보지 않기 때문이다. 이처럼 수요의 가격탄력성(㉣)이 비탄력적인 경우 티켓 가격의 하락은 오히려 수입의 하락으로 이어진다.

정답 ③

문제 16   금융정책 ★★★★☆

개념 해설

ⓒ 신용불량자들의 구제 금융 정책은 재기의 발판을 마련해주는 것이라 할 수 있다. 하지만, 이러한 지원책은 자칫하면 스스로 상환하려는 노력을 게을리하는 결과로 이어질 수 있다. 즉, 도덕적 해이가 발생할 수 있는 것이다.

 ③

오답 정복하기

㉠ 일반인이 아닌 신용불량자에게만 해당하는 조치이므로 가계 전체의 소비 지출 증가로 이어진다고 보기 어렵다.
ⓛ 일반 국민 누구에게나 해당하는 조치가 아니라 신용불량자에 대한 조치이므로 일반 국민에게 은행 문턱이 낮아지는 것과는 무관하다.

문제 17   자유방임주의 ★★★★☆

개념 해설

제시문은 아담 스미스의 자유방임적 자본주의에 대한 내용이다. 모든 사람들이 사익을 위한 이기적인 행동을 할 때 사회적 이익도 증가한다는 내용이다.
ⓛ 시장경제체제는 정부의 개입 없이 보이지 않는 손에 의해 자원배분이 이뤄질 때 효율성이 극대화된다고 보았다.
ⓔ 개인은 자신의 이익에 더 많은 관심을 가질 때 사회적 이익의 증가가 자연스럽게 이뤄진다고 주장했다.

 ④

오답 정복하기

㉠ 경제학은 효율성의 학문이다. 시장경제체제는 형평성보다는 효율성에 더 초점을 둔다.
ⓒ 자유방임적 자본주의는 정부의 시장개입이 불필요하다고 보았다.

문제 18   시장 균형의 변동 요인 파악 ★★★★☆

개념 해설

균형점이 왼쪽으로 이동한 것으로 보아 수요와 공급이 모두 감소하였기 때문으로 추측할 수 있다.

㉠ 커피 원료 가격의 상승은 생산자 입장에서는 비용의 증가이므로, 공급을 줄이는 요인으로 작용한다. 이는 총공급곡선의 좌측이동을 야기한다.

㉢ 설탕 가격이 오르면 설탕에 대한 수요량이 감소하므로, 보완관계인 커피의 수요도 감소한다.

정답 ②

오답 정복하기

㉡ 생산성의 향상은 공급측 요인으로서, 동일한 생산자원의 투입으로 더 많은 생산을 가능하게 하므로, 공급곡선의 우측이 동요인이다.

㉣ 소득증가로 인한 소비의 증가는 커피수요를 증가시킨다.

문제 19   가격통제 – 최고가격제 ★★★★☆

개념 해설

최고가격제란 수요자를 보호하기 위한 가격통제제도이다. 즉, 시장에서 결정된 가격이 너무 높다고 판단되어 일정 수준 이상으로 거래하지 못하도록 통제하는 제도이다.

㉠ 최고가격제의 수행으로 인해 시장에서는 초과수요가 발생한다. 균형 가격보다 낮은 수준에서 최고가격제를 실시함으로 써 공급이 줄어 시장에서는 초과수요가 발생한다. 이는 공급이 부족함을 의미하므로 더 높은 가격을 지불하고자 하는 사람들이 존재하므로 암시장이 형성된다.

㉢ 정부가 아파트 분양가 상한선을 정해 집값을 규제했던 것은 최고가격제의 하나이다.

정답 ②

오답 정복하기

㉡ 최저가격제에 대한 설명이다. 최저가격제는 시장에서 결정된 균형 가격이 너무 낮다고 판단되어 공급자를 보호하기 위한 목적에서 시장 균형 가격 이상에서 최저가격을 정하고 그 이하로 가격을 책정하지 못하도록 강제하는 가격통제 제도이다.

㉣ $\overline{P}$수준에서는 공급자는 Q_1만큼 공급하려고 하고, 이때 수요자는 보다 높은 지불용의(Q_1에서 수요곡선에 이르는 높이 에 해당)를 가지므로, 수요자가 공급자보다 훨씬 높은 가격대를 생각하고 있다고 할 수 있다.

문제 20 　　희소성과 재화의 종류 – 경제재와 자유재 ★★★★☆

개념 해설

⑤ 지문은 물이 자유재에서 경제재로 변하고 있음을 의미한다. 즉, 과거에는 욕망보다 자원의 부존량이 많아 희소성의 문제가 발생하지 않았지만, 환경오염의 심화로 깨끗한 물에 대한 희소성이 생겨났다는 것이다. 이러한 희소성으로 인해 가격이 형성되었고, 이는 선택의 문제를 야기하였다.

정답 ⑤

오답 정복하기

① 자유거래는 모든 사람을 이롭게 한다는 것은 시장경제체제와 자유무역주의에 해당하는 내용이다.
② 최대효과의 원칙인 합리적 소비에 대한 내용이다.
③ 희소성이 존재하지 않는 자유재의 경우 가격이 형성되지 않기 때문에 시장에서 거래되지 않는다.
④ 분업의 원리는 효율적인 생산과 관련이 있다. 희소성에 대한 내용과는 무관하다.

문제 21 　　자유무역 ★★★★☆

개념 해설

② 외국 자본에 대한 세금부과는 기본적으로 무역 장벽에 해당한다. 시장 경제의 흐름을 인위적으로 조절하는 보호무역정책에 해당한다.

정답 ②

오답 정복하기

① 수출품의 품질 경쟁력 향상은 대외 개방을 한 우리나라의 입장에서 중요한 요인이다.
③ 글로벌화에 맞춰 기업경영을 할 때 세계시장에서 활동이 가능하다.
④ 금융 시장의 수요공급 원칙은 국제화 기준의 하나이다.
⑤ 경제 협력 개발 기구 기준에 맞는 정부 규제 역시 세계화 및 국제화에 맞는 원리이다.

문제 22　수요-공급 곡선의 변동 원인 균형의 변화 ★★★★☆

개념 해설

그래프에서 균형점 E가 E'로 변경되었다는 것은 공급이 감소$(S \rightarrow S')$하고, 수요가 증가$(D \rightarrow D')$했기 때문이다.

ⓒ 쇠고기와 대체관계에 있는 돼지고기 가격의 인상은 쇠고기의 수요를 증가시킨다. 대체관계에 있는 경우 한 재화의 수요 감소는 다른 재화의 수요 증가로 이어질 수밖에 없다. 즉, 대체재인 돼지고기의 가격 상승으로 쇠고기의 가격이 상대적으로 낮아진 셈이므로 쇠고기 수요가 증가한다.

ⓒ 광우병이 발생한 국가로부터의 쇠고기 수입이 전면 금지된다면 쇠고기 공급이 감소된다. 그 결과 공급곡선은 좌측으로 이동한다.

정답 ③

오답 정복하기

㉠ 소의 사료 값은 쇠고기 생산비용이다. 생산비용의 가격인하는 공급의 증가요인이다.

㉣ 육류 섭취 시 성인병에 걸릴 확률이 높아진다는 연구 결과는 쇠고기 수요의 감소요인이다.

문제 23　소비자평가지수 ★★★★☆

개념 해설

소비자평가지수는 문제에서 소개한 바와 같이 현재 경기에 대한 소비자의 인식을 보여준다. 해당 결과는 향후 소비행태에 영향을 미치게 된다는 점에서 경기 동향 파악 및 예측에 유용한 정보가 된다.

① 소비자평가지수는 그 정의상 100을 기준으로 한다. 100보다 낮을 경우 경기에 대한 부정적 인식을, 100보다 클 경우 경기에 대한 낙관적 인식을 의미한다. 문제에서 67.3의 소비자평가지수는 경기에 대한 인식이 부정적임을 의미하고, 이는 경제주체의 소비감소로 이어져 총수요가 감소한다. 즉 총수요곡선이 좌측으로 이동하게 된다.

정답 ①

문제 24 　　최고가격제 ★★★★☆

개념 해설

최고가격제란 시장에서 형성된 가격이 너무 높다고 판단하여 수요자를 보호할 목적으로, 시장 균형가격보다 낮은 수준에서 최고가격을 설정해 그 이상으로 책정하지 못하도록 강제하는 가격통제이다.

ⓒ 휴가철 숙박업소의 숙박 요금 규제는 최고가격제의 대표적인 사례이다. 시장 균형 수준보다 낮은 수준에서 가격을 통제하는 제도이므로, 최고가격제에 해당한다.

ⓔ 금융기관의 이자율 상한 역시 최고가격제의 하나이다. 금융의 소비자인 기업들을 보호하기 위해 이자율 상한을 균형 수준보다 낮게 책정하는 최고가격제라 할 수 있다.

정답 ⑤

오답 정복하기

㉠ 저임금 근로자를 위한 최저임금제는 시장 균형보다 높은 수준에서 설정되므로 최저가격제의 사례이다.

ⓛ 농산물 가격지지 정책 역시 최저가격제의 사례이다. 공급자 보호를 위해 균형가격보다 높은 수준에서 가격을 설정하고 통제한다.

문제 25 　　통화정책 – 금리인상의 효과 ★★★★☆

개념 해설

과거 미국의 금리인상을 묘사하는 글이다. 금리인상은 현재 경기가 과열되었거나 향후 경기의 과열을 예상하고 대응하려는 조치이다. 금리를 인상하게 되면 저축이 증가하고 투자는 감소하며, 이로 인해 총수요가 감소하여 인플레이션 억제와 실질 GDP 감소가 뒤따른다.

ⓛ 미국 경제의 빠른 성장은 인플레이션을 초래할 수 있으므로, 이를 조절할 필요가 있다. 따라서 금리인상을 통한 경기 속도 조절의 배경으로 적절하다.

ⓔ 물가상승률의 가속화 역시 경기 조절 필요성의 배경이다. 금리인상을 통해 경기 속도를 조절할 필요가 있다.

정답 ④

오답 정복하기

㉠ 실업률이 증가하는 상황에서 총수요 감소를 야기하는 정책의 시행은 실질 GDP를 감소시켜 실업률 악화를 가속화시킬 수 있다.

ⓒ 중국을 비롯한 신흥국과의 무역분쟁 증가는 순수출의 악화요인이다. 이는 총수요의 감소요인이므로, 여기에 금리인상까지 더해지면 실질 GDP가 크게 감소하고 이는 실업을 악화시키는 요인으로 작용할 수 있다.

문제 26   소득과 소비 ★★★★☆

개념 해설

문제는 소득별 소비 규모를 보여주고 있다. 1분위는 소득이 가장 낮은 계층을 의미하고, 10분위로 갈수록 고소득 계층을 의미한다. 저소득층일수록 소비의 비중이 높고, 분위가 높을수록 저축 성향이 커지는 경향을 볼 수 있다.

㉠ 10분위로 갈수록 소비의 크기가 커지고 있다.

㉡ 저소득층의 경우 소득을 넘어서는 소비가 이뤄지고 있음을 확인할 수 있다.

㉣ 소득과 소비의 차이가 저축이다. 저축이란 소득 가운데 소비하지 않은 나머지 금액이기 때문이다. 고소득층으로 갈수록 소득과 소비의 격차가 커지는 경향을 확인할 수 있다.

정답 ④

오답 정복하기

㉢ 빈곤할수록 소득에서 차지하는 소비의 비중이 크다는 것을 알 수 있다. 일정 분위까지는 소득과 소비의 막대그래프 크기 차이가 거의 존재하지 않는다.

문제 27   인플레이션의 원인 ★★★★☆

개념 해설

문제에서 제시되고 있는 국제유가 인상, 공공요금 인상은 총공급요인이다. 즉, 비용인상인플레이션 요인들이다.

㉠ 저축보다 소비를 권장할 경우 총수요곡선이 우측으로 이동한다. 총공급곡선의 좌측이동으로 물가가 높아진 상태에서 총수요곡선까지 우측으로 이동할 경우 인플레이션은 가속화된다.

㉡ 확장적 통화정책은 총수요곡선의 우측이동 요인이다. 이 경우 물가상승이 가속화된다. 비용인상인플레이션과 확장적 통화정책의 결합은 스태그플레이션을 야기한다. 즉, 경기침체와 물가상승이 동시에 발생한다.

정답 ①

오답 정복하기

㉢ 노사화합을 통한 경쟁력 향상은 총공급곡선의 우측이동 요인이다. 이 경우 균형을 회복할 수 있어 물가를 안정시킬 수 있다.

㉣ 신기술 개발은 총생산의 증가요인이다. 즉 총공급곡선의 우측이동 요인이다. 이 경우 물가안정이 가능하다.

문제 28　　총수요관리정책 ★★★★☆

개념 해설

총수요관리정책에 대한 문제이다. 총수요가 총공급보다 많을 때는 긴축적 정책이, 총공급이 총수요보다 높을 때는 확장적 정책이 필요하다.

③ 국공채의 매각은 긴축적 통화정책으로 총수요의 위축요인이다. 중앙은행이 시중에 국공채를 팔게 되면 시중의 현금이 중앙은행으로 흡수된다. 이는 이자율 상승을 야기해 투자가 감소하고 총수요의 감소로 이어진다. 한편, 세율 인하는 확장적 재정정책의 수단이다. 이로 인해 총수요가 증가해 총공급이 총수요보다 높은 상황에서 균형의 달성으로 이어진다.

정답 ③

문제 29　　시장이론 – 완전경쟁시장 ★★★★☆

개념 해설

완전경쟁시장은 이론적 형태의 시장으로, 가장 효율적인 자원배분을 보장하는 상태의 시장을 의미한다. 완전경쟁시장이 성립하기 위해서는 수많은 수요자와 공급자, 동질적인 상품, 완전한 정보, 자유로운 시장의 진입과 퇴출 조건이 성립해야 한다.

④ 완전경쟁시장에서는 하나의 상품에 하나의 가격만이 설정된다. 완전히 동질적인 상품이 거래되고 완전한 정보를 가정하기 때문에 완전경쟁시장에서는 상이한 가격 책정이 불가능하다.

정답 ④

오답 정복하기

① 자유로운 진입과 퇴출은 장기무이윤 현상의 원인이 된다.
② 다수의 수요자와 공급자가 동질적인 상품을 거래하므로 완전경쟁기업은 시장균형가격을 그대로 받아들일 수밖에 없다.
③ 완전한 정보로 인해 시장에서는 차익거래가 불가능하다. 즉, 동일한 가격으로 거래가 된다는 것이다.
⑤ 동질적인 상품이란 질적으로 차이가 존재하지 않는 재화와 서비스를 의미한다.

문제 30 주요 경제지표 - 거시경제지표 ★★★★☆

개념 해설

윤정은 노동의 공급자 입장에서, 형우는 노동의 수요자 입장에서 의견을 개진하고 있다. 취업률은 윤정의 입장을, 임금과 생산성, 기업 설비 투자는 형우의 주장을 뒷받침하기에 적절한 거시경제지표이다. 모두 생산비용과 관련된 근거들이기 때문이다.

④ 조세부담률은 가처분소득과 연관된 개념으로 두 사람의 주장과는 관계가 적은 개념이다.

정답 ④

문제 31 경제문제의 적용 ★★★★☆

개념 해설

경제문제란 무엇을, 어떻게 생산하여 누구에게 분배할 것인가의 문제이다. 무엇을, 어떻게의 문제는 효율성과 연관된 반면 누구에게 분배할 것인가의 문제는 형평성과 관련이 있다.

(가) : ㉠ 교육서비스를 생산하는 교사의 입장에서 강의 과목의 선정은 무엇을 생산할 것인지의 고민이다.
(나) : ㉢ 사원 수를 늘릴지, 자동화 설비를 늘릴지의 고민은 어떻게 생산하는 것이 보다 효율적인지를 고민하는 어떻게 생산할 것인가에 대한 문제이다.
(다) : ㉡ 영업실적이 좋은 사원에게 더 많은 성과급을 지급하기로 한 결정은 소득분배와 관련된 결정이다.

정답 ②

문제 32 가격통제 - 최저가격제 ★★★★☆

개념 해설

최저가격제란 공급자를 보호할 목적으로, 시장에서 결정된 가격이 너무 낮다고 판단되었을 때, 균형가격 이상에서 최저가격을 설정하고, 그 이하로 내리지 못하도록 통제하는 제도이다.

① 최저가격제를 실시하면 높아진 가격으로 인해 수요량이 감소한다. 균형가격에서 Q_0였던 수요량이 최저가격제 실시 이후 Q_1으로 감소한다.

정답 ①

오답 정복하기

② 가격통제는 물가의 조정과는 무관한 정책이다.
③ 최저임금제의 실시는 노동시장의 초과공급을 야기한다. 그 크기는 $\overline{Q_1 Q_2}$이다.
④ 최저가격제는 초과공급을, 최고가격제는 초과수요를 발생시킨다.
⑤ 정부의 가격규제가 없다면 가격은 P_0로 하락한다.

문제 33 수요와 공급 – 균형가격과 거래량의 변화 ★★★★☆

개념 해설

⑤ 수요와 공급의 변화는 균형가격과 거래량의 변화를 야기한다. 문제에서 마늘이 암 발생 억제에 효과적이라는 사실은 수요의 증가요인이다. 따라서 수요곡선이 우측으로 이동한다. 한편, 마늘에 대한 수입 관세 폐지는 마늘 공급의 증가요인이다. 수입산 마늘이 우리나라 시장에 많이 공급될 수 있기 때문이다. 따라서 공급곡선도 우측으로 이동한다. 그 결과 거래량은 증가한다. 하지만 두 곡선의 우측이동은 가격에 미치는 영향이 상이하기 때문에 이동폭에 의해 가격이 상승할 수도, 하락할 수도 있다.

정답 ⑤

문제 34 경제적 유인 – 정책 인센티브 설계 ★★★★☆

개념 해설

경제적 유인이란 어떤 행동을 하도록 유인하는 것, 부추기는 것을 의미한다. 보다 구체적으로는 이익의 증가 등을 목적으로 움직일 수 있도록 부추기는 것을 의미한다.

③ 탈세 방지를 위한 영수증 주고 받기 캠페인은 별 다른 유인이 되지 못하지만, 당첨금 및 경품이라는 유인책의 제시는 영수증 주고 받는 문화 정착에 좋은 유인이 되었다.

정답 ③

오답 정복하기

① 희소성이 존재하지 않는 재화를 자유재라고 한다.
② 자유무역주의자들의 입장으로 제시문과는 무관하다.
④ 경쟁은 효율성에는 효과적이지만, 형평성 달성에는 효과적이지 못하다.
⑤ 효율성과 형평성은 상충되는 면이 많다.

문제 35 합리적인 선택 – 합리적 소비 ★★★★☆

개념 해설

ⓛ A컴퓨터는 (가)와 (나)의 경우 158만원, (다)의 경우 161만원의 비용이 든다. (가)와 (나)는 비용은 동일하지만, (나)가 신뢰도가 높다는 장점이 있으므로 (나)에서 구입하는 것이 합리적이다.

ⓒ (나)와 (다)의 판매업체가 공통적으로 B컴퓨터의 가격이 A컴퓨터의 가격보다 낮게 책정되어 있다. (나)의 B컴퓨터가 가격이 가장 저렴하고 판매업체 신뢰도도 높으므로 이를 구입하는 것이 가장 합리적이다.

정답 ④

오답 정복하기

㉠ 판매업체의 신뢰도가 같더라도 (나)와 (다)는 가격 차이가 1만원이 발생하고 있다.

문제 36   혁신의 분야 ★★★★☆

개념 해설

기업은 이윤의 극대화를 목적으로 존재한다. 그리고 이를 위해 혁신은 필수불가결의 행위이다. 혁신은 새로운 상품의 개발은 물론 시장의 개척, 조직의 혁신, 프로세스의 혁신 등 다양한 방면에서 일어나야 한다. 혁신은 자본주의 경제발전의 원동력이다.
① 자동차의 일시적 수요 증가에 대응하기 위한 야간 근로 시간의 증가는 혁신이라고 볼 수 없다. 이것은 단순한 생산량의 증가에 불과하다.

정답 ①

오답 정복하기

② 새로운 경영기법의 도입 사례이다.
③ 새로운 경영조직의 결정 사례이다.
④ 새로운 상품 개발에 해당한다.
⑤ 새로운 시장 개척에 해당한다.

문제 37   실질 경제 성장률 ★★★★☆

개념 해설

총저축률과 국내 총투자율이 실질 경제 성장률과 어떤 관계인지 보여주는 자료이다.
ⓒ 2018년도 국내 총투자율은 1997년 수준보다 아래쪽에 있으므로 회복하지 못하였다고 할 수 있다.
ⓔ 총저축률의 경우 1997년 이후에는 국내 총투자율보다 높게 나타난다.

정답 ⑤

오답 정복하기

⑦ 총저축률과 실질 경제 성장률 간의 관계는 없다. 총저축률의 증감과 무관하게 실질 경제 성장률의 증감이 나타나고 있어 뚜렷한 연관성을 찾기 어렵다.
ⓛ 2003년의 경우 실질 경제 성장률은 전년보다 둔화되었지만 마이너스 성장이 아니므로 성장폭이 둔화되었을 뿐 성장은 계속되어 2002년보다 높다고 할 수 있다. 실제 성장이 감소되려면 성장률이 음(-)의 값을 가져야 한다.

문제 38　시장실패 – 외부효과 ★★★★☆

개념 해설

문제는 외부불경제를 다루고 있다. 외부불경제란 어떤 경제주체의 행동이 제3자에게 의도하지 않은 손실을 주면서도 이에 대해 대가를 지급하지 않는 경우를 의미한다.

① 외부불경제의 경우 기업의 한계비용이 사회적 한계비용보다 작기 때문에 사회 최적 수준보다 과다생산된다. 과소생산은 외부경제가 존재하는 경우에 발생한다.

정답 ①

오답 정복하기

② 비용을 지불하지 않은 제3자들도 사용할 수 있다는 면에서 비배제성의 특성을 지닌 공공재적 성격을 지닌다고 할 수 있다. 공공재란 비배제성과 비경합성을 갖는 재화를 의미한다.

③ 시장실패는 외부효과의 존재, 공공재, 독점, 정보비대칭성으로 인해 발생한다.

④ 환경오염은 사회적 갈등을 빚는 대표적 사례라 할 수 있다.

⑤ 환경오염이 발생하면 욕구보다 부존량이 많았던 깨끗한 공기가 사라져 대가를 지불해야만 소비할 수 있는 경제재로 변모할 수 있다.

문제 39　대체재와 보완재 ★★★★☆

개념 해설

문제는 대체재와 보완재를 설명하고 있다. 문제에서 표고버섯과 돼지고기는 보완재 관계이다. 함께 소비할 때 만족이 극대화되기 때문이다.

㉠ 느타리버섯도 표고버섯과 비슷한 효과를 낸다고 설명하고 있어 표고와 느타리는 서로 대체관계임을 알 수 있다.

㉢ 표고버섯의 공급감소는 표고의 가격 상승을 야기하고, 이는 느타리버섯의 수요 증가로 이어진다. 따라서 느타리버섯의 가격이 상승한다.

정답 ⑤

오답 정복하기

㉡ 돼지고기의 수요감소는 표고버섯의 수요감소를 야기한다. 그 결과 표고버섯의 가격이 하락한다.

문제 40　　경제 정책의 결정 – 총수요관리정책 ★★★★☆

개념 해설

③ 문제에서 경제 성장률을 기준으로 경제 정책의 방향성을 결정하고 있다. 경제 성장률이 낮은 경우 실업률을 기준으로 경제 정책의 방향을 결정하고 있으며, 높은 경우는 물가 상승률을 기준으로 방향을 결정한다.

정답 ③

오답 정복하기

① 실업이 2%이면 매우 낮은 상황이다. 따라서 이 경우 금리의 인하만 실시한다.
② 경제 성장률이 7% 이상인 경우 물가 상승률에 따라 정책이 달라지므로, 현재 정책 유지로 이어진다는 보장이 없다.
④ 경제 성장률이 2%로 낮고 물가 상승률이 5%인 때는 현 프로세스로는 정책 방향 설정을 알 수 없다.
⑤ 재정 지출을 축소하고 금리를 인상하면 경제 성장의 속도가 둔화된다.

문제 41　　환율변동과 경제적 선택 ★★★★☆

개념 해설

문제에서 원/엔 환율은 상승이 예상되고, 원달러 환율은 하락이 예상된다. 이는 원화를 기준으로 엔화의 가치는 상승하고, 달러화의 가치는 하락하고 있음을 의미한다.

을 : 달러의 가치가 하락하고 있으므로 더 하락하기 전에 달러를 원화로 바꾸는 것이 좋다. 1달러당 1,200원에서 1,000원으로 환율이 떨어졌으므로, 예전에는 1달러를 1,200원으로 바꿔주었는데 이제는 1,000원만 준다는 의미다.

병 : 엔화의 가치가 오르고 있다. 즉, 원화의 가치가 상대적으로 하락하고 있다는 것이다. 이를 환율로 예를 들면 100엔당 1,000원에서 1,200원으로 상승하는 상황이다. 일본여행에 가서 1,000원만 있으면 100엔을 쓸 수 있었는데, 이제는 1,200원이 필요한 상황이다. 더 오르기 전에 빨리 다녀오는 것이 유리하다.

정답 ③

오답 정복하기

갑 : 엔화표시 외채는 빨리 상환해야 한다. 똑같은 100엔을 갚기 위해 예전에는 1,000원만 필요했는데 이제 1,200원이 필요하다.
정 : 미국산 자동차 수입 대금 결제는 미룰수록 유리하다. 1달러 대금 결제에 1,200원이 필요했는데 이제는 1,000원만 있으면 되고, 이러한 하락 추세가 이어질 것으로 전망되기 때문이다.

문제 42 　 합리적 선택 – 기회비용 ★★★★☆

개념 해설

남은 3일 동안 시간을 활용해 최대의 결과를 이끌어내기 위해서는 경제적으로 합리적인 시간 활용이 필요하다.

ⓒ A회사에 합격하기 위해서는 영어 75점과 상식 80점이 필요하다. 나는 현재 영어 70점, 상식 71점의 점수를 갖고 있다. 영어 점수가 75점이 되는데는 1일만 있으면 되지만, 상식을 80점으로 올리기 위해서는 3일이 필요하다. 따라서 총 4일이 필요하다. 반면 B회사 커트라인은 영어 80점, 상식 75점이다. 80점을 위해 영어는 2일이 필요하고, 상식은 1일이 필요해 총 3일이 필요하다. 그러므로 A회사보다는 B회사 합격을 목표로 해야 한다.

ⓔ 3일 동안 상식공부만 할 수 없는 것은 시간 자원이 한정되어 있기 때문이다. 한정된 시간을 효율적으로 사용하지 못하면 시험의 커트라인을 충족시키지 못해 시험에서 낙방한다.

정답 ⑤

오답 정복하기

ⓐ 영어 점수 5점을 높이기 위해 첫 날 공부를 하는 경우 그 기회비용은 상식 점수 4점이다. 그리고 그 기회비용은 둘째 날 3점, 셋째 날 2점으로 점점 줄어든다. 즉 기회비용이 감소한다.

ⓑ A와 B이외의 회사를 목표로 하는 경우 그 회사의 최저점수 기준이 있을테니 공부 일수의 배분은 당연히 달라진다.

문제 43 　 무역이론 – 비교우위 ★★★★☆

개념 해설

문제의 상황에서 A국과 B국의 생산의 기회비용은 다음과 같다.

- A국 : 12휴대전화 = 10에어컨 → 휴대전화 = 0.8에어컨
- B국 : 5휴대전화 = 8에어컨 → 휴대전화 = 1.6에어컨

따라서 A국은 휴대전화에, B국은 에어컨 생산에 비교우위가 있다.

ⓑ 비교우위에 의해 A국은 휴대전화를 B국은 에어컨을 특화·생산하는 것이 유리하다.

ⓔ B국은 에어컨을 2단위 생산하여 1단위를 교역할 경우 노동력 5단위로 휴대전화를 생산한 셈이므로, 노동력 3단위가 이득이다. 이로 에어컨 3/5단위를 더 만들 수 있으므로 에어컨 0.6단위에 해당하는 무역이익을 얻을 수 있다.

정답 ④

오답 정복하기

ⓐ B국은 휴대전화와 에어컨 모두에 절대우위가 있다.

ⓒ A국이 특화한 상품을 2단위 생산해 1단위와 교역할 경우 이전보다 2명의 노동력 절감 효과가 있다.

문제 44   통화정책 – 금리와 물가상승 ★★★★☆

개념 해설

지문에서는 명목금리가 낮은 상태에서 물가가 상승하여 실질적인 금리는 음(−)의 값이 되었다는 것을 설명한다. 이는 피셔방정식에 대한 설명이다.

ⓛ 「실질금리 = 명목금리 − 소비자물가상승률」이므로 물가상승률이 올라갈수록 실질금리는 계속해서 하락한다.

ⓔ 실질금리가 마이너스라면 퇴직금 이자만으로 사는 사람들은 높은 물가 때문에 생활이 어려워질·것이다.

정답 ④

오답 정복하기

㉠ 저금리 상태가 지속된다는 것은 경기가 좋지 않아 기업이 투자를 꺼린 결과일 수도 있다. 따라서 재정지출을 줄이면 투자가 더 위축될 수 있어 바람직하지 않다.

ⓒ 저축보다 투자가 많다면 자금의 공급보다 수요가 더 많은 것이므로 자금의 가격인 금리(이자율)가 상승하게 된다.

문제 45   수요-공급곡선의 이동 ★★★★☆

개념 해설

제시된 그림은 가격이 형성되지 않았던 재화의 가격이 형성되는 과정을 보여주고 있다. 경제재가 자유재가 되는 모습이라 할 수 있다.

ⓛ 기술혁신은 동일한 생산자원의 투입으로 더 많은 생산이 가능하므로, 공급곡선의 우측이동요인이다.

ⓔ 자유재의 가격이 형성되지 않는 이유는 희소성이 존재하지 않아 공급자의 최소수취가격과 소비자의 최대지불의사 간에 일치하는 지점이 없었기 때문이다.

정답 ④

오답 정복하기

㉠ 자유재에서 경제재로의 변화는 수요공급의 문제가 아닌 희소성의 문제이다.

ⓒ 가격하락은 곡선 내의 이동 요인이다. 곡선 자체의 이동을 야기하기 위해서는 가격 이외의 요인이 변해야 한다.

문제 46   희소성 ★★★★☆

개념 해설

희소성이란 자원의 부존량이 욕망보다 적은 상황을 의미한다. 반면 희귀성은 자원의 절대적인 부존량이 작은 것을 의미한다. 즉, 희소성은 상대적인 개념인 반면 희귀성은 절대적인 개념이다.

④ 재화의 가격은 상대적인 희소성에 의해 결정된다. 삼겹살은 존재량이 많지만 사람들이 원하는 양보다 적기 때문에 가격이 비싼 것이다.

정답 ④

문제 47   자료의 분석 – 비율과 절대값 ★★★★☆

개념 해설

㉠ 고기술 업종 전체의 투자 비중은 한국이 28%, 미국 29%, 일본 41.7%이므로 일본이 가장 높다.

㉡ 연구개발 투자비의 58.6%가 첨단 기술에 집중되어 있음을 확인할 수 있다.

정답 ①

오답 정복하기

㉢ 중기술 업종의 연구개발투자비는 한국이 9.2%, 미국 5.7%, 일본 8.9%이다. 하지만 제조업 전체의 절대액은 한국 122억 달러, 미국 2,241억 달러, 일본 1,464억 달러이므로 투자액은 한국 11억 달러, 미국 128억 달러, 일본 130억 달러이다. 비율과 절대액은 이처럼 큰 차이가 존재한다.

㉣ 우리나라의 첨단 기술 투자 비중은 높지만, 전자, 통신 장비를 제외하면 14.8%에 불과해 미국 40.9%, 일본 24.2%에 비해 투자 비중이 낮다.

문제 48   수요의 가격탄력성 ★★★★☆

개념 해설

가격탄력성은 가격변화에 수요량이 얼마나 민감하게 반응하는지를 나타내는 개념이다.

㉠ 재화에 대한 지출액이 소득에서 차지하는 비중이 낮을수록 비탄력적이다. 5,000만원 소득자가 500원짜리 지우개가 700원이 되든 800원이 되든 크게 신경쓰지 않는다.

㉡ 관중석이 비었는데도 불구하고 가격을 변화시키지 않았다는 것은 티켓 수요가 가격에 민감하지 않다는 것을 의미한다. 수요의 가격탄력성이 낮은 상황에서 가격의 인하는 총수입의 감소로 이어진다.

정답 ①

오답 정복하기

㉢ 등록금 가격을 대폭 인상하여 수입을 늘리고자 했다면, 이는 수요의 가격탄력성이 낮다고 인식한 결과이다. 가격변화에 수요량은 변화가 작기 때문에 가격을 올리면 수입이 늘어나는 것이다.

㉣ 조조할인은 아침 관람객이 가격에 민감하기 때문에 책정하는 가격제도이다. 즉, 수요의 가격탄력성이 큰 소비자라 할 수 있다.

문제 49   수요와 공급의 가격탄력성 ★★★★☆

개념 해설

⑤ 본문에서 밑줄 친 부분은 모두 가격탄력성과 관련이 있다. 생필품은 생활에 반드시 필요한 재화이므로 가격변화에 민감하지 않고, 저장이 불가능한 노동의 경우 공급이 가격에 비탄력적임을 알 수 있다. 한편, 품질이나 이미지면에서 매우 뛰어난 공산품의 경우 대체재가 존재하지 않기 때문에 가격변화에 비탄력적이다.

정답 ⑤

문제 50   시장경제체제와 정부의 개입 ★★★★☆

개념 해설

문제는 시장실패와 정부의 개입에 대해 설명하고 있다. 외부효과가 존재하거나 공공재를 공급하는 경우, 독점시장, 정보의 비대칭성으로 인해 시장실패가 발생한다. 이 경우 시장의 자율적인 가격기구에 의한 문제해결이 어려우므로 정부개입의 명분이 존재한다.

④ 정부의 개입이 시장 효율성 개선에 효과적인 경우와 보이지 않는 손의 작용은 상충된다. 보이지 않는 손이 제대로 작동했다면 정부의 시장 개입은 필요하지 않기 때문이다.

정답 ④

오답 정복하기

① 합리적 의사결정이란 효율성의 극대화를 의미하므로 옳은 표현이다.
② 기업들의 가격담합은 기업에게는 이윤극대화를 달성할 수 있도록 도와주지만, 경제 전반적으로는 비효율이 발생한다.
③ 환경오염과 같은 외부효과는 세금의 부과로 해결할 수 있다.
⑤ 도시의 재개발 프로그램은 정부개입이 더 큰 비효율을 야기한 정부실패의 사례라 할 수 있다.

문제 51   효율적인 자원배분 ★★★★☆

개념 해설

A기업의 입장에서 불법 복제로 인한 매출액 하락은 제약요인이다. 대체재의 존재에 맞서는 다양한 기업의 전략이 필요하다.
㉠ 경제 활동은 선택의 과정이다. 시장의 확대로 문제를 극복할 수도 있고, 재산권 보호를 위한 규제 강화로 문제를 해결할 수도 있다. 모두 선택의 문제이다.
㉢ 생산비용절감을 위해 외국산 설비 도입을 고민하는 것은 어떻게 생산할 것인가의 문제에 해당한다.

정답 ①

오답 정복하기

㉡ 정부의 도움이 필요한 해결책도 있지만, 정부에 의한 해결책을 선호하는지의 여부는 알 수 없으며, 이는 자원배분의 문제도 아니다.
㉣ 문제는 생산자의 이윤극대화를 위한 전략을 다루고 있다.

문제 52　경제·사회적 변화 – 정보화 사회 ★★★★☆

개념 해설

IT발전으로 인한 전자상거래, 홈쇼핑 등의 발달로 가상공간에서 다양한 상품이 거래되고, 국가 간 거래가 활발히 이뤄지고 있다.

ⓛ 가상 공간에서는 현금거래보다는 신용카드 등의 결제 수단이 보다 효율적이다.

ⓒ 소비자와 생산자의 직거래가 가능해짐에 따라 중간과정에서의 유통비용이 사라진 유통혁신이 일어난다.

정답 ③

오답 정복하기

ⓐ 다양한 절차가 감소하기 때문에 사회 전체적인 비용 감소에 기여한다.

ⓔ 인터넷을 통한 기업 간 거래는 활발해진다.

문제 53　기술 혁신 – 공급측 충격 ★★★★☆

개념 해설

⑤ 기업들이 불확실성과 위험에도 불구하고 기술 혁신을 시도하는 이유는 높은 이윤이 보장되기 때문이다. 이윤동기가 보장되는 시장경제체제에서 기술혁신은 활발하게 이뤄질 수밖에 없다. 한편, 계획경제체제에서는 생산수단이 국유화되어 있어 기술 혁신의 의지가 발휘되기 어렵다.

정답 ⑤

오답 정복하기

① 기술 혁신으로 인해 생산성 향상과 품질 개선이 이뤄진다.

② 기술 혁신으로 인해 경제적 불평등, 사생활 침해, 인간소외와 존엄성 악화 등의 문제가 발생할 수 있다.

③ 기술 혁신을 시도할 때 기업은 결과의 불확실성에 대한 리스크를 안게 된다.

④ 기술 혁신의 위험부담을 줄이기 위해 정부의 투자자금 모집과 같은 정부지원이 필요하다.

문제 54　경제이론의 한계 ★★★★☆

개념 해설

③ 문제는 이론과 현실이 다르다는 것을 보여주고 있다. 이론상으로는 수요의 법칙이 성립해야 하나, 실제로는 반대의 결과가 나타났다. 이는 보완재, 인구, 기호 등 다른 조건들을 고려하지 않고 모두 일정하다는 가정을 세워놓았기 때문이다.

정답 ③

오답 정복하기

경제학은 많은 변수가 통제된 상황에서 성립된 것이므로 이론 자체보다는 이론을 중심으로 폭넓은 시각으로 현실을 바라보는 자세가 필요하다.

문제 55　수요공급의 균형 변화 ★★★★☆

개념 해설

균형가격의 상승은 초과수요가 발생했음을 의미하고, 초과수요는 수요가 커지거나 공급이 감소해서 발생한다. 혹은 두 가지가 동시에 이뤄져야 한다.

ⓛ 대체재인 Y재의 가격 상승은 X재 수요 증가를 야기한다. 그리고 임금 수준이 상승한 경우 생산비용의 증가로 인해 공급이 감소하게 된다. 즉, 수요증가와 공급감소가 동시에 일어난 상황이다.

ⓒ 소득이 증가하면 수요가 증가하고, 기업 보조금이 감소하면 공급이 감소한다. 따라서 균형가격은 상승하게 된다.

정답 ③

오답 정복하기

ⓐ 기술혁신으로 노동생산성이 증가하면 공급이 증가하므로 가격이 하락한다.

ⓔ 소비자 수의 증가는 수요의 증가로 이어지고, 원자재 가격 하락은 공급의 증가로 이어진다. 이 경우 균형거래량은 증가하지만 가격 변동은 불분명하다.

문제 56　FTA의 영향 – 자유무역의 효과 ★★★★☆

개념 해설

⑤ 자유무역협정이 체결되면 두 국가 간 무역 장벽이 낮아지고 한국 기업의 경쟁력이 향상되어 싱가포르 진출이 확대될 수 있다. 또한 지적 재산권 보호 조항은 문화 상품의 거래에 대해 법적 보호를 받을 수 있도록 하며, 전자 상거래 확대 보장은 인터넷을 이용하여 거래를 증가시키게 된다.

정답 ⑤

문제 57　시장경제체제 ★★★★☆

개념 해설

(가)는 경제적 보상을 허용하는 시장 경제 요소의 도입으로 인해 생산성의 증가를 설명한다. (나)는 가격자유화와 민영화라는 시장경제요소의 긍정적 결과도 있지만 실업률 급증과 임금의 불평등의 부정적 결과도 있음을 설명한다.

⑤ 경작물의 사적 처분을 허용하는 경제적 보상을 시행한 결과 생산량의 급격한 증가를 가져왔으므로 타당한 진술이다.

ⓒ (나)에서 밝힌 바와 같이 민영화를 통해 효율성은 좋아졌지만 실업률의 급증과 분배의 악화라는 대가를 치루고 있으므로 "이 세상에 공짜 점심이 없다."는 격언을 떠올릴 수 있다.

정답 ②

오답 정복하기

ⓛ (가)에서는 자율적인 경제 의사결정을 통해 경작지의 3%에서 생산량의 26%가 산출되었으므로 매우 효율적이라 할 수 있다.

ⓔ (나)에서는 정부 비개입주의에 따라 실업률 급증과 불평등 현상이 일어났으므로 정부가 시장에 개입해야 할 정당성이 존재한다.

문제 58   소비자 지불용의 ★★★★☆

개념 해설

지불용의란 소비자가 지불하고자 하는 금액을 의미한다. 제시된 그래프에서는 시간대에 따라 지불할 의사가 있는 가격이 달라지는 모습을 보여준다.

ⓒ 그래프에 따르면 오후 6시에서 9시 사이에 2만원을 받다가 3만원으로 가격이 오르면 판매자의 수입은 증가하게 된다.

ⓔ 지불용의는 시간대에 따라 5천원에서 3만원까지 다양하기 때문에 1만원~3만원 사이에서 가격을 정한다고 하더라도 판매가 보장되지는 않는다.

정답 ⑤

오답 정복하기

ⓐ 소비자의 지불용의가 가장 높은 시간은 오후 6시~9시이다. 따라서 이 시간대가 가장 수요가 높은 시간대라고 할 수 있다.

ⓑ 소비자는 오후 1시~6시 사이에는 5천원의 가격만 지불할 생각이 있다. 이때 2만원의 가격을 책정하면 구매를 포기할 것이므로 소비가 이뤄지지 않게 된다.

문제 59   세계화와 반세계화 ★★★★☆

개념 해설

ⓐ, ⓑ

(가)는 세계화에 찬성하는 입장이고, (나)는 세계화에 반대하는 입장이다. 세계화에 찬성하는 사람들은 세계화를 통해 국가 간 상호 이익이 증대되고, 준비된 개발도상국의 성장 기회가 확대되며, 후진국의 자본 수입 기회가 확대된다는 등의 주장을 하고 있다. 한편 세계화에 반대하는 사람들은 세계화가 이루어지고나면 빈부 격차가 확대되고, 후진국에 대한 선진국의 경제 통제가 강화되어 후진국의 환경 및 노동 조건이 악화된다고 주장하고 있다.

정답 ①

오답 정복하기

ⓒ 선진국 기업의 공익성 증대와는 관련이 없다.

ⓔ (나)는 선진국 자본에 의한 후진국의 식민지화를 우려하고 있으나 자본 통제는 적절하지 않다.

ⓜ (가)는 자유로운 경쟁을 주장하고 있으므로 경제 주체 간의 경쟁 완화는 적절하지 않다.

문제 60　　세계화의 찬성론 – 세계화와 작은 정부 ★★★★☆

개념 해설

세계화를 찬성하는 입장은 시장원리를 존중하고 작은 정부를 지향하고 경제문제를 시장의 자동 조절 기구로 해결하는 것을 선호한다.

⑤ 긴축 기조를 유지하여 정부의 개입을 최소화하고, 시장의 원리에 의해 경제 문제를 해결하려고 한다.

정답 ⑤

오답 정복하기

① 특정 산업을 보호하기 위한 관세율 인상은 정부의 적극적인 개입에 의한 경제문제 해결 방식이다.

② 고용 안정을 위한 이민 규제 강화도 적극적인 정부개입에 의한 문제해결방식이다.

③, ④ 경제활성화, 고정환율제 모두 적극적인 정부개입에 의한 문제해결방식이다.

문제 61　　경제자료의 분석 ★★★★☆

개념 해설

제시된 자료는 경제 성장 요인을 양적인 요소 투입과 질적인 생산성 증가 요인으로 분석한 표의 내용과 연구 개발 투자 및 기술 수지의 관계를 나타낸다.

㉠ 생산성 증가 요인 가운데 규모의 경제부문보다 기술 진보 부문이 더 빠르게 커지고 있다.

㉡ 노동이나 자본의 양적 요소 투입은 점차 감소하고, 질적인 생산성 증가가 커지는 것을 표를 통해 파악할 수 있다.

정답 ①

오답 정복하기

㉢ 제시된 자료로는 판단할 수 없다.

㉣ 그래프에서 우리나라는 영국에 비해 연구개발투자 비중은 높지만, 기술수지는 마이너스로 극히 낮으므로 비효율적이라 할 수 있다.

문제 62   무역원리 - 비교우위 ★★★★☆

개념 해설

다른 산업의 발전을 위해 농업의 발전이 필요하다는 주장에 대한 근거를 찾는 문제이다.
② 농민의 투자 증가는 농민의 소득을 증가시키지만, 농업 이외의 소득 분배가 개선된다는 것과 관련이 없다.

정답 ②

오답 정복하기

① 농업 소득의 증가는 다른 산업의 소비를 증가시킬 수 있다.
③ 농업 부문 노동생산성이 향상되면 필요 인력이 감소하게 되므로 비농업 부문으로의 이동을 촉진시킨다.
④ 농민 소득이 증가하면 저축과 납세 규모가 커지게 되어 외국 자본을 들여 올 필요성이 줄어든다.
⑤ 농산물 수출이 증가하면 외화의 국내 유입이 증가한다.

문제 63   환율의 변화 ★★★★☆

개념 해설

② 문제의 그래프에서 (가)에서 (나)로 환율이 하락했다. 환율 하락은 원화가치의 상승을 의미하고, 달러 가치의 하락을 의미하므로 해외 투자에 대한 부담을 줄여주는 효과가 있다. 따라서 미국 현지 자산에 대한 투자를 늘릴 것이다.

정답 ②

오답 정복하기

① 환율 하락은 원화의 가치를 상승시켜 해외여행 부담이 감소한다.
③ 환율 하락은 수입 물품의 원화 표시 가격을 낮춰 물가가 안정된다.
④ 환율 하락은 외국으로 수출하는 상품의 달러 표시 가격을 상승시켜 수출이 감소한다.
⑤ 환율 하락은 외채 상환에 대한 부담을 작아지게 한다.

문제 64   국제수지 ★★★★☆

개념 해설

국제수지는 크게 경상수지와 자본수지로 구분된다. 경상수지는 상품 및 서비스수지, 소득수지와 경상이전수지로 구분되며, 자본수지는 투자와 기타자본수지로 구분된다.
• 외국 모델의 국내 광고 출연(경상수지 1억달러 지급)
• 외국 펀드의 국내 빌딩 구입(자본수지 2억달러 수취)
• 재외 동포 2세들의 국내 대학 입학(경상수지 1억 달러 수취)
• 국내 전자회사의 중국 휴대폰 수출(경상수지 1억달러 수취)
• 국내 자동차 회사의 미국 공장 설립(자본수지 2억 달러 지급)
  → 경상수지 1억 달러 흑자, 자본수지 균형

정답 ③

문제 65 　　무역이론 비교우위 ★★★★☆

개념 해설

문제에 제시된 생산시간을 정리하면 다음과 같다.

구 분	철수	영수
물고기	1시간	2시간
통나무	10시간	30시간

- 철수의 경우 통나무 = 10물고기이고, 영수는 물고기 = $\frac{1}{15}$ 통나무이므로, 영수는 물고기 잡이에, 철수는 통나무배 생산에 비교우위가 있다.
- ⓒ 철수는 물고기와 통나무배 생산 모두에 절대우위가 있다.

정답 ②

오답 정복하기

㉠ 영수는 물고기 잡이에 비교우위가 있다.

ⓒ 영수가 물고기 한 마리 잡는 데 따르는 기회비용은 통나무배 $\frac{1}{15}$ 척이다.

㉣ 비교우위론에 따르면 통나무배 한 척을 만들기 위해 포기해야 하는 물고기 수가 적은 사람이 통나무배를 만드는 것이 현명하다.

문제 66 　　주식회사 ★★★★☆

개념 해설

주식회사는 주식의 발행으로 성립되는 회사로서, 자본을 모두 주식이라는 형태로 증권화하여 자본을 출자하고 회수하는 과정을 편리하게 함으로써 자본조달이 용이하다.

정답 ⑤

오답 정복하기

① 자본의 증권화로 소유권 이전이 용이하다.
② 주주는 투자한 범위 내에서 유한책임을 진다.
③ 소유와 경영의 분리가 가능하다.
④ 주식회사는 물적결합 형태로 법적 규제가 강하다.

문제 67　경영자의 역할 ★★★★☆

개념 해설

민츠버그는 경영자의 역할을 대인적 역할, 정보적 역할, 의사결정적 역할로 구분했다. 대인적 역할(Interpersonal role)은 경영자가 기업을 원만하게 경영하기 위해 필요한 역할이다. 즉, 기업 내·외부의 다양한 사람들과 관계를 유지하는 역할을 의미한다. 대인적 역할은 구체적으로 기업의 외형적 대표자로서의 역할과 리더로서의 역할, 연락자로서의 역할 3가지로 구분할 수 있다. 정보적 역할(Informational role)은 경영자가 올바른 의사결정을 위해 다양한 정보를 수집하고 전달하는 것과 관련된 역할이다. 정보적 역할은 구체적으로 '청취자로서의 역할', '전파자로서의 역할' 그리고 '대변인으로서의 역할'로 구분된다. 의사결정적 역할(Decisional role)은 수집된 정보를 바탕으로 의사결정을 내리고 그 결과에 대해 책임지는 역할이다. 이는 '기업가로서의 역할', '분쟁해결자로서의 역할', '자원배분자로서의 역할', 그리고 '협상자로서의 역할'로 구분된다.

정답 ①

문제 68　동기부여이론 ★★★★☆

개념 해설

욕구단계론은 인간이 느끼는 욕구는 단계가 존재하며, 하위단계가 충족되어야 상위단계의 욕구를 느낀다는 전제에서 출발한다. 따라서 동기부여를 위해서는 하위단계의 욕구충족이 되지 않은 상태에서 상위단계의 욕구를 충족해주어도 동기부여가 되지 않는다고 주장한다.

생리욕구(1단계) → 안전욕구(2단계) → 소속욕구(3단계) → 존경욕구(4단계) → 자아실현욕구(5단계)

정답 ①

문제 69　기계적 조직과 유기적 조직 ★★★★☆

개념 해설

② 기계적 조직은 공식화(규정과 절차의 문서화 정도) 수준이 높고, 유기적 조직은 그 반대이다.

정답 ②

오답 정복하기

기계적 조직은 비탄력적인 과업과 수직적 의사소통구조, 긴 지휘계통, 좁은 통제범위, 높은 수준의 공식성과 권한의 집중화를 들 수 있다. 유기적 조직구조는 그 특징은 탄력적인 과업과 수평적인 의사소통구조, 짧은 지휘계통, 넓은 통제범위, 낮은 수준의 공식성과 권한의 분권화를 들 수 있다.

문제 70   경영전략 - SWOT 분석 ★★★★☆

개념 해설

SWOT 분석법은 조직내부의 강점 및 약점을 조직외부의 기회 및 위협요인과 대응시켜 전략을 개발하는 방법이다. 외부환경을 분석하면 기업이 활용 가능한 기회요인과 위협요인을 파악할 수 있다. 내부요인은 강점(Strength)과 약점(Weakness)이며, 외부요인은 기회(Opportunity)와 위협(Threat) 요인이 있다. 내부 및 외부의 요인들은 다음과 같다.

• 외부기회요인 : 경제가 호황이거나 새로운 기술이 출현한 경우, 시장이 지속적으로 성장하고 경쟁자가 약해진 경우
• 외부위협요인 : 자원의 고갈, 새로운 규제, 소비자 기호 변화, 경쟁자의 출현
• 내부강점요인 : 숙련된 노동자의 보유, 높은 시장점유율, 탄탄한 마케팅 조직, 고객의 높은 충성도, 원활한 금융조달
• 내부약점요인 : 무능한 관리자, 낮은 기술 및 연구개발투자, 높은 이직률

정답 ②

문제 71   조직구조 - 매트릭스 조직 ★★★★☆

개념 해설

조직설계(Organization design)는 조직구조를 형성하는 일련의 체계적 의사결정 과정을 의미한다. 조직설계의 대표적인 형태는 단순구조와 관료제, 그리고 매트릭스 구조이다. 이 가운데 기능부문과 제품부문의 관리자로부터 동시 통제를 받는 이중구조는 매트릭스 조직에 해당하는 내용이다.

정답 ③

오답 정복하기

• 단순구조 : 단순 구조(Simple structure)는 부서화의 정도가 낮고 통제 범위가 넓고 한 개인에게 권한이 집중되어 있으며 공식화가 낮은 구조를 의미
• 관료제 : 관료제(Bureaucracy)란 전문화, 공식화된 규칙과 규정, 기능적 부서로 그룹화된 업무, 집중화된 권위, 좁은 통제 범위, 명령체계에 의한 의사결정 등을 통해 얻어지는 고도로 정형화된 업무 구조를 의미

문제 72 조직구조 – 기능식 조직 ★★★★☆

개념 해설

기능식 조직(Functional organization structure)은 전문화 수준이 매우 높으며, 특정분야에서 깊이 있는 지식과 기술개발이 가능한 조직의 형태이다. 이는 과학적 관리론의 아버지인 테일러가 고안한 조직구조로서, 체계적인 생산 활동으로 생산성의 비약적인 증가에 기여한 조직형태이다.

정답 ①

오답 정복하기

- 네트워크 조직 : 독립된 사업 부서들이 각자의 전문 분야를 추구하면서도 제품을 생산하거나 프로젝트의 수행을 위한 영구적인 관계를 형성하여 상호 협력하는 것을 의미한다.
- 오케스트라 조직 : 비전이나 경영방침에 비유되는 악보형태의 가이드라인만 나눠주고 지휘를 하면 각 구성원들은 제각기 맡은 자리에서 자율적으로 행동하도록 유도하는 조직형태이다.
- 사업부제 조직 : 일체부서화(Self-contained departmentation)의 조직설계 방식에 의해 구성된 조직구조 유형으로써, 조직의 대부분의 업무가 준자율적 단위(Quasi-autonomous units)에 의해 수행된다.

문제 73 기계적 조직과 유기적 조직 ★★★★☆

개념 해설

- 기계적 조직 : 기계적(Mechanistic) 조직은 부서화가 발달되어 있고, 공식화가 높으며, 정보 네트워크가 하향적 의사소통으로 제한되어 있고 집권화가 높아 낮은 계층의 조직 구성원들이 의사결정에 거의 참여하지 않는다.
- 유기적 조직 : 유기적(Organic) 조직은 수평적이고, 의사결정 프로세스의 공식화 정도가 낮다. 의사결정에는 많은 직원이 참여하며, 유연한 실행을 선호하는 조직구조를 의미한다.

정답 ①

오답 정복하기

안정적 환경에서 효율성 확보를 위해 고안된 기계적 구조에서는 과업의 전문화 수준이 높으나, 유연성을 확보하기 위해 고안된 유기적 구조에서는 과업의 전문화 수준이 상대적으로 낮다는 특징이 존재한다.

문제 74 　　주식회사의 특징 ★★★★☆

개념 해설

주식회사에서 감사는 매우 중요하다. 주식의 증권화를 통해 불특정 다수의 주주들로부터 자본을 유치할 수 있었지만, 이로 인해 소유와 경영의 분리가 발생했다. 즉 자본의 출자자와 경영의 전문가가 달라지게 된 것이다. 따라서 주식회사에서는 전문경영인의 활동을 감시할 감사의 존재가 필수적이다. 따라서 감사의 설치는 필수 사항이다.

정답 ④

오답 정복하기

주식의 발생으로 성립되는 주식회사는 출자자의 유한책임과 자본의 증권화, 소유와 경영의 분리라는 특징으로 인해 대규모의 자본을 손쉽게 조달할 수 있게 되었다. 이사나 감사의 임명·해임과 같은 중대한 의사결정은 주주총회에서 이뤄지며, 1주 1의결권의 형식을 갖는다.

문제 75 　　기업의 사회적 책임 ★★★★☆

개념 해설

기업의 사회적 책임이란 기업의 의사결정과정에서 기업과 직·간접적으로 연관을 맺고 있는 모든 사람들을 고려하여 해당 이해관계자들에게 최선의 결과가 발생할 수 있도록 의사 결정하는 것을 의미한다. 이는 과거의 기업의 자본금 출자자인 주주의 이익 극대화만을 위해 노력하는 형태보다 관계자를 더 포괄적으로 간주하는 개념이다.

정답 ③

오답 정복하기

기업의 사회적 책임은 주주이익의 극대화로부터 시작되었다. 하지만 기업이 놓인 환경이 복잡해지고 다양해지면서 기업이 주주이익의 극대화만으로는 경영활동을 지속하는 것이 어려워졌다. 시장의 불완전성이 노동자와 소비자, 기업사이의 조화를 약화시키는 상황에서 기업의 역할이 점차 커지게 되었고, 이는 기업의 사회적 책임이라는 모습으로 등장했다. 최근에는 사회적 책임이 발전된 공유가치경영이 부각되고 있다.

문제 76　전문경영인 – 주인-대리인 모형 ★★★★☆

개념 해설

주인-대리인 문제는 도덕적 해이의 한 분류로서 이를 방지하기 위해서는 강력한 감시 체계를 구축하는 방법과 주주와 대리인의 이해관계를 일치시켜 대리인 스스로 주주의 이해관계를 위해 일하도록 유인체계를 설계해주는 방법이 있다. 감시체계 강화 방법의 문제는 그 과정에서 많은 비용이 발생한다는 점이다. 주인-대리인 문제 해결을 위한 과정에서 발생하는 비용을 마이클 젠슨과 윌리엄 맥클링 교수는 확증비용과 감시비용, 잔여손실로 구분한다. 한편, 기회비용은 모든 선택에 따라 수반되는 비용이므로 선임하지 않은 다른 전문경영인의 존재로 인해 발생한다.

정답 ④

오답 정복하기

• 확증비용은 대리인이 자신의 경영활동과 의사결정이 주주를 위한 것임을 증명하는 과정에서 발생하는 비용을 의미한다

• 감시비용 : 주주가 대리인이 자신의 권익을 보호하기 위한 경영을 하고 있는지를 감시할 때 발생하는 비용이다. 외부회계감사, 사외이사제도, 성과급제도 등의 운용에 소요되는 비용이다.

• 잔여손실 : 감시나 확증에도 불구하고 제거되지 않는 비용을 의미한다. 기업을 위한 최적의 의사결정이 이뤄지지 않음으로써 발생하는 기업가치 손실을 의미한다.

문제 77　블루오션-레드오션 ★★★★☆

개념 해설

블루오션 전략은 우리나라 경영학자 김위찬이 만들어낸 전략용어이다. 블루오션 전략은 기존 시장내에서 틈새시장을 확보하려는 소극적인 전략이 아니라 기존 시장과는 완전히 다른 새로운 시장을 개척해나가는 전략을 의미한다.

정답 ③

오답 정복하기

블로오션 시장의 반대는 레드오션이다. 레드오션이란 이미 경쟁이 치열하여 포화가 된 시장을 의미한다. 레드오션 시장에서는 가치와 비용 모두를 추구할 수는 없으며 이 중 하나를 선택해 경쟁우위를 창출하려는 노력을 투입해야 한다.

문제 78　마케팅 기초 ★★★★☆

개념 해설

마케팅(Marketing)이란 생산자와 구매자 간의 교환(Exchange relationship) 과정을 통해 고객의 욕구를 충족시키는 일련의 활동으로 정의된다. 마케팅을 통해 달성하고자 하는 목표는 성장목표와 수확목표이다. 이러한 마케팅은 상황에 따라 그 전략이 달라지게 된다.

정답 ①

오답 정복하기

수요가 공급을 초과하는 경우 즉, 초과수요의 상황에서는 소비자가 필요로 하는 생산물의 양이 부족하기 때문에 생산자는 더 많이 만들고자 한다. 초과수요로 인해 만들면 팔리기 때문이다. 이러한 경우 생산컨셉의 마케팅이 적절한 선택이다. 이처럼 마케팅은 시장상황에 따라 다른 형태로 나타나게 된다.

개념 해설

마케팅은 수요상황에 따라 다양한 형태로 나타난다. 특히 고압적 마케팅(High pressure marketing)은 제품을 사후적으로 판매하는 체제에서 제품판매에만 주력하는 마케팅 활동으로 광고 등의 판매 촉진 수단의 중심이 된다.

정답 ⑤

오답 정복하기

수요상황별 마케팅과 개념

마케팅 종류	마케팅 개념
동시화 마케팅	계절적, 시간적 요인 등으로 인해 규칙적이지 않은 수요를 평준하게 맞추기 위한 마케팅
자극 마케팅	제품에 대한 흥미와 관심을 유발시켜 수요를 창조하기 위한 마케팅
개발 마케팅	존재하지 않는 제품에 대한 잠재수요를 창조하기 위한 마케팅
전환 마케팅	부정적인 수요를 긍정적인 수요로 전환하기 위한 마케팅
디(de)마케팅	초과수요를 줄이기 위해 수요를 감소시키는 마케팅
유지 마케팅	수요가 줄어들지 않도록 유지하는 마케팅
대항(카운터) 마케팅	불건전한 수요의 소멸을 목적으로 하는 마케팅
재(re)마케팅	수요가 감소했을 때 수요의 부활을 목표로 하는 마케팅

개념 해설

재무상태표(Statement of financial position)는 일정시점 현재 기업실체의 재무상태에 대한 정보를 제공하는 재무제표이다. 여기서 일정시점이란 일반적으로 회계기간을 의미한다. 재무상태표는 자산과 부채 및 자본으로 구성된다. 자산의 총액은 항상 부채 총액과 자본 총액의 합과 일치해야 하기 때문에 이를 '회계등식' 또는 '재무상태표 등식'이라고 한다.

정답 ①

오답 정복하기

자산은 유동자산과 비유동자산으로, 부채는 유동부채와 비유동부채로 구분된다.
• 유동자산 : 현금은 물론, 정상적 영업주기내 또는 재무보고기간 말로부터 1년 이내에 현금화되거나 사용될 것으로 예상되는 자산
• 비유동자산 : 유동자산에 속하지 않는 자산을 말한다. 대표적인 예로 유형자산, 무형자산, 투자자산 등

여기서 멈출 거예요? 고지가 바로 눈앞에 있어요.
마지막 한 걸음까지 시대에듀가 함께할게요!

여기서 멈출 거예요? 고지가 바로 눈앞에 있어요.
마지막 한 걸음까지 시대에듀가 함께할게요!

좋은 책을 만드는 길
독자님과 함께하겠습니다.

도서나 동영상에 궁금한 점, 아쉬운 점, 만족스러운 점이
있으시다면 어떤 의견이라도 말씀해 주세요.
시대고시기획은 독자님의 의견을 모아 더 좋은 책으로 보답하겠습니다.

www.sidaegosi.com

매경TEST 600점 뛰어넘기

개정2판1쇄 발행	2020년 03월 05일 (인쇄 2020년 01월 10일)
초 판 발 행	2019년 01월 03일 (인쇄 2018년 10월 04일)
발 행 인	박영일
책 임 편 집	이해욱
편 저	David. Kim
편 집 진 행	김준일 · 김은영 · 이경민
표지디자인	김도연
편집디자인	임하준
발 행 처	(주)시대고시기획
출 판 등 록	제 10-1521호
주 소	서울시 마포구 큰우물로 75 [도화동 538 성지 B/D] 9F
전 화	1600-3600
팩 스	02-701-8823
홈 페 이 지	www.sidaegosi.com
I S B N	979-11-254-6717-5 (13320)
정 가	23,000원

경제경영 이해력 테스트 고득점의 공식

(주)시대고시기획과 함께라면 TESAT 고득점 가능

올해 나는 시대고시 TESAT(테샛)으로

고득점 받았다!

TESAT(테샛) 한권으로 끝내기

POINT1
출제 빈도 분석에 따른 선택적 · 집중적 학습으로
단기간 TESAT 고득점 가능

POINT2
이론과 함께 수록된 대표유형문제로 출제경향과
난이도를 빠르게 파악 가능

POINT3
실제 시험 경향과 난이도를 반영한 출제예상문제를
각 장별로 수록하여 단계적 학습 가능

POINT4
실전모의고사 1회분을 수록하여 핵심사항을
최종적으로 완벽 점검 가능

TESAT(테샛) 초단기 완성

POINT1
단원별 기출분석 및 기출복원문제 수록

POINT2
시험에 꼭 나오는 핵심이론 초압축 선별 정리

POINT3
모의고사 4회분으로 시험 전 완벽 마무리

※ 도서의 이미지와 정보는 변경될 수 있습니다.

가장 빠르게 합격하고 싶다면?

합격의 지름길로 안내하는 취업 베스트 도서!

빅데이터 출제유력 일반상식

- 공사공단 · 언론사 · 기업체 취업 대비를 위한 일반상식 종합서
- 적중률 높은 최신 시사상식 및 분야별 기출 키워드 선별

공사공단 일반상식 핵심공략

- 공기업 · 공사공단 일반상식 완벽 대비
- 최신기출문제로 본 일반상식 공략비법 제공

공기업 일반상식+한국사 기출 500제

- 최근 출제된 상식만 모아서 500개 문제 공략
- 대표 공기업 상식 출제경향 분석표 제시

일반상식 만점 비법! 단기완성 시리즈

시험에 필요한 모든 것을 한 권에

언론사 상식 기출 플앤업

- 방송국, 신문사, 인터넷신문 등 언론기관 최신 기출 반영
- 매년 모든 언론사에서 출제되는 암기 상식 빈출노트 수록
- 현직 기자가 직접 전수하는 언론사 논술 해법 공개

3일완성 공기업 최신기출 일반상식

- 공기업 시험에 나올 상식을 빠르게 브리핑
- 매년 모든 공기업에서 출제되는 상식 빈출노트 수록
- 한자어 · 우리말 등 기출과 기출의 빈틈을 채우는 구성